Abdingbarkeit des § 616 BGB

Europäische Hochschulschriften Recht

European University Studies in Law

Publications Universitaires Européennes de Droit

Band/Volume **6819**

Sören Walter

Abdingbarkeit des § 616 BGB

Zugleich eine kritische Auseinandersetzung mit dem vorherrschenden Verständnis des Anwendungsbereiches der Norm

PETER LANG

Berlin - Bruxelles - Chennai - Lausanne - New York - Oxford

Bibliografische Information der Deutschen Nationalbibliothek
Die Deutsche Nationalbibliothek verzeichnet diese Publikation in der Deutschen Nationalbibliografie; detaillierte bibliografische Daten sind im Internet über http://dnb.d-nb.de abrufbar.

Zugl.: Mannheim, Univ., Diss., 2024

D 180

ISSN 0531-7312
ISBN 978-3-631-93245-2 (Print)
E-ISBN 978-3-631-93263-6 (E-PDF)
E-ISBN 978-3-631-93264-3 (EPUB)
DOI 10.3726/b22637

Verlegt durch: Peter Lang GmbH, Berlin, Deutschland
info@peterlang.com – www.peterlang.com

Inhaltsverzeichnis

Vorwort

Im Jahr 2009 stand für das achte Schuljahr die Wahl der dritten Fremdsprache an: Spanisch oder Latein. Nach dem Elterninformationsabend zur Fremdsprachenwahl fragten mich meine Eltern, welche Sprache ich lernen möchte. Das einzige Argument für Latein sei, dass manche rechtswissenschaftliche Promotionsordnungen ein Latinum voraussetzen. Meine Wahl war Spanisch, denn für mich war klar: Ich möchte nicht Rechtswissenschaft studieren und erst recht strebe ich keine rechtswissenschaftliche Promotion an.

Nunmehr über 15 Jahre später im Jahr 2024 habe ich der Universität Mannheim diese Dissertation zur Erlangung des akademischen Grades eines Doktors der Rechte vorgelegt. Glücklicherweise haben sich nicht nur meine Ziele gewandelt, sondern auch die Zeit und ein Latinum ist keine Voraussetzung mehr für eine Promotion.

Zunächst danke ich der *Friedrich-Naumann-Stiftung für die Freiheit* für die finanzielle Förderung dieser Arbeit aus Mitteln des *Bundesministeriums für Bildung und Forschung*. Gleichsam danke ich der FNF für die ideelle Förderung in deren Rahmen ich bei diversen Seminaren und Veranstaltungen nicht nur anregende Unterhaltungen mit Mitstipendiaten hatte, sondern sich auch neue Freundschaften ergeben haben.

Ich danke meinem Betreuer, Herrn Prof. Dr. Philipp S. *Fischinger*, LL.M., für die Bereitschaft, mich als externen Promovierenden anzunehmen, sowie dafür, dass er mich stets in äußerst kurzer Reaktionszeit unterstützt hat – sei es bei der Bewerbung um ein Stipendium zu Beginn der Promotion aber insbesondere auch bei der Durchsicht einzelner Kapitel sowie der gesamten Arbeit. Seine Ratschläge haben erheblich zum Erfolg dieser Arbeit beigetragen. Ebenso danke ich Herrn Prof. Dr. Ulrich *Tödtmann* für die zügige Erstellung des Zweitgutachtens.

Nicht zuletzt möchte ich all denjenigen – auch wenn sie nicht namentlich genannt sind, werden sie sich zweifelsfrei angesprochen fühlen – herzlich danken, die mich bei der Erstellung dieser Arbeit mit einem stets offenen Ohr und dem, was je nach Motivationshochphase oder -tiefphase gerade notwendig war, unterstützt haben: sei es als Nicht-Juristen bei der Korrektur der Arbeit, als Juristen mit hilfreichen Anregungen und/oder als Freunde sowie Kollegen.

Diese im Mai 2024 der Fakultät für Rechtswissenschaft und Volkswirtschaftslehre der Universität Mannheim zur Annahme als Dissertation vorgelegte Arbeit berücksichtigt die bis Anfang Oktober 2024 veröffentlichte Rechtsprechung und erschienene Literatur.

Sören Walter Bonn im Oktober 2024

Abkürzungsverzeichnis

a. A.	anderer Ansicht
a. E.	am Ende
a. F.	alte Fassung
Abs.	Absatz
AcP	Archiv für die civilistische Praxis (Zeitschrift)
AG	Aktiengesellschaft
AGB	Allgemeine Geschäftsbedingungen
AGBG	Gesetz zur Regelung des Rechts der Allgemeinen Geschäftsbedingungen
AGG	Allgemeines Gleichbehandlungsgesetz
AöR	Archiv des öffentlichen Rechts (Zeitschrift)
ArbG	Arbeitsgericht
ArbGG	Arbeitsgerichtsgesetz
ArbKrankhG	Gesetz zur Verbesserung der wirtschaftlichen Sicherung der Arbeiter im Krankheitsfalle
ArbR	Arbeitsrecht Aktuell (Zeitschrift)
ArbRB	ArbeitsRechtsberater (Zeitschrift)
ArbRGegw	Das Arbeitsrecht der Gegenwart (Zeitschrift)
ArbZG	Arbeitszeitgesetz
ARP	Arbeitsschutz in Recht und Praxis (Zeitschrift)
AuR	Arbeit und Recht (Zeitschrift)
BAG	Bundesarbeitsgericht
BayVBl	Bayerische Verwaltungsblätter (Zeitschrift)
BB	Betriebs-Berater (Zeitschrift)
BC	Zeitschrift für Bilanzierung, Rechnungswesen & Controlling (Zeitschrift)
beckOGK	beck-online.GROSSKOMMENTAR
BeckOK	Beck'scher Online-Kommentar
Begr.	Begründer

BGB	Bürgerliches Gesetzbuch
BGBl.	Bundesgesetzblatt
BGH	Bundesgerichtshof
BlStSozArbR	Blätter für Steuerrecht, Sozialversicherung und Arbeitsrecht (Zeitschrift)
BR-Drs.	Bundesratsdrucksache
BT-Drs.	Bundestagsdrucksache
BUrlG	Bundesurlaubsgesetz
BVerfG	Bundesverfassungsgericht
COVID-19	Coronavirus Disease 2019
COVuR	COVID-19 und Recht (Zeitschrift)
DB	Der Betrieb (Zeitschrift)
DZWIR	Deutsche Zeitschrift für Wirtschafts- und Insolvenzrecht (Zeitschrift)
EFZG	Gesetz über die Zahlung des Arbeitsentgelts an Feiertagen und im Krankheitsfall (Entgeltfortzahlungsgesetz)
EK	Die Ersatzkasse (Zeitschrift)
EuZA	Europäische Zeitschrift für Arbeitsrecht (Zeitschrift)
f.	folgende
ff.	fortfolgende
GesR	GesundheitsRecht (Zeitschrift)
GewO	Gewerbeordnung
ggf.	gegebenenfalls
ggü.	gegenüber
GmbH	Gesellschaft mit beschränkter Haftung
GmbHG	Gesetz betreffend die Gesellschaften mit beschränkter Haftung
GmbHR	GmbH Rundschau (Zeitschrift)
GWR	Gesellschafts- und Wirtschaftsrecht (Zeitschrift)
h. M.	herrschende Meinung
HGB	Handelsgesetzbuch
HK	Handkommentar

HKK	Historisch-Kritischer Kommentar
Hrsg.	Herausgeber
HS	Halbsatz
i. E.	im Ergebnis
i. S. d.	im Sinne des
i. V. m.	in Verbindung mit
InsO	Insolvenzordnung
JA	Juristische Arbeitsblätter (Zeitschrift)
JbArbR	Jahrbuch des Arbeitsrechts (Zeitschrift)
jM	juris – Die Monatszeitschrift (Zeitschrift)
JURA	Juristische Ausbildung (Zeitschrift)
juris-PK BGB	juris Praxiskommentar Bürgerliches Gesetzbuch
jurisPR-ArbR	juris Praxisreport-Arbeitsrecht (Zeitschrift)
JuS	Juristische Schulung (Zeitschrift)
JZ	JuristenZeitung (Zeitschrift)
Kfz	Kraftfahrzeug
KSchG	Kündigungsschutzgesetz
LAG	Landesarbeitsgericht
LG	Landgericht
LohnFG	Gesetz über die Fortzahlung des Arbeitsentgelts im Krankheitsfalle (Lohnfortzahlungsgesetz)
LS	Leitsatz
m. w. N.	mit weiteren Nachweisen
MAH ArbR	Münchener Anwaltshandbuch Arbeitsrecht
MDR	Monatsschrift für Deutsches Recht (Zeitschrift)
n. F.	neue Fassung
NJ	Neue Justiz (Zeitschrift)
NJW	Neue Juristische Wochenschrift (Zeitschrift)
NJW-Spezial	Neue Juristische Wochenschrift – Spezial (Zeitschrift)
NZA	Neue Zeitschrift für Arbeitsrecht (Zeitschrift)
NZA-Beilage	Neue Zeitschrift für Arbeitsrecht – Beilage (Zeitschrift)

NZA-RR ArbR	NZA-Rechtsprechungs-Report Arbeitsrecht (Zeitschrift)
NZG	Neue Zeitschrift für Gesellschaftsrecht (Zeitschrift)
NZS	Neue Zeitschrift für Sozialrecht (Zeitschrift)
NZV	Neue Zeitschrift für Verkehrsrecht (Zeitschrift)
öAT	Zeitschrift für das öffentliche Arbeits- und Tarifrecht (Zeitschrift)
OLG	Oberlandesgericht
PflegeZG	Gesetz über die Pflegezeit
RAG	Reichsarbeitsgericht
RdA	Recht der Arbeit (Zeitschrift)
Rn.	Randnummer(n)
RVO	Reichsversicherungsordnung
RW	Rechtswissenschaft (Zeitschrift)
S.	Seite(n)
SAE	Sammlung arbeitsrechtlicher Entscheidungen (Zeitschrift)
SARS-CoV-2	severe acute respiratory syndrome coronavirus type 2
SGb	Die Sozialgerichtsbarkeit (Zeitschrift)
SGB I	Sozialgesetzbuch Erstes Buch – Allgemeiner Teil
SGB II	Sozialgesetzbuch Zweites Buch – Bürgergeld, Grundsicherung für Arbeitssuchende
SGB V	Sozialgesetzbuch Fünftes Buch – Gesetzliche Krankenversicherung
SGB X	Sozialgesetzbuch Zehntes Buch – Sozialverwaltungsverfahren und Sozialdatenschutz
SGB XI	Sozialgesetzbuch Elftes Buch – Soziale Pflegeversicherung
SGB XII	Sozialgesetzbuch Zwölftes Buch – Sozialhilfe
SPA	Schnellinformation für Personalmanagement und Arbeitsrecht
SpuRt	Zeitschrift für Sport und Recht (Zeitschrift)
SR	Soziales Recht (Zeitschrift)
Staat	Der Staat (Zeitschrift)

TVöD	Tarifvertrag für den Öffentlichen Dienst
u. a.	unter anderem
VG	Verwaltungsgericht
vgl.	Vergleiche
VSSAR	Vierteljahresschrift für Sozial- und Arbeitsrecht (Zeitschrift)
VSSR	Vierteljahresschrift für Sozialrecht (Zeitschrift)
WiB	Wirtschaftsrechtliche Beratung (Zeitschrift)
WzS	Wege zur Sozialversicherung (Zeitschrift)
z. B.	zum Beispiel
ZEuP	Zeitschrift für Europäisches Privatrecht (Zeitschrift)
ZEV	Zeitschrift für Erbrecht und Vermögensnachfolge (Zeitschrift)
ZFA	Zeitschrift für Arbeitsrecht (Zeitschrift)
ZG	Zeitschrift für Gesetzgebung (Zeitschrift)
ZIP	Zeitschrift für Wirtschaftsrecht (Zeitschrift)
ZMR	Zeitschrift für Miet- und Raumrecht (Zeitschrift)
ZRP	Zeitschrift für Rechtspolitik (Zeitschrift)
ZTR	Zeitschrift für Tarif-, Arbeits- und Sozialrecht im öffentlichen Dienst (Zeitschrift)

A) Einleitung

§ 616 des BGB war über lange Zeit eine wenig beachtete Norm im Dienstvertragsrecht. Vielfach wird ihre Anwendung in Tarif- und Individualverträgen – mehr oder weniger unreflektiert – eingeschränkt oder ausgeschlossen. Erst mit der COVID-19-Pandemie ist die Norm durch die Frage der Vergütungsfortzahlung während der Quarantäne wieder stärker in das Bewusstsein der Vertragsparteien, des Gesetzgebers, der Behörden und der Rechtsprechung gerückt.[1]

Das BGB enthält bereits seit seinem Inkrafttreten im Jahr 1900 § 616 BGB in seiner heutigen Fassung. Zwar änderte sich im Laufe der Zeit der Wortlaut, indem im Jahr 1930 mit einem zweiten Absatz eine Regelung zur Vergütungsfortzahlung für Angestellte bei krankheitsbedingter Arbeitsunfähigkeit ergänzt wurde. Mit dem Inkrafttreten des Entgeltfortzahlungsgesetzes im Jahr 1994 entfiel diese Regelung – mitsamt den zwischenzeitlich erfolgten Präzisierungen und Ergänzungen – jedoch wieder und § 616 BGB fand zu seiner ursprünglichen Fassung zurück. Diese Entwicklung, die Regelung eines Tatbestandes, der grundsätzlich § 616 BGB unterfallen könnte, in eine spezialgesetzliche Regelung zu überführen, ist ein Symbolbild für die Mannigfaltigkeit der Anwendungsfälle, die § 616 BGB unterfallen. So wurden seit Inkrafttreten des § 616 BGB mehrere spezialgesetzliche Regelungen über die Freistellung des Beschäftigten von seiner Leistungsverpflichtung mit (subsidiärer) Fortzahlung oder Ersatz der Vergütung geschaffen. Daher ergibt sich die Frage, welchen Anwendungsbereich § 616 BGB noch hat und wie dessen unbestimmte Rechtsbegriffe – unter Berücksichtigung der sonstigen rechtlichen Entwicklung – auszufüllen sind.

I) Fragestellung

Diese Arbeit untersucht zum einen, welcher Anwendungsbereich § 616 BGB aktuell zukommt, zum anderen, wie die Tatbestandsmerkmale der Norm auszulegen sind sowie insbesondere in welchem Umfang die Dienst- und Arbeitsvertragsparteien die Anwendung des § 616 BGB ausschließen können.

1 So auch: *Linck*, Entgeltrisiko in Zeiten von Covid 19, S. 758; *Preis/Schmid*, JbArbR 2021, 21 (45).

II) Thesen

Zur Erörterung der dargestellten Fragestellung werden die nachfolgenden Thesen aufgestellt, deren Zutreffen im Rahmen dieser Arbeit untersucht wird.

1) Thesen zum Anwendungsbereich und zur Auslegung des § 616 BGB

1. Anders als zum Teil vor der Schuldrechtsreform 2002 angenommen wurde, folgt aus § 616 BGB nicht die Freistellung von der Dienstleistungspflicht, sondern allein die Vergütungsfortzahlung. Insofern führt eine Abbedingung des § 616 BGB allein zum Ausschluss des Anspruchs auf Vergütungsfortzahlung und nicht auch zur Beschränkung der Freistellung. Die Freistellung ist im Rahmen des § 275 Abs. 3 BGB ohnehin weitreichend und in Anlehnung an die Maßstäbe des Urlaubsrechts zu gewähren.[2]
2. Der Anwendungsbereich des § 616 BGB wird – insbesondere bei Arbeitnehmern – gegenüber der Rechtslage bei Einführung des BGB durch spezialgesetzliche Normen beschränkt, die Vergütungsfortzahlung in Verhinderungsfällen gewähren. § 616 BGB wird angewandt, wenn ein Konflikt zwischen der Dienstleistungspflicht sowie sozialen oder gesetzlichen Pflichten des Dienstverpflichteten besteht und aus der Nichtbefolgung der sozialen oder gesetzlichen Pflichten objektiv ein erheblicher Nachteil für den Dienstverpflichteten resultieren würde. Hieraus ergibt sich weiterhin ein großer, kaum überblickbarer Anwendungsbereich.[3]
3. Die krankheitsbedingte Arbeitsverhinderung als der frühere Hauptanwendungsfall für Arbeitnehmer wurde durch § 3 EFZG aus dem Anwendungsbereich des § 616 BGB ausgenommen. Dies bedeutet aber nicht, dass jede krankheitsbedingte Arbeitsverhinderung § 3 EFZG unterfällt. Zumindest für krankheitsbedingte, *untertägige* Arbeitsverhinderung – wie die Wahrnehmung von Arztterminen – bleibt § 616 BGB anwendbar.[4]
4. Die Verhältnismäßigkeit der Zeit der Verhinderung ist von der Dauer des bisherigen Bestehens des Dienstvertrages unabhängig. Sie bestimmt sich allein im Verhältnis zur üblichen Verhinderungsdauer bei gleichgelagerten Verhin-

---

2 Vgl. hierzu: B)I), S. 41 und B)II)2)c)bb), S. 65.

3 Vgl. hierzu die Erörterungen unter C)II)2), S. 100 und das Ergebnis unter C)II)2)d), S. 173.

4 Vgl. hierzu die Erörterungen unter C)II)2)b)aa)(4)(b)(cc), S. 137 und das Ergebnis unter C)II)2)b)aa)(4)(b)(cc)(vi), S. 145.

derungsgründen.[5] Dementsprechend stellt auch eine zweiwöchige Quarantäne im Fall des Verdachts der Infektion mit SARS-CoV-2 eine verhältnismäßig nicht erhebliche Zeit dar.[6]

2) Thesen zur Abdingbarkeit des § 616 BGB

1. Auf Grund des Zusammenspiels mit besonderen Freistellungs- und Vergütungsfortzahlungs- bzw. Vergütungsersatzregelungen sind bei der Abbedingung im Rahmen von Arbeitsverträgen hohe Anforderungen an die Transparenz zu stellen. Dem Arbeitnehmer ist insbesondere der Grenzbereich zwischen § 3 EFZG und § 616 BGB zu verdeutlichen.[7]
2. Durch sozialrechtliche Regelungen werden der Großteil der wesentlichen Anwendungsfälle des § 616 BGB – zumindest subsidiär[8] – abgesichert. Hierdurch verliert § 616 BGB für den Arbeitsvertrag seinen wesentlichen Grundgedanken.[9] Gleichwohl ist eine vollständige Abbedingung des § 616 BGB gegenüber einem Arbeitnehmer grundsätzlich nicht möglich.[10]
3. Die vollständige Abbedingung des § 616 BGB stellt gegenüber einem Arbeitnehmer hingegen keine unangemessene Benachteiligung dar, wenn die Abbedingung durch die Gewährung eines vertraglichen Mehrurlaubes kompensiert wird.[11]
4. Während die vollständige Abbedingung des § 616 BGB im Rahmen eines regulären Arbeitsverhältnisses nicht möglich ist, stellt dies im Rahmen eines geringfügigen Beschäftigungsverhältnisses im Sinne des § 8 Abs. 1 Nr. 1

---

5 Vgl. hierzu die Erörterungen unter C)II)3)b), S. 179 und die neue Betrachtungsweise unter C)II)3)b)cc)(5), S. 217.

6 Vgl. hierzu: C)II)3)b)dd), S. 225.

7 Vgl. hierzu die Erörterungen unter D)III)2)b)dd)(1)(a)(aa), S. 308 sowie D)III)2)b)dd)(2)(a), S. 331 und das Ergebnis unter D)III)2)b)dd)(1)(a)(aa)(iv), S. 320 sowie D)III)2)b)dd)(3), S. 338.

8 Beispiele für eine gegenüber § 616 BGB subsidiäre Absicherung: § 56 IfSG, § 44a Abs. 3 SGB XI i. V. m. § 2 PflegeZG, § 45 Abs. 1 SGB V; Beispiel für eine gegenüber § 616 BGB vorrangige Regelung: § 3 EFZG.

9 Vgl. hierzu die Erörterungen unter D)III)2)c)aa)(1)(b)(bb), S. 357 sowie unter D)III)2)c)bb)(1)(a)(bb), S. 375.

10 Vgl. hierzu die Erörterungen unter D)III)2)c)bb)(1)(a)(cc), S. 377 und das Ergebnis unter D)III)2)c)bb)(1)(a)(cc)(iv), S. 388.

11 Vgl. hierzu die Erörterungen unter D)III)2)c)bb)(1)(a)(dd), S. 388 und das Ergebnis unter D)III)2)c)bb)(1)(a)(dd)(iii), S. 395.

SGB IV keine unangemessene Benachteiligung dar.[12] Unwirksam ist jedoch eine Klausel, die zur Abbedingung bloß auf § 616 BGB verweist.[13]

5. Die Abbedingung des § 616 BGB für Verhinderungsfälle, in denen subsidiäre Vergütungsfortzahlungsansprüche und Vergütungsersatzansprüche bestehen, ist weder intransparent,[14] noch unangemessen benachteiligend[15] und auch im Übrigen nicht unwirksam.[16]
6. Bei Geschäftsführeranstellungsverträgen mangelt es an einer subsidiären Absicherung, sodass § 616 BGB eine gesteigerte Bedeutung zukommt. Mithin ist insbesondere im Bereich der krankheitsbedingten Arbeitsunfähigkeit eine Abbedingung und eine Beschränkung der Vergütungsfortzahlung auf weniger als sechs Wochen nicht möglich. Im Übrigen ist eine Abbedingung außerhalb des Kernbereichs wie bei Arbeitnehmern möglich.[17]
7. Bei Dienstverträgen mit freien Mitarbeitern, die nicht auf Grund ihrer wirtschaftlichen Abhängigkeit als arbeitnehmerähnlich zu bewerten sind, ist eine vollständige Abbedingung des § 616 BGB – auch für den Krankheitsfall – möglich.[18]
8. Auf Grund der Bestimmung der „verhältnismäßig nicht erheblichen Zeit" anhand der üblichen Verhinderungsdauer für den konkreten Verhinderungsgrund ist eine Verkürzung der „verhältnismäßig nicht erheblichen Zeit" durch AGB nicht möglich.[19]

III) Vorgehen

Zum Zweck der Nachvollziehbarkeit wird zunächst das Vorgehen bei der Bearbeitung dargestellt.

---

12 Vgl. hierzu die Erörterungen unter D)III)2)c)bb)(1)(b), S. 395.

13 Vgl. hierzu die Erörterungen unter D)III)2)b)dd)(1)(a)(cc), S. 316 und das Ergebnis unter D)III)2)b)dd)(1)(a)(cc)(iv), S. 320.

14 Vgl. hierzu die Erörterungen und das Ergebnis unter D)III)2)b)dd)(1)(b), S. 321.

15 Vgl. hierzu die Erörterungen und das Ergebnis unter D)III)2)c)bb)(1)(c), S. 401.

16 Vgl. hierzu die Erörterungen unter D)II), S. 241 und das Ergebnis unter D)II)5), S. 256.

17 Vgl. hierzu die Erörterungen unter D)III)2)c)bb)(2)(a), S. 408 und das Ergebnis unter D)III)2)c)bb)(2)(a)(dd), S. 417.

18 Vgl. hierzu die Erörterungen unter D)III)2)c)bb)(2)(b), S. 417 und das Ergebnis unter D)III)2)c)bb)(2)(b)(dd), S. 421.

19 Vgl. hierzu die Erörterungen unter D)III)2)c)cc), S. 422 und das Ergebnis unter D)III)2)c)cc)(3), S. 432.

1) Betrachtung des Verhältnisses des § 616 BGB zu § 275 BGB

§ 616 BGB setzt für seine grundsätzliche Anwendbarkeit voraus, dass der Dienstverpflichtete an der Dienstleistung verhindert war. Der Tatbestand ist zumindest dahingehend unbestimmt, wonach sich die Verhinderung richtet. Mangels anderweitiger Regelung wurde früher teilweise vertreten, dass auch der Entfall der Leistungspflicht aus § 616 BGB folgen müsse.[20] Dementsprechend wird auch noch nach der Schuldrechtsreform 2002[21] vertreten, dass § 616 BGB zumindest *lex specialis* gegenüber § 275 Abs. 3 BGB darstellt.[22] Dies würde jedoch bedeuten, dass bei einer Abbedingung des § 616 BGB auch die Möglichkeit zur Leistungsverweigerung bei einer Unzumutbarkeit der Leistungserbringung beschränkt würde. Um die Auswirkungen der Abbedingung des § 616 BGB absehen zu können, ist demensprechend zunächst die Wirkung des § 616 BGB hinsichtlich des Entfalls der Leistungspflicht und das Verhältnis der Norm zu § 275 Abs. 3 BGB zu bestimmen.

Folgt die Dienstverhinderung, die § 616 BGB voraussetzt, aus § 275 BGB, bestimmt § 275 BGB mittelbar auch den Anwendungsbereich des § 616 BGB. Somit bedarf es zunächst einer Betrachtung, in welchen Fällen im Rahmen eines Arbeitsverhältnisses Unmöglichkeit nach § 275 Abs. 1 BGB und § 275 Abs. 3 BGB eintritt. Der gesetzliche Regelfall kann jedoch auch durch eine vertragliche Regelung modifiziert werden. Ein Beispiel für eine solche Regelung, die typischerweise in Dienst- und Arbeitsverträgen vereinbart wird, ist die Flexibilisierung der Arbeitszeit. Dementsprechend ist zu betrachten, wie derartige Vereinbarungen auf die Unmöglichkeit der Leistungspflicht und damit mittelbar auf die Anwendung des § 616 BGB Einfluss nehmen.

Regelt § 616 BGB lediglich die Gegenleistungsgefahr, stellt sich die Frage, unter welchen Voraussetzungen die Leistungspflicht entfällt. Zudem ist fraglich, welches Interesse auf Seiten des Leistungsberechtigten in die Abwägung einfließt. Wäre auch das finanzielle Interesse des Dienstberechtigten zu berücksichtigen, ergäben sich bei der Abbedingung des § 616 BGB Wechselwirkungen mit der Reichweite des § 275 Abs. 3 BGB, indem die Interessenabwägung fortan möglicherweise stärker zu Gunsten des Dienstverpflichteten ausfallen würde. Insofern müssen die auf beiden Seiten abzuwägenden Interessen ermittelt und Maßstäbe für die

---

20 *BAG*, Urteil vom 22.12.1982 – 2 AZR 282/82, Rn. 61, juris; *Greiner*, Ideelle Unzumutbarkeit, S. 145 f.; *Henssler*, AcP 1990, 538 (563).

21 Gemeint ist mit „Schuldrechtsreform 2002“ auch im Weiteren das „Gesetz zur Modernisierung des Schuldrechts“ vom 16.11.2001, vgl.: BGBl. 2001, S. 3138-3218.

22 *Greiner*, Ideelle Unzumutbarkeit, S. 148 ff.; *Richardi*, NZA 2002, 1004 (1007).

Abwägung erarbeitet werden. Nur hierdurch lässt sich bestimmen, in welchen Fällen § 616 BGB eingreift.

Des Weiteren ist zu verdeutlichen, wie § 616 BGB innerhalb der Systematik des Allgemeinen Schuldrechts des BGB wirkt. Denn hieraus werden zum Teil vermeintlich allgemeingültige Aussagen abgeleitet, die den Anwendungsbereich des § 616 BGB beschränken sollen. Ein Beispiel ist die Folgerung, dass es sich um eine Ausnahmevorschrift handele, die dementsprechend restriktiv anzuwenden sei.

2) Anwendungsbereich und Auslegung des § 616 BGB

Damit eine historische Argumentation bei der Auslegung des § 616 BGB möglich ist, wird die Entwicklung der Norm anhand der Motive, die zur Schaffung der Norm geführt haben, betrachtet. Diese Betrachtung lässt Rückschlüsse darauf zu, ob die Berücksichtigung wirtschaftlicher Erwägungen mit dem Grundgedanken der Norm vereinbar ist oder stattdessen eine soziale Komponente im Fokus steht. Diese Erwägung ist vor allem bei der Auslegung der „Verhältnismäßigkeit" bei der Dauer der Verhinderung zu berücksichtigen. Auch könnte sich aus dem Bestehen einer „arbeitsrechtlichen Fürsorgepflicht" eine besondere Rücksichtnahmepflicht hinsichtlich der Abbedingung der Norm ergeben, sodass es einer kritischen Auseinandersetzung mit dieser Theorie bedarf. Zudem stellt sich die Frage, ob § 616 BGB an eine Nebenleistungspflicht – ggf. aus § 241 Abs. 2 BGB – anknüpft oder selbst eine Hauptleistungspflicht begründet bzw. begründen sollte. In letztem Fall wäre die Abbedingung des § 616 BGB als Preisbestandteil einer AGB-Kontrolle entzogen. Hingegen könnte die Intensität einer Nebenpflicht mit Blick auf eine unangemessene Benachteiligung Einfluss auf die Abdingbarkeit haben. Daher ist relevant, ob sich aus § 616 BGB eine konkretisierte Nebenpflicht ergibt.

Im Hinblick auf die Abdingbarkeit muss der Anwendungsbereich des § 616 BGB betrachtet werden. Denn oftmals wird in Verträgen – in Anlehnung an Tarifverträge – § 616 BGB nicht vollständig abbedungen, sondern es werden lediglich die Anwendungsfälle und die Verhinderungsdauer beschränkt. Um den Umfang der Abbedingung solcher sowie § 616 BGB vollständig abbedingender Klauseln bestimmen zu können, muss die Wirkung des § 616 BGB festgelegt werden. Da der Anwendungsbereich zum Teil noch strittig ist, wird damit auch ein Beitrag zur allgemeinen Literatur zu § 616 BGB geschaffen.

Einen maßgeblichen Einfluss auf den heutigen Anwendungsbereich des § 616 BGB hat das Verhältnis der Norm zu spezialgesetzlichen Regelungen zur Arbeitsverhinderung mit Vergütungsfortzahlung. Im Bereich des persönlichen Leistungshindernisses hatte die krankheitsbedingte Arbeitsunfähigkeit traditionell große Relevanz. Diese wurde durch die Einführung des EFZG abgemildert. Allerdings bleibt unklar, ob es noch Fälle der krankheitsbedingten Arbeitsverhinderung gibt, die weiterhin § 616 BGB unterfallen. Dabei ist insbesondere an krankheitsbedingte, untertägige Arztbesuche zu denken. Unterfallen diese nicht dem EFZG, würde die Vergütungsfortzahlung in diesen Fällen durch die Abbedingung des § 616 BGB ebenfalls ausgeschlossen. Dies könnte insbesondere mit Blick auf das Transparenzgebot sowie auf das Verbot unangemessener Benachteiligung problematisch sein. Um diese Fälle aber entweder dem EFZG oder § 616 BGB zuordnen zu können, muss herausgearbeitet werden, was eine „Arbeitsunfähigkeit infolge Krankheit" ist und ob eine Teilarbeitsunfähigkeit, die bei untertägigen Verhinderungen eintritt, anzuerkennen ist. Aus den Regelungen zur Entgeltfortzahlung im Laufe der Zeit ist auch zu erkennen, was für den Gesetzgeber eine angemessene Dauer der Entgeltfortzahlung darstellt und inwieweit der Schutz der wirtschaftlichen Interessen des Dienstberechtigten zu berücksichtigen ist. Deshalb bietet es sich an dieser Stelle an, die historische Entwicklung der Entgeltfortzahlung darzustellen.

§ 3 EFZG und § 616 BGB treten zudem an mehreren Stellen in Konflikt zueinander. Ein Beispiel ist die Wartezeit nach § 3 Abs. 3 EFZG, innerhalb der § 616 BGB ersatzweise Anwendung finden könnte. Insofern stellt sich die Frage, ob § 3 EFZG eine Sperrwirkung entwickelt.

§ 44a Abs. 3 SGB XI i.V.m. § 2 PflegeZG enthält bereits im sachlichen Anwendungsbereich die interessante Fragestellung, inwieweit sich der Anwendungsbereich mit § 616 BGB überschneidet. Des Weiteren ist fraglich, ob § 2 PflegeZG mehrmals anzuwenden ist. Davon ist abhängig, in welchem Verhältnis sie zu § 275 Abs. 3 BGB und § 616 BGB steht.

Ähnliches gilt für § 45 SGB V, der eine Freistellung und die Zahlung von Krankengeld bei Krankheit des eigenen Kindes vorsieht. Auch diese Norm könnte als Auslegungshilfe für § 275 Abs. 3 BGB und § 616 BGB herangezogen werden, was das *BAG* früher auch bereits in Erwägung gezogen hat.[23] Um das Verhältnis zu den beiden Normen im BGB zu klären, bedarf es einer Betrachtung der Tatbestandsvoraussetzungen. Dies ist insbesondere auf Grund der kurzen Dauer der Freistellung relevant, sodass § 275 Abs. 3 BGB für länger andauernde Krankheiten des Kindes ausgeschlossen, jedenfalls aber der Anspruch aus § 616 BGB auf diesen Zeitraum beschränkt sein könnte.

Ein wesentlicher ungeklärter Aspekt bei der Anwendung des § 616 BGB ist, wie das Tatbestandsmerkmal „verhältnismäßig nicht erhebliche Zeit" auszulegen ist. Dabei ist insbesondere unklar, zu welcher Bezugsgröße die Verhinderungsdauer

---

23 *BAG*, Urteil vom 19.04.1978 – 5 AZR 834/76, Rn. 20, juris; *BAG*, Urteil vom 07.06.1978 – 5 AZR 466/77, Rn. 12, juris.

„verhältnismäßig“ sein muss. Eine Vielzahl von (Tarif-)Verträgen legt maximale Fortzahlungsdauern für bestimmte Verhinderungen fest. Fraglich ist, ob dies ein Abweichen vom gesetzlichen Leitbild darstellt. Dies wäre beispielsweise der Fall, wenn sich die Verhältnismäßigkeit an der Dauer des Bestehens des Dienstvertrages orientierte. Ein Indiz hierfür kann die Ausgestaltung in den zuvor genannten spezialgesetzlichen Regelungen – § 3 EFZG, § 2 PflegeZG und § 45 SGB V – sein. Hieran schließt sich auch die Handhabung von Wiederholungsfällen der Verhinderung an. Insofern könnten in Anlehnung an § 3 EFZG beschränkende Regelungen in Erwägung gezogen werden. Auch bei diesen stellt sich die Frage, ob sie eine Abweichung vom gesetzlichen Leitbild darstellten.

§ 616 BGB hat durch die COVID-19-Pandemie an allgemeiner Relevanz gewonnen. Insofern bietet es sich an, vor dem Hintergrund der in dieser Arbeit erarbeiteten Ergebnisse zum Anwendungsbereich des § 616 BGB dessen Anwendung im Rahmen der COVID-19-Pandemie zu reflektieren. Von besonderer Relevanz ist dabei die Frage, ob die – regelmäßig vierzehntägige – Quarantäne noch eine verhältnismäßig nicht erhebliche Zeit darstellt. Da der Staat subsidiär für den Vergütungsausfall eintritt, stellt die Abbedingung des § 616 BGB im Fall einer durch COVID-19 bedingten Quarantäne ein optimales Beispiel für die Frage dar, ob die Abbedingung einen Vertrag zu Lasten Dritter darstellt.

Ein weiteres unbestimmtes Tatbestandsmerkmal des § 616 BGB ist das Verschulden. Auch an dieser Stelle könnte eine vertragliche Regelung die Anwendung des § 616 BGB modifizieren. Allerdings ist die Frage des Verschuldens stets mit Beweisproblemen verbunden. Inwiefern der Dienstverpflichtete ein Verschulden an dem Verhinderungsgrund trifft, dürfte in der Regel schwer nachzuweisen sein. Insofern wird das Verschulden bei der Betrachtung im Rahmen dieser Arbeit außer Acht gelassen.

Die Abbedingung des § 616 BGB kann folglich an drei Tatbestandsmerkmalen anknüpfen, wovon zwei Möglichkeiten in dieser Arbeit betrachtet werden sollen. Zum einen kann der sachliche Anwendungsbereich beschränkt werden, zum anderen die Dauer der Verhinderung, die noch als verhältnismäßig nicht erheblich gelten soll, bestimmt werden. Inwieweit die Vergütungsfortzahlungspflicht nach § 616 BGB durch vertragliche Regelungen betreffend diese beiden Tatbestandsmerkmale modifiziert werden kann, wird im weiteren Verlauf der Arbeit aufgezeigt.

3) Abdingbarkeit des § 616 BGB

Nachdem somit das gesetzliche Leitbild des § 616 BGB umrissen wurde, können die Grenzen der Abbedingung des § 616 BGB insgesamt, aber auch der einzelnen Tatbestandsmerkmale, bewertet werden.

Insbesondere zeigt sich bei der Betrachtung des Anwendungsbereiches, dass § 616 BGB in Konkurrenz zu mehreren subsidiären Leistungen steht, die an die Stelle der Vergütungsfortzahlung treten. Somit würden mit einem Ausschluss der Anwendung des § 616 BGB in diesen Fällen die subsidiär eintretenden Leistungsträger belastet. Vor diesem Hintergrund stellt sich die Frage, ob die Abbedingung dann nicht gegen Grundsätze des Sozialversicherungsrechts oder das Verbot des Vertrags zu Lasten Dritter verstieße.

Im Anschluss ist die Abbedingung am AGB-Recht zu messen. Von besonderer Bedeutung sind dort – mangels einschlägiger besonderer Klauselverbote – das Transparenzgebot gemäß § 307 Abs. 1 S. 2 BGB und das Verbot der unangemessenen Benachteiligung gemäß § 307 Abs. 1 S. 1 BGB und § 307 Abs. 2 Nr. 1, Abs. 1 S. 1 BGB.

Auf Grund der unterschiedlichen persönlichen, wirtschaftlichen und sozialen Abhängigkeit können sich dabei für die verschiedenen Beschäftigtengruppen unterschiedliche Ergebnisse ergeben. Somit sind vor der AGB-Prüfung die Unterschiede der Beschäftigtengruppen darzustellen, die aus dem unterschiedlichen Grad der persönlichen, wirtschaftlichen und sozialen Abhängigkeit folgen. Des Weiteren ist – insbesondere mit Blick auf § 310 Abs. 4 S. 2 BGB – der Maßstab der AGB-Kontrolle zu bestimmen. Sodann können die verschiedenen dargestellten Möglichkeiten der Abbedingung einer AGB-Kontrolle unterzogen werden. Für die AGB-Kontrolle sind die allgemeinen Grundsätze des Transparenzgebotes und der unangemessenen Benachteiligung dazustellen.

Die AGB-Kontrolle erfolgt anhand konkreter Klauseln oder möglicher Regelungsinhalte von Klauseln. Diese werden hinsichtlich ihrer Transparenz untersucht und sowohl Leitlinien für eine transparente Klauselgestaltung dargestellt als auch konkrete Klauseln vorgeschlagen. Dabei wird (an dieser Stelle) außer Acht gelassen, ob die Klauseln nicht im Übrigen unangemessen benachteiligend im Sinne des § 307 Abs. 1 S. 1 BGB sind.

Im Anschluss daran erfolgt die Inhaltskontrolle nach § 307 Abs. 1 Nr. 1 BGB. Dabei ist zum einen herauszuarbeiten, ob § 616 BGB einen wesentlichen Grundgedanken enthält. Eine Klausel, die von dem wesentlichen Grundgedanken der Norm abweicht, bedürfte einer besonderen Rechtfertigung. Zum anderen sind für die einzelnen möglichen Klauseln mögliche Benachteiligungen des Dienstverpflichteten festzustellen und Interessenabwägungen nach § 307 Abs. 1 S. 1 BGB vorzunehmen. Dabei werden mögliche Regelungsinhalte angenommen, die Interessen der Parteien bestimmt, deren Berücksichtigungsfähigkeit geprüft sowie eine Abwägung vorgenommen. Ergebnis dieser Betrachtung sind ebenfalls Leitlinien dazu, welche Klauselinhalte grundsätzlich nicht möglich sind, sowie abstrakte und konkrete Vorschläge für die Gestaltung wirksamer Klauseln.

B) Verhältnis der Hauptleistungspflichten im Dienst- und Arbeitsvertrag

Um die Wirkung der Abbedingung des § 616 BGB feststellen zu können, muss zunächst betrachtet werden, in welchem Verhältnis § 616 BGB zur Hauptleistungspflicht, also der zu erbringenden Dienstleistung, steht. Dabei kommt in Betracht, dass § 616 BGB entweder auch den Entfall der Hauptleistungspflicht regelt oder diesen lediglich voraussetzt. Setzt § 616 BGB den Entfall der Hauptleistungspflicht voraus, wird durch die Voraussetzungen und Umstände des Entfalls auch die Anwendbarkeit des § 616 BGB präjudiziert. Folgt die Leistungspflichtbefreiung hingegen aus § 616 BGB, könnte dies Einfluss auf die Bewertung haben, ob die Abbedingung des § 616 BGB den Dienstverpflichteten unangemessen benachteiligt.

I) Auswirkung des § 616 BGB auf Haupt- und Gegenleistungspflicht

Der Wortlaut des § 616 BGB setzt eine Verhinderung der Dienstleistung voraus. Damit knüpft die Regelung nicht unmittelbar an eine andere Norm an. Anders als § 326 Abs. 1 BGB, der auf § 275 Abs. 1 bis 3 BGB Bezug nimmt, setzt die Regelung so nach ihrem Wortlaut nicht den rechtlichen Entfall der Leistungspflicht voraus, sondern lässt das bloße Vorliegen einer tatsächlichen Verhinderung genügen.[24]

Auf Grund der fehlenden Anknüpfung ist fraglich, ob § 616 BGB nicht nur die Fortzahlung der Vergütung, sondern auch die Leistungspflichtbefreiung selbst regelt. Trifft § 616 BGB auch zur Dienstbefreiung eine Regelung, könnte sie gegenüber § 275 BGB spezieller sein. Dies hätte zur Folge, dass die Abbedingung des § 616 BGB im Dienstvertrag nicht zum Entfall der Fortzahlungspflicht, sondern zum Entfall der Möglichkeit der einseitigen Dienstbefreiung führen könnte.

Dementsprechend ist zunächst der Regelungsgehalt des § 616 BGB im Hinblick auf die Dienstbefreiung zu untersuchen.

---

24 Vgl. hierzu: *Joussen* und *Oetker*, die im weiteren jedoch die tatsächliche Dienstverhinderung mit § 275 Abs. 1 und Abs. 3 BGB konkretisieren: Rolfs/Giesen u. a./*Joussen*, BeckOK ArbR, § 616 BGB, Rn. 16; Staudinger/*Oetker*, Kommentar zum BGB §§ 613a-619a BGB, § 616 BGB, Rn. 46 f.

1) Regelungsgehalt bis zur Schuldrechtsreform 2002

Bis zur Schuldrechtsreform 2002 enthielt das BGB keine dem § 275 Abs. 3 BGB vergleichbare Regelung. Somit konnte ein Rückgriff auf § 323 BGB a. F.[25] nur in den Fällen erfolgen, in denen eine vom Schuldner unverschuldete Unmöglichkeit bzw. ein unverschuldetes Unvermögen vorlag.[26] Dies war nur bei dauerhafter Verhinderung anzunehmen.[27] Die darüberhinausgehende Möglichkeit der Arbeitsverweigerung wurde auf ein nicht normiertes Leistungsverweigerungsrecht gestützt. Zumeist wurde das weitere Bestehen des Arbeitgebers auf die Arbeitsleistung als ein Verstoß gegen Treu und Glauben angesehen, sodass das Leistungsverweigerungsrecht aus § 242 BGB hergeleitet wurde.[28]

Ein weiterer Ansatz war eine Analogie zu § 616 BGB.[29] So sah das *BAG* in den Gesetzgebungsmaterialien Anhaltspunkte dafür, dass sich – bei Vorliegen der Voraussetzungen – ein Leistungsverweigerungsrecht unmittelbar aus § 616 BGB ergebe.[30] Dies schien darauf zu gründen, dass bei Vorliegen eines Falls, in dem § 616 BGB anwendbar war, auch das Leistungsverweigerungsrecht angenommen wurde.[31] *Greiner* ging gar soweit, § 616 BGB als einen damaligen Leistungsstörungstatbestand *sui generis* anzunehmen. Das folgerte er aus dem einzigartigen Wortlaut „Hindernis" im Normtext statt einer Anknüpfung an die Unmöglichkeit.[32]

Insofern wurde dem § 616 BGB vor der Schuldrechtsreform 2002 eine Doppelfunktion zugeschrieben. Die Norm hätte nicht nur eine Regelung über das Schicksal der Vergütung getroffen, sondern auch eine Regelung über den Entfall der Dienstleistungspflicht. Dafür sprach ergänzend auch, dass es unwahrschein-

---

25 Der § 323 BGB a. F. entsprach zusammen mit dem § 324 BGB a. F. im Wesentlichen dem heutigen § 326 BGB, so: Lorenz/*Canaris,* Karlsruher Forum, Die Neuregelung des Leistungsstörungs – und des Kaufrechts – Grundstrukturen und Problemschwerpunkte –, S. 53 f.

26 Palandt/*Heinrichs,* BGB-Kommentar (2002), Vor § 275 BGB, Rn. 6; hinsichtlich des Entfalls der Leistungspflicht bei Unvermögen kritisch: *Krumnack,* Wegfall der Leistungspflicht, S. 160 ff.

27 Palandt/*Heinrichs,* BGB-Kommentar (2002), § 275 BGB, Rn. 14.

28 *BAG,* Urteil vom 20.05.1988 – 2 AZR 682/87, Rn. 46, juris; Dieterich/Hanau/Schaub/*Preis,* ErfK (1998), § 611 BGB, Rn. 970.

29 *BAG,* Urteil vom 20.05.1988 – 2 AZR 682/87, Rn. 46, juris; dies auch nach der Schuldrechtsreform vertretend: *Krumnack,* Wegfall der Leistungspflicht, S. 225.

30 *BAG,* Urteil vom 22.12.1982 – 2 AZR 282/82, Rn. 61, juris.

31 *Brill,* NZA 1984, 281 (282).

32 *Greiner,* Ideelle Unzumutbarkeit, S. 145 f.

lich gewesen wäre, dass der Gesetzgeber ausschließlich eine Regelung über den Fortbestand der Vergütung hätte treffen wollen, während unklar geblieben wäre, weshalb diese überhaupt hätte entfallen sollen.[33] Diese Folgerung hätte sich auch mit dem *argumentum a maiore ad minus* herleiten lassen.[34]

2) Regelungsgehalt nach der Schuldrechtsreform 2002

Fraglich ist, ob diese Doppelfunktion dem § 616 BGB auch noch nach der Einführung des § 275 Abs. 3 BGB beizumessen ist.

a) Fortbestehen der Doppelfunktion

Für das Fortbestehen der Doppelfunktion wird angeführt, dass es sich bei § 616 BGB als Regelung des Besonderen Teils des Schuldrechts um *lex specialis* gegenüber § 275 Abs. 3 BGB handele. Das würde zur Verdrängung des § 275 Abs. 3 BGB führen.[35] Zugleich habe der Schutz des Dienstverpflichteten nicht verschlechtert werden sollen.[36] Nach *Greiner* würde eine solche Verschlechterung jedoch bei Gewissenskonflikten eintreten, da bei diesen kein Leistungsverweigerungsrecht nach § 275 BGB bestünde. Hingegen sei vor der Einführung des § 275 Abs. 3 BGB ein Leistungsverweigerungsrecht aus § 616 BGB gegeben gewesen.[37]

b) Leistungsbefreiung allein aus § 275 BGB

Nach anderer Ansicht regele § 616 BGB seit der Schuldrechtsreform 2002 lediglich die Preisgefahr, während sich das Leistungsverweigerungsrecht bzw. die Sachleistungsgefahr allein aus § 275 Abs. 3 BGB ergebe.[38] Während § 615 S. 1 BGB eine ausdrückliche Regelung zur Leistungspflicht enthalte, schweige § 616 BGB absichtlich hierzu, sodass auf die allgemeinen Grundsätze zurückzugreifen

---

33 Insoweit überzeugend: *Greiner*, Ideelle Unzumutbarkeit, S. 149 f.

34 So überzeugend: *Henssler*, AcP 1990, 538 (563).

35 *Joussen*, NZA 2001, 745 (747); *Richardi*, NZA 2002, 1004 (1007); *Schwegmann*, Dogmatik, S. 36; Grüneberg/*Weidenkaff*, BGB, § 616 BG, Rn. 2; so wohl auch: *Wank*, Lohnanspruch, S. 79.

36 *Tillmanns*, Strukturfragen, S. 368.

37 *Greiner*, Ideelle Unzumutbarkeit, S. 150.

38 Gsell/Krüger u. a./*Bieder*, beckOGK (Stand: 01.07.2022), § 616 BGB, Rn. 44; *Herbert/Oberrath*, NJW 2005, 3745 (3747); *Kohte*, Schuldrechtsreform und das Arbeitsrecht, S. 91; *Löwisch*, NZA 2001, 465 (465 f.); Westermann/Grunewald/Maier-Riemer/*Riesenhuber*, Ermann BGB, § 616 BGB, Rn. 2; so mittlerweile auch *Henssler*: Säcker/Rixecker u. a./*Henssler*, MüKo zum BGB (Band 5), § 616 BGB, Rn. 10 f.

sei.[39] Außerdem sei der Anwendungsbereich des § 275 Abs. 3 BGB weiter als der des § 616 BGB.[40] Eine Beschränkung des Leistungsverweigerungsrechts auf die Voraussetzungen des § 616 BGB sei jedoch nicht intendiert, sei doch der Hauptanwendungsbereich des § 275 Abs. 3 BGB das Arbeitsrecht.[41]

c) *Stellungnahme*

Die Argumentation, dass es sich bei § 616 BGB um *lex specialis* gegenüber § 275 Abs. 3 BGB handele, überzeugt nicht. Dies folgt bereits daraus, dass teilweise gleichzeitig vertreten wird, dass § 326 Abs. 2 BGB anwendbar sein solle, wenn dessen Tatbestand erfüllt sei, obwohl § 616 BGB als *lex specialis* § 275 Abs. 3 BGB vorgeht.[42] Dies ist jedoch nur dann möglich, wenn auch die Voraussetzungen des § 275 Abs. 3 BGB vorliegen. Dadurch wird aber anerkannt, dass der Schutzbereich des § 275 Abs. 3 BGB dem des Leistungsverweigerungsrechts aus § 616 BGB nicht nachsteht. Es wird also ein Nebeneinander der Normen angenommen, was dem *lex specialis*-Grundsatz entgegensteht.

Des Weiteren würde die Annahme des § 616 BGB als *lex specialis* gegenüber § 275 Abs. 3 BGB zu dem eigenartigen Ergebnis führen, dass bei Überschreiten der „verhältnismäßig nicht erheblichen Zeit" der Dienstverpflichtete rückwirkend nicht nur den Anspruch auf Vergütungsfortzahlung, sondern auch sein Leistungsverweigerungsrecht verlieren würde. Nach der herrschenden Meinung trete nämlich bei Überschreiten der „verhältnismäßig nicht erheblichen Zeit" ein rückwirkender Entfall der Rechtsfolge des § 616 BGB ein.[43] Der Dienstverpflichtete stände somit schlechter als bei der Anwendung des § 275 Abs. 3 BGB. Dieser Rechtsfolge ließe sich abermals lediglich damit begegnen, dass § 616 BGB und § 275 Abs. 3 BGB nebeneinander anwendbar wären, wie es auch von *Tillmanns* vertreten wird.[44] So könnte der Dienstverpflichtete bei einem rückwirkenden Entfall auf § 275 Abs. 3 BGB zurückgreifen. Allerdings widerspricht dies abermals dem *lex specialis*-Grundsatz.

---

39 Gsell/Krüger u. a./*Bieder*, beckOGK (Stand: 01.07.2022), § 616 BGB, Rn. 44; ebenfalls im Grundsatz das Schweigen des § 616 BGB annehmend, aber mit anderem Schluss: *Krumnack*, Wegfall der Leistungspflicht, S. 215 ff.

40 Säcker/Rixecker u. a./*Henssler*, MüKo zum BGB (Band 5), § 616 BGB, Rn. 10; Rolfs/Giesen u. a./*Joussen*, BeckOK ArbR, § 616 BGB, Rn. 12.

41 Säcker/Rixecker u. a./*Henssler*, MüKo zum BGB (Band 5), § 616 BGB, Rn. 10.

42 Grüneberg/*Weidenkaff*, BGB, § 616 BG, Rn. 2.

43 Vgl. hierzu: C)II)3)a)bb), S. 175.

44 *Tillmanns*, Strukturfragen, S. 368 f.

Auch der von *Greiner* angeführte Fall des Gewissenskonflikts, der nach seiner Auffassung die Doppelfunktion des § 616 BGB weiterhin erfordere, da § 275 Abs. 3 BGB in diesem Fall kein Leistungsverweigerungsrecht gewähre,[45] begründet nicht die fortdauernde Annahme der Doppelfunktion. Der praktische Anwendungsbereich des § 616 BGB dürfte im Fall eines Gewissenskonflikts sehr begrenzt sein. Gewissenskonflikten dürfte regelmäßig immanent sein, dass sie nicht nur für eine verhältnismäßig kurze Zeit bestehen. Somit würde das Tatbestandsmerkmal der „verhältnismäßig nicht erheblichen Zeit" nicht erfüllt sein. Eine „verhältnismäßig nicht erhebliche Zeit" könnte jedoch im Fall einer unzulässigen Weisung des Dienstberechtigten zur Konkretisierung der Dienstleistungspflicht vorliegen. In diesen Fällen könnte § 616 BGB grundsätzlich eingreifen. Allerdings löst die Rechtsprechung einen solchen Gewissenskonflikt dadurch, dass sie eine rechtswidrige Ausübung des Direktionsrechts durch den Dienstberechtigten annimmt.[46] Hieraus ergibt sich für den Dienstverpflichteten ein Leistungsverweigerungsrechts nach § 273 Abs. 1 BGB.[47] Eines Rückgriffs auf § 275 Abs. 3 BGB i.V.m. § 616 BGB bedarf es damit nicht. Des Weiteren erscheint ohnehin fraglich, ob eine Vergütungsfortzahlung in diesem Fall zwingend geboten ist. So schützt Art. 4 GG zwar davor, entgegen dem eigenen Gewissen handeln zu müssen. Er schützt jedoch nicht davor, dass hieraus (wirtschaftlich) negative Folgen für den Leistungsverpflichteten entstehen, die dieser tragen muss.[48]

Wie zuvor ausgeführt, hatte § 616 BGB vor der Schuldrechtsform 2002 eine Doppelfunktion. Lehnt man diese nunmehr ab, wäre mit der Schuldrechtsreform 2002 auch eine inhaltliche Änderung des § 616 BGB einhergegangen, obwohl der Gesetzgeber diese Norm inhaltlich nicht geändert hat. Dementsprechend könnte eingewandt werden, dass der Gesetzgeber mit der Einführung der allgemeinen Regelung des § 275 Abs. 3 BGB nicht die bereits bestehende spezielle Regelung des § 616 BGB inhaltlich modifizieren und deren Regelungsgehalt beschränken wollte. Allerdings ergab sich der weite Regelungsgehalt des § 616 BGB allein aus der Auslegung durch Rechtsprechung und Literatur. Dem Gesetzgeber könnte

45 a. A. Staudinger/*Caspers*, Kommentar zum BGB §§ 255-304 BGB, § 275 BGB, Rn. 110; *Henssler*, RdA 2002, 129 (131); Säcker/Rixecker u. a./*Henssler*, MüKo zum BGB (Band 5), § 616 BGB, Rn. 10, 55; Gsell/Krüger u. a./*Riehm*, beckOGK (Stand: 01.08.2023), § 275 BGB, Rn. 309.

46 *BAG*, Urteil vom 24.02.2011 – 2 AZR 636/09, Rn. 30, 25, juris; *LAG Schleswig-Holstein*, Urteil vom 20.01.2009 – 5 Sa 270/08, Rn. 25, juris; zustimmend: Gsell/Krüger u. a./*Riehm*, beckOGK (Stand: 01.08.2023), § 275 BGB, Rn. 309.

47 Pielow/*Hoffmann/Schulte*, BeckOK GewO, § 106 GewO, Rn. 117.

48 *Henssler*, RdA 2002, 129 (131 ff.).

zwar die Beschränkung des Regelungsgehalts des § 616 BGB durch die neue Regelung nicht bewusst gewesen sein. Allerdings hatte der historische Gesetzgeber bei der Schaffung des § 616 BGB anscheinend auch kein Bewusstsein für einen derart weiten Regelungsgehalt.[49] Andernfalls hätte er vermutlich die Doppelfunktion klargestellt. Zudem führte der Gesetzgeber der Schuldrechtsreform 2002 insbesondere solche Fälle als Fallbeispiele des neuen § 275 Abs. 3 BGB an, die bis dahin über ein Leistungsverweigerungsrecht aus § 616 BGB gelöst wurden.[50] Daraus ergibt sich – wenn auch nicht ausdrücklich –, dass der Gesetzgeber mit der Einführung des § 275 Abs. 3 BGB die logische Trennung zwischen dem Bestehen eines Leistungsverweigerungsrechts und dem ausnahmsweisen Aufrechterhalten des Vergütungsanspruchs – worin sich letztlich der Wortlaut des § 616 BGB erschöpft – auch in das Gesetz übertragen wollte. Somit regelt § 616 BGB – mittlerweile – lediglich die Preisgefahr, während sich das Leistungsverweigerungsrecht bzw. die Sachleistungsgefahr allein aus § 275 Abs. 3 BGB ergibt.[51]

3) Zwischenergebnis

Spätestens seit der Schuldrechtsreform 2002 ist anzuerkennen, dass § 616 BGB selbst keine Regelung zur Befreiung des Dienstverpflichteten von der Leistungspflicht trifft, sondern lediglich den Anspruch auf Fortzahlung der Vergütung regelt. Deshalb wird durch die Abbedingung des § 616 BGB nicht automatisch auch die Möglichkeit des Dienstverpflichteten beschränkt, sich auf das Leistungsverweigerungsrecht zu berufen. Dies wäre nur der Fall gewesen, wenn § 616 BGB auch nach Einführung des § 275 BGB als *lex specialis* das Leistungsverweigerungsrecht begründet hätte. Zugleich hat es aber auch zur Folge, dass § 616 BGB

---

49 Indes folgert *Tillmanns* aus der Formulierung in den Motiven zum BGB, dass die Norm von dem Grundsatz der §§ 275, 323 BGB a. F. bewusst abweiche und damit auch das Recht zur Leistungsverweigerung in der Norm geregelt werden soll: Kiel/Lunk/Oetker/*Tillmanns*, MHdB ArbR, § 77 Arbeitsverhinderung aus persönlichen Gründen, Rn. 7. Auf Grund der ausdrücklichen Einbeziehung des Entfalls der Gegenleistungspflicht und der unterbliebenen differenzierten Betrachtung kann dies jedoch nicht derart eindeutig gesehen werden. Die Motive lassen vielmehr beide Auslegungen zu.

50 Vgl.: BT-Drs. 14/6040, S. 130.

51 So mittlerweile auch: Säcker/Rixecker u. a./*Henssler*, MüKo zum BGB (Band 5), § 616 BGB, Rn. 3; im Übrigen auch: *Herbert/Oberrath*, NJW 2005, 3745 (3747); *Kohte*, Schuldrechtsreform und das Arbeitsrecht, S. 91; *Löwisch*, NZA 2001, 465 (465 f.); Westermann/Grunewald/Maier-Riemer/*Riesenhuber*, Ermann BGB, § 616 BGB, Rn. 2.

nur zur Anwendung gelangt, wenn die Dienstleistungspflicht nach § 275 BGB entfällt. Somit hängt der Anwendungsbereich der Vergütungsfortzahlung mittelbar erheblich von der Reichweite des § 275 BGB und insbesondere § 275 Abs. 3 BGB ab. Aus diesem Grund ist im nachfolgenden Abschnitt zu untersuchen, wie weit § 275 BGB reicht.

II) Fälle der Unmöglichkeit nach § 275 BGB

Um die Fälle bestimmen zu können, in denen § 616 BGB überhaupt zur Anwendung gelangen kann, weil die Leistungspflicht – und dadurch bei im Synallagma stehenden Hauptleistungspflichten nach § 326 BGB, hier die Vergütungspflicht[52] – entfällt, müssen die Maßstäbe für den Entfall der Leistungspflicht nach § 275 BGB betrachtet werden.

Für den Entfall der Leistungspflicht hält § 275 BGB nach der Schuldrechtsreform 2002 drei Ausschlusstatbestände bereit. Demnach führt nicht nur nach § 275 Abs. 1 BGB die objektive und subjektive Unmöglichkeit der Leistung – unabhängig vom Vertretenmüssen des Schuldners –, sondern auch das Recht zur Verweigerung auf Grund eines unzumutbaren Aufwands (Absatz 2) oder genereller Unzumutbarkeit (Absatz 3) zu einem Entfall der Primärleistungspflicht. Da die Norm selbst eine Interessenabwägung vorsieht,[53] ist insbesondere § 275 Abs. 3 BGB für den Anwendungsbereich des § 616 BGB relevant. Die Berücksichtigung und Gewichtung der Interessen bei dieser Abwägung sind demnach entscheidend dafür, wie groß der Anwendungsbereich des § 616 BGB ist. Somit wäre ein nachvollziehbarer und auf die verschiedenen Einzelfälle übertragbarer Maßstab für die Interessenabwägung hilfreich, um auch den Bereich festzulegen, innerhalb dessen die Abbedingung des § 616 BGB wirkt.

1) Unmöglichkeit nach § 275 Abs. 1 BGB

Den grundsätzlich unproblematischen Fall stellt § 275 Abs. 1 BGB dar. Demnach tritt Unmöglichkeit ein, wenn die Leistungserbringung tatsächlich oder rechtlich nicht erfolgen kann.

---

52 Statt vieler für den Dienstvertrag: Säcker/Rixecker u. a./*Spinner,* MüKo zum BGB (Band 5), § 611 BGB, Rn. 7 und für den Arbeitsvertrag: Müller-Glöge/Preis u. a./*Preis,* ErfK, § 611a BGB, Rn. 1.

53 *BAG,* Urteil vom 13.06.2007 – 5 AZR 564/06, Rn. 43, juris; *BAG,* Urteil vom 14.12.2017 – 2 AZR 86/17, Rn. 38, juris; Säcker/Rixecker u. a./*Ernst,* MüKo zum BGB (Band 2), § 275 BGB, Rn. 128; Hau/Poseck/*Lorenz,* BeckOK BGB, § 275 BGB, Rn. 64.

a) Unmöglichkeit bei festgelegten Arbeitszeiten

Der Regelfall für die Unmöglichkeit der Arbeitsleistung nach dieser Vorschrift dürfte der Zeitablauf sein. Nach herrschender Meinung stellt die Arbeitsleistung grundsätzlich eine absolute Fixschuld dar.[54] Dies bedeutet, dass die Leistungshandlung lediglich in einem vorbestimmten Zeitraum erbracht werden kann. Die Nachholbarkeit der Leistung, die für die Abgrenzung zum Verzug – bei dem die Nachholbarkeit gegeben ist – maßgeblich ist[55], ist somit nicht möglich. Der Zeitraum, in dem die Arbeitsleistung erbracht werden soll, ist Bestandteil der geschuldeten Leistung und definiert diese somit.[56] Verstreicht dieser Zeitraum ohne Leistungserbringung, ist die Arbeitsleistung, die auf einen bestimmten Zeitraum bezogen war, auf Grund Naturgesetzes nicht nachholbar. Sofern der Dienstverpflichtete die Leistung nachträglich erbringt, hätte diese in Gestalt der abweichenden Leistungszeit einen anderen Inhalt und würde damit ein *aliud* darstellen.[57] Eine Nachholbarkeit der Leistung ist damit nicht gegeben. Diese wäre allerdings erforderlich, damit keine Unmöglichkeit, sondern lediglich Verzug eintritt.[58] Die Arbeitsleistung wird somit durch Zeitablauf unmöglich.

---

54 *Beuthien,* RdA 1972, 20 (22); Staudinger/*Fischinger,* Kommentar zum BGB §§ 611-613 BGB, § 611a BGB, Rn. 1082; *Fischinger/Hengstberger,* JA 2020, 561 (561); Rolfs/Giesen u. a./*Joussen,* BeckOK ArbR, § 611a BGB, Rn. 407; *Söllner,* AcP 1967, 132 (139); im Ergebnis übereinstimmend, aber angesichts der Arbeitszeitflexibilisierung generell relativierend: Müller-Glöge/Preis u. a./*Preis/Greiner,* ErfK, § 611a BGB, Rn. 764; a. A. *Latzel,* AcP 2021, 881 (885).

55 Müller-Glöge/Preis u. a./*Preis/Greiner,* ErfK, § 611a BGB, Rn. 762.

56 Staudinger/*Fischinger,* Kommentar zum BGB §§ 611-613 BGB, § 611a BGB, Rn. 1082; a. A. *Latzel*, der nicht nur die zeitliche Festlegung, sondern auch die Tätigkeit durch das Weisungsrecht festgelegt sieht, jedoch bei Nichtbefolgung der Weisung hieran keine Konsequenz knüpft, sondern allein eine erneute Festlegung des Leistungsinhalts zulässt: *Latzel,* AcP 2021, 881 (889). Dies überzeugt jedoch nicht, da der Arbeitgeber durch die Weisung oder den Arbeitsvertrag festgelegt hat, wann er die Arbeitsleistung benötigt oder erwartet. Kommt der Arbeitnehmer dieser Anforderung nicht nach, könnte der Arbeitnehmer die erneute Ausübung des Weisungsrechts verlangen, der der Arbeitgeber nachkommen müsste, damit er nicht in Annahmeverzug geriete. Letztlich erhielte der Arbeitnehmer die Möglichkeit stets den Weisungen oder dem Arbeitsvertrag zuwider zu handeln, ohne dass er Gefahr liefe, seinen Vergütungsanspruch zu verlieren.

57 *Söllner,* AcP 1967, 132 (139).

58 Säcker/Rixecker u. a./*Ernst,* MüKo zum BGB (Band 2), § 286 BGB, Rn. 37.

b) *Unmöglichkeit bei flexiblen Arbeitszeiten*

Eine typische Regelung in modernen Dienst- und Arbeitsverträgen ist die Flexibilisierung von Arbeitszeiten. Solche Regelungen können jedoch Einfluss auf den Eintritt der Unmöglichkeit der Arbeitsleistung infolge von Zeitablauf haben, da im Fall einer Verhinderung die Arbeitsleistung möglicherweise während der vereinbarten Rahmenarbeitszeit wieder nachgeholt werden kann. Insofern könnten vertragliche Regelungen, die eine flexible Arbeitszeit vereinbaren, auch Einfluss auf die Anwendbarkeit des § 616 BGB nehmen und eine indirekte Abbedingung der Vergütungsfortzahlung im Verhinderungsfall darstellen. Auf Grund dessen ist an dieser Stelle eine Betrachtung der Wirkung solcher vertraglichen Regelungen geboten.

aa) *Unmöglichkeit bei flexiblen Arbeitszeiten unter Anwendbarkeit des ArbZG*

Das Eintreten von Unmöglichkeit ist in den Fällen schwieriger festzustellen, in denen keine Arbeitszeit vereinbart ist. Anders als bei einer festgelegten Arbeitszeit ist die geschuldete Leistung dann nicht durch einen Zeitraum definiert. Die „nachgeholte" bzw. erbrachte Leistung würde sich somit gegenüber der geschuldeten Leistung inhaltlich nicht verändern. Es wird kein *aliud*, sondern weiterhin die geschuldete Leistung erbracht.[59] Folglich tritt bei vereinbarter flexibler Arbeitszeit grundsätzlich keine Unmöglichkeit isoliert auf Grund von Zeitablauf ein. Gleichwohl kann es bei Arbeitnehmern auch in Fällen, in denen keine festen Arbeitszeiten bestimmt werden, zur Unmöglichkeit der Arbeitsleistung kommen.

Unmöglichkeit kann aber dann eintreten, wenn die „Nachholung" der Leistung derart umfangreich wird, dass sie zum Überschreiten der Grenzen des ArbZG führt. So stellen die Mindestruhezeit (vgl. § 5 ArbZG) und die maximale tägliche Arbeitszeit (vgl. § 3 ArbZG) die absoluten Grenzen der Nachholbarkeit dar.

Der Vereinbarung von flexibler Arbeitszeit liegt in der Regel ein Arbeitszeitkonto zu Grunde, das innerhalb eines bestimmten Zeitraums ausgeglichen sein muss.[60] Schiebt der Arbeitnehmer so lange die Erbringung der geschuldeten Ar-

---

59 So auch *Sommer*, der hervorhebt, dass die Konkretisierung der Arbeitspflicht durch den Arbeitnehmer erfolgt und somit ohne die Konkretisierung keine Arbeitspflicht unmöglich wird, die dem Leistungsstörungsrecht unterfallen kann: *Sommer*, Nichterfüllung der Arbeitspflicht, S. 189.

60 Zur generellen Funktionsweise eines Arbeitszeitkontos: Staudinger/*Fischinger*, Kommentar zum BGB §§ 611-613 BGB, § 611a BGB, Rn. 1102 ff.; Kiel/Lunk/Oetker/*Reichold*, MHdB ArbR, § 40 Arbeitszeit und Arbeitspflicht, Rn. 82.

beitsleitung auf, dass er die geschuldete Arbeitszeit nur noch unter Überschreitung der Höchstgrenzen des ArbZG in dem Ausgleichszeitraum erbringen kann, kann auch der Teil der geschuldeten Arbeitsleistung unmöglich werden, der nur unter Überschreitung der gesetzlichen Grenzen erbringbar ist.[61] Dem Arbeitnehmer ist die Erbringung der geschuldeten Arbeitsleistung gesetzlich untersagt, sodass rechtliche Unmöglichkeit eintritt.[62]

Somit kann auch bei flexiblen Arbeitszeiten Unmöglichkeit eintreten, wenn die möglichen Arbeitszeiten den Beschränkungen des ArbZG unterliegen.

bb) Unmöglichkeit bei flexiblen Arbeitszeiten bei fehlender Anwendbarkeit des ArbZG

Die Betrachtung des Anwendungsbereichs und der Abdingbarkeit des § 616 BGB erfolgt im Rahmen dieser Arbeit nicht nur in Bezug auf Arbeitnehmer. Auch freie Dienstverpflichtete werden berücksichtigt. Für freie Dienstverpflichtete, aber auch für Beschäftigte, die nicht an Weisungen gebunden sind[63] sowie – gemäß § 18 Abs. 1 S. 1 ArbZG i.V.m. § 5 Abs. 3 BetrVG – Leitende Angestellte findet das ArbZG keine Anwendung. Dementsprechend unterliegen diese Beschäftigtengruppen nicht dessen Beschränkungen. Somit können diese Beschäftigten auch unter Überschreitung der Grenzen des ArbZG ihre „versäumte" Arbeitszeit „nachleisten", sodass die Arbeitsleistung grundsätzlich nicht nach § 275 Abs. 1 BGB unmöglich werden kann. Die einzige Ausnahme stellt die natürliche Grenze der Leistungsfähigkeit dar. So können diese Beschäftigten bei Bestehen eines Arbeitszeitkontos lediglich noch die bis zum Ende des Ausgleichszeitraums sowie ohne Arbeitszeitkonto die bis zum Ende des Dienstvertrages verbleibende Zeit für die Dienstleistung aufwenden. Übersteigt die noch zu leistende Arbeitszeit die zuvor genannten Zeiträume, tritt tatsächliche Teilunmöglichkeit ein. Hingegen könnten diese Beschäftigten beispielsweise die am Morgen versäumte Arbeitszeit am Abend nachholen, auch wenn dadurch bis zum Arbeitsbeginn am nächsten Morgen weniger als elf Stunden Ruhezeit verblieben, die ansonsten § 5 Abs. 1

---

61 Bezüglich der generellen Unmöglichkeit der Nachleistung von Arbeitszeit am Ende des Ausgleichszeitraums: Säcker/Rixecker u. a./*Spinner,* MüKo zum BGB (Band 5), § 611a BGB, Rn. 979; so wohl auch: Kiel/Lunk/Oetker/*Schüren,* MHdB ArbR, § 47 Arbeitnehmergesteuerte Arbeitszeitsysteme, Rn. 41.

62 Müller-Glöge/Preis u. a./*Preis/Greiner,* ErfK, § 611a BGB, Rn. 763; grundsätzlich auch *von Stebut,* der jedoch – noch unter Geltung der AZO – statuiert, dass dieser Fall selten vorkommen dürfte: *Stebut,* RdA 1985, 66 (67); ähnl.: *Beuthien,* RdA 1972, 20 (20).

63 Rolfs/Giesen u. a./*Kock,* BeckOK ArbR, § 2 ArbZG, Rn. 31.

ArbZG verlangt. Eine rechtliche Unmöglichkeit auf Grund des ArbZG kann mithin nicht eintreten.

cc) Unmöglichkeit bei flexiblen Arbeitszeiten mit beschränkten Minusstunden

Unmöglichkeit kann bei Arbeitszeitkonten auch unabhängig vom ArbZG eintreten. So kann bei der individual- oder tarifvertraglichen Vereinbarung eines Arbeitszeitkontos auch vereinbart sein, dass die Ansammlung von Minusstunden nicht möglich[64] oder die Anzahl der maximalen Minusstunden begrenzt[65] ist.[66] Ist das Aufbauen von Minusstunden nicht oder – bei Erreichen der Maximalzahl – nicht mehr möglich, scheidet eine Nachleistung ebenfalls aus und die Arbeitsleistung wird – wie bei festen Arbeitszeiten – nach § 275 Abs. 1 BGB unmöglich.[67]

dd) Zwischenergebnis

Zwischen diesen Extremen der Arbeitszeitgestaltung – feste, verbindliche Arbeitszeiten und gar keine Beschränkungen hinsichtlich der Arbeitszeiten – bestehen zahlreiche Gestaltungsmöglichkeiten. Die vorhergehende Darstellung verdeutlicht jedoch, dass die Einführung von flexibilisierter Arbeitszeit in erheblichem Maße in den Anwendungsbereich des § 616 BGB eingreift. Durch die Flexibilisierung führt ein Verhinderungsgrund in weniger Fällen zu einer Unmöglichkeit der Arbeitsleistung. Dies gilt insbesondere in den Fällen, in denen mangels Anwendbarkeit des ArbZG oder enger vertraglicher Höchstgrenze für die Anzahl der Minusstunden auf dem Arbeitszeitkonto die Nachholungsmöglichkeit der Arbeitsleistung nahezu unbegrenzt ist.

Somit gibt es weniger Anwendungsfälle die zu einem Anspruch auf Vergütungsfortzahlung nach § 616 BGB führen können, wodurch dieser Anspruch erheblich eingeschränkt wird. Dem Arbeitnehmer, der eine Regelung zur flexiblen Arbeitszeit akzeptiert, ist möglicherweise nicht bewusst, dass er dadurch seinen

---

64 *LAG Rheinland-Pfalz*, Urteil vom 15.11.2011 – 3 Sa 493/11, Rn. 43 f., juris; Löwisch/Rieble/*Löwisch/Rieble*, TVG Kommentar, § 1 TVG, Rn. 1871.

65 *Hahn*, öAT 2013, 177 (178).

66 Präziser wäre davon zu sprechen, dass durch Vertrag die (begrenzte) Möglichkeit zur Generierung von Minusstunden vereinbart werden kann, da es sich nur dann um verrechenbare Minusstunden handelt, wenn vereinbart wurde, dass die nicht gearbeitete Arbeitszeit vorschussweise pauschaliert gezahlt wurde; vgl.: *BAG*, Urteil vom 26.01.2011 – 5 AZR 819/09, Rn. 13, juris. Auf die genauen vertraglichen Voraussetzungen kommt es hier aber nicht an.

67 Ähnlich noch zum alten Schuldrecht: *Sommer*, Nichterfüllung der Arbeitspflicht, S. 189.

Anspruch auf Vergütungsfortzahlung verliert bzw. er erheblich beschränkt wird. Dementsprechend bedarf es einer Überprüfung der Abdingbarkeit des § 616 BGB durch entsprechende vertragliche Vereinbarungen.

2) Unmöglichkeit nach § 275 Abs. 3 BGB

Von noch größerer Bedeutung – allerdings auch mit Unsicherheiten hinsichtlich der Anwendungsfälle des Leistungsverweigerungsrechts verbunden – ist die Leistungsbefreiung nach § 275 Abs. 3 BGB. Diese Regelung gewährt dem Dienstverpflichteten nicht nur eine Leistungsbefreiung in dem Fall, dass die Leistung tatsächlich oder rechtlich unmöglich wird, sondern auch, wenn sie ihm bloß nicht zumutbar ist. Wann eine Unzumutbarkeit gegeben ist, ist durch eine Interessenabwägung zu ermitteln. Es ist jedoch nicht abschließend festgelegt, welche Interessen konkret gegeneinander abzuwägen und wie sie zu gewichten sind. Dies ist jedoch zu klären, bevor eine Aussage über den Anwendungsbereich des § 616 BGB getroffen werden kann.

§ 275 Abs. 3 BGB erfasst im Gegensatz zu § 275 Abs. 1 BGB lediglich Fälle der subjektiven Unzumutbarkeit. Dies bedeutet nicht, dass der Grund, der die subjektive Unzumutbarkeit verursacht, kein objektiver[68] – also eine Vielzahl von Personen betreffender – Grund sein kann. Ein Beispiel dafür sind Behinderungen im Öffentlichen Personennahverkehr, die einen außergewöhnlich langen, kaum zumutbaren Arbeitsweg verursachen.[69] Zwar treffen diese Behinderungen grundsätzlich eine Vielzahl von Personen, nämlich alle Reisenden. Ob daraus jedoch eine Unzumutbarkeit folgt, bestimmt sich nach dem Einzelfall. Somit kann die Grundlage für die subjektive Unzumutbarkeit ein objektiver Grund sein. Bei der Unzumutbarkeit wird insbesondere auf die Besonderheiten der persönlichen Leistungsverpflichtung abgestellt. Denn durch die höchstpersönliche Leistungspflicht, die mit § 613 BGB für Arbeitsverträge als Grundsatz in Gestalt einer Auslegungsregel normiert ist,[70] können der Leistungserbringung in besonderem Maße persönliche Umstände entgegenstehen.[71] Somit müssen die beiden Pflichten

---

68 BT-Drs. 14/6040, S.130; *BAG*, Urteil vom 08.12.1982 – 4 AZR 134/80, Rn. 22, juris; Grüneberg/*Grüneberg*, BGB, § 275 BGB, Rn. 30.

69 Bejahend für allgemeine Behinderungen auf dem Arbeitsweg: *BAG*, Urteil vom 08.12.1982 – 4 AZR 134/80, Rn. 22, juris; Hau/Poseck/*Lorenz*, BeckOK BGB, § 275 BGB, Rn. 63.

70 Staudinger/*Fischinger*, Kommentar zum BGB §§ 611-613 BGB, § 613 BGB, Rn. 4, 7.

71 BT-Drs. 14/6040, S. 130; *Alexander*, JA 2015, 321 (322); *Fehre*, Unmöglichkeit und Unzumutbarkeit der Leistung, S. 55 f.; *Schwarze*, Recht der Leistungsstörung, S. 62, Rn. 28.

zu einer Pflichten- bzw. Rechtsgüterkollision führen.[72] Ob eine Unzumutbarkeit vorliegt, ist im Wege der Interessenabwägung zu ermitteln.[73]

a) Berücksichtigbare Interessen auf der Seite des Dienstberechtigten

Fraglich ist, welche Interessen auf der Seite des Dienstberechtigten zu berücksichtigen sind. Nach dem Wortlaut der Norm ist lediglich sein Leistungsinteresse – also das Interesse an der Dienstleistung – in die Abwägung einzubeziehen. Allerdings könnten über den Wortlaut hinaus auch weitere Interessen zu berücksichtigen sein.

aa) Berücksichtigung des Fortbestehens der Vergütungspflicht

Zum Teil wird vertreten, dass in die Abwägung einzubeziehen sei, ob der Dienstberechtigte von seiner eigenen Leistungspflicht befreit wird oder diese aufrecht erhalten bleibt.[74] Im Dienstvertrag würde so bei der kurzzeitigen, persönlichen Verhinderung eine Wechselwirkung mit Vergütungsfortzahlungstatbeständen, insbesondere mit § 616 BGB, entstehen.

Nach diesem Grundsatz würde dem Dienstverpflichteten dann eher eine Unzumutbarkeit zugestanden werden, wenn der Dienstberechtigte nicht zur Vergütungsfortzahlung verpflichtet wäre. Die Abbedingung oder Nichterfüllung des Tatbestands des § 616 BGB würde demnach dazu führen, dass eher eine Unzumutbarkeit anerkannt würde.

Allerdings könnte dieses Ergebnis im Widerspruch zum Schutzzweck des § 616 BGB stehen. Nimmt man an, dass der Schutzzweck des § 616 BGB[75] die finanzielle Absicherung bei persönlichen Leistungshindernissen ist, damit diese nicht auf Grund der Pflicht zur Diensterbringung zurückgestellt werden, würde die Berücksichtigung der Vergütungsfortzahlungspflicht bei der Interessenabwägung dem entgegenwirken. Denn gerade in den Fällen, in denen § 616 BGB die Geltendmachung der Unzumutbarkeit dem Dienstverpflichteten faktisch erleichtern

---

72 *Gotthardt/Greiner*, DB 2002, 2106 (2106).

73 *BAG*, Urteil vom 13.06.2007 – 5 AZR 564/06, Rn. 43, juris; *BAG*, Urteil vom 14.12.2017 – 2 AZR 86/17, Rn. 38, juris; Säcker/Rixecker u. a./*Ernst*, MüKo zum BGB (Band 2), § 275 BGB, Rn. 128; Hau/Poseck/*Lorenz*, BeckOK BGB, § 275 BGB, Rn. 64.

74 Hau/Poseck/*Lorenz*, BeckOK BGB, § 275 BGB, Rn. 64.

75 Dies bedarf einer weiteren Untersuchung, vgl. hierfür: C)I), S. 81.

soll,[76] würde dies dazu führen, dass ihm die Einrede der Unzumutbarkeit nicht zustünde.

Dieser Umstand spricht dafür, dass das Fortbestehen oder der Entfall der Vergütungspflicht nicht zu berücksichtigen ist. Gleichwohl dürfte in der Praxis regelmäßig das Interesse des Dienstberechtigten an der Dienstleistung sinken, wenn auch deren Vergütungspflicht entfällt. Für die rechtliche Beurteilung ist dieser praktische Effekt jedoch unbeachtlich.

bb) Alleinige Berücksichtigung des Leistungsinteresses

Fraglich ist, ob andere Interessen, wie der Schutz der eigenen Rechtsgüter oder der Fürsorgepflicht gegenüber anderen Dienstverpflichteten, bei der Abwägung zu berücksichtigen sind.

Zum einen spricht dagegen der Wortlaut.[77] Der Wortlaut erwähnt ausdrücklich lediglich das Leistungsinteresse des Gläubigers.

Zum anderen bedarf es der Berücksichtigung der weiteren Interessen auch nicht. Der Dienstberechtigte ist hinsichtlich der weiteren Interessen nicht schutzlos. Er selbst hat auch Einfluss darauf, ob der Leistungsaustausch tatsächlich erfolgt. So kann der Dienstberechtigte beispielsweise die Annahme der Arbeitsleistung aus Gründen der Fürsorgepflicht gegenüber den Rechten und Rechtsgütern der anderen Arbeitnehmer verweigern.[78] Verweigert der Dienstberechtigte

---

76 So sieht *Greiner* den Entfall der Gegenleistungspflicht als Korrektiv gegen eine übermäßige Inanspruchnahme des Leistungsverweigerungsrechts. Der Entfall sei eine Hemmung des Arbeitnehmers in der Geltendmachung. Im Umkehrschluss dient also die Fortzahlung einer Erleichterung der Geltendmachung: *Greiner*, Ideelle Unzumutbarkeit, S. 63; ebenso sieht *Fehre* in dem Entfall der Gegenleistungspflicht einen Sanktionscharakter, der eine übermäßige Inanspruchnahme vereiteln soll: *Fehre*, Unmöglichkeit und Unzumutbarkeit der Leistung, S. 56.

77 Da lediglich der Wortlaut der Norm wiederholt wird, so wohl: Schulze/*Schulze*, HK-BGB, § 275 BGB, Rn. 23.

78 *BAG*, Urteil vom 29.10.1987 – 2 AZR 144/87, Rn. 17, juris; *Dehmel/Hartmann*, BB 2020, 885 (888); *Preis/Mazurek/Schmid*, NZA 2020, 1137 (1138); *Steiner/Steinicke*, NZA 2020, 1150 (1155); *K. Vossen*, DB 2017, 187 (192); unter Verweis auf § 618 BGB: Küfner-Schmitt/Schmitt/*Schmitt*, EFZG, § 616 BGB, Rn. 34; sogar eine Unzumutbarkeit auf Grund einer Fürsorgepflicht ggü. dem betroffenen Arbeitnehmer annehmend: LAG Hamm, Urteil vom 08.09.1955 – 5 Sa 462/95, NZA-RR 1996, 281 (282); entgegen dem *LAG Hamm*, jedoch nicht generell verneinend: *BAG*, Urteil vom 17.02.1998 – 9 AZR 130/97, Rn. 17, juris; wohl ablehnend unter Verweis auf die Möglichkeit der einseitigen Freistellung: *Adjan/Lettmeier*, NZA 2021, 161 (163).

zu Recht die Annahme der Dienstleistung, schuldet er ebenfalls keinen Lohn.[79] Folglich besteht kein Erfordernis über den Wortlaut hinaus auch weitere Interessen des Dienstberechtigten zu berücksichtigen.

Für die Nichtberücksichtigung von neben der Leistung bestehenden Interessen des Dienstberichtigten spricht darüber hinaus auch ein praktisches Argument in der Rechtsanwendung. Die Unzumutbarkeit der Leistungserbringung ist als Einrede des Dienstverpflichteten[80] bzw. jedenfalls als ein Recht, auf das sich der Dienstverpflichtete berufen muss,[81] ausgestaltet. Während der Dienstverpflichtete zwar das im unmittelbaren Gegenseitigkeitsverhältnis stehende Interesse des Dienstberechtigten erkennen und in seine Abwägung einbeziehen kann, ist ihm dies für neben der Leistung stehenden Interessen nicht möglich. Würden die neben dem Leistungsinteresse stehende Interessen bei der gerichtlichen Kontrolle ebenfalls mit einbezogen, wäre eine rechtssichere Ausübung der Einrede nahezu ausgeschlossen.

cc) Zwischenergebnis

Mithin ist auf der Seite des Dienstberechtigten lediglich sein Interesse an der Dienstleistung zu erfassen. Auf grundrechtlicher Ebene streiten für ihn demnach allein Art. 12 Abs. 1, 14 GG.[82]

b) Berücksichtigbare Interessen auf Seiten des Dienstverpflichteten

Auf Seiten des Dienstverpflichteten ist nicht das Interesse an der Hauptleistungspflicht – also am Erhalt der vereinbarten Vergütung – zu berücksichtigen, sondern gerade außerhalb des Vertrages stehende Gründe,[83] insbesondere immaterielle

---

79 *BAG*, Urteil vom 29.10.1987 – 2 AZR 144/87, Rn. 16 f., juris.

80 Staudinger/*Caspers*, Kommentar zum BGB §§ 255-304 BGB, Vorbemerkung zu §§ 275 ff. BGB, Rn. 18; Säcker/Rixecker u. a./*Ernst*, MüKo zum BGB (Band 2), § 275 BGB, Rn. 121; für Arbeitnehmer: zuletzt *BAG*, Urteil vom 14.12.2017 – 2 AZR 86/17, Rn. 44, juris; Staudinger/*Fischinger*, Kommentar zum BGB §§ 611-613 BGB, § 611a BGB, Rn. 1130.

81 *Freitag*, NJW 2014, 113 (114).

82 So auch am konkreten Beispiel der Kinderbetreuung: *Brose*, NZA 2011, 719 (720); *Treichel*, NZA 2016, 459 (460); im Übrigen: Rolfs/Giesen u. a./*Joussen*, BeckOK ArbR, § 611a BGB, Rn. 369.

83 So mit der Verwendung des Begriffs „Betroffenheit des Schuldners“: Säcker/Rixecker u. a./*Ernst*, MüKo zum BGB (Band 2), § 275 BGB, Rn. 121.

Güter.[84] Damit sind jegliche persönliche Hindernisse an der Leistungserbringung – materieller oder immaterieller Art –einzubeziehen.[85]

Bei der Frage nach den bei der Abwägung auf Seiten beider Parteien zu berücksichtigen Interessen stellt sich auch die Frage, ob ein Vertretenmüssen der Verhinderung durch den Dienstverpflichteten berücksichtigt werden muss. Dies könnte Einfluss auf den anzulegenden Maßstab bei der Interessenabwägung haben, indem es trotz eines möglicherweise aus Sicht des Dienstverpflichteten großzügigen Maßstabs einen Schutz vor Missbrauch für den Dienstberechtigten darstellt. Nach § 275 Abs. 2 S. 2 BGB steigen die Anforderungen an die dem Schuldner obliegenden Bemühungen, den Eintritt des Leistungshindernisses zu vermeiden. Dieser Rechtsgedanke könnte auch bei der Abwägung im Rahmen des § 275 Abs. 3 BGB Berücksichtigung finden.

aa) Keine Berücksichtigung des Vertretenmüssens

Gegen die Berücksichtigung des Vertretenmüssens im Rahmen des § 275 Abs. 3 BGB sprechen zunächst der Wortlaut sowie dessen Veränderungen im Laufe des Gesetzgebungsverfahrens.[86] So sah der ursprüngliche Entwurf der Schuldrechtskommission vor, dass die heutigen Absätze 2 und 3 einen einheitlichen Absatz 2 bilden sollten, wobei der heutige Absatz 3 Absatz 2 Satz 2 entsprach. Nach Absatz 2 Satz 3 des Entwurfes wäre das Vertretenmüssen des Schuldners hinsichtlich des Leistungshindernisses bei der Abwägung der Zumutbarkeit zu berücksichtigen gewesen.[87] Die Entwurfsbegründung wies ausdrücklich darauf hin, dass dies auch für den Fall der persönlich zu erbringenden Leistung gelten sollte.[88]

Allerdings erfolgte die Aufteilung zwischen § 275 Abs. 2 BGB und § 275 Abs. 3 BGB auf Bestreben der Bundesregierung, um den Besonderheiten des Arbeitsrechts gerecht zu werden.[89] Auf Grund dieser Entwicklung wird die Berücksichtigung des Vertretenmüssens teilweise abgelehnt.[90] Das leitende Motiv der

---

84 *Tillmanns,* Strukturfragen, S. 367.

85 Staudinger/*Caspers,* Kommentar zum BGB §§ 255-304 BGB, § 275 BGB, Rn. 85; Säcker/Rixecker u. a./*Ernst,* MüKo zum BGB (Band 2), § 275 BGB, Rn. 130, 94.

86 *H. Dörner/A. Staudinger,* Schuldrechtsmodernisierungsgesetz, Kap. III, Rn. 57; einschränkend: Säcker/Rixecker u. a./*Ernst,* MüKo zum BGB (Band 2), § 275 BGB, Rn. 122, 132.

87 BT-Drs. 14/6040, S. 6.

88 BT-Drs. 14/6040, S. 131.

89 BT-Drs. 14/6857, S. 47.

90 *H. Dörner/A. Staudinger,* Schuldrechtsmodernisierungsgesetz, Rn. 57; *Kraus,* Nachträglicher Wegfall des Arbeitsplatzes als Einwendung, S. 209 f.; Müller-Glöge/Preis

Bundesregierung war, dass die Leistungsbefreiung des erkrankten Arbeitnehmers nicht davon abhängig sein soll, ob er seine Erkrankung zu vertreten hat.[91] Ob auf Grund des Gesetzgebungsverfahrens eine Berücksichtigung des Verschuldens bei § 275 Abs. 3 BGB ausscheidet, hängt also auch davon ab, ob die Annahme der Bundesregierung richtig war. Es stellt sich also die Frage, ob die Arbeitsunfähigkeit wegen Krankheit § 275 Abs. 3 BGB unterfällt.

bb) Berücksichtigung des Vertretenmüssens

Nach anderer Auffassung sei das Vertretenmüssen zumindest mit einem geringen Gewicht bei der Abwägung zu berücksichtigen.[92] Es könne erwartet werden, dass der Schuldner selbst verursachte Beeinträchtigungen seiner Leistungsfähigkeit bzw. -bereitschaft verstärkt hinnimmt.[93] Allerdings müssten grundrechtliche Wertungen berücksichtigt werden. Deshalb sei jedenfalls bei grundrechtlich geschützten Rechtsgütern – wie der Gewissensfreiheit – auch bei verschuldeten Konflikten eine Unzumutbarkeit anzunehmen. Das Leistungsinteresse des Dienstberechtigten sei dann über einen Schadensersatzanspruch zu befriedigen.[94]

cc) Stellungnahme

Die Argumentation, weshalb das Vertretenmüssen im Rahmen des § 275 Abs. 3 BGB nicht berücksichtigt werden könne, auf Grundlage der Entstehung der Norm überzeugt nicht. Die Beweggründe, die die Bundesregierung zur Änderung des Gesetzesentwurfs veranlasst haben, sind verfehlt. Mithin kann aus der Entwicklung des Gesetzesentwurfes auch kein Rückschluss auf die Berücksichtigung des Vertretenmüssens im Rahmen des § 275 Abs. 3 BGB gezogen werden.

Die Bundesregierung muss bei ihren Überlegungen davon ausgegangen sein, dass es sich bei der Erkrankung eines Arbeitnehmers um einen Fall nach § 275 Abs. 3 BGB handelt, da bei § 275 Abs. 1 BGB, wie dargestellt, das Vertretenmüssen gerade keine Berücksichtigung findet. Jedoch vermag dieser Beweggrund nicht zu überzeugen. Denn bereits die Grundannahme, dass die Arbeitsunfähigkeit des

u. a./*Preis/Greiner*, ErfK, § 611a BGB, Rn. 774; Schulze/*Schulze*, HK-BGB, § 275 BGB, Rn. 23; Westermann/Grunewald/Maier-Riemer/*Ulber*, Ermann BGB, § 275 BGB, Rn. 81.

91 BT-Drs. 14/6857, S. 47.

92 Gsell/Krüger u. a./*Riehm*, beckOGK (Stand: 01.08.2023), § 275 BGB, Rn. 320; für eine uneingeschränkte Berücksichtigung: Säcker/Rixecker u. a./*Ernst*, MüKo zum BGB (Band 2), § 275 BGB, Rn. 132.

93 Gsell/Krüger u. a./*Riehm*, beckOGK (Stand: 01.08.2023), § 275 BGB, Rn. 318.

94 Gsell/Krüger u. a./*Riehm*, beckOGK (Stand: 01.08.2023), § 275 BGB, Rn. 319.

§ 275 Abs. 3 BGB und nicht des § 275 Abs. 1 BGB erfasst sei, ist verfehlt.[95] Unabhängig davon, ob der Fall der Krankheit als Fall der Unzumutbarkeit oder der Unmöglichkeit zu bewerten ist, besteht – auch bei einem Vertretenmüssen – die Möglichkeit der ärztlichen Feststellung, dass der Dienstverpflichtete zur Erbringung der Dienstleistung tatsächlich außer Stande ist. Dadurch wird die Dienstleistung nach § 275 Abs. 1 BGB unmöglich.[96] Zwar wird vermehrt die Auffassung vertreten, dass beim bloßen Vorliegen einer bescheinigten Arbeitsunfähigkeit keine Unmöglichkeit nach § 275 Abs. 1 BGB eintrete.[97] Wenn allerdings zugleich anerkannt wird, dass bei physischer Nichterbringbarkeit der Leistung (z. B. bei einem Maurer mit gebrochenem Bein) naturgesetzliche Unmöglichkeit eintrete, steht diese Ansicht in eklatantem Widerspruch zu sich selbst.[98] Die Arbeitsunfähigkeit hat nämlich keinen anderen Aussagegehalt als die Feststellung, dass der Dienstverpflichtete auf Grund seines psychischen oder körperlichen Zustands nicht zur Leistungserbringung in der Lage ist.[99] Somit liegt eine physische Unfä-

---

95 So auch: Däubler/Deinert/Walser/*Däubler*, AGB-Kontrolle ArbR, Einleitung, Rn. 87; Säcker/Rixecker u. a./*Ernst*, MüKo zum BGB (Band 2), § 275 BGB, Rn. 125; Grüneberg/*Grüneberg*, BGB, § 275 BGB, Rn. 30; *Herbert/Oberrath*, NJW 2005, 3745 (3747); *D. Kaiser*, RdA 2015, 76 (80); zumindest für Arbeitnehmer: *Däubler*, NZA 2001, 1329 (1332).

96 So auch für die nach ärztlichem Urteil vorliegende Arbeitsunfähigkeit: *Canaris*, JZ 2001, 499 (504).

97 Staudinger/*Caspers*, Kommentar zum BGB §§ 255-304 BGB, § 275 BGB, Rn. 113; *Gotthardt/Greiner*, DB 2002, 2106 (2107); *E. Kießling/Jünemann*, DB 2005, 1684 (1684).

98 *E. Kießling/Jünemann*, DB 2005, 1684 (1684).

99 Dieses zumindest rechtliche Verständnis – die praktische Handhabung bei der Ausstellung durch die Ärzte mag hiervon abweichen, wobei trotz der Kenntnis davon der Beweiswert der Arbeitsunfähigkeitsbescheinigung weiterhin zuerkannt wird –, dass der Arzt die physische Unfähigkeit der Leistungserbringung für die konkret geschuldete Leistung bescheinigt, wird durch die Grundsätze zur Ausstellung einer Arbeitsunfähigkeit gestützt: § 2 der Arbeitsunfähigkeits-Richtlinie in der Fassung vom 14.11.2013, zuletzt geändert am 19.11.2021. Dem steht auch nicht entgegen, dass nach § 2 Abs. 1 S. 3 Arbeitsunfähigkeits-Richtlinie eine Arbeitsunfähigkeit bescheinigt wird, obwohl der Arbeitnehmer zum aktuellen Zeitpunkt zur geschuldeten Leistung noch im Stande ist und die Krankheit erst mit fortdauernder Tätigkeit zur Unfähigkeit führt. Denn mit der Arbeitsleistung ist regelmäßig nicht das Aufzehren der körperlichen Ressourcen verbunden. Führt die Arbeitsleistung jedoch dazu, dass der Arbeitnehmer bei weiterer Leistung nicht mehr zu ihr in der Lage sein wird, so liegt bereits jetzt eine Untauglichkeit zur Arbeit vor, da diese die körperlichen Fähigkeiten des Arbeitnehmers überlasten. Objektiv ist er somit nicht zur

higkeit vor, auch wenn diese natürlich nicht so deutlich erkennbar ist, wie z. B. das gebrochene Bein des Maurers.[100] Demnach ist die Arbeitsunfähigkeit stets § 275 Abs. 1 BGB zuzuordnen.[101] Mithin ist beim Vorliegen einer Erkrankung, die zu Arbeitsunfähigkeit führt, das Vertretenmüssen auch dann nicht zu berücksichtigen, wenn es im Rahmen der Abwägung nach § 275 Abs. 3 BGB einzubeziehen wäre. Dementsprechend ist die Erwägung, die zur Änderung der Norm geführt hat, nicht durchgreifend.[102]

Stattdessen hat der Dienstverpflichtete grundsätzlich alle ihm obliegenden Gestaltungsmöglichkeiten auszuschöpfen hat, um die Unzumutbarkeit zu verhindern.[103] Allerdings mangelt es bislang an einer ausdrücklichen Anknüpfung an den Begriff des Vertretenmüssens, obwohl sich gerade dessen Dogmatik und Systematik insbesondere in der Rechtsprechung wiederfindet.

So berücksichtigt auch das *BAG* im Rahmen seiner Abwägung die Möglichkeit des Arbeitnehmers auf den Verhinderungsgrund Einfluss zu nehmen. Es geht sogar so weit, dass bei einer absichtlich herbeigeführten Konfliktlage die Abwägungsentscheidung zu Gunsten des Gläubigers zu treffen sei.[104]

Leistung in der Lage, sodass ihm die Arbeitsleistung unmöglich ist. Dieser Gedanke entspricht auch dem früheren Verständnis von Arbeitsunfähigkeit im Rahmen der RVO, wonach eine solche auch dann vorlag, wenn der Erkrankte nur mit der Gefahr der Zustandsverschlechterung zur Dienstleistung fähig ist; vgl. m. w. N.: *Breithaupt,* Reichsversicherung, S. 125.

100 So auch: *Joussen,* NZA 2001, 745 (747).

101 So auch *Kohte*, der auch mit Blick auf die unabdingbare sozialrechtliche Folge in Gestalt der Entgeltfortzahlung und des Krankengeldes eine normative, objektivierte Betrachtung anführt, die eine Versubjektivierung in Gestalt eines Wahlrechts bei § 275 Abs. 3 BGB verbiete: *Kohte,* Schuldrechtsreform und das Arbeitsrecht, S. 101.

102 Zum Teil wird angenommen, dass diese Überlegungen nur noch dergestalt zu berücksichtigen sind, dass das Vertretenmüssen im Zweifel in Fällen der Krankheit des Dienstverpflichteten zu berücksichtigen sei, so: Dauner-Lieb/Langen/*Dauner-Lieb,* NK-BGB, § 275 BGB, Rn. 63; *Riehm,* Naturalerfüllung, S. 368.

103 So auch: *Greiner,* NZA 2007, 490 (490 f.); so wohl auch: *Fischinger/Hengstberger,* JA 2020, 561 (564); durch den Verweis auf „zumutbare andere Betreuungsarten" bzw. „unverschuldete Zwangslage" wohl auch: *LAG Rheinland-Pfalz,* Urteil vom 31.07.2019 – 2 Sa 299/18, Rn. 27, juris; *Hohenstatt/Krois,* NZA 2020, 413 (414); a. A.: *Treichel,* NZA 2016, 459 (462).

104 *BAG,* Beschluss vom 13.08.2010 – 1 AZR 173/09, Rn. 12, juris; so auch das *LAG Rheinland-Pfalz,* Urteil vom 31.07.2019 – 2 Sa 299/18, Rn. 27, juris. *BAG,* Urteil vom 21.05.1992 – 2 AZR 10/92, Rn. 28 ff., juris; *LAG Rheinland-Pfalz,* Urteil vom 31.07.2019 – 2 Sa 299/18, Rn. 27, juris.

Dieser hiermit berücksichtigte Verursachungs- bzw. Verschuldensgedanke deckt sich mit dem Kerngedanken des Vertretenmüssens im Sinne des § 276 BGB[105] und somit dem Verständnis des § 275 Abs. 2 S. 2 BGB[106]. Daher wäre es dogmatisch sinnvoller, das Vertretenmüssen bei der Abwägung einzubeziehen, indem § 275 Abs. 2 S. 2 BGB analog angewandt würde.[107] Auf Grund der falschen Annahme in der Begründung des Regierungsentwurfs zu § 275 BGB liegt die hierfür erforderliche planwidrige Regelungslücke ebenso vor, wie die mit dem ursprünglichen Entwurf[108] der Schuldrechtskommission dargestellte vergleichbare Interessenlage. Denn auch der Sanktionscharakter des § 275 Abs. 2 S. 2 BGB dient der Verhaltenssteuerung dadurch, dass der Schuldner motiviert wird, die von ihm erwartbaren und erforderlichen Anstrengungen zur Vermeidung des Leistungshindernisses vorzunehmen.[109] Zudem gibt es keinen Grund, den Schuldner bei einer persönlichen Leistungsverpflichtung zu privilegieren. Ist objektiv keine Beeinträchtigung der Gesundheit bei fortdauernder Arbeitsleistung zu befürchten, kann auch nicht begründet werden, weshalb nicht die Schwelle zur Unzumutbarkeit für den Dienstverpflichteten, der den Zustand zu vertreten hat, erhöht werden soll.[110] Gleiches gilt für sonstige Vermeidungsmöglichkeiten, die der Schuldner bewusst nicht wahrnimmt, sodass letztlich er die Konfliktlage herbeiführt. Aus der Berücksichtigung von etwaigen Vermeidungsmöglichkeiten bei der Abwägung ergibt sich auch keine für das BGB untypische übermäßige Belastung des Schuldners. Vielmehr werden dem Schuldner durch eine Vielzahl von Normen in der geltenden Rechtsordnung gesteigerte Pflichten auferlegt, sofern er eine Leistungsverhinderung zu vertreten hat.

---

105 Vgl. zum Normzweck des § 276 BGB: Säcker/Rixecker u. a./*Grundmann*, MüKo zum BGB (Band 2), § 276 BGB, Rn. 4; Hau/Poseck/*Lorenz*, BeckOK BGB, § 276 BGB, Rn. 1.

106 Ausdrücklich: Schulze/*Schulze*, HK-BGB, § 275 BGB, Rn. 22.

107 § 275 Abs. 2 S. 2 BGB als generellen Rechtsgedanken auffassend, der deshalb auch bei § 275 Abs. 3 zu berücksichtigen sei: Dauner-Lieb/Langen/*Dauner-Lieb*, NK-BGB, § 275 BGB, Rn. 63; Hau/Poseck/*Lorenz*, BeckOK BGB, § 275 BGB, Rn. 64; ähnlich *Riehm*, Naturalerfüllung, S. 368.

108 BT-Drs. 14/6040, S. 131.

109 So auch: *Riehm*, Naturalerfüllung, S. 338; *Schwarze*, Recht der Leistungsstörung, S. 63, Rn. 29, 31; nach anderer Ansicht wird der Sanktionscharakter durch den Entfall der Gegenleistungspflicht bzw. das Entstehen von Schadensersatzansprüchen erfüllt: *Fehre*, Unmöglichkeit und Unzumutbarkeit der Leistung, S. 56.

110 Die Unterscheidung zwischen objektiver Arbeitsunfähigkeit und der Unzumutbarkeit wohl auch anerkennend: *Gotthardt/Greiner*, DB 2002, 2106 (2111).

dd) Zwischenergebnis

Somit ist auch im Rahmen der Abwägung des § 275 Abs. 3 BGB das Vertretenmüssen zu berücksichtigen.

c) Interessenabwägung

Auch wenn damit die gegeneinander abzuwägenden Interessen näher umrissen sind, mangelt es gleichwohl weiterhin an einem Maßstab für die Abwägung.

aa) Bisher vertretene Lösungen

Bei dem Begriff der Zumutbarkeit handelt es sich um eine Generalklausel des Rechts. Die Zumutbarkeit ermöglicht und fordert eine Abwägung der Interessen der Parteien. Die Interessenabwägung erfolgt im Regelfall im Wege der Herstellung der praktischen Konkordanz der grundrechtlichen Schutzgüter, die durch die mittelbare Drittwirkung in das privatrechtliche Schuldverhältnis einwirken.[111] Dabei ist jedoch streitig, welcher Abwägungsmaßstab zum Zwecke des Interessenausgleichs zu Grunde zu legen ist.

(1) Restriktive Anwendung des § 275 Abs. 3 BGB

Auf Grund der regulatorischen Nähe zu § 275 Abs. 2 BGB wird eine ähnlich restriktive Anwendung gefordert. Demnach dürfe ein Leistungsverweigerungsrecht lediglich in extrem gelagerten Ausnahmefällen eintreten.[112] In gleicher Weise äußert sich *Seichter*, der jedoch auf die Begründung des Entwurfs der Schuldrechtskommission verweist, in der als Beispiele für ein Leistungsverweigerungsrecht Fälle genannt würden, bei denen auf der Seite des Arbeitnehmers Gefahren und Risiken stünden, die das Leben (auch eines nahen Angehörigen) gefährdeten.[113]

(2) Weitreichende Anwendung des § 275 Abs. 3 BGB

Dem steht insbesondere die Ansicht *Greiners* gegenüber, der sich für ein weitreichendes Leistungsverweigerungsrecht ausspricht. Zwar sei für das grundsätzliche Vorliegen einer Pflichten- bzw. (Interessen-)Kollision der Rang der Pflichten vollkommen unerheblich. Allerdings handele es sich bei der arbeitsvertraglichen Pflicht in der Regel um eine bloße vertragliche Pflicht, die stets verfassungsrecht-

111 *Brose*, NZA 2011, 719 (720); *Riehm*, Naturalerfüllung, S. 357.
112 Dauner-Lieb/Langen/*Dauner-Lieb*, NK-BGB, § 275 BGB, Rn. 58.
113 Herberger/Martinek u. a./*Seichter*, juris-PK BGB (Stand: 02.08.2024), § 275 BGB, Rn. 74.

lichen Pflichten nachgehe,[114] sofern nicht ausnahmsweise mit der Arbeitspflicht auch Verfassungsgüter geschützt würden.[115]

(3) Stellungnahme

Letztgenannte Ansicht verkennt, dass es bei der Abwägung hinsichtlich der Unzumutbarkeit nicht um bloße Pflichten, sondern auch um die Interessen der Parteien geht, die gegeneinander abzuwägen sind. Hierbei ist durch Art. 12 und 14 GG auch das Interesse des Dienstberechtigten auf grundrechtlicher Ebene geschützt.[116]

Jedoch schränkt eine restriktive Anwendung den Anwendungsbereich des § 275 Abs. 3 BGB zu weit ein. Einer Übertragung des einschränkenden Charakters des § 275 Abs. 2 BGB auf § 275 Abs. 3 BGB steht nicht nur der unterschiedliche Wortlaut entgegen.[117] Auch die Abwägungen sind wesensverschieden. In § 275 Abs. 2 BGB erfolgt eine allein wirtschaftliche Betrachtung, indem der Schuldneraufwand dem wirtschaftlichen Interesse des Gläubigers an der Leistung gegenübergestellt wird.[118] In § 275 Abs. 3 BGB wird hingegen eine weitreichendere grundrechtliche Abwägung vorgenommen, die eine Vielzahl weiterer Erwägungen zulässt. Eine solche ist vor dem Hintergrund der persönlichen Betroffenheit des Schuldners nach Art. 1 Abs. 1 GG auch geboten. Anders als bei der rein wirtschaftlichen Betrachtung im Rahmen des § 275 Abs. 2 BGB, von deren Ergebnis der Schuldner lediglich finanziell betroffen wird, liegt der Regelungskern des § 275 Abs. 3 BGB gerade in der höchstpersönlichen Verpflichtung des Schuldners[119] und der Auswirkung des Abwägungsergebnisses auf ihn als Subjekt.

Darüber hinaus gebietet auch die Funktion des § 275 Abs. 3 BGB eine eher weite Anwendung. So stellt die Norm eine Art Auffangtatbestand zur Leistungsbefreiung von spezielleren, selbst recht weit gefassten Tatbeständen dar. Der Gesetzgeber hat – wie sich noch zeigen wird – eine Vielzahl recht umfangreicher und

114 *Greiner,* Ideelle Unzumutbarkeit, S. 212.

115 Z. B. im Fall eines Arztes, der eine Notoperation durchführen soll.

116 So wohl auch: *Kraus,* Nachträglicher Wegfall des Arbeitsplatzes als Einwendung, S. 216; *Riehm,* Naturalerfüllung, S. 365 f.

117 Im gleichen Sinne selbst: Dauner-Lieb/Langen/*Dauner-Lieb,* NK-BGB, § 275 BGB, Rn. 60.

118 Lorenz/*Canaris,* Karlsruher Forum, Die Neuregelung des Leistungsstörungs- und des Kaufrechts – Grundstrukturen und Problemschwerpunkte -, S. 12 ff.; *Löwisch,* NZA 2001, 465 (465); *M. Stürner,* Verhältnismäßigkeit, S. 190.

119 *H. Dörner/A. Staudinger,* Schuldrechtsmodernisierungsgesetz, Rn. 57; Säcker/Rixecker u. a./*Ernst,* MüKo zum BGB (Band 2), § 275 BGB, Rn. 125, 123, 121; so wohl auch: *Kraus,* Nachträglicher Wegfall des Arbeitsplatzes als Einwendung, S. 216.

großzügiger spezieller Tatbestände geschaffen, bei denen nicht nur die Arbeitspflicht suspendiert, sondern auch eine (subsidiäre) Fortzahlung oder ein (subsidiärer) Ersatz der Vergütung zugestanden wird. Hieraus lässt sich eine Wertung des Gesetzgebers entnehmen, die für einen ebenso großzügigen Maßstab in den Fällen spricht, in denen gar die Vergütungspflicht entfällt.

(4) Einschränkung einer weitreichenden Anwendung des § 275 Abs. 3 BGB

Obwohl grundsätzlich eine weite an Stelle einer restriktiven Anwendung anzunehmen ist, darf das Leistungsverweigerungsrecht auch nicht ausufern. Denn auch wenn der Dienstberechtigte nicht in jedem Fall die Vergütung weiterhin zu leisten hat, kann gleichwohl eine erhebliche – insbesondere organisatorische – Belastung für ihn eintreten, wenn dem Dienstverpflichteten nahezu bei jedem Interessen- und Pflichtenkonflikt ein Leistungsverweigerungsrecht zusteht.

Eine Einschränkung nimmt auch das *BAG* vor. Nach dessen Rechtsprechung muss für das Leistungsverweigerungsrecht eine Beeinträchtigung bedeutsamer Rechtsgüter auf Seiten des Dienstverpflichteten vorliegen, sodass die Leistungserbringung für ihn in hohem Maße belastend und damit bedeutsam erschwert wird.[120] Hierdurch wird jedoch der unbestimmte Abwägungsmaßstab lediglich durch weitere unbestimmte, generalklauselartige Umschreibung ersetzt, die zu einer rechtssicheren Abwägungsentscheidung nicht beitragen.

Wie bereits begründet,[121] ist auf Seiten des Dienstberechtigten allein das Interesse an der Dienstleistung zu berücksichtigen. Die auf Seiten des Dienstverpflichteten zu berücksichtigenden Interessen und Pflichten sind jedoch umfangreicher. So ist auf seiner Seite jede Pflicht bzw. jedes grundrechtlich geschützte Interesse einzubeziehen. Streitig ist lediglich, wie Art. 4 GG und das sich daraus ergebende Recht, nach dem eigenen Gewissen zu handeln, im Rahmen des § 275 Abs. 3 BGB zu berücksichtigen ist. Dies kann jedoch für die hier erfolgende Betrachtung unentschieden bleiben. Bei Gewissensentscheidungen handelt es sich um für den jeweils Einzelnen bindende und unbedingt verpflichtende[122] handlungsleitende innere Überzeugungen. Dies bedeutet, dass Gewissensentscheidungen ein gewisser Grad von „innerer Absolutheit“ innewohnen. Sie können somit nicht kurzfristig wieder verworfen werden. Dies gilt umso mehr dann, wenn der Schuldner die Gewissensentscheidung zum Anlass nimmt, seine Leistung zu verweigern. Dementsprechend würde der Widerspruch der Leistung zum

120 *BAG*, Urteil vom 22.10.2015 – 2 AZR 569/14, Rn. 26, juris.
121 Vgl.: B)II)2)a), S. 53.
122 Jarass/Pieroth/*Jarass*, GG-Kommentar, Art. 4 GG, Rn. 45.

eigenen Gewissen als Grund für das Leistungshindernis nicht kurzfristig wieder entfallen. Der Anwendungsbereich des § 616 BGB wäre nicht eröffnet. Zwar könnten einzelne, einmalig und nur kurzfristig zu erbringende Dienstleistungen zu einem kurzfristigen Hindernis führen. Diese Fälle sind dann aber, wie zuvor dargestellt, anders zu lösen. Im Fall einer Weisung des Dienstberechtigten würde diese unangemessen sein, sodass sich ein Zurückbehaltungsrecht aus § 273 BGB ergäbe.[123] Hat sich der Dienstverpflichtete zur Leistung selbst verpflichtet, könnte zumindest der Fortzahlung nach § 616 BGB der Einwand des Rechtsmissbrauchs entgegengehalten werden. Zur Anwendung des § 616 BGB kommt es in keinem Fall. Mithin kann der Streit, ob die Gewissensfreiheit § 275 Abs. 3 BGB unterfällt, für diese Arbeit dahinstehen.

Neben den rechtlichen und normierten Pflichten werden zum Teil auch moralische und sozialethische Pflichten anerkannt, die in Konflikt zur Dienstleistungsverpflichtung treten und diese gar überwiegen können.[124] Dazu gehören beispielsweise die ethische Pflicht, sein Kind bei einer Erkrankung nicht lediglich durch Dritte betreuen zu lassen, sondern dies selbst zu übernehmen[125], oder die moralische Pflicht, bei der Beerdigung eines engen Freundes anwesend zu sein.[126] Insbesondere bei ethischen und moralischen Pflichten kommt zum Ausdruck, dass auch Ereignisse eine Konfliktfall begründen können, die sich auf die Entwicklung der Persönlichkeit auswirken und somit das Allgemeine Persönlichkeitsrecht selbst betreffen.[127] Ebenso kann das Risiko der eigenen Gesundheitsgefährdung einen Konfliktfall darstellen.[128] Allerdings muss dabei das Risiko

123 Generell unter Anwendung des § 273 BGB auch: *Wank,* Lohnanspruch, S. 81; nicht auf § 273 BGB beziehend, sondern nur statuierend, dass die Weisung nicht befolgt werden müsse: *BAG,* Urteil vom 18.10.2017 – 10 AZR 330/16, Rn. 58 ff., juris; *BAG,* Urteil vom 28.06.2018 – 2 AZR 436/17, Rn. 18, juris; der Rechtsprechung zustimmend und mit weiteren Nachweisen sowie Entwicklung der Rechtsprechung: *Preis/Rupprecht,* NZA 2017, 1353 (1353).

124 *Henssler,* AcP 1990, 538 (562); *Kohte,* NZA 1989, 161 (164); *Riehm,* Naturalerfüllung, S. 366.

125 *Henssler,* AcP 1990, 538 (562).

126 *Riehm,* Naturalerfüllung, S. 366.

127 So auch: *BAG,* Urteil vom 22.10.2015 – 2 AZR 569/14, Rn. 26, 30, 34, juris.

128 *Stück,* MDR 2009, 1209 (1211); *Weller/Lieberknecht/Habrich,* NJW 2020, 1017 (1018), im Ansatz auch: Säcker/Rixecker u. a./*Ernst,* MüKo zum BGB (Band 2), § 275 BGB, Rn. 124.

über das allgemeine Lebensrisiko – bei Krankheiten also das Ansteckungsrisiko – hinausgehen.[129]

Gleichwohl beantworten die vorstehenden Ausführungen nicht die Frage, wie solche Konflikte aufzulösen sind. Da es sich stets um Abwägungen im Einzelfall handelt, können dem Gesetz letztlich nur Leitlinien entnommen werden. Dabei könnten zunächst, wie oben bereits als Lösungsansatz angeführt, die verfassungsrechtlichen Wertentscheidungen herangezogen werden. Da allerdings nicht nur das Interesse und die Pflichten des Dienstverpflichteten, sondern grundsätzlich auch das Interesse des Dienstberechtigten an der Dienstleistung auf grundrechtlicher Ebene geschützt ist, führt dies zunächst nicht weiter. Daher wird zum Teil eine Wertentscheidung des Gesetzgebers aus der bloßen, über den grundrechtlichen Schutz hinausgehenden einfachgesetzlichen Regelung gefolgert.[130] Einer solchen, auf die Regelungsdichte bezogenen, quantitativen Betrachtung ist jedoch entgegen zu halten, dass es eine Vielzahl von Erwägungen gibt, die den Gesetzgeber zur Konkretisierung grundrechtlicher Rechte und Pflichten veranlassen können. So kann aus der bloßen Anzahl an Normen oder der Regelungstiefe keine generelle Wertentscheidung des Gesetzgebers für die Bedeutung des darin geregelten Rechts gefolgert werden.

bb) Lösungsansatz in Anlehnung an das Urlaubsrecht

An Stelle einer Abwägung der Grundrechte anhand vermeintlicher Wertentscheidungen des Gesetzgebers könnte die Abwägung an die Grundsätze des Urlaubsrechts angelehnt werden. Im folgenden Abschnitt soll dargestellt werden, weshalb die Übertragung der Grundsätze des Urlaubsrechts eine sinnvolle Lösung ist, und sich im Anschluss mit möglicher Kritik auseinandergesetzt werden.

(1) Übertragung der Grundsätze des Urlaubsrechts

Bei der Abwägung anhand der Grundsätze des Urlaubsrecht ist die Beschränkung des Leistungsverweigerungsrechts des Dienstverpflichteten auf der Seite des Dienstberechtigten zu suchen. Dabei ist zunächst davon auszugehen, dass bei einem Konflikt mit der Dienstleistungspflicht grundsätzlich deren Unzumutbarkeit anzunehmen ist. Um das Bestehen der Einrede zu verhindern, bedarf es auf Seiten des Dienstberechtigten in Anlehnung an § 7 Abs. 1 S. 1 BUrlG dringender betriebliche Belange, die dem Interesse des Dienstverpflichteten entgegenste-

129 *Dehmel/Hartmann*, BB 2020, 885 (886); *Falter*, BB 2009, 1974 (1980); *Fischinger/Hengstberger*, JA 2020, 561 (567); *Stück*, MDR 2009, 1209 (1211).

130 *Greiner*, NZA 2007, 490 (490).

hen.[131] Für eine Orientierung an dieser Vorschrift spricht, dass es sich in beiden Fällen um ähnliche Situationen handelt. Auf Grund der persönlich geschuldeten Leistungspflicht muss der Dienstberechtigte davon ausgehen, dass es zu Konflikten kommen kann. Dies muss er ebenso wie den Urlaubsanspruch bei seiner generellen Personalplanung berücksichtigten.[132] Ebenso geht in beiden Fällen mit der ausbleibenden Leistung eine Beeinträchtigung für den Dienstberechtigten einher, sodass das bloße Ausbleiben der Leistung nicht maßgeblich sein kann. Es muss eine darüberhinausgehende Störung gegeben sein.[133] Wie bereits dargestellt,[134] können jedoch für den Dienstberechtigten allein die Interessen an der Dienstleistung als solcher maßgeblich sein. Somit kommen für die Abwägung auf seiner Seite allein betriebliche Belange in Betracht. Diese betrieblichen Belange sind auch im Urlaubsrecht allein entscheidend.

Des Weiteren hat diese Betrachtung anhand der betrieblichen Belange den Vorteil, dass unmittelbar berücksichtigt wird, welchen Stellenwert die *persönliche* Leistungsverpflichtung hat. Handelt es sich um eine unproblematisch vertretbare Leistung, dürfte im Regelfall der Einfluss auf den Betrieb geringer sein. Damit wird der teilweise vertretenen Forderung[135] Rechnung getragen, dass das Interesse an der persönlichen Leistungserbringung als dem System immanent zu berücksichtigen ist.

Für eine derart weitreichende Auffassung des grundsätzlichen Bestehens des Leistungsverweigerungsrechts spricht bereits die Entwurfsbegründung. Nach dieser soll dem Dienstverpflichteten auch in Fällen von Ladungen von Behörden und Gerichten ein Leistungsverweigerungsrecht nach § 275 Abs. 3 BGB zustehen.[136] Allerdings geht mit der bloßen Ladung durch Behörden und Gerichte keine Grundrechtskollision einher. Dies ist erst dann der Fall, wenn beispielsweise ein Zwangsgeld verhängt – das Art. 14 GG beträfe – oder unmittelbarer Zwang – der

---

131 So auch: *LAG Hamm*, Urteil vom 27.08.2007 – 6 Sa 751/07, Rn. 35, juris; wohl auch eine „personelle Unterbesetzung im Betrieb" als mögliches Kriterium zur Abwägung ansehend: *BAG*, Urteil vom 22.12.1982 – 2 AZR 282/82, Rn. 68, juris; mit ähnlichem Gedanken wohl: *Krumnack*, Wegfall der Leistungspflicht, S. 194.

132 Winkelmüller/Felz/Hussing/*Aligbe*, BeckOK ArbSchR, § 7 BUrlG, Rn. 16; *Ammermüller*, DB 1974, 187.

133 Rolfs/Giesen u. a./*Lampe*, BeckOK ArbR, § 7 BUrlG, Rn. 10.

134 Vgl. hierzu: B)II)2)a), S. 53.

135 *Riehm*, Naturalerfüllung, S. 366.

136 BT-Drs. 14/6040, S. 130.

Art. 2 Abs. 2 GG beträfe – ausgeübt werden kann,[137] um die öffentlich-rechtliche Pflicht durchzusetzen. So verlangt auch das *BAG* jedenfalls dann eine Sanktionsbewehrung der öffentlich-rechtlichen Pflicht als Voraussetzung für das Leistungsverweigerungsrecht, wenn die Wahrnehmung der Pflicht zu finanziellen Nachteilen auf Seiten des Arbeitgebers führt.[138] Demnach darf es nicht darauf ankommen, dass Grundrechte betroffen sind, die gegeneinander abzuwägen sind. Sondern es muss grundsätzlich das bloße Vorliegen eines Konfliktes von Leistungspflicht und Verhinderungsgrund genügen, um dem gesetzgeberischen Interesse bei der Regelung des Leistungsverweigerungsrechts gerecht zu werden.

(2) Berücksichtigung der Wertungen des Privatrechts

Das Erfordernis des Entgegenstehens dringender betrieblicher Belange gegen die Leistungsbefreiung in Anlehnung an § 7 Abs. 1 S. 1 BUrlG bedeutet gleichwohl nicht, dass sämtliche Wertungen der (Privat-)Rechtsordnung außer Betracht gelassen werden sollen. Insbesondere Fälle, in denen der Gesetzgeber selbst bereits eine Abwägung zwischen der Dienstleistungspflicht und dem Interesse des Dienstberechtigten vorgenommen hat, indem er beispielsweise für einen begrenzten Zeitraum eine Fortzahlung oder einen Ersatz der Vergütung (wie beispielsweise bei § 56 Abs. 1 IfSG) anordnet,[139] nehmen auch Einfluss auf die Abwägung im Fall des § 275 Abs. 3 BGB. In diesem Zusammenhang sind dann höhere Anforderungen an die betrieblichen Belange zu stellen.

(3) Berücksichtigung der Umstände des Einzelfalls

Neben diesen gesetzlichen und grundrechtlichen Wertentscheidungen sind auch die Besonderheiten des jeweiligen Einzelfalls zu berücksichtigen. So können beispielweise in Betreuungsfällen das Alter der und die persönliche Nähe zu der betreuten Person sowie insbesondere[140] die Schwere der Erkrankung zu berücksichtigen sein, wobei auch volljährige Personen einen Betreuungsbedarf haben können.[141] Solche Besonderheiten des Einzelfalls würden die Anforderungen an

---

137 Generell, dass Zwangsmittel einen Grundrechtseingriff darstellen, jedoch nicht das jeweils betroffene Grundrecht angebend: Bader/Ronellenfitsch/*Deusch/Burr*, BeckOK VwVfG, § 9 VwVG, Rn. 8 f.

138 *BAG*, Urteil vom 22.12.1982 – 2 AZR 282/82, Rn. 61, juris.

139 *Henssler*, AcP 1990, 538 (550).

140 *Schulz*, DB 2006, 838 (838).

141 *E. Kießling/Jünemann*, DB 2005, 1684 (1686), denen jedoch insoweit zu widersprechen ist, als sie von der möglichen Arbeitsunfähigkeit der betreuenden Personen sprechen.

die betrieblichen Gründe erhöhen. Auf der anderen Seite ist aber auch anzuerkennen, dass Umstände vorliegen können, die die Anforderungen an die betrieblichen Gründe verringern, um so ein Ausufern des Leistungsverweigerungsrechts zu vermeiden. Denn wird zunächst grundsätzlich das Leistungsverweigerungsrecht großzügig anerkannt und in einer Vielzahl von Konfliktgründen dem Dienstverpflichteten zugebilligt, kann es dazu kommen, dass es sehr häufig geltend gemacht wird. Auch dem wird durch die Gegenüberstellung von Verhinderungsgrund und betrieblichen Belangen begegnet, da es besonders bei einem häufigen Fehlen eines bestimmten oder mehrerer Mitarbeiter problematisch werden kann, den Betrieb aufrecht zu erhalten. Selbiges gilt für regelmäßig wiederkehrende Termine als Verhinderungsgrund.[142] Neben der Häufigkeit des konkreten Konfliktfalls sind aber auch dessen Besonderheiten zu berücksichtigen.

(4) Berücksichtigung des Vertretenmüssens

Anders als vom *BAG* vor Einführung des § 275 Abs. 3 BGB entschieden[143] und von Instanzgerichten weiter vertreten,[144] kann das Vertretenmüssen einer Pflichtenkollision nicht unmittelbar ohne Interessenabwägung zum Ausschluss des Leistungsverweigerungsrechts führen. Stattdessen ist es in die Interessenabwägung einzubeziehen. Dies folgt daraus, dass auch bei § 275 Abs. 2 S. 2 BGB das Vertretenmüssen nicht unmittelbar zur Unmöglichkeit führt, sondern bei der Interessenabwägung zu berücksichtigen ist.[145] Nach der hier vertretenen Ansicht folgt die Berücksichtigung des Vertretenmüssens aus der analogen Anwendung des § 275 Abs. 2 S. 2 BGB. Die analoge Anwendung einer Norm kann jedoch nicht über den Umfang der Norm hinausgehen, aus der die Analogie geschlossen wird. Entsprechend § 275 Abs. 2 BGB ist das Vertretenmüssen damit in der Abwägung zu berücksichtigen. Da es auf der Seite des Dienstverpflichteten allein auf die betrieblichen Gründe ankommt, kann das Vertretenmüssen lediglich dazu führen, dass die an die betrieblichen Belange zu stellenden Anforderungen sinken.

(5) Mögliche Kritik

An der Übertragung des Gedankens des Urlaubsrechts lässt sich auch Kritik üben. Auf Grund der Übertragung des Gedankens muss der Dienstberechtigte anhand seiner betrieblichen Belange rechtfertigen, weshalb das Leistungsverwei-

142 *BAG*, Beschluss vom 13.08.2010 – 1 AZR 173/09, Rn. 12, juris.
143 *BAG*, Urteil vom 21.05.1992 – 2 AZR 10/92, Rn. 28 ff., juris.
144 *LAG Rheinland-Pfalz*, Urteil vom 31.07.2019 – 2 Sa 299/18, Rn. 27, juris.
145 Gsell/Krüger u. a./*Riehm*, beckOGK (Stand: 01.08.2023), § 275 BGB, Rn. 239.

gerungsrecht nicht besteht. Ihn trifft also die Rechtfertigungslast. Hiergegen lässt sich anführen, dass sich der Dienstverpflichtete vertraglich verpflichtet hat, seine Leistung zu diesen Zeiten zu erbringen. Begehrt er nun eine Ausnahme von dieser Verpflichtung, müsste ihm auch die Last der Rechtfertigung auferlegt werden.

(a) Rechtsprechung zu § 106 GewO

Diesem Einwand kann mit einem Verweis auf die Rechtsprechung des *BAG* im Rahmen des § 106 GewO sowie zu deren Grundsätzen begegnet werden. Für die alleinige Berücksichtigung von betrieblichen Belangen, die der Freistellung entgegenstehen, spricht die Rechtsprechung des *BAG* bezüglich der Ausübung des Direktionsrecht. Auch bei der Ausübung des Direktionsrechts bewegt sich der Dienstberechtigte im Rahmen dessen, wozu sich der Dienstverpflichtete grundsätzlich verpflichtet hat.[146] Gleichwohl kann die Weisung innerhalb dieses Rahmens unwirksam sein, da der Dienstberechtigte bei der Ausübung des Direktionsrechts Rücksicht auf die Interessen und Rechtsgüter des Dienstverpflichteten nehmen muss.[147] Maßgeblich ist dabei insbesondere auch die Zumutbarkeit.[148] Diesbezüglich nimmt das *BAG* einen Gleichlauf des § 106 GewO und § 275 Abs. 3 BGB an.[149] Die Interessen des Dienstverpflichteten sind mit den betrieblichen Belange abzuwägen.[150] Im Rahmen dieses Interessensausgleichs ist anerkannt, dass die Darlegungs- und Beweislast und damit auch die Rechtfertigungslast auf Seiten des Dienstberechtigten liegt.[151] Das *BAG* wendet § 106 GewO auch in den Fällen an, in denen eine übertragene Aufgabe in Konflikt mit der Glaubens- und Gewissensfreiheit des Arbeitnehmers steht.[152] Ändert sich die Glaubens- oder Gewissensüberzeugung des Dienstverpflichteten während der (längerfristigen)

---

146 Müller-Glöge/Preis u. a./*Preis,* ErfK, § 106 GewO, Rn. 5; Rolfs/Giesen u. a./*Tillmanns,* BeckOK ArbR, § 106 GewO, Rn. 49.

147 *BAG,* Urteil vom 24.04.1996 – 5 AZR 1031/94, Rn. 11, juris; Pielow/*Hoffmann/Schulte,* BeckOK GewO, § 106 GewO, Rn. 92; Müller-Glöge/Preis u. a./*Preis,* ErfK, § 106 GewO, Rn. 10.

148 *BAG,* Urteil vom 21.07.2009 – 9 AZR 404/08, Rn. 22, juris; *BAG,* Urteil vom 18.10.2017 – 10 AZR 330/16, Rn. 45, juris.

149 So wohl: *BAG,* Urteil vom 13.06.2007 – 5 AZR 564/06, Rn. 43, juris; *BAG,* Beschluss vom 13.08.2010 – 1 AZR 173/09, Rn. 12, juris.

150 *BAG,* Beschluss vom 13.08.2010 – 1 AZR 173/09, Rn. 10, juris.

151 *BAG,* Urteil vom 17.01.2006 – 9 AZR 226/05, Rn. 36, juris; *BAG,* Urteil vom 21.07.2009 – 9 AZR 404/08, Rn. 23, juris; Müller-Glöge/Preis u. a./*Preis,* ErfK, § 106 GewO, Rn. 12; Rolfs/Giesen u. a./*Tillmanns,* BeckOK ArbR, § 106 GewO, Rn. 60.

152 *BAG,* Urteil vom 22.05.2003 – 2 AZR 426/02, Rn. 39, juris; *BAG,* Urteil vom 24.02.2011 – 2 AZR 636/09, Rn. 25, 30, juris.

Ausführung der übertragenen Aufgabe, so wäre allerdings zwingend § 275 Abs. 3 BGB anzuwenden. Insofern ist ein Gleichlauf der Erwägungen bei den Abwägungsentscheidungen im Rahmen des § 106 GewO und des § 275 Abs. 3 BGB anzunehmen. Auf Seiten des Dienstberechtigten ist die Abwägung anhand der betrieblichen Interessen vorzunehmen, während auf Seiten des Dienstverpflichteten der Grund zu nennen ist, der zur Unzumutbarkeit führen kann.

(b) Gesetzlicher Freistellungsanspruch

Des Weiteren handelt es sich bei beiden Regelungen – dem BUrlG und § 275 Abs. 3 BGB – zumindest für Arbeitnehmer gleichermaßen um gesetzlich vorgesehene Möglichkeiten zur Befreiung von der Arbeitspflicht. Durch beide gesetzlichen Regelungen wird die Leistungspflicht suspendiert und der Arbeitnehmer verlangt bei der Geltendmachung lediglich die Erfüllung eines ihm vom Gesetz zugestandenen Rechts. Die gesetzlichen Regelungen unterscheiden sich zwar darin, dass beim Urlaubsanspruch der Umfang gesetzlich definiert ist und es keiner besonderen Begründung bedarf, weshalb der Urlaub geltend gemacht wird. Auf Grund des Umfangs der Leistungsbefreiung und der Planbarkeit ist das Recht als Freistellungsanspruch ausgestaltet. Über den Zeitpunkt und die Dauer des Urlaubs ist jedoch Einvernehmen zwischen Arbeitnehmer und Arbeitgeber herzustellen.

Hingegen ist § 275 Abs. 3 BGB ein Leistungsverweigerungsrecht, das aber gleichwohl durch die gesetzliche Regelung Teil des Dienst- bzw. Arbeitsvertrages ist. Bei seiner Geltendmachung liegt somit keine Abweichung vom Grundsatz *pacta sunt servanda* vor. Vielmehr werden auch hierdurch vertragliche Pflichten erfüllt. Dies deutet auch das *BAG* in seiner Entscheidung zum Leistungsverweigerungsrecht eines Vorstandsmitglieds einer Gewerkschaft an. Danach sei der Arbeitgeber sogar gehalten, dessen Teilnahme an einer Vorstandssitzung zu ermöglichen. Sei dies und damit die Vermeidung der Pflichtenkollision, beispielsweise durch die Verlegung des Termins der Vorstandssitzung nicht möglich, stehe dem Dienstverpflichteten ein Leistungsverweigerungsrecht zu.[153] Mithin ist es vertretbar, dass die Rechtfertigungslast auf Seiten des Dienstberechtigten liegt.

(c) Praktische Erwägungen

Des Weiteren spricht auch ein praktisches Argument gegen die Kritik, dass die Rechtfertigungslast nicht auf Seiten des Dienstberechtigten liegen dürfe. Auf Seiten des Dienstberechtigten ist das Leistungsinteresse, also das – gesteigerte – Interesse an der Vertragserfüllung – in Gestalt betrieblicher Belange – zu

153 *BAG*, Beschluss vom 13.08.2010 – 1 AZR 173/09, Rn. 12 f., juris.

berücksichtigen. Die betrieblichen Belange kann der Dienstverpflichtete jedoch nicht abschließend einschätzen, da er in der Regel keinen Überblick über die gesamten betrieblichen Abläufe und Möglichkeiten zur Kompensation des Leistungsausfalls hat. Der Dienstverpflichtete kann somit lediglich den auf seiner Seite eintretenden Grund für die mögliche Unzumutbarkeit sehen. Er muss diesen Grund somit dem Dienstberechtigten als Begründung für die Leistungsverweigerung mitteilen. Dem Dienstberechtigten obliegt es, sein Leistungsinteresse diesem Grund gegenüberzustellen und abzuwägen. Da auf Seiten des Dienstberechtigten mit den betrieblichen Verflechtungen die komplexeren Interessen stehen, obliegt es aus rein praktischen Erwägungen auch ihm, die Abwägung vorzunehmen.

cc) Ergebnis

Auf Grund von bislang fehlenden Leitlinien zur Auflösung des Konfliktfalls – insbesondere hinsichtlich der Berücksichtigung des Gläubigerinteresses – sollte im Rahmen des § 275 Abs. 3 BGB keine „klassische" Interessenabwägung im Sinne der Herstellung praktischer Konkordanz erfolgen. Stattdessen ist beim Vorliegen eines Konfliktfalls zu Gunsten des Dienstverpflichteten zunächst stets ein Leistungsverweigerungsrecht anzunehmen. Dem kann der Dienstberechtigte – ähnlich wie im Urlaubsrecht – auf Grund von betrieblichen Belangen entgegentreten. Die Besonderheiten des Einzelfalls, die Häufigkeit der Geltendmachung und das Vertretenmüssen des Konflikts seitens des Dienstverpflichteten nehmen Einfluss auf die Anforderungen an die Dringlichkeit der betrieblichen Gründe. Führt die Freistellung zu einem Anspruch des Dienstverpflichteten auf Vergütungsfortzahlung, beispielsweise aus § 616 BGB, erfährt der Dienstberechtigte eine weitere finanzielle Belastung. Diese hat jedoch bei der Abwägung außer Betracht zu bleiben.

3) Schicksal der Gegenleistungspflicht

Seit der Schuldrechtsreform 2002 normiert § 326 BGB die grundsätzliche Rechtsfolge der Unmöglichkeit einer Leistungspflicht in Bezug auf die Gegenleistung. Gemäß § 326 Abs. 1 S. 1 BGB entfällt bei Unmöglichkeit im Sinne des § 275 BGB also – wie ausdrücklich normiert – auch bei Unzumutbarkeit im Sinne des § 275 Abs. 3 BGB der Anspruch auf die (synallagmatische) Gegenleistung. Bei einer Dienstleistung ist dies der Anspruch auf die Vergütung. Aus dieser Systematik resultiert auch der dieser Arbeit in abgewandelter Form namensgebende Grundsatz „Kein Lohn ohne Arbeit".[154]

154 *Söllner*, AcP 1967, 132 (136); Säcker/Rixecker u. a./*Spinner*, MüKo zum BGB (Band 5), § 611a BGB, Rn. 7.

Allerdings folgt aus der Unmöglichkeit der Leistung im Sinne der § 275 Abs. 1 bis 3 BGB nicht zwingend, dass die Gegenleistungspflicht entfällt. So hält bereits § 326 Abs. 2 bis 5 BGB für das allgemeine Schuldrecht Tatbestände bereit, bei deren Vorliegen die Gegenleistungspflicht aufrecht erhalten bleibt. Diese Regelungen gelten auch im Arbeitsrecht.[155] Von besonderer Relevanz für das Arbeitsrecht ist § 326 Abs. 2 S. 1 HS 1 BGB. Danach bleibt der Gläubiger zur Leistung verpflichtet, wenn er den Grund der Unmöglichkeit zumindest weit überwiegend zu vertreten hat. Die Relevanz für das Dienstvertrags- und Arbeitsrecht zeigt sich insbesondere an den Fällen, in denen der Dienstberechtigte seinen Fürsorge- und Schutzpflichten nicht nachkommt und der Dienstverpflichtete die Dienstleistung aus Sorge um seine Gesundheit für unzumutbar erachtet. Wie zuvor dargestellt,[156] kann dies durchaus einen Grund für die Unzumutbarkeit darstellen. Kommt der Dienstberechtigte beispielsweise gebotenen und erforderlichen Schutzmaßnahmen gegen die Übertragung einer Virusinfektion – wie SARS-CoV-2 – nicht nach, bleibt der Vergütungsanspruch des aus diesem Grund seine Dienstleistung verweigernden Verpflichteten bestehen.[157]

Neben diesen allgemeinen Ausnahmen bestehen auch noch spezialgesetzliche Tatbestände, die entweder den Vergütungsanspruch aufrechterhalten oder einen neuen, inhaltsgleichen Anspruch gewähren. Dazu gehört insbesondere der hier gegenständliche § 616 BGB.

4) Zwischenergebnis

Die recht großzügige Gewährung eines Leistungsverweigerungsrechts nach § 275 Abs. 3 BGB hat damit auch Auswirkungen auf § 616 BGB. Wie zuvor erläutert, setzt § 616 BGB den Entfall der Leistungspflicht des Dienstverpflichteten voraus. Nur in diesem Fall entfällt die Gegenleistungspflicht – hier die Vergütungspflicht – und die Vergütungsfortzahlung nach § 616 BGB kann eingreifen. Ein Grund für den Entfall der Leistungspflicht ist § 275 Abs. 3 BGB. Besteht das Leistungsverweigerungsrecht in einer Vielzahl von Fällen, kann § 616 BGB grundsätzlich in

---

155 Die Anwendbarkeit des § 326 Abs. 2 BGB bejahend: *BAG*, Urteil vom 24.11.1960 – 5 AZR 545/59, Rn. 11, juris; *BAG*, Urteil vom 23.09.2015 – 5 AZR 146/14, Rn. 25, juris.

156 *K. Schmidt/Novara*, DB 2009, 1817 (1820 f.); *Weller/Lieberknecht/Habrich*, NJW 2020, 1017 (1019).

157 *Falter*, BB 2009, 1974 (1980); *Fischinger/Hengstberger*, JA 2020, 561 (568); Säcker/Rixecker u. a./*Henssler*, MüKo zum BGB (Band 5), § 618 BGB, Rn. 95 f.; *Steinau-Steinrück/Jöris*, NZA 2020, 1368 (1370); *Weller/Lieberknecht/Habrich*, NJW 2020, 1017 (1019).

entsprechend vielen Fällen zur Anwendung gelangen. Eine Einschränkung des Anwendungsbereiches hat dann über die weiteren Tatbestandsvoraussetzungen des § 616 BGB, insbesondere den „in seiner Person liegenden Grund" zu erfolgen.

III) Dogmatische Einordnung und Klassifikation des § 616 BGB

Bevor eine Auseinandersetzung mit dem Anwendungsbereich und der Abdingbarkeit des § 616 BGB möglich ist, bedarf es zunächst der Einordnung, welche Funktion die Norm grundsätzlich innehat. Handelt es sich um eine eigenständige Anspruchsgrundlage oder stellt sie eine Ausnahme vom Grundsatz des § 326 Abs. 1 BGB dar. So wird in letzterem Fall in Rechtsprechung und Literatur zum Teil die Auffassung vertreten, dass Vorschriften, die von einem allgemeinen rechtlichen Grundsatz eine Ausnahme bildeten, lediglich ein begrenzter Anwendungsbereich zukommen dürfe.[158] Diese Auffassung bedarf einer kritischen Betrachtung. Sofern ihr gefolgt würde, wäre die Auslegung des Anwendungsbereiches des § 616 BGB sowie auch einschränkender Tatbestandsmerkmale erheblich beeinflusst.

1) § 616 BGB: Eigenständige Anspruchsgrundlage oder Aufrechterhaltung des Vergütungsanspruchs

Fraglich ist, ob es sich bei § 616 BGB um eine eigenständige Anspruchsgrundlage handelt oder die Norm lediglich den Vergütungsanspruch aufrechterhält.

Nach der (mittlerweile) wohl herrschender Meinung hält § 616 BGB den Vergütungsanspruch für Dienstverpflichtete aus § 611 Abs. 1 a. E. BGB und für Arbeitnehmer aus § 611a Abs. 2 BGB aufrecht,[159] sodass diese Normen die Anspruchsgrundlage für die Vergütung sind.[160] Nach der Auffassung von *Riesenhuber* Auffassung ordnet § 616 BGB jedoch an, dass die Zahlung der Vergütung trotz Verhinderung und damit Nichterbringung der Leistung „Lohn für geleistete Ar-

---

158 *BAG*, Urteil vom 25.10.1973 – 5 AZR 156/73, Rn. 12, juris; *VG Bayreuth*, Gerichtsbescheid vom 05.05.2021 – B 7 K 21.210, Rn. 39, juris; *Brill*, NZA 1984, 281 (282); *Mertens*, NJW 1978, 1677 (1677).

159 *BGH*, Urteil vom 20.06.1974 – III ZR 27/73, Rn. 11, juris; Gsell/Krüger u. a./*Bieder*, beckOGK (Stand: 01.07.2022), § 616 BGB, Rn. 2; Rolfs/Giesen u. a./*Joussen*, BeckOK ArbR, § 616 BGB, Rn. 58; Westermann/Grunewald/Maier-Riemer/*Riesenhuber*, Ermann BGB, § 616 BGB, Rn. 11.

160 Westermann/Grunewald/Maier-Riemer/*Riesenhuber*, Ermann BGB, § 616 BGB, Rn. 11.

beit" darstellt.[161] Demnach stünde also dem Lohnanspruch für den Zeitraum der Verhinderung bereits eine Gegenleistung in Gestalt der ansonsten erbrachten Dienstleistung gegenüber.

Dem steht die Ansicht gegenüber, dass § 616 BGB eine eigenständige Anspruchsgrundlage sei. Selbst das *BAG* spricht regelmäßig des § 616 BGB als Anspruchsgrundlage.[162] Von der Literatur wird als Argument angeführt, dass es sich bei dem Inhalt der Leistung um eine solche handele, die außerhalb des Synallagmas stehe.[163] Während die Vergütung für die Erbringung der Arbeitsleistung gezahlt werde, erfolge nun abweichend die Fortzahlung trotz Nichtleistung. Somit gründeten Vergütung einerseits und Fortzahlung andererseits auf unterschiedlichen Rechtsgedanken.[164]

Zunächst ist festzustellen, dass, wenn das *BAG* von § 616 BGB als Anspruchsgrundlage spricht, es sich um eine sprachliche Ungenauigkeit handelt. Dies wird dadurch deutlich, dass das *BAG* ebenso gelegentlich ausführt, der Arbeitnehmer verliere seinen Vergütungsanspruch nicht.[165] Damit weicht das *BAG* vom Wortlaut der Norm ab. Es wählt aber eine Formulierung, die einen Fortbestand eines Anspruchs nahelegt. In Verbindung mit § 616 Abs. 2 BGB in der Fassung bis zum 01. Januar 1994 spricht es gar vom „Behalten" des Lohnanspruchs.[166]

Die Einordnung des § 616 BGB als eigenständige Anspruchsgrundlage überzeugt allerdings nicht. Der Argumentation für diese Auffassung ist entgegenzuhalten, dass es dem BGB – insbesondere in § 326 Abs. 2 BGB – nicht fern ist, das bestehende Synallagma zu durchbrechen und die Gegenleistung fortbestehen zu lassen.[167] Damit lässt das BGB die primäre Leistungsverpflichtung wesensgleich bestehen. Somit ist nach der Gesetzessystematik nicht bereits auf Grund der Leistung ohne Gegenleistung von einer Änderung des Anspruchs auszugehen.

---

161 Westermann/Grunewald/Maier-Riemer/*Riesenhuber,* Ermann BGB, § 616 BGB, Rn. 11.

162 *BAG*, Urteil vom 20.07.1977 – 5 AZR 325/76, Rn. 15, juris; *BAG*, Urteil vom 25.08.1982 – 4 AZR 1064/79, Rn. 8, juris; *BAG*, Urteil vom 27.04.1983 – 4 AZR 506/80, Rn. 10, juris; *BAG*, Urteil vom 18.01.2001 – 6 AZR 492/99, Rn. 19, juris.

163 *Söllner,* AcP 1967, 132 (136 f.).

164 *Söllner,* AcP 1967, 132 (137).

165 *BAG*, Urteil vom 18.01.2001 – 6 AZR 492/99, Rn. 20, juris.

166 *BAG*, Urteil vom 06.12.1995 – 5 AZR 237/94, Rn. 13, juris.

167 Säcker/Rixecker u. a./*Ernst,* MüKo zum BGB (Band 3), § 326 BGB, Rn. 85.

Hingegen streitet für das Aufrechterhalten des Vergütungsanspruchs durch § 616 BGB bereits der Wortlaut des § 616 BGB.[168] So wird der Dienstverpflichtete seiner Vergütung durch die Verhinderung nicht *verlustig*. Es wird also davon ausgegangen, dass nicht ein neuer Anspruch begründet wird, sondern ein Anspruch besteht, der nicht erlischt.

Dementsprechend ist der herrschenden Meinung zu folgen, wonach § 616 BGB keinen eigenen Anspruch begründet, sondern den bestehenden Vergütungsanspruch aufrechterhält.

2) § 616 BGB als Gefahrtragungsregel

Zum Teil wird bei der Argumentation über die Auslegung der Tatbestandsmerkmale des § 616 BGB die Norm pauschal als Gefahrtragungsregel klassifiziert[169] oder angeführt, dass es sich gerade um keine Gefahrtragungsregel handele[170]. Welchen Aussagegehalt hat diese Feststellung? Lassen sich hieraus Schlussfolgerungen für die Anwendung der Norm ziehen? Um eine sogenannte Gefahrtragungsregel handelt es sich, wenn eine Norm eine Zuordnung des Risikos der Leistungs- bzw. Gegenleistungsgefahr vornimmt, also insbesondere vorschreibt, wie mit der Gegenleistungspflicht zu verfahren ist, wenn die Leistungspflicht entfällt.[171] Insofern ist es folgerichtig, dass für diejenigen, die ein Aufrechterhalten des Vergütungsanspruchs annehmen, § 616 BGB eine Gefahrtragungsregel darstellt.[172] Eine materielle Bedeutung kommt dieser Einordnung jedoch nicht zu. Die Formulierung stellt lediglich eine Umschreibung des Regelungsgehalts dar.

---

168 So bereits auch: *D. Schneider*, Entgeltfortzahlung und Konkurrenzen, S. 96; *Schwegmann*, Dogmatik, S. 36; *W. Siebert*, Schadensersatz und Lohnfortzahlung, S. 681.

169 Gsell/Krüger u. a./*Bieder*, beckOGK (Stand: 01.07.2022), § 616 BGB, Rn. 2; *Pallasch*, JA 1994, 504 (509); Westermann/Grunewald/Maier-Riemer/*Riesenhuber*, Ermann BGB, § 616 BGB, Rn. 2; *D. Schneider*, Entgeltfortzahlung und Konkurrenzen, S. 96.

170 Rolfs/Giesen u. a./*Joussen*, BeckOK ArbR, § 616 BGB, Rn. 19; Staudinger/*Oetker*, Kommentar zum BGB §§ 613a-619a BGB, § 616 BGB, Rn. 82.

171 So beispielsweise bei § 326 Abs. 1 BGB, § 326 Abs. 2 BGB, § 615 S. 1 BGB; zum Begriff „Gefahrtragungsregel" umschreibend: Schulze/*Fries/Schulze*, HK-BGB, § 326 BGB, Rn. 4; *Hager*, Gefahrtragung, S. 11 ff.; Stürner/*Stadler*, Jauernig, § 275 BGB, Rn. 35; Stürner/*Stadler*, Jauernig, § 326 BGB, Rn. 1, 13; Kiel/Lunk/Oetker/*Tillmanns*, MHdB ArbR, § 76 Annahmeverzug und Betriebsrisiko, Rn. 2, 8.

172 Ohne Begründung anders *Joussen*, wobei der Fokus der Aussage wohl auf dem Nichtvorliegen einer *allgemeinen* Gefahrtragungsregel liegen soll, womit die Nichtanwendbarkeit im Fall von objektiven Leistungshindernissen zum Ausdruck gebracht werden soll; vgl.: Rolfs/Giesen u. a./*Joussen*, BeckOK ArbR, § 616 BGB, Rn. 19.

Ein Aussagegehalt kommt der Feststellung nicht zu. Somit ist sie nicht geeignet, um es bei der Argumentation über die Auslegung der Tatbestandsmerkmale herangezogen zu werden.

3) § 616 BGB als Ausnahmevorschrift

Als weiteres Argument bei der Auslegung der Tatbestandsmerkmale des § 616 BGB wird angeführt, dass es sich um eine Ausnahmevorschrift handele. Dies wird daraus gefolgert, dass § 616 BGB das Fortbestehen des Gegenanspruchs regele, was eine Ausnahme zum Regelfall des § 326 Abs. 1 BGB sei.[173] Das habe eine restriktive Auslegung des Anwendungsbereiches zur Folge.[174]

Dabei stellen sich aber zwei Fragen: Weshalb sollte es sich bei § 616 BGB um eine Ausnahmevorschrift handeln? Weshalb sollte diese Ausnahmevorschrift eng ausgelegt werden müssen?

Um den zuvor genannten Grundsatz, dass Ausnahmeregelungen eng auszulegen seien, in Bezug auf § 616 BGB (vorerst[175]) zu entkräften, bedarf es keiner auf § 616 BGB bezogenen Beantwortung der Frage, ob § 616 BGB eine Ausnahmeregelung darstellt. Schließlich bleiben die Vertreter der Annahme einer Ausnahmeregelung ohnehin eine Begründung schuldig. Vielmehr ist der Grundsatz einer zwingenden, engen Auslegung von Ausnahmevorschriften generell abzulehnen. Als Argument gegen diesen Grundsatz dient die Art und Weise, wie das Vorliegen einer Ausnahmevorschrift begründet wird.

Zur Begründung einer Ausnahmeregel wird formalistisch zunächst das gesetzlich intendierte Regel-/Ausnahmeverhältnis angeführt. So folge bereits aus der Abweichung der Rechtsfolge einer Norm von einem gesetzlichen Grundsatz, dass es sich um eine Ausnahmeregel handele.[176] Allerdings spricht gegen diesen Ansatz, dass eine beabsichtigte Einschränkung nicht zwingend in den Grundtatbestand aufgenommen werden muss, wodurch der vermeintliche gesetzliche Grundsatz überhaupt nicht entstünde. Stattdessen kann die Einschränkung auch als geson-

---

173 *LAG Köln*, Urteil vom 10.02.1993 – 8 Sa 894/92, BeckRS 2009, 66030; Rolfs/Giesen u. a./*Joussen*, BeckOK ArbR, § 616 BGB, Rn. 58.

174 *BAG*, Urteil vom 25.10.1973 – 5 AZR 156/73, Rn. 12, juris; *VG Bayreuth*, Gerichtsbescheid vom 05.05.2021 – B 7 K 21.210, Rn. 39, juris; *Brill*, NZA 1984, 281 (282); *Mertens*, NJW 1978, 1677 (1677).

175 Das abschließende Ergebnis könnte ohnehin erst nach der ausgiebigen Betrachtung des § 616 BGB und dessen Auslegung gefunden werden.

176 So wohl *Wank*, der den Begriff der Ausnahmevorschrift so in der Gesetzessystematik erklärt und später ohne weiteren Hinweis auf die Bedeutung dieses Begriffs wieder zurückgreift: *Wank*, Methodenlehre, S. 372, 43 f., 92.

derter, einschränkender Rechtssatz normiert werden.[177] Zudem kann der vom Gesetz beabsichtigte Regelungszweck durchaus erst durch ein Zusammenwirken zweier getrennter Normen erreicht werden, wodurch aber nicht zwingend die Einschränkung eine Ausnahme darstellen muss.[178] Des Weiteren ist die Betrachtung von Regel und Ausnahme stets relativ in Bezug auf die Regelung, die als Regelfall zugrunde gelegt wird.[179]

Für *Canaris* handelt es sich bei Ausnahmevorschriften um sogenannte „systemfremde" Normen, die er innerhalb der Rechtsordnung isolieren möchte.[180] Demnach sollten keine Schlüsse für die gesamte Rechtsordnung oder für ähnliche Vorschriften aus ihnen gezogen werden. Damit es sich um eine sogenannte „systemfremde" Norm handele – dies ist jedenfalls aus seinem Beispiel zu folgern –, dürfe die Vorschrift auf keine bislang bestehenden Rechtsgrundsätze zurückzuführen sein. In einem solchen Fall sei die ausdehnende Auslegung zu verbieten. Anderenfalls gerate die Rechtsanwendung an die Grenze zur Willkür.[181] Dieser Auffassung ist zuzugestehen, dass mit der Einführung von neuen Rechtsgrundsätzen durch den Gesetzgeber ein erhebliches Unsicherheitspotential in der Rechtsanwendung entsteht, da bei ihrer Anwendung nicht auf bekannte Grundsätze zurückgegriffen werden kann. Dies darf jedoch nicht dazu führen, dass es dem Gesetzgeber grundsätzlich verwehrt wird, neue Rechtsgrundsätze durch die Verabschiedung neuer Normen zu schaffen. So kann der Gesetzgeber durchaus das Erfordernis sehen, für ein bestimmtes Rechtsgebiet einen neuen Grundsatz – beispielsweise den der Beibehaltung der Gegenleistung – aufzustellen. Hierfür muss ihm die Möglichkeit durch die Schaffung neuer, vermeintlich „systemfremder" Normen verbleiben.

Während dieser durch eine vermeintlich „systemfremde" Norm neu geschaffene Grundsatz für eine bestimmte Vertragsart sinnvoll ist, kann dessen Anwendung bei einer anderen Vertragsart durchaus wesensfremd und systemwidrig erscheinen. Um die Systemwidrigkeit zu bewerten, ist somit stets der Kontext zu betrachten, in dem eine Norm eingeführt wird. Es kommt also zum einen auf den Betrachtungsrahmen an. Es ist zu fragen, ob die Regelung innerhalb der gesamten Zivilrechtsordnung oder innerhalb dieses Vertragstypus systemwidrig erscheint. Zum anderen sind die Motive der Regelung relevant. Bei beidem handelt es sich

---

177 *Larenz,* Methodenlehre, S. 355; *Rosenkranz,* JURA 2015, 783 (785).

178 *Larenz,* Methodenlehre, S. 355.

179 Zur Relativität von Regel und Ausnahme: *Engisch,* Einführung in das juristische Denken, S. 154 f.

180 *Canaris,* Systemdenken, S. 131; unterstützend: *Kramer,* Methodenlehre, S. 245.

181 *Canaris,* Systemdenken, S. 131 f.

um typische Auslegungskriterien. Es bedarf mithin zunächst der Auslegung der Norm, um zu ermitteln, ob es sich bei dieser um eine Ausnahmeregelung bzw. systemfremde Norm handelt. Eine Beschränkung der Auslegung durch die bloße Argumentation, dass es sich bei der Vorschrift – möglicherweise auch aus einer Auslegungsregel bzw. einem Auslegungsmerkmal gefolgert – um eine Ausnahmevorschrift handele, ist zirkelschlüssig.[182] Denn bereits bei der Ermittlung und Begründung des Vorliegens dieser Eigenschaft bedarf es einer Auslegung, also des gleichen Mittels, die man durch die Feststellung beschränken möchte.[183]

Zweifelsfrei sollte in den Fällen, in denen die Motive sich gerade nicht auf weitere Anwendungsfälle übertragen lassen, keine weite Auslegung oder gar eine analoge Anwendung erfolgen.[184] Jedoch spiegelt dieser Ansatz die typischen Überlegungen im Rahmen der Auslegung[185] und der Analogie[186] wider. Einer Beschränkung auf Grund der Klassifizierung als „systemfremde" Norm bedarf es nicht. Vielmehr ist es der Auslegung immanent, den „systemfremden Charakter" zu berücksichtigen.

Es zeigt sich, dass eine bloße Klassifizierung als Ausnahmevorschrift und der Verweis auf das Gebot, eine solche Vorschrift/Norm „eng" auszulegen, aus verschiedenen Gründen zu kurz greifen. Stattdessen ist der Anwendungsbereich durch Auslegung zu ermitteln. Dabei sind die Motive für die Norm[187] und die damit im Gesetz neu erfassten bzw. geschaffenen oder bereits bekannten Rechtssätze zu berücksichtigen. Sollte sich dabei ergeben, dass der Anwendungsbereich sehr begrenzt ist, so ist es möglich, die Norm als Ausnahmevorschrift zu bezeichnen. Damit wäre jedoch lediglich das Ergebnis der Auslegung und kein Argument für die Auslegung gemeint.

---

182 So auch: *Rosenkranz,* JURA 2015, 783 (785).

183 So auch: *F. Müller/Christensen,* Juristische Methodik, S. 392 f.

184 So wohl auch: *Larenz,* Methodenlehre, S. 355 f.; obgleich in Zustimmung zu *Canaris* für sogenannte „verfehlte Ausnahmeregeln" auch: *Bydlinski,* Juristische Methodenlehre, S. 440.

185 Die Motive werden als eine Grundlage für die teleologische Auslegung von den Auslegungsansätzen erfasst, sodass ein Verstoß gegen die Motivation des Gesetzgebers den Auslegungsgrundsätzen widersprechen würde; zur teleologischen Auslegung: *Pawlowski,* Methodenlehre, Rn. 368 f., 489; *Zippelius,* Methodenlehre, S. 41 f.

186 Hier bedarf es einer vergleichbaren Interessenlage. Steht diese dem Motiv der Regelung entgegen, verbietet sich die Analogie ohnehin. i. E. so auch: *Engisch,* Einführung in das juristische Denken, S. 216 ff.

187 So zeigt beispielsweise *Pawlowski* auf, dass aus der Vorstellung des Gesetzgebers gerade auf das Vorliegen einer Ausnahme geschlossen werden kann; vgl.: *Pawlowski,* Methodenlehre, Rn. 489.

4) Zwischenergebnis

Auch wenn § 616 BGB eine Abweichung vom allgemeinen Grundsatz des § 326 Abs. 1 BGB darstellt, folgt hieraus nicht, dass die Vorschrift restriktiv ausgelegt werden muss. Es ist zunächst lediglich festzustellen, dass es sich bei § 616 BGB um eine „einfache“ Gefahrtragungsregel handelt, deren Anwendungsbereich nicht bereits deshalb als „eng“ anzusehen ist, weil es sich vermeintlich um eine „Ausnahmevorschrift“ handelt. Vielmehr ist im Weiteren die Norm insbesondere im Hinblick auf den Anwendungsbereich auszulegen, um zu ermitteln ob dieser „eng“ ist und es sich somit im Ergebnis um eine „Ausnahmevorschrift“ handelt.

C) Entstehung und Anwendungsbereich des § 616 BGB

Die heutige Fassung des § 616 BGB entspricht wieder dem ursprünglichen Wortlaut der Norm bei Inkrafttreten des BGB.[188] Somit besteht die Norm nunmehr im Wesentlichen unverändert seit über 120 Jahren. Gleichwohl bleibt der genaue Anwendungsbereich bei alleiniger Betrachtung des Wortlautes unklar. Zudem hat sich in den Jahren auch das Normgefüge, in dessen Kontext der § 616 BGB zu sehen ist, geändert.[189] Auf Grund der Unklarheit hinsichtlich des Verständnisses der Norm sowie des geänderten Normkontextes ist es lohnend, sich eingehend mit dem Anwendungsbereich des § 616 BGB zu befassen. U. a. stellen sich hinsichtlich des Anwendungsbereichs die folgenden Fragen: Hat die Norm noch eine Relevanz bei Krankheitsfällen? Wie ist sie im Umfeld familienpolitischer Strömungen zu sehen, die in neuen sozialrechtlichen Normen Ausdruck gefunden haben?

Zudem bedarf es einer Klarstellung des Verständnisses der einzelnen Tatbestandsmerkmale. Nur so ist festzustellen, ob in vertraglichen Regelungen eine Abweichung von dem gesetzlichen Grundgedanken vorliegt, um diese dann einer Kontrolle zuzuführen.

Die Ergebnisse dieser Untersuchung dienen dann auch als Grundlage der Betrachtung, wie und in welchem Ausmaß die Abbedingung des § 616 BGB möglich ist.

I) Motive und Normzweck des § 616 BGB

Als Ausgangspunkt der Betrachtung sollen die Motive und der Normzweck des § 616 BGB dienen. Da § 616 BGB wieder zu seiner Ursprungsfassung zurückgekehrt ist, können auch die Motive der Kommissionen zur Ausarbeitung des BGB relevant sein. Auf Grund des Wandels der Rechtsordnung und insbesondere des Normgefüges des § 616 BGB können die Motive bei Schaffung des BGB allerdings

---

188 Vgl.: A), S. 31.

189 Dass Änderungen im Normgefüge Einfluss auf die Auslegung des § 616 BGB haben können, hat das *BAG* bereits im Jahr 1954 festgestellt: *BAG*, Urteil vom 24.02.1955 – 2 AZR 10/54, Rn. 11, juris; ebenso hat das *BVerfG* anerkannt, dass sich ändernde soziale Gefüge Einfluss auf die Auslegungen von Normen haben können bzw. zu berücksichtigen sind: *BVerfG*, Beschluss vom 14.02.1973 – 1 BvR 112/65, Rn. 41, juris.

nicht allein maßgeblich sein. Somit sind in einem weiteren Schritt auch neuere Entwicklungen zu berücksichtigen.

Bei der Ermittlung des Regelungszwecks ist insbesondere zu betrachten, ob wirtschaftliche Erwägungen zu Grunde lagen, die eine Berücksichtigung der wirtschaftlichen Belastung des Dienstberechtigten bei der Auslegung und Abbedingung zulassen. Des Weiteren könnte die Norm auf besondere Rücksichtnahmepflichten gestützt werden, die aus dem Dienstverhältnis erwachsen könnten. Dies kann ebenfalls Einfluss auf die Auslegung und Abbedingung haben.

1) Kommission

Der Vorschlag der Schaffung des (ursprünglich als § 562 BGB vorgesehenen) § 616 BGB stützte sich auf Rechtsvergleiche sowie allgemeine, anerkannte Rechtsgrundsätze. Gemäß der I. Kommission sei gemeinrechtlich anerkannt und auch in Art. 341 des schweizerischen Obligationenrechts im Ausland verankert, dass „eine unbedeutende Verhinderung oder Unterbrechung der Dienstleistung in Folge eines in der Person des Dienstverpflichteten eingetretenen Zufalls nicht zu einem Abzug“ der Vergütung berechtigte.[190] Neben diesen Verweisungen auf frühere bzw. ausländische Rechtsvorschriften wurden als Begründung für die Abweichung von dem Grundsatz des Entfalls der Vergütung zudem eine „sozialpolitische Rücksicht“ sowie „Gründe der Humanität“ angeführt.[191] Auch die II. Kommission führte diesen Ansatz fort[192] und sah die Norm als Ausdruck der Fürsorge für die dem Arbeitgeber „unterworfenen Personen“ an.[193] Schließlich sei generell anerkannt, dass der Dienstberechtigte generell mit geringfügigen Verhinderungen im Laufe des Dienstverhältnisses rechnen müsse.[194]

Die I. Kommission nahm scheinbar einen weiten Anwendungsbereich in Gestalt einer Vielzahl in Frage kommender Verhinderungsgründe an. Einziger ausdrücklich erwähnter Verhinderungsgrund war der Einzug zum Militärdienst für kurze Zeit – möglicherweise in Anlehnung an Art. 341 schweizerisches Obligationenrecht, der wohl von „Krankheit, Militärdienst und ähnliche[n] Gründe[n]“

---

190 *Mugdan,* Materialien zum BGB II, S. 258; vgl. auch: *Greiner,* Ideelle Unzumutbarkeit, S. 146.

191 *Mugdan,* Materialien zum BGB II, S. 258.

192 So auch: *Koppenfels,* NZS 2002, 241 (244).

193 *Mugdan,* Materialien zum BGB II, S. 901.

194 *Mugdan,* Materialien zum BGB II, S. 899.

sprach[195].[196] Die Anwendung auf den Krankheitsfall geht aus dem Verweis auf § 60 ADHGB[197] hervor, der hier als § 63 HGB behandelt wird.

Insbesondere das Bestehen eines allgemeinen, anerkannten Rechtsgrundsatzes kann bei einer weit zurückreichenden Betrachtung der Entwicklung vor Einführung des BGB bezweifelt werden. Während eine Vielzahl der sonstigen Normen und Rechtsgedanken auf römische Traditionen zurückzuführen sind, böten im Fall des § 616 BGB laut *Rückert* die Digesten keine belastbaren Anhaltspunkte.[198] Auch im 17. und 18. Jahrhundert sei ein solcher Rechtsgrundsatz eher nicht zu entdecken gewesen. Zwar habe es Ansätze gegeben, nach denen die Bedeutung des tatsächlichen, synallagmatischen Leistungsaustausches zurückgestellt worden sei. So habe der bloße Leistungswille des kranken Dienstverpflichteten genügen sollen, um die Fortzahlungspflicht zu begründen. Damit sei der Leistungswille an die Stelle der tatsächlichen Leistung getreten.[199] Hingegen sei auch die Ansicht vertreten worden, dass das Synallagma Ausdruck des Rechts der Natur sei und die synallagmatische Verknüpfung von Leistung und Gegenleistung deshalb als Bedingung stillschweigend vereinbart werde. Eine pauschale Belastung des Dienstberechtigten ohne eine Einzelfallbetrachtung ließe sich nicht begründen.[200] Die Vergütungsfortzahlung sei zudem von berufsspezifischen Regelungen geprägt gewesen, aus denen sich kein „allgemeiner Fürsorgegedanke" ableiten ließe, auch wenn auf längere Dauer angelegte und höhere Dienste eher in den Genuss der Vergütungsfortzahlung gekommen seien.[201] Demnach ließe sich die Vergütungsfortzahlung eher auf ein Fortsetzungsinteresse und eine Nähebeziehung im Dienstverhältnis[202] als auf einen sozialen Gedanken stützen. Auch wenn im späten 18. und 19. Jahrhundert verstärkt die Vergütungsfortzahlung im Krankheitsfall kodifiziert worden sei, ergebe sich auch in dieser Zeit kein klares Bild. Eine Vorreiterrolle hätten die Handlungsgehilfen mit § 60 ADHGB eingenommen.[203]

195 Vgl.: Schmoeckel/Rückert/Zimmermann/*Rückert,* HKK zum BGB, § 616 BGB, Rn. 15.

196 *Mugdan,* Materialien zum BGB II, S. 258.

197 *Mugdan,* Materialien zum BGB II, S. 258.

198 Schmoeckel/Rückert/Zimmermann/*Rückert,* HKK zum BGB, § 616 BGB, Rn. 17.

199 Schmoeckel/Rückert/Zimmermann/*Rückert,* HKK zum BGB, § 616 BGB, Rn. 33 f.

200 Schmoeckel/Rückert/Zimmermann/*Rückert,* HKK zum BGB, § 616 BGB, Rn. 35 f.

201 M. w. N.: Schmoeckel/Rückert/Zimmermann/*Rückert,* HKK zum BGB, § 616 BGB, Rn. 40.

202 Schmoeckel/Rückert/Zimmermann/*Rückert,* HKK zum BGB, § 616 BGB, Rn. 39, 53.

203 Vgl. m. w. N.: Schmoeckel/Rückert/Zimmermann/*Rückert,* HKK zum BGB, § 616 BGB, Rn. 46 ff.

Somit zeigt sich, dass kein gemeinrechtlicher, allgemeiner Grundsatz für eine Vergütungsfortzahlung bei Verhinderung bestand und allenfalls für den Krankheitsfall vereinzelte berufsspezifische Regelungen – wie Spezialordnungen insbesondere für Gesinde und Handwerk[204] – existierten.

Mithin stützte die II. Kommission die Schaffung des § 616 BGB primär auf den sozialpolitischen Aspekt in Gestalt der Verpflichtung des Arbeitgebers zur „Humanität", die dieser gegenüber den Personen ausüben solle, für die er die Fürsorge trage. *Koppenfels* sieht dementsprechend in der Norm den berühmten „Tropfen sozialistischen Öls" für das Dienstvertragsrecht,[205] den *Otto von Gierke* für den Entwurf des BGB gefordert hatte.[206]

2) Rechtsprechung

In der frühen Rechtsprechung des *BAG* war die arbeitsrechtliche Fürsorgepflicht als leitendes Motiv für § 616 BGB anerkannt.[207] Nach Ansicht der Rechtsprechung resultierte die Fürsorgepflicht aus der personalen Beziehung zwischen Arbeitnehmer und Arbeitgeber.[208] Entsprechend bedürfte es für ihr Eingreifen konkreter Anlässe, die beispielsweise nicht in allgemeinen Beschäftigungsverboten liegen dürften.[209] Die Rechtsprechung forderte somit wohl einen in der Person des Arbeitnehmers liegenden Grund, um überhaupt die Fürsorgepflicht im Einzelfall entstehen zu lassen.

Allerdings verwies die Rechtsprechung auch auf wirtschaftliche Erwägungen. So sei die Verlagerung der Fortzahlungsrisiken auf den Arbeitgeber auch darin begründet, dass für diesen die Lasten geringer ausfielen als für den Arbeitnehmer.[210]

---

204 Schmoeckel/Rückert/Zimmermann/*Rückert,* HKK zum BGB, § 616 BGB, Rn. 56, 83.

205 *Koppenfels,* NZS 2002, 241 (244).

206 In seiner Schrift 1889 kritisiert *von Gierke* in der Einleitung den Mangel sozialer Aspekte: *Gierke,* Entwurf eines bürgerlichen Gesetzbuchs, S. 2 ff.; die berühmte Phrase „Tropfen sozialistisches Öl" verwendete er wohl in einer Rede zur „Sozialen Aufgabe des Privatrechts" in Wien 1889: *Rückert,* RW 2021, 291 (299).

207 *BAG*, Urteil vom 14.10.1954 – 2 AZR 30/53, Rn. 7, juris; *BAG*, Urteil vom 24.02.1955 – 2 AZR 10/54, Rn. 13, juris; *BAG*, Urteil vom 11.06.1957 – 2 AZR 15/57, Rn. 15, juris; *BAG*, Urteil vom 25.07.1957 – 2 AZR 93/56, Rn. 12, juris; *BAG*, Urteil vom 11.10.1957 – 1 AZR 227/56, Rn. 26, juris; *BAG*, Urteil vom 26.07.1989 – 5 AZR 491/88, Rn. 13, juris; *BAG*, Urteil vom 06.09.1989 – 5 AZR 621/88, Rn. 16, juris.

208 *BAG*, Urteil vom 25.07.1957 – 2 AZR 93/56, Rn. 12, juris.

209 *BAG*, Urteil vom 14.10.1954 – 2 AZR 30/53, Rn. 6, juris.

210 *BAG*, Urteil vom 14.10.1954 – 2 AZR 30/53, Rn. 7, juris.

Von der Rechtsprechung gemeint war wohl der zu dieser Zeit vorherrschende und von *Otto von Gierke* auf den Gedanken des personenrechtlichen Gemeinschaftsverhältnis gestützten Begriff der arbeitsrechtlichen Fürsorgepflicht.[211] So beschrieb auch das *BAG* in einer Entscheidung zur Beschäftigungspflicht das Arbeitsverhältnis als personenrechtliches Gemeinschaftsverhältnis.[212] Dieses sollte offenbar weit über allgemeine vertragliche Rücksichtnahmepflichten hinausgehende Pflichten beinhalten,[213] die die Qualität eines allgemeinen Rechtssatz erlangt hätten.[214] Auf Grund der sozialen und wirtschaftlichen Bedeutung wurde der arbeitsrechtlichen Fürsorgepflicht eine anspruchsbegründende Funktion im Hinblick auf das Entgelt zugesprochen, sodass sie neben der Vergütung einen hauptpflichtähnlichen Charakter erhielt.[215]

Für das *BAG* handelt es sich bei § 616 BGB letztlich um eine soziale Schutzvorschrift.[216] Das *BAG* hat der Norm eine eigenständige Bedeutung außerhalb des Synallagmas zugemessen. Zwar greife sie in die Systematik von Leistung und Gegenleistung ein, stelle zugleich aber keine Ausnahme von dem Grundsatz der synallagmatischen Verknüpfung dar.[217]

Auch wenn die arbeitsrechtliche Fürsorgepflicht in der neueren Rechtsprechung in Zusammenhang mit § 616 BGB seltener Erwähnung findet, ist der Grundgedanke der Fürsorgepflicht des Arbeitgebers gegenüber dem Arbeitnehmer als Ausfluss des Gebots von Treu und Glauben weiterhin verbreitet. Er wird allerdings nunmehr an § 242 BGB angeknüpft.[218] So wird § 3 EFZG immer noch als gesetzliche Ausgestaltung der Fürsorgepflicht angesehen.[219] Unklar ist aber, ob dabei weiterhin an dem Verständnis einer arbeitsrechtlichen Fürsorgepflicht der frühen *BAG*-Urteile festgehalten wird. Zumindest Verweise auf die frühere Recht-

---

211 Schaub/*Linck*, Arbeitsrecht-Handbuch, § 29 – Arbeitsvertrag und Arbeitsverhältnis, Rn. 6.

212 *BAG*, Urteil vom 10.11.1955 – 2 AZR 591/54, Rn. 5, juris.

213 So auch: Rolfs/Giesen u. a./*Joussen*, BeckOK ArbR, § 616 BGB, Rn. 2.

214 Staudinger/*Fischinger*, Kommentar zum BGB §§ 611-613 BGB, § 611a BGB, Rn. 1750; Kiel/Lunk/Oetker/*Reichold*, MHdB ArbR, § 91 Allgemeine Interessenwahrungspflicht (Fürsorgepflicht) des Arbeitgebers, Rn. 2 ff.

215 So wohl: *Koppenfels*, NZS 2002, 241 (244); Kiel/Lunk/Oetker/*Reichold*, MHdB ArbR, § 91 Allgemeine Interessenwahrungspflicht (Fürsorgepflicht) des Arbeitgebers, Rn. 3 f.; *Wiedemann*, Arbeitsverhältnis, Rn. 7.

216 *BAG*, Urteil vom 06.12.1956 – 2 AZR 192/56, Rn. 9, juris.

217 *BAG*, Urteil vom 24.02.1955 – 2 AZR 10/54, Rn. 12, juris.

218 *BAG*, Urteil vom 14.09.1994 – 5 AZR 632/93, Rn. 18, juris; *BAG*, Urteil vom 09.03.1995 – 2 AZR 497/94, Rn. 17, juris.

219 *BAG*, Urteil vom 27.05.2020 – 5 AZR 247/19, Rn. 47, juris.

sprechung des *BAG*, die sich auch noch in der heutigen (Instanz-)Rechtsprechung finden lassen, in der § 616 BGB als Ausfluss der Fürsorgepflicht des Arbeitgebers angesehen wird,[220] lassen diesen Schluss zu. Allerdings erwähnt das *BAG* in einer anderen Entscheidung auch, dass sich die arbeitsrechtliche Fürsorgepflicht im Grundsatz des § 241 Abs. 2 BGB erschöpfe.[221] Insofern ist die heutige Rechtsprechung uneindeutig. § 616 BGB lässt sich nach der Rechtsprechung nicht auf einen Grundsatz zurückführen, auch wenn die Anknüpfung an die arbeitsrechtliche Fürsorgepflicht nach wie vor noch weit verbreitet ist.

3) Literatur

In der Literatur werden verschiedene Motive und Normzwecke vertreten. Im Wesentlichen lassen sich jedoch zwei Strömungen erkennen.

a) Fürsorgepflicht

Auch in der Literatur wird unter Verweis auf die Rechtsprechung und in (vermeintlicher) Anlehnung an die Motive bei der Ausarbeitung des BGB die Fürsorgepflicht des Arbeitgebers als Motiv des § 616 BGB angeführt.[222] Der Begriff der Fürsorgepflicht ist wohl auch hier als arbeitsrechtliche Fürsorgepflicht zu verstehen, wie sie den frühen *BAG*-Urteilen zu Grunde lag.

Allerdings wird zum Teil weitere sozialen Überlegungen angeführt. Durch *Riesenhuber* wird auf die durch den höchstpersönlichen Charakter bedingte Zwangslage des Dienstverpflichteten verwiesen. So könne dieser durch die Höchstpersönlichkeit den Leistungsausfall nicht abwenden, indem jemand anderes die Dienstleistung übernehme. Zudem sei er wirtschaftlich schwächer, sodass eine Übernahme der daraus resultierenden wirtschaftlichen Belastung aus sozialen Gründen geboten sei.[223] Er greift also den auch vom *BAG* erwähnten Aspekt der wirtschaftlichen Leistungsfähigkeit auf.

---

220 Das *LAG Berlin-Brandenburg* argumentiert unter Verweis auf die Rechtsprechung des *BAG* immer noch mit dem personenrechtlichen Gemeinschaftsverhältnis: *LAG Berlin-Brandenburg*, Urteil vom 28.10.2020 – 25 Sa 1105/20, Rn. 54 ff., juris; vgl. im Übrigen: *ArbG Villingen-Schwenningen*, Urteil vom 22.10.2021 – 2 Ca 52/21, Rn. 103; *VG Berlin*, Urteil vom 16.11.2022 – 32 K 109/22, Rn. 65, juris.

221 *BAG*, Urteil vom 24.09.2009 – 8 AZR 444/08, Rn. 14, juris.

222 Hau/Poseck/*Baumgärtner*, BeckOK BGB, § 616 BGB, Rn. 1; Soergel/*Kraft*, BGB (1997), § 616 BGB, Rn. 2; Westermann/Grunewald/Maier-Riemer/*Riesenhuber*, Ermann BGB, § 616 BGB, Rn. 2; *Schimana*, AuR 1956, 321 (322).

223 Westermann/Grunewald/Maier-Riemer/*Riesenhuber*, Ermann BGB, § 616 BGB, Rn. 2.

Gegen diese Ansicht werden hauptsächlich zwei Argumente angeführt. Zum einen spreche gegen den Gedanken der Fürsorgepflicht als Grundlage für § 616 BGB, dass sich die Fürsorgepflicht lediglich in Arbeitsverhältnissen wiederfinde, § 616 BGB jedoch allgemein für Dienstverhältnisse gelte.[224] Zum anderen lasse sich auch die grundsätzliche Abdingbarkeit nur schwer mit dem Gedanken der Fürsorgepflicht vereinen.[225]

b) Grundsatz „minima non curat praetor"

Die andere wesentliche, von der Literatur vertretene Ansicht ist, dass sich in § 616 BGB der Grundsatz *minima non curat praetor* wiederfindet.[226]

Demnach sei die Norm auf den Gedanken zurückzuführen, dass auf Grund der höchstpersönlichen Leistungspflicht stets mit Verhinderungen des Dienstver pflichteten gerechnet werden müsse. Deshalb sei die Entgeltfortzahlung für unerhebliche Verhinderungen in der Bestimmung der Vergütung einzukalkulieren.[227] Die dadurch bedingt niedriger ausfallende Vergütung sei eine Art „Versicherung" für Leistungsverhinderungen des Dienstverpflichteten.[228]

---

224 *Hohenstatt/Krois,* NZA 2020, 413 (415); Henssler/Willemsen/Kalb/*Krause,* HWK ArbR, § 616 BGB, Rn. 1; *Linck,* Entgeltrisiko in Zeiten von Covid 19, S. 749; Staudinger/*Oetker,* Kommentar zum BGB §§ 613a-619a BGB, § 616 BGB, Rn. 12.

225 *Hohenstatt/Krois,* NZA 2020, 413 (415); Henssler/Willemsen/Kalb/*Krause,* HWK ArbR, § 616 BGB, Rn. 1; Staudinger/*Oetker,* Kommentar zum BGB §§ 613a-619a BGB, § 616 BGB, Rn. 13.

226 *Hohenstatt/Krois,* NZA 2020, 413 (415); Henssler/Willemsen/Kalb/*Krause,* HWK ArbR, § 616 BGB, Rn. 1; *Linck,* Entgeltrisiko in Zeiten von Covid 19, S. 749; Schaub/*Linck,* Arbeitsrecht-Handbuch, § 97 – Arbeitsverhinderung des Arbeitnehmers aus persönlichen Gründen, Rn. 2; Küfner-Schmitt/Schmitt/*Schmitt,* EFZG, § 616 BGB, Rn. 57; zustimmend auch: Staudinger/*Oetker,* Kommentar zum BGB §§ 613a-619a BGB, § 616 BGB, Rn. 15; *D. Schneider,* Entgeltfortzahlung und Konkurrenzen, S. 97; wohl auch *Kisch,* der in § 616 BGB einen verallgemeinerungsfähigen Grundsatz sieht: *Kisch,* Unmöglichkeit der Erfüllung, S. 182; zustimmend auch *von Koppenfels-Spies,* die die Fürsorgepflicht lediglich als Begründung für einen über § 616 BGB hinausgehenden Anspruch in Erwägung zieht, letztlich aber ablehnt: *Koppenfels,* NZS 2002, 241 (242).

227 *Fischinger/Straub,* JuS 2016, 208 (211); *Hohenstatt/Krois,* NZA 2020, 413 (416); Henssler/Willemsen/Kalb/*Krause,* HWK ArbR, § 616 BGB, Rn. 1; *Linck,* Entgeltrisiko in Zeiten von Covid 19, S. 749 f.; *Mommsen,* Unmöglichkeit der Leistung, S. 363, Fn. 12; Staudinger/*Oetker,* Kommentar zum BGB §§ 613a-619a BGB, § 616 BGB, Rn. 17; *D. Schneider,* Entgeltfortzahlung und Konkurrenzen, S. 97.

228 Henssler/Willemsen/Kalb/*Krause,* HWK ArbR, § 616 BGB, Rn. 1.

Zur Begründung wird auch auf weitere Normen im BGB hingewiesen, die die Rechte des Gläubigers im Fall von nicht erheblichen Minderleistungen beschränken würden.[229] In diesem Zusammenhang werden vor allem § 320 Abs. 2 BGB, § 323 Abs. 5 S. 2 BGB und § 536 Abs. 1 S. 3 BGB genannt.[230] Da das Dienstleistungsrecht keine Mängelgewährleistungsregeln enthalte, habe es § 616 BGB zur Umsetzung dieses Rechtsgedankens bedurft.[231]

Allerdings haben selbst Vertreter dieser Auffassung Zweifel, ob der Grundsatz *minima non curat praetor* auch weiterhin als Motiv für § 616 BGB herangezogen werden könne. Denn der aktuelle Gesetzgeber scheine den Grundsatz *minima non curat praetor* aufzugeben.[232] Dieser Befund hat zwar keine Auswirkung darauf, welcher Gedanke der Norm ursprünglich zu Grunde lag, mag jedoch bei der systematischen Auslegung für ihr heutiges Verständnis herangezogen werden.

c) Grundrechtsorientiertes Verständnis

Einen weiteren Ansatz bietet insbesondere *Kempen*, der ein grundrechtsorientiertes Verständnis des § 616 BGB vertritt. Demnach werde durch § 616 BGB die Person als solche – ihre Subjektivität – geschützt. Zur Entfaltung der Subjektivität bedürfe es eines Schutzes der Persönlichkeit und der von der Rechtsordnung geschützten Handlungsfeldern auch im Dienstverhältnis.[233] *Kempen* erkennt zwar, dass es sich bei diesem Verständnis nicht um die Motive der II. Kommission habe handeln können. Denn subjektive Grundrechte bestanden in der Weimarer Republik noch nicht. Allerdings erkennt er in dem Verweis auf die „Gründe der

---

229 *Hohenstatt/Krois*, NZA 2020, 413 (415); mit geringfügigen Abweichungen, welche Normen auch auf diesem Grundsatz basieren: Schaub/*Linck*, Arbeitsrecht-Handbuch, § 97 – Arbeitsverhinderung des Arbeitnehmers aus persönlichen Gründen, Rn. 2; Staudinger/*Oetker*, Kommentar zum BGB §§ 613a-619a BGB, § 616 BGB, Rn. 15.

230 Schaub/*Linck*, Arbeitsrecht-Handbuch, § 97 – Arbeitsverhinderung des Arbeitnehmers aus persönlichen Gründen, Rn. 2.

231 Staudinger/*Oetker*, Kommentar zum BGB §§ 613a-619a BGB, § 616 BGB, Rn. 15.

232 Gsell/Krüger u. a./*Bieder*, beckOGK (Stand: 01.07.2022), § 616 BGB, Rn. 4; Staudinger/*Oetker*, Kommentar zum BGB §§ 613a-619a BGB, § 616 BGB, Rn. 17.

233 *Kempen*, ArbRGegw 1988, 75 (87); ebenfalls, unter Verweis auf Art. 48 GG, ein verfassungsorientiertes Verständnis befürwortend: *Däubler*, Arbeitsrecht, S. 393.

Humanität" den Grundgedanken dieses Normverständnisses.[234] Insofern diene die Norm dem Schutz persönlichkeitsbezogener Grundrechte.[235]

4) Stellungnahme

Alle drei in der Literatur vertretenen Ansichten – demnach auch die der Rechtsprechung – überzeugen letztlich nicht. Die Gründe hierfür werden im Nachgang für die einzelnen Begründungsansätze dargestellt, bevor die hier vertretene Ansicht dargestellt wird.

a) Arbeitsrechtliche Fürsorgepflicht

Um die Ablehnung der Idee einer „arbeitsrechtlichen Fürsorgepflicht" nachvollziehen zu können, wird zunächst noch einmal der Grundgedanke dargestellt, aus dem sie gefolgert wird. Anschließend wird anhand der Kritik erläutert, weshalb sie generell und damit auch als Motiv des § 616 BGB nicht überzeugen kann.

aa) Grundgedanke

Die arbeitsrechtliche Fürsorgepflicht – zum Teil auch Fürsorgetheorie genannt – wurde aus der besonderen Nähebeziehung – auch als „personenrechtliches Gemeinschaftsverhältnis" verstanden[236] – zwischen Arbeitgeber und Arbeitnehmer hergeleitet, da letzterer dem Arbeitgeber seine gesamte Arbeitsleistung zur Verfügung stelle.[237] Hierdurch werde der Arbeitnehmer in der sonstigen Verwertung seiner Leistungsfähigkeit eingeschränkt bzw. sei besonders vom Arbeitgeber abhängig.[238] Daraus ergebe sich eine besondere Schutzbedürftigkeit.[239]

Auf Grund dieser besonderen Schutzbedürftigkeit sei die arbeitsrechtliche Fürsorgepflicht von allgemeinen Rücksichtnahme- und Schutzpflichten zu un-

---

234 *Kempen*, ArbRGegw 1988, 75 (87).

235 *Kempen*, ArbRGegw 1988, 75 (88); insofern übereinstimmend *Däubler*, der die Vermeidung einer sozialen Isolation des Arbeitnehmers ins Zentrum stellt: *Däubler*, Arbeitsrecht, S. 390.

236 *A. Hueck/Nipperdey*, Lehrbuch des Arbeitsrechts (6. Auflage), S. 115 f., 118; Müller-Glöge/Preis u. a./*Preis*, ErfK, § 611a BGB, Rn. 708.

237 *A. Hueck*, Treuegedanke im modernen Privatrecht, S. 12 f.; *Nikisch*, Arbeitsvertrag, S. 43 f.; Kiel/Lunk/Oetker/*Reichold*, MHdB ArbR, § 91 Allgemeine Interessenwahrungspflicht (Fürsorgepflicht) des Arbeitgebers, Rn. 2; *Sinzheimer*, Korporativer Arbeitsnormenvertrag, S. 16.

238 *Koppenfels*, NZS 2002, 241 (244).

239 *Wiedemann*, Arbeitsverhältnis, S. 7.

terscheiden.[240] Sie erreiche nahezu die Qualität einer Hauptpflicht.[241] So wurde vertreten, dass sich prinzipiell jede Pflicht und Gegenleistung – beispielsweise auch der Urlaubsanspruch – aus der Fürsorgepflicht folgern ließe.[242] Eine ähnliche Bedeutung hat auch das *BAG* der Fürsorgepflicht beigemessen, indem es – wie zuvor erwähnt – zwar den Eingriff in das Synallagma erkennt, der Vergütungsfortzahlung aber eine eigenständige Berechtigung zugemessen hat und möglicherweise auch noch zumisst.[243]

bb) Kritik

Das Bestehen einer arbeitsrechtlichen Fürsorgepflicht kann jedoch nicht überzeugen. Ein derart tiefgreifendes Verständnis einer ungeschriebenen (Haupt-)Pflicht steht in Konflikt mit der Systematik, die vom Gesetz durch § 611 BGB, § 611a BGB und § 612 BGB normiert wurde. Danach stellt allein die Vergütung die korrespondierende Hauptpflicht zur Dienstleistung dar. Darüberhinausgehende Pflichten sind als Neben(leistungs)pflichten zu klassifizieren. Die Problematik einer zur (nahezu) Hauptpflicht stilisierten Fürsorgepflicht zeigt sich in der Praxis – sie ist für jegliche ideologische Einflüsse offen.

So lässt sich in der Praxis keine konsequente Anwendung des Gedankens des „personenrechtlichen Gemeinschaftsverhältnisses" im Arbeitsverhältnis erkennen. Er wird nur dann bemüht, wenn (vermeintliche) Ungerechtigkeiten und unbillige Regelungen des Gesetzes umgangen werden sollen. In diesen Fällen wird so der Charakter des Austauschverhältnisses von Dienstleistung und Vergütung verdrängt.[244] Somit ergibt sich durch den Gedanken der arbeitsrechtlichen

---

240 Kiel/Lunk/Oetker/*Reichold,* MHdB ArbR, § 91 Allgemeine Interessenwahrungspflicht (Fürsorgepflicht) des Arbeitgebers, Rn. 3 f.; *Richardi,* Entwicklungstendenzen der Fürsorgepflicht, S. 44.

241 Kiel/Lunk/Oetker/*Reichold,* MHdB ArbR, § 91 Allgemeine Interessenwahrungspflicht (Fürsorgepflicht) des Arbeitgebers, Rn. 3 f.; so wohl auch: *Koppenfels,* NZS 2002, 241 (244); *Wiedemann,* Arbeitsverhältnis, S. 7 bezüglich eines weit über den normalen Rahmen einer Rücksichtnahmepflicht hinausgehenden Verständnisses: Rolfs/Giesen u. a./*Joussen,* BeckOK ArbR, § 616 BGB, Rn. 2; jedenfalls einen erheblichen Eingriff in das synallagmatische Verhältnis von Leistung und Gegenleistung erkennend: *Söllner,* AcP 1967, 132 (138).

242 *W. Siebert,* Arbeitsverhältnis, S. 56 ff.

243 *BAG,* Urteil vom 24.02.1955 – 2 AZR 10/54, Rn. 12, juris; bezüglich § 63 HGB und § 133c GewO: *BAG,* Urteil vom 14.10.1954 – 2 AZR 30/53, Rn. 6 f., juris; *BAG,* Urteil vom 03.11.1961 – 1 AZR 383/60, Rn. 12, juris.

244 *Nikisch,* Arbeitsvertrag, S. 43 f.; *Schwerdtner,* Fürsorgetheorie und Entgelttheorie, S. 79; *Wiedemann,* Arbeitsverhältnis, S. 10 f.

Fürsorgepflicht ein Einfallstor für jegliche Ideologien – beispielweise während der NS-Zeit[245] – ins Arbeitsverhältnis, die in die Grundstruktur des Vertragstyps eingreifen könnten.

Aber nicht nur im Hinblick auf die Rechtsfolgen ist der Gedanke der arbeitsrechtlichen Fürsorgepflicht abzulehnen, vielmehr überzeugt bereits der Begründungsansatz nicht.

Insbesondere ist das – nach tradierter Auffassung dem Arbeitsverhältnis immanente – „personenrechtliche Gemeinschaftsverhältnis" eine überkommene Theorie.[246] Zum einen besteht, anders als von *Otto von Gierke* und *Hugo Sinzheimer* zur Begründung angenommen,[247] kein besonderes Herrschaftsverhältnis zwischen den Vertragsparteien, das besondere persönliche Rücksichtnahmepflichten begründen könnte.[248] Der Dienstvertrag weist lediglich die übliche Rollenverteilung im Austauschverhältnis auf. Außerhalb der die Eigenart der Tätigkeit betreffende Entscheidungen kann der Arbeitgeber über den Arbeitnehmer nicht verfügen. Dies wäre aber für ein über das reguläre schuldrechtliche Verhältnis hinausgehende Herrschaftsverhältnis erforderlich.[249] Ebenso wenig besteht ein besonderes Gemeinschaftsverhältnis, denn die Parteien verfolgen letztlich nicht die gleichen Interessen,[250] sondern haben jeweils für sich eigene wirtschaftliche Interessen. Zum anderen dürfte zwar immer noch eine besonders enge vertragliche Bindung wirtschaftlicher Art zwischen Arbeitgeber und Arbeitnehmer anzuerkennen sein, da – zumindest das Hauptarbeitsverhältnis – eine wesentliche Grundlage für die Möglichkeiten der persönlichen Lebensgestaltung bietet.[251] Allerdings ist durch die verschiedenen Zweige der gesetzlichen Sozialversicherung und letztlich auch

245 *Brors,* Abschaffung der Fürsorgepflicht, S. 22 ff.; Staudinger/*Fischinger,* Kommentar zum BGB §§ 611-613 BGB, § 611a BGB, Rn. 1751; exemplarisch hierfür sind die Ausführungen von *Siebert: W. Siebert,* Arbeitsverhältnis, S. 56 ff.

246 So auch: *Linck,* Entgeltrisiko in Zeiten von Covid 19, S. 749; Müller-Glöge/Preis u. a./*Preis,* ErfK, § 611a BGB, Rn. 33; Säcker/Rixecker u. a./*Spinner,* MüKo zum BGB (Band 5), § 611a BGB, Rn. 79 (m. w. N.).

247 *Gierke,* Wurzeln des Dienstvertrages, S. 57; Kiel/Lunk/Oetker/*Reichold,* MHdB ArbR, § 91 Allgemeine Interessenwahrungspflicht (Fürsorgepflicht) des Arbeitgebers, Rn. 2; *Sinzheimer,* Korporativer Arbeitsnormenvertrag, S. 16.

248 *Richardi,* NZA 2017, 36 (39).

249 So bereits: *E. Wolf,* RdA 1971, 1863 (1867 f.).

250 Säcker/Rixecker u. a./*Spinner,* MüKo zum BGB (Band 5), § 611a BGB, Rn. 78.

251 So wohl auch *Preis,* indem er davon spricht, dass der Arbeitnehmer auf seinen Arbeitsplatz angewiesen ist, vgl.: Müller-Glöge/Preis u. a./*Preis,* ErfK, § 611a BGB, Rn. 33.

die Leistungen nach dem SGB II eine wirtschaftliche Absicherung für die Arbeitnehmer geschaffen worden.

An Stelle einer besonderen „arbeitsrechtlichen Fürsorgepflicht" erschöpfen sich die Rücksichtnahmepflichten im Arbeitsverhältnis auch in den allgemeinen Nebenpflichten aus § 241 Abs. 2 BGB. Hierfür spricht auch ein weiterer früher Begründungsansatz: So sei der Arbeitgeber verpflichtet, alles zu unterlassen, was die Interessen des Arbeitnehmers beeinträchtigen könnte. Im Zweifel habe er auch die eigenen Interessen zurückzustellen.[252] Auch wenn in diesem Ansatz mitklingt, dass eine Interessenabwägung im Zweifel nicht zu erfolgen hat, sondern die Interessen des Arbeitnehmers überwiegen, so stimmt der Grundansatz, dass die Interessen des Arbeitnehmers zu wahren sind, mit dem Gedanken des § 241 Abs. 2 BGB überein.[253] Die Anerkennung des Bestehens von vertraglichen Nebenpflichten basiert auf den Einwirkungsmöglichkeiten der Vertragsparteien auf die Rechtsgüter und Interessen des jeweils anderen bei der Vertragsdurchführung.[254] Dementsprechend hängt auch die Intensität der Nebenpflichten von dem Grad der Einwirkungsmöglichkeit ab.[255]

Unproblematisch ist, dass die Nebenpflichten durch das Gesetz selbst konkretisiert werden,[256] wie im Dienstvertrag die (allgemeine) Fürsorgepflicht beispielsweise durch § 617 BGB und § 618 BGB.[257] Dies ändert jedoch nichts an der Einordnung, dass es sich bei der Fürsorgepflicht um eine § 241 Abs. 2 BGB zuzuordnende Nebenpflicht und keine Hauptpflicht handelt.

---

252 *Delheid/Schreven,* RdA 1970, 10 (12); jedenfalls die Einschränkung der formalen Rechte des Arbeitgebers, die seine Interessen schützen sollen, annehmend: *Nikisch,* Arbeitsrecht, S. 470.

253 *B. Gaul/Bonanni,* ArbRB 2002, 234 (235); Müller-Glöge/Preis u. a./*Preis,* ErfK, § 611a BGB, Rn. 708 f.; Säcker/Rixecker u. a./*Spinner,* MüKo zum BGB (Band 5), § 611a BGB, Rn. 900.

254 Staudinger/*Olzen,* Kommentar zum BGB §§ 241-243, § 241 BGB, Rn. 497; Hau/Poseck/*Sutschet,* BeckOK BGB, § 241 BGB, Rn. 90.

255 *Schwerdtner,* Fürsorgetheorie und Entgelttheorie, S. 81; *Söllner,* AuR 1968, 242 (244); so auch: *D. Gaul,* Arbeitsrecht im Betrieb, S. 415; wohl auch: Hau/Poseck/*Sutschet,* BeckOK BGB, § 241 BGB, Rn. 44, 90; in diesem Sinne wohl auch das *LAG Düsseldorf,* das eine Reduzierung der Fürsorgepflicht bei fortdauerndem Leistungsausfall annimmt: *LAG Düsseldorf,* Urteil vom 03.12.1997 – 12 Sa 1555/97, Rn. 37, juris.

256 Säcker/Rixecker u. a./*Bachmann,* MüKo zum BGB (Band 2), § 241 BGB, Rn. 65; Staudinger/*Olzen,* Kommentar zum BGB §§ 241-243, § 241 BGB, 491; die Vielzahl ausdrücklich normierter Pflichten stelle lediglich eine Besonderheit des Arbeitsrechts dar: *Falter,* BB 2009, 1974 (1975 f.).

257 Staudinger/*Olzen,* Kommentar zum BGB §§ 241-243, § 241 BGB, Rn. 507, 492.

Weitergehende, über den allgemein für das Schuldrecht gültigen Grundsatz des § 241 Abs. 2 BGB hinausgehende Pflichten im Sinne einer „arbeitsrechtlichen Fürsorgepflicht“ sind somit abzulehnen.[258] Letztlich entspricht die Fürsorgepflicht der bloßen allgemeinen Rücksichtnahme- und Schutzpflicht nach § 241 Abs. 2 BGB.[259] Für eine Verpflichtung zu weitergehender Fürsorge gab es weder früher noch heute eine gesetzliche Verankerung. Somit kann § 616 BGB auch nicht mit einer „arbeitsrechtlichen Fürsorgepflicht“ begründet werden.

b) „minima non curat praetor“

Auch gegen die Ansicht, dass § 616 BGB Ausfluss des Grundsatzes *minima non curat praetor* ist, bestehen Bedenken.

Der Verweis auf § 320 Abs. 2 BGB und § 323 Abs. 5 S. 2 BGB[260] überzeugt zur Begründung nicht. Bei § 320 Abs. 2 BGB geht es nur um die Möglichkeit der Verweigerung der eigenen Leistung bis zur Bewirkung der Gegenleistung. Die Norm trifft keine Aussage zu einer endgültigen Modifikation des ursprünglich vereinbarten Verhältnisses von Leistung und Gegenleistung. Ähnliches gilt für § 323 Abs. 5 S. 2 BGB, der lediglich den Rücktritt ausschließt, nicht jedoch sonstige Rechte bei einer Minderleistung. Eine Ausprägung des Grundsatzes *minima non curat praetor* oder gar eine mit § 616 BGB vergleichbare Funktion wohnt diesen Normen nicht inne.

Überzeugender ist hingegen der Verweis auf § 536 Abs. 1 S. 3 BGB,[261] der die Mietminderung bei unerheblichen Mängeln ausschließt und damit tatsächlich in das Synallagma eingreift. Die Motive des Gesetzgebers werfen jedoch Zweifel

---

258 Müller-Glöge/Preis u. a./*Preis*, ErfK, § 611a BGB, Rn. 709; *Schwerdtner*, Fürsorgetheorie und Entgelttheorie, S. 79 ff., 91.

259 *Falter*, BB 2009, 1974 (1975 f.); *Fischinger*, Haftungsbeschränkung im Bürgerlichen Recht, S. 551; Staudinger/*Fischinger*, Kommentar zum BGB §§ 611-613 BGB, § 611a BGB, Rn. 1752; Rolfs/Giesen u. a./*Joussen*, BeckOK ArbR, § 611a BGB, Rn. 289, 291; Schaub/*Linck*, Arbeitsrecht-Handbuch, § 97 – Arbeitsverhinderung des Arbeitnehmers aus persönlichen Gründen, Rn. 2; Müller-Glöge/Preis u. a./*Preis*, ErfK, § 611a BGB, Rn. 708; Kiel/Lunk/Oetker/*Reichold*, MHdB ArbR, § 91 Allgemeine Interessenwahrungspflicht (Fürsorgepflicht) des Arbeitgebers, Rn. 7 f.; wohl auch *Schäfer*, der als Treue- und Fürsorgepflicht die begriffliche Zusammenfassung aller arbeitsvertraglicher Nebenpflichten sieht: *Schäfer*, NZA 1992, 529 (529 f.).

260 Vgl. für den Verweis zur Begründung: Schaub/*Linck*, Arbeitsrecht-Handbuch, § 97 – Arbeitsverhinderung des Arbeitnehmers aus persönlichen Gründen, Rn. 2.

261 Säcker/Rixecker u. a./*Häublein*, MüKo zum BGB (Band 5), § 536 BGB, Rn. 32; *Hohenstatt/Krois*, NZA 2020, 413 (415).

auf, ob sich in dieser Regelung tatsächlich der Rechtsgedanke *minima non curat praetor*, wie ihn die Literatur versteht, wiederfindet. So wurde die Norm damit begründet, dass mit dieser Regelung der Rechtsfrieden gewahrt werden solle.[262] Der Gesetzgeber versprach sich also davon, Streitigkeiten über den gerechtfertigten Umfang der Mietminderung zu vermeiden, indem weiterhin die reguläre Miete geschuldet wurde. Damit kommt aber nicht zum Ausdruck, dass er davon ausging, dass die geringfügige Abweichung von der geschuldeten Leistung generell unerheblich sei. Sie sollte nur zugunsten des Rechtsfriedens im Dauerschuldverhältnis keine Grundlage für Auseinandersetzungen bieten. Da auch im Dienstverhältnis die vereinbarte Vergütung weiterhin geschuldet wird, findet sich dieser Gedanke auch im § 616 BGB wieder.

Dieser Gedanke passt auch besser zur tatsächlichen Bedeutung von *minima non curat praetor* im Römischen Recht. Dieser Grundsatz bezweckte nämlich gerade keinen Eingriff in das synallagmatische Verhältnis von Leistungen, sondern bezog sich auf den Zugang zu einem Gericht. Der Richter sollte sich nicht mit geringfügigen Streitigkeiten befassen.[263]

Demnach gibt es keinen allgemeinen Grundsatz *minima non curat praetor*, auf den sich der Eingriff in das Gegenseitigkeitsverhältnis durch § 616 BGB zurückführen lässt. Auch sind im BGB keine weiteren Normen vorhanden, die sich auf den Grundsatz zurückführen ließen.

c) Grundrechtsorientiertes Verständnis

Auch die Ansicht von *Kempen* überzeugt im Ergebnis nicht. Zunächst ist festzustellen, dass das grundrechtsorientierte Verständnis nicht schon dadurch ausscheidet, dass bei Inkrafttreten des § 616 BGB die heutigen Grundrechte und ihre Systematik nicht bekannt waren. Denn auch *BVerfG* und *BAG*[264] sind der Auffassung, dass Normen auch im gewandelten sozialen und rechtlichen Gefüge betrachtet werden müssten. Anlass hierfür bieten Art. 2 Abs. 1, 1 Abs. 1 GG, die mit dem Allgemeinen Persönlichkeitsrecht das Recht des Einzelnen zur freien Gestaltung

262 So für das Mietrecht: Zweiter Schriftlicher Bericht des Rechtsausschusses zu BT-Drs. IV/2195, S. 2.

263 Weber/*Groh*, Rechtswörterbuch; Schmoeckel/Rückert/Zimmermann/*Rückert*, HKK zum BGB, § 616 BGB, Rn. 73.

264 Dass Änderungen im Normgefüge Einfluss auf die Auslegung des § 616 BGB haben können, hat das *BAG* bereits 1954 festgestellt: *BAG*, Urteil vom 24.02.1955 – 2 AZR 10/54, Rn. 11, juris; ebenso hat das *BVerfG* anerkannt, dass sich ändernde soziale Gefüge Einfluss auf die Auslegungen von Normen haben können bzw. zu berücksichtigen sind: *BVerfG*, Beschluss vom 14.02.1973 – 1 BvR 112/65, Rn. 41, juris.

seines Privatlebens verankert haben. Auch wenn ein unmittelbares Einwirken der grundgesetzlichen Normen auf den Dienstvertrag ausscheidet, so gebietet eine grundrechtskonforme Auslegung die Berücksichtigung, die sich auf die Auslegung des Verständnisses von „in seiner Person liegender Grund" auswirkt.[265]

Hingegen zweifelhaft ist die Ansicht, dass § 616 BGB den allgemeinen Rücksichtnahmepflichten vorgehe und *sui generis* in das Synallagma eingreife.[266] Hierfür mangelt es der Regelung einer dogmatischen Anknüpfung. Wie *Kempen* erkennt, gebietet die faktische Verknüpfung von Dienstleistung und Freizeit die Rücksichtnahme des Arbeitgebers in Gestalt der bezahlten Freistellung. Diese Rücksichtnahme ist, auch wenn sie in das Hauptleistungsgefüge eingreift, einer Nebenpflicht ähnlich.

Problematisch bei diesem Verständnis ist zudem, dass somit der Anwendungsbereich sehr weitreichend sein würde. Denn letztlich lässt sich jegliche Handlungsweise unter Art. 2 Abs. 1, 1 Abs. 1 GG fassen. Insbesondere trifft dies auf Verhaltensweisen zu, die nicht nur Art. 2 Abs. 1 GG unterfallen, sondern auch durch Art. 4, 8, 9 Abs. 3 GG ausdrücklich geschützt sind. So gelangt *Kempen* auch zu dem Ergebnis, dass jede gewerkschaftliche Betätigung oder Teilnahme an einer Demonstration eine Vergütungsfortzahlung nach § 616 BGB auslösen müsste.[267]

Zudem ist zu bedenken, dass der grundrechtliche Schutz – im Rahmen der mittelbaren Drittwirkung – nicht verlangt, dass die Ausübung der grundrechtlich geschützten Tätigkeit vollkommen folgenlos sein muss. Zur Ermöglichung der Wahrnehmung der grundrechtlich geschützten Tätigkeit gehört nicht, dass den Dienstverpflichteten keine wirtschaftlichen Folgen treffen dürfen.[268]

Dementsprechend ist auch das grundrechtsorientierte Verständnis abzulehnen. Den durch die Grundrechte geschützten Interessen wird der Arbeitgeber bereits durch die unbezahlte Freistellung nach § 275 Abs. 3 BGB gerecht.

d) Gesamtwürdigung und eigener Ansatz

Wie zuvor ausgeführt, ist jedenfalls kein allgemeines Prinzip erkennbar, nach dem nicht erhebliche Leistungsstörungen unbeachtlich wären. Es spricht zwar auch nichts dagegen, dass im Einzelfall der Gesetzgeber diesen Gedanken hatte.

---

265 So auch: *Kempen,* ArbRGegw 1988, 75 (87).

266 So aber zur Begründung: *Kempen,* ArbRGegw 1988, 75 (87 f.).

267 *Kempen,* ArbRGegw 1988, 75 (89 ff.).

268 Allgemein: *Greiner,* NZA 2022, 665 (673); hinsichtlich der Religions- und Gewissensausübung: Gsell/Krüger u. a./*Bieder,* beckOGK (Stand: 01.07.2022), § 616 BGB, Rn. 33; *Luhmann,* AöR 1965, 257 (283).

Gleichwohl bietet dieser Gedanke aber kein dogmatisches Fundament für die Norm, wie dies – auch zur Ablehnung der Fürsorgetheorie, die das Fundament lediglich verschleiere – behauptet wird[269].

Des Weiteren ist das Bestehen einer besonderen, „arbeitsrechtlichen Fürsorgepflicht", wie sie historisch verstanden und hergeleitet wurde, abzulehnen. Die Herleitung aus einem vermeintlichen „personenrechtlichen Gemeinschaftsverhältnis" ist – wie vorstehend ausgeführt – wenig überzeugend und jedenfalls überkommen. Vielmehr ist eine „dienstvertragliche Fürsorgepflicht" lediglich als Fallgruppe der allgemein aus Verträgen resultierenden Nebenpflichten gemäß § 241 Abs. 2 BGB anzuerkennen. Nebenpflichten betreffen den Schutz der Rechte und Rechtsgüter des Vertragspartners.[270] Im Rahmen von Dienstverträgen kann der Dienstberechtigte – je nach Art des Vertrages – auf die Umstände der Leistungserbringung Einfluss nehmen – wie beispielsweise durch eine Festlegung der Arbeitszeiten. Diese Einflussnahme beschränkt die Möglichkeiten des Dienstverpflichteten zur Gestaltung des eigenen Privatlebens, da dieses erheblich von der Verwertung der eigenen Arbeitskraft zur Schaffung eines Lebensunterhalts abhängt. Durch die Gestaltung der Leistungsmodalitäten durch den Dienstberechtigten können dem Dienstverpflichteten Nachteile erwachsen, indem anderweitige Pflichten mit der Leistungspflicht kollidieren und bei Wahrnehmung dieser Pflichten der Dienstverpflichtete seinen Vergütungsanspruch verliert. Die „dienstvertragliche Fürsorgepflicht" gebietet es, den Dienstverpflichteten je nach Intensität der Pflicht vor den Nachteilen zu schützen bzw. diese möglichst zu vermeiden. Auf Grund der gesteigerten Abhängigkeit können höhere Rücksichtnahmepflichten in bestimmten Dienstverträgen und insbesondere im Arbeitsvertrag bestehen.

Bei diesem Verständnis einer „dienstvertraglichen Fürsorgepflicht" greifen die von der Literatur vorgebrachten Argumente gegen die „arbeitsrechtliche Fürsorgepflicht" als Grundgedanke des § 616 BGB nicht mehr durch.

Zum einen hat die Literatur als Argument angeführt, dass § 616 BGB sowohl für Arbeits- als auch für Dienstverträge gelte. Jedoch könne eine „arbeitsrechtliche Fürsorgepflicht nur bei Arbeitsverträgen eine Grundlage für § 616 BGB darstellen.[271] Erkennt man eine „dienstvertragliche Fürsorgepflicht"

269 Schaub/*Linck*, Arbeitsrecht-Handbuch, § 97 – Arbeitsverhinderung des Arbeitnehmers aus persönlichen Gründen, Rn. 2; Staudinger/*Oetker*, Kommentar zum BGB §§ 613a-619a BGB, § 616 BGB, Rn. 17.

270 Hau/Poseck/*Sutschet*, BeckOK BGB, § 241 BGB, Rn. 15.

271 *Hohenstatt/Krois*, NZA 2020, 413 (415); Henssler/Willemsen/Kalb/*Krause*, HWK ArbR, § 616 BGB, Rn. 1; Staudinger/*Oetker*, Kommentar zum BGB §§ 613a-619a BGB, § 616 BGB, Rn. 12.

als Unterfall der allgemeinen Nebenpflicht nach § 241 Abs. 2 BGB an, besteht dieser logische Konflikt nicht mehr. Das Bestehen einer „dienstvertragliche Fürsorgepflicht" ergibt sich aus § 617 BGB und § 618 BGB. Für beide Normen wird vertreten, dass es sich bei ihnen um eine gesetzlichen Konkretisierungen einer Fürsorgepflicht aus § 241 Abs. 2 BGB handelt.[272] Beide Normen sind auf sonstige Dienstverpflichtete anwendbar.[273] Auch im Übrigen wird vertreten, dass aus § 241 Abs. 2 BGB auch im Verhältnis zu sonstigen Dienstverpflichteten Obhuts- und Fürsorgepflichten folgen.[274] Der Gedanke von Fürsorgepflichten als Unterfall allgemeiner Nebenpflichten ist also nicht nur für Arbeitsverträge, sondern auch für sonstige Dienstverhältnisse nicht fremd. Zuzugestehen ist, dass die Intensität der Fürsorgepflicht im Dienstverhältnis im Vergleich zum Arbeitsverhältnis auf Grund einer geringeren wirtschaftlichen und persönlichen Abhängigkeit geringer ausfallen kann. Zu einer generellen Ablehnung des Bestehens einer Fürsorgepflicht in Dienstverträgen, die keine Arbeitsverträge sind, kann dies jedoch nicht führen.

Zum anderen ist auch der nach Ansicht der Literatur bestehende Konflikt beseitigt, dass § 616 BGB zwar grundsätzlich abdingbar, die Abdingbarkeit aber nicht mit dem Gedanken der „arbeitsrechtlichen Fürsorgepflicht" vereinbar sei.[275] Nebenpflichten sind grundsätzlich abdingbar.[276] Stützt man § 616 BGB auf eine „dienstvertragliche Fürsorgepflicht" als Unterfall der allgemeinen Nebenpflicht bestehen somit keine Bedenken gegen die Abdingbarkeit. Dabei spricht auch die bloße Abdingbarkeit nicht gegen die ursprüngliche Schutzfunktion der Norm

---

272 Vgl.: Staudinger/*Oetker,* Kommentar zum BGB §§ 613a-619a BGB, § 618 BGB, Rn. 13; Staudinger/*Olzen,* Kommentar zum BGB §§ 241-243, § 241 BGB, Rn. 492, 507.

273 Hinsichtlich § 617 BGB: Müller-Glöge/Preis u. a./*Preis/Greiner,* ErfK, § 617 BGB, Rn. 2; Staudinger/*Oetker,* Kommentar zum BGB §§ 613a-619a BGB, § 617 BGB, Rn. 12 f.; hinsichtlich § 618 BGB: Staudinger/*Latzel,* Kommentar zum BGB §§ 611-613 BGB, § 611 BGB, Rn. 393; Staudinger/*Oetker,* Kommentar zum BGB §§ 613a-619a BGB, § 618 BGB, Rn. 94; Müller-Glöge/Preis u. a./*Roloff,* ErfK, § 618 BGB, Rn. 3.

274 Hinsichtlich einer Fürsorgepflicht im Dienstvertrag zwischen Organmitgliedern und Gesellschaft auch: *Denecke,* Dienstvertrag, Anm. 5.

275 *Hohenstatt/Krois,* NZA 2020, 413 (415); Henssler/Willemsen/Kalb/*Krause,* HWK ArbR, § 616 BGB, Rn. 1; Staudinger/*Oetker,* Kommentar zum BGB §§ 613a-619a BGB, § 616 BGB, Rn. 13.

276 Säcker/Rixecker u. a./*Bachmann,* MüKo zum BGB (Band 2), § 241 BGB, Rn. 62.

gegenüber den Dienstverpflichteten.[277] Indem der Gesetzgeber die Abdingbarkeit bei § 617 BGB und § 618 BGB ausgeschlossen hat, hat er diesen Regelungen zweifelsfrei eine größere Bedeutung beigemessen. Diese Wertung[278] lässt allerdings keinen zwingenden Rückschluss darauf zu, dass das den Normen zugrundeliegende Motiv nicht für alle drei Normen gleich sein kann.[279]

Allerdings wird die „dienstvertragliche Fürsorgepflicht" als reine Nebenpflicht keinen derart erheblichen Eingriff in das Gegenseitigkeitsverhältnis begründen können,[280] wie er mit § 616 BGB einhergeht. Denn die Nebenpflichten betreffen den Schutz der Rechte und Rechtsgüter des Dienstverpflichteten.[281] Die Nebenpflichten dürfen jedoch kein derartiges Ausmaß annehmen, dass das Austauschverhältnis signifikant verändert wird.[282]

Somit kann § 616 BGB nicht allein auf die allgemeine Nebenpflicht aus § 241 Abs. 2 BGB in Gestalt einer „dienstvertraglichen Fürsorgepflicht" gestützt werden. Vielmehr kommt noch eine tatsächliche Wertentscheidung des Gesetzgebers hinzu, dass der Dienstberechtigte unerhebliche Minderleistungen hinnehmen muss. Erst hierdurch wird der Eingriff in das Synallagma gerechtfertigt. Der Gesetzgeber hat damit die Entscheidung für eine generelle Zumutbarkeit des Fortbestehens der Gegenleistungspflicht ohne Erhalt der Leistung vorgenommen.[283] Die Motivation für diese Wertentscheidung mag in dem Gedanken der sozialen Absicherung zu sehen sein. Mit § 616 BGB wird durch den Gesetzgeber ein Einfallstor der „dienstrechtlichen Fürsorgepflicht" in das Synallagma geschaffen.[284] Der Gesetzgeber

---

277 Kiel/Lunk/Oetker/*Tillmanns,* MHdB ArbR, § 77 Arbeitsverhinderung aus persönlichen Gründen, Rn. 4.

278 So auch: Kiel/Lunk/Oetker/*Tillmanns,* MHdB ArbR, § 77 Arbeitsverhinderung aus persönlichen Gründen, Rn. 4.

279 So wohl auch: Gsell/Krüger u. a./*Bieder,* beckOGK (Stand: 01.07.2022), § 616 BGB, S. 4.

280 Aus diesem Grund lehnt *Richardi* eine Klassifizierung der Fürsorgepflicht als reine Nebenpflicht ab, vgl.: *Richardi,* Entwicklungstendenzen der Fürsorgepflicht, S. 58.

281 Hau/Poseck/*Sutschet,* BeckOK BGB, § 241 BGB, Rn. 15.

282 Im Ergebnis so wohl auch *Fischinger*, der vermögenswerte Leistungen rechtsdogmatisch nicht in der Fürsorgepflicht begründet sieht, sondern einen besonderen Rechtstitel voraussetzt: Staudinger/*Fischinger,* Kommentar zum BGB §§ 611-613 BGB, § 611a BGB, Rn. 1754.; vgl. im Übrigen: Säcker/Rixecker u. a./*Bachmann,* MüKo zum BGB (Band 2), § 241 BGB, Rn. 64 unter Verweis auf: Säcker/Rixecker u. a./*Busche,* MüKo zum BGB (Band 1), § 157 BGB, Rn. 55.

283 So bereits: *BAG*, Beschluss vom 18.12.1959 – GS 8/58, Rn. 34, juris.

284 Zu einer ähnlichen Lösung gelangen wohl *Bieder* und *Tillmanns*, die eine Kombination beider Motive nicht ausschließen: Gsell/Krüger u. a./*Bieder,* beckOGK (Stand:

ergänzt also die vertraglich geschuldete Vergütung als Hauptleistungspflicht um einen „variablen Vergütungsanteil", der durch eine Nebenpflicht in das Synallagma einwirkt. Auf diesen Vergütungsanteil hat der Dienstverpflichtete jedoch weder einen unmittelbaren Zugriff noch eine Gestaltungsmöglichkeit, um ihn zu realisieren. Ob dieser „variable Teil" dem Dienstverpflichteten zu Gute kommt, hängt allein vom Vorliegen der Tatbestandsmerkmale des § 616 BGB ab.

Die „dienstrechtliche Fürsorgepflicht", deren Intensität als Nebenpflicht im Sinne des § 241 Abs. 2 BGB von der Einwirkungsmöglichkeit des Vertragspartners und damit u. a. von der tatsächlichen und wirtschaftlichen Abhängigkeit beeinflusst wird, ist bei der Auslegung und Betrachtung der Abdingbarkeit zu berücksichtigen. Eine Verbindung beider Gedanken findet sich auch in den Protokollen der II. Kommissionen wieder. Wenn auch primär „sozialpolitische Rücksicht", „Humanität" und „Fürsorge" als Gründe angeführt wurden, so wurde auch darauf Bezug genommen, dass der Dienstberechtigte Verhinderungen im geringfügigen Umfang zu erwarten hat.[285]

5) Zwischenergebnis

Mit § 616 BGB hat der Gesetzgeber also eine Möglichkeit geschaffen, die Rechte und Rechtsgüter, die ansonsten lediglich in den Nebenpflichten Berücksichtigung finden, unmittelbar auf das Synallagma der Hauptleistungspflichten einwirken zu lassen. Grundsätzlich basiert § 616 BGB auf der allgemeinen Nebenpflicht nach § 241 Abs. 2 BGB in Gestalt einer „dienstvertraglichen Fürsorgepflicht". Durch den Dienstvertrag, der eine höchstpersönliche Leistung beinhaltet, eröffnet der Dienstverpflichtete dem Dienstberechtigten eine Einwirkungsmöglichkeit auf seine Rechtsgüter. Nach § 241 Abs. 2 BGB entstehen dadurch Schutzpflichten. Durch die höchstpersönliche Leistungsverpflichtung führt die Dienstleistungspflicht jedoch zu Kollisionen mit Rechten und Rechtsgütern des Dienstverpflichteten,

01.07.2022), § 616 BGB, Rn. 3 f.; Kiel/Lunk/Oetker/*Tillmanns*, MHdB ArbR, § 77 Arbeitsverhinderung aus persönlichen Gründen, Rn. 4; ähnlich äußerte sich bereits *Siebert*. Er führt an, dass zwar durch die „Unterwerfung" des Arbeitnehmers in den Dienst des Arbeitgebers ein Unterhaltselement begründet wird, das neben das Entgelt als Gegenleistung für die Arbeitsleistung tritt. Allerdings werde der Lohn- und Entgeltbegriff durch den Unterhaltsgedanken erweitert. Dieser trete in das synallagmatische Verhältnis ein, vgl.: *W. Siebert*, Schadensersatz und Lohnfortzahlung, S. 683 f.

285 So auch: Kiel/Lunk/Oetker/*Tillmanns*, MHdB ArbR, § 77 Arbeitsverhinderung aus persönlichen Gründen, Rn. 4; ähnlich: *Krumnack*, Wegfall der Leistungspflicht, S. 138 ff.

auf die der Dienstberechtigte Rücksicht nehmen muss. Allerdings kann aus der Nebenpflicht keine Einwirkung auf das Synallagma folgen, die § 616 BGB jedoch bewirkt. Auf Grund dessen ist in § 616 BGB auch eine Wertentscheidung des Gesetzgebers zu sehen, wonach dem Dienstverpflichteten in den von § 616 BGB erfassten Fällen keine finanziellen Nachteile erwachsen sollen. Auch wenn sich diese Entscheidung auf kein grundsätzliches Rechtsprinzip zurückführen lässt, hat der Gesetzgeber entschieden, dass der Dienstberechtigte geringfügige Verhinderungen hinnehmen muss und die Vergütung nicht kürzen darf. Der Gesetzgeber folgert demnach aus der Nebenpflicht eine Einwirkung in das Synallagma, die er auf soziale Erwägungen stützt.

II) Anwendungsbereich und Tatbestand des § 616 BGB

Um die Grenzen der Abdingbarkeit bestimmen zu können, muss zunächst die Wirkung des § 616 BGB bestimmt werden. Eine Abbedingung liegt nämlich nur bei Abweichungen vom gesetzlichen Idealbild vor. Zu dessen Ermittlung müssen die Tatbestandsmerkmale ausgelegt werden. Dabei sind die Einzelheiten teilweise streitig.

1) Verhinderung

Damit der Anwendungsbereich des § 616 BGB eröffnet ist, muss eine Verhinderung des Dienstverpflichteten gegeben sein. Eine Störung des Synallagmas liegt nur dann vor, wenn die Verhinderung zu einer Befreiung von der Dienstleistung und damit der synallagmatischen Leistung führt. Wie zuvor herausgearbeitet,[286] folgt der Entfall der Leistungspflicht zumindest seit der Schuldrechtsreform 2002 nicht mehr aus § 616 BGB, sondern aus § 275 Abs. 1 BGB und § 275 Abs. 3 BGB. Insofern hat das Merkmal der Verhinderung keine eigenständige Bedeutung (mehr), sondern ist nur als Verweis auf § 275 BGB zu sehen.

2) „in seiner Person liegende[r] Grund“

Als weiteres Tatbestandsmerkmal muss die Verhinderung durch einen „in seiner Person liegenden Grund“ verursacht werden. Damit liegt eine Konkretisierung der Verhinderungsgründe vor, die zur Entgeltfortzahlung nach § 616 BGB führen. Fraglich ist, wie die Einschränkung zu verstehen ist.

286 Vgl.: B)I)3), S. 46.

Die Hürden, damit die Leistungspflicht nach § 275 Abs. 3 BGB entfällt, sind nach der hier vertretenen Auffassung[287] gering. Doch auch unabhängig vom Maßstab bei der Interessenabwägung im Rahmen des § 275 Abs. 3 BGB ist der Anwendungsbereich des § 275 Abs. 1 BGB und § 275 Abs. 3 BGB allgemein anerkannt sehr weit.

Dementsprechend ist zweifelhaft, ob jeder Verhinderungsgrund, der die Leistungspflicht entfallen lässt, zur Vergütungsfortzahlung nach § 616 BGB führen kann. Dies kann beispielsweise schon nicht in den Fällen gegeben sein, in denen zwar ein objektives Leistungshindernis vorliegt, dieses aber dem Betriebsrisiko und somit § 615 BGB unterfällt.[288] Als Korrektiv dient das Tatbestandsmerkmal, dass der Grund der Verhinderung in der Person des Dienstverpflichteten liegen muss. Dieses unbestimmte Tatbestandsmerkmal bedarf einer weitergehenden Konkretisierung, die durch Rechtsprechung und Literatur teilweise erfolgt ist.

Die Auslegung dieses einschränkenden Tatbestandsmerkmals und damit des Anwendungsbereichs des § 616 BGB ist auch für die Frage der Abdingbarkeit relevant. Insbesondere in Fällen, in denen vertraglich die Anwendungsfälle des § 616 BGB nicht nur exemplarisch, sondern abschließend aufgezählt werden, kann – in Abhängigkeit von den ausgeschlossenen Anwendungsfällen – u. a. eine intransparente oder unangemessen benachteiligende Regelung vorliegen. Somit ist es erforderlich die gesetzlichen Anwendungsfälle möglichst konkret zu umreißen.

a) Allgemeine Grundsätze

Nach dem Wortlaut des Gesetzes muss ein „in seiner Person [der des Dienstverpflichteten] liegende[r] Grund" zur Verhinderung führen, damit ein Anspruch auf Vergütungsfortzahlung besteht. Diese Formulierung könnte so zu verstehen sein, dass der Grund eine (physische) Eigenschaft des Dienstverpflichteten sein muss. Dies wäre beispielsweise bei einer physischen Krankheit der Fall. Dieser vom Wortlaut beschriebene Fall der persönlichen Eigenschaft des Dienstverpflichteten ist zweifelsfrei erfasst.[289] Jedoch wäre eine Beschränkung hierauf – wie von der wohl herrschenden Meinung anerkannt – zu eng, sodass eine Zusammenhang

---

287 Vgl.: B)II)2)c)cc), S. 71.

288 Vgl. hierzu auch: Gsell/Krüger u. a./*Bieder*, beckOGK (Stand: 01.07.2022), § 616 BGB, Rn. 16.

289 Gsell/Krüger u. a./*Bieder*, beckOGK (Stand: 01.07.2022), § 616 BGB, Rn. 19; Säcker/Rixecker u. a./*Henssler*, MüKo zum BGB (Band 5), § 616 BGB, Rn. 19; Rolfs/Giesen u. a./*Joussen*, BeckOK ArbR, § 616 BGB, Rn. 18, 27; Staudinger/*Oetker*, Kommentar zum BGB §§ 613a-619a BGB, § 616 BGB, Rn. 55; *Schaub*, AuA 1996, 82 (82).

mit den persönlichen Verhältnissen grundsätzlich genügen soll.[290] So gebiete der Sinn und Zweck der Norm, wie bereits die Motive der II. Kommission und die Anlehnung an das Schweizerische Obligationenrecht zeigten, grundsätzlich eine weite Auslegung des Verhinderungsgrundes.[291]

aa) Negativabgrenzung

Die absolute Grenze für einen „in seiner Person liegenden Grund" lässt sich durch eine Negativabgrenzung am prägnantesten beschreiben. Diese wird so auch von der herrschenden Meinung vertreten. Demnach darf es sich bei dem Leistungshindernis nicht um ein objektives Hindernis handeln,[292] das zwar den Dienstverpflichteten betrifft, allerdings nicht zwingend an seiner Person anknüpft.[293] Als Maßstab für die Objektivität eines Hindernisses wird herangezogen, wie viele Personen von diesem betroffen sind.[294]

Ein objektives Hindernis liegt vor, wenn die Art und Weise des Verhinderungsgrundes grundsätzlich – zumindest hypothetisch – geeignet ist eine Vielzahl von Personen an der Erbringung der Dienstleistung zu hindern.[295] Ein Beispiel hierfür ist ein Streik im Öffentlichen Personennahverkehr.[296] Hingegen ist für

---

290 *BAG*, Urteil vom 24.03.1982 – 5 AZR 1209/79, Rn. 10, juris; Gsell/Krüger u. a./*Bieder*, beckOGK (Stand: 01.07.2022), § 616 BGB, Rn. 14; Säcker/Rixecker u. a./*Henssler*, MüKo zum BGB (Band 5), § 616 BGB, Rn. 19; Staudinger/*Oetker*, Kommentar zum BGB §§ 613a-619a BGB, § 616 BGB, S. 54.

291 So mit Verweis auf den Sinn und Zweck der Norm: *BAG*, Urteil vom 08.12.1982 – 4 AZR 134/80, Rn. 21, juris.

292 *BAG*, Urteil vom 08.09.1982 – 5 AZR 283/80, Rn. 17, juris; *BAG*, Urteil vom 08.12.1982 – 4 AZR 134/80, Rn. 22, juris; Hau/Poseck/*Baumgärtner*, BeckOK BGB, § 616 BGB, Rn. 6; Gsell/Krüger u. a./*Bieder*, beckOGK (Stand: 01.07.2022), § 616 BGB, Rn. 15; Säcker/Rixecker u. a./*Henssler*, MüKo zum BGB (Band 5), § 616 BGB, Rn. 20; Rolfs/Giesen u. a./*Joussen*, BeckOK ArbR, § 616 BGB, Rn. 19; Müller-Glöge/Preis u. a./*Preis/Greiner*, ErfK, § 616 BGB, Rn. 3.

293 So wohl: Kiel/Lunk/Oetker/*Tillmanns*, MHdB ArbR, § 77 Arbeitsverhinderung aus persönlichen Gründen, Rn. 19.

294 Gsell/Krüger u. a./*Bieder*, beckOGK (Stand: 01.07.2022), § 616 BGB, Rn. 15; Rolfs/Giesen u. a./*Joussen*, BeckOK ArbR, § 616 BGB, Rn. 19; Müller-Glöge/Preis u. a./*Preis/Greiner*, ErfK, § 616 BGB, Rn. 3.

295 *BAG*, Urteil vom 08.09.1982 – 5 AZR 283/80, Rn. 17, juris; Gsell/Krüger u. a./*Bieder*, beckOGK (Stand: 01.07.2022), § 616 BGB, Rn. 15; Müller-Glöge/Preis u. a./*Preis/Greiner*, ErfK, § 616 BGB, Rn. 3.

296 *BAG*, Urteil vom 08.12.1982 – 4 AZR 134/80, Rn. 22, juris; Hau/Poseck/*Baumgärtner*, BeckOK BGB, § 616 BGB, Rn. 6; Gsell/Krüger u. a./*Bieder*, beckOGK (Stand: 01.07.2022), § 616 BGB, Rn. 16; *Schaub*, AuA 1996, 82 (83); Kiel/Lunk/Oetker/

diese Bewertung nicht relevant, ob tatsächlich mehrere Arbeitnehmer (eines Arbeitgebers) betroffen sind.

Für diese Einschränkung gibt es verschiedene Begründungsansätze. Der Ausschluss objektiver Leistungshindernisse wird u. a. – scheinbar – in Anlehnung an den zuvor dargestellten Grundsatz *minima non curat praetor* begründet. So sei der Dienstberechtigte in diesen Fällen nicht in der Lage, die Risiken vorher realistisch zu kalkulieren, weil die Auswirkungen erheblich umfangreicher sein können.[297] Mit Blick auf die Kritik an der Geltung des Grundsatzes *minima non curat praetor* für § 616 BGB[298] ist es aber konsequenter, unmittelbar die Zumutbarkeit der Belastung für den Dienstberechtigten heranzuziehen.[299] *Hanau* sieht in den Überlegungen zum objektiven Leistungshindernis den Sphärengedanken, wonach das Leistungshindernis nur dann eine Vergütungsfortzahlung auslösen soll, wenn dieser in der eigenen, persönlichen Sphäre des Arbeitnehmers liegt und somit nur ihn bzw. wenige Arbeitnehmer gleichzeitig trifft. Hierdurch werde die Zumutbarkeit für den Arbeitgeber gewahrt.[300] Betrifft der Verhinderungsgrund eine Vielzahl der Dienstverpflichteten in gleicher Weise und zur gleichen Zeit, kann der Arbeitgeber – zumindest hypothetisch – überfordert sein. Somit scheiden grundsätzlich solche Leistungshindernisse aus, die ihrer Art nach unabhängig vom Einzelfall grundsätzlich eine Vielzahl von Dienstverpflichteten betreffen.[301]

Zudem wurde ein sehr weiter Anwendungsbereich bei der Diskussion zur Formulierung des § 616 BGB abgelehnt. Bestrebungen, wonach die Norm immer dann eingreifen solle, wenn kein Annahmeverzug vorliege, wurden verworfen.[302] Zur Begründung wurde angeführt, dass es in manchen Fällen auch angemessen sein könne, wenn der Dienstverpflichtete seinen Vergütungsanspruch verlöre.[303] Nach anderer Ansicht gebe es überhaupt nicht den Fall, dass weder Annahme-

---

Tillmanns, MHdB ArbR, § 77 Arbeitsverhinderung aus persönlichen Gründen, Rn. 19.

297 Säcker/Rixecker u. a./*Henssler,* MüKo zum BGB (Band 5), § 616 BGB, Rn. 20; Rolfs/Giesen u. a./*Joussen,* BeckOK ArbR, § 616 BGB, Rn. 19.

298 Vgl.: C)I)4)b), S. 93.

299 Ebenfalls mit Verweis auf die Zumutbarkeit: *BAG,* Urteil vom 08.12.1982 – 4 AZR 134/80, Rn. 22; *P. Hanau,* ZRP 1974, 111 (113).

300 *P. Hanau,* ZRP 1974, 111 (113).

301 Säcker/Rixecker u. a./*Henssler,* MüKo zum BGB (Band 5), § 616 BGB, Rn. 20.

302 So auch: *BAG,* Urteil vom 08.12.1982 – 4 AZR 134/80, Rn. 22, juris; gleichwohl vertritt Moll ein anderes Verständnis der Gesetzesentwurfsunterlagen, wonach jeder Zufall der Norm unterfallen soll – gerade vor dem Hintergrund der zitierten Stelle erscheint dies jedoch kaum vertretbar, vgl.: *Moll,* RdA 1980, 138 (149 f.).

303 *Mugdan,* Materialien zum BGB II, S. 900.

verzug noch ein persönliches Hindernis gegeben seien. Vielmehr sei stets von Annahmeverzug des Dienstberechtigten auszugehen, wenn ein kein persönliches Leistungshindernis gegeben sei.[304]

Allerdings gibt es auch Stimmen, die die Unterscheidung kritisieren und auch objektive Leistungshindernisse § 616 BGB unterfallen lassen möchten. Insbesondere *Moll* vertritt die Auffassung, dass auch objektive Leistungshindernisse dann § 616 BGB unterfielen, wenn sie im konkreten Fall nur auf den Dienstverpflichteten zurückwirkten.[305] Für den Dienstverpflichteten selbst mache es keinen Unterschied, aus welchem Grund er an der Leistung verhindert gewesen sei. Für ihn komme es allein auf die Fortzahlung der Vergütung als sozialem Schutz an. Zur Begründung bemüht *Moll* abermals den Gedanken der Fürsorgepflicht bzw. sozialpolitische Erwägungen.[306]

Dieser Ansicht ist entgegenzuhalten, dass die Einschränkung des Gesetzes auf einen „in der Person liegenden Grund" quasi leerliefe, wenn die bloße Rückwirkung auf den Dienstverpflichteten genügen. Denn ohne eine Rückwirkung auf den einzelnen Dienstverpflichteten läge bereits keine Verhinderung vor. Es würde allein noch auf das Vorliegen einer Verhinderung abgestellt, was dem Wortlaut zuwiderliefe. Auch im Übrigen verfängt die Begründung nicht. Wie zuvor herausgearbeitet,[307] folgt aus der „dienstvertraglichen Fürsorgepflicht" als Unterfall der allgemeinen Nebenpflicht nach § 241 Abs. 2 BGB keine unbedingte Pflicht zur Vergütungsfortzahlung. *Moll* verkennt – auch wenn er sich mit dem Gedanken der Zumutbarkeit kritisch auseinandersetzt –, dass nicht allein die Folgen für den Dienstverpflichteten, sondern auch die Folgen für den Dienstberechtigten zu betrachten sind. Funktion der Fürsorgepflicht ist es nicht, dem Dienstverpflichteten jedes Risiko abzunehmen, wie es *Moll* durch seine Vergleiche und vermeintlichen Widersprüche begründen möchte.[308] Stattdessen ist es ihre Funktion, den Umstand auszugleichen, dass der Dienstverpflichtete den wesentlichen Teil seiner Zeit und Arbeitskraft, mit der allein er seinen Lebensunterhalt sichern kann, dem Dienstberechtigten bereitzustellen hat. Dass gewöhnliche Leistungsrisiken – wie die Leistung am vereinbarten Ort bewirken zu können – dem Verpflichteten zugeordnet werden, ist ein übliches Prinzip im BGB. Das Dienstverhältnis gibt keinen Anlass, hiervon abzuweichen.

---

304 *Mugdan,* Materialien zum BGB II, S. 900.
305 *Moll,* RdA 1980, 138 (152, 154).
306 *Moll,* RdA 1980, 138 (152); ebenso: *Däubler,* Arbeitsrecht, S. 391.
307 Vgl.: C)I)4)a)bb), S. 90.
308 Vgl.: *Moll,* RdA 1980, 138 (153).

Somit führen objektive Leistungshindernisse grundsätzlich nicht zur Vergütungsfortzahlung. Ein objektives Leistungshindernis ist u. a. grundsätzlich dann anzunehmen, wenn ein größerer Personenkreis unabhängig von den individuellen Umständen des Einzelnen betroffen ist. In diesem Fall liegt die Verhinderung nicht in der persönlichen Sphäre des Dienstverpflichteten.

bb) Grenze zwischen subjektivem und objektivem Leistungshindernis

Jedoch ist eine trennscharfe Unterscheidung zwischen objektivem und subjektivem Leistungshindernis kaum möglich. So können sich auch objektive Leistungshindernisse auf Grund besonderer persönlicher Umstände in außergewöhnlichem Maß auf einzelne Arbeitnehmer auswirken. Deshalb wird auch bei objektiven Hindernissen in Rechtsprechung und Literatur eine Rückausnahme angenommen, wenn sich das objektive Leistungshindernis in besonderem Maße auf die einzelne Person auswirkt.[309] Es muss also eine gegenüber den anderen Betroffenen gesteigerte Auswirkung auf die persönlichen Belange, wie den körperlichen oder seelischen Zustand[310] oder die Rechtsgüter, gegeben sein.

Diese Auffassung überzeugt auch dogmatisch. Denn sobald sich das objektive Leistungshindernis derart stark auf einen Dienstverpflichteten auswirkt, dass seine Rechtsgüter in erheblichem Maße beeinträchtigt sind oder eine Pflichtenkollision eintritt, wäre es wertungswidersprüchlich, nur auf Grund der objektiven Ursache die Fortzahlung zu versagen. Auch in diesem Fall ist die Leistungserbringung individuell unzumutbar oder es tritt eine individuelle Pflicht ein.[311] Selbige hindert letztlich auch den Dienstverpflichteten im Fall eines originär subjektiven Leistungshindernisses an seiner Leistungserbringung, wodurch ein Fortzahlungsanspruch begründet wird. Somit ist es konsequent, auch im Fall von sich in besonderer Weise auswirkenden objektiven Leistungshindernissen einen Fortzahlungsanspruch entstehen zu lassen.

---

309 *BAG*, Urteil vom 24.03.1982 – 5 AZR 1209/79, Rn. 11, juris; *BAG*, Urteil vom 08.09.1982 – 5 AZR 283/80, Rn. 24, juris; Gsell/Krüger u. a./*Bieder*, beckOGK (Stand: 01.07.2022), § 616 BGB, Rn. 16.1; *Gräf/Rögele*, NZA 2013, 1120 (1123); Rolfs/Giesen u. a./*Joussen*, BeckOK ArbR, § 616 BGB, Rn. 21; Kiel/Lunk/Oetker/*Tillmanns*, MHdB ArbR, § 77 Arbeitsverhinderung aus persönlichen Gründen, Rn. 19.

310 *BAG*, Urteil vom 08.09.1982 – 5 AZR 283/80, Rn. 24, juris; *P. Hanau*, ZRP 1974, 111 (113); Rolfs/Giesen u. a./*Joussen*, BeckOK ArbR, § 616 BGB, Rn. 21.

311 Gsell/Krüger u. a./*Bieder*, beckOGK (Stand: 01.07.2022), § 616 BGB, Rn. 16.1; so auch: *Bauer/Opolony*, NJW 2002, 3503 (3507).

Dementsprechend ist beispielsweise anerkannt, dass auch die Leistungshinderung durch Hochwasser grundsätzlich ein objektives Leistungshindernis darstellt. Eine generelle Betroffenheit von dem Hochwasser, die z. B. den Dienstverpflichteten in der Anreise zum Leistungsort hindert, genügt deshalb nicht, um einen Vergütungsfortzahlungsanspruch zu begründen.[312] Damit dieses objektive Leistungshindernis einem subjektivem Leistungshindernis gleichgestellt werden kann, muss sich die Betroffenheit des Dienstverpflichteten gegenüber der generellen Betroffenheit herausheben. Dies ist z. B. dann der Fall, wenn der einzelne Dienstverpflichtete in gegenüber den sonstigen Betroffenen herausgehobenen Maße sein Hab und Gut schützen muss.[313] Selbiges gilt grundsätzlich auch für Arbeitnehmer, die im Katastrophenschutz tätig sind und dadurch in besonderem Maße an der Arbeitsleistung gehindert werden.[314] In diesem Fall wird allerdings oftmals auf Grund landesrechtlicher Regelungen der Vergütungsausfall kompensiert.[315]

(1) Exkurs: Maßnahmen in der COVID-19-Pandemie

Ein besonders schwieriger und zugleich aktueller Fall zur Abgrenzung zeigt sich anhand der COVID-19-Pandemie und der Maßnahmen – konkret Tätigkeitsverbote in Gestalt der Quarantäne oder (symptomloser) Isolation – die während der Pandemiezeit erlassen wurden. Während der Hochphase der COVID-19-Pandemie wurden neben einer Vielzahl von weiteren infektionsschutzrechtlichen Maßnahmen gegenüber Kranken und Ansteckungsverdächtigen Absonderungsverfügungen nach §§ 30 Abs. 1 S. 2, 28 Abs. 1 IfSG ausgesprochen.[316] Sofern diese Personen nicht von zu Hause arbeiten konnten, war es Ihnen infolge der Absonderungsverfügungen nicht möglich, zur Arbeit zu erscheinen und dort die von ihnen geschuldete Arbeitsleistung zu erbringen. Als ansteckungsverdächtig galten beispielsweise Kontaktpersonen von Erkrankten oder auch Reiserückkehrer. Eine eigene Erkrankung, die unter Umständen zur Unmöglichkeit der

---

312 *Hantel,* NJ 2002, 577 (578).

313 *Bauer/Opolony,* NJW 2002, 3503 (3506 f.); Rolfs/Giesen u. a./*Joussen,* BeckOK ArbR, § 616 BGB, Rn. 19, 21; *Sasse/Häcker,* ArbRB 2013, 219 (219); *Staupe,* NJ 2022, 505 (514); Kiel/Lunk/Oetker/*Tillmanns,* MHdB ArbR, § 77 Arbeitsverhinderung aus persönlichen Gründen, Rn. 19.

314 *Hantel,* NJ 2002, 577 (579).

315 Vgl. exemplarisch für ehrenamtlich tätige Angehörige der Gemeindefeuerwehr in Baden-Württemberg § 15 Abs. 2 FwG Baden-Württemberg und in Nordrhein-Westfalen § 21 Abs. 1 BHKG NRW.

316 Vgl. hierzu: *Preis/Schmid,* JbArbR 2021, 21 (25 f.).

Arbeitsleistung geführt hätte, bedurfte es nicht. Somit trat die Unmöglichkeit der Arbeitsleistung – sofern tatsächlich keine Erkrankung gegeben war – allein durch die Verfügung ein. Fraglich war, ob die Verhinderung infolge der Absonderungsverfügung zu einem Anspruch auf Vergütungsfortzahlung nach § 616 BGB führte. Dabei war nicht nur fraglich, ob die Absonderung einen „in seiner Person liegenden Grund" darstellt, sondern auch, ob es sich um eine „verhältnismäßig nicht erhebliche Zeit" handelt[317].

(a) Pandemiemaßnahmen als objektives Leistungshindernis

Zum Teil wird angenommen, dass bei Absonderungsverfügungen auf Grund von ansteckenden Krankheiten nach §§ 30 Abs. 1, 28 Abs. 1 IfSG objektive Leistungshindernisse vorliegen würden. Als Begründung bei in Zusammenhang mit der COVID-19-Pandemie getroffenen Maßnahmen wird angeführt, dass die Pandemie und die daraus resultierenden Ansteckungsmöglichkeit einen großen Teil, wenn nicht gar die gesamte Gesellschaft betreffe.[318] Die Maßnahmen zielten nicht darauf ab, die Rechte des Einzelnen zu schützen, sondern seien Maßnahmen zum Schutz der Allgemeinheit.[319] Somit bestehe kein Konflikt in der Person bzw. den persönlichen Umständen des Dienstverpflichteten.[320] Entsprechend passten diese Maßnahmen nicht zum Schutzzweck des § 616 BGB, finanzielle Folgen eines Leistungshindernisse des Einzelnen abzufedern.[321]

Zudem wäre eine Einbeziehung dieser Risiken nicht mit dem Motiv der Norm vereinbar. Demnach seien lediglich geringfügige Leistungshindernisse, die der Dienstberechtigte einkalkulieren könne, erfasst. Ein pandemiebedingter, zeitgleicher Leistungsausfall von möglicherweise einer Vielzahl von Arbeitnehmern sei jedoch nicht vorherzusehen und einzukalkulieren.[322]

---

317 Vgl.: C)II)3)b)dd), S. 225.

318 *ArbG Iserlohn*, Urteil vom 03.05.2022 – 2 Ca 1848/21, Rn. 69, juris; *Kraayvanger/Schrader*, NZA-RR ArbR 2020, 623 (626); unter Verweis auf das hohe Ansteckungsrisiko: *Weller/Lieberknecht/Habrich*, NJW 2020, 1017 (1019).

319 *Greiner*, NZA 2022, 665 (673); *Kraayvanger/Schrader*, NZA-RR ArbR 2020, 623 (626).

320 *Greiner*, NZA 2022, 665 (673); *Klein*, NJ 2020, 377-387 (378); im Ergebnis auch: *Köllmann*, NZA 2020, 831 (834); *Wank*, Lohnanspruch, S. 74 f.

321 *Kraayvanger/Schrader*, NZA-RR ArbR 2020, 623 (626); wohl auch: *Wank*, Lohnanspruch, S. 74 f.

322 *Kraayvanger/Schrader*, NZA-RR ArbR 2020, 623 (626).

(b) Pandemiemaßnahmen als subjektives Leistungshindernis

Nach der gegenteiligen Auffassung in der Literatur können Pandemiemaßnahmen grundsätzlich eine Vergütungsfortzahlung nach § 616 BGB begründen, da es sich um subjektive Leistungshindernisse handele.[323]

Zwar handele es sich bei der Pandemie um einen Umstand, der eine Vielzahl der Arbeitnehmer, wenn nicht gar alle, betreffe. Allerdings folge nicht unmittelbar aus der Pandemie selbst die Verhinderung, sondern aus der konkret erlassenen Absonderungsverfügung, dessen Adressat lediglich eine konkrete Einzelperson sein könne.[324] Die Maßnahme stelle somit auf einen personenbezogenen Gefahrenverdacht ab.[325] Insofern unterscheide sich die Maßnahme gerade von allgemeinen Maßnahmen, die für jedermann unabhängig von seinen persönlichen Umständen gelten würden, wie beispielsweise die nach § 28a IfSG möglichen Maßnahmen, die bestimmte Verhaltensweisen generell verbieten oder beschränken.[326] Die Absonderungsverfügung knüpfe – so bereits schon für § 49 BSeuchG entschieden[327] – an die persönlichen Umstände des Dienstverpflichteten an und stelle eine staatliche Reaktion hierauf dar.[328] Letztlich trete nämlich die Arbeitsverhinderung erst auf Grund der persönlichen Eigenschaften des

323 *Fischinger,* SR 2022, 37 (40); *Hohenstatt/Krois,* NZA 2020, 413 (415); Rolfs/Giesen u. a./*Joussen,* BeckOK ArbR, § 616 BGB, Rn. 33a; Herberger/Martinek u. a./*Legleitner,* juris-PK BGB (Stand: 02.10.2024), § 616 BGB, Rn. 12; *Noack,* NZA 2021, 251 (253); Staudinger/*Oetker,* Kommentar zum BGB §§ 613a-619a BGB, § 616 BGB, Rn. 78; Müller-Glöge/Preis u. a./*Preis/Greiner,* ErfK, § 616 BGB, Rn. 6a; *Sagan/Brockfeld,* NJW 2020, 1112 (1113); Küfner-Schmitt/Schmitt/*Schmitt,* EFZG, § 616 BGB, Rn. 32; *Stöß/Putzer,* NZA 2020, 1465 (1467 f.); *Stück,* MDR 2009, 1209 (1212).

324 Schlegel/Meßling/Bockholdt/*Meßling,* Corona-Gesetzgebung, § 19 – Entschädigungsansprüche bei Berufsverbot, Quarantäne und Kinderbetreuung, Rn. 10 f.

325 *OLG Hamm,* Urteil vom 29.10.2021 – I-11 U 60/21, 11 U 60/21, Rn. 25, juris; *OVG Lüneburg,* Beschluss vom 02.07.2021 – 13 LA 258/21, Rn. 10, juris; *OVG Nordrhein-Westfalen,* Urteil vom 10.03.2023 – 18 A 563/22, Rn. 78, juris; *OVG Nordrhein-Westfalen,* Urteil vom 10.03.2023 – 18 A 1460/22, Rn. 66, juris; so auch: Kluckert/*Temming,* Infektionsschutzgesetz, § 16 – Infektionsschutzrechtliche Implikationen auf das Arbeitsrecht, Rn. 14; auch unter Verweis auf die Störereigenschaft des Einzelnen: *Rauch,* BayVBl 2023, 147 (148).

326 Schlegel/Meßling/Bockholdt/*Meßling,* Corona-Gesetzgebung, § 19 – Entschädigungsansprüche bei Berufsverbot, Quarantäne und Kinderbetreuung, Rn. 12.

327 *BGH,* Urteil vom 01.02.1979 – III ZR 88/77, Rn. 7, 13, juris.

328 *BGH,* Urteil vom 30.11.1978 – III ZR 43/77, Rn. 20, juris; *OVG Lüneburg,* Beschluss vom 02.07.2021 – 13 LA 258/21, Rn. 10, juris; *OVG Nordrhein-Westfalen,* Urteil vom 10.03.2023 – 18 A 563/22, Rn. 76 ff., juris; *VG Karlsruhe,* Urteil vom 10.05.2021 – 9 K 67/21, Rn. 84, juris; *VG Berlin,* Urteil vom 16.11.2022 – 32 K 109/22, Rn. 58,

Dienstverpflichteten – wie etwa dessen Reiseverhalten oder seinem Status als Kontaktperson – ein.[329]

Eine ähnliche Annahme wird – auch wenn dies ebenfalls umstritten ist – bei der Schließung von Betreuungseinrichtungen durch z. B. eine Pandemie oder einen Streik angenommen. Auch in diesem Fall betreffe der Umstand grundsätzlich eine Vielzahl von Dienstverpflichteten. Gleichwohl wird angenommen, dass sich das Risiko auf Grund des persönlichen Umstands konkretisiere, ein betreuungspflichtiges Kind zu haben.[330] Somit komme es darauf an, ob sich ein allgemeines Risiko, das grundsätzlich für eine Vielzahl von Personen bestehe, auf Grund persönlicher Umstände realisiere. Dieser Gedanke ist ebenso auf die Quarantäne auf Grund der COVID-19-Pandemie zu übertragen und entspricht den Überlegungen bei pandemiebedingten Maßnahmen.

(c) Stellungnahme und Fazit

Wie die Praxis anhand der hohen Infektionszahlen[331] gezeigt hat, können die COVID-19-Pandemie und die damit einhergehenden staatlichen Maßnahmen grundsätzlich jeden treffen. Nach dieser Betrachtungsweise lässt sich somit annehmen, dass es sich bei Absonderungsverfügungen in Pandemien um Alltagsrisiken handelt, die jeden Dienstverpflichteten treffen können. Sie stellen somit ein objektives Leistungshindernis dar.[332]

---

juris; *VG Berlin*, Urteil vom 01.12.2022 – 14 K 631/20, Rn. 30, juris; *Rauch*, BayVBl 2023, 147 (149).

329 *VG Bayreuth*, Gerichtsbescheid vom 05.05.2021 – B 7 K 21.210, Rn. 30, juris; *VG Berlin*, Urteil vom 16.11.2022 – 32 K 109/22, Rn. 58, juris; *Kania/Hölken*, VSSAR 2020, 327 (338); Staudinger/*Oetker*, Kommentar zum BGB §§ 613a-619a BGB, § 616 BGB, Rn. 78; Müller-Glöge/Preis u. a./*Preis/Greiner*, ErfK, § 616 BGB, Rn. 6a; *Preis/Schmid*, JbArbR 2021, 21 (30); *Stöß/Putzer*, NZA 2020, 1465 (1468); dies erkennt auch *Greiner* als Argument an: *Greiner*, NZA 2022, 665 (673); ähnlich auch: *Bleckmann*, Arbeitspflicht und Vergütungsrisiko in Zeiten der Pandemie, S. 267 f.

330 Gsell/Krüger u. a./*Bieder*, beckOGK (Stand: 01.07.2022), § 616 BGB, Rn. 23.1; *Diller/Krieger*, Streik im Kindergarten, S. 68; *Fischinger/Hengstberger*, JA 2020, 561 (564); Säcker/Rixecker u. a./*Henssler*, MüKo zum BGB (Band 5), § 616 BGB, Rn. 42; *Hohenstatt/Krois*, NZA 2020, 413 (415); *Kolbe*, BB 2009, 1414 (1416).

331 So gab es von Februar 2020 bis Februar 2024 über 35.000.000 bestätigte Fälle in Deutschland, vgl.: *Statista*, Statistik-Report zur Corona-Pandemie 2019-2023, abrufbar unter: https://de.statista.com/statistik/studie/id/71015/dokument/corona-pandemie-2019-20/ (zuletzt abgerufen am: 08.02.2024).

332 Hinsichtlich Alltagsrisiken als objektive Leistungshindernisse: *Kolbe*, BB 2009, 1414 (1416).

Auch wenn mehrere Argumente für ein objektives Leistungshindernis sprechen, ist die Gegenansicht überzeugender.

Das Argument, dass ein objektives Leistungshindernis anzunehmen sei, wenn eine abstrakt-generelle Norm vorläge,[333] trägt nicht. Zu Recht wird darauf hingewiesen, dass es keinen Unterschied machen darf, ob das Leistungshindernis durch eine konkret-individuelle Maßnahme oder eine abstrakt-generelle Norm herbeigeführt wird.[334] Denn dies ändert – wie sich auch an der rechtlichen Ausgestaltung während der COVID-19-Pandemie gezeigt hat – weder etwas an dem Sinn und Zweck der Norm noch an der Rechtsfolge. Stattdessen kommt es auf die tatbestandliche Anknüpfung an. Ist ein Umstand, der in der persönlichen Sphäre des Arbeitnehmers liegt, das entscheidende Tatbestandsmerkmal, so knüpft die Norm – unabhängig davon, ob sie self-executing ist oder einen Einzelakt benötigt – an einen persönlichen Umstand des Dienstverpflichteten an.

Selbst wenn man annimmt, dass es durch die öffentliche Auferlegung der Pflicht um keinen persönlichen Konflikt gehe, so handelt es sich – entgegen der Ansicht *Greiners*[335] – um einen zur Zeugenladung vergleichbaren Fall. Denn auch die Zeugenladung erfolgt im Interesse der Allgemeinheit, nämlich an einem ordnungsgemäßen Gerichtsprozess. Zudem handelt es sich ebenso um eine Pflicht, die grundsätzlich jeden treffen kann.[336] Gleichwohl wird bei der Zeugenladung von der wohl herrschenden Meinung ein persönliches Leistungshindernis angenommen.[337]

Zudem spricht auch die faktische Nähe der Quarantäne und Isolation zur Krankheit[338] für eine Vergütungsfortzahlung. In beiden Fällen wird an die physische – hier gesundheitliche – Eigenschaft des Schuldners angeknüpft, in dem einen Fall an die Gefahr, Träger und Verbreiter des Virus zu sein, in dem anderen Fall an das Wissen, Träger zu sein und Symptome zu haben. Es wäre widersprüchlich, die Fälle unterschiedlich zu behandeln.

---

333 *Kraayvanger/Schrader,* NZA-RR ArbR 2020, 623 (626).

334 *Kraayvanger/Schrader,* NZA-RR ArbR 2020, 623 (626).

335 *Greiner,* NZA 2022, 665 (673).

336 *BAG*, Urteil vom 13.12.2001 – 6 AZR 30/01, Rn. 17, juris; *LAG Hamm*, Urteil vom 02.12.2009 – 5 Sa 710/09, Rn. 36, juris.

337 Gsell/Krüger u. a./*Bieder,* beckOGK (Stand: 01.07.2022), § 616 BGB, Rn. 29; Säcker/Rixecker u. a./*Henssler,* MüKo zum BGB (Band 5), § 616 BGB, Rn. 48; Herberger/Martinek u. a./*Legleitner,* juris-PK BGB (Stand: 02.10.2024), § 616 BGB, Rn. 7; wohl auch: Müller-Glöge/Preis u. a./*Preis/Greiner,* ErfK, § 616 BGB, Rn. 6.

338 So der *BGH*, der den Fall als unverschuldetes Unglück im Sinne des § 63 HGB und § 133c GewO gesehen hat: *BGH*, Urteil vom 01.02.1979 – III ZR 88/77, Rn. 12, juris.

Somit sind auch Maßnahmen in einer Pandemie – hier der COVID-19-Pandemie –, die auf die Umstände des Einzelnen abstellen, als subjektives Leistungshindernis zu sehen, selbst wenn die Maßnahmen eine Vielzahl von Personen betreffen oder betreffen können.

(2) Zwischenergebnis

Bei der Abgrenzung zwischen einem objektiven und einem subjektiven Leistungshindernis kommt es somit nicht allein darauf an, wie viele Personen von dem Leistungshindernis tatsächlich oder hypothetisch betroffen sind. Vielmehr kann auch ein Leistungshindernis, das eine Vielzahl von Personen betrifft oder betreffen kann, ein subjektives Leistungshindernis sein, wenn der einzelne Dienstverpflichtete entweder in besonderem Maße durch das Leistungshindernis betroffen ist oder die Realisierung des Leistungshindernisses an subjektive Umstände anknüpft.

cc) Verhinderungsgründe durch persönliche Nähebeziehung

Neben der Abgrenzung, ob es sich um ein subjektives oder objektives Leistungshindernis handelt, ist auch die Frage relevant, ob der Grund, auf dem die Verhinderung basiert, als ein „in seiner Person liegende[r] Grund" i. S. d. § 616 BGB anzuerkennen ist.

Ein solcher, im Rahmen des § 616 BGB anzuerkennender Grund könne aus einer persönlichen Nähebeziehung resultieren. Dafür kommen zwei Szenarien in Betracht. Zum einen könne bei eigenen bedeutsamen Ereignissen, wie der eigenen Hochzeit, von Person aus dem nahen Umfeld erwartet werden, dass diese gemeinsam zelebriert werden.[339] Zum anderen könnten Ereignisse, die einer anderen Person „widerfahren", den Dienstverpflichteten derart betreffen, dass für ihn ein Konflikt zwischen der sozialen Verpflichtung aus der persönlichen Nähebeziehung und der Erbringung der Arbeitsleistung besteht.

Damit ein solcher rechtlich relevanter Konflikt entstehe, genüge nicht bereits eine persönliche Nähebeziehung, wie sie generell innerhalb der Familie bestehe. Es bedürfe vielmehr einer herausgehobenen sittlichen und/oder moralischen

339 Dies beispielsweise mit Bezug auf die eigene Hochzeit statuierend: Gsell/Krüger u. a./*Bieder*, beckOGK (Stand: 01.07.2022), § 616 BGB, Rn. 24; Säcker/Rixecker u. a./*Henssler*, MüKo zum BGB (Band 5), § 616 BGB, Rn. 44; Rolfs/Giesen u. a./*Joussen*, BeckOK ArbR, § 616 BGB, Rn. 23.

Pflicht.[340] Dies sei beispielsweise bei der Goldenen Hochzeit der eigenen Eltern der Fall.[341]. *Henssler* stellt heraus, dass es darauf ankomme, ob das Fehlen als anstößig gelten würde und die Anwesenheit damit unverzichtbar sei.[342] Dies lässt einen Bezug zum Allgemeinen Persönlichkeitsrecht erkennen. So wäre der Arbeitnehmer durch eine Missachtung der gesellschaftlichen Gepflogenheiten und Erwartungen einer persönlichen Ächtung ausgesetzt, die ihn in seinem Persönlichkeitsrecht erheblich beeinträchtigen würde.

Unter Verweis auf die Möglichkeit der Inanspruchnahme von Erholungsurlaub widerspricht *Riesenhuber* allgemein der Anwendung des § 616 BGB auf Familienfeiern.[343] Dem ist zumindest dahingehend zuzustimmen, dass solche Ereignisse in der Regel vorhersehbar sind und somit bei der Planung des Erholungsurlaubs berücksichtigt werden können. Allerdings liefe die Norm leer, soweit stets auf die Möglichkeit der Inanspruchnahme von Erholungsurlaub verwiesen werden könnte.

Unter Berücksichtigung dieser Erläuterungen überzeugt es, wenn die eigene Hochzeit als persönlicher Verhinderungsgrund angesehen wird.[344] Bei dieser handelt es sich regelmäßig um ein einmaliges – jedenfalls aber um kein regelmäßiges – Lebensereignis. Von Personen des ganz engen Umfelds – insbesondere der Familie – wird regelmäßig erwartet, dieses Ergebnis gemeinsam zu begehen.[345] Insofern ist eine sittliche Verpflichtung bei persönlichen Nähebeziehungen anzunehmen. Ebenso zu Recht wird hingegen die eigene Geburtstagsfeier – auch zu bedeutsamen Jubiläen – als hinreichender persönlicher Verhinderungsgrund

---

340 *BAG*, Urteil vom 25.10.1973 – 5 AZR 156/73, Rn. 12, juris; *LAG Rheinland-Pfalz*, Urteil vom 14.05.2020 – 2 Sa 382/19, Rn. 33, juris; Gsell/Krüger u. a./*Bieder*, beckOGK (Stand: 01.07.2022), § 616 BGB, Rn. 24; Säcker/Rixecker u. a./*Henssler*, MüKo zum BGB (Band 5), § 616 BGB, Rn. 43; auf Grund der Aufzählung und des Merkmals der „Unverzichtbarkeit" wohl auch: Müller-Glöge/Preis u. a./*Preis/Greiner*, ErfK, § 616 BGB, Rn. 4.

341 *BAG*, Urteil vom 25.10.1973 – 5 AZR 156/73, Rn. 12, juris; Säcker/Rixecker u. a./*Henssler*, MüKo zum BGB (Band 5), § 616 BGB, Rn. 43; ablehnend: Feichtinger/Malkmus/*Schahandeh*, Entgeltfortzahlungsrecht, § 616 BGB, Rn. 80.

342 Säcker/Rixecker u. a./*Henssler*, MüKo zum BGB (Band 5), § 616 BGB, Rn. 43; wohl auch: Müller-Glöge/Preis u. a./*Preis/Greiner*, ErfK, § 616 BGB, Rn. 4.

343 Westermann/Grunewald/Maier-Riemer/*Riesenhuber*, Ermann BGB, § 616 BGB, Rn. 27.

344 So: Gsell/Krüger u. a./*Bieder*, beckOGK (Stand: 01.07.2022), § 616 BGB, Rn. 24; Säcker/Rixecker u. a./*Henssler*, MüKo zum BGB (Band 5), § 616 BGB, Rn. 44; Rolfs/Giesen u. a./*Joussen*, BeckOK ArbR, § 616 BGB, Rn. 23.

345 Ähnlich: Rolfs/Giesen u. a./*Joussen*, BeckOK ArbR, § 616 BGB, Rn. 23 f.

abgelehnt.[346] Weder besteht eine sittliche Verpflichtung, eine Geburtstagsfeier an einem speziellen Tag – also am Geburtstag selbst – noch überhaupt zu veranstalten. Die Veranstaltung einer Geburtstagsfeier steht bei jedem Dienstverpflichteten im Ermessen der eigenen privaten Lebensführung,[347] sodass ihm auch die Inanspruchnahme von Erholungsurlaub bei einem solchen Anlass zuzumuten ist. Zudem spricht die regelmäßige Wiederkehr des Ereignisses gegen einen Verhinderungsgrund im Sinne des § 616 BGB.[348] So würde im Zweifel jedes Jahr ein Anspruch auf bezahlte Freistellung bestehen, was einem weiteren Urlaubstag gleichkäme.

Hingegen ist vor dem Hintergrund der sittlichen und moralischen Pflicht nicht nachvollziehbar, weshalb zum Teil nach der Literatur die Geburt des eigenen Kindes nicht § 616 BGB unterfallen sollte, wenn keine eheähnliche Lebensgemeinschaft oder gar eheliche Gemeinschaft besteht.[349] Hinsichtlich der Bedeutung des Ereignisses für den Dienstverpflichteten kommt es nicht auf die Bindung zur Kindesmutter, sondern vielmehr zum Kind an.[350] Dabei dürfte es für das Kind auch irrelevant sein, ob es ehelich oder unehelich geboren wird.[351] Eine solche Differenzierung dürfte wohl ohnehin gegen den Grundsatz der Gleichbehandlung ehelicher und unehelicher Kinder aus Art. 6 Abs. 5 GG verstoßen.[352] Denn zum einen kann die Kenntnis der Anwesenheit des Vaters theoretisch einen Einfluss auf

---

346 Gsell/Krüger u. a./*Bieder,* beckOGK (Stand: 01.07.2022), § 616 BGB, Rn. 24; Säcker/Rixecker u. a./*Henssler,* MüKo zum BGB (Band 5), § 616 BGB, Rn. 43.

347 *LAG Rheinland-Pfalz,* Urteil vom 14.05.2020 – 2 Sa 382/19, Rn. 33, juris; Säcker/Rixecker u. a./*Henssler,* MüKo zum BGB (Band 5), § 616 BGB, Rn. 43.

348 Ähnlich auch: *LAG Rheinland-Pfalz,* Urteil vom 14.05.2020 – 2 Sa 382/19, Rn. 33, juris; Rolfs/Giesen u. a./*Joussen,* BeckOK ArbR, § 616 BGB, Rn. 23.

349 So: Staudinger/*Oetker,* Kommentar zum BGB §§ 613a-619a BGB, § 616 BGB, Rn. 69; Müller-Glöge/Preis u. a./*Preis/Greiner,* ErfK, § 616 BGB, Rn. 4 ; diese Ansicht ebenfalls anzweifelnd auch: Säcker/Rixecker u. a./*Henssler,* MüKo zum BGB (Band 5), § 616 BGB, Rn. 47; Westermann/Grunewald/Maier-Riemer/*Riesenhuber,* Ermann BGB, § 616 BGB, Rn. 27; Feichtinger/Malkmus/*Schahandeh,* Entgeltfortzahlungsrecht, § 616 BGB, Rn. 81.

350 Gsell/Krüger u. a./*Bieder,* beckOGK (Stand: 01.07.2022), § 616 BGB, Rn. 26.

351 Für eine solche Differenzierung noch: Staudinger/*Oetker,* Kommentar zum BGB §§ 613a-619a BGB, § 616 BGB, Rn. 69.

352 Hinsichtlich der Verpflichtung für das Aufwachsen eines ehelichen und unehelichen Kindes die gleichen Voraussetzungen zu schaffen: *BVerfG,* Beschluss vom 11.07.1967 – 1 BvL 23/64, Rn. 29, juris; für eine „wertentscheidende Grundsatznorm", die von allen drei Gewalten zu berücksichtigen ist: Epping/Hillgruber/*Uhle,* BeckOK GG, Art. 6, Rn. 78; a. A. wohl: *BAG,* Urteil vom 18.01.2001 – 6 AZR 492/99, Rn. 27, juris.

die seelische Entwicklung des Kindes haben. Zum anderen umfasst der Grundsatz der Gleichbehandlung auch die elterliche Sorge,[353] die ab der Geburt beginnt. Mit einer unterschiedlichen Behandlung würde eine zusätzliche Hürde für den nichtverheirateten Kindsvater entstehen, was sich auf den Grundrechtsträger, das Kind, auswirken könnte.

Ebenso wenig nachvollziehbar ist eine Beschränkung auf Familienangehörige und familiäre Ereignisse. So können besondere persönliche Nähebeziehungen bereits auf Grund längeren Zusammenlebens – auch als bloße Freunde und nicht zwingend als romantische Partnerschaft – oder auf Grund besonders enger Freundschaften entstehen. Dabei sind selbstverständlich stets die Umstände des Einzelfalls zu berücksichtigen. Zwar lässt sich aus der Einheit der Rechtsordnung hierfür kein Argument gewinnen. So wird für die Annahme einer Garantenstellung im Strafrecht die bloße faktische Nähebeziehung ohne rechtliche Ausprägung als nicht ausreichend erachtet. Sie wird selbst bei eheähnlichen Lebensgemeinschaften angezweifelt,[354] sodass im Sinne der Rechtseinheit auch für die Ablehnung des § 616 BGB argumentiert werden könnte. Gleichwohl hat die strafrechtliche Garantenstellung eine folgenreichere rechtliche Bedeutung als die Anerkennung einer Nähebeziehung im Rahmen des § 616 BGB. Dementsprechend sind an die Garantenstellung naturgemäß höhere Anforderungen zu stellen. Des Weiteren kann auch eine freundschaftliche Nähebeziehung derart intensiv sein, dass eine sittliche bzw. moralische Pflicht entsteht, bei besonders herausgehobenen Ereignissen anwesend zu sein. Lässt man diese grundsätzlich genügen und stellt nicht auf eine rechtliche Beistandspflicht ab, wofür es im Gesetz keinen Anhaltspunkt gibt, so müssten auch derart enge Nähebeziehungen zu Freunden und unverheirateten Lebenspartnern genügen.

Wenn schon als Verhinderungsgrund sittliche Verpflichtungen angesehen werden, so muss dies jedenfalls auch für rechtliche Verpflichtungen gelten. Es können sich nämlich auch aus der Nähebeziehung rechtliche Pflichten ergeben, die dazu führen, dass eine Kollision mit der Dienstleistungspflicht eintritt. Allen voran ist hier an die elterliche Personensorge gemäß § 1626 Abs. 1 BGB oder sonstige Beistandspflichten zu denken. Allerdings bestehen hierfür mittlerweile auch spezialgesetzliche Regelungen, sodass die Bedeutung für § 616 BGB abgenommen hat.

---

353 Dreier/*Brosius-Gersdorf*, Grundgesetz, Art. 6 GG, Rn. 467.

354 Schönke/Schröder/*Bosch*, StGB Kommentar, § 13 StGB, Rn. 17; Kindhäuser/Neumann/Paeffgen/*Gaede*, StGB, § 13 StGB, Rn. 56 f.; Lackner/Kühl/Heger/*Heger*, StGB Kommentar, § 13 StGB, Rn. 10; Heintschel-Heinegg/*Heuchemer*, BeckOK StGB, § 13 StGB, Rn. 38; wohl a. A.: *Kühl*, JuS 2007, 497 (501); für eine differenzierte Betrachtung: *Ransiek*, JuS 2010, 585 (588).

Somit ist immer dann ein persönliches Leistungshindernis anzunehmen, wenn für den Dienstverpflichteten auf Grund eines bei einem Dritten eintretenden Ereignisses eine sittliche, moralische oder rechtliche Pflicht entsteht, die aus der persönlichen Nähebeziehung resultiert. Selbiges gilt für in der Person des Dienstverpflichteten eintretende Ereignisse, die eine sittliche, moralische oder rechtliche Pflicht im Verhältnis zum Dritten begründen. Dabei ist unbeachtlich, ob die sittliche und moralische Pflicht aus einem familiären oder einem vergleichbaren freundschaftlichen Näheverhältnis resultiert.

dd) Verhinderung durch öffentliche und anderweitige Pflichten

Eine Verhinderung kann auch durch die Kollision mit anderen Pflichten, die nicht aus einer persönlichen Nähebeziehung resultieren, vorliegen. Dabei kommen insbesondere öffentliche Pflichten in Betracht. So kann durch die rechtliche Verpflichtung, öffentliche Aufgaben wahrzunehmen, eine Kollision mit der Arbeitspflicht entstehen.

Als Abgrenzung zu nicht beachtlichen Verhinderungsgründen ist auf die Schutzrichtung der öffentlichen Pflicht abzustellen. Als persönliche Verhinderung im Sinne des § 616 BGB sind Pflichten anzuerkennen, die zwar den Einzelnen persönlich adressieren, die aber dem Schutz des öffentlichen Interesses und nicht der privaten Lebensführung dienen. Bei Motivbündeln dürfen diese Pflichten zumindest nicht vorrangig der privaten Lebensführung des Einzelnen dienen.[355] Mit dieser Differenzierung lässt sich begründen, weshalb die Übernahme öffentlicher Ehrenämter – wie das Amt des Schöffen[356] – die gerade dem Interesse der Allgemeinheit dienen und zu denen Bürger im Zweifel rechtlich verpflichtet werden können, oder die Teilnahme an einem Gerichtsprozess als Sachverständiger oder Zeuge[357] einen in der Person liegenden Grund darstellen. Hingegen ist die

355 a. A. *LAG Hamm*, Urteil vom 02.12.2009 – 5 Sa 710/09, Rn. 36, juris; ebenso *Oetker*, der jegliche Pflicht, unabhängig welchem Interesse sie dient – so z. B. bei der Teilnahme an einer Prüfung – als in der Person liegenden Grund sieht, sofern der Dienstverpflichtete keinen Einfluss auf die zeitliche Lage nehmen kann, Staudinger/*Oetker*, Kommentar zum BGB §§ 613a-619a BGB, § 616 BGB, Rn. 71.

356 Hau/Poseck/*Baumgärtner*, BeckOK BGB, § 616 BGB, Rn. 7; Rolfs/Giesen u. a./*Joussen*, BeckOK ArbR, § 616 BGB, Rn. 32; Müller-Glöge/Preis u. a./*Preis/Greiner*, ErfK, § 616 BGB, Rn. 5; Staudinger/*Oetker*, Kommentar zum BGB §§ 613a-619a BGB, § 616 BGB, Rn. 73.

357 *LAG Hamm*, Urteil vom 02.12.2009 – 5 Sa 710/09, Rn. 36, juris; Staudinger/*Oetker*, Kommentar zum BGB §§ 613a-619a BGB, § 616 BGB, Rn. 70.

Wahrnehmung eines Gerichtstermins als Partei, bei dem es also um das eigene Interesse geht, kein entsprechender Grund.[358].

Weitere Beispiele zur Abgrenzung lassen sich im Bereich von Terminen bei Behörden finden. So dürfte beispielsweise die Vorführung des eigenen Kfz beim TÜV kein in der Person liegender Grund sein, da diese vorranging der persönlichen Lebensführung in Gestalt des Erhalts der Mobilität dient.[359] Mit der gleichen Begründung gilt dies auch für die An-/Abmeldung des Kfz bei der zuständigen Behörde. Die Beantragung eines Personalausweises dürfte hingegen zur Vergütungsfortzahlung führen, da dessen Besitz unabhängig von der persönlichen Lebensführung gemäß § 1 Abs. 1 PAuswG eine Pflicht des Einzelnen ist. Selbiges gilt für die Beantragung eines Führungszeugnisses, um in den juristischen Vorbereitungsdienst aufgenommen zu werden, da die Pflicht primär dem öffentlichen Interesse dient.

Mit dieser Differenzierung lässt sich auch begründen, weshalb die Erfüllung der Pflicht zur persönlichen Meldung bei der Agentur für Arbeit ebenfalls eine Vergütungsfortzahlung begründet.[360] So dient die Pflicht nicht nur dem Interesse des Arbeitnehmers, möglichst schnell vermittelt zu werden, um Geld zu verdienen. Sondern die schnelle Vermittlung liegt auch im Interesse der Solidargemeinschaft, um den finanziellen Bedarf für Transferleistungen zu verringern sowie Steuern und Beiträge zur gesetzlichen Sozialversicherung zu generieren. Selbiges gilt auch für die Freistellung nach § 629 BGB, die nach der herrschenden Meinung mit § 616 BGB korrespondiert,[361] da mit der Wahrnehmung von

---

358 So auch: Säcker/Rixecker u. a./*Henssler,* MüKo zum BGB (Band 5), § 616 BGB, Rn. 50; Henssler/Willemsen/Kalb/*Krause,* HWK ArbR, § 616 BGB, Rn. 27.

359 *BAG,* Urteil vom 16.12.1960 – 1 AZR 204/59, Rn. 18, juris; Säcker/Rixecker u. a./*Henssler,* MüKo zum BGB (Band 5), § 616 BGB, Rn. 50.

360 Staudinger/*Oetker,* Kommentar zum BGB §§ 613a-619a BGB, § 616 BGB, Rn. 70; *Sibben,* DB 2003, 826 (828).

361 *BAG,* Urteil vom 11.06.1957 – 2 AZR 15/57, Rn. 15, juris; *BAG,* Urteil vom 13.11.1969 – 4 AZR 35/69, Rn. 23 f., juris; Säcker/Rixecker u. a./*Henssler,* MüKo zum BGB (Band 5), § 629 BGB, Rn. 24; Soergel/*Hofer,* BGB, § 629 BGB, Rn. 20; Henssler/Willemsen/Kalb/*Krause,* HWK ArbR, § 616 BGB, Rn. 34; Herberger/Martinek u. a./*Legleitner,* juris-PK BGB (Stand: 02.10.2024), § 616 BGB, Rn. 7; Herberger/Martinek u. a./*Legleitner,* juris-PK BGB, § 629 BGB, Rn. 14; Müller-Glöge/Preis u. a./*Müller-Glöge,* ErfK, § 629 BGB, Rn. 11; Staudinger/*Oetker,* Kommentar zum BGB §§ 613a-619a BGB, § 616 BGB, Rn. 79; Rolfs/Giesen u. a./*Stoffels,* BeckOK ArbR, § 629 BGB, Rn. 9; Staudinger/*Temming,* Kommentar zum BGB §§ 620-630 BGB, § 629 BGB, Rn. 22; Gsell/Krüger u. a./*Tillmanns,* beckOGK (Stand: 01.03.2024), § 629 BGB, Rn. 27.

Vorstellungsterminen das Risiko der Arbeitslosigkeit und damit das finanzielle Risiko für die Solidargemeinschaft reduziert wird.

Anders ist es bei der Kandidatur für öffentliche Ämter oder die Wahrnehmung eines Abgeordnetenmandates. Auch wenn dies ebenfalls im Interesse der Allgemeinheit in Gestalt des Erhalts der Demokratie liegt, ist der ausschlaggebende Unterschied der Mangel an einer rechtlichen Verpflichtung des Einzelnen.[362] Zudem lebt zwar die Demokratie davon, dass sich Bürger zur Wahl stellen, allerdings verdichtet sich das gesellschaftliche Interesse nicht auf die Wahlbewerbung des Einzelnen.

Somit kommt es für einen in der Person liegenden Grund im Sinne des § 616 BGB darauf an, dass der Dienstverpflichtete eine öffentliche Pflicht erfüllt, die dem Interesse der Allgemeinheit dient und tatsächlich rechtlich verpflichtend ist.

ee) Private Lebensführung

Von der herrschenden Meinung wird eine Vergütungsfortzahlung zudem dann abgelehnt, wenn die Verhinderung lediglich aus der privaten Lebensführung resultiert.[363] Dabei wird der Bereich der „privaten Lebensführung" jedoch nicht weiter konkretisiert.

Gemäß den zuvor herausgearbeiteten Ergebnissen folgt die Differenzierung zwischen der privaten Lebensführung und rechtlich relevanten persönlichen Leistungshindernissen aus dem Vorliegen von sittlichen, moralischen oder rechtlichen Pflichten. Hingegen genügt ein Konflikt aus der freiwilligen Wahrnehmung von Terminen oder der freiwilligen Übernahme von Ämtern, die keine rechtliche Pflicht darstellen, nicht,[364] um ein persönliches Leistungshindernis zu begründen. Dies gilt selbst dann, wenn ein innerer Zusammenhang mit der Dienstleistung besteht – wie es beim gewerkschaftlichen Engagement der Fall ist.[365]

---

362 Staudinger/*Oetker*, Kommentar zum BGB §§ 613a-619a BGB, § 616 BGB, Rn. 73.

363 Schaub/*Linck*, Arbeitsrecht-Handbuch, § 97 – Arbeitsverhinderung des Arbeitnehmers aus persönlichen Gründen, Rn. 5.

364 *BAG*, Urteil vom 19.05.2021 – 5 AZR 318/20, Rn. 23, juris; wohl zustimmend: Schaub/*Linck*, Arbeitsrecht-Handbuch, § 97 – Arbeitsverhinderung des Arbeitnehmers aus persönlichen Gründen, Rn. 7.

365 So wohl das *BAG*, das eine unbezahlte Freistellung ablehnt: *BAG*, Beschluss vom 13.08.2010 – 1 AZR 173/09, Rn. 12, juris; im Übrigen: Gsell/Krüger u. a./*Bieder*, beckOGK (Stand: 01.07.2022), § 616 BGB, Rn. 30; Schaub/*Linck*, Arbeitsrecht-Handbuch, § 97 – Arbeitsverhinderung des Arbeitnehmers aus persönlichen Gründen, Rn. 7.

ff) Verhinderung wegen des Glaubens bzw. Gewissens

Nach der vorherrschenden Auffassung unterfällt auch die Wahrnehmung von aus der religiösen Überzeugung resultierender Pflichten grundsätzlich § 616 BGB.[366] Dies ergebe sich aus dem Verfassungsrang der freien und ungestörten Religionsausübung in Art. 4 Abs. 1, 2 GG.[367] Nach Auffassung des *LAG Hamm* seien diese Grundrechte auch deshalb zu berücksichtigen, da der Arbeitnehmer durch die Aufnahme des Arbeitsverhältnisses nicht auf seine Grundrechte verzichte.[368] In Teilen der Literatur wird sogar vertreten, dass Gläubigen nichtchristlicher Religionen, deren hohe Feiertage nicht durch allgemeingültige Feiertage geschützt sind, ein entsprechender bezahlter Freistellungsanspruch über § 616 BGB zu gewähren sei.[369] Dies würde beispielsweise zu jährlich wiederkehrenden bezahlten Freistellungsansprüchen führen, wenn diese Religionen an bestimmten Tagen hohe Feste vorsehen. Gestützt werde diese Auffassung auch dadurch, dass durch die Regelmäßigkeit die Kollisionen für den Arbeitgeber vorhersehbar und damit kalkulierbar würden. Dies entspreche dem Sinn und Zweck des § 616 BGB.[370] Des Weiteren unterscheide der Wortlaut des Gesetzes nicht zwischen singulären und wiederkehrenden Ereignissen und deren Häufigkeit.[371] Erachtet man die moralische und sittliche Pflicht als maßgeblich für das Vorliegen eines persönlichen Grundes, erscheint es grundsätzlich konsequent, auch religiöse Verhinderungsgründe und aus dem Gewissen resultierende Hindernisse als persönlichen Grund

---

366 *BAG*, Urteil vom 27.04.1983 – 4 AZR 506/80, Rn. 10, juris; *LAG Hamm*, Urteil vom 18.01.2002 – 5 Sa 1782/01, Rn. 21, juris; *LAG Hamm*, Urteil vom 26.02.2002 – 5 Sa 1582/01, Rn. 70 f., juris; Hau/Poseck/*Baumgärtner*, BeckOK BGB, § 616 BGB, Rn. 7; Säcker/Rixecker u. a./*Henssler*, MüKo zum BGB (Band 5), § 616 BGB, Rn. 52; *Kempen*, ArbRGegw 1988, 75 (89); Kiel/Lunk/Oetker/*Tillmanns*, MHdB ArbR, § 77 Arbeitsverhinderung aus persönlichen Gründen, Rn. 23; hingegen generell ablehnend: Westermann/Grunewald/Maier-Riemer/*Riesenhuber*, Ermann BGB, § 616 BGB, Rn. 27.

367 *BAG*, Urteil vom 27.04.1983 – 4 AZR 506/80, Rn. 19, juris; *LAG Hamm*, Urteil vom 18.01.2002 – 5 Sa 1782/01, Rn. 21, 24, juris; *LAG Hamm*, Urteil vom 26.02.2002 – 5 Sa 1582/01, Rn. 73, juris.

368 *LAG Hamm*, Urteil vom 18.01.2002 – 5 Sa 1782/01, Rn. 24, juris.

369 *Canaris*, AcP 1984, 201 (238); Rolfs/Giesen u. a./*Joussen*, BeckOK ArbR, § 616 BGB, Rn. 25; zu Recht ablehnend: Säcker/Rixecker u. a./*Henssler*, MüKo zum BGB (Band 5), § 616 BGB, Rn. 53.

370 *Canaris*, AcP 1984, 201 (238).

371 Kiel/Lunk/Oetker/*Tillmanns*, MHdB ArbR, § 77 Arbeitsverhinderung aus persönlichen Gründen, Rn. 23.

anzusehen. In beiden Fällen besteht eine innere moralische Pflicht,[372] entsprechend der religiösen Gebote oder des Gewissens zu handeln.

Allerdings bestehen auch Bedenken gegen eine (generelle) Erfassung von religiösen Gründen als persönlichen Hinderungsgrund. Zwar ist zuzugestehen, dass im Wege einer grundrechtskonformen Auslegung auch Art. 4 Abs. 1, 2 GG Berücksichtigung finden müssen. Allerdings spricht gegen die anscheinend vom *LAG Hamm* vertretenen Auffassung des konsequenten Vorrangs von Art. 4 Abs. 1, 2 GG, dass durch den Vertragsschluss in Kenntnis offensichtlicher Konflikte sehr wohl ein (Teil-)Grundrechtsverzicht angenommen werden kann.[373] Im Übrigen mag der Religions- und Gewissensfreiheit auf Grund des ausdrücklichen grundrechtlichen Schutzes zwar im Rahmen der unbezahlten Freistellung bzw. des Leistungsverweigerungsrechts nach § 275 Abs. 3 BGB eine gesteigerte Rolle zukommen. Jedoch verlangt der – auch ausdrückliche – grundrechtliche Schutz nicht, dass durch die Grundrechtsausübung keine finanziellen Nachteile erwachsen.[374] Somit spricht nicht bereits der bloße grundrechtliche Schutz für eine Vergütungsfortzahlung nach § 616 BGB. Zu Recht bestehen deshalb auch Zweifel bei wiederkehrenden religiösen Pflichten, wie z. B. regelmäßigen Gebeten oder nichtchristlichen Festtagen.[375] Zwar sind bloße Bedenken hinsichtlich der Häufigkeit der Glaubens- bzw. Gewissensausübung – z. B. wegen eines täglichen Gebets während der Arbeitszeit – nicht durchgreifend. Die (summierte) Dauer der Verhinderung ist beim Tatbestandsmerkmal der „verhältnismäßig nicht erheblichen Zeit" zu berücksichtigen. Allerdings spricht die Regelmäßigkeit des Ereignisses trotz der oben genannten Argumente gegen eine Anwendbarkeit. So ist § 616 BGB darauf ausgelegt, die Folgen gelegentliche Verhinderungen zu kompensieren[376], die der Arbeitnehmer nicht bei der Wahl seiner Tätigkeit berücksichtigen konnte.

---

372 So ergeben sich aus dem Glauben sowie dem Gewissen bindende Verpflichtungen, von denen die betroffene Person nicht ohne ernste Gewissensnot abweichen kann, vgl.: Jarass/Pieroth/*Jarass*, GG-Kommentar, Art. 4 GG, Rn. 8, sodass eine innere Pflicht zur entsprechenden Handlung entsteht.

373 So bereits: *Canaris*, AcP 1984, 201 (237).

374 So auch: Gsell/Krüger u. a./*Bieder*, beckOGK (Stand: 01.07.2022), § 616 BGB, Rn. 33; *Greiner*, NZA 2022, 665 (673); grundsätzlich dazu, dass dem nach seinem Gewissen Handelnden (finanzielle) Opfer zugemutet werden können: *Luhmann*, AöR 1965, 257 (283).

375 Gsell/Krüger u. a./*Bieder*, beckOGK (Stand: 01.07.2022), § 616 BGB, Rn. 32 f.; Säcker/Rixecker u. a./*Henssler*, MüKo zum BGB (Band 5), § 616 BGB, Rn. 53; Westermann/Grunewald/Maier-Riemer/*Riesenhuber*, Ermann BGB, § 616 BGB, Rn. 29.

376 So wohl: *BAG*, Urteil vom 25.10.1973 – 5 AZR 156/73, 2. Leitsatz, juris.

Dies bedeutet aber nicht, dass jegliche Verhinderungen, die im Zusammenhang mit religiösen Pflichten stehen, keinen in der Person liegenden Grund im Sinne des § 616 BGB darstellen könnten. Resultieren die Verhinderungen möglicherweise sogar nicht allein aus dem Glauben bzw. dem Gewissen, sondern treffen mit weiteren sozialen und moralischen Pflichten zusammen, kann dies eine Verhinderung im Sinne des § 616 BGB begründen. Entsprechend den vorherigen Ausführungen zu familiären Verhinderungen[377] ist somit insbesondere bei einmalig auftretenden religiösen Feierlichkeiten, wie der eigenen kirchlichen Hochzeit, aber auch Ereignisse von Familienangehörigen – wie der Erstkommunion oder der Konfirmation – eine Vergütungsfortzahlung anzuerkennen.[378]

Mit Blick auf die innere Pflicht gelten für Gewissenshindernisse die gleichen Grundsätze wie für Hindernisse durch den Glauben. Eine übliche Problemstellung in diesem Zusammenhang ist, ob auch eine Vergütungsfortzahlung zu gewähren ist, wenn die Dienstleistung als solche einen Gewissenskonflikt verursacht.[379] Da Gewissenskonflikte sich durch eine innere Verbindlichkeit auszeichnen, die nicht einfach überwunden werden kann, scheitert die praktische Relevanz der Vergütungsfortzahlung bei einem Gewissenskonflikt regelmäßig zumindest am Vorliegen eines verhältnismäßig nicht erheblichen Zeitraums. Allerdings kann dies ausnahmsweise dann nicht der Fall sein, wenn eine Anpassung der Tätigkeit durch die (Neu-)Ausübung des Direktionsrechts möglich ist und somit nur der Zeitraum bis zur Ausübung zu überbrücken ist. Von Teilen der Literatur wird für diesen Zeitraum eine Vergütungsfortzahlung bejaht, da auch hier das Leistungshindernis in der höchstpersönlichen Sphäre liege.[380] Allerdings unterscheidet sich der Konflikt von Gewissen und Arbeitspflicht von den sonstigen Konstellationen. Zwar resultiert auch hier das Leistungshindernis aus den persönlichen Umständen des Dienstverpflichteten, da die Gewissensüberzeugung der persönlichen Sphäre zuzuordnen ist. Allerdings folgt der Anlass für die innere Pflicht nicht aus den persönlichen Umständen, sondern wird durch das Dienstverhältnis selbst hervorgerufen. Maßgeblich sind nicht die Umstände der

---

377 Vgl.: C)II)2)a)cc), S. 111.

378 Säcker/Rixecker u. a./*Henssler,* MüKo zum BGB (Band 5), § 616 BGB, Rn. 45; Müller-Glöge/Preis u. a./*Preis/Greiner,* ErfK, § 616 BGB, Rn. 4; Kiel/Lunk/Oetker/*Tillmanns,* MHdB ArbR, § 77 Arbeitsverhinderung aus persönlichen Gründen, Rn. 23.

379 Säcker/Rixecker u. a./*Henssler,* MüKo zum BGB (Band 5), § 616 BGB, Rn. 55; Staudinger/*Oetker,* Kommentar zum BGB §§ 613a-619a BGB, § 616 BGB, Rn. 75.

380 Kiel/Lunk/Oetker/*Tillmanns,* MHdB ArbR, § 77 Arbeitsverhinderung aus persönlichen Gründen, Rn. 24.

Dienstleistung im generellen, sondern der konkrete Inhalt der Leistungspflicht im Einzelnen. Somit resultiert die Verhinderung nur mittelbar aus persönlichen Gründen und unmittelbar aus dem Dienstverhältnis. § 616 BGB zielt jedoch auf außerhalb der Tätigkeit liegende, generelle Hinderungsgründe ab, sodass dieser Fall keine Vergütungsfortzahlung auslöst.[381] Selbiges gilt natürlich auch, wenn der Dienstverpflichtete auf Grund einer Kollision der Dienstleistung mit seinen religiösen Überzeugungen – z. B. bei einem muslimischen Metzger, der ein Schwein schlachten soll – deren Erfüllung verweigert.

Somit ist im Regelfall nicht davon auszugehen, dass moralische Pflichten, die aus dem Glauben resultieren, einen in der Person liegenden Grund im Sinne des § 616 BGB darstellen können. Insbesondere ist die Anwendung des § 616 BGB auf religiöse Feiertage, die keine gesetzlichen Feiertage sind, abzulehnen. Die Anwendung des § 616 BGB auf moralische Pflichten, die aus Gewissenskonflikten resultieren, scheitert regelmäßig am Vorliegen einer nicht erheblichen Zeit. Auch wenn die Verhinderung nur kurz andauert, da der Dienstberechtigte von seinem Direktionsrecht Gebrauch macht und die geschuldete Dienstleistung so ändert, dass kein Konflikt mehr besteht, scheidet die Vergütungsfortzahlung nach § 616 BGB aus. Schließlich handelt es sich um ein Hindernis, das aus dem konkreten Inhalt der Leistungspflicht resultiert.

gg) Zwischenergebnis

Damit ein persönliches Leistungshindernis vorliegt, muss sich der Konflikt mit der Dienstleistungspflicht entweder aus den physischen Eigenschaften des Dienstverpflichteten oder aus dessen persönlichen Umständen ergeben. Die persönlichen Umstände führen nur dann zu einem persönlichen Leistungshindernis im Sinne des § 616 BGB, wenn eine moralische, sittliche oder rechtliche Pflicht vorliegt. Bei öffentlich-rechtlichen Pflichten bedarf es nicht nur einer Verpflichtung des Einzelnen, sondern zudem eines durch die Pflicht verwirklichten Interesses der Allgemeinheit. Andernfalls wäre bloß die allgemeine persönliche Lebensführung des Einzelnen betroffen, die von § 616 BGB gerade nicht erfasst ist.

Hingegen darf es sich nicht um bloße objektive Leistungshindernisse handeln, die eine Vielzahl von Personen betreffen, ohne dass an die konkreten Umstände des Einzelfalls – wie es beispielsweise bei Infektionsschutzmaßnahmen der Fall ist – angeknüpft wird. Liegt ein solches objektives Leistungshindernis grundsätz-

---

381 So auch: Säcker/Rixecker u. a./*Henssler*, MüKo zum BGB (Band 5), § 616 BGB, Rn. 56; Henssler/Willemsen/Kalb/*Krause*, HWK ArbR, § 616 BGB, Rn. 33; Staudinger/*Oetker*, Kommentar zum BGB §§ 613a-619a BGB, § 616 BGB, Rn. 75.

lich vor, kann nur dann ein subjektives, persönliches Leistungshindernis angenommen werden, wenn der einzelne Dienstverpflichtete in besonderem Maße betroffen ist und sich damit gegenüber den sonstigen Betroffenen hervorhebt.

Ebenso liegt kein persönliches Leistungshindernis vor, wenn es sich um regelmäßig wiederholende Verhinderungen handelt, da § 616 BGB der Kompensation gelegentlicher Verhinderungen dient. In diesen Fällen wird auch die Relevanz der Aufteilung zwischen der bloßen (unbezahlten) Freistellung nach § 275 Abs. 3 BGB und § 616 BGB deutlich. Unterliegt die regelmäßige Verhinderung dem Grundrechtsschutz – insbesondere auch im religiösen Bereich[382] – bedarf es, um diesem gerecht zu werden, der weiteren Auslegung des § 275 Abs. 3 BGB.

b) Spezialgesetzliche Regelungen

Insbesondere durch spezialgesetzliche Regelungen wird der Anwendungsbereich des § 616 BGB beschränkt. Dies betrifft allen voran den historisch wichtigsten Aspekt der krankheitsbedingten Arbeitsunfähigkeit sowie mittlerweile auch die Betreuung von Kindern. Zum einen stellt sich mit Blick auf diese spezialgesetzlichen Regelungen die Frage, inwiefern hierdurch der Anwendungsbereich des § 616 BGB tatsächlich beschränkt wird bzw. in welchen Situationen doch auf § 616 BGB zurückgegriffen werden muss. Zum anderen lassen sich möglicherweise Maßstäbe für die Auslegung des „verhältnismäßig unerheblichen Zeitraum" ziehen. Insofern ist auch eine entwicklungshistorische Betrachtung der spezialgesetzlichen Normen geboten.

aa) Entgeltfortzahlung im Krankheitsfall

Wie zuvor dargestellt,[383] unterfällt die Krankheit als physischer Grund, der „in der Person des Dienstberechtigten liegt", unstreitig grundsätzlich § 616 BGB. Insofern steht § 616 BGB in Konflikt zu § 3 EFZG sowie seinen früheren Vorgängernormen. Um festzulegen, in welchen Fällen bei einer vollständigen Abbedingung des § 616 BGB die Beschäftigten im Krankheitsfall keinen Anspruch auf Vergütungsfortzahlung hätten, muss zunächst der Anwendungsbereich des § 3 EFZG und damit auch der verbleibende Geltungsbereich des § 616 BGB im Krankheitsfall festgestellt werden.

---

382 Säcker/Rixecker u. a./*Henssler*, MüKo zum BGB (Band 5), § 616 BGB, Rn. 53; so selbst: Westermann/Grunewald/Maier-Riemer/*Riesenhuber*, Ermann BGB, § 616 BGB, Rn. 29.

383 Vgl.: C)II)2)a), S. 101.

Von besonderer Bedeutung sind dabei die Fälle, in denen die Zuordnung nicht trivial ist. Dies ist vor allem bei der Arbeitsverhinderung durch die krankheitsbedingte Wahrnehmung von Arztterminen der Fall. Beschränkt sich die Dauer lediglich auf einen Teil der täglichen Arbeitspflicht, stellt sich die Frage, ob die Entgeltfortzahlung nach § 3 EFZG eingreift oder sich die Vergütungsfortzahlung nicht doch aus § 616 BGB ergibt.

Die Entgeltfortzahlung im Krankheitsfall stützt sich heute einheitlich auf § 3 EFZG. Allerdings ist diese Norm erst im Jahr 1994 geschaffen worden. Zuvor bestanden eine Vielzahl von Normen nebeneinander, die alle den Zweck verfolgten, die Vergütungsfortzahlung im Krankheitsfall für verschiedene Beschäftigtengruppen zu regeln. Dabei gab es kleinere und auch größere Unterschiede zwischen den Normen, die sich zudem im Laufe der Zeit wandelten. Die hinter den Veränderungen stehenden Motive sowie die Auslegung der einzelnen Normen hatten dabei Einfluss auf die Entstehung des heutigen § 3 EFZG, sodass eine historische Betrachtung Hinweise auf den Anwendungsbereich der heutigen Regelung bieten kann. Aber auch das Verständnis des § 616 BGB – zumindest historisch – wurde auf Grund der Nähe zu diesen Vorschriften geprägt. Es ist daher lohnend, die Entwicklung und das Zusammenspiel zu betrachten, um so auch Anhaltspunkte für die Auslegung der einzelnen Tatbestandsmerkmale zu erhalten.

(1) Gesetzgeberische Motive

Mit Wirkung zum 01. Juni 1994 führte der Gesetzgeber das „Gesetz über die Zahlung des Arbeitsentgelts an Feiertagen und im Krankheitsfall" ein. Mit diesem Gesetz beabsichtigte er eine vollständige Neuregelung der Entgeltfortzahlung im Krankheitsfall.[384] Motiv dafür war insbesondere, die bislang bestehende Unterscheidung zwischen Arbeitern und Angestellten zu beseitigen,[385] die für verfassungswidrig erachtet wurde[386].

384 BT-Drs. 12/5263, S. 1.

385 BT-Drs. 12/5263, S. 1, 9.

386 Eine unterschiedliche Behandlung von Arbeitern und Angestellten nicht generell als verfassungswidrig erachtend: *BVerfG*, Beschluss vom 19.10.1971 – 1 BvR 387/65, Rn. 71, juris; *BVerfG*, Beschluss vom 30.05.1990 – 1 BvL 2/83, 1 BvL 9/84, 1 BvL 10/84, 1 BvL 3/85, 1 BvL 11/89, 1 BvL 12/89, 1 BvL 13/89, 1 BvL 4/90, 1 BvR 764/86, 1. Orientierungssatz, juris; wohl auch die Unterscheidung bei der Entgeltfortzahlung für verfassungswidrig erachtend: *LAG Hamm*, Vorlagebeschluss vom 16.04.1992 – 4 Sa 83/92, Rn. 51, juris; *Mayerhofer*, NZA 1993, 400 (403).

(2) Entwicklung der Entgeltfortzahlung im deutschen Recht

(a) § 616 Abs. 2, 3 BGB a. F.

Eine Grundlage für die Entgeltfortzahlung im Krankheitsfall stellte der § 616 Abs. 2 BGB a. F.[387] dar. Dabei knüpfte die Norm an den Grundtatbestand des § 616 Abs. 1 BGB und dessen Voraussetzungen an. Es wurde eine Fiktion[388] eingefügt, wonach im Krankheitsfall eine Dauer von bis zu sechs Wochen eine verhältnismäßig nicht erhebliche Zeit darstelle.

Damit wurde verdeutlicht, dass die Krankheit ein „in der Person liegender Grund" darstellte. Zugleich galten die weiteren Voraussetzungen fort. Insbesondere musste die Verhinderung ohne das Verschulden des Arbeitnehmers eintreten. Inwiefern das Tatbestandsmerkmal der „verhältnismäßig nicht erheblichen Zeit" unverändert fort galt, hängt davon ab, wie die „Verhältnismäßigkeit" zu bestimmen ist.

(aa) Gründe für die Schaffung des § 616 Abs. 2, 3 BGB a. F.

Während § 616 Abs. 1 BGB weiterhin für alle Dienstverpflichteten galt,[389] stellte der neu eingeführte § 616 Abs. 2 BGB eine Sonderregelung für Angestellte dar. Als Grund für die Einführung der Regelung wurde vorgetragen, dass sich herausgestellt habe, dass der unselbstständig Tätige einen anderen sozialen Schutz als der selbstständig Tätige benötige. Diese Unterscheidung sei zwar nicht im Gesetz vorgesehen gewesen, die Realität habe dies aber gefordert.[390]

---

387 § 616 Abs. 2 BGB lautete zuletzt in der Fassung vom 01.01.1992 wie folgt, wobei die seit dem 16.12.1930 erfolgten Änderungen für diese Arbeit unbeachtlich waren und größtenteils andere Sätze als die hier dargestellten betrafen: „(2) [1] Der Anspruch eines Angestellten auf Vergütung kann für den Krankheitsfall [...] nicht durch Vertrag ausgeschlossen oder beschränkt werden. [2] Hierbei gilt als verhältnismäßig nicht erheblich eine Zeit von sechs Wochen, wenn nicht durch Tarifvertrag eine andere Dauer bestimmt ist.".

388 So auch: Schaub/*Linck*, Arbeitsrecht-Handbuch, § 97 – Arbeitsverhinderung des Arbeitnehmers aus persönlichen Gründen, Rn. 15; Staudinger/*Oetker*, Kommentar zum BGB §§ 613a-619a BGB, § 616 BGB, Rn. 106.

389 Palandt/*Putzo*, BGB-Kommentar (1994), § 616 BGB, Rn. 1.

390 *Teichmann*, Neukonzeption des Werkvertragsrechts 1984, A1–A111 (A 18 f.).

Einen anderen Begründungsansatz vertritt u. a. das *BAG*. Demnach sei die Regelung zur Entlastung der Krankenversicherung[391] eingeführt worden.[392]

Der erste Begründungsansatz wirft die Frage auf, weshalb Arbeitern, die gleichermaßen wie Angestellte eine unselbstständige Tätigkeit erbringen, eine gleichartige Sicherung vorenthalten wurde. Auch deshalb erscheint der zweite Begründungsansatz historisch nachvollziehbarer. Bis zur Einführung des § 616 Abs. 2 BGB richtete sich die Vergütungsleistung im Krankheitsfall maßgeblich nach §§ 182, 183 RVO in Gestalt der Gewährung von Krankengeld durch die Krankenversicherungen. Durch die vollzogene Änderung des § 189 RVO, mit der eine Anrechnung des fortgezahlten Lohns auf das Krankengeld geregelt wurde,[393] sollten die Krankenversicherungen entlastet werden. Damit jedoch eine tatsächliche Entlastung eintreten konnte, mussten die Fortzahlungsregelung der Disposition der Parteien entzogen werden, die andernfalls sonst zu Lasten der Krankenversicherungen ausgeübt werden würden. Bei dieser Gelegenheit wurde zur Verhinderung von Rechtsstreitigkeiten der Zeitraum der Fortzahlung mit den bereits bestehenden Regelungen – § 63 HGB und § 133c GewO – auf sechs Wochen harmonisiert.[394] Hinter der Einführung der unabdingbaren Entgeltfortzahlung stand somit kein Gedanke, die Rechtsposition der Arbeitnehmer zu verbessern, sondern eine Entlastung der Krankenversicherungen – und demnach der heutigen gesetzliche Sozialversicherung.

(bb) Reichweite des Entgeltfortzahlungsanspruchs

Anders als spätere Regelungen knüpfte § 616 Abs. 2 BGB – aber auch § 63 HGB und § 133c GewO – nicht an die Arbeitsunfähigkeit an, sondern allein an die „Verhinderung auf Grund von Krankheit". Durch diesen Wortlaut ließ sich vertreten, dass auch Arztbesuche und sonstige in Zusammenhang mit einer Krankheit stehende Verhinderungen, die aber nicht zur Arbeitsunfähigkeit führten, von der Regelung erfasst seien.[395] Dies hätte dazu geführt, dass der Anspruch zwar auf der einen Seite nicht abdingbar gewesen wäre, aber auch die Fortzahlung in Fällen von Arztbesuchen der Beschränkung der maximalen Dauer unterfallen wäre. Dieses

391 Wenn „Krankenversicherung(en)" erwähnt wird, ist die gesetzliche Krankenversicherung gemeint, sofern sich aus dem Kontext nichts anderes ergibt.

392 *BAG*, Beschluss vom 18.12.1959 – GS 8/58, Rn. 37 ff., juris; *BAG*, Urteil vom 28.11.1963 – 2 AZR 117/63, S. 124; *Meisel*, Anmerkung zu AP HGB § 63 Nr. 45; so auch: *Koppenfels*, NZS 2002, 241 (242).

393 *Breithaupt*, Reichsversicherung, S. 145 ff.

394 *BAG*, Beschluss vom 18.12.1959 – GS 8/58, Rn. 37 ff., juris.

395 *H. Kaiser/Dunkl*, Entgeltfortzahlung, S. 270, Rn. 65.

Problem wurde in der Praxis umgangen, indem das *BAG* einen „arbeitsrechtlichen Krankheitsbegriff" vertrat, bei dem Arbeitsunfähigkeit und Krankheit nicht getrennt betrachtet, sondern vermengt wurden. Demnach liege erst dann eine „Krankheit" im Sinne des Gesetzes vor, wenn sie zur Arbeitsunfähigkeit führe.[396] Auch wenn dieses Begriffsverständnis nicht dem Wortlaut zu entnehmen war, so überzeugt es jedoch in der daraus resultierenden Folge. Es vermag gerade nicht zu überzeugen, auf Arztbesuche auf Grund einer Erkrankung die Grundsätze der Fortsetzungserkrankung und Einheit des Verhinderungsfalls anzuwenden. Entsprechend sollten Arzttermine dem § 616 Abs. 1 BGB zugeordnet sein.

(b) § 63 HGB und § 133c GewO

Bereits vor der Einführung des § 616 Abs. 2 BGB gab es besondere Entgeltfortzahlungsregeln für bestimmte Beschäftigtengruppen. Die Ursprungsfassung des HGB enthielt mit § 63 HGB[397] eine solche Regelung, die zum 01. Januar 1900 in Kraft getreten war.[398] Auch § 133 c GewO[399] war bereits vor dem § 616 Abs. 2 BGB,

---

396 *BAG*, Urteil vom 25.10.1973 – 5 AZR 141/73, Rn. 16, juris; Palandt/*Putzo*, BGB-Kommentar (1994), § 616 BGB, Rn. 13.

397 § 63 HGB in der Fassung vom 01.01.1898 lautete: „(1) Wird der Handlungsgehilfe durch unverschuldetes Unglück an der Leistung der Dienste verhindert, so behält er seinen Anspruch auf Gehalt und Unterhalt, jedoch nicht über die Dauer von sechs Wochen hinaus. (2) [1] [1]Der Handlungsgehilfe ist nicht verpflichtet, sich den Betrag anrechnen zu lassen, der ihm für die Zeit der Verhinderung aus einer Kranken- oder Unfallversicherung zukommt. [2]Eine Vereinbarung, welche dieser Vorschrift zuwiderläuft, ist nichtig.".

398 RGBl. 1897, S. 232.

399 § 133c GewO normierte nicht unmittelbar einen Anspruch auf Fortzahlung der Vergütung im Krankheitsfall. Vielmehr wurde geregelt, dass, im Fall einer auf Grund von Krankheit erfolgten Kündigung, der Arbeitgeber für die Dauer von sechs Wochen zur Fortzahlung der Vergütung verpflichtet blieb, wenn der Verpflichtete durch ein unverschuldetes Unglück an der Verrichtung der Dienste verhindert war. Aus dieser Regelung schloss jedoch die herrschende Meinung, dass im Sinne des *argumentum a fortiori* der Berechtigte auch bei Fortbestehen des Dienstverhältnisses zur Leistung verpflichtet blieb. Vgl. m. w. N.: *BAG*, Urteil vom 24.02.1961 – 1 AZR 165/59, Rn. 15, juris; § 133c GewO in der Fassung vom 01.04.1982 lautete wie folgt: „(1) Gegenüber den im § 133a bezeichneten Personen kann die Aufhebung des Dienstverhältnisses insbesondere verlangt werden: […] 4. wenn sie durch anhaltende Krankheit oder durch eine längere Freiheitsstrafe oder Abwesenheit an der Verrichtung ihrer Dienste verhindert werden; […] (2) [1]In dem Falle zu 4 bleibt der Anspruch auf die vertragsmäßigen Leistungen des Arbeitgebers für die Dauer von sechs Wochen in Kraft, wenn die Verrichtung der Dienste durch unverschuldetes

wenn auch nicht bereits mit Einführung der Gewerbeordnung, zum 01. April 1892 in Kraft getreten.[400] Auf Grund der systematischen Einordnung war § 63 HGB für Handlungsgehilfen anwendbar[401]; der persönliche Anwendungsbereich des § 133c GewO erstreckte sich auf technische Angestellte[402].[403]

Die Auslegung der Normen durch das *BAG* war durch eine zugleich soziale als auch wirtschaftliche Betrachtungsweise geprägt. Auch für diese Normen seien die Motive des Gesetzgebers die Fürsorgepflicht des Dienstberechtigten gewesen.[404] Nach Auffassungen in der Literatur sei es gar die soziale Aufgabe des Arbeitgebers gewesen, für die Erhaltung der Arbeitskraft „angemessen zu sorgen".[405] Diese soziale Komponente allein stellte jedoch nicht die Begründung für den damals sehr weit verstandenen Anwendungsbereich[406] der Norm dar. Er lasse sich jedoch mit dem eigenen wirtschaftlichen Interesse des Dienstberechtigten begründen. Auch

---

Unglück verhindert worden ist. [2]Jedoch mindern sich die Ansprüche in diesem Falle um denjenigen Betrag, welcher dem Berechtigten aus einer auf Grund gesetzlicher Verpflichtung bestehenden Krankenversicherung oder Unfallversicherung zukommt.".

400 RGBl. 1891, S. 277, 289.

401 *BGH*, Urteil vom 30.11.1978 – III ZR 43/77, Rn. 19, juris; Bandasch/*Etzel*, GK-HGB, § 63 HGB, Rn. 1; Baumbach/Duden/Hopt/*Hopt*, HGB-Kommentar (1989), § 63 HGB, Anm. 1.

402 *BGH*, Urteil vom 30.11.1978 – III ZR 43/77, Rn. 19, juris; Bandasch/*Etzel*, GK-HGB, § 63 HGB, Rn. 1; Sieg/Leifermann/Tettinger/*Tettinger*, GewO, § 133c GewO.

403 Für beide Normen war der persönliche Anwendungsbereich umstritten. Da es sich jedoch um Normen handelt, die zwischenzeitlich außer Kraft getreten sind und es für die theoretische Betrachtung nur auf den materiellen Regelungsgehalt der Entgeltfortzahlung ankommt – indes war der persönliche Anwendungsbereich für die praktische Anwendung der Norm essentiell – kann an dieser Stelle der Streit übergangen und der persönliche Anwendungsbereich grob umrissen werden.

404 *BAG*, Urteil vom 30.05.1958 – 2 AZR 451/55, Rn. 13, juris; *BAG*, Urteil vom 22.06.1961 – 5 AZR 236/60, Rn. 6, juris; so auch: Baumbach/Duden/Hopt/*Hopt*, HGB-Kommentar (1989), § 59 HGB, Anm. 7 A.

405 Baumbach/Duden/Hopt/*Hopt*, HGB-Kommentar (1989), § 59 HGB, Anm. 7 A.

406 Es genügte bereits jegliches „dem Arbeitnehmer ungünstiges Ereignis […], das den davon Betroffenen wider seinen Willen belastet und nach den Anschauungen des Verkehrs als Nachteil empfunden werden", vgl.: *BAG*, Urteil vom 24.02.1961 – 1 AZR 165/59, Rn. 20, juris; So erfasste die Norm neben der Arbeitsverhinderung auf Grund von Krankheit auch noch weitere Verhinderungsfälle, bei denen keine Arbeitsunfähigkeit vorliegen musste, vgl.: *BAG*, Urteil vom 17.11.1960 – 2 AZR 97/59, Rn. 7, juris; *BAG*, Urteil vom 17.03.1961 – 1 AZR 288/59, Rn. 12, juris; *Hessel/Marienhagen*, Krankheit im Arbeitsrecht, S. 18.

dieser und nicht nur der Dienstverpflichtete selbst habe ein erhebliches Interesse an der Erhaltung der Arbeitskraft und -fähigkeit des Dienstverpflichteten, was sich in der großzügigen Gewährung von bezahlter Freistellung jedenfalls im Fall von Erkrankungen ohne Arbeitsunfähigkeit widerzuspiegeln habe.[407] Dies bedeutet aber zugleich, dass eine eher einschränkende Auslegung geboten war, wenn die zur Verhinderung führende Erkrankung in keinem Zusammenhang mit der Fähigkeit zur Arbeitsleistung stand.[408]

(c) Lohnfortzahlungsgesetz

Mit der Einführung des LohnFG erhielten auch Arbeiter vom Arbeitgeber Lohnfortzahlung für sechs Wochen. Gegenüber der vorherigen Regelung, nach der der Arbeitgeber für Arbeiter lediglich die Differenz zwischen dem von den Krankenversicherungen gezahlten Krankengeld und dem Nettoarbeitsentgelt zu leisten hatte[409], ging hierdurch für den Arbeitgeber eine erhebliche zusätzliche Belastung einher. Dass dies für Kleinbetriebe und mittelständische Betriebe in erheblichem Maße galt, wurde vom Gesetzgeber erkannt.[410] Aus diesem Grund wurde ein Ausgleichssystem vorgesehen. Dessen Erfordernis stellte einen Konsens der im Bundestag vertretenen Parteien dar.[411] Als Vorteil der Ausgleichsregelung wurde auch die Kalkulierbarkeit der durch die Entgeltfortzahlung entstehenden Verpflichtung angeführt.[412] Damit wurde das ursprüngliche Ziel einer Vergütungsfortzahlung durch den Arbeitgeber – die Entlastung der Krankenversicherungen[413] – auch im Bereich der Arbeiterschaft realisiert, für die zunächst keine Änderung erfolgt war. Somit wurde ein einheitliches System geschaffen.

(d) Zwischenergebnis

Die Entwicklung der Entgeltfortzahlung im Krankheitsfall durch den Arbeitgeber ist geprägt durch das Ziel der Entlastung der Krankenversicherungen. Hierin lag

---

407 *BAG*, Urteil vom 17.03.1961 – 1 AZR 288/59, Rn. 18, juris; wohl auch: *BAG*, Urteil vom 28.11.1963 – 2 AZR 117/63, S. 123.

408 So auch das *BAG* im Grundsatz, ohne jedoch eine derartige Einzelfallentscheidung zu treffen: *BAG*, Urteil vom 17.03.1961 – 1 AZR 288/59, Rn. 19, juris.

409 Vgl.: § 1 Abs. 1 ArbKrankhG.

410 BT-Drs. 4/817, S. 7 f.

411 Dies wird durch den Entschließungsantrag der SPD-Fraktion aus der vorhergehenden Legislaturperiode deutlich, in dem auch ein Ausgleichsprinzip gefordert wurde, vgl.: BT-Drs. 2/1704.

412 BT-Drs. 4/817, S. 13.

413 So auch: *Heckelmann*, SAE 1977, 257 (262).

auch das ursprüngliche Motiv, die Entgeltfortzahlung durch den Arbeitgeber für unabdingbar zu erklären. Insofern verlagerte der Gesetzgeber die wirtschaftliche Belastung auf ihn.

Allerdings blieben wirtschaftliche Erwägungen nicht vollständig außer Betracht. Das *BAG* sah auch auf Seiten der Arbeitgeber wirtschaftliche Vorteile darin, § 616 BGB großzügig zu Gunsten des Arbeitnehmers anzuwenden, da so seine Leistungsfähigkeit erhalten bliebe. Der Gesetzgeber sah aber auch negative wirtschaftliche Folgen und berücksichtigte diese bei der Schaffung eines Ausgleichsmechanismus für die finanziellen Folgen der Vergütungsfortzahlung im LohnFG.

(3) Persönlicher Anwendungsbereich des § 3 EFZG

§ 1 Abs. 2 EFZG stellt seit seiner Einführung klar, dass die Regelungen sowohl für Arbeiter als auch für Angestellte[414] sowie für zu ihrer Berufsbildung Beschäftigte gelten. Mangels europarechtlicher Grundlage kann der nationale, allgemeine Arbeitnehmerbegriff verwandt werden,[415] sodass beispielsweise GmbH-Geschäftsführer nicht erfasst sind.[416] Ebenso nicht erfasst sind freie Mitarbeiter.[417] Somit ist festzuhalten, dass das EFZG in seinem persönlichen Anwendungsbereich dem Schutz von persönlich abhängig Beschäftigten dient.[418] Andere Beschäftigtengruppen hingegen sind bei jeglicher krankheitsbedingter Arbeitsverhinderung auf § 616 BGB angewiesen.

---

414 Wobei die Unterscheidung zwischen Arbeitern und Angestellten heute faktisch entfallen ist, vgl. hierzu nur: *Hromadka*, RdA 2015, 65 (75).

415 *Commandeur/Kleinebrink*, NZA-RR ArbR 2017, 449 (461); Säcker/Rixecker u. a./*Müller-Glöge*, MüKo zum BGB (Band 5), § 1 EFZG, Rn. 5; Müller-Glöge/Preis u. a./*Reinhard*, ErfK, § 1 EFZG, Rn. 2; Rolfs/Giesen u. a./*Ricken*, BeckOK ArbR, § 1 EFZG, Rn. 1.

416 So auch: *Freyler*, SPA 2022, 85 (87); Breyer/Najdecki/*Sitzenfrei*, BeckFormB GmbHR, G.VI. – Anstellungs- und Versorgungsvertrag für einen Geschäftsführer, S. 624 Anm. 12; i. E. auch: Schaub/Koch/*Koch*, Arbeitsrecht A-Z, Entgeltfortzahlung im Krankheitsfall, I.; *Schaub*, WiB 1994, 637 (637); Fuhrmann/Wälzholz/*Wälzholz*, FormB GesR, Kapitel 16 – Der Geschäftsführer, Muster M 16.4, Rn. 19.

417 Müller-Glöge/Preis u. a./*Reinhard*, ErfK, § 1 EFZG, Rn. 2.

418 Zur zentralen Bedeutung der persönlichen Abhängigkeit als Wesensmerkmalen eines Arbeitsverhältnisses: Müller-Glöge/Preis u. a./*Preis*, ErfK, § 611a BGB, Rn. 33.

(4) Sachlicher Anwendungsbereich des § 3 EFZG

Damit eine Abgrenzung des Anwendungsbereichs des EFZG – insbesondere mit Blick auf die Zuordnung des krankheitsbedingten, untertägigen Arztbesuchs – von dem des § 616 BGB möglich ist, müssen zunächst die Tatbestandsmerkmale – insbesondere *Krankheit* und *Arbeitsunfähigkeit* – definiert und umschrieben werden.

(a) Krankheit

Damit ein Anspruch aus dem EFZG besteht, muss zunächst eine Krankheit vorliegen. Das Gesetz hält hierfür – wie auch bereits die Vorgängerregelungen – keine Definition bereit. Vielmehr muss – wie auch zuvor[419] – auf den medizinischen Sinn zurückgegriffen werden, sodass bereits der bloße „regelwidrige Körper- oder Gesundheitszustand“ genügt.[420] Somit stellen sowohl objektiv feststellbare, aber auch subjektive Empfindungen, die zumindest objektiv nachvollziehbar und plausibel darstellbar sein müssen,[421] eine Krankheit dar. Es bedarf lediglich einer Regelwidrigkeit,[422] also einer negativen Abweichung von einem üblichen Befinden bzw. Zustand.[423] Dabei sind jedoch natürliche Körper- und Befindensveränderungen außer Acht zu lassen.[424]

Ein anderes Verständnis des Begriffs der Krankheit herrschte noch in der RVO. Hier war gerade nicht der medizinische Begriff der Krankheit maßgeblich, sondern der Begriff wurde enger verstanden. Die Krankheit erforderte zur Gewährung von Krankenhilfe –Krankengeld zählte hierzu – nach § 182 RVO entweder die Notwendigkeit von Krankenpflege oder Arbeitsunfähigkeit. War beides nicht gegeben, bestand kein Anspruch auf Krankengeld, auch wenn eine Krankheit nach dem medizinischen Begriff bestand.[425] Eine klare Trennung zwischen Krankheit und Arbeitsunfähigkeit erfolgte mithin auch damals nicht.

---

419 Brecht/*Brecht*, Entgeltfortzahlung, § 3 EFZG, Rn. 9; *Feichtinger*, Lohn- und Gehaltsfortzahlung, S. 33; *Jäger*, Krankheit des Arbeitnehmers, S. 12.

420 Säcker/Rixecker u. a./*Müller-Glöge*, MüKo zum BGB (Band 5), § 3 EFZG, Rn. 4; Müller-Glöge/Preis u. a./*Reinhard*, ErfK, § 3 EFZG, Rn. 5; Henssler/Willemsen/Kalb/*Vogelsang*, HWK ArbR, § 3 EFZG, Rn. 34.

421 So auch: *Stückmann*, NZS 1994, 529 (531).

422 *BAG*, Urteil vom 26.10.2016 – 5 AZR 167/16, Rn. 14, juris; Rolfs/Giesen u. a./*Ricken*, BeckOK ArbR, § 3 EFZG, Rn. 10.

423 So i. E. auch: *Marburger*, BB 1994, 1417 (1418 f.).

424 *BAG*, Urteil vom 14.11.1984 – 5 AZR 394/82, Rn. 14, juris.

425 *Breithaupt*, Reichsversicherung, S. 113.

Wohl basierend auf der – zuvor dargestellten[426]– „Gleichsetzung" von Krankheit und Arbeitsunfähigkeit, wird von *Reinecke* eine Übertragung der sozialrechtlichen Rechtsprechung zur Krankheit ins Arbeitsrecht angeregt.[427] Allerdings wird dabei verkannt, dass die Definition des Krankheitsbegriffs durch das *BSG* die Arbeitsunfähigkeit umfasst. „Krankheit ist ein regelwidriger Körper- oder Geisteszustand, der ärztlicher Behandlung bedarf oder bzw. und zur Arbeitsunfähigkeit führt."[428] Die Krankheit im sozialrechtlichen Sinne erfordert somit die Arbeitsunfähigkeit. Diese Verknüpfung der beiden Begriffe wollte der Gesetzgeber ausweislich der ausdrücklichen Trennung aber bereits mit dem LohnFG aufheben und hat dies mit dem Entgeltfortzahlungsgesetz fortgesetzt. Die Arbeitsunfähigkeit muss demnach gerade auf der Krankheit basieren, was im Widerspruch dazu steht, die Arbeitsunfähigkeit als Voraussetzung für das Vorliegen einer Krankheit zu sehen.

Aus dem ausdrücklichen Nebeneinander von Krankheit und Arbeitsunfähigkeit im EFZG ergibt sich, dass eine Verknüpfung von Krankheit und Arbeitsunfähigkeit zu zirkelschlüssigen Ergebnissen führt und damit weder eine Übertragung der sozialrechtlichen Erwägungen noch eine Beibehaltung des Verständnisses aus der RVO in Betracht kommt. Stattdessen bleibt für das Ausfüllen des Begriffs der Krankheit allein das medizinische Verständnis maßgeblich.

Dieser Auffassung steht auch nicht entgegen, dass die Arbeitsunfähigkeit gegenüber dem Arbeitgeber und der gesetzlichen Sozialversicherung in einer Erklärung bescheinigt wird.[429] Denn gegenüber der gesetzlichen Sozialversicherung wird die Krankheit, die die Arbeitsunfähigkeit per definitionem umfasst, und gegenüber dem Arbeitgeber die Arbeitsunfähigkeit und nicht nur die Krankheit bescheinigt.

(b) Arbeitsunfähigkeit

Im EFZG stellt nicht die Krankheit, sondern erst die auf der Krankheit beruhende Arbeitsunfähigkeit die zentrale Voraussetzung der Entgeltfortzahlung dar. Denn hierbei handelt es sich um die eigentliche, festzustellende Voraussetzung.[430] Inso-

---

426 Neben der RVO auch durch das *BAG*: vgl.: C)II)2)b)aa)(2)(a)(bb), S. 125.

427 *Reinecke*, DB 1998, 130 (130).

428 *BSG*, Urteil vom 28.10.1960 – 3 RK 29/59, Rn. 15, juris; *BSG*, Urteil vom 20.10.1972 – 3 RK 93/71, Rn. 19, juris; *BSG*, Urteil vom 10.02.1993 – 1 RK 14/92, Rn. 16, juris.

429 So das *BAG* für eine gleiche Auslegung des Begriffs der Arbeitsunfähigkeit im Fortzahlungs- und Sozialversicherungsrecht: *BAG*, Urteil vom 14.01.1972 – 5 AZR 264/71, Rn. 10, juris.

430 So auch: Küfner-Schmitt/Schmitt/*Schmitt*, EFZG, § 3 EFZG, Rn. 44; *Reinecke*, DB 1998, 130 (132); *Stückmann*, NZS 1994, 529 (531).

fern ist auch unbedingt zwischen der Krankheit und der Arbeitsunfähigkeit zu unterscheiden, was teilweise durch die Einführung des arbeitsrechtlichen Begriffs[431] der Krankheit missachtet wurde[432].[433] Liegt eine Krankheit vor, ist der Arbeitnehmer aber dennoch zur Erbringung der geschuldeten Arbeitsleistung in der Lage, so ist keine Arbeitsunfähigkeit gegeben. Demensprechend hat die Bewertung der Arbeitsfähigkeit stets subjektiv zu erfolgen.[434] Dieselbe Erkrankung muss bei unterschiedlichen Tätigkeiten nicht zwingend gleichermaßen zur Arbeitsunfähigkeit führen.[435] Insofern handelt es sich stets um eine Einzelfallbetrachtung, die primär der begutachtende Arzt bei der Ausstellung der Arbeitsunfähigkeitsbescheinigung vornimmt. Dementsprechend muss er Kenntnis von der konkreten Tätigkeit des Arbeitnehmers haben.[436] Deshalb wird zum Teil auch die Angabe des genauen Arbeitsplatzes oder der Tätigkeit auf der Arbeitsunfähigkeitsbescheinigung begrüßt, um so die Ärzte zu einer genaueren Prüfung der Arbeitsunfähigkeit und nicht nur der Krankheit zu veranlassen.[437]

(aa) Arbeitsunfähigkeit als bloße Arbeitsverhinderung

Fraglich ist, ob für das Vorliegen von Arbeitsunfähigkeit eine unmittelbare Verhinderung durch die Krankheit vorliegen muss oder eine allgemeine Arbeitsverhinderung genügt. Hiervon hängt ab, ob die allgemeine Arbeitsverhinderung infolge von Krankheit dem Entgeltfortzahlungsgesetz mit der Folge der Unabdingbarkeit unterfällt oder dem abdingbaren § 616 BGB zuzuordnen ist. Diese Frage stellt sich insbesondere dann, wenn der Arbeitnehmer auf Grund einer Krankheit, die als solche nicht unmittelbar zur Nicht-Erbringbarkeit der geschul-

---

431 So beispielsweise *BAG*, Urteil vom 25.06.1981 – 6 AZR 940/78, Rn. 42, juris; *BAG*, Urteil vom 29.01.1992 – 5 AZR 37/91, 16, juris; *Brecht*, Lohnfortzahlung (1970), S. 30, wobei im Ergebnis mit dem Begriff der arbeitsrechtlichen Krankheit wohl lediglich die Arbeitsunfähigkeit gemeint war.

432 *Lepke*, NZA-RR ArbR 1999, 57 (58); so auch bereits für das Lohnfortzahlungsgesetz: *H. Kaiser/Dunkl*, Entgeltfortzahlung, S. 65.

433 Vgl. zuvor zu § 616 Abs. 2 BGB: C)II)2)b)aa)(2)(a), S. 124.

434 *BAG*, Urteil vom 25.10.1973 – 5 AZR 141/73, Rn. 16, juris; *BAG*, Urteil vom 25.06.1981 – 6 AZR 940/78, Rn. 42, juris; Kaiser/Dunkl u. a./*Dunkl*, EFZG, § 3 EFZG, Rn. 42; *Reinecke*, DB 1998, 130 (132); Küfner-Schmitt/Schmitt/*Schmitt*, EFZG, § 3 EFZG, Rn. 70; *Stückmann*, NZS 1994, 529 (530).

435 Exemplarisch darstellend: *Stückmann*, NZS 1994, 529 (530).

436 So implizit vorausgesetzt, wenn auch nicht ausdrücklich gefordert: *Hunold*, BB 1989, 845 (845 f.); Müller-Glöge/Preis u. a./*Reinhard*, ErfK, § 3 EFZG, Rn. 11; *Stückmann*, NZS 1994, 529 (532).

437 *Reinecke*, DB 1998, 130 (132 f.).

deten Arbeitsleistung führt, allerdings auf Grund eines weiteren, hinzutretenden Umstands, an deren Erbringung gehindert ist. Ein Beispiel hierfür ist die Wahrnehmung eines Arzttermins.

Hierzu wird vertreten, dass der Begriff der Arbeitsunfähigkeit weit auszulegen und als allgemeine Arbeitsverhinderung zu verstehen sei.[438] Dafür spreche ein historisches Argument. § 616 Abs. 2 BGB habe zunächst die bloße Arbeitsverhinderung vorausgesetzt. U. a. im LohnFG sei hingegen von *Arbeitsunfähigkeit* die Rede gewesen. Auf Grund der beabsichtigten Gleichbehandlung sei somit die Arbeitsunfähigkeit umfangreicher, nämlich als Arbeitsverhinderung auszulegen gewesen.[439]

Nach anderer Auffassung wird aus dem Wortlaut der Norm eine Differenzierung zwischen Arbeitsunfähigkeit und Arbeitsverhinderung gefolgert.[440] Dabei sei die Arbeitsverhinderung die Folge der Arbeitsunfähigkeit.[441] So setze der Wortlaut voraus, dass die Verhinderung an der Arbeitsleistung „durch" die Arbeitsunfähigkeit eingetreten ist. Das Gesetz unterscheide mithin zwischen der Verhinderung als solcher und der Arbeitsunfähigkeit und stellte erstere als Voraussetzung für die Arbeitsverhinderung dar.[442]

Dieses Verständnis erscheint auch auf den ersten Blick notwendig, da der Arzt praktisch gesehen eine Bescheinigung über die Arbeitsunfähigkeit ausstellt und keine Bescheinigung über die Verhinderung an der Arbeitsleistung. Allerdings nimmt der Arzt eine Verknüpfung zwischen Krankheit und Arbeitsverhinderung – der Nicht-Erbringbarkeit der Arbeitsleistung – vor. Ist nämlich lediglich eine Krankheit gegeben, die keinen Einfluss auf die Erbringbarkeit der Arbeitsleistung hat, wäre auch keine Arbeitsunfähigkeit gegeben, selbst wenn der Arbeitnehmer, beispielsweise auf Grund seines subjektiv fehlenden Wohlbefindens vorgibt, an der Arbeit gehindert zu sein.[443]

Somit erfordert die Arbeitsunfähigkeit das Vorliegen einer Arbeitsverhinderung. Darauf, dass auch das *BAG* hiervon ausgeht, deuten die Formulierungen

---

438 So zum LohnFG: *Thome*, Lohnfortzahlung bei Arbeitsverhinderung, S. 62 f.

439 *Thome*, Lohnfortzahlung bei Arbeitsverhinderung, S. 59 f.

440 Staudinger/*Oetker*, Kommentar zum BGB §§ 613a-619a BGB, § 616 BGB, Rn. 227.

441 Säcker/Rixecker u. a./*Müller-Glöge*, MüKo zum BGB (Band 5), § 3 EFZG, Rn. 6; Müller-Glöge/Preis u. a./*Reinhard*, ErfK, § 3 EFZG, Rn. 9.

442 Staudinger/*Oetker*, Kommentar zum BGB §§ 613a-619a BGB, § 616 BGB, Rn. 227; Müller-Glöge/Preis u. a./*Reinhard*, ErfK, § 3 EFZG, Rn. 9.

443 *BAG*, Urteil vom 26.07.1989 – 5 AZR 301/88, Rn. 16 f., juris; Müller-Glöge/Preis u. a./*Reinhard*, ErfK, § 3 EFZG, Rn. 9; Rolfs/Giesen u. a./*Ricken*, BeckOK ArbR, § 3 EFZG, Rn. 15; wohl auch: *Wank*, Lohnanspruch, S. 71.

in den Entscheidungen hin, ohne dass es die Verhinderung konkret als Voraussetzung benennt.[444]

Allerdings kann eine Arbeitsverhinderung auch dann vorliegen, wenn keine Arbeitsunfähigkeit als solche, also eine unmittelbar aus der Krankheit folgende Unmöglichkeit der Leistungserbringung gegeben ist.[445] Wird der Arbeitnehmer operiert oder befindet er sich in einem stationären Krankenhausaufenthalt, ist er an der Arbeitsleistung gehindert. Dabei ist zunächst für das Vorliegen der Verhinderung unerheblich, ob diese Behandlung krankheitsbedingt ist. Entweder kann sich der Arbeitnehmer freiwillig – gemeint ist hier ohne medizinische Indikation – in die Behandlung begeben haben oder auf Grund einer behandlungsbedürftigen Erkrankung, die als solche nicht zur Unmöglichkeit der Erbringung der Arbeitsleistung führt. Ein Anspruch auf Entgeltfortzahlung nach dem EFZG würde jedoch eine Verbindung zwischen Arbeitsverhinderung und Krankheit erfordern. An dieser Konstellation zeigt sich die Relevanz der zuvor aufgeworfenen Frage: Genügt es, wenn die Arbeitsverhinderung nicht unmittelbar aus der Krankheit folgt, sondern erst ein Entschluss des Arbeitnehmers zur konkreten Verhinderung führt?

Soll dem Gesetzeszweck, der sozialen Absicherung des Arbeitnehmers im Krankheitsfall und damit auch während krankheitsbedingter Behandlungen entsprochen werden,[446] muss auch die nicht unmittelbare Verknüpfung von

---

444 So stellt das *BAG* fest, dass „Krankheit die auslösende Ursache für die Verhinderung [sein muss]", vgl.: *BAG*, Urteil vom 14.01.1972 – 5 AZR 264/71, Rn. 11, juris; in zwei anderen Urteilen führt es aus: „Arbeitsunfähig infolge Krankheit ist der Arbeiter erst dann, wenn ein Krankheitsgeschehen ihn außer Stand setzt, die ihm nach dem Arbeitsvertrag obliegende Arbeit zu verrichten", vgl.: *BAG*, Urteil vom 09.01.1985 – 5 AZR 415/82, Rn. 18, juris; *BAG*, Urteil vom 26.07.1989 – 5 AZR 301/88, Rn. 17, juris; ähnlich: Knorr/Krasney/*Knorr/Krasney*, Entgeltfortzahlung, § 3 Entgeltfortzahlungsgesetz, Rn. 23a.

445 So auch: *Stückmann*, NZS 1994, 529 (531).

446 Für einen Anspruch aus dem EFZG, wenn durch eine notwendige medizinische Behandlung erst die Verhinderung an der Arbeitsleistung eintritt, spricht sich das *BAG* teilweise aus: *BAG*, Urteil vom 14.01.1972 – 5 AZR 264/71, Rn. 11, juris; ebenso: Knorr/Krasney/*Knorr/Krasney*, Entgeltfortzahlung, § 3 Entgeltfortzahlungsgesetz, Rn. 24; *Reinecke*, DB 1998, 130 (132); Kiel/Lunk/Oetker/*Schlachter*, MHdB ArbR (2009), § 73 Anspruchsvoraussetzungen, Rn. 48; *Viethen*, EFZG, S. 18; andererseits hat es das Vorliegen von Arbeitsunfähigkeit bei verschiebbaren Behandlungsterminen abgelehnt: *BAG*, Urteil vom 29.02.1984 – 5 AZR 455/81, Rn. 15, juris; *BAG*, Urteil vom 26.07.1989 – 5 AZR 301/88, Rn. 21 f., juris; ebenso a. A. wonach nicht zwischen der Dauer differenziert wird und generell bei ambulanten Behandlun-

einer bloßen allgemeinen Arbeitsverhinderung und einer Krankheit genügen. Auch wenn sich der Arbeitnehmer, bei dem die Erkrankung selbst vorliegt,[447] erst in Behandlung begeben muss, um die Arbeitsverhinderung herbeizuführen, so ist diese krankheitsbedingt und erfolgt nicht auf Grund eines freiwilligen Entschlusses. Müsste er zwischen der Behandlung ohne Fortzahlung der Vergütung und der weiteren Erbringung der Arbeitsleistung, um die Vergütung zu erhalten, abwägen, so bestünde die Gefahr einer nachhaltigen Beeinträchtigung der Gesundheit. Dementgegen stellen Arbeitsverhinderungen, die durch nicht medizinisch indizierte Behandlungen – z. B. Schönheitsoperationen – und somit nicht krankheitsbedingt sind, keine Arbeitsunfähigkeit dar und begründen keinen Anspruch auf Entgeltfortzahlung.[448] Wird durch solche Behandlungen eine Krankheit hervorgerufen, die ihrerseits zur Arbeitsverhinderung führt, ist wiederum Arbeitsunfähigkeit gegeben. Dabei stellt sich dann jedoch die Frage des Verschuldens. Es ist also der Kausalzusammenhang zwischen Krankheit und Erforderlichkeit der Behandlung entscheidend, die zur Arbeitsunfähigkeit (oder genauer: zur Arbeitsverhinderung) führt.[449]

An diesem Beispiel zeigt sich, dass der Wortlaut des § 3 EFZG missverständlich – wenn nicht gar falsch – ist. Die Arbeitsverhinderung ist nicht die Folge der Arbeitsunfähigkeit, sondern ihre Voraussetzung.[450] Allenfalls kann die Arbeitsunfähigkeit die Voraussetzung für eine „Arbeitsverhinderung im Sinne des § 3 EFZG" sein. Eines solchen, gesetzesspezifischen Verständnisses bedarf es allerdings nicht, stellt doch die Arbeitsunfähigkeit bereits das wesentliche Merkmal dar, das zur Anspruchsbegründung führt. Der Wortlaut der Norm ist stattdessen dahingehend zu verstehen, dass die Krankheit der einzige Grund für die Arbeits-

---

gen bereits eine Arbeitsunfähigkeit vorgelegen haben muss: Säcker/Rixecker u. a./*Müller-Glöge*, MüKo zum BGB (Band 5), § 3 EFZG, Rn. 12; Müller-Glöge/Preis u. a./*Reinhard*, ErfK, § 3 EFZG, Rn. 10; kritisch: Kiel/Lunk/Oetker/*Greiner*, MHdB ArbR, § 80 Anspruchsvoraussetzungen, Rn. 18, 57.

447 *BGH*, Urteil vom 12.11.1997 – IV ZR 58/97, Rn. 16, juris; *BAG*, Urteil vom 26.10.2016 – 5 AZR 167/16, Rn. 24, juris; *Vogelsang*, Entgeltfortzahlung, Rn. 68 ff.

448 *Löwisch/Beck*, BB 2007, 1960 (1960); Müller-Glöge/Preis u. a./*Reinhard*, ErfK, § 3 EFZG, Rn. 6; im Grunde zustimmend, den Begriff der Arbeitsunfähigkeit jedoch missverstehend: Schaub/Koch/*Koch*, Arbeitsrecht A-Z, Entgeltfortzahlung im Krankheitsfall, II. 2.

449 Müller-Glöge/Preis u. a./*Reinhard*, ErfK, § 3 EFZG, Rn. 6, 28; Küfner-Schmitt/Schmitt/*Schmitt*, EFZG, § 3 EFZG, Rn. 64.

450 Wohl auch: *Stückmann*, NZS 1994, 529 (532).

verhinderung sein darf – demnach eine sogenannte Monokausalität vorliegen muss,[451] die von der Arbeitsunfähigkeit zu trennen ist.

(bb) Zwischenergebnis

Somit stellt die „Arbeitsunfähigkeit“ eine Feststellung des rechtlich relevanten Zusammenhangs von Krankheit und Arbeitsverhinderung dar. Damit handelt es sich bei der „Arbeitsunfähigkeit“ um kein tatsächliches Stadium. Als tatsächliche Stadien liegen allein die Krankheit und die Arbeitsverhinderung vor. Insbesondere folgt die Arbeitsverhinderung nicht aus der Bewertung des Vorliegens von Arbeitsunfähigkeit, sondern ist unabhängig von dieser rechtlichen Bewertung. Andernfalls müsste man auch bei einer irrtümlichen Feststellung von Arbeitsunfähigkeit davon ausgehen, dass tatsächlich eine Arbeitsverhinderung eingetreten ist, was zu Recht abgelehnt wird.[452] Allerdings kann auch bei der Arbeitsverhinderung bereits eine medizinische Betrachtung relevant werden, wenn die Erbringung der Arbeitsleistung trotz der Erkrankung faktisch noch möglich, aus medizinischer Sicht jedoch zu vermeiden[453] und damit im rechtlichen Sinne unmöglich ist.

Die „Arbeitsunfähigkeit“ ist sodann lediglich die (medizinische) Bewertung des Arztes, ob die Krankheit die Arbeitsverhinderung verursacht hat – also eine Art Kausalitätsnachweis. Dabei bescheinigt der Arzt, dass die Arbeitsverhinderung vorliegt, weil die Krankheit die Erbringung der geschuldeten Arbeitsleistung unmöglich oder unzumutbar macht oder eine medizinisch notwendige Behandlung der vorliegenden Krankheit zur Arbeitsverhinderung führte.

Mithin kann grundsätzlich auch die krankheitsbedingte Wahrnehmung eines Arzttermins dem Entgeltfortzahlungsgesetz unterfallen, auch wenn die Arbeitsverhinderung in diesem Fall nicht die zwingende Folge der Krankheit ist. Denn dadurch wird eine allgemeine Arbeitsverhinderung begründet, die nach den vorigen Ausführungen grundsätzlich den Tatbestand erfüllt. Dadurch, dass der Arzttermin krankheitsbedingt ist, läge auch die kausale Verknüpfung von Krankheit und Arbeitsverhinderung vor.

---

451 So wohl auch: Knorr/Krasney/*Knorr/Krasney,* Entgeltfortzahlung, § 3 Entgeltfortzahlungsgesetz, Rn. 36.

452 Rolfs/Giesen u. a./*Ricken,* BeckOK ArbR, § 3 EFZG, Rn. 15.

453 *Viethen,* EFZG, S. 18.

(cc) Anwendbarkeit des § 616 BGB bei untertägiger krankheitsbedingter Verhinderung

Im Anschluss an dieses Ergebnis stellt sich die Folgefrage, wie ein medizinisch notwendiger Arztbesuch in das Verhältnis der § 3 EFZG und § 616 BGB einzuordnen ist. Der medizinisch notwendige Arztbesuch stellt grundsätzlich eine Arbeitsverhinderung dar, die § 3 EFZG unterfällt. Gilt das aber auch, wenn die Wahrnehmung des Termins nur untertägig die Erbringung der Arbeitsleistung verhindert? Arzttermine dauern regelmäßig lediglich einen Bruchteil des Umfangs der geschuldeten täglichen Arbeitsleistung. Mithin müsste die Möglichkeit einer Arbeitsunfähigkeit für nur einen Teil der geschuldeten Arbeitsleistung anerkannt werden. Zur Entscheidung dieser Frage ist somit maßgeblich, ob eine Teilarbeitsunfähigkeit anerkannt wird.

Bei dem Begriff der Teilarbeitsunfähigkeit ist mindestens zwischen zwei verschiedenen Arten zu unterscheiden.[454] Die eine Art ist die qualitative Teilarbeitsunfähigkeit. In diesem Fall ist der Arbeitnehmer auf Grund der Art der Arbeitsleistung nur zu einem Teil der geschuldeten Arbeitsleistung fähig. Die quantitative Teilarbeitsunfähigkeit beschreibt die Unfähigkeit zur Erbringung der Arbeitsleistung im vertraglich vereinbarten Zeitumfang. Wie sich zeigen wird, sind die beiden Arten der Teilarbeitsunfähigkeit gleichwohl eng miteinander verknüpft.

(i) Ablehnung einer Teilarbeitsunfähigkeit

Nach Auffassung des *BAG* scheidet eine qualitative Teilarbeitsunfähigkeit bereits auf Grund der Art und Weise der Bewertung aus, ob eine Arbeitsunfähigkeit vorliegt. So richte sich die Bewertung der Arbeitsunfähigkeit allein nach der vertraglich geschuldeten Arbeitsleistung. Kann der Arbeitnehmer diese nicht voll erbringen, sei er insgesamt als arbeitsunfähig zu betrachten, da eine teilweise erbringbare Leistungspflicht nicht der geschuldeten Leistungspflicht entspreche.[455] Das *BAG* geht somit davon aus, dass die Arbeitsleistung in ihrer Gesamtheit zu bewerten ist. Diese Auffassung wird teilweise auch in der Literatur vertreten, die ebenfalls in jeder Einschränkung der Leistungsfähigkeit eine Störung der ar-

---

454 *Gitter*, ZFA 1995, 123 (159 f.); Staudinger/*Oetker*, Kommentar zum BGB §§ 613a-619a BGB, § 616 BGB, Rn. 235.

455 *BAG*, Urteil vom 25.10.1973 – 5 AZR 141/73, Rn. 16, juris; *BAG*, Urteil vom 29.01.1992 – 5 AZR 37/91, Rn. 16, juris.

beitsvertraglich vereinbarten Arbeitsfähigkeit sieht[456] oder bereits im Begriff der Arbeitsunfähigkeit als solcher das „Alles-oder-Nichts-Prinzip" verankert sehen möchte.[457]

(ii) Auswirkung des Direktionsrechts

Zugleich wird vom *BAG* übereinstimmend mit der Literatur anerkannt, dass der Arbeitgeber durch Ausübung seines Direktionsrechts aus § 106 GewO unter Berücksichtigung der vertraglichen und gesetzlichen Grenzen den Eintritt eines Konfliktes vermeiden kann, der zur Hinderung der Arbeitsleistung führt.[458] Dabei dürfe er selbstverständlich nicht einseitig die geschuldete Arbeitsleistung anpassen, sondern müsse sich im Rahmen der vertraglich vereinbarten Leistungspflicht bewegen. Seine Weisung müsse zudem billigem Ermessen entsprechen.[459]

Nach der Rechtsprechung des *BAG* darf eine Ausübung des Direktionsrechts jedoch nur dann in Betracht kommen, wenn dies nicht zu einer Teilarbeitsunfähigkeit im engeren Sinne führt. Der Arbeitnehmer darf also nicht teilweise zur Arbeitsleistung verpflichtet sein und teilweise von dieser befreit bleiben und an Stelle des Arbeitsentgeltes Entgeltfortzahlung erhalten.[460] Das *BAG* stellt also wei-

---

456 *Compensis,* NZA 1992, 631 (634); *Hoyningen-Huene,* NZA 1992, 49 (50); *Lambeck,* NZA 1990, 88 (90); Müller-Glöge/Preis u. a./*Reinhard,* ErfK, § 3 EFZG, Rn. 12; mit Einschränkungen für den Fall, dass der Arbeitgeber im Bewusstsein der Arbeitsunfähigkeit eine neue Aufgabe überträgt, die die Arbeitszeit nicht ausfüllt: Feichtinger/Malkmus/*Feichtinger,* Entgeltfortzahlungsrecht, § 3 EFZG, Rn. 35 f.

457 Zugleich unter Kritik hieran und Befürwortung der Einführung einer Teilarbeitsunfähigkeit: *Heinze,* Soziale Sicherung 1984, E1-E119 (E 111).

458 *BAG,* Urteil vom 19.05.2010 – 5 AZR 162/09, Rn. 27, juris; *BAG,* Urteil vom 24.02.2011 – 2 AZR 636/09, Rn. 25, juris; *BAG,* Urteil vom 09.04.2014 – 10 AZR 637/13, Rn. 23 f., juris; Kaiser/Dunkl u. a./*Dunkl,* EFZG, § 3 EFZG, Rn. 44; Preis/*Greiner,* Arbeitsvertrag, E 20 – Entgeltfortzahlung, Rn. 27; Henssler/Willemsen/Kalb/*Vogelsang,* HWK ArbR, § 3 EFZG, Rn. 46; während das *LAG Hamm* noch darauf verweist, dass sich der Arbeitgeber auf die Beurteilung des Arztes verlassen müsse, was zumindest mittlerweile im Widerspruch zur Unterscheidung zwischen Krankheit und Arbeitsunfähigkeit stehen dürfte: *LAG Hamm,* Urteil vom 20.07.1988 – 1 Sa 729/88, NZA 1989, 600 (600).

459 Statt vieler: Kaiser/Dunkl u. a./*Dunkl,* EFZG, § 3 EFZG, Rn. 44; so wohl auch das *LAG Hamm,* dessen Leitsatz für die anschließende Begründung zu pauschal ausfällt: *LAG Hamm,* Urteil vom 20.07.1988 – 1 Sa 729/88, NZA 1989, 600 (600 f.).

460 *BAG,* Urteil vom 02.11.2016 – 10 AZR 596/15, Rn. 31, juris; wohl auch: *BAG,* Urteil vom 14.03.2006 – 9 AZR 411/05, Rn. 22, juris.

terhin[461] darauf ab, dass es darauf ankomme, ob die Arbeitsleistung nach ihrem Umfang in ihrer Gesamtheit oder nur teilweise erbracht werden kann. Fülle die durch Ausübung des Direktionsrecht übertragene neue Tätigkeit nicht die gesamte geschuldete Arbeitszeit aus, liege weiterhin eine Arbeitsunfähigkeit vor. Die Ausübung des Direktionsrechts darf zu keiner quantitativen Arbeitsunfähigkeit führen. Das *BAG* nimmt also an, dass keine (Teil-)Arbeitsunfähigkeit vorliegt, wenn der Arbeitnehmer auf Grund von Leistungsmodalitäten nicht zur vollumfänglichen Leistung in der Lage ist, der Arbeitgeber aber durch Ausübung seines Direktionsrechts die hindernden Leistungsmodalitäten ändern kann, sodass die Leistungserbringung im vollen zeitlichen Umfang möglich ist.[462]

Zumindest hinsichtlich der Verpflichtung des Arbeitgebers zur Ausübung des Direktionsrechts ist dem *BAG* zuzustimmen. Durch die Nichtausübung des Direktionsrechts wird der Arbeitnehmer während der Zeit der Entgeltfortzahlung zumindest in seinem Recht auf Beschäftigung beschränkt, nach Auslaufen der Entgeltfortzahlung und Übergang in das Krankengeld erfährt er finanzielle Nachteile. Eine Verpflichtung[463] zur Abwendung dieser Nachteile ergibt sich dabei aus verschiedenen Rechtsinstituten: § 241 Abs. 2 BGB[464], der Fürsorgepflicht[465] und dem „billigem Ermessen" bei der ursprünglichen Ausübung des Direktionsrechts[466].

---

461 So bereits: *BAG*, Urteil vom 29.01.1992 – 5 AZR 37/91, Rn. 15 f., juris; bestätigend: *BAG*, Urteil vom 02.11.2016 – 10 AZR 596/15, Rn. 31, juris.

462 So am Beispiel der Hinderung zur Erbringung von Nachtarbeit auf Grund von Medikamenteneinnahme: *BAG*, Urteil vom 09.04.2014 – 10 AZR 637/13, Rn. 23 f., juris; im Übrigen hinsichtlich sonstiger Konfliktfälle: *BAG*, Urteil vom 19.05.2010 – 5 AZR 162/09, Rn. 27, juris; *BAG*, Urteil vom 24.02.2011 – 2 AZR 636/09, Rn. 25, juris.

463 Kiel/Lunk/Oetker/*Greiner*, MHdB ArbR, § 80 Anspruchsvoraussetzungen, Rn. 24; *Krause*, AuR 2011, 402-405 (404); zur allgemeinen rechtlichen Möglichkeit: Henssler/Willemsen/Kalb/*Vogelsang*, HWK ArbR, § 3 EFZG, Rn. 46.

464 *Hromadka*, RdA 2015, 59 (60).

465 *BAG*, Urteil vom 25.06.1981 – 6 AZR 940/78, Rn. 42, juris; vgl.: zur Ablehnung der Fürorgepflicht bzw. der Anerkennung als Unterfall der allgemeinen Nebenpflicht aus § 241 Abs. 2 BGB: C)I)4)a), S. 89.

466 Preis/*Greiner*, Arbeitsvertrag, E 20 – Entgeltfortzahlung, Rn. 27.

(iii) Befürwortung einer (qualitativen) Teilarbeitsunfähigkeit

Kernargument der Rechtsprechung und Literatur zur Ablehnung der Teilarbeitsunfähigkeit ist, dass das Entgeltfortzahlungsrecht diesen Begriff nicht kenne.[467] Dem ist zuzugestehen, dass der Normtext keinen Hinweis auf eine Teilarbeitsunfähigkeit enthält. Auch die in Wochen angegebene Dauer sowie der Normtext des § 4 EFZG sprechen für eine tageweise Betrachtung. So spricht § 4 Abs. 1 EFZG von der regelmäßigen Arbeitszeit, die unter den Bedingungen des § 4 Abs. 3 EFZG geringer ausfallen kann. Die regelmäßige Arbeitszeit kann sich nur auf mindestens eine tageweise Betrachtung beziehen, da damit eine Summe an Arbeitsstunden innerhalb eines bestimmten Zeitabschnitts gemeint ist. Einzelne Arbeitsstunden können keine regelmäßige Arbeitszeit darstellen.

Hingegen schließt das Gesetz eine Teilarbeitsunfähigkeit auch nicht ausdrücklich aus, sodass maßgeblich sein muss, ob eine Teilarbeitsunfähigkeit mit den Grundsätzen des Gesetzes vereinbar ist.

Das EFZG bezweckt, die aus der Arbeitsunfähigkeit erwachsenden Nachteile für bis zu sechs Wochen abzumildern. Wie zuvor festgestellt,[468] wohnt diesem Grundsatz nicht (nur) ein sozialpolitischer Gedanke inne, sondern ursprünglich vor allem der Gedanke der Entlastung der Krankenversicherungen.[469] Diesen beiden Zwecken steht eine Anerkennung einer qualitativen Teilarbeitsunfähigkeit nicht entgegen. So wird durch die teilweise Weiterbeschäftigung des Arbeitnehmers nicht nur der Anteil der Verpflichtung des Arbeitgebers zur Entgeltzahlung ohne Leistung reduziert, sondern nach Ablauf des Entgeltfortzahlungszeitraums auch die Krankenversicherungen entlastet. Sie müssen nur im Umfang der ausfallenden Arbeitsleistung Krankengeld leisten. Der Arbeitnehmer erfährt durch die qualitative Teilarbeitsunfähigkeit auch keinen Nachteil. Somit ist die qualitative Teilarbeitsunfähigkeit mit dem Entgeltfortzahlungsgesetz grundsätzlich vereinbar.

Da die Grundsätze des Gesetzes nicht schon eine Teilarbeitsunfähigkeit ausschließen, sind die vom Gesetz normierten Voraussetzungen für die Entgeltfortzahlung zu betrachten. Das Gesetz normiert, dass dann eine Arbeitsunfähigkeit vorliegt, wenn der Arbeitnehmer nicht zur Erbringung der geschuldeten Arbeits-

---

467 *BAG*, Urteil vom 29.01.1992 – 5 AZR 37/91, Rn. 16, juris; Preis/Temming/*Preis*, Arbeitsrecht, § 46 Entgeltfortzahlung im Krankheitsfall, Rn. 2130 f.

468 Vgl.: C)II)2)b)aa)(2)(a)(aa), S. 124.

469 So auch für das aktuelle Entgeltfortzahlungsgesetz: *BAG*, Urteil vom 12.12.2001 – 5 AZR 255/00, Rn. 39, juris; *BAG*, Urteil vom 18.03.2015 – 10 AZR 99/14, Rn. 15, juris; *Koppenfels*, NZS 2002, 241 (242); Säcker/Rixecker u. a./*Müller-Glöge*, MüKo zum BGB (Band 5), § 3 EFZG, Rn. 2.

leistung in der Lage ist. Verhindert die Krankheit jedoch einen Teil der geschuldeten Arbeitsleistung oder gibt es die Möglichkeit einer teilweisen, anderweitigen vertragsgemäßen Beschäftigung, wäre der Arbeitnehmer gerade nicht insgesamt arbeitsunfähig.[470]

Somit stellt sich die Frage, ob – wie von der Rechtsprechung behauptet[471] – die Verhinderung bezüglich eines Teils der Leistung stets die gesamte Leistung unmöglich werden lässt. Die andere Möglichkeit ist, dass durch die Verhinderung nur den betreffenden Teil der insgesamt geschuldeten Leistung unmöglich wird und nur insoweit Arbeitsunfähigkeit eintritt. Dafür müsste die Dienst- bzw. Arbeitsleistung teilbar sein. Dies ist grundsätzlich anzunehmen, sofern sich die Leistung in mehrere, voneinander trennbare Bestandteile aufteilen lässt, die für den Gläubiger einen Wert, einen Vorteil oder eine Funktion haben.[472] Ein anschauliches Beispiel sind Profisportler. Auch wenn diese durch eine Verletzung an der Mitwirkung an Wettkämpfen gehindert sind, können sie gleichwohl – was in der Regel auch zur geschuldeten Dienstleistung gehört – als Repräsentant des Vereins bei Sponsoren- oder sonstigen Terminen auftreten oder zumindest trainieren.[473] Diese Bewertung ist regemäßig durch den Arbeitgeber vorzunehmen. Dementsprechend bleibt der Schuldner grundsätzlich zu der noch möglichen Leistung verpflichtet.[474] Insbesondere handelt es sich bei der verbliebenen Leistung nicht um eine unzulässige Teilleistung im Sinne des § 266 BGB. Hierfür muss nämlich die gesamte Leistung möglich sein,[475] was auf Grund der Arbeitsunfähigkeit nicht der Fall ist. Somit finden die Regelungen zur Teilunmöglichkeit zumindest entsprechende Anwendung.[476] Der Arbeitgeber erhält nach dem Grundsatz des § 323 Abs. 5 S. 1 BGB die Möglichkeit, die Annahme der Teilleistung zu verweigern,

---

470 So auch: *Boecken*, NZA 1999, 673 (675); Knorr/Krasney/*Knorr/Krasney*, Entgeltfortzahlung, § 3 Entgeltfortzahlungsgesetz, Rn. 32; Henssler/Willemsen/Kalb/*Vogelsang*, HWK ArbR, § 3 EFZG, Rn. 46.

471 Vgl.: C)II)2)b)aa)(4)(b)(cc)(i), S. 137.

472 Zustimmend: Säcker/Rixecker u. a./*Ernst*, MüKo zum BGB (Band 3), § 323 BGB, S. 242; *Tillmanns*, Strukturfragen, S. 273, 276 f.; Dauerschuldverhältnisse und Dienstleistungen als grundsätzlich teilbar anerkennend: *Grigoleit*, Dauerschuldverhältnisse, S. 804 f, 815.

473 So auch: Fischinger/Reiter/*Reiter*, Arbeitsrecht im Profisport, § 7 – Pflichten des Arbeitgebers, Rn. 59; *Rombach/D. Müller*, SpuRt 2022, 13 (18).

474 *Stückmann*, DB 1998, 1662 (1664).a. A.: *Rombach/D. Müller*, SpuRt 2022, 13 (18).

475 Säcker/Rixecker u. a./*Krüger*, MüKo zum BGB (Band 2), § 266 BGB, Rn. 2; *S. Lorenz*, NJW 2003, 3097 (3098); Hau/Poseck/*Lorenz*, BeckOK BGB, § 266 BGB, Rn. 3.

476 Staudinger/*Oetker*, Kommentar zum BGB §§ 613a-619a BGB, § 616 BGB, Rn. 237.

wenn er hieran kein Interesse hat,[477] sie also für ihn wertlos ist.[478] Somit steht es in der Entscheidungsmacht des Arbeitgebers, ob er den Arbeitnehmer als insgesamt arbeitsunfähig oder als teilarbeitsunfähig ansieht, indem er die mögliche Arbeitsleistung annimmt. Die Verhinderung während eines Teils der Arbeitszeit führt also nicht zwingend zur Unmöglichkeit der gesamten Arbeitsleistung des Tages.

Sofern die Rechtsprechung die Ablehnung der qualitativen Teilarbeitsunfähigkeit darauf gestützt hat, dass die Regelung der Entgeltfortzahlung die allgemeinen schuldrechtlichen Regelungen verdrängt habe und damit § 326 Abs. 1 HS 2 BGB keine Anwendung finden könne,[479] ist dies vor dem Hintergrund der Neuregelung des § 3 EFZG nicht mehr aufrecht zu erhalten. Anders als die früheren Regelungen begründet § 3 EFZG einen neuen Anspruch des Arbeitnehmers auf Entgeltfortzahlung[480] und hält nicht bloß den Anspruch auf Vergütung unter Verdrängung des § 326 BGB aufrecht. Dies ergibt sich bereits aus dem Wortlaut der Verweisungen innerhalb des Entgeltfortzahlungsgesetzes, die von einem Anspruch aus § 3 Abs. 1 EFZG sprechen.[481] Demnach verdrängt die Norm nicht mehr als *lex specialis* die allgemeinen Regelungen. Dadurch kann im Umfang der möglichen Arbeitsleistung der Vergütungsanspruch noch aufrecht erhalten bleiben, während für den Teil der nicht möglichen Arbeitsleistung die Entgeltfortzahlung eingreift.[482] Selbst wenn man weiterhin die gegenteilige Auffassung vertritt, kann § 3 EFZG als *lex specialis* nur in dem Umfang eintreten, in dem seine Voraussetzungen vorliegen. Dies ist nur für den Teil der Arbeitsleistung, für den

---

477 Im Allgemeinen: Säcker/Rixecker u. a./*Ernst*, MüKo zum BGB (Band 3), § 323 BGB, Rn. 209; Hau/Poseck/*Schmidt*, BeckOK BGB, § 323 BGB, Rn. 50 ff.; für die Arbeitsleistung, teilweise fälschlich unter Verweisung auf § 266 BGB, auch: *Boecken*, NZA 1999, 673 (675); *Glaubitz*, NZA 1992, 402 (402); *Stückmann*, DB 1998, 1662 (1665 f.).

478 *Gitter*, ZFA 1995, 123 (167).

479 *BAG*, Urteil vom 25.10.1973 – 5 AZR 141/73, Rn. 16, juris; *LAG Rheinland-Pfalz*, Urteil vom 04.11.1991 – 7 Sa 421/91, Rn. 21, juris.

480 *BAG*, Urteil vom 13.07.2005 – 5 AZR 389/04, Rn. 22, juris; Staudinger/*Oetker*, Kommentar zum BGB §§ 613a-619a BGB, § 616 BGB, Rn. 194; Rolfs/Giesen u. a./*Ricken*, BeckOK ArbR, § 3 EFZG, Rn. 2; Henssler/Willemsen/Kalb/*Vogelsang*, HWK ArbR, § 3 EFZG, Rn. 1; a. A.: Kiel/Lunk/Oetker/*Greiner*, MHdB ArbR, § 79 Grundlagen, Rn. 12; *Müller-Glöge*, RdA 2006, 105 (105); Säcker/Rixecker u. a./*Müller-Glöge*, MüKo zum BGB (Band 5), § 3 EFZG, Rn. 3; Müller-Glöge/Preis u. a./*Reinhard*, ErfK, § 3 EFZG, Rn. 45.

481 So auch überzeugend: Staudinger/*Oetker*, Kommentar zum BGB §§ 613a-619a BGB, § 616 BGB, Rn. 194.

482 *Stückmann*, DB 1998, 1662 (1666); *Töns*, Wirtschaftliche Sicherung, S. B 15.

Arbeitsunfähigkeit vorliegt, der Fall.[483] Mithin können ein Vergütungsanspruch aus dem Arbeitsvertrag und aus § 3 EFZG nebeneinanderstehen.

(iv) Zwischenergebnis

Somit ist eine qualitative Teilarbeitsunfähigkeit grundsätzlich anzuerkennen. Gleichwohl wird sich in der Praxis die Frage, ob eine solche Teilarbeitsunfähigkeit vorliegt, im Regelfall[484] überhaupt nicht stellen. Allein der Arzt nimmt anhand der Aussagen des Arbeitnehmers über dessen konkrete Arbeitstätigkeit die Bewertung vor, ob die Krankheit zur Arbeitsunfähigkeit führt. Indes bleibt dem Arbeitgeber der Grund für die Arbeitsunfähigkeit verborgen, sodass er im Regelfall[485] sein Direktionsrecht nicht daran ausrichten kann.[486] Während bereits die Qualifikation des Arztes oftmals nicht ausreichen dürfte, die arbeitsrechtliche Konsequenz der Krankheit abzuschätzen,[487] sodass seine Einschätzung richtigerweise eher als „Parallelwertung der Laiensphäre" zu klassifizieren ist,[488] ist er auf Grund seiner rudimentären rechtlichen Kenntnisse bei der Prüfung der Reichweite des Direktionsrechts zweifelsfrei überfordert. Somit bliebe für den Arbeitgeber lediglich die Möglichkeit sein Direktionsrecht „auf gut Glück" auszuüben und die Arbeitsunfähigkeit erneut überprüfen zu lassen, was eine erhebliche Belastung für den Arbeitnehmer darstellen würde und somit nicht praktikabel ist.

(v) Quantitative Teilarbeitsunfähigkeit auf Grund der krankheitsbedingten Wahrnehmung von Arztterminen

Im vorherigen Absatz wurde die Möglichkeit einer quantitativen Teilarbeitsunfähigkeit für den Fall bejaht, dass die Ausübung des Direktionsrechts bei einer qualitativen Teilarbeitsunfähigkeit dazu führt, dass mit dieser Tätigkeit lediglich

483 *Gitter*, ZFA 1995, 123 (168).

484 Einzig denkbarer Anwendungsfall dürfte eine gerichtliche Auseinandersetzung über die Entgeltfortzahlung sein, in dem der Arbeitnehmer zur Erfüllung seiner Darlegungs- und Beweislast den behandelnden Arzt von seiner Verschwiegenheitspflicht befreit.

485 Ausnahmen sind hingegen denkbar. Insbesondere drängt sich dieser Gedanke bei dem zuvor erwähnten Beispiel zum Profisport auf, bei dem der Grund für die Arbeitsunfähigkeit oftmals auch dem Arbeitgeber bekannt ist, sodass er die Ausübung seines Direktionsrechts daran orientieren kann.

486 Ebenfalls dieses praktische Problem adressierend: *Olderog*, BB 1989, 1684 (1685).

487 Rolfs/Giesen u. a./*Tischler*, BeckOK SozR, § 46 SGB V, Rn. 15.

488 Kiel/Lunk/Oetker/*Greiner*, MHdB ArbR, § 80 Anspruchsvoraussetzungen, Rn. 25; Rolfs/Giesen u. a./*Tischler*, BeckOK SozR, § 46 SGB V, Rn. 15.

ein Teil der üblicherweise geschuldeten Arbeitszeit ausgefüllt werden kann. Fraglich ist jedoch, ob dieser Grundsatz auch auf Fälle der zeitlich eng begrenzten, krankheitsbedingten Arbeitsverhinderung anzuwenden ist.

Auch für diese Frage ist zunächst festzuhalten, dass das EFZG hierfür keine Regelung bereithält. Ebenso gilt hier der Grundsatz des §§ 326 Abs. 1, 275 BGB, wonach bei der Verhinderung der Vergütungsanspruch grundsätzlich entfällt. Damit er durch einen Anspruch aus § 3 EFZG durchbrochen werden kann, müsste dies mit dem Grundgedanken des EFZG zu vereinbaren sein. Während bei „länger" andauernder Arbeitsunfähigkeit auf Grund von Krankheit auch der Schutzzweck des EFZG eingreift, ist dies bei Arztterminen zweifelhaft. Arzttermine stellen im Regelfall nur äußerst kurzzeitige, untertägige Verhinderungen dar. Durch die tageweise Betrachtung kann die teilweise Arbeitsunfähigkeit, die über mehrere Tage oder einen längeren Zeitraum andauert, bei der Bestimmung des Entgeltfortzahlungszeitraums unproblematisch berücksichtigt werden. Hingegen lässt das EFZG keinerlei Rückschlüsse darauf zu, wie untertägige Verhinderungen bei der Bestimmung der Entgeltfortzahlungsdauer zu berücksichtigen sind. Es kann nicht Sinn und Zweck dieses Gesetzes sein, dass bei einer *einmaligen* untertägigen Verhinderung der gesamte Tag als arbeitsunfähig zu werten ist. Aber auch eine anteilige Berechnung, sodass es zur stundenweisen Leistung von Entgeltfortzahlung kommt, ist nicht mit der Grundstruktur des Gesetzes zu vereinbaren. Deshalb tritt nach Ansicht des *BAG* bei krankheitsbedingter Arbeitsunfähigkeit, die erst im Laufe des Arbeitstages eintritt, § 616 BGB als Anspruchsgrundlage für die Entgeltfortzahlung an diesem Tag ein.[489] Diese praktischen Probleme[490] deuten darauf hin, dass nach dem gesetzgeberischen Willen die Wahrnehmung krankheitsbedingter Arzttermine, die regelmäßig nur zu einer untertägigen Arbeitsverhinderung führen, nicht erfasst sein sollten. Dies gilt umso mehr, als der Arbeitnehmer im Regelfall durch § 616 BGB nicht schutzlos gestellt ist.

Des Weiteren wären Arztbesuche auch bei der Maximaldauer des Entgeltfortzahlungsanspruchs zu berücksichtigen. Bei einer Überschreitung der sechs Wochen würde somit der Entgeltfortzahlungsanspruch ausscheiden. Auch würden

---

489 *BAG*, Urteil vom 26.02.2003 – 5 AZR 112/02, Rn. 50, juris; *Müller-Glöge*, RdA 2006, 105 (109); ebenfalls für eine Unanwendbarkeit des § 3 EFZG, wenn auch nicht für einen Ersatz der Vergütung nach § 616 BGB, sondern eine reguläre Vergütung des Resttages: *BAG*, Urteil vom 04.05.1971 – 1 AZR 305/70, Rn. 10, juris; Knorr/Krasney/*Knorr/Krasney*, Entgeltfortzahlung, § 3 Entgeltfortzahlungsgesetz, Rn. 170.

490 Diese praktischen Probleme wurden in einer Entscheidung mit anderem Gegenstand auch vom *BAG* erkannt: *BAG*, Urteil vom 04.05.1971 – 1 AZR 305/70, Rn. 10, juris.

solche geringfügigen Verhinderungen bei der Betrachtung für das Wiederaufleben der Entgeltfortzahlung nach § 3 Abs. 1 S. 2 Nr. 2 EFZG zu berücksichtigen sein. Auf Grund einer derart geringfügigen Verhinderung die Sechsmonatsfrist zu verlängern, entspricht aber nicht den Motiven der Regelung.

Somit stellt die Wahrnehmung von kurzzeitigen Arztterminen während der Arbeitszeit, auch wenn sie krankheitsbedingt sind, keine Arbeitsunfähigkeit dar und unterfällt nicht dem EFZG.[491]

(vi) Zwischenergebnis

Das EFZG trifft eine Regelung zu Arbeitsverhinderungen, die unmittelbar – und auch mittelbar – auf einer Krankheit im medizinischen Sinne beruhen. Die Arbeitsunfähigkeit stellt dabei lediglich die Bewertung des Arztes über den Kausalzusammenhang von Krankheit und Arbeitsverhinderung dar. Allerdings muss die Arbeitsverhinderung nicht zwingend und naturgemäß aus der Krankheit resultieren. Stattdessen kann auch der Entschluss des Arbeitnehmers, eine ärztliche Behandlung vornehmen zu lassen, erst zur Arbeitsverhinderung führen, sofern dieser nicht auf einer autonomen Entscheidung basiert. Die Krankheit muss auch dann grundsätzlich die Arbeitsverhinderung zur Folge haben. Lediglich der genaue Zeitpunkt wird durch den Arbeitnehmer festgelegt. Somit beruht zwar das „Wann", nicht aber das „Ob" auf einem freien Entschluss des Arbeitnehmers.

Die Arbeitsverhinderung muss nicht im gesamten Umfang der geschuldeten Arbeitsleistung eintreten. Arbeitsunfähigkeit liegt auch vor, wenn sich die Arbeitsverhinderung nur auf einen qualitativen oder quantitativen Teil der geschuldeten Arbeitsleistung erstreckt. Die quantitative Verhinderung darf jedoch nicht bloß auf einen kurzen, weniger als einen Tag umfassenden Zeitraum beschränkt sein. Durch die Berechnungsweise der Gesamtdauer der Entgeltfortzahlung wird deutlich, dass eine solche Verhinderung nicht vom Sinn und Zweck des EFZG umfasst ist. Mithin sind untertägige Arzttermine nicht vom Anwendungsbereich des EFZG erfasst und können allein § 616 BGB unterfallen.

---

491 Im Ergebnis so auch: *ArbG Halle*, Urteil vom 09.07.2009 – 1 Ca 1024/08, Rn. 22, juris; Feichtinger/Malkmus/*Feichtinger*, Entgeltfortzahlungsrecht, § 3 EFZG, Rn. 51; Müller-Glöge/Preis u. a./*Roloff*, ErfK, § 3 ArbZG, Rn. 23; a. A. Schaub/Koch/*Koch*, Arbeitsrecht A-Z, Entgeltfortzahlung im Krankheitsfall, II. 2.; Küfner-Schmitt/Schmitt/*Schmitt*, EFZG, § 616 BGB, Rn. 27; Küfner-Schmitt/Schmitt/*Schmitt*, EFZG, § 3 EFZG, Rn. 64.

(c) Zwischenergebnis zum Anwendungsbereich des § 3 EFZG

Zentrales Merkmal für den Anwendungsbereich des § 3 EFZG ist der Begriff der *Arbeitsunfähigkeit*, die das kausal verknüpfte Vorliegen von Krankheit im medizinischen Sinne und Arbeitsverhinderung voraussetzt. In dieser kausalen Verknüpfung erschöpft sich auch die Bedeutung der Arbeitsunfähigkeit. Sie ist eine Bewertung des Arztes über den Kausalzusammenhang von Krankheit und Arbeitsverhinderung, wobei der Kausalzusammenhang auch durch eine nicht-autonome Entscheidung des Arbeitnehmers – z. B. über den genauen Zeitpunkt einer ohnehin erforderlichen ärztlichen Behandlung – bedingt sein darf.

Allerdings entspricht das Verständnis von Arbeitsunfähigkeit allein dann dem Sinn und Zweck des EFZG, wenn die Arbeitsverhinderung nicht nur kurzfristig ist, sondern mindestens einen vollen Arbeitstag andauert. Dadurch unterfallen untertägige krankheitsbedingte Arbeitsverhinderungen – wie krankheitsbedingte Arztbesuche – nicht dem EFZG. Für alle diese Fälle, in denen das EFZG trotz Krankheit nicht eingreift, wird der Beschäftigte auf § 616 BGB verwiesen.

(5) Verhältnis zu und Einfluss auf § 616 BGB

Während § 616 BGB bei seiner Einführung für alle Dienstverpflichteten, die nicht Handlungsgehilfen oder technische Angestellte waren, die einzige Entgeltfortzahlungsregel war und somit auch der Fall der krankheitsbedingten Arbeitsunfähigkeit ihr unterfiel, gibt es nun für diesen Fall für Arbeitnehmer eine zentrale Konkurrenzregel – § 3 EFZG.

Das Verhältnis zwischen § 3 EFZG und § 616 BGB gestaltet sich in mehreren Konstellationen problematisch. Sie führen zu Kollisionen der Regelungen, die je nach angewendeter Norm entweder vor- oder nachteilhaft für den Arbeitnehmer aufgelöst werden.

(a) Kollision der Regelungen

Eine Kollision ist vor allem in den Bereichen problematisch, in denen das EFZG Regelungen zu den Anspruchsvoraussetzungen trifft, die von § 616 BGB abweichen. So könnte in Erwägung gezogen werden, dass während der vierwöchigen Wartezeit, die § 3 Abs. 3 EFZG vorsieht, § 616 BGB Anwendung findet.

(aa) Anwendbarkeit des § 616 BGB während der Wartezeit des § 3 EFZG

Um diese Frage zu beantworten, lohnt sich ein Blick auf einen – da das ArbKrankhG zwischenzeitlich außer Kraft getreten ist – historischen Streit. Strittig war, ob § 616 Abs. 1 BGB neben dem ArbKrankhG Anwendung fand. Insbesondere durch die Anknüpfung an die Karenztageregelung der RVO, wonach in den ersten zwei Tagen der Krankheit kein Krankengeld gezahlt wurde,[492] hatte der Arbeiter unter Umständen an den ersten Krankheitstagen keinen Anspruch auf den Zuschuss des Arbeitgebers, sodass er an diesen Tagen „schutzlos" war. Zudem erhielt der Arbeiter, wie heute nach dem EFZG, erst nach einem vierwöchigen Bestehen des Arbeitsverhältnisses den Zuschuss nach dem ArbKrankhG.[493]

Von *Diekhoff* wurde hierzu vertreten, dass ein Nebeneinander des § 616 Abs. 1 BGB auch im Bereich der Arbeitsunfähigkeit gegeben sei. Nach seiner Argumentation wolle der Gesetzgeber durch die besonderen Fortzahlungsregelungen eine Verbesserung der Rechtsstellung der Arbeiter erreichen. Daraus ließe sich folgern, dass nun stets die günstigere Regelung für den Arbeiter Anwendung finden müsse. Demnach greife also innerhalb der ersten vier Wochen des Arbeitsverhältnisses, in denen der Arbeitgeber nach dem ArbKrankhG keinen Zuschuss zu leisten habe, § 616 Abs. 1 BGB ein.[494] Diese Ansicht ließe sich darauf stützen, dass durch die Gesetzesüberschrift „Verbesserung" ein dahingehender Wille des Gesetzgebers zum Ausdruck gekommen sei.[495] So wurde in der Konsequenz gar angenommen, dass für die Dauer der nicht erheblichen Zeit der Anspruch aus § 616 Abs. 1 BGB resultiere und erst nach deren Ablauf der Zuschuss nach dem ArbKrankhG an dessen Stelle trete.[496]

Unabhängig davon, ob bei einem Überschreiten der nicht erheblichen Zeit der Anspruch für diese Dauer fortbestand, missachtete diese Ansicht ohne jeden Zweifel die Ausschließlichkeit der beiden Regelungen. Zwar mag der Gesetzgeber eine Verbesserung der Rechtsstellung der Arbeiter bezweckt haben wollen. Dies konnte jedoch nicht bedeuten, dass für die gleiche Situation zwei Regelungen bestanden, die offensichtlich zueinander in Konflikt traten. Wäre man dieser Ansicht gefolgt, wäre die Karenztagregelung, die trotz erheblicher Diskussion bestehen geblieben war,[497] leergelaufen. Dies konnte nicht dem Willen des Gesetzgebers entsprochen haben. Zudem hätte das Nebeneinander der Normen zu einer erheblichen Rechtsunsicherheit hinsichtlich des „Obs" und der Höhe der Zahlungsverpflichtung zwischen Arbeitgeber und Krankenversicherungen geführt, da der Begriff der „verhältnismäßig nicht erheblichen Zeit" nicht bestimmt war.[498] Das

492 Vgl. § 182 Abs. 2 Nr. 1 RVO in der Fassung bis zum 12.07.1961.
493 Vgl.: § 1 Abs. 2 ArbKrankhG in der Fassung vom 26.06.1957.
494 *Diekhoff*, AuR 1957, 297 (298).
495 *Oehmann*, DB 1959, 860 (860).
496 *Oehmann*, DB 1959, 860 (860).
497 *Schelp*, RdA 1957, 245 (247).
498 *Hessel*, BB 1957, 681 (681).

Gesetz wollte jedoch einen bestimmten Sicherungsstandard für sechs Wochen schaffen, was durch die entstehende Rechtsunsicherheit vereitelt worden wäre.

Schmatz vertrat ebenfalls, dass es sich bei dem ArbKrankhG nicht um *lex specialis* zu § 616 Abs. 1 BGB handelte und führte dafür den unterschiedlichen Inhalt, Zweck und Voraussetzungen der Regelungen an. Als Konsequenz würde unter Umständen der Anspruch des § 616 Abs. 1 BGB den Krankengeldanspruch des § 189 RVO und damit auch den Zuschussanspruch aus dem ArbKrankhG verdrängen.[499] Damit brachte er zum Ausdruck, dass er auch im Falle der krankheitsbedingten Arbeitsunfähigkeit § 616 Abs. 1 BGB für anwendbar erachtete. Zugleich stellte *Schmatz* jedoch zuvor fest, dass der einzige Unterschied zwischen dem ArbKrankhG und dem § 616 Abs. 1 BGB der Grund für die Verhinderung sei, der bei ersterem eine krankheitsbedingte Arbeitsunfähigkeit vorliegen müsse, bei zweiterem auch jeder in der Person liegende Grund genüge. Ansonsten verwies er gar auf die Rechtsprechung zum Verschuldensbegriff des § 616 BGB.[500]

Ein wesentlicher Unterschied zu § 616 Abs. 1 BGB war somit allein der Grund der Verhinderung. Betrachtete man zusätzlich noch § 616 Abs. 2 BGB, erkannte man, dass grundsätzlich auch der Fall der Krankheit unter § 616 Abs. 1 BGB zu fassen war, hier allerdings eine besonders lange Fortzahlungsdauer geregelt wurde. Das gleiche Motiv hatte letztlich auch das ArbKrankhG – nämlich die Absicherung des Arbeiters im Krankheitsfall. Wie sich im Gesetzgebungsverfahren gezeigt hatte, sollte diese zumindest im Ergebnis der aus § 616 Abs. 2 BGB entsprechen, auch wenn das Verfahren anders geregelt wurde. Demnach stimmte auch das Motiv überein. Mithin überschnitten sich – entgegen der Behauptung von *Schmatz* – zumindest im Bereich der Arbeitsunfähigkeit die Regelungen in Motiv und Voraussetzungen, sodass seine Begründung nicht überzeugte.

Somit konnte nicht davon ausgegangen werden, dass der Gesetzgeber stets die für den Arbeiter günstigere Vorschrift angewandt gewusst haben wollte. Stattdessen hatte das ArbKrankhG als *lex specialis* die Regelung des § 616 Abs. 1 BGB verdrängt.[501] Fraglich war aber, in welchem Umfang § 616 BGB verdrängt wurde. Einzelne Autoren nahmen – ihrer Meinung nach konsequenterweise – an, dass § 616 BGB in jeglichen Fällen verdrängt wurde, die einen Krankheitsbezug aufwiesen.[502] Um eine Freistellung für Arztbesuche konstruieren zu können, nahmen sie deshalb an, dass im Falle einer dringender, nicht außerhalb der Ar-

499 *Schmatz,* EK 1957, 121 (122).
500 *Schmatz,* EK 1957, 121 (122).
501 So auch: *Hessel,* BB 1957, 681 (681); *Schelp,* RdA 1957, 245 (250).
502 *Gotzen/Doetsch,* Arbeiterkrankheitsgesetz, S. 62.

beitszeit wahrzunehmender Arztbesuche Arbeitsunfähigkeit vorgelegen habe.[503] Allerdings verdrängte das ArbKrankhG § 616 Abs. 1 BGB nur bei Vorliegen von krankheitsbedingter Arbeitsunfähigkeit. Die Verdrängungswirkung trat nämlich nur und genau in dem Rahmen ein, in dem die eine spezielle Regelung den Fall abschließend regeln mochte.[504] Dies konnte maximal der Anwendungsbereich des Gesetzes sein, der beim ArbKrankhG – auf Grund der Kausalitätsverknüpfung von Krankheit und Arbeitsunfähigkeit – den Fall der krankheitsbedingten Arbeitsunfähigkeit umfasste.[505]

Somit verdrängte das ArbKrankhG auf Grund seiner spezielleren Regelungen den § 616 Abs. 1 BGB für den Fall der krankheitsbedingten Arbeitsunfähigkeit, während die Norm für andere Verhinderungsgründe, auch wenn diese in Zusammenhang mit Krankheit standen, weiterhin galt.

Unter Berücksichtigung dieses Ergebnisses lässt sich feststellen, dass auch bei der heutigen Rechtslage § 616 BGB während der Wartezeit des § 3 Abs. 3 EFZG nicht eingreift.[506] Zu Recht ist eine parallele Anwendung im Sinne eines „Günstigkeitsprinzips für den Arbeitnehmer" abzulehnen und eine Sperrwirkung – allerdings lediglich im Regelungsbereich der spezialgesetzlichen Norm – anzuerkennen. Ansonsten würde der gesetzgeberische Wille umgangen, der durch die Festlegung des Anwendungsbereiches und innerhalb dessen durch die Abweichungen von der allgemeinen Norm zum Ausdruck kommt. Für das nunmehr geltende EFZG bedeutet dies, dass exakt der Anwendungsbereich – beispielsweise hinsichtlich der Einbeziehung von Arztterminen – festgelegt werden muss, um das Exklusivitätsverhältnis bestimmen zu können.

Dieses unter zur Hilfenahme der historischen Argumentation erlangte Ergebnis lässt sich auch dadurch stützen, dass man den Anwendungsbereich des § 3 EFZG und damit die Wirkung des Vorrangs der Norm als *lex specialis* betrachtet. Durch das enge Kausalitätserfordernis zwischen Krankheit und Arbeitsverhinderung, das der Gesetzgeber durch das Tatbestandsmerkmal „Arbeitsunfähigkeit" voraussetzt, hat dieser den Anwendungsbereich des § 3 EFZG auch lediglich auf die Fälle der (Teil-)Arbeitsunfähigkeit begrenzt. Ist diese gegeben, scheidet ein anderweitiger Anspruch aus, auch wenn der Anspruch aus § 3 EFZG aus anderen Gründen – z. B. Wartezeit oder Verschulden – nicht besteht. Hingegen genügt

503 *Jäger*, Krankheit des Arbeitnehmers, S. 13.
504 Staudinger/*Oetker*, Kommentar zum BGB §§ 611-619 BGB (1993), § 616 BGB, Rn. 25.
505 *Schelp*, RdA 1957, 245 (248).
506 So im Ergebnis auch: *Wank*, Lohnanspruch, S. 76.

für diese Wirkung nicht das bloße Vorliegen von Krankheit.[507] Folgt die Arbeitsverhinderung nicht unmittelbar aus der Krankheit, ist der Anwendungsbereich des § 616 BGB grundsätzlich weiterhin eröffnet, da andernfalls der Arbeitnehmer schutzlos sein würde.

(bb) Weitere Kollisionen

§ 3 EFZG setzt das Vorliegen der Arbeitsunfähigkeit – also Krankheit und Arbeitsverhinderung in Person des Arbeitnehmers – voraus, damit das EFZG anwendbar ist.[508] Liegt die Krankheit lediglich bei einem Dritten – z. B. wie dem eigenen Kind[509] – vor, kommen allein Ansprüche nach § 616 BGB oder anderen spezialgesetzlichen Regelungen in Betracht. Dies wird dadurch deutlich, dass die Arbeitsunfähigkeit beim Arbeitnehmer selbst vorliegen muss.

Problematisch ist das Verhältnis auch, wenn sowohl ein anspruchsbegründender Sachverhalt für einen Anspruch auf Entgeltfortzahlung wegen Arbeitsunfähigkeit als auch für einen Anspruch wegen anderweitiger Verhinderung nach § 616 BGB vorliegt. Wegen des Grundsatzes der Monokausalität[510] könnte der Anspruch aus § 3 EFZG ausscheiden. Wendet man allerdings den vom *BAG* angedeuteten Grundsatz an, dass bei konkurrierenden Ansprüchen derjenige vorrangig ist, der für den Arbeitgeber vorteilhafter ist,[511] würde der Anspruch

---

507 a. A. wonach das Vorliegen einfacher Krankheit im medizinischen Sinne genügen soll: *Volk*, ARP 2021, 64 (65).

508 a. A. wonach das Vorliegen von Krankheit bei Dritten genügen soll: *E. Kießling/Jünemann*, DB 2005, 1684 (1688).

509 Die Anwendung des § 3 EFZG im Fall der Erkrankung des Kindes ablehnend: *Schulz*, DB 2006, 838 (839); Schaub/*Linck*, Arbeitsrecht-Handbuch, § 97 – Arbeitsverhinderung des Arbeitnehmers aus persönlichen Gründen, Rn. 19; Küfner-Schmitt/Schmitt/*Schmitt*, EFZG, § 3 EFZG, Rn. 50.

510 Die Arbeitspflicht muss gerade auf Grund der aus der Erkrankung resultierenden Arbeitsunfähigkeit suspendiert sein und der Arbeitnehmer darf auch nicht ohne die Krankheit kein Arbeitsentgelt erhalten haben, damit ein Anspruch nach § 3 EFZG besteht, vgl.: *BAG*, Urteil vom 22.08.1984 – 5 AZR 539/81, Rn. 24, juris; *BAG*, Urteil vom 26.06.1996 – 5 AZR 872/94, Rn. 10, juris; *BAG*, Urteil vom 19.01.2000 – 5 AZR 637/98, Rn. 24, juris; *BAG*, Urteil vom 27.05.2020 – 5 AZR 247/19, Rn. 49, juris; *BAG*, Urteil vom 23.02.2021 – 5 AZR 304/20, Rn. 20, juris; Müller-Glöge/Preis u. a./*Reinhard*, ErfK, § 3 EFZG, Rn. 14; Henssler/Willemsen/Kalb/*Vogelsang*, HWK ArbR, § 3 EFZG, Rn. 12 f.

511 *BAG*, Urteil vom 13.02.2002 – 5 AZR 588/00, Rn. 24, juris; *BAG*, Urteil vom 13.02.2002 – 5 AZR 753/00, Rn. 19, juris; ähnlich auch: *Gutzeit*, NZA 2003, 81 (84).

aus § 616 BGB zurücktreten. Denn dieser ist zumindest in der Hinsicht für den Arbeitgeber vorteilhafter, dass die Voraussetzungen ausdrücklich normiert sind.

(b) Anwendungsbereichsbeschränkung des § 616 BGB durch § 3 EFZG

Demnach ist festzustellen, dass § 3 EFZG und § 616 BGB in einem Exklusivitätsverhältnis zueinanderstehen. § 3 EFZG findet allein dann Anwendung und verdrängt § 616 BGB, wenn eine krankheitsbedingte Arbeitsunfähigkeit des Arbeitnehmers vorliegt. Dabei ist unerheblich, ob auch noch andere Verhinderungsgründe parallel vorliegen, die einen Anspruch aus § 616 BGB begründen würden.

Mithin ist der Fall der nicht nur untertägigen Arbeitsunfähigkeit von Arbeitnehmern von § 616 BGB nicht erfasst. Ist der Arbeitnehmer arbeitsunfähig, erstreckt sich dies allerdings – z. B. auf Grund eines Arzttermins – nur auf wenige Stunden des Arbeitstages ist der Anwendungsbereich des § 616 BGB hingegen weiterhin eröffnet.

bb) § 2 PflegeZG

Als weiterer spezialgesetzlich geregelter Anwendungsfall ist die kurzzeitige Pflege von Angehörigen zu betrachten. Auch hier ist fraglich, ob sich aus dieser spezialgesetzlichen Regelung Rückschlüsse für die Auslegung des § 616 BGB ziehen lassen. Diese können sich insbesondere daraus ergeben, welche Personen von der Regelung erfasst sind. Denn hierdurch wird deutlich, welchen Beschäftigtengruppen der Gesetzgeber auf Grund welcher Kriterien einen vergleichbaren Schutz zukommen lassen wollte. Des Weiteren ist der Umgang mit dem wiederholten Auftreten eines Hinderungsgrundes interessant, da bei § 616 BGB hierzu keine Regelung getroffen wurde.

Das PflegeZG trat am 01. Juli 2008 in Kraft und soll eine bessere Vereinbarkeit von Beruf und häuslicher Pflege naher Angehöriger bewirken.[512] § 3 PflegeZG bildet die Kernregelung des Gesetzes zur Erreichung dieses Zweckes. Demnach kann der Beschäftigte zur Pflege naher Angehöriger in häuslicher Umgebung unter weiteren Einschränkungen Pflegezeit beantragen, die bis zu sechs Monate betragen kann. Diese Freistellungsmöglichkeit wird durch eine finanzielle und kündigungsrechtliche Absicherung flankiert. Daneben besteht die Möglichkeit der Freistellung bei „kurzzeitiger Arbeitsverhinderung" in § 2 PflegeZG. Diese Regelung ist für die vorliegende Untersuchung auf Grund der inhaltlichen Nähe

---

512 BR-Drs. 718/07, S. 217; Böhm/*Böhm*, PflegeZG, § 1 PflegeZG, Rn. 1; Müller-Glöge/Preis u. a./*Gallner/Bubach*, ErfK, § 1 PflegeZG, Rn. 1; *Preis/A. Weber*, NZA 2008, 82 (82).

relevant, die sich bereits aus der amtlichen Normenüberschrift ergibt. Sie stellt möglicherweise eine spezielle Ausgestaltung des § 616 BGB und § 275 Abs. 3 BGB dar bzw. könnte zumindest Einfluss auf die Auslegung nehmen.

(1) Rechtslage vor Einführung

Auch bereits vor der Einführung des § 2 PflegeZG bestand die Möglichkeit, die vertraglich vereinbarte Dienstleistung auf Grund der Kollision mit der Pflegebedürftigkeit eines Angehörigen zu verweigern. Grundlage hierfür war § 275 Abs. 3 BGB.[513] Wie zuvor festgestellt,[514] erfordert die Ausübung des Leistungsverweigerungsrechts nach dieser Norm eine Abwägung der widerstreitenden Interessen. Dabei ist hervorzuheben, dass das *BAG* – zu Recht – keinen generellen Vorrang familiärer Verpflichtungen gegenüber der Verpflichtung zur Dienstleistung anerkennt.[515] Eine mögliche Fortzahlung der Vergütung ergab sich aus § 616 BGB, der anerkanntermaßen bei der Pflege naher Angehöriger einen Fortzahlungsanspruch gewähren konnte.[516] Auf Grund dieser beiden Regelungen wurde vereinzelt der Bedarf einer Neuregelung verneint.[517]

(2) Anwendungsbereich und Voraussetzungen

(a) Persönlicher Anwendungsbereich

§ 2 PflegeZG beschränkt die Anwendung nicht lediglich auf Arbeitnehmer, sondern die Norm spricht allgemein von Beschäftigten. Dieser Begriff wird für das Gesetz in § 7 PflegeZG definiert. Demnach besteht der Anspruch aus § 2 PflegeZG auch für alle arbeitnehmerähnlichen Personen, die einer abhängigen Beschäftigung nachgehen und damit wirtschaftlich abhängig sind.[518] Neben der – für diese Arbeit nicht relevanten – Frage, ob dieser weitere persönliche Anwendungsbereich, insbesondere mit Blick auf den Sonderkündigungsschutz systemwidrig

---

513 *Berger-Delhey,* ZTR 2007, 604 (605); Staudinger/*Caspers,* Kommentar zum BGB §§ 255-304 BGB, § 275 BGB, Rn. 122.

514 Vgl.: B)II)2)c), S. 61.

515 *BAG,* Urteil vom 21.05.1992 – 2 AZR 10/92, Rn. 35 f., juris; *Schauß,* Beitrag des PflegeZG, S. 162.

516 Säcker/Rixecker u. a./*Henssler,* MüKo zum BGB (Band 5), § 616 BGB, Rn. 39; Kiel/Lunk/Oetker/*Tillmanns,* MHdB ArbR, § 77 Arbeitsverhinderung aus persönlichen Gründen, Rn. 21.

517 *Berger-Delhey,* ZTR 2007, 604 (605).

518 *Hexel/Lüders,* NZS 2009, 264 (265).

ist,[519] wird insbesondere diskutiert, welche Merkmale Beschäftigte aufweisen müssen, um als arbeitnehmerähnliche Personen zu gelten. Hiermit kommt die Intention des Gesetzgebers zum Ausdruck, welchen Personenkreisen er den gleichen Schutzstandard bei einer kurzzeitigen Verhinderung wie Arbeitnehmern zukommen lassen möchte. Diese Diskussion ist deshalb auch für diese Arbeit von Belang.

§ 7 Abs. 1 Nr. 3 PflegeZG stellt nach seinem Wortlaut ausschließlich auf die „wirtschaftliche Unselbstständigkeit" ab. Trotz des eindeutigen Wortlauts wird von einem Teil der Literatur das Hinzutreten einer sozialen Schutzbedürftigkeit gefordert.[520]

Ein Ansatz stützt sich auf die Begründung des Regierungsentwurfs,[521] die für arbeitnehmerähnliche Personen im Hinblick auf die Pflegezeit von einer ähnlichen sozialen Schutzbedürftigkeit ausgeht.[522] Damit die arbeitnehmerähnliche Person dem Schutzzweck der Norm unterfalle, komme es darauf an, dass sie in eine vergleichbare Konfliktsituation gerate. Sie dürfe also nicht in der Lage sei, die Erfüllung ihrer vertraglichen Verpflichtung auf eigene Mitarbeiter oder Dritte zu übertragen.[523]

Ein weiterer Begründungsansatz ist der Vergleich zum ArbGG und BUrlG, die einen ähnlichen Wortlaut hätten und für die ebenfalls das Merkmal der sozialen Schutzbedürftigkeit anerkannt sei.[524] Auch § 12a TVG erfordere eine soziale Schutzbedürftigkeit ergänzend zur wirtschaftlichen Abhängigkeit.[525] Dieser böte auch einen Maßstab für die Auslegung des § 7 Abs. 1 PflegeZG, wodurch

519 *Preis/A. Weber*, NZA 2008, 82 (83).

520 *Linck*, BB 2008, 2738 (2738); *S. Müller*, BB 2008, 1058 (1058); *Schauß*, Beitrag des PflegeZG, S. 110; a. A.: Müller-Glöge/Preis u. a./*Gallner/Bubach*, ErfK, § 7 PflegeZG, Rn. 1; unter Verweis auf den eindeutigen Wortlaut: *Preis/Nehring*, NZA 2008, 729 (732)).

521 *S. Müller*, BB 2008, 1058 (1058).

522 BR-Drs. 718/07, S. 225.

523 *S. Müller*, BB 2008, 1058 (1058).

524 Böhm/*Böhm*, PflegeZG, § 7 PflegeZG, Rn. 4; *Linck*, BB 2008, 2738 (2738); zum ArbGG: *BAG*, Urteil vom 23.12.1961 - 5 AZR 53/61, Rn. 15, juris; *BAG*, Beschluss vom 17.06.1999 - 5 AZB 23/98, Rn. 24, juris; *BAG*, Beschluss vom 30.08.2000 - 5 AZB 12/00, Rn. 13, juris; zum BUrlG: *BAG*, Urteil vom 28.06.1973 - 5 AZR 568/72, Rn. 17, juris; *BAG*, Urteil vom 17.01.2006 - 9 AZR 61/05, Rn. 14, juris.

525 *BAG*, Urteil vom 17.10.1990 - 5 AZR 639/89, Rn. 20, juris.

der Anwendungsbereich des PflegeZG eingeengt würde, wie es als erforderlich angesehen wird.[526]

Allerdings nicht den arbeitnehmerähnlichen Personen zugehörig und somit nicht berücksichtigt seien organschaftliche Vertreter, wie GmbH-(Fremd)Geschäftsführer und AG-Vorstände.[527] Ob das in dieser Pauschalität gelten kann, ist fraglich, können doch insbesondere auch Fremdgeschäftsführer einer GmbH wirtschaftlich abhängig und sozial schutzbedürftig sein. Während die Frage, ob ein Schutz für diese Personengruppen durch eine Subsumtion unter „arbeitnehmerähnliche Personen" erforderlich wäre, für den Anwendungsbereich des § 3 PflegeZG durch spezielle Normen (vgl. § 84 Abs. 3 AktG, § 38 Abs. 3 GmbHG) gelöst ist,[528] ist eine (analoge) Anwendung dieser Normen für Fälle des § 2 PflegeZG wohl eher unpraktikabel. Eine kurzfristige Abberufung und Neubestellung für zehn Tage dürfte kaum praxistauglich sein. Die Regelung der Fälle des § 3 PflegeZG in einer speziellen Regelung für Geschäftsführer spricht, aber dafür, dass diese nicht als Beschäftigte im Sinne des § 7 Abs. 1 Nr. 3 PflegeZG gelten sollen. Insofern verbliebe für diese Personengruppen allein § 275 Abs. 3 BGB und § 616 BGB als Anspruchsgrundlage.

Somit findet § 2 PflegeZG auf Beschäftigte Anwendung, die sowohl wirtschaftlich abhängig als auch sozial schutzbedürftig sind. Beschäftigten, die diese Merkmale aufweisen, möchte demnach der Gesetzgeber einen höheren Schutz zukommen lassen.

(b) Voraussetzungen

(aa) Nahe Angehörige

Damit § 2 PflegeZG eingreift, muss ein akuter Pflegebedarf bei einem sogenannten „nahen Angehörigen" bestehen. Welche Personengruppen hiervon erfasst sind, ist in § 7 Abs. 3 PflegeZG abschließend aufgezählt.[529]

---

526 Müller-Glöge/Preis u. a./*Gallner/Bubach,* ErfK, § 7 PflegeZG, Rn. 1; *S. Müller,* BB 2008, 1058 (1059).

527 *Fröhlich,* ArbRB 2008, 84 (85).

528 Henssler/Willemsen/Kalb/*Lembke,* HWK ArbR, § 1 PflegeZG, Rn. 7c; Henssler/Willemsen/Kalb/*Lembke,* HWK ArbR, § 7 PflegeZG, Rn. 2.

529 Müller-Glöge/Preis u. a./*Gallner/Bubach,* ErfK, § 2 PflegeZG, Rn. 2; Müller-Glöge/Preis u. a./*Gallner/Bubach,* ErfK, § 7 PflegeZG, Rn. 2; Rolfs/Giesen u. a./*Joussen,* BeckOK ArbR, § 7 PflegeZG, Rn. 13; Kossens/*Kossens,* Basiskommentar, § 2 PflegeZG, Rn. 5.

(bb) „Akut aufgetretene Pflegesituation"

Zur Abgrenzung zu § 275 Abs. 3 BGB ist ein zentrales Tatbestandsmerkmal wesentlich. Die wesentliche Voraussetzung für das Vorliegen eines Leistungsverweigerungsrecht[530] nach § 2 PflegeZG ist die „akut aufgetretene Pflegesituation". Einigkeit besteht dahingehend, dass bei einem längeren Bestehen der Pflegebedürftigkeit ohne gravierende Veränderung bzw. einer längeren Kenntnis vom Eintritt der Pflegebedürftigkeit das Leistungsverweigerungsrecht ein Anspruch ausscheidet.[531]

Streitig ist allerdings, wie häufig eine „akut aufgetretene Pflegesituation" nach dem Sinn und Zweck des Gesetzes vorliegen kann bzw. anders formuliert, ob das Leistungsverweigerungsrecht wiederholt ausgeübt werden kann. Diesbezüglich sieht der Normtext keine Beschränkung vor. Insoweit ist § 2 PflegeZG mit § 616 BGB vergleichbar.

Die wohl herrschende Meinung bejaht die Möglichkeit einer wiederholten Ausübung. So stehe das Leistungsverweigerungsrecht auch dann zu, wenn sich der Pflegebedarf verändere oder die bestehende bzw. eingeplante Pflegekraft unerwartet ausfalle und dadurch ein akuter Pflegebedarf entstehe.[532] Diese Pflegesi-

---

530 Die Rechtsnatur des aus der Norm erwachsenden Rechts ist streitig. Zum Teil wird ein Rechtsanspruch in der Norm gesehen, so in Abweichung zum früheren Verständnis Rolfs/Giesen u. a./*Joussen,* BeckOK ArbR, § 2 PflegeZG, Rn. 4; zum Teil wird angenommen, dass die Leistungspflicht qua Gesetzes entfalle, so: Röller/*Poeche,* Küttner Personalbuch, Pflegezeit, Rn. 8; die wohl überwiegende Ansicht erkennt jedoch ein Leistungsverweigerungsrecht, vgl.: Staudinger/*Fischinger,* Kommentar zum BGB §§ 611-613 BGB, § 611a BGB, Rn. 1140; Müller-Glöge/Preis u. a./*Gallner/Bubach,* ErfK, § 2 PflegeZG, Rn. 1; *Glatzel,* NJW 2009, 1377 (1377); *Joussen,* NZA 2009, 69 (70); *Linck,* BB 2008, 2738 (2739); *Plettenberg,* Arbeitsbefreiung nach dem PflegeZG, S. 65; *Preis/Nehring,* NZA 2008, 729 (730); Linck/Preis/Schmidt/*Rolfs,* APS – Kündigungsrecht, § 5 PflegeZG, Rn. 12; *Schiefer,* NZA-Beilage 2012, 132 (136); *Steinau-Steinrück/Mosch,* NJW-Spezial 2010, 178 (178).; als Zurückbehaltungsrecht bezeichnend, aber auf Grund des Verweises auf § 275 Abs. 3 BGB wohl ebenfalls ein Leistungsverweigerungsrecht meinend: Kossens/*Kossens,* Basiskommentar, § 2 PflegeZG, Rn. 2.

531 Staudinger/*Fischinger,* Kommentar zum BGB §§ 611-613 BGB, § 611a BGB, Rn. 1141; Rolfs/Giesen u. a./*Joussen,* BeckOK ArbR, § 2 PflegeZG, Rn. 6; *Linck,* BB 2008, 2738 (2739); *Preis/Nehring,* NZA 2008, 729 (730); *Schauß,* Beitrag des PflegeZG, S. 122 f.

532 *LAG Baden-Württemberg,* Urteil vom 31.03.2010 – 20 Sa 87/09, Rn. 45, juris; Staudinger/*Fischinger,* Kommentar zum BGB §§ 611-613 BGB, § 611a BGB, Rn. 1141; Müller-Glöge/Preis u. a./*Gallner/Bubach,* ErfK, § 2 PflegeZG, Rn. 2; *Glatzel,* NJW 2009, 1377 (1378); *Hexel/Lüders,* NZS 2009, 264 (265); *Koppenfels-Spies,* Angehö-

tuationen könnten auch häufiger auftreten, weshalb eine wiederholte Ausübung vom Sinn und Zweck des Gesetzes erfasst sei.[533]

Diese Meinung kann jedoch mit guten Argumenten zumindest in Frage gestellt werden. Zum einen deutet die Begründung des Gesetzesentwurfes auf einen begrenzten Anwendungsbereich hin, nämlich die einmalige Ausübung beim erstmaligen Auftreten eines Pflegebedarfs bzw. erneut lediglich bei dessen erheblicher Veränderung.[534] Demnach soll das Recht dann eintreten, wenn „nach Akutereignissen ein Pflegebedarf plötzlich auftritt".[535] Dieser Wortlaut unterscheidet sich von dem in der Literatur verwendeten Begriff des „akuten Pflegebedarfs". Nicht der Pflegebedarf an sich muss akut auftreten, sondern es bedarf eines akuten Ereignisses, das einen plötzlichen Pflegebedarf hervorruft.[536] Dass die Norm den Fall des erstmaligen Pflegebedarfs erfasst, kommt auch darin zum Ausdruck, dass in der Entwurfsbegründung von einer lediglich einmaligen Anwendung je Pflegefall ausgegangen wird.[537] Verfehlt ist das hiergegen angeführte Argument, es handele sich dabei um eine – fehlerhafte – empirische Erwägung.[538] Dieses Argument zeugt von einer ergebnisorientierten Argumentation. Es ist lediglich dann durchgreifend, wenn tatsächlich angenommen werden könnte, dass bei jeglichem akuten Pflegebedarf das Leistungsverweigerungsrecht bestünde. Ein akutes Ereignis, das plötzlich einen Pflegebedarf hervorruft, tritt im Regelfall nur einmalig auf. Sofern darauf verwiesen wird, dass der Entwurfsbegründung kein Gesetzesrang zukomme und somit nicht zur Argumentation gegen den Wortlaut herangezogen werden könne,[539] ist dem entgegenzuhalten, dass der Wortlaut in dieser Hinsicht nicht eindeutig ist. Insofern ist nicht einfach dem vermeintlich weitreichenderen

---

rigenpflege und Beschäftigung, S. 36 f.; Henssler/Willemsen/Kalb/*Lembke,* HWK ArbR, § 2 PflegeZG, Rn. 6; *Linck,* BB 2008, 2738 (2739); *Oberthür/T. Becker,* ArbRB 2009, 77 (80); *Plettenberg,* Arbeitsbefreiung nach dem PflegeZG, S. 67; Röller/*Poeche,* Küttner Personalbuch, Pflegezeit, Rn. 11; *Preis/Nehring,* NZA 2008, 729 (730); Linck/Preis/Schmidt/*Rolfs,* APS – Kündigungsrecht, § 5 PflegeZG, Rn. 10; *Steinau-Steinrück/Mosch,* NJW-Spezial 2010, 178 (178).

533 Staudinger/*Fischinger,* Kommentar zum BGB §§ 611-613 BGB, § 611a BGB, Rn. 1142; *Preis/Nehring,* NZA 2008, 729 (730).

534 Das Heranziehen der Entwurfsbegründung ablehnend: Müller-Glöge/Preis u. a./*Gallner/Bubach,* ErfK, § 2 PflegeZG, Rn. 2.

535 BT-Drs. 16/7439, S. 91.

536 So auch: *Joussen,* NZA 2009, 69 (70).

537 BT-Drs. 16/7439, S. 91.

538 So aber: Müller-Glöge/Preis u. a./*Gallner/Bubach,* ErfK, § 2 PflegeZG, Rn. 2.

539 *Schauß,* Beitrag des PflegeZG, S. 140.

Wortlaut der Norm „Vorzug zu geben“[540], sondern der nicht eindeutige Wortlaut auszulegen. Dafür kann die Entwurfsbegründung herangezogen werden.[541] Der Wortlaut steht dem Ergebnis jedenfalls nicht entgegen.

Zum anderen spricht auch eine fehlende Regelung dazu, wie häufig das Leistungsverweigerungsrecht innerhalb eines bestimmten Zeitraums ausgeübt werden kann, gegen eine wiederholte Ausübungsmöglichkeit. So kann nicht vom Gesetzgeber bezweckt sein, dass die Ausübung des Leistungsverweigerungsrecht unbegrenzt häufig in einem bestimmten Zeitraum, z. B. einem Kalenderjahr, erfolgen kann. Dies wird sogar von Befürwortern der mehrmaligen Ausübung erkannt und eine Anwendung der Grundsätze der Fortsetzungs- und Wiederholungserkrankung in Erwägung gezogen.[542] Dafür gibt es allerdings keinerlei Anhaltspunkte im Gesetz oder Gesetzgebungsverfahren.

Sofern für eine wiederholte Inanspruchnahme angeführt wird, dass immer wieder Ereignisse eintreten könnten, in denen eine Pflege bzw. die erneute Organisation der Pflege erforderlich werde,[543] ist dieser Meinung zuzugestehen, dass dies bei einer lebensnahen Betrachtung vorkommen kann. Allerdings besteht bei Kenntnis des Pflegebedarfs die Möglichkeit, für solche Fälle so Vorsorge zu treffen, dass auch kurzfristig die Pflege sichergestellt werden kann.[544] Wird Vorsorge geleistet und es tritt dennoch ein akuter Pflegebedarf ein, so kann dieser Extremfall bei der Interessenabwägung des § 275 Abs. 3 BGB berücksichtigt werden. Wie zuvor festgestellt,[545] würde dann der Maßstab für die entgegenstehenden Interessen des Arbeitgebers verschärft. Anders ist es, wenn erstmalig Pflegebedarf eintritt und Vorsorge zu treffen weder geboten noch möglich war. In diesem Fall ist es interessengerecht, ein Leistungsverweigerungsrecht ohne Interessenabwägung zuzugestehen, was der Gesetzgeber durch § 3 PflegeZG festgelegt hat.

Als weiteres Argument für ein lediglich einmaliges Ausübungsrecht kann das Pflegeunterstützungsgeld herangezogen werden, das mit § 44a Abs. 3 SGB XI im Jahr 2014 eingeführt wurde. Die Einführung kann als Stärkung des Rechts aus

540 *Preis/Nehring,* NZA 2008, 729 (730).

541 Dies praktizieren beispielsweise auch *Gallner/Bubach* zur Auslegung: Müller-Glöge/Preis u. a./*Gallner/Bubach,* ErfK, § 2 PflegeZG, Rn. 2.

542 Sich für die Anwendung der Grundsätze der Fortsetzungs- und Wiederholungserkrankung aussprechend: Müller-Glöge/Preis u. a./*Gallner/Bubach,* ErfK, § 2 PflegeZG, Rn. 2.

543 *Joussen,* NZA 2009, 69 (70); Röller/*Poeche,* Küttner Personalbuch, Pflegezeit, Rn. 11; *Schauß,* Beitrag des PflegeZG, S. 140.

544 *Freihube/Sasse,* DB 2008, 1320 (1321).

545 Vgl.: B)II)2)c)cc), S. 71.

§ 2 PflegeZG aufgefasst werden, da die finanziellen Folgen für den Beschäftigten abgemildert werden.[546] Allerdings wird das Pflegeunterstützungsgeld gemäß § 44a Abs. 3 S. 2 SGB XI auf einmalig zehn Tage je Pflegebedürftigen begrenzt. Ginge der Gesetzgeber davon aus, dass der Beschäftigte im Regelfall mehrmals das Leistungsverweigerungsrecht in Anspruch nehmen könnte, so wäre es konsequent, auch das Pflegeunterstützungsgeld mehrmals zu gewähren. Es erscheint daher nicht sachgerecht, dass ein Arbeitgeber mehrmals belastet werden sollte, während die Pflegeversicherung geschont werden würde.

Somit gibt es gute Argumente, dem Beschäftigten lediglich beim erstmaligen, plötzlichen Auftreten bzw. einer plötzlichen erheblichen Veränderung der Pflegesituation ein Leistungsverweigerungsrecht nach § 2 PflegeZG zu gewähren und ansonsten auf § 275 Abs. 3 BGB zu verweisen.[547] Allerdings ist der Ansatz der wohl herrschenden Meinung, die Grundsätze der Fortsetzungs- und Wiederholungserkrankung einfach zu übertragen, ist von besonderem Interesse. Hierdurch wird allgemein anerkannt, dass ein Schutz des Dienstverpflichteten grundsätzlich immer geboten ist, auch wenn dieser nicht ausdrücklich vorgesehen wird. Dieser Gedanke wäre dann auch auf § 616 BGB zu übertragen.

(c) Anspruchsinhalt

(aa) Freistellung

§ 2 Abs. 1 PflegeZG gewährt dem Beschäftigten eine Befreiung von der Dienstleistungsverpflichtung für maximal zehn Arbeitstage. Dabei ist hervorzuheben, dass keine Interessenabwägung zwischen dem Betreuungsinteresse des Beschäftigten und dem Dienstleistungsinteresse des Dienstberechtigten vorgesehen ist.[548] So kann der Dienstberechtigte dem Leistungsverweigerungsrecht nur entgegenhalten, dass die Tatbestandsvoraussetzungen nicht vorliegen. Der Gesetzgeber hat so bewusst die Interessen des Dienstberechtigten zurückgestellt[549] und letztlich

546 *Thüsing/Pötters*, BB 2015, 181 (183).

547 So auch *Rose/Dörstling*, die das Ergebnis zugleich kritisieren, da der Arbeitnehmer so beurteilen muss, ob er vom Leistungsverweigerungsrecht nun Gebrauch machen möchte oder ggf. noch eine Situation mit höherem Bedarf eintreten wird: *Rose/Dörstling*, DB 2008, 2137 (2139).

548 Staudinger/*Fischinger*, Kommentar zum BGB §§ 611-613 BGB, § 611a BGB, Rn. 1144.

549 Linck/Preis/Schmidt/*Rolfs*, APS – Kündigungsrecht, § 5 PflegeZG, Rn. 6.

die ansonsten bei Anwendung des § 275 Abs. 3 BGB erforderliche Interessenabwägung selbst vorgenommen.[550]

(bb) Vergütungsfortzahlung

(i) Allgemeine Grundsätze

§ 2 PflegeZG sieht keine aus dem Gesetz folgende Vergütungsfortzahlung für die Dauer des Leistungsverweigerungsrechts vor. Stattdessen verweist es in § 2 Abs. 3 PflegeZG auf andere gesetzliche – hier insbesondere § 616 BGB[551] – oder (tarif-)vertragliche Regelungen. Durch diesen Verweis wird kein unmittelbarer Einfluss auf die Anwendung des § 616 BGB genommen, da ihm lediglich eine deklaratorische Wirkung zukommen kann. Der Beschäftigte, der das Leistungsverweigerungsrecht ausübt, soll auf die Möglichkeiten der Vergütungsfortzahlung hingewiesen werden. Zwar könnte bei dem Verweis auf die gesetzlichen Vorschriften eine Rechtsfolgenverweisung angenommen werden, sodass § 2 Abs. 3 PflegeZG eine Modifikation der Voraussetzung selbst unmittelbar bezweckt. Dies wäre allerdings bei (tarif-)vertraglichen Grundlagen nicht möglich. Da beide Verweisungen nebeneinanderstehen, ist die Verweisung als gleichartig zu verstehen, sodass es sich insgesamt um eine Rechtsgrundverweisung[552] handelt.

Für den Fall, dass der Beschäftigte aus keiner gesetzlichen oder (tarif-)vertraglichen Regelung eine Vergütungsfortzahlung beanspruchen kann, wurde im Jahr 2014 mit § 44a Abs. 3 SGB XI eine subsidiäre Leistung in Gestalt eines Pflegeunterstützungsgeldes aus den Mitteln der Pflegeversicherung eingeführt.[553] Der Leistungsanspruch gegen die Pflegeversicherung ist auf einmalig maximal zehn Tage begrenzt – allerdings nicht je Arbeitnehmer, sondern je pflegebedürftiger Person.

(ii) Abhängigkeit der Vergütungsfortzahlung vom Begriff des „nahen Angehörigen"

Eine Einschränkung der Vergütungsfortzahlung ergibt sich im Zusammenwirken der § 2 PflegeZG und § 616 BGB zudem aus dem Verständnis der Tatbestandsvo-

---

550 So auch: *BAG*, Urteil vom 15.11.2011 – 9 AZR 348/10, Rn. 41, juris; *Schauß*, Beitrag des PflegeZG, S. 161.

551 Säcker/Rixecker u. a./*Henssler*, MüKo zum BGB (Band 5), § 616 BGB, Rn. 40; Rolfs/Giesen u. a./*Joussen*, BeckOK ArbR, § 2 PflegeZG, Rn. 17; *Linck*, BB 2008, 2738 (2741); Müller-Glöge/Preis u. a./*Preis/Greiner*, ErfK, § 616 BGB, Rn. 9.

552 So für den Verweis auf § 616 BGB: *Linck*, BB 2008, 2738 (2741).

553 *S. Müller*, BB 2014, 3125 (3132); *Thüsing/Pötters*, BB 2015, 181 (183).

raussetzung „nahe Angehörige". Für das Vorliegen eines subjektiven Leistungshindernisses im Sinne des § 616 BGB bedarf es – wie zuvor festgestellt[554] – einer besonders engen Verbundenheit, damit aus dieser eine sittliche Pflicht zur Pflege gefolgert werden kann. Damit § 2 PflegeZG zum Tragen kommt, muss ein akuter Pflegebedarf bei einem sogenannten „nahen Angehörigen" bestehen. Welche Personengruppen im Rahmen des PflegeZG als „nahe Angehörige" gelten, ist in § 7 Abs. 3 PflegeZG abschließend aufgezählt.[555] Hierzu gehören u. a. auch die Schwiegereltern, Geschwister und die Ehegatten der Geschwister etc. Somit ergibt sich ein weit gefasster Personenkreis. Dieser ist jedoch umfangreicher als der beschränkte Personenkreis, der im Rahmen des § 616 BGB ein subjektives Leistungshindernis begründet[556].[557]

Somit ist grundsätzlich nicht in jedem Fall, in dem ein Anspruch auf Freistellung nach § 2 PflegeZG besteht, auch von einem persönlichen Leistungshindernis im Sinne des § 616 BGB auszugehen.[558] Insofern könnte in Erwägung für den Fall einer „akut aufgetretenen Pflegesituation bei einem nahen Angehörigen" gezogen werden, die Annahme eines subjektiven Leistungshindernisses im Sinne des § 616 BGB auszuweiten. Die herrschende Meinung geht hingegen nicht von einer Angleichung aus. So werde durch den weiten Angehörigenbegriff der §§ 2 Abs. 1, 7 Abs. 3 PflegeZG nicht auch das Verständnis von „Angehörigen" bei der Auslegung des § 616 BGB betroffen.[559] Es verbleibt bei dem engeren Verständnis des § 616 BGB.[560] Demzufolge besteht nicht in allen Fällen, in denen § 2 PflegeZG ein Leistungsverweigerungsrecht gewährt, auch ein Vergütungsfortzahlungsanspruch aus § 616 BGB besteht. Hierfür spricht abermals, dass der Gesetzgeber lediglich eine Rechtsgrundverweisung vorgenommen und bewusst von der Möglichkeit

---

554 Vgl.: C)II)2)a)cc), S. 111.

555 Müller-Glöge/Preis u. a./*Gallner/Bubach*, ErfK, § 2 PflegeZG, Rn. 2; Müller-Glöge/Preis u. a./*Gallner/Bubach*, ErfK, § 7 PflegeZG, Rn. 2; Rolfs/Giesen u. a./*Joussen*, BeckOK ArbR, § 7 PflegeZG, Rn. 13.

556 Vgl. hierzu: C)II)2)a)cc), S. 111.

557 So auch: Müller-Glöge/Preis u. a./*Gallner/Bubach*, ErfK, § 2 PflegeZG, Rn. 4; *C. Grundmann*, GuP 2013, 100 (105); *Hexel/Lüders*, NZS 2009, 264 (271); Rolfs/Giesen u. a./*Joussen*, BeckOK ArbR, § 2 PflegeZG, Rn. 17.

558 *Freihube/Sasse*, DB 2008, 1320 (1321); Müller-Glöge/Preis u. a./*Gallner/Bubach*, ErfK, § 2 PflegeZG, Rn. 4.

559 Böhm/*Böhm*, PflegeZG, § 2 PflegeZG, Rn. 18; *Freihube/Sasse*, DB 2008, 1320 (1321); *Linck*, BB 2008, 2738 (2741); *Sasse*, DB 2015, 310 (313); *Schauß*, Beitrag des PflegeZG, S. 558.

560 *Steinau-Steinrück/Mosch*, NJW-Spezial 2010, 178 (178-170); so auch *Schauß* m.w.N. zum Verständnis bei § 616 BGB: *Schauß*, Beitrag des PflegeZG, S. 161.

zur unmittelbaren Regelung einer Fortzahlungsverpflichtung abgesehen hat. Des Weiteren bietet (mittlerweile) § 44a Abs. 3 SGB XI zumindest eine nachrangige finanzielle Absicherung, die jedenfalls in den Fällen eingreifen kann, in denen die Voraussetzungen der § 2 PflegeZG und § 616 BGB nicht deckungsgleich sind.

(3) Zwischenergebnis

§ 2 PflegeZG bietet für die Arbeitsverhinderung durch eine „akut aufgetretene Pflegesituation" naher Angehöriger eine Spezialvorschrift. Als Rechtsfolge sieht die Norm jedoch lediglich einen Freistellungsanspruch vor, der von einer Interessenabwägung unabhängig ist. Auf der Ebene der Entgeltfortzahlung trifft § 2 PflegeZG keine eigenständige Regelung. Lediglich § 44a Abs. 3 SGB XI gewährt dem Pflegenden einen finanziellen Leistungsanspruch, der jedoch nur subsidiär ist. Somit bleibt unabhängig vom persönlichen Anwendungsbereich des § 2 PflegeZG § 616 BGB für die finanziellen Ansprüche maßgebend, sofern es sich um nahe Angehörige im Sinne des § 616 BGB handelt. Insofern würde bei einer Abbedingung des § 616 BGB die Fortzahlungslast auf die Pflegeversicherung übertragen, woraus sich die Frage ergibt, ob eine Abbedingung zu Lasten der gesetzlichen Sozialversicherung überhaupt möglich ist. Der persönliche Anwendungsbereich wird für das Pflegeunterstützungsgeld erst dann relevant, wenn § 616 BGB abbedungen ist und keine anderweitige (tarif-)vertragliche Regelung besteht oder zwar der zu Pflegende ein Angehöriger im Sinne des § 2 PflegeZG ist, dessen Verwandtschaftsverhältnis für die Anwendung des § 616 BGB jedoch nicht „eng" genug ist.

§ 2 PflegeZG gilt jedoch lediglich für Beschäftigte, die sowohl wirtschaftlich abhängig als auch sozial schutzbedürftig sind. Andere Beschäftigte sind sowohl hinsichtlich der Freistellung als auch hinsichtlich der Vergütungsfortzahlung auf die allgemeinen Regeln – § 275 Abs. 3 BGB und § 616 BGB – angewiesen.

cc) § 45 SGB V

§ 45 SGB V stellt eine weitere spezialgesetzliche Regelung dar, die in den Anwendungsbereich der § 275 Abs. 3 BGB und § 616 BGB eingreifen und sie damit modifizieren könnte. Durch einen möglicherweise im Vergleich zu § 275 Abs. 3 BGB weiteren Anwendungsbereich werden auch andere Voraussetzungen für den Eintritt des § 616 BGB geschaffen. Zugleich könnte die Anwendung des § 275 Abs. 3 BGB im Übrigen auf Grund des *lex specialis*-Grundsatzes ausgeschlossen werden, sodass wiederum die Eintrittsmöglichkeit des § 616 BGB beschränkt würde. Ebenso wie § 2 PflegeZG betrifft die Norm den Sonderfall, dass die Arbeitsleistung mit der Pflege – hier in Gestalt der krankheitsbedingten Betreuung – eines nahen Angehörigen – vorliegend eines minderjährigen Kindes – kollidiert.

(1) Rechtslage vor Einführung der Norm

Vor Einführung der spezialgesetzlichen Regelung konnte sich die Vergütungsfortzahlung – sowie nach früherer Auffassung wohl auch die Freistellung – bei der Betreuung erkrankter, minderjähriger Kinder aus drei verschiedenen Normen ergeben. Zum einen war dies § 616 Abs. 1 S. 1 BGB a. F., zum anderen § 63 HGB und § 133 c GewO. Ab dem Jahr 1974 bestand neben der möglichen Vergütungsfortzahlung durch den Arbeitgeber zudem noch ein Anspruch gegen die Krankenversicherung. So gewährte § 185c RVO gesetzlich versicherten Personen Krankengeld im Umfang von höchstens fünf Tagen. Wie aus dem eindeutigen Wortlaut[561] des § 185c Abs. 3 RVO hervorging, handelte es sich um einen gegenüber Leistungen des Arbeitgebers subsidiären Anspruch.[562] Der Arbeitgeber musste allerdings zumindest unbezahlte Freistellung gewähren. Auf Grund der deutlichen Regelung zur Subsidiarität des Krankengeldanspruchs ging das *BAG* – zu Recht – davon aus, dass durch diese sozialversicherungsrechtliche Regelung arbeitsrechtliche Vereinbarung und Regelungen nicht ausgeschlossen oder eingeschränkt würden.[563] Allerdings nahm es gleichwohl an, dass die Dauer des Krankengeldanspruchs einen Anhaltspunkt für die Auslegung der Dauer der Vergütungsfortzahlung auf Grund arbeitsrechtlicher Regelungen bieten könne.[564] Des Weiteren deutete das Gericht an, dass eine Übertragung der Beschränkung des Freistellungsanspruchs auf fünf Tage je Kalenderjahr ebenfalls in Erwägung gezogen werden könne.[565] Obwohl es hierzu keine Entscheidung gab, ist bereits die Erwähnung, dass eine solche Überlegung möglich sei, auf Kritik gestoßen.[566]

Zwar war der Anspruch aus § 185c RVO lediglich auf die Pflege von Kindern bis zum Alter von acht Jahren begrenzt. Diese Begrenzung hatte das *BAG* auch in seine Entscheidungen übernommen.[567] Allerdings wurde auch damals bereits von der Literatur eine Übertragung auf ältere Kinder in Erwägung gezogen. So

---

561 So auch: *D. Gaul,* DB 1979, 212 (212); *Mertens,* NJW 1978, 1677 (1678).

562 So auch: *Wank,* Arbeiter und Angestellte, S. 352.

563 *BAG,* Urteil vom 19.04.1978 – 5 AZR 834/76, Rn. 6, 10 ff., juris; *H. Gerlach,* WzS 1974, 49 (62); *Mertens,* NJW 1978, 1677 (1677 f.).

564 *BAG,* Urteil vom 19.04.1978 – 5 AZR 834/76, Rn. 20, juris; *BAG,* Urteil vom 07.06.1978 – 5 AZR 466/77, Rn. 12, juris.

565 *BAG,* Urteil vom 19.04.1978 – 5 AZR 834/76, Rn. 20, juris.

566 *Löwisch,* DB 1979, 209 (210).

567 Vgl.: *BAG,* Urteil vom 19.04.1978 – 5 AZR 834/76, Rn. 20 f., juris; *BAG,* Urteil vom 07.06.1978 – 5 AZR 466/77, Rn. 7 f., juris; *BAG,* Urteil vom 20.06.1979 – 5 AZR 479/77.

könne es je nach Schwere der Erkrankung bzw. Notwendigkeit der Pflege auch bei älteren Kindern unzumutbar sein, die Arbeitsleistung zu erbringen.[568]

(2) Grundsätzliche Systematik

(a) Berechtigte

Nicht nur Arbeitnehmer, die selbst und deren Kinder[569] in der gesetzlichen Krankenversicherung versichert sind, haben einen Anspruch auf Freistellung zur Betreuung erkrankter Kinder. Auch alle anderen Arbeitnehmer haben nach § 45 Abs. 5 SGB V einen solchen Anspruch,[570] da alle Arbeitnehmer gleichbehandelt werden sollen.[571] Bei ihnen entfällt jedoch konsequenterweise der Anspruch auf Krankengeld.[572] Andernfalls läge auch keine Gleichbehandlung der Arbeitnehmer vor, sondern eine Bevorzugung der privat versicherten Arbeitnehmer, da diese nicht in die gesetzliche Krankenversicherung einzahlen und dementsprechend auch keinen Anspruch gegen sie haben können. Eine Unterscheidung hinsichtlich der unbezahlten Freistellung wäre allerdings nicht zu rechtfertigen. Entsprechend finden auch die Voraussetzungen und Grenzen des § 45 Abs. 1 SGB V – insbesondere die Altersgrenze – Anwendung, auch wenn die Norm im Übrigen für nicht gesetzlich versicherten Arbeitnehmer nicht gilt.

(b) Krankheit des Kindes

Nach dem Wortlaut der Norm muss eine Erkrankung des Kindes vorliegen. Diese Erkrankung muss unmittelbar den Betreuungsbedarf des Kindes hervorrufen. Es genügt nicht, dass die Krankheit nur mitursächlich ist.[573] Ob eine Erkrankung vor-

---

568 *Löwisch*, DB 1979, 209 (211); nach a. A. bedürfe es generell einer schwerwiegenderen, nicht nur einer gewöhnlichen Kinderkrankheit: *Mertens*, NJW 1978, 1677 (1677).

569 Aus dem Verweis auf Abs. 1 folgt, dass auch das Kind gesetzlich krankenversichert sein muss, vgl.: „ihres erkrankten und versicherten Kindes"; so wohl auch: *Brose*, NZA 2011, 719 (720).

570 Becker/Kingreen/*Joussen*, GKV-Kommentar, § 45 SGB V, Rn. 13; zumindest für eine analoge Anwendung: *Kohte/Paschke*, jurisPR-ArbR 2013, Anm. 1 (C); a. A. *Brose*, NZA 2011, 719 (720); Sodan/*Peick*, Hdb Krankenversicherungsrecht, § 45 SGB V, Rn. 142.

571 BT-Drs. 14/9585, S. 4, Becker/Kingreen/*Joussen*, GKV-Kommentar, § 45 SGB V, Rn. 13; Wagner/Knittel/*Rieke*, Krauskopf, § 45 SGB V, Rn. 36.

572 *Kleinebrink*, ArbRB 2006, 303 (305).

573 *Kleinebrink*, ArbRB 2006, 303 (303).

liegt, bestimmt sich nach dem sozialversicherungsrechtlichen Krankheitsbegriff. Da bei einem Kind nicht auf die Arbeitsunfähigkeit, die Teil dieses Begriffs ist,[574] abzustellen ist, dürfte dieser dem Krankheitsbegriff des § 3 EFZG entsprechen.

(3) Anspruchsinhalt

(a) Freistellungsanspruch

Anders als bei § 275 Abs. 3 BGB und § 2 PflegeZG handelt es sich bei § 45 SGB V nicht um ein einseitiges Leistungsverweigerungsrecht. Zum Teil wird für gesetzlich Krankenversicherte der Entfall der Leistungspflicht ipso jure angenommen, sofern die Voraussetzungen des § 45 Abs. 1 SGB V vorlägen.[575] In diesem Fall bedürfte das Fernbleiben von der Arbeit keiner Genehmigung durch den Arbeitgeber, jedoch einer rechtzeitigen Information.[576] Für nicht gesetzlich Krankenversicherte hingegen böte § 45 Abs. 5 SGB V lediglich einen Freistellungsanspruch. Die – zutreffende – wohl herrschende Meinung geht jedoch für alle Beschäftigtengruppen einheitlich von einem Freistellungsanspruch aus.[577] Dies ergibt sich sowohl aus § 45 Abs. 5 SGB V als auch aus § 45 Abs. 3 SGB V, die beide von einem Freistellungsanspruch und § 45 Abs. 3 S. 2 BGB von einer „gewährten Freistellung" sprechen.[578] Da § 45 Abs. 3 SGB V unmittelbar nur für gesetzlich Krankenversicherte gilt, ging der Gesetzgeber offensichtlich auch für diese Beschäftigtengruppe lediglich von einem Freistellungsanspruch aus. Anders als bei einem Leistungsverweigerungsrecht kann der Arbeitnehmer sich also nicht einfach auf das Recht berufen, sondern das Gesetz sieht eine einvernehmliche Suspendierung der Arbeitspflicht vor. Diese Ausgestaltung führt zwar zu Rechtssicherheit, aber birgt auch die Gefahr einer verzögerten Inanspruchnahme, wenn kein Einvernehmen herzustellen ist.[579]

(b) Anspruch auf Kinderkrankengeld

Der Freistellungsanspruch des gesetzlich Krankenversicherten wird gemäß § 45 Abs. 1 SGB V durch einen Anspruch auf Krankengeld ergänzt. Allerdings sehen

574 Vgl.: C)II)2)b)aa)(4)(a), S. 130.

575 Müller-Glöge/Preis u. a./*Rolfs*, ErfK, § 45 SGB V, Rn. 9.

576 *Kleinebrink*, ArbRB 2006, 303 (304).

577 *Greiner*, NZA 2007, 490 (491); Becker/Kingreen/*Joussen*, GKV-Kommentar, § 45 SGB V, Rn. 12.

578 So auch: Becker/Kingreen/*Joussen*, GKV-Kommentar, § 45 SGB V, Rn. 12.

579 Auf dieses Problem weist zu Recht *Greiner* hin: *Greiner*, NZA 2007, 490 (491).

die Regelungen zum Krankengeld in § 49 Abs. 1 SGB V eine Ruhensregelung für den Fall vor, dass der Arbeitnehmer einen Anspruch auf Arbeitsentgelt oder eine Ersatzleistung des Arbeitgebers hat. Dementsprechend verdrängt der Anspruch auf Krankengeld nicht die besonderen und allgemeinen Regelungen der arbeitsrechtlichen Entgeltfortzahlung, sodass § 616 BGB grundsätzlich neben § 45 Abs. 1 SGB V Anwendung findet.[580]

Vereinzelt wird allerdings in der Literatur die Ansicht vertreten, es bedürfe im Fall der Betreuung eines kranken Kindes keines Rückgriffs auf § 45 Abs. 1 SGB V und erst recht nicht auf § 616 BGB, da dieser Fall bereits von § 3 EFZG erfasst sei.[581]

Laut *Kießling* und *Jünemann* sei die Interessenlage bei persönlicher Erkrankung des Arbeitnehmers und der Arbeitsverhinderung auf Grund der Erkrankung des Kindes vergleichbar. So werde der Arbeitnehmer in beiden Fällen daran gehindert, seine Arbeitsleistung zu erbringen, was seine Existenzgrundlage gefährde. Für den Arbeitgeber handele es sich ebenso um das gleiche, der persönlichen Leistungspflicht immanente Risiko einer Erkrankung. So sei unerheblich, wer erkranke.[582]

Dem ist entgegenzusetzen, dass eine vergleichbare Interessenlage nicht ersichtlich ist. Der Arbeitgeber hat ein Interesse an der Erhaltung der Arbeitskraft des Arbeitnehmers.[583] Würde kein Anspruch auf Entgeltfortzahlung bestehen, bestünde die Gefahr, dass der Arbeitnehmer zur Arbeit erscheint und damit riskiert, dass sich sein Gesundheitszustand weiter verschlechtert. Diese Gefahr besteht hingegen nicht, wenn bloß das Kind des Arbeitnehmers erkrankt ist. Zudem ist zwar zuzustimmen, dass auch eine längerfristige Erkrankung des Kindes die Existenzgrundlage des Arbeitnehmers gefährden könnte. Allerdings kann er selbst – anders als bei seiner eigenen Erkrankung – für eine Betreuung des erkrankten Kindes sorgen und somit seine Leistungsverhinderung vermeiden. Wie bereits erläutert,[584] entfällt zudem bei der eigenen Erkrankung des Arbeitnehmers die Arbeitspflicht bereits nach § 275 Abs. 1 BGB und nicht nach § 275 Abs. 3 BGB,[585]

---

580 *Brose,* NZA 2011, 719 (722); Becker/Kingreen/*Joussen,* GKV-Kommentar, § 45 SGB V, Rn. 11; *Marburger,* RdA 1993, 31 (32); Rolfs/Giesen u. a./*Tischler,* BeckOK SozR, § 45 SGB V, Rn. 32; a. A.: *Wank,* Lohnanspruch, S. 76.

581 *E. Kießling,* DB 2006, 841 (841 f.); *E. Kießling/Jünemann,* DB 2005, 1684 (1688 f.).

582 *E. Kießling/Jünemann,* DB 2005, 1684 (1688 f.).

583 Vgl. zu diesem Gedanken auch: C)II)2)b)aa)(2)(b), S. 126.

584 Vgl.: B)II)2)b), S. 55.

585 Indes führt *Kießling* als Argumentation an, dass in beiden Fällen die Arbeitspflicht nach § 275 Abs. 3 BGB entfalle, vgl.: *E. Kießling,* DB 2006, 841 (842).

also ohne Interessenabwägung auf Grund tatsächlicher Unmöglichkeit. Insofern sind die Situationen ungleich, was eine gleiche Behandlung – ohne ausdrücklichen gesetzgeberischen Willen – verbietet.

Auch der Wortlaut des § 3 EFZG spricht gegen eine Einbeziehung der Erkrankung des Kindes unter diese Norm.[586] Dass die Pflege von Angehörigen – und somit auch Kindern – nicht dem EFZG unterfallen sollte, zeigt sich auch an der historischen Betrachtung der verschiedenen ehemaligen Tatbestände. Während der Wortlaut der früheren § 63 HGB und § 133c GewO mit dem Merkmal „Unglück" nach der anfänglich herrschenden Meinung auch die Krankheit des Kindes umfasste, wählte der Gesetzgeber mit „Arbeitsunfähigkeit infolge von Krankheit" für § 3 EFZG ein enger auszulegendes Merkmal.[587] Im Übrigen kommt in der Entwurfsbegründung zum EFZG an keiner Stelle zum Ausdruck, dass auch die Krankheit des eigenen Kindes erfasst sein soll. Stattdessen wird stets von der Krankheit des Arbeitnehmers selbst gesprochen.[588] Somit käme allenfalls eine Analogie in Betracht, für die es angesichts des § 45 SGB V an einer planwidrigen Regelungslücke mangelt.[589]

Zudem würde die Anwendung auch nicht mit der herausgearbeiteten Systematik des § 3 EFZG vereinbar sein. Wie zuvor dargestellt,[590] ist die Arbeitsunfähigkeit die Kausalität zwischen Krankheit und Arbeitsverhinderung. Eine Arbeitsverhinderung tritt im Fall der Erkrankung des Kindes durch den kollidierenden Betreuungsbedarf ein und nicht durch eine Erkrankung des Arbeitnehmers selbst. *Schulz* stellt ergänzend als Argument gegen eine Anwendung des § 3 EFZG heraus, dass auf Grund der allgemein anerkannten Krankheitsdefinition eine eigene Erkrankung des Arbeitnehmers vorliegen müsse.[591] Im Übrigen mangele es auch ansonsten an der Kausalität. So sei gerade nicht die Erkrankung für die Arbeitsverhinderung kausal, sondern erst die aus § 1626 BGB erwachsende Betreuungspflicht.[592] Dem wäre entgegenzuhalten, dass – wie zuvor herausgear-

---

586 Küfner-Schmitt/Schmitt/*Schmitt*, EFZG, § 3 EFZG, Rn. 50.

587 Vgl.: C)II)2)b)aa)(2)(b), S. 126.

588 BT-Drs. 12/5263, S. 10; *Schulz*, DB 2006, 838 (840); so wohl auch *Greiner*, der davon ausgeht, dass § 3 EFZG deshalb nicht von „Eigenerkrankung" spricht, da dies für den Gesetzgeber selbstverständlich war: *Greiner*, Ideelle Unzumutbarkeit, S. 494.

589 Küfner-Schmitt/Schmitt/*Schmitt*, EFZG, § 3 EFZG, Rn. 50.

590 Vgl.: C)II)2)b)aa)(4)(b)(bb), S. 136.

591 *Schulz*, DB 2006, 838 (839); ebenfalls einen Anspruch aus § 3 EFZG ablehnend: Schaub/*Linck*, Arbeitsrecht-Handbuch, § 97 – Arbeitsverhinderung des Arbeitnehmers aus persönlichen Gründen, Rn. 19.

592 *Schulz*, DB 2006, 838 (839).

beitet[593] – Kausalität auch gegeben ist, wenn keine autonome Entscheidung des Arbeitnehmers vorliegt, was bei einer sich aus dem Gesetz ergebenden Betreuungspflicht gerade der Fall wäre. Allerdings kommt es hierauf auf Grund der vorstehenden Ausführungen nicht mehr an.

Die Krankheit des Kindes führt folglich nicht zu einer Arbeitsunfähigkeit des betreuenden Elternteils im Sinne des § 3 EFZG, sodass ein Anspruch aus § 3 Abs. 1 EFZG nicht entstehen kann.

Somit erfolgt die finanzielle Absicherung bei Arbeitsverhinderung auf Grund der krankheitsbedingten Betreuung eines Kindes aus § 45 Abs. 1 SGB V oder § 616 BGB.

(4) Zwischenergebnis

Gesetzlich krankenversicherte Arbeitnehmer[594] haben für die Betreuung eines höchstens zwölf Jahre alten gesetzlich krankenversicherten Kindes zum einen einen gesetzlichen Anspruch auf unbezahlte Freistellung sowie zum anderen einen gegenüber sonstigen Vergütungsfortzahlungsansprüchen subsidiären Anspruch auf Krankengeld. Zwar sind beide Ansprüche auf maximal zehn Tage beschränkt, jedoch besteht der Freistellungsanspruch unabhängig von einer Interessenabwägung. Insofern tritt der Freistellungsanspruch in Konkurrenz zur allgemeinen Befreiung von der Arbeitsleistung nach § 275 Abs. 3 BGB. Die Vergütungsfortzahlung für die Dauer der Freistellung richtet sich nach § 616 BGB, da § 3 EFZG tatbestandlich nicht anwendbar ist. Insofern tritt durch § 45 SGB V jedenfalls mit Blick auf den Anwendungsbereich keine Beschränkung oder sonstige Modifikation des § 616 BGB ein.

(5) Verhältnis zu § 275 Abs. 3 BGB

Zu klären ist demnach zum einen das Verhältnis zwischen den beiden Normen und zum anderen – wird ein Nebeneinander angenommen –, ob die Wertungen des § 45 SGB V bei der Auslegung des § 275 Abs. 3 BGB zu berücksichtigen sind. Davon hängt ab, ob § 616 BGB in Fällen der Erkrankung des Kindes nur noch zur Anwendung gelangen kann, wenn die Voraussetzungen des § 45 SGB V vorliegen.

---

593 Vgl.: C)II)2)b)aa)(4)(b)(aa), S. 132.

594 Wie zuvor dargestellt besteht ansonsten lediglich der Freistellungsanspruch; vgl.: C)II)2)b)cc)(3)(a), S. 164.

(a) Normverhältnis

Zum Teil wird auch bei diesem Normverhältnis vertreten, § 45 Abs. 3-5 SGB V verdränge § 275 Abs. 3 BGB.[595] Dies folge daraus, dass § 45 SGB V sowohl die Voraussetzungen als auch die Rechtsfolge konkret definiere[596] und somit – wohl – als *lex specialis* anzusehen sei. Überzeugen vermag diese Ansicht jedoch nicht. Denn zum einen dürfte der Arbeitnehmer sich in der gleichen Situation grundsätzlich auch auf § 275 Abs. 3 BGB berufen können, um eine länger andauernde Befreiung von der Leistungspflicht zu erhalten. Diese Möglichkeit ergibt sich dadurch, dass § 45 SGB V die ansonsten erforderliche Interessenabwägung entfallen lässt[597], die bei § 275 Abs. 3 BGB die unbestimmte Rechtsfolge ermöglicht. Zum anderen sind die Normen in der Rechtsfolge strukturell verschieden. Sie unterscheiden sich dahingehend, dass es sich bei ersterem um einen Freistellungsanspruch handelt, bei zweiterem um ein Leistungsverweigerungsrecht.[598] Dieser Unterschied gründet in einem praktischen Argument für das Nebeneinander. Verweigerte der Arbeitgeber die Freistellung, wäre der Arbeitnehmer bei einem Exklusivitätsverhältnis schutzlos und wäre der Gefahr einer außerordentlichen Kündigung ausgesetzt, wenn er gleichwohl die Leistung nicht erbringen würde. Durch § 275 Abs. 3 BGB wird er – wenn auch mit einem beschränkten Schutzstandard – hiergegen abgesichert.[599]

Mithin ist ein Nebeneinander der beiden Normen anzuerkennen.[600] Mit der gleichen Begründung kann die Ansicht abgelehnt werden, dass § 45 SGB V keine praktische Bedeutung zukomme. Dies sei daraus zu folgern, dass die Voraussetzungen des § 45 SGB V enger seien.[601] Auch sei § 45 SGB V dadurch für den Arbeitnehmer nachteilig, als er lediglich einen Freistellungsanspruch erhalte – also

---

595 *Kleinebrink*, ArbRB 2006, 303 (303); Kiel/Lunk/Oetker/*Reichold*, MHdB ArbR, § 41 Befreiung von der Arbeitspflicht, Rn. 7; uneindeutig *Joussen*, der jedoch von einem „Verdrängen" spricht: Becker/Kingreen/*Joussen*, GKV-Kommentar, § 45 SGB V, Rn. 13.

596 *Kleinebrink*, ArbRB 2006, 303 (303).

597 *Kohte*, Schuldrechtsreform und das Arbeitsrecht, S. 92; *Kohte/Paschke*, jurisPR-ArbR 2013, Anm. 1 (C).

598 *Greiner*, NZA 2007, 490 (491); *Treichel*, NZA 2016, 459 (460).

599 In diesem Sinne auch: *Brose*, NZA 2011, 719 (721 f.); *Greiner*, Ideelle Unzumutbarkeit, S. 493; *Treichel*, NZA 2016, 459 (460).

600 So auch: *Brose*, NZA 2011, 719 (721); Dörner/Luczak u. a./*Dörner*, Hdb FA ArbR, Kapitel 3, Rn. 1791; Staudinger/*Fischinger*, Kommentar zum BGB §§ 611-613 BGB, § 611a BGB, Rn. 1144; *Greiner*, NZA 2007, 490 (490); Säcker/Rixecker u. a./*Henssler*, MüKo zum BGB (Band 5), § 616 BGB, Rn. 33.

601 *E. Kießling/Jünemann*, DB 2005, 1684 (1686).

möglicherweise eine Vereinbarung mit dem Arbeitgeber erforderlich sei – und nicht ein einseitiges Leistungsverweigerungsrecht entstehe.[602] Folgte man dieser Argumentation konsequent, müsste man der Norm allerdings nicht die praktische Bedeutung absprechen, sondern sie als *lex specialis* auffassen und den Anwendungsbereich des § 275 Abs. 3 BGB beschränken. Dies ist jedoch aus den dargestellten Gründen abzulehnen. Hinzu kommt auch, dass der Gesetzgeber durch die Konkretisierung der Anspruchsvoraussetzung sowie der Rechtsfolge die ansonsten bei § 275 Abs. 3 BGB erforderliche Interessenabwägung durch die Regelung in § 45 SGB V selbst vorgenommen hat.[603]

(b) Übertragung der Wertungen

Den – wesentlichen – Unterschied zwischen den beiden Normen – die Erforderlichkeit bzw. Nicht-Erforderlichkeit einer Interessenabwägung – wird man auch als zentralen Grund dafür sehen müssen, dass sich die Wertungen des § 45 SGB V nicht ohne Weiteres auf § 275 Abs. 3 BGB übertragen lassen.

Diese Übertragung wird jedoch teilweise vertreten. Aus § 45 Abs. 3 SGB V gehe hervor, dass der Freistellungsanspruch allein dann bestehen solle, wenn eine echte Pflichtenkollision vorliege. Diese bestehe, wenn sich niemand anderes im Haushalt um das Kind kümmern könne. Dieser Grundsatz sei auf § 275 Abs. 3 BGB zu übertragen. So stelle § 45 Abs. 3 SGB V ein Leitbild dar, in welchem Fall eine Unzumutbarkeit anzunehmen sei, die § 275 Abs. 3 BGB verlange. Somit sei nur dann ein Leistungsverweigerungsrecht aus § 275 Abs. 3 BGB zuzugestehen, wenn eine echte Pflichtenkollision gegeben sei.[604]

Dass § 45 Abs. 3 SGB V kein Leitbild vermittelt, zeigt sich aber bereits daran, dass die weiteren Voraussetzungen des § 45 Abs. 3 SGB V auch nicht übertragbar sind. So wird man nicht annehmen können, dass bei einer Überschreitung der Altersgrenze des § 45 SGB V ein Leistungsverweigerungsrecht generell ausscheidet. Vielmehr erfordert die Interessenabwägung eine Berücksichtigung des – altersunabhängigen – Betreuungsbedarfs und der Schwere der Erkrankung. Hierauf weist schon die Entwurfsbegründung des § 275 Abs. 3 BGB hin, die von einem Leistungsverweigerungsrecht auf Grund einer lebensbedrohlichen Erkrankung des Kindes spricht.[605] Letztlich können die Pflichtenkollisionen in jedem Alter

---

602 *E. Kießling*, DB 2006, 841 (841).
603 So auch: *Brose*, NZA 2011, 719 (720).
604 *Greiner*, NZA 2007, 490 (490).
605 *Schulz*, DB 2006, 838 (838).

auftreten.[606] Dies zeigt, dass die Übertragung strikter Grenzen des § 45 Abs. 3 SGB V – wozu auch das Vorliegen einer echten Pflichtenkollision gehört – auf § 275 Abs. 3 BGB nicht mit dessen Systematik in Gestalt der Interessenabwägung vereinbar ist.

Allenfalls kann in Erwägung gezogen werden, die Grundsätze des § 45 Abs. 3 SGB V als Maßstab bei der Interessenabwägung zu berücksichtigen. Entsprechend könnte angenommen werden, dass bei jüngeren Kindern, die betrieblichen Interessen, die dem Leistungsverweigerungsrecht entgegenstehen, gewichtiger als bei einem älteren Kind sein müssen. Allerdings muss man entsprechend der vorherigen Ausführungen anerkennen, dass das Alter lediglich einen Aspekt dieser Interessenabwägung darstellt.

Mithin ist zumindest anzunehmen, dass die Wertungen des § 45 SGB V die Interessenabwägung des § 275 Abs. 3 BGB nicht zu Lasten des Arbeitnehmers modifizieren.[607]

(6) Zwischenergebnis

§ 45 SGB V bietet den Arbeitnehmern im Fall der Erkrankung ihrer Kinder einen Freistellungsanspruch, der neben dem Leistungsverweigerungsrecht des § 275 Abs. 3 BGB steht. Insofern wird ein weiterer, ausdrücklicher Anwendungsfall für § 616 BGB geschaffen. § 616 BGB regelt dabei auch primär den Anspruch auf Fortzahlung der Vergütung, da der Freistellungsanspruch nämlich nur von einem subsidiären Anspruch auf Krankengeld flankiert wird. Insofern würde bei einer Abbedingung des § 616 BGB die Fortzahlungslast auf die Krankenversicherung übertragen, woraus sich erneut die Frage ergibt, ob eine Abbedingung zu Lasten der gesetzlichen Sozialversicherung überhaupt möglich ist. Privat krankenversicherte Arbeitnehmer wären im Falle der Abbedingung gar schutzlos. Aus dem Umstand ergibt sich die Frage, ob dies mit Blick auf den sozialen Gedanken des § 45 SGB V, der das Nebeneinander von Arbeit und Familie erleichtern und die Risiken für den Arbeitnehmer reduzieren soll, keine unangemessene Benachteiligung darstellte.

---

606 *Kohte*, Schuldrechtsreform und das Arbeitsrecht, S. 92; zu dem Grundsatz auch: Hau/Poseck/*Baumgärtner*, BeckOK BGB, § 616 BGB, Rn. 7.

607 So auch: Säcker/Rixecker u. a./*Henssler*, MüKo zum BGB (Band 5), § 616 BGB, Rn. 34.

c) Vermeidbarkeit

Fraglich ist, an welcher Stelle die Möglichkeit des Dienstverpflichteten zu berücksichtigen ist, die Verhinderung an der Dienstleistung zu vermeiden. Dies betrifft beispielsweise die Fälle, in denen die Verhinderung durch die Wahl eines Zeitpunktes, der nicht mit der Arbeitspflicht kollidiert, zu vermeiden wäre. Es kommt in Betracht, dass die Vermeidbarkeit lediglich im Rahmen des § 275 Abs. 3 BGB Berücksichtigung findet. Des Weiteren wäre denkbar, dass die Vermeidbarkeit der Verhinderung allein eine Frage des Verschuldens im Rahmen des § 616 BGB ist.

aa) Berücksichtigung allein im Rahmen des § 275 Abs. 3 BGB

Für eine alleinige Berücksichtigung der Vermeidbarkeit im Rahmen des § 275 Abs. 3 BGB spricht, dass durch die hier vertretene Auffassung,[608] wonach auch im Rahmen des § 275 Abs. 3 BGB ein Verschulden zu berücksichtigen ist, die dogmatische Möglichkeit zur Berücksichtigung eröffnet wird. Allerdings würde diese Auffassung zugleich dazu führen, dass der Entfall der Leistungspflicht und die Frage der Vergütungsfortzahlung wieder verwoben würden. Zwar ist der Entfall der Leistungspflicht nach § 275 BGB eine Voraussetzung für die Entgeltfortzahlung. Gleichwohl handelt es sich – wie herausgestellt[609] – um unterschiedliche Regelungsziele mit unterschiedlichen Voraussetzungen.[610] Bei der Abwägung im Rahmen des § 275 Abs. 3 BGB ist grundsätzlich – auch durch die Berücksichtigung des Verschuldens – die Vermeidbarkeit des Leistungshindernisses zu berücksichtigen. Dass dieses jedoch eine andere Gewichtung hat, wird bereits durch das gefundene Ergebnis[611] deutlich, nach dem ein Leistungshindernis großzügig anzunehmen ist. Des Weiteren ist die Möglichkeit der Berücksichtigung der Vermeidbarkeit allein bei § 275 Abs. 3 BGB geschaffen. Bei § 275 Abs. 1 BGB findet die Berücksichtigung der Vermeidbarkeit hingegen keine Anknüpfung. Dort entfällt die Leistungspflicht eben nur wegen tatsächlich eingetretener Unmöglichkeit. Der Anwendungsbereich des § 616 BGB ist hingegen enger,[612] sodass die Vermeidbarkeit – wenn auch nochmals, allerdings mit einem anderen Stellenwert –zu berücksichtigen ist.

608 Vgl.: B)II)2)b), S. 55.

609 Vgl.: B)I)2), S. 43.

610 Hinsichtlich der unterschiedlichen Voraussetzungen so auch: Säcker/Rixecker u. a./*Henssler,* MüKo zum BGB (Band 5), § 616 BGB, Rn. 10.

611 Vgl.: B)II)2)c)cc), S. 71.

612 So auch: Säcker/Rixecker u. a./*Henssler,* MüKo zum BGB (Band 5), § 616 BGB, Rn. 11.

bb) *Vermeidbarkeit als Unterfall des Verschuldens im Rahmen des § 616 BGB*

Die Vermeidbarkeit des Leistungshindernisses könnte als Unterfall des Verschuldens im Rahmen des § 616 BGB angesehen werden. Hierfür spricht, dass die Vermeidung von Verhinderungen grundsätzlich dem Schutz des Vermögens des Dienstberechtigten dient. Zu dessen Schutz ist der Dienstverpflichtete als Nebenpflicht nach § 241 Abs. 2 BGB verpflichtet ist.[613] Der Verstoß gegen diese Pflicht kann dem Dienstverpflichteten jedoch grundsätzlich nur zum Nachteil gereichen, wenn dieser Verstoß von ihm verschuldet ist. Da § 616 BGB bereits den Ausschluss des Anspruchs auf Vergütungsfortzahlung bei Verschulden vorsieht, würde die Vermeidbarkeit sich an dieser Stelle sinnvoll einfügen.

cc) *Vermeidbarkeit als Ausschluss des Leistungshindernisses im Sinne des § 616 BGB*

Allerdings liegt nach überzeugender Auffassung bei der Vermeidbarkeit einer Kollision bereits kein Leistungshindernis im Sinne des § 616 BGB vor. Diese Norm soll den Dienstverpflichteten vor den finanziellen Folgen von persönlichen Umständen schützen, die in Konflikt zur Arbeitsleistung treten. Gemäß den vorherigen Ausführungen[614] tritt diese Schutzwirkung jedoch nur bei *zwingenden* Pflichten ein. Konsequenterweise können somit auch nur *zwingende* Konflikte erfasst sein. Damit handelt es sich um eine objektive Anspruchsvoraussetzung, die dem Tatbestandsmerkmals des Vorliegens eines Leistungshindernisses zuzuordnenden ist.[615] *Zwingend* ist der Konflikt jedoch dann nicht, wenn der Dienstverpflichtete diesen – ohne dass dadurch die Erfüllung der für ihn zwingenden Pflicht vereitelt wird – durch Anpassungen des Zeitpunkts der Pflichterfüllung sowie der Arbeitsleistung im Rahmen der ihm zur Verfügung stehenden Möglichkeiten vermeiden kann.[616] In diesem Fall stellt der Konflikt kein Leistungshindernis im Sinne des § 616 BGB dar, selbst wenn er zu einer Leistungsbefreiung nach § 275 Abs. 3 BGB führt.[617]

---

613 Der Dienstverpflichtete ist zur Verhinderung von Schäden verpflichtet, vgl.: Staudinger/*Fischinger*, Kommentar zum BGB §§ 611-613 BGB, § 611a BGB, Rn. 1302.

614 Vgl. hierzu: C)I)4), S. 89 sowie C)II)2)a), S. 101.

615 *BAG*, Urteil vom 19.04.1978 – 5 AZR 834/76, Rn. 23.

616 Systemwidrig wäre es jedoch als Vermeidungsmöglichkeit auch die Inanspruchnahme von Urlaub in Erwägung zu ziehen; vgl. hierzu bereits: C)II)2)a)cc), S. 111.

617 So auch *Riesenhuber*, *Krause* und *Bieder*, bei denen jedoch eine Vermischung von § 275 Abs. 3 BGB und § 616 BGB anklingt: Gsell/Krüger u. a./*Bieder*, beckOGK (Stand: 01.07.2022), § 616 BGB, Rn. 27, 12; Henssler/Willemsen/Kalb/*Krause*, HWK

dd) Zwischenergebnis

Somit liegt bereits kein Leistungshindernis im Sinne des § 616 BGB vor, wenn die Verhinderung vermeidbar ist. Ein praktisches Beispiel ist hierfür die Wahrnehmung von routinemäßigen Arztterminen während der Arbeitszeit, obwohl diese auch außerhalb der Arbeitszeit hätten wahrgenommen werden können.

d) Zwischenergebnis

Damit ein „in seiner Person liegender Grund" für die Verhinderung des Dienstverpflichteten gegeben ist, muss ein subjektives Leistungshindernis vorliegen. Dies bedeutet, dass es grundsätzlich lediglich eine begrenzte Zahl an Dienstverpflichteten betreffen darf. Ein subjektives Leistungshindern liegt aber auch dann vor, wenn der Grund zwar viele Dienstverpflichtete betrifft bzw. betreffen kann, jedoch der Einzelne in außergewöhnlichem Maße beansprucht ist oder der Grund an dessen persönliche Umstände anknüpft.

Allerdings ist auch nicht jeder subjektive Grund für einen Anspruch auf Vergütungsfortzahlung nach § 616 BGB ausreichend. Damit die Norm nicht zu weit ausgelegt wird und eine unzumutbare Belastung des Dienstberechtigten eintritt, muss vielmehr eine rechtliche, öffentliche, sittliche oder moralische Pflicht bestehen. Gegen diese Verpflichtung müsste der Dienstverpflichtete bei Erfüllung seiner Dienstpflicht verstoßen und aus ihr müsste dem Dienstverpflichteten ein Nachteil erwachsen. Dieser Nachteil muss nicht messbar sein, sondern kann auch in einer sozialen Ächtung liegen. Dabei dürfen diese Pflichten jedoch lediglich zu gelegentlichen Verhinderungen führen und nicht absehbar wiederkehrend sein, da ansonsten eine zweckwidrige Verlagerung von regelmäßigen Vergütungsrisiken auf den Dienstberechtigten vorläge. Dieser soll lediglich das Risiko gelegentlicher Verhinderungen übernehmen. Als weitere Voraussetzung darf die Kollision der Pflicht mit der Dienstpflicht nicht vermeidbar sein.

Unstreitig unterfällt die krankheitsbedingte Verhinderung grundsätzlich § 616 BGB. Allerdings ist die Anwendung des § 616 BGB für Arbeitnehmer und abhängig Beschäftigte dann ausgeschlossen, wenn die Krankheit zu einer zumindest eintägigen Arbeitsunfähigkeit – also krankheitsbedingten Arbeitsverhinderung – führt. Hierfür greift § 3 EFZG ein. In diesem Fall ist § 616 BGB auch dann ausgeschlossen, wenn § 3 EFZG keinen Anspruch gewährt. Ist der

---

ArbR, § 616 BGB, Rn. 44; Westermann/Grunewald/Maier-Riemer/*Riesenhuber*, Ermann BGB, § 616 BGB, Rn. 46; im Übrigen so wohl auch: *Diller/Krieger*, Streik im Kindergarten, S. 66; Staudinger/*Oetker*, Kommentar zum BGB §§ 613a-619a BGB, § 616 BGB, Rn. 70.

abhängig Beschäftigte jedoch krankheitsbedingt für weniger als einen Arbeitstag an der Arbeitsleistung verhindert – z. B. wegen der Wahrnehmung eines Arzttermins – folgt der Anspruch auf Vergütungsfortzahlung – wie bei den anderen Beschäftigtengruppen – aus § 616 BGB.

3) „Verhältnismäßig nicht erhebliche Zeit"

Der Anspruch auf Vergütungsfortzahlung nach § 616 BGB besteht lediglich dann, wenn das Leistungshindernis nur für eine „verhältnismäßig nicht erhebliche Zeit" vorliegt. Dabei definiert § 616 BGB selbst nicht, wie die Verhältnismäßigkeit für das Vorliegen einer nicht erheblichen Zeit zu bestimmen ist. Es bleibt also offen, zwischen welchen beiden Faktoren eine Verhältnismäßigkeit gebildet werden muss, um die Dauer der Verhinderung zu bestimmen, die § 616 BGB unterfällt. Allerdings handelt es sich bei der „verhältnismäßig nicht erheblichen Zeit" um ein wesentliches Merkmal, das insbesondere Einfluss auf die wirtschaftliche Belastung für den Dienstberechtigten nimmt, die durch die Vergütungsfortzahlung entsteht. Deshalb ist die Dauer der Vergütungsfortzahlung oftmals ein Ansatzpunkt, um die Anwendung des § 616 BGB zu beschränken. Um diese vertraglichen Regelungen bewerten zu können, bedarf es zunächst der Festlegung, was eine „verhältnismäßig nicht erhebliche Zeit" ist bzw. wonach sich diese nach dem Gesetz grundsätzlich bestimmt.

a) Überschreiten der „verhältnismäßig nicht erheblichen Zeit"

Bevor betrachtet wird, wie sich die „verhältnismäßig nicht erhebliche Zeit" bestimmt, stellt sich zunächst die Frage, welche Folge bei deren Überschreiten eintreten. Beim Überschreiten der Dauer kommen zwei mögliche Folgen in Betracht. Zum einen könnte die Vergütungsfortzahlung ab dem Zeitpunkt der Überschreitung enden. Zum anderen könnte die Vergütungsfortzahlung rückwirkend, also vom Beginn der Verhinderung an, entfallen.

Diese Frage kann Einfluss auf die AGB-rechtliche Bewertung vertraglicher Regelungen haben, die die „verhältnismäßig nicht erhebliche Zeit" bestimmen. Insbesondere könnte es eine unangemessene Benachteiligung sein, wenn beim Überschreiten der Dauer der Anspruch rückwirkend entfiele, und die vertragliche Verkürzung der Verhinderungsdauer dazu führte, dass im Regelfall kein Anspruch bestehen würde.

aa) Fortbestehen des Anspruchs

Mitte der 1950er-Jahre wurde insbesondere vom *BAG* vertreten, dass die Vergütungsfortzahlung beim Überschreiten der „verhältnismäßig nicht erheblichen

Zeit“ nur für die Zukunft entfalle und für die „verhältnismäßig nicht erhebliche Zeit“ fortbestehe.[618] Diese Ansicht stellte – wie das *BAG* selbst feststellte[619] – eine Abweichung von der Rechtsprechung des *RAG* und der herrschenden Literatur dar.

Die Änderung der Rechtsprechung wurde im Wesentlichen durch Verweis auf § 616 Abs. 2 BGB begründet.[620] Diese Regelung legte – wie zuvor dargestellt[621] – die „verhältnismäßig nicht erhebliche Zeit“ für den Fall der Krankheit auf sechs Wochen fest. Zur Erreichung des gesetzlichen Zwecks – der Entlastung der Krankenversicherungen – sowie im Zusammenwirken mit § 189 RVO sei es erforderlich, dass der Anspruch auch beim Überschreiten von sechs Wochen für die ersten sechs Wochen fortbestünde. Des Weiteren würde durch § 616 Abs. 2 BGB deutlich, dass der Regelung ein Versorgungscharakter an Stelle einer Aufrechterhaltung des Gegenleistungsanspruchs innewohne.[622] Da es zum einen keinen Grund gebe, die Vergütungsfortzahlung im Krankheitsfall sowie in sonstigen Fällen unterschiedlich zu behandeln, zum anderen das Arbeitsverhältnis nicht von Leistung und Gegenleistung, sondern von Treue- und Fürsorgepflicht geprägt sei, könne allgemein ein weiter Anwendungsbereich angenommen werden. Hierzu gehöre auch das Fortbestehen der Vergütungsfortzahlung.[623] Außerdem sei zu Beginn der Verhinderung ohnehin nicht absehbar, wie lange diese andauere, sodass der Arbeitgeber in jedem Fall zunächst zur Zahlung verpflichtet sei und somit wirtschaftlich belastet werde.[624].

bb) Rückwirkender Entfall des Anspruchs

Allerdings gab das *BAG* diese Auffassung nach kurzer Zeit wieder auf. Nach der nach wie vor herrschende Literaturmeinung[625] und seit dem Jahr 1959 auch wie-

---

618 *BAG*, Urteil vom 24.02.1955 – 2 AZR 10/54, Rn. 9 ff., juris.

619 *BAG*, Urteil vom 24.02.1955 – 2 AZR 10/54, Rn. 10, juris.

620 *BAG*, Urteil vom 24.02.1955 – 2 AZR 10/54, Rn. 11, juris.

621 Vgl.: C)II)2)b)aa)(2)(a), S. 124.

622 *BAG*, Urteil vom 24.02.1955 – 2 AZR 10/54, Rn. 12, juris.

623 *BAG*, Urteil vom 24.02.1955 – 2 AZR 10/54, Rn. 13, juris; so bereits: *Denecke*, BB 1951, 58 (58).

624 *BAG*, Urteil vom 24.02.1955 – 2 AZR 10/54, Rn. 13, juris; so bereits: *Denecke*, BB 1951, 58 (58 f.).

625 Gsell/Krüger u. a./*Bieder*, beckOGK (Stand: 01.07.2022), § 616 BGB, Rn. 36; *Fischinger*, SR 2022, 37 (40); *Fischinger/Hengstberger*, JA 2020, 561 (564); *Gutzeit*, NZA 2010, 618 (620); Säcker/Rixecker u. a./*Henssler*, MüKo zum BGB (Band 5), § 616 BGB, Rn. 71; *Kleinebrink*, ArbRB 2006, 303 (306); Henssler/Willemsen/Kalb/*Krause*, HWK ArbR, § 616 BGB, Rn. 37; Herberger/Martinek u. a./*Legleitner*, juris-PK BGB

der vom *BAG*[626] vertretene Auffassung entfällt nunmehr bei einer Überschreitung der „verhältnismäßig nicht erheblichen Zeit" der Anspruch auf Vergütungsfortzahlung rückwirkend.

Das Hauptargument für diese Auffassung ist, dass es sich bei der „verhältnismäßig nicht erheblichen Zeit" um keine Beschränkung der Rechtsfolge handele, sondern eine Tatbestandsvoraussetzung darstelle.[627] Dies werde durch die Verwendung des Wortes „dass" an Stelle von „soweit" durch den Wortlaut der Norm verdeutlicht.[628]Auch aus den Motiven ergebe sich die Beschränkung, dass § 616 BGB allein bei nur für kurze Zeit bestehenden Verhinderungen eingreifen solle.[629] Zudem wird in dem maßgeblichen Urteil des *BAG* darauf verwiesen, dass die Norm nicht auf die Schutzbedürftigkeit des Dienstverpflichteten abstelle, sondern auf einen Interessenausgleich zwischen den beiden Vertragsparteien. Der Gesetzgeber habe eine Interessenabwägung durch die Regelung vorgenommen, die insbesondere eine Wertung der Zumutbarkeit gegenüber dem Dienstberechtigten enthalte.[630]

(Stand: 02.10.2024), § 616 BGB, Rn. 20; Schaub/*Linck*, Arbeitsrecht-Handbuch, § 97 – Arbeitsverhinderung des Arbeitnehmers aus persönlichen Gründen, Rn. 14; Staudinger/*Oetker*, Kommentar zum BGB §§ 613a-619a BGB, § 616 BGB, Rn. 98 ff.; Müller-Glöge/Preis u. a./*Preis/Greiner*, ErfK, § 616 BGB, Rn. 10; Kiel/Lunk/Oetker/*Tillmanns*, MHdB ArbR, § 77 Arbeitsverhinderung aus persönlichen Gründen, Rn. 32.

626 Das zentrale Urteil, mit dem die Rechtsauffassung wieder geändert wurde, stammt vom Großen Senat (statt vieler): *BAG*, Beschluss vom 18.12.1959 – GS 8/58, Rn. 22 ff., juris; im Übrigen wird diese Auffassung auch in der ordentlichen Gerichtsbarkeit geteilt: *BGH*, Urteil vom 30.11.1978 – III ZR 43/77, Rn. 36, juris.

627 Gsell/Krüger u. a./*Bieder*, beckOGK (Stand: 01.07.2022), § 616 BGB, Rn. 36; *Fischinger*, Arbeitsrecht, Rn. 576; Säcker/Rixecker u. a./*Henssler*, MüKo zum BGB (Band 5), § 616 BGB, Rn. 71; Henssler/Willemsen/Kalb/*Krause*, HWK ArbR, § 616 BGB, Rn. 37; Herberger/Martinek u. a./*Legleitner*, juris-PK BGB (Stand: 02.10.2024), § 616 BGB, Rn. 20; Staudinger/*Oetker*, Kommentar zum BGB §§ 613a-619a BGB, § 616 BGB, Rn. 100; Kiel/Lunk/Oetker/*Tillmanns*, MHdB ArbR, § 77 Arbeitsverhinderung aus persönlichen Gründen, Rn. 32.

628 *Fischinger*, Arbeitsrecht, Rn. 576.

629 *BAG*, Beschluss vom 18.12.1959 – GS 8/58, Rn. 28 f., juris; Kiel/Lunk/Oetker/*Tillmanns*, MHdB ArbR, § 77 Arbeitsverhinderung aus persönlichen Gründen, Rn. 32; ähnlich auch: Henssler/Willemsen/Kalb/*Krause*, HWK ArbR, § 616 BGB, Rn. 37.

630 *BAG*, Beschluss vom 18.12.1959 – GS 8/58, Rn. 34, juris.

cc) Stellungnahme

Für die Ansicht des Entfalls der Vergütungsfortzahlung ex nunc spricht der soziale Gehalt des § 616 BGB. Nach der hier vertretenen Auffassung besteht zwar keine „arbeitsrechtliche Fürsorgepflicht", aus der die Vergütungsfortzahlung folgt,[631] – wie sie das *BAG* annahm. Gleichwohl liegt der Vergütungsfortzahlung eine soziale Erwägung des Gesetzgebers zu Grunde.[632] Vor diesem Hintergrund erscheint es unbillig, den Anspruch gerade in den Fällen entfallen zu lassen, in denen die Verhinderung länger andauert, damit der Vergütungsausfall größer ist und somit das Schutzbedürfnis erhöht ist. Weshalb gerade in diesem Fall durch den rückwirkenden Entfall der Fortzahlung die finanzielle Herausforderung für den Dienstverpflichteten noch gesteigert werden soll, erschließt sich nicht.[633] Ebenso bestehe eine Disparität zu den besonderen Entgeltfortzahlungsregelungen – insbesondere § 3 EFZG – die einen rückwirkenden Entfall nicht vorsehen.[634] Auch weitere spezialgesetzliche Fortzahlungs- und Ersatzregelungen – wie § 44a Abs. 3 SGB XI und § 45 Abs. 1 SGB V – sehen keinen rückwirkenden Entfall der Vergütungsfortzahlung bzw. des Vergütungsersatzes vor. Insofern ließe sich argumentieren, dass sich im Wege einer systematischen Auslegung die Tendenz des Gesetzgebers ergebe, dass die Vergütungsfortzahlung nicht rückwirkend entfallen solle.

Auch wenn die Folge des rückwirkenden Entfalls sozialpolitisch zweifelhaft ist und der Gesetzgeber mit den spezialgesetzlichen Entgeltfortzahlungsregelungen – allen voran § 3 EFZG – einen anderen Weg eingeschlagen hat, ist der herrschenden Meinung zuzustimmen. Insofern überzeugt der deutliche Wortlaut, der durch die historische Betrachtung noch einmal untermauert wird. Auch wenn § 3 EFZG – sowie insbesondere die Vorgängerregelung § 616 Abs. 2 BGB, die enger mit § 616 Abs. 1 BGB verbunden war – eine andere Rechtsfolge vorsieht, lässt sich dies vor dem Hintergrund der sozialpolitischen Motivation der Entlastung der Krankenversicherungen nicht einfach auf § 616 BGB übertragen.

---

631 Vgl.: C)I)4)a), S. 89.

632 Vgl.: C)I)4)d), S. 95.

633 *Greiner*, NZA 2007, 490 (492); ebenfalls kritisch sehend, gleichwohl dem rückwirkenden Entfall zustimmend: Gsell/Krüger u. a./*Bieder*, beckOGK (Stand: 01.07.2022), § 616 BGB, Rn. 36.

634 *Greiner*, NZA 2007, 490 (492).

dd) *Exkurs: Rückwirkender Entfall bei Krankheit von nicht § 3 EFZG unterfallenden Beschäftigten*

Allerdings dürfen die sozialen Folgen, zu denen diese Ansicht führt, nicht ignoriert werden. Besonders problematisch ist der rückwirkende Entfall der Vergütungsfortzahlung in Bezug auf die Krankheit von Beschäftigten, die nicht dem EFZG unterfallen – z. B. bei GmbH-Geschäftsführer –, bei denen sich die Entgeltfortzahlung im Krankheitsfall nach § 616 BGB richtet. Dauert deren Leistungsverhinderung auf Grund von Krankheit länger als die verhältnismäßig nicht erhebliche Zeit, entfällt bei Anwendung der hier vertretenen Auffassung die Vergütungsfortzahlung rückwirkend.[635] Damit unterscheidet sich die Vergütungsfortzahlung für diese Beschäftigten in erheblichem Maße von der Entgeltfortzahlung bei Arbeitsunfähigkeit für Arbeitnehmer. Deren Anspruch auf Entgeltfortzahlung bleibt bei Überschreiten der sechs Wochen bestehen und es schließt sich ab der siebten Woche das Krankengeld an. Beschäftigte, die nicht dem EFZG unterfallen, müssen sich hingegen mit einer Krankentagegeldversicherung auch für den Fall absichern, dass bei Arbeitsunfähigkeit auch für die ersten sechs Wochen keine Vergütung durch den Dienstberechtigten fortgezahlt wird, da die Krankheit länger als die „verhältnismäßig nicht erhebliche Zeit" dauert.

Dementsprechend könnte erwogen werden, bei Arbeitsunfähigkeit – in Anlehnung an § 3 EFZG – die Vergütungsfortzahlung nach § 616 BGB nicht rückwirkend entfallen zu lassen. Eine Anlehnung an § 3 EFZG ist jedoch mit Blick auf die historische Entwicklung der Entgeltfortzahlung im Krankheitsfall zweifelhaft. Die Regelung wurde zur Entlastung der Krankenversicherungen geschaffen, die Krankengeld als gesetzliche Pflichtleistung zu erbringen haben. Hingegen ist bei den privaten Krankenversicherungen das Krankentagegeld, das an die Stelle der Entgeltfortzahlung im Krankheitsfall tritt, eine optionale Zusatzleistung. Dementsprechend können und müssen diese Versicherungen hierfür eine kostendeckende Kalkulation vornehmen. Dies gilt auch für eine nachträgliche Zahlung des Krankentagegelds für die ersten sechs Wochen der Arbeitsunfähigkeit, wenn diese länger als sechs Wochen andauert. Somit hat der rückwirkende Entfall der Vergütungsfortzahlung keine wirtschaftlichen Folgen für die privaten Krankenversicherungen, da diese Möglichkeit bereits in den Beiträgen einkalkuliert ist. Mithin entspräche die Übertragung der Wirkung des § 3 EFZG nicht dem Sinn und Zweck der Regelung – der Entlastung der Krankenversicherungen. Dass letztlich das finanzielle Risiko den Dienstverpflichteten trifft, der sich davor mittels einer

---

635 So auch: *Haase*, GmbHR 2005, 1260 (1266); Westermann/Grunewald/Maier-Riemer/*Riesenhuber*, Ermann BGB, § 616 BGB, Rn. 54.

entsprechenden Krankentagegeldversicherung schützen kann, und nicht den in der Regel leistungsfähigeren Dienstberechtigten, ist an dieser Stelle unbeachtlich. Besonders problematisch ist es jedoch, wenn die Parteien einen bestimmten, recht kurzen Zeitraum für die krankheitsbedingte Entgeltfortzahlung nach § 616 BGB im Dienstvertrag vereinbaren.

b) Bestimmung der „verhältnismäßig nicht erheblichen Zeit"

Anders als beim rückwirkenden Entfall der Vergütungsfortzahlung beim Überschreiten der „verhältnismäßig nicht erheblichen Zeit" besteht Uneinigkeit darüber, wie die Dauer der „verhältnismäßig nicht erheblichen Zeit" zu bestimmen ist. Dabei wirft insbesondere das Wort „verhältnismäßig" die Frage auf, welche Faktoren zueinander ins Verhältnis zu setzen sind. Aus dem Wortlaut selbst ergeben sich hierfür keine Anhaltspunkte.

aa) Betrachtungsweisen

Für die Bestimmung werden im Wesentlichen zwei benannte Ansichten vertreten, die unter den Bezeichnungen „belastungsorientierte Betrachtung" und „ereignisorientierte Betrachtung" geläufig sind.

(1) Belastungsorientierte Betrachtung

Ein Teil der Literatur[636] ebenso wie die Rechtsprechung[637] wenden für die Feststellung der Verhältnismäßigkeit eine sogenannte „belastungsorientierte Betrachtung" an. Dabei wird die Dauer der Verhinderung mit der (voraussichtlichen) Dauer des Dienstverhältnisses ins Verhältnis gesetzt. Somit komme es auf die

---

636 *Beckmann,* NZS 2021, 290 (291); Moll/*Glaser,* MAH ArbR, § 24 Entgelt bei Leistungsstörung, Rn. 216; Dauner-Lieb/Langen/*Klappstein,* NK-BGB, § 616 BGB, Rn. 16 ff.; Soergel/*Kraft,* BGB (1997), § 616 BGB, Rn. 22; *Krumnack,* Wegfall der Leistungspflicht, S. 153; *Löwisch,* DB 1979, 209 (210); *Nikisch,* Arbeitsrecht, S. 616; Westermann/Grunewald/Maier-Riemer/*Riesenhuber,* Ermann BGB, § 616 BGB, Rn. 49; Schulze/*Schreiber,* HK-BGB, § 616 BGB, Rn. 5; *Stöß/Putzer,* NZA 2020, 1465 (1468); wohl befürwortend auch: *Volk,* ARP 2021, 64 (64 f.).

637 *BAG,* Urteil vom 13.11.1969 – 4 AZR 35/69, Rn. 24, juris; *VG Koblenz,* Urteil vom 10.05.2021 – 3 K 107/21.KO, Rn. 30, juris; *VG Berlin,* Urteil vom 16.11.2022 – 32 K 109/22, Rn. 78, juris; *VG Berlin,* Urteil vom 01.12.2022 – 14 K 631/20, Rn. 38, juris; wenn auch nicht ausdrücklich, so jedenfalls angedeutet: *BAG,* Urteil vom 20.07.1977 – 5 AZR 325/76, Rn. 12, juris; *BAG,* Urteil vom 11.08.1988 – 8 AZR 721/85, Rn. 43, juris; offenlassend, ob es sich dieser Bestimmungsart anschließt: *VG Karlsruhe,* Urteil vom 10.05.2021 – 9 K 67/21, Rn. 90, juris.

Belastung des Dienstberechtigten durch die Entgeltfortzahlung im Verhältnis zur Dauer der Dienstleistungserbringung an, zu der sich der Dienstverpflichtete vertraglich verpflichtet hat, an. Auch die Dauer der bisherigen Dienstleistungserbringung werde berücksichtigt. Je länger der Verpflichtete eine Dienstleistung für den Berechtigten erbringe, desto länger dauere die nicht erhebliche Zeit. Dementsprechend einfach ist es für diese Teile der Literatur Maßstäbe für diese Dauer festzulegen. So wird beispielsweise angenommen, dass die Dauer von einem Tag in den ersten drei Monaten des Bestehens des Dienstverhältnisses auf bis zu zwei Wochen ab dessen Bestehen von einem Jahr anwächst.[638] Zum Teil werden dabei zwei Wochen als maximale Dauer angesehen.[639] Das *BAG* hingegen scheint eine absolute Grenze erst bei einer Dauer von sechs Wochen zu sehen. Hierfür wird angeführt, dass selbst bei langjährig andauernden Dienstverhältnissen eine Überschreitung der sechswöchigen Dauer, die der Gesetzgeber für den Fall der Krankheit des Arbeitnehmers – somit den wichtigsten Fall der Vergütungsfortzahlung – vorsieht, nicht mehr als verhältnismäßig anzusehen sei.[640]

Die „belastungsorientierte Betrachtung" wird insbesondere mit dem Hinweis auf die historische Entwicklung und die Fürsorgepflicht bzw. Zumutbarkeit begründet.[641] So werde in den Protokollen zur Entstehung des BGB das Verhältnis zwischen Dauer des Dienstverhältnisses und der Dauer der Vergütungsfortzahlung erwähnt.[642] Zum Teil wird darauf verwiesen, dass durch die längere (störungsfreie) Dauer des Dienstverhältnisses eine längere Vergütungsfortzahlung zumutbar sei.[643] Dieser Ansatz deckt sich insoweit dem Begründungsansatz, der auf die Fürsorgepflicht verweist.[644] Auch die Fürsorgepflicht erhöhe sich – wie

---

638 Westermann/Grunewald/Maier-Riemer/*Riesenhuber,* Ermann BGB, § 616 BGB, Rn. 50.

639 Westermann/Grunewald/Maier-Riemer/*Riesenhuber,* Ermann BGB, § 616 BGB, Rn. 50.

640 *BAG*, Urteil vom 20.07.1977 – 5 AZR 325/76, Rn. 12, juris.

641 So auch: *Linck,* Entgeltrisiko in Zeiten von Covid 19, S. 755.

642 Hau/Poseck/*Baumgärtner,* BeckOK BGB, § 616 BGB, Rn. 9; *Krumnack,* Wegfall der Leistungspflicht, S. 153.

643 Gsell/Krüger u. a./*Bieder,* beckOGK (Stand: 01.07.2022), § 616 BGB, Rn. 37.

644 Henssler/Willemsen/Kalb/*Krause,* HWK ArbR, § 616 BGB, Rn. 40; so wohl auch das *BAG*, das als Grenze eine Überspannung der Fürsorgepflicht annimmt: *BAG*, Urteil vom 25.10.1973 – 5 AZR 156/73, Rn. 12, juris.

dargestellt[645] – mit der Dauer des Dienstverhältnisses, wodurch ein Anwachsen der Dauer der Fortzahlung begründbar sei.[646]

Die Rechtsprechung weicht jedoch in manchen Urteilen von dem zuvor dargestellten Grundsatz ab.[647] Demnach könnten auch weitere Umstände in eine Gesamtabwägung einfließen.[648] Zudem wird gelegentlich die Verhältnismäßigkeit allein anhand des Verhinderungsgrundes betrachtet. So hat das *BAG* festgestellt, dass eine fünftägige Verhinderung zur Betreuung des erkrankten Kindes *unabhängig* von der Dauer des Dienstverhältnisses eine „verhältnismäßig nicht erhebliche Zeit“ darstelle.[649] Als Begründung verwies das Gericht auf die sozialversicherungsrechtlichen Regelungen – in diesem Fall § 185c RVO.[650]

Letztlich handelt es sich bei dieser „belastungsorientierten Betrachtung“ um eine Gegenüberstellung wirtschaftlicher Faktoren. Der Dienstverpflichtete verdient sich durch die Dienstleistung, die er während des (ungestörten) Bestehens oder voraussichtlichen Bestehens des Dienstverhältnisses erbringt, die Fortzahlung für die Zeit, während der er die Dienstleistung nicht erbringen kann. Die finanzielle Belastung, die den Dienstberechtigten durch die Vergütungsfortzahlungspflicht trifft, wird durch den wirtschaftlichen Wert der Dienstleistung, die er vom Dienstverpflichteten erhält, kompensiert.

(2) Ereignisorientierte Betrachtung

Die – mittlerweile weiter verbreitete – Gegenauffassung nimmt die Bestimmung der „verhältnismäßig nicht erheblichen Zeit“ als „ereignisorientierte Betrachtung“ vor.[651] Dies bedeutet, dass es für die Konkretisierung der Dauer der Vergü-

---

645 Vgl.: C)I)3)a), S. 86.

646 Rolfs/Giesen u. a./*Joussen,* BeckOK ArbR, § 616 BGB, Rn. 46; Staudinger/*Oetker,* Kommentar zum BGB §§ 613a-619a BGB, § 616 BGB, Rn. 103; Feichtinger/Malkmus/*Schahandeh,* Entgeltfortzahlungsrecht, § 616 BGB, Rn. 33.

647 Zu diesem Schluss gelangt auch: Rolfs/Giesen u. a./*Joussen,* BeckOK ArbR, § 616 BGB, Rn. 48.

648 Dies wird bereits durch die Formulierung „unter anderem“ deutlich: *BAG*, Urteil vom 13.11.1969 – 4 AZR 35/69, Rn. 24, juris; ebenso spricht hierfür die Formulierung, dass der Einzelfall zu betrachten sei, wobei das Verhältnis zur Dauer des Bestehens des Dienstverhältnisses maßgeblich bleibe: *BGH*, Urteil vom 30.11.1978 – III ZR 43/77, Rn. 37, juris; *BAG*, Urteil vom 11.08.1988 – 8 AZR 721/85, Rn. 43, juris.

649 *BAG*, Urteil vom 19.04.1978 – 5 AZR 834/76, Rn. 22, juris.

650 *BAG*, Urteil vom 19.04.1978 – 5 AZR 834/76, Rn. 21 f., juris.

651 Böhm/*Böhm,* PflegeZG, § 2 PflegeZG, 18; Richardi/Wlotzke/*Boewer,* MHdB ArbR (2000), § 80 – Arbeitsverhinderung aus persönlichen und sonstigen Gründen, Rn. 18; Säcker/Rixecker u. a./*Henssler,* MüKo zum BGB (Band 5), § 616 BGB, Rn. 69;

tungsfortzahlung allein auf Art, Dauer und Schwere des Verhinderungsgrundes ankomme.[652] Damit bedürfe es auch hier einer Würdigung des Einzelfalls,[653] also der jeweiligen auf den Dienstverpflichteten bezogenen individuellen Umstände.

Anders als die belastungsbezogene Betrachtung werde die „ereignisbezogene Belastung" so dem sozialen Schutzzweck gerecht.[654] Der – nicht weiter präzisierte – Gedanke, der dem Argument zu Grunde liegt, dürfte sein, dass die Wahrnehmung kollidierender Pflichten von der bisherigen Tätigkeitdauer unabhängig ist.

Dies ergibt sich auch aus einem weiteren Begründungsansatz, der ausdrücklich darauf verweist, dass nach dem Zweck des § 616 BGB die geringfügige Verhinderung den Entgeltanspruch nicht beeinträchtigen solle.[655] So entspreche die „ereignisbezogene Betrachtung" dem Grundsatz *minima non curat praetor*, nach dem der Dienstberechtigte allgemein und unabhängig von der Dauer des Dienstverhältnisses mit geringfügigen Verhinderungen rechnen müsse.[656]

Des Weiteren stehe die wertende Bestimmung der Dauer in Einklang mit dem sonstigen Verständnis des Merkmals der „Verhältnismäßigkeit" in anderen Nor-

---

Feichtinger/Malkmus/*Schahandeh,* Entgeltfortzahlungsrecht, § 616 BGB, Rn. 34; Küfner-Schmitt/Schmitt/*Schmitt,* EFZG, § 616 BGB, Rn. 57; Kiel/Lunk/Oetker/*Tillmanns,* MHdB ArbR, § 77 Arbeitsverhinderung aus persönlichen Gründen, Rn. 31; befürwortend wohl auch: Henssler/Willemsen/Kalb/*Krause,* HWK ArbR, § 616 BGB, Rn. 41; auf Grund der Formulierung „insbesondere von der üblichen Dauer der Verhinderung durch das jeweilige Ereignis" wohl auch: Schliemann/*Matthes,* ArbR Kommentar, § 616 BGB, Rn. 17.

652 *Bauer/Opolony,* NJW 2002, 3503 (3507); Böhm/*Böhm,* PflegeZG, § 2 PflegeZG, Rn. 18; Feichtinger/Malkmus/*Schahandeh,* Entgeltfortzahlungsrecht, § 616 BGB, Rn. 36.

653 *Geulen/Sothmann,* ArbR 2020, 217 (218); Säcker/Rixecker u. a./*Henssler,* MüKo zum BGB (Band 5), § 616 BGB, Rn. 69; Kiel/Lunk/Oetker/*Tillmanns,* MHdB ArbR, § 77 Arbeitsverhinderung aus persönlichen Gründen, Rn. 31; ebenfalls gegen die generelle Festlegung einer bestimmten Anzahl an Tagen: Müller-Glöge/Preis u. a./*Preis/Greiner,* ErfK, § 616 BGB, Rn. 10a; *Preis/Mazurek/Schmid,* NZA 2020, 1137 (1140).

654 Kiel/Lunk/Oetker/*Tillmanns,* MHdB ArbR, § 77 Arbeitsverhinderung aus persönlichen Gründen, Rn. 31.

655 Henssler/Willemsen/Kalb/*Krause,* HWK ArbR, § 616 BGB, Rn. 41; *Thüsing/Bleckmann,* jM 2021, 148 (150).

656 Schaub/*Linck,* Arbeitsrecht-Handbuch, § 97 – Arbeitsverhinderung des Arbeitnehmers aus persönlichen Gründen, Rn. 14; Staudinger/*Oetker,* Kommentar zum BGB §§ 613a-619a BGB, § 616 BGB, Rn. 104; Küfner-Schmitt/Schmitt/*Schmitt,* EFZG, § 616 BGB, Rn. 57; so wohl auch: *Richter/Heine,* ARP 2020, 323 (325).

men. Dieses ermögliche einen angemessenen Interessenausgleich unter Berücksichtigung der betrieblichen Umstände.[657]

(3) Gemischte Betrachtung

Obwohl eingangs von zwei hauptsächlich vertretenen Betrachtungsweisen gesprochen wurde, die auch beide namentlich bezeichnet wurden, lässt sich noch eine dritte – vorherrschende Ansicht – erkennen,[658] ohne dass sie jedoch namentlich bezeichnet wird. In der Literatur wird vertreten, dass die „belastungsorientierte Betrachtung" und die „ereignisorientierte Betrachtung" tatsächlich nicht trennscharf voneinander abzugrenzen seien,[659] was zu eine Verbindung beider Betrachtungsweisen führt.[660] Die Unmöglichkeit der trennscharfen Abgrenzung zeige sich – wie zuvor auch dargestellt[661] – bereits an der Praxis der Rechtsprechung, die zwar grundsätzlich die „belastungsorientierte Betrachtung" befürworte, allerdings teilweise auch andere Erwägungen berücksichtige, die eher für die „ereignisorientierte Betrachtung" typisch seien.[662] Insofern befürwortet ein Teil der Literatur eine schlichte Orientierung an der bisherigen Rechtsprechungspraxis. Als Ausgangspunkt solle die Dauer des Dienstverhältnisses berücksichtigt werden, die anhand der Umstände des Einzelfalls korrigiert werde.[663] Grundsätzlich solle bei dieser Betrachtung die Grenze der Verhältnismäßigkeit bei wenigen Tagen liegen – in Ausnahmen auch bei bis zu zwei Wochen.[664]

---

657 Gsell/Krüger u. a./*Bieder*, beckOGK (Stand: 01.07.2022), § 616 BGB, Rn. 39; Kiel/Lunk/Oetker/*Tillmanns*, MHdB ArbR, § 77 Arbeitsverhinderung aus persönlichen Gründen, Rn. 31; wohl auch: *Brose*, NZA 2011, 719 (720).

658 Da es sich maßgeblich um eine Art vermittelnde Ansicht handelt, ist diese Strömung nicht unter eine der beiden Ansichten zu untergliedern, sondern als eigene, alleinstehende Ansicht anzusehen.

659 Boecken/Düwell u. a./*Boecken*, NK-GA, § 616 BGB, Rn. 19; Rolfs/Giesen u. a./*Joussen*, BeckOK ArbR, § 616 BGB, Rn. 48.

660 Boecken/Düwell u. a./*Boecken*, NK-GA, § 616 BGB, Rn. 19; Rolfs/Giesen u. a./*Joussen*, BeckOK ArbR, § 616 BGB, Rn. 48; Müller-Glöge/Preis u. a./*Preis/Greiner*, ErfK, § 616 BGB, Rn. 10a; *Preis/Mazurek/Schmid*, NZA 2020, 1137 (1140); wohl auch: *Gutzeit*, NZA 2010, 618 (620); Däubler/Hjort u. a./*Waas/Palonka u. a.*, HK-ArbR, § 616 BGB, Rn. 15.

661 Vgl.: C)II)3)b)aa)(1), S. 179.

662 Rolfs/Giesen u. a./*Joussen*, BeckOK ArbR, § 616 BGB, Rn. 48.

663 Hau/Poseck/*Baumgärtner*, BeckOK BGB, § 616 BGB, Rn. 9; Rolfs/Giesen u. a./*Joussen*, BeckOK ArbR, § 616 BGB, Rn. 48; wohl auch: *Schaub*, AuA 1996, 82 (83).

664 Rolfs/Giesen u. a./*Joussen*, BeckOK ArbR, § 616 BGB, Rn. 48; ähnlich: *Schaub*, AuA 1996, 82 (83).

Für diese Ansicht spreche, dass mit der Berücksichtigung des Verhältnisses von Dauer des Arbeitsverhältnisses zur Vergütungsfortzahlung sowie der Umstände des Einzelfalls sowohl der Billigkeitsgedanke, der der Regelung zu Grund liege, als auch die Besonderheiten des Einzelfalls, die mit dem subjektiv persönlichen Einschlag zwingend einhergingen, hinreichend gewürdigt würden.[665] *Preis* führt zudem als Begründung an, dass es sich bei der „verhältnismäßig nicht erheblichen Zeit" um einen unbestimmten Rechtsbegriff handele. Dies verbiete eine Festlegung auf eine konkrete Anzahl von Tagen.[666]

bb) Spezialgesetzliche Regelungen

Bevor eine Stellungnahme zu den dargestellten Betrachtungsweisen sowie die Erarbeitung und Darstellung einer eigenen Betrachtungsweise erfolgen, sollen zunächst die spezialgesetzlichen Regelungen betrachtet werden. Dabei liegt das Augenmerk auf der Ermittlung der Dauer der Vergütungsfortzahlung sowie der Frage, inwieweit wirtschaftliche Erwägungen bei der Festlegung der Vergütungsfortzahlungsdauer Berücksichtigung finden. Aus dieser Betrachtung lassen sich möglicherweise Begründungsansätze für die Stellungnahme zu den existierenden Betrachtungsweisen sowie Argumente für eine eigene Betrachtungsweise entwickeln. Zudem lassen die Ergebnisse möglicherweise Rückschlüsse darauf zu, inwiefern wirtschaftliche Erwägungen bei Abbedingung des § 616 BGB zu berücksichtigen sind.

Inwieweit wirtschaftliche Erwägungen eine Rolle spielen, kann auch für die spätere Betrachtung der Abdingbarkeit des § 616 BGB im Rahmen der Interessenabwägung relevant sein.

(1) Entgeltfortzahlung bei krankheitsbedingter Arbeitsunfähigkeit

Einen Hauptanwendungsfall der Vergütungsfortzahlung nach § 616 BGB stellte die Entgeltfortzahlung im Krankheitsfall dar. Durch die grundsätzliche Überschneidung des Anwendungsbereichs besteht auch heute noch eine erhebliche Nähe zwischen den beiden Regelungen. Aus diesem Grund wird die Entwicklung der Entgeltfortzahlung im Krankheitsfall betrachtet.

---

665 Boecken/Düwell u. a./*Boecken*, NK-GA, § 616 BGB, Rn. 19.

666 Müller-Glöge/Preis u. a./*Preis/Greiner*, ErfK, § 616 BGB, Rn. 10a; *Preis/Nehring*, NZA 2008, 729 (732 f.).

(a) § 616 Abs. 2 BGB a. F.

Für den Fall der krankheitsbedingten Arbeitsunfähigkeit wurde für Angestellte die Fortzahlungsdauer zunächst über den Grundsatz des § 616 Abs. 1 BGB bestimmt, nach dem es auch um eine „verhältnismäßig nicht erhebliche Zeit" handeln musste. Im Jahr 1930 wurde jedoch ein zweiter Absatz eingefügt. Durch ihn wurde die „verhältnismäßig nicht erhebliche Zeit" mit einer Fiktion[667] definiert, nach der für bis zu sechs Wochen die Vergütung fortzuzahlen sei. Die sechs Wochen stellten nach dem Wortlaut eine Maximaldauer dar.

Gleichwohl wurde vertreten, dass auch ein Anspruch auf Vergütungsfortzahlung für die Dauer von mehr als sechs Wochen bestehen könne.[668] Dies ließe sich dadurch begründen, dass der § 616 Abs. 2 BGB an § 616 Abs. 1 BGB anknüpfe. Wenn die sechs Wochen als starrer Zeitraum zu sehen seien, sei die Anknüpfung zumindest im Hinblick auf die Dauer überflüssig gewesen.[669] Dieses systematische Argument überzeugt jedoch nicht, weil die Anknüpfung an § 616 Abs. 1 BGB auch zur Anwendung der weiteren Voraussetzungen dieses Absatzes führte. So könnte der Wille des Gesetzgebers, dass der Anspruch durch das Verschulden begrenzt sein sollte, die Anknüpfung an § 616 Abs. 1 BGB, der das Verschulden als negatives Tatbestandsmerkmal enthält, bei der Wahl der Systematik einer Fiktion begründet habe.

Des Weiteren sprach auch die wirtschaftliche Verhältnismäßigkeit gegen eine Ausweitung über sechs Wochen hinaus. Während bereits die generell geltenden sechs Wochen eine erhebliche Belastung für den Dienstberechtigten darstellten, war auch bei Einführung des § 616 Abs. 2 BGB bereits der Dienstverpflichtete im Regelfall über das Krankengeld wirtschaftlich abgesichert. Für den Dienstverpflichteten gab es somit kein zwingendes Interesse für die Ausweitung.

Geht man davon aus, dass die Fortzahlungsdauer – entsprechend der generellen Einführung des § 616 Abs. 2 BGB[670] – allein aus Gründen der Entlastung der Krankenversicherung eingeführt wurde, muss man auch davon ausgehen, dass eine wirtschaftliche Verhältnismäßigkeit nicht beabsichtigt war. In diesem Fall gab es noch weniger Anlass zur Ausweitung der Dauer der Vergütungsfortzah-

---

667 Schaub/*Linck*, Arbeitsrecht-Handbuch, § 97 – Arbeitsverhinderung des Arbeitnehmers aus persönlichen Gründen, Rn. 15; Staudinger/*Oetker*, Kommentar zum BGB §§ 613a-619a BGB, § 616 BGB, Rn. 106.

668 *Nikisch*, Arbeitsrecht, S. 624; so für § 63 HGB bei einem sechs Wochen überdauernden Zeitraum: *Schnorr von Carolsfeld*, Arbeitsrecht, S. 215.

669 *Nikisch*, Arbeitsrecht, S. 624.

670 Vgl.: C)II)2)b)aa)(2)(a)(aa), S. 124.

lung. Der Gesetzgeber hätte eine – wenn auch willkürliche, aber damit auch ihm abschließend obliegende – Entscheidung getroffen.

Demnach waren auch bereits im Rahmen des § 616 Abs. 1, 2 BGB die sechs Wochen Fortzahlung als fester Zeitraum zu sehen.[671] Dies wurde durch die späteren Gesetzesänderungen bestätigt, in denen dieser Zeitraum beibehalten wurde. Trotz des unterschiedlichen Wortlauts wurden im Übrigen auch die für andere Vergütungsfortzahlungsnormen entwickelten Grundsätze übertragen. So galten die im Rahmen des § 63 HGB und § 133c GewO entwickelten Grundsätze der Fortsetzungserkrankung und der Einheit des Verhinderungsfalls auch für § 616 Abs. 2 BGB.[672] Dies wurde mit der vergleichbaren wirtschaftlichen Belastung des Dienstberechtigten begründet.[673]

Im Gesamtergebnis stellte daher § 616 Abs. 2 BGB als Fortzahlungsregel für den Fall der Krankheit durch die unmittelbare Anknüpfung an § 616 Abs. 1 BGB eine Besonderheit dar. Für den Krankheitsfall war die Dauer von sechs Wochen als eine „verhältnismäßig nicht erhebliche Zeit" anzusehen, die – anders als vereinzelt angeregt –eine – nicht ausdehnbare – Maximaldauer darstellte. Für diese Regelung stand weniger der Schutz des Dienstverpflichteten als vielmehr der Krankenversicherungen vor finanzieller Überlastung im Vordergrund. Dies kam auch in dem Ausschluss der Abdingbarkeit des § 616 BGB nur für solche Anwendungsfälle zum Ausdruck, in denen die Krankenversicherung ansonsten verpflichtet wäre.[674]

Zudem schien der Gesetzgeber durch die Einführung des § 616 Abs. 2 BGB mit dem Grundsatz der „Verhältnismäßigkeit" der Dauer – die Verhinderung durfte nur für eine „verhältnismäßig nicht erhebliche Zeit" gegeben sein– im Rahmen des § 616 BGB erstmals zu brechen. Ob ein tatsächlicher Bruch dieses Grundsatzes vorlag, hängt davon ab, welchen Bezugspunkt die Verhältnismäßigkeit hatte. Zumindest wenn allein die (Vor-)Beschäftigungsdauer maßgeblich gewesen wäre, stellte die Festlegung von sechs Wochen unabhängig von der bisherigen Dauer des Arbeitsverhältnisses einen Bruch mit dem Verhältnismäßigkeitsgrundsatz dar. Hingegen könnte es auch ein Indiz dafür gewesen sein, dass es nicht auf das Verhältnis zwischen (Vor-)Beschäftigungsdauer und Verhinderungsdauer ankam.

---

671 So auch: Palandt/*Putzo*, BGB-Kommentar (1994), § 616 BGB, Rn. 14.

672 Ausdrücklich für die Fortsetzungserkrankung: *BAG*, Urteil vom 29.09.1982 – 5 AZR 130/80, Rn. 15, juris; *BAG*, Urteil vom 29.06.2000 – 6 AZR 50/99, Rn. 59, juris; Palandt/*Putzo*, BGB-Kommentar (1994), § 616 BGB, Rn. 14.

673 So: *LAG Tübingen*, Urteil vom 23.11.1959 – VI Sa 31/59, 2. Leitsatz, juris.

674 Vgl.: D)I)2)a), S. 233.

(b) § 63 HGB und § 133c GewO

In § 63 HGB und § 133c GewO war ebenfalls die konkrete Dauer der zu leistenden Vergütungsfortzahlung ausdrücklich im Gesetz – nämlich für bis zu sechs Wochen – geregelt. Nicht geregelt war hingegen, wie damit verfahren werden sollte, wenn mehrere Krankheiten unmittelbar nacheinander oder eine Krankheit erneut zur Arbeitsverhinderung führte und damit dem Wortlaut nach ein neuer Vergütungsfortzahlungsanspruch begründet wurde. Hierfür wurde zunächst auf die Fürsorgepflicht des Arbeitgebers abgestellt. Dieser habe grundsätzlich den Arbeitnehmer auch vor wiederholten, jeweils für sich dastehenden Unglücken wirtschaftlich abzusichern.[675] Letztlich bedurfte es für diese Situationen mangels gesetzlicher Regelung einer Rechtsfortbildung durch die Rechtsprechung. Diese entwickelte die Grundsätze der „Fortsetzungserkrankung" und der „Einheit des Verhinderungsfalls".

(aa) Fortsetzungserkrankungen

Nach dem Wortlaut des § 63 HGB war für jedes neue, unverschuldete „Unglück" Vergütungsfortzahlung zu leisten. Dabei stellte jede (Grund-)Erkrankung grundsätzlich ein neues „Unglück" dar. Bestand die Grunderkrankung (oder auch das Grundleiden) medizinisch fort, beruhte die neue, durch das Grundleiden verursachte Arbeitsverhinderung auf demselben Unglück. Dies galt auch, wenn die Grunderkrankung (oder das Grundleiden) zwischenzeitlich nicht zur Arbeitsunfähigkeit führen.[676] Bei Erkrankungen war dementsprechend entscheidend, ob die erneute Arbeitsunfähigkeit entweder auf einer Grunderkrankung beruhte, die bereits zu einer mindestens sechswöchigen Arbeitsunfähigkeit geführt hatte und die nicht als medizinisch ausgeheilt galt oder auf einer neuen Erkrankung basierte.[677] Im ersten Fall hätte die Anwendung des Wortlauts der Norm dazu geführt, dass stets nur einmal die Vergütung fortzuzahlen gewesen wäre, wenn

---

675 *BAG*, Urteil vom 23.06.1960 – 2 AZR 164/59, Rn. 13 ff., juris.

676 So nimmt das *LAG Rheinland-Pfalz* an, dass das Grundleiden medizinisch ausgeheilt sein müsse, damit ein Unglück vorliege: *LAG Rheinland-Pfalz*, Urteil vom 13.05.1955 – 1 Sa 118/54; uneindeutig das *Hessische LAG*, das auf ein neu eingegangenes Arbeitsverhältnis abstellt, um ein neues Unglück zu begründen, obwohl das Grundleiden noch vorlag: *Hessisches LAG*, Urteil vom 18.02.1955 – I LA 531/54, juris; ebenso ist wohl *Duden* zu verstehen, dass ein „Unglück" nur dann anzunehmen sei, wenn der Handlungsgehilfe längere Zeit voll arbeitsfähig war: Baumbach/Duden/*Duden*, HGB-Kommentar (1959), § 63 HGB, Anm. 2; *Hessel*, Krankheit im Arbeitsrecht, S. 38 f.

677 So auch: *Denecke*, BB 1951, 58 (59).

die Grunderkrankung nicht als medizinisch ausgeheilt gegolten hätte. Dies wäre unabhängig davon gewesen, ob zwischenzeitlich – auch über mehrere Jahre – eine Arbeitsleistung erbracht worden wäre. Diese Rechtsfolge kann als sehr weitreichender wirtschaftlicher Schutz des Dienstberechtigten gesehen werden, da dieser für jede Erkrankung des Dienstverpflichteten stets nur einmal eine Vergütungsfortzahlung von sechs Wochen hätte einkalkulieren müsste.

Allerdings führte diese wortlautgetreue Auslegung zu einer erheblichen Aufweichung des sozialen Schutzes des Dienstverpflichteten. Er wäre bei Fortsetzungserkrankungen stets auf die Absicherung durch die Krankenversicherung mit einem niedrigeren Leistungsniveau oder eine Krankentagegeldversicherung angewiesen gewesen. Aus diesem Grund[678] entwickelte das *BAG* eine Ausnahme für sogenannte „Fortsetzungserkrankungen". Demnach würde ein neuer Vergütungsfortzahlungsanspruch begründet, wenn ein längerer Zeitraum mit Arbeitsleistung zwischen der letzten und der aktuellen Arbeitsunfähigkeit auf Grund derselben Grunderkrankung liegen würde. Wäre diese Voraussetzung erfüllt, sei es unbeachtlich, ob die Erkrankung zwischenzeitlich medizinisch als ausgeheilt gelte.[679] Auf Grund der zwischenzeitlich erfolgten Arbeitsleistung sei die erneute Vergütungsfortzahlung dem Dienstberechtigten auch zuzumuten.[680] Während dem Urteil ein Zeitraum von zweieinhalb Jahren zu Grunde lag,[681] wurden in einem späteren Urteil und der Literatur sechs Monate als angemessener Zeitraum erachtet.[682]

In dieser Betrachtung könnte der Gedanke der Verhältnismäßigkeit von Leistung und Gegenleistung gesehen werden. Dem Dienstberechtigten sollte lediglich dann eine weitere finanzielle Belastung zugemutet werden, wenn der Dienstverpflichtete ihm auch einen wirtschaftlichen Vorteil geboten hätte. Dies ergibt sich auch aus einer Begründung der Rechtsprechung. Hierfür wird auf die Wartezeit

---

678 Der Grund wurde durch den Verweis auf die Abwägung des Schutzes des Verpflichteten und der Belastung des Berechtigten deutlich, vgl.: *BAG*, Urteil vom 07.05.1956 – 2 AZR 259/55, Rn. 5, juris.

679 *BAG*, Urteil vom 07.05.1956 – 2 AZR 259/55, 4 f., juris; *BAG*, Urteil vom 23.06.1960 – 2 AZR 164/59, Rn. 19, juris.

680 *BAG*, Urteil vom 07.05.1956 – 2 AZR 259/55, Rn. 4 f., juris.

681 *BAG*, Urteil vom 07.05.1956 – 2 AZR 259/55, Rn. 6, juris.

682 *BAG*, Urteil vom 23.06.1960 – 2 AZR 164/59, Rn. 21, juris; Bandasch/*Etzel*, GK-HGB, § 63 HGB, Rn. 37; für eine Einzelfallbetrachtung: *Hessel*, Krankheit im Arbeitsrecht, S. 39.

beim BUrlG[683] und dem KSchG[684] verwiesen. Im Rahmen des BUrlG müsse der Arbeitnehmer zunächst einen ausreichenden wirtschaftlichen Nutzen erbringen, um den vollen Urlaubsanspruch zu erhalten.[685] Indes erscheint die Anknüpfung an die Wartezeit beim KSchG bereits auf den ersten Blick willkürlich. Ihr Schutzzweck ergibt sich allein aus der Erprobung des Arbeitsverhältnisses, bevor die Kündigung auf Grund sozialer Aspekte erschwert wird.

Aber auch die Verhältnismäßigkeitserwägung vermag – zumindest unter Betrachtung der weiteren Entwicklung der Rechtsprechung – nicht recht zu überzeugen. Denn mittlerweile kommt es gar nicht darauf an, ob tatsächliche eine Arbeitsleistung des Dienstverpflichteten erbracht wurde. Die Formulierung des *BAG* „sechsmonatigen ununterbrochenen Dienstleistung“[686] könnte dahingehend verstanden werden, dass der Verpflichtete tatsächlich sechs Monate die geschuldete Dienstleistung erbringen und damit dem Berechtigten den vereinbarten wirtschaftlichen Wert verschaffen muss. So sah es auch noch das *BAG* in einer Entscheidung, in der es für die Dauer einer Arbeitsunfähigkeit auf Grund einer anderen Erkrankung den Sechsmonatszeitraum als gehemmt ansah.[687] Unter Berücksichtigung des in der Zwischenzeit eingeführten § 1 LohnFG wurde das Merkmal „ununterbrochen“ jedoch allein auf Unterbrechungen durch Arbeitsunfähigkeit auf Grund derselben Grunderkrankungen beschränkt.[688] Folglich ist eine tatsächliche Arbeitsleistung nicht erforderlich. Die Voraussetzung ist auch erfüllt, wenn auf Grund einer anderen Erkrankung oder aus sonstigen Gründen während der sechs Monate keine wirtschaftliche Leistung erbracht wurde. Es kommt allein darauf an, dass keine Arbeitsunfähigkeit auf Grund derselben Erkrankung bestand. Ebenfalls deutlich wird die Unbeachtlichkeit des wirtschaftlichen Wertes dadurch, dass auch dann keine erneute Vergütungsfortzahlung zu leisten ist, wenn zwischen dem ersten Auftreten der Arbeitsunfähigkeit auf Grund einer Erkrankung und der aktuellen Arbeitsunfähigkeit zwar in der Summe tatsächlich

---

683 *BAG*, Urteil vom 23.06.1960 – 2 AZR 164/59, Rn. 21, juris.

684 So wohl das *LAG Nürnberg* in einem nicht veröffentlichten Urteil – *LAG Nürnberg*, Urteil vom 27.01.1959 – Sa 293/58/VI N – das jedoch vom *BAG* zitiert wird, vgl.: *BAG*, Urteil vom 23.06.1960 – 2 AZR 164/59, Rn. 20, juris.

685 *BAG*, Urteil vom 23.06.1960 – 2 AZR 164/59, Rn. 21, juris.

686 *BAG*, Urteil vom 01.02.1973 – 5 AZR 383/72, Leitsatz, juris; mit ähnlicher Formulierung „voll gearbeitet hat“ bereits: *BAG*, Urteil vom 23.06.1960 – 2 AZR 164/59, Leitsatz, juris.

687 *BAG*, Urteil vom 02.06.1966 – 2 AZR 325/65, Rn. 7, juris.

688 *BAG*, Urteil vom 29.09.1982 – 5 AZR 130/80, Rn. 17 ff., juris; Bandasch/*Etzel*, GK-HGB, § 63 HGB, Rn. 37.

mehr als sechs Monate die Arbeitsleistung erbracht wurde, dieser Zeitraum aber durch zwischenzeitliche weitere Arbeitsunfähigkeiten auf Grund derselben Erkrankung – ohne Vergütungsfortzahlung – unterbrochen worden war.[689] Obwohl in diesem Fall ein adäquater wirtschaftlicher Wert erbracht wurde, der die Zumutbarkeit einer erneuten Vergütungsfortzahlung zu Lasten des Dienstberechtigten begründen könnte, entsteht nach dieser Ansicht kein neuer Vergütungsfortzahlungsanspruch. Damit wird deutlich, dass wirtschaftliche Erwägungen bei der Festlegung der Sechsmonatsfrist keine Bedeutung gehabt haben können oder sie zumindest äußerst inkonsequent umgesetzt werden.

(bb) Einheit des Verhinderungsfalls

Ebenso gesetzlich ungeregelt war der Fall, in dem während der Arbeitsunfähigkeit auf Grund einer Erkrankung, eine weitere Erkrankung hinzutrat, die allein zu einer über sechs Wochen hinaus andauernden Arbeitsunfähigkeit führte. Das *BAG* war in solchen Fällen der Auffassung, dass der Entgeltfortzahlungsanspruch nach sechs Wochen endete. Das Gesetz hätte an die Arbeitsunfähigkeit und nicht an das konkrete einzelne Unglück angeknüpft. Dies sei auch im Hinblick auf die dahinterstehende Interessenabwägung konsequent gewesen, das für den Arbeitgeber letztlich die Bereitstellung der Arbeitskraft von Relevanz gewesen sei, die sich in der Arbeitsunfähigkeit und nicht in dem diese begründenden Unglück wiedergefunden hätte.[690] Dieser Ansicht folgte – ohne maßgebliche Kritik – die Literatur,[691] in der ebenfalls als Begründung angeführt wurde, dass es allein auf die Arbeitsunfähigkeit und nicht auf den Grund ankomme.[692] Letztlich knüpfte das *BAG* an die für das Krankengeld nach §§ 182, 183 RVO vertretene Auffassung an. Danach ergab sich nur dann ein neuer Verhinderungsfall, wenn zwischen zwei Krankheitsursachen ein Zustand bestanden hatte, der weder eine Heilbehandlung erfordert noch Arbeitsunfähigkeit begründet hatte. Begründet wurde dies damit, dass die weitere Ursache lediglich den bislang bestehenden Zustand erschwert oder verlängert, jedoch nicht unterbrochen haben könnte.[693]

---

689 So: *BAG*, Urteil vom 22.03.1973 – 5 AZR 592/72, Rn. 19, juris.

690 *BAG*, Urteil vom 12.09.1967 – 1 AZR 367/66, Rn. 7, juris; zustimmend auch *Nikisch*, Anmerkung zu AP Nr. 27 zu § 133c GewO.

691 *Becher*, LohnFG, § 1, Rn. 76; *Brecht*, Lohnfortzahlung (1979), § 1, Rn. 54; *Doetsch/Schnabel/Paulsdorff*, LohnFG, 6. Aufl., § 1, Rn. 20; *Nikisch*, Arbeitsrecht, S. 625; *Schmatz/Fischwasser*, Arbeiter im Krankheitsfalle, S. 87.

692 *Schnorr von Carolsfeld*, Arbeitsrecht, S. 210.

693 *Breithaupt*, Reichsversicherung, S. 117 f.

(c) Zwischenergebnis

Bei den entwickelten Grundsätzen zu Fortsetzungserkrankungen und der Einheit des Verhinderungsfalls ließen sich anfänglich wirtschaftliche Erwägungen in der Begründung der Rechtsprechung erkennen. So rechtfertigte das *BAG* zunächst das Wiederaufleben der Entgeltfortzahlung bei einer Fortsetzungserkrankung durch den erbrachten wirtschaftlichen Vorteil des Dienstberechtigten. Der Dienstverpflichtete musste für die Fortzahlung der Vergütung als Gegenleistung also eine Dienstleistung erbracht haben. Allerdings wurde mit der weiteren Entwicklung der Rechtsprechung deutlich, dass das Verhältnis von Leistung und Gegenleistung nicht nur kein leitendes Motiv in der Rechtsprechung, sondern sogar gänzlich unbeachtlich war.

(d) Wirtschaftliche Erwägungen im ArbKrankhG

Anders als die sonstigen Normen zur Entgeltfortzahlung enthielt das ArbKrankhG eine Beschränkung der Anspruchsentstehung in Bezug auf die Dauer des Bestehens des Arbeitsverhältnisses. Somit stellt sich die Frage, ob hierin wirtschaftliche Erwägungen des Gesetzgebers zum Ausdruck kommen.

(aa) Beschränkungen hinsichtlich der Anspruchsentstehung

Mit dem ArbKrankhG wurde erstmals eine Wartefrist für das Entstehen des Fortzahlungsanspruchs von vier Wochen eingeführt. Erst nachdem das Arbeitsverhältnis zu dem Arbeitgeber vier Wochen ununterbrochen bestand, war dieser zur Zahlung des Zuschusses verpflichtet (vgl. § 1 Abs. 2 ArbKrankhG). Hierdurch sollten insbesondere Arbeitgeber in Branchen, die eine hohe Arbeiterfluktuation aufwiesen, vor einer übermäßigen Belastung durch die Zahlung des Zuschusses zum Krankengeld geschützt werden.[694] Daraus ließe sich schließen, dass der Arbeitgeber nicht durch die Zahlung des Zuschusses belastet werden sollte, bevor er einen wirtschaftlichen Vorteil aus der Anstellung des Arbeiters erhalten hatte. Die praktische Anwendung der Norm verbietet jedoch diese Folgerung. Auf Grund des Wortlauts der Norm wurde angenommen, dass innerhalb dieser vier Wochen keine Arbeitsleistung zu erbringen war, sondern es allein auf das rechtliche Bestehen des Arbeitsverhältnisses kam.[695] Der Arbeiter musste demnach seinen Zuschussanspruch nicht dadurch „verdienen", dass er einen wirtschaftlichen Wert zu Gunsten des Arbeitgebers erbracht hatte. Dem wurde zwar entgegengehalten, dass die Wartefrist letztlich ein Ausfluss des in § 616 Abs. 1 BGB enthaltenen Grund-

694 *Schmatz/Fischwasser,* Arbeiter im Krankheitsfalle, S. 82.
695 *Nikisch,* Arbeitsrecht, S. 628 f.; *Wawretzko,* BlStSozArbR 1957, 236 (236).

satzes der Verhinderung für eine „verhältnismäßig unerhebliche Zeit" sei,[696] was für das Erfordernis einer tatsächlichen Tätigkeit des Arbeiters gesprochen hätte. Allerdings wurde dieser Auffassung – letztlich erfolgreich – entgegnet, dass die Wartefrist ausschließlich auf einer stärkeren Fluktuation der Arbeiter gegenüber den Arbeitnehmern gegründet hätte.[697]

(bb) Behandlung von Fortsetzungs- und sich überschneidenden Erkrankungen

Auch für den Zuschuss zum Krankengeld galten die Grundsätze, dass zum einen bei einem Zusammenfallen von mehreren Erkrankungen der Zuschuss nur einmal sechs Wochen zu zahlen war und zum anderen , der Anspruch, wenn mehrere Erkrankung auf demselben Grundleiden beruhten, dann wieder auflebte, wenn mehr als sechs Monate gearbeitet worden waren.[698] Sechs Monate voller Arbeit sollten ausreichend sein, um die Fürsorgepflicht des Arbeitgebers wieder aufleben zu lassen.[699] Diese Regelungen galten jedoch nicht für den Krankengeldanspruch gegen die Krankenversicherungen. Die unterschiedlichen Regelungen führten im Ergebnis dazu, dass beim Wiederaufleben Anspruchs ein höherer Zuschuss als während der ersten sechs Wochen zu zahlen war. Dementsprechend war die

---

696 *Diekhoff*, AuR 1957, 297 (301); so auch die *3. Kammer des ArbG Dortmund*, das entgegen des Wortlauts (wobei dieser mit zweifelhafter Begründung außen vor gelassen wurde) nach dem Telos der Regelung angenommen hat, dass der Arbeiter zunächst einen wirtschaftlichen Wert geschaffen haben muss: *ArbG Dortmund*, Urteil vom 04.10.1957 – 3 Ca 1694/57, BB 1958, 270 (270 f.); a. A. die *2. Kammer des ArbG Dortmund*, die darauf verweist, dass ebenso alle weiteren Entgeltfortzahlungsansprüche und auch § 616 Abs. 1 BGB keine solche Wartefrist enthalten, wobei es bei § 616 Abs. 1 BGB den Grundsatz der Verhältnismäßigkeit übersieht, vgl.: *ArbG Dortmund*, Urteil vom 16.01.1958 – 2 Ca 2729/57, BB 1958, 271 (271).

697 *ArbG Dortmund*, Urteil vom 16.01.1958 – 2 Ca 2729/57, BB 1958, 271 (271); die Fluktuation ebenso als Begründung für eine Unterscheidung heranziehend, wobei es selbst zumindest gegenüber Facharbeitern eine Entwertung der Bedeutung annimmt: *LAG Berlin*, Urteil vom 10.10.1956 – 7 Sa 454/56, BB 1957, 221 (221 f.).

698 *Jäger*, Krankheit des Arbeitnehmers, S. 48; *Schmatz/Fischwasser*, Arbeiter im Krankheitsfalle, S. 87 ff.; unter Verweis auf das *BAG*, das sich für eine weitgehende Anwendung der durch die Rechtsprechung entwickelten Grundsätze ausspricht – dies kommt auch dadurch zum Ausdruck, dass das *BAG* bei Entscheidungen zum ArbKrankhG die bisherigen Grundsätze noch weiterentwickelte: *BAG*, Urteil vom 23.06.1960 – 2 AZR 164/59, Rn. 14, 21, juris.

699 So wohl: *Jäger*, Krankheit des Arbeitnehmers, S. 49; *Joachim*, BB 1961, 219 (221).

Belastung für den Arbeitgeber größer.[700] Diese unterschiedliche Behandlung von Krankengeld und Zuschuss wurde damit begründet, dass es für den Zuschuss allein auf die Fürsorgepflicht des Arbeitgebers ankomme. Eine Verknüpfung von dessen Entgeltfortzahlungspflicht mit einer versicherungsmathematischen Betrachtung, die für das Krankengeld maßgeblich sei, verbiete sich.[701] Dabei verkörpert die versicherungsmathematische Betrachtung gerade eine wirtschaftliche Betrachtungsweise, von der also deutlich abgerückt wurde. Somit wurde beim ArbKrankhG abermals von der Rechtsprechung die Fürsorgepflicht bemüht, um jegliche wirtschaftlichen Bedenken beiseite zu drängen.

(cc) Zwischenergebnis

Das ArbKrankhG enthielt mit der erstmals normierten Wartefrist eine Regelung, die auf den ersten Blick ein vermeintlicher Ausfluss des Verhältnismäßigkeitsprinzips zur Rücksichtnahme auf wirtschaftliche Belange des Arbeitgebers zu sein schien. Ihm sollten nur dann Kosten entstehen, wenn er vorher eine Arbeitsleistung vom erkrankten Arbeiter erhalten hatte. Allerdings bedurfte es nach der herrschenden Meinung keiner tatsächlichen Tätigkeit des Arbeitnehmers während der Wartefrist, damit der Entgeltfortzahlungsanspruch entstand. Ein (wirksamer) wirtschaftlicher Schutz war somit in der Vorschrift nicht zu sehen. Im Übrigen wurde von der Rechtsprechung die Fürsorgepflicht als überlagerndes Prinzip zum Schutz des Arbeitnehmers angeführt, während die Entlastung der Krankenversicherungen in den Hintergrund trat und andere wirtschaftliche Erwägungen – die zu Gunsten des Arbeitgebers gewirkt hätten – gänzlich beiseitegeschoben wurden.

(e) Änderungen mit dem LohnFG

Die bis dahin auf Richterrecht basierenden und somit auch durch die Rechtsprechung änderbaren Grundsätze der Entgeltfortzahlung bei Fortsetzungserkrankungen wurden mit dem LohnFG erstmals normiert. Nach der dort getroffenen gesetzlichen Regelung in § 1 Abs. 1 S. 2 LohnFG[702] lebte der Anspruch auf Fortzahlung der Vergütung dann wieder auf, wenn seit der letzten Erkrankung auf Grund

---

700 *Bischoff*, BB 1961, 335 (336); *Jäger*, Krankheit des Arbeitnehmers, S. 49 f.

701 *BAG*, Urteil vom 23.06.1960 – 2 AZR 164/59, Rn. 9, juris.

702 § 1 Abs. 1 S. 2 LohnFG in der Fassung vom 27.07.1969: „(1) […] ²Wird der Arbeiter innerhalb von zwölf Monaten infolge derselben Krankheit wiederholt arbeitsunfähig, so verliert er den Anspruch auf Arbeitsentgelt nur für die Dauer von insgesamt sechs Wochen nicht; war der Arbeiter vor der erneuten Arbeitsunfähigkeit jedoch mindestens sechs Monate nicht infolge derselben Krankheit arbeitsunfähig, so ver-

desselben Grundleidens mindestens sechs Monate gearbeitet worden waren.[703] Andernfalls entstand mit Ablauf von zwölf Monaten erneut ein Anspruch auf Lohnfortzahlung. Als Motiv wurde vertreten, dass mit dieser Regelung die wirtschaftliche Belastung des Arbeitgebers reduziert und auf einen überschaubaren Zeitraum beschränkt werden sollte.[704] Angesichts der dargestellten Entwicklung der Grundsätze durch die Rechtsprechung ist die Beschränkung der wirtschaftlichen Belastung als Motiv jedoch nicht überzeugend.

(f) Entgeltfortzahlung nach § 3 EFZG

Die dargestellte Entwicklung hinsichtlich der Dauer und Beschränkungen der Entgeltfortzahlung endet mit dem im Jahr 1994 eingeführten EFZG, das alle vorherigen Regelungen in diesem Bereich abgelöst hat und auch noch bis heute – wenn auch in modifizierter Fassung – Geltung beansprucht.

(aa) Dauer der Entgeltfortzahlung

Gemäß § 3 Abs. 1 S. 1 EFZG besteht der Anspruch auf Entgeltfortzahlung des Arbeitnehmers im Falle krankheitsbedingter Arbeitsunfähigkeit grundsätzlich für maximal sechs aufeinanderfolgende Wochen.[705] Dieser Anspruch beginnt mit jeder Erkrankung von neuem.

Anders als bei den meisten vor der Einführung des EFZG geltenden Regelungen – abgesehen vom LohnFG – (ArbKrankhG, § 63 HGB, § 133c GewO und § 616 Abs. 2 BGB) wurde geregelt, wie der Fall der Fortsetzungserkrankung zu behandeln ist. Eine Fortsetzungserkrankung liegt nach § 3 Abs. 1 S. 2 EFZG vor, wenn dieselbe Erkrankung bzw. dieselben Erkrankungen auf Grund desselben Grundleidens[706] für mehr als sechs Wochen im Jahr auftritt bzw. auftreten. In diesem Fall ist die Fortzahlungspflicht des Arbeitgebers auf sechs Wochen beschränkt, auch wenn diese Zeiträume nicht zusammenhängen. Ein Wiederaufleben der Entgeltfortzahlung tritt dann ein, wenn zwischen den Fortzahlungszeiträumen mehr als sechs Monate liegen, in denen Arbeit geleistet wurde. Nach Ablauf von zwölf Monaten entsteht ein neuer Anspruch für die Dauer von sechs

---

liert er wegen der erneuten Arbeitsunfähigkeit den Anspruch nach Satz 1 für einen weiteren Zeitraum von höchstens sechs Wochen nicht."

703 *Benedyczuk*, LohnFG, S. 30.

704 *Hessel/Marienhagen*, Krankheit im Arbeitsrecht, S. 62.

705 Säcker/Rixecker u. a./*Müller-Glöge*, MüKo zum BGB (Band 5), § 3 EFZG, Rn. 52; Müller-Glöge/Preis u. a./*Reinhard*, ErfK, § 3 EFZG, Rn. 34.

706 Statt vieler: Säcker/Rixecker u. a./*Müller-Glöge*, MüKo zum BGB (Band 5), § 3 EFZG, Rn. 61.

Wochen, auch wenn zwischenzeitlich keine Arbeitsleistung erbracht wurde. Für diese Regelung wird in der Entwurfsbegründung angeführt, dass sie die jährlichen Belastungen des Arbeitgebers beschränken soll.[707]

(bb) Entlastung des Arbeitgebers

Im Rahmen der Zwölf-Monats-Frist erfolgt die Betrachtung arbeitgeberbezogen. Bei einem Arbeitgeberwechsel hat der neue Arbeitgeber – nach Ablauf der vierwöchigen Wartezeit (vgl. § 3 Abs. 3 EFZG) – auch dann Entgeltfortzahlung zu leisten hat, wenn auf Grund derselben Grunderkrankung der vorherige Arbeitgeber in den letzten zwölf Monaten bereits Entgeltfortzahlung geleistet hatte.[708] Damit wird deutlich, dass diese Regelung allenfalls einen Schutz des einzelnen Arbeitgebers vor wirtschaftlicher Überlastung bezweckt.[709]

Auch die maximale, ununterbrochene Leistung des Arbeitgebers wird zu seinem Schutz beschränkt. So hat er auch dann nicht mehr als sechs Wochen Entgeltfortzahlung zu leisten, wenn die ursprüngliche Krankheit überstanden ist, allerdings während dieser oder in unmittelbarem Anschluss eine zweite Erkrankung aufgetreten ist, die nun noch allein fortbesteht (sog. „Einheit des Verhinderungsfalls"). Nach neuerer[710] Rechtsprechung muss der Arbeitnehmer zumindest kurzzeitig seine Leistungsfähigkeit unter Beweis gestellt haben, damit eine Belastung des Arbeitgebers über sechs Wochen hinaus gerechtfertigt ist.[711]

---

707 Die Gesetzgebungsmaterialien sprechen insofern von einer ausgewogenen Lösung zwischen Arbeitgeber- und Arbeitnehmerinteressen; vgl.: BT-Drs. 12/5263, S. 12.

708 *Marburger*, BB 1994, 1417 (1420).

709 So für die entsprechende Regel im LohnFG auch: *BAG*, Urteil vom 27.07.1977 – 5 AZR 318/76, Rn. 8, juris; *BAG*, Urteil vom 09.11.1983 – 5 AZR 204/81, Rn. 22 f., juris.

710 Bislang genügte das bloße (theoretische) Vorliegen von Arbeitsfähigkeit auch während Zeiten, in denen der Dienstverpflichtete nicht zur Leistung verpflichtet war, vgl.: *BAG*, Urteil vom 11.10.1966 – 2 AZR 464/65, Rn. 11, juris; *BAG*, Urteil vom 27.07.1977 – 5 AZR 318/76, Rn. 6, juris.

711 *BAG*, Urteil vom 11.12.2019 – 5 AZR 505/18, Rn. 21, juris; Bauer/Lingemann u. a./*Lingemann/Diller*, Anwalts-FormB ArbR, Kapitel 15 – Krankheit, Rn. 6; *Schewiola*, ArbRB 2020, 100 (101); die Urteilsbegründung auf Grund dogmatischer Überlegungen ablehnend: *Rolfs*, RdA 2020, 305 (307 f.).

(cc) Kein Grundsatz der Verhältnismäßigkeit von Leistung und Gegenleistung

Gleichwohl ist der Schutz der Arbeitgeber nicht unbegrenzt. Es erfolgt gerade keine Begrenzung der Anspruchsdauer bei erst kurzeitig bestehenden Arbeitsverhältnissen – abgesehen von der Wartezeit – oder generell der Anspruchsdauer in Abhängigkeit von der Beschäftigungsdauer.[712] Solche Regelungen wurden zur Wahrung der Verhältnismäßigkeit von Leistung und Gegenleistung vorgeschlagen.[713]

Obwohl in der Entwurfsbegründung die Bestrebungen um einen Ausgleich zwischen den Interessen der Arbeitnehmer und Arbeitgeber angegeben sind, wird diesen durch die Manifestierung der von der Rechtsprechung entwickelten Grundsätze entgegengewirkt. So betonte das *BAG*, dass es bei der Dauer zwischen den Fortsetzungserkrankungen nicht darauf ankomme, ob die medizinische Erkrankung als ausgeheilt gelten könne. Auch komme es nicht auf eine tatsächliche Ausheilung an. Maßgeblich für die Beeinträchtigung der Belange des Arbeitgebers sei allein, dass der Arbeitnehmer zwischenzeitlich voll arbeitsfähig gewesen sei.[714] Dementsprechend wurde vom *BAG* auch in Erwägung gezogen, die grundsätzlich erforderlichen sechs Monate ohne Arbeitsunfähigkeit auf Grund dieser Erkrankung zu reduzieren, wenn es sich um eine besonders anstrengende, für den Arbeitgeber mit großem Nutzen verbundene Arbeit handelt.[715]

Die starren Regelungen verwehren die Möglichkeit der Anpassung an die individuellen Interessen im Einzelfall. Allerdings wurde ohnehin bereits der Grundsatz der Verhältnismäßigkeit durch die Rechtsprechung aufgeweicht, indem es – wie bereits dargestellt[716] – nicht auf eine tatsächlichen Leistungserbringung während der sechs Monate ankommt. Darüber hinaus hat der Gesetzgeber nun durch die Einführung der Zwölf-Monats-Frist das Verhältnis von Leistung und Gegenleistung bei der krankheitsbedingten Entgeltfortzahlung quasi aufgegeben. Nach dem Ablauf von zwölf Monaten muss der Arbeitgeber auch dann wieder Entgeltfortzahlung für sechs Wochen leisten, wenn der Arbeitnehmer überhaupt nicht gearbeitet hat. Obwohl der Arbeitgeber keine Leistung erhalten hat, wird er

---

712 Müller-Glöge/Preis u. a./*Reinhard*, ErfK, § 1 EFZG, Rn. 2.

713 *Arbeitskreis Deutsche Rechtseinheit im Arbeitsrecht*, Arbeitsvertragsgesetz 1992, D1–D141 (D 37).

714 *BAG*, Urteil vom 23.06.1960 – 2 AZR 164/59, Rn. 19, juris.

715 *BAG*, Urteil vom 23.06.1960 – 2 AZR 164/59, Rn. 21, juris.

716 Vgl.: C)II)3)b)bb)(1)(b)(aa), S. 187.

wieder zur Gegenleistung verpflichtet. Nach Auffassung des Gesetzgebers müssen also Leistung und Gegenleistung in keinem Verhältnis zueinanderstehen.

(dd) Wartezeit als Instrument der Verhältnismäßigkeit von Leistung und Gegenleistung

Durch Gesetz vom 25. September 1996 wurde mit § 3 Abs. 3 EFZG eine Wartezeit für den Erhalt der Entgeltfortzahlung durch den Arbeitgeber im Krankheitsfall eingeführt.[717] Der Arbeitnehmer erhält in den ersten vier Wochen seiner Tätigkeit im Krankheitsfall keine Entgeltfortzahlung vom Arbeitgeber. Dies könnte so gelesen werden, als müsste er zunächst vier Wochen seine Dienstleistung zur Verfügung stellen und durch die Leistungserbringung einen Wert für den Arbeitgeber erbringen, bevor er auch die Gegenleistung ohne Erbringung der Arbeitsleistung erhält. Diese Regelung könnte auf dem ersten Blick als Ausfluss des Grundsatzes der Verhältnismäßigkeit von Leistung und Gegenleistung gesehen werden.

Ein derartiges Verständnis des Regelungszwecks der Norm wird auch durch Äußerungen im Gesetzgebungsprozess unterstützt. So führt die Entwurfsbegründung an, dass der Arbeitgeber nicht mit der Entgeltfortzahlung belastet werden solle, ohne bereits eine nennenswerte Leistung erhalten zu haben.[718] Dieses Motiv wurde nochmals durch eine Rede des Bundesministers für Arbeit und Soziales im Bundestag verstärkt, in der er ausdrücklich kritisierte, dass zum Teil Entgeltfortzahlung zu leisten sei, ohne überhaupt eine oder eine mehr als nur geringfügige Arbeitsleistung erhalten zu haben.[719] In der Entwurfsbegründung wird allerdings auch darauf verwiesen, dass der Gesetzgeber mit dem Änderungsgesetz insgesamt lediglich eine missbräuchliche Inanspruchnahme der Entgeltfortzahlung sowie Fehlzeiten reduzieren wolle.[720] So sollten die Lohn(neben)kosten gesenkt und die Beschäftigungsquote durch die wirtschaftliche Entlastung der Arbeitgeber gesteigert.[721]

Derart eindeutig, dass mit der Regelung das Verhältnis von Leistung und Gegenleistung geschützt werden soll, wird die Norm in Literatur und Rechtsprechung jedoch nicht verstanden. Dies zeigt sich an den Streitigkeiten über die Anrechnung der Erkrankungsdauer während der Wartezeit auf die Dauer der

717 BGBl. 1996, S. 1477.

718 BT-Drs. 13/4612, S. 11.

719 So *Blüm* in der Parlamentsdebatte: BT-Plenarprotokoll 13/117, S. 10553.

720 BT-Drs. 13/4612, S. 10.

721 BT-Drs. 13/4612, S. 1 ff.

Entgeltfortzahlung.[722] Zudem komme es nach herrschender Meinung auch nicht darauf an, ob der Arbeitnehmer während der Wartezeit für die Dauer von vier Wochen eine Arbeitsleistung erbringe. Das bloße rechtliche Bestehen und Inkrafttreten des Arbeitsverhältnisses genüge.[723] Der Arbeitgeber muss somit keinen wirtschaftlichen Vorteil erhalten, bevor der Arbeitnehmer Entgeltfortzahlung und damit Lohn ohne Arbeit beanspruchen kann.

Somit verkörpert § 3 Abs. 3 EFZG nach dem heutigen Verständnis kein Instrument, um die Verhältnismäßigkeit von Leistung und Gegenleistung herzustellen. Stattdessen überwiegt der Schutz des Arbeitnehmers, der ohnehin bereits durch das Krankengeld wirtschaftlich und sozial abgesichert ist. Der wirtschaftliche Schutz des Arbeitgebers beschränkt sich auf eine Entlastung von den Fortzahlungskosten in den ersten vier Wochen eines Arbeitsverhältnisses.

Hätte der Gesetzgeber tatsächlich einen wirtschaftlichen Schutz des Arbeitgebers und des Prinzips von Leistung und Gegenleistung beabsichtigt, so wäre eine, beispielsweise in den ersten sechs Monate des Arbeitsverhältnisses befristete Begrenzung des Entgeltfortzahlungs-anspruchs[724] sinnvoller gewesen.[725] Auf diese Art und Weise hätte der wirtschaftliche Schutz des Arbeitgebers zu Gunsten des Arbeitnehmers nicht verwässert werden können.

---

722 Zum Teil wird angenommen, dass auch wenn die Arbeitsunfähigkeit bereits während der Wartezeit beginnt, die Entgeltfortzahlung nach Ablauf der Wartezeit volle sechs Wochen betrage: *BAG*, Urteil vom 26.05.1999 – 5 AZR 476/98, Rn. 22, juris; *Bauer/Lingemann*, BB 1996, 8 (8); *Heise/Lessenich/Merten*, Das neue Arbeitsrecht, Rn. 212; *Schwedes*, BB 1996, 2 (6); zum Teil wird vertreten, dass zumindest die in die Wartezeit fallende Dauer der Arbeitsunfähigkeit auf die sechs Wochen angerechnet werden müsse: *Buschmann*, AuR 1996, 285 (290); *Giesen*, RdA 1997, 193 (195); *Preis*, NZA 1996, 3369 (3374) ; *Sieg* schließt gar die Entgeltfortzahlung generell für in der Wartezeit erstmalig eingetretene Entgeltfortzahlung aus: *K. Sieg*, BB 1996, 18 (19).

723 *Bauer/Lingemann*, BB 1996, 8 (9); *Boecken*, NZA 1999, 673 (676 f.); Kaiser/Dunkl u. a./*Dunkl*, EFZG, § 3 EFZG, Rn. 128; *Fischinger*, Arbeitsrecht, Rn. 515; Knorr/Krasney/*Knorr/Krasney*, Entgeltfortzahlung, § 3 Entgeltfortzahlungsgesetz, Rn. 149; Henssler/Willemsen/Kalb/*Vogelsang*, HWK ArbR, § 3 EFZG, Rn. 114; *R. Vossen*, NZA 1998, 354 (355).

724 Vgl.: § 57 Abs. 2 des Diskussionsentwurfs für ein Arbeitsvertragsgesetz, *Arbeitskreis Deutsche Rechtseinheit im Arbeitsrecht*, Arbeitsvertragsgesetz 1992, D1–D141 (D 36 f.).

725 So auch: *Preis*, NZA 1996, 3369 (3374).

(ee) Zwischenergebnis

Auch wenn die ursprüngliche Anknüpfung der Entgeltfortzahlung im Krankheitsfall an § 616 BGB – jedenfalls außerhalb des Geltungsbereichs des HGB und der GewO – eine Berücksichtigung des Grundsatzes der Verhältnismäßigkeit bei der Dauer der Entgeltfortzahlung vermuten lässt, zeigt die historische Entwicklung ein anderes Bild. So schienen die Dauer von sechs Wochen sowie die Unabdingbarkeit mehr an einer Schonung der gesetzlichen Sozialversicherung als an einem Interessenausgleich orientiert zu sein. Ob medizinische Überlegungen, dass mit dieser Entgeltfortzahlungsdauer ein Großteil der Erkrankungen abgedeckt sein würde, eine Grundlage für die Festlegung der sechs Wochen bildeten, lässt sich nicht feststellen. Mit Blick auf das Motiv der Entlastung der Krankenversicherungen ist dies aber nicht ausgeschlossen. Je mehr Krankheitsfälle von der Entgeltfortzahlung durch den Arbeitgeber erfasst sind, desto geringer fällt die Belastung für die Krankenversicherungen aus.

Grundsätzlich fraglich ist auch, ob sich die Grundsätze des § 3 EFZG – insbesondere hinsichtlich der Fortzahlungsdauer – auf die Anwendung des § 616 BGB auf medizinische Hinderungsgründe bei Beschäftigten übertragen lassen, die nicht § 3 EFZG unterfallen. Mit Blick auf die gesetzgeberischen Erwägungen drängt sich die Übertragung jedoch zumindest nicht auf, da in diesen Fällen keine gesetzliche Sozialversicherung entlastet würde.

Durch die starren Regelungen der Entgeltfortzahlung ist die Herstellung einer Verhältnismäßigkeit von Leistung und Gegenleistung bzw. ausbleibender Leistung und fortgezahlter Gegenleistung nicht möglich. Ein tatsächlicher Ausgleich zwischen Leistung und Gegenleistung im Einzelfall scheint trotz vereinzelter Bestrebungen und Bekundungen von Gesetzgeber und Rechtsprechung auch nur ein Randmotiv bei der Ausgestaltung der Entgeltfortzahlung im Krankheitsfall gewesen zu sein.

(g) Zwischenergebnis zum Verhältnismäßigkeitsgrundsatz bei der krankheitsbedingten Arbeitsunfähigkeit

(aa) Finanzpolitischer und sozialpolitischer Hintergrund

Dass auch das heutige EFZG – wie sich an dem Grund für die Einführung des § 616 Abs. 2 BGB gezeigt hat – der Entlastung der Krankenversicherungen dient, zeigt sich an dem fortbestehenden subsidiären Eintreten der Krankenversicherung. So entsteht der Krankengeldanspruch aus § 46 Abs. 1 S. 1 Nr. 2 SGB V bereits mit Beginn der Arbeitsunfähigkeit. Allerdings ruht er gemäß § 49 Abs. 1 Nr. 1 SGB V für die Dauer der Entgeltfortzahlung durch den Arbeitgeber.[726] Folglich ist der Arbeitnehmer auch dann nicht schutzlos, wenn der Arbeitgeber die Entgeltfortzahlung verweigert. Die Krankenversicherung hat dann jedoch einen Anspruch gegen den Arbeitgeber aus einer cessio legis gemäß § 115 Abs. 1 SGB X.[727] Dies verdeutlicht, dass die soziale Absicherung grundsätzlich den Krankenversicherungen obliegt, die durch den Arbeitgeber entlastet wird.[728]

(bb) Verhältnis von Leistung und Gegenleistung

Entsprechend steht auch das Verhältnis von Leistung und Gegenleistung nicht im Vordergrund der Erwägungen. Vielmehr zeigt sich an diversen Stellen ehemaliger Entgeltfortzahlungsansprüche und auch des aktuellen EFZG, dass es trotz teilweiser Hervorhebung der Verhältnismäßigkeit und wirtschaftlicher Erwägungen – z. B. im Gesetzgebungsverfahren – tatsächlich nicht auf das Verhältnis von Leistung und Gegenleistung ankommt. Diese Erwägungen sind in den Normen nicht (mehr) von Relevanz. Stattdessen steht neben der Entlastung der Krankenversicherungen die wirtschaftliche Absicherung des Arbeitnehmers im Allgemeinen im Fokus der Entgeltfortzahlung. Vor diesem Hintergrund ist auch die Festlegung der Dauer der Entgeltfortzahlung auf sechs Wochen zu sehen. Durch die starre Dauer der Entgeltfortzahlung ohne wirksame Beschränkung bzw. Orientierung an dem zeitlichen Bestehen des Arbeitsverhältnisses zeigt sich, dass diese Regelung vom Grundsatz der Verhältnismäßigkeit von Leistung und Gegenleistung losgelöst ist. Dies wird ebenso durch die Wartezeitregelung deutlich, bei der es nicht auf die Erbringung eines wirtschaftlichen Gegenwertes ankommt.

(2) § 2 PflegeZG

Wie zuvor dargestellt,[729] regelt auch § 2 PflegeZG i. V. m. § 44a Abs. 3 SGB XI einen subsidiären Anspruch auf Vergütungsersatz durch die Pflegeversicherung. Diese tritt dann ein, wenn der Beschäftigte für den Zeitraum der Leistungsverweigerung nach § 2 PflegeZG keinen Anspruch auf Vergütungsfortzahlung gegen seinen

---

726 Mit „beitragspflichtigem Arbeitsentgelt oder Arbeitseinkommen“ ist auch die Entgeltfortzahlung des Arbeitgebers gemeint; vgl.: Rolfs/Giesen u. a./*Tischler,* BeckOK SozR, § 49 SGB V, Rn. 2 f., 5; Knickrehm/Roßbach/Waltermann/*Waltermann,* SozR Komm, § 49 SGB V, Rn. 2.

727 Wagner/Knittel/*Rieke,* Krauskopf, § 49 SGB V, Rn. 12.

728 a. A. wohl (zumindest früher) das *BAG*, das die Lohnfortzahlung als Ausfluss der Fürsorgepflicht sah: *BAG*, Urteil vom 25.02.1972 – 5 AZR 471/71, Rn. 12, juris; *BAG*, Urteil vom 09.03.1973 – 5 AZR 523/72, Rn. 10, juris.

729 Vgl.: C)II)2)b)bb)(1), S. 152.

Dienstberechtigten hat. Damit stellt sich die Frage, inwieweit § 2 PflegeZG – insbesondere hinsichtlich der Dauer – Einfluss auf § 616 BGB nimmt.

(a) Dauer der Freistellung nach § 2 PflegeZG

§ 2 Abs. 1 PflegeZG gewährt dem Arbeitnehmer ein Leistungsverweigerungsrecht für bis zu zehn Arbeitstage. Dies ist unabhängig von der Dauer des Bestehens des Beschäftigungsverhältnisses.[730] Die Norm stellt nicht auf die Umstände des Einzelfalls ab, sondern gewährt lediglich unter Anknüpfung an den kurzfristigen Pflegebedarf das Leistungsverweigerungsrecht für den im Gesetz festgelegten Zeitraum.

Allerdings gewährt § 2 PflegeZG nur das Leistungsverweigerungsrecht und nimmt damit auf die Pflicht zur Dienstleistung Einfluss. Unberührt bleibt der Anspruch auf die Gegenleistung, wie § 2 Abs. 3 PflegeZG klarstellt.[731] Dieser entfällt grundsätzlich nach § 326 Abs. 1 BGB.[732] Der Beschäftigte erhält dafür einen subsidiären Anspruch gegen die Pflegeversicherung gemäß § 44a Abs. 3 SGB XI.

Da § 616 BGB selbst keinen Einfluss auf die Dienstleistungspflicht nimmt, sondern allein die Gegenleistungspflicht betrifft, steht dieser demnach nicht zu § 2 PflegeZG in Konkurrenz. Ebenso tritt auf Grund der Subsidiaritätsklausel keine Konkurrenz zu § 44a Abs. 3 SGB XI ein. Allerdings könnten diese Regelungen einen Einfluss auf die Auslegung des § 616 BGB haben.

(b) Dauer der Fortzahlung nach § 616 BGB

Insbesondere hinsichtlich des Verständnisses, was im Rahmen des § 616 BGB eine „verhältnismäßig nicht erhebliche Zeit" ist, könnte § 2 PflegeZG eine Auswirkung haben. So könnte die Dauer der Fortzahlung an die Dauer der Freistellung von bis zu zehn Tagen anzugleichen sein. Die wohl überwiegende Ansicht lehnt dies jedoch ab.[733] Gegen eine Übertragung der Reichweite des § 2 PflegeZG spreche

---

730 Linck/Preis/Schmidt/*Rolfs*, APS – Kündigungsrecht, § 5 PflegeZG, Rn. 6.

731 Ebenfalls für eine allein klarstellende Funktion: BT-Drs. 16/7439, S. 92, *Joussen*, NZA 2009, 69 (70).

732 Müller-Glöge/Preis u. a./*Gallner/Bubach*, ErfK, § 2 PflegeZG, Rn. 4; *S. Müller*, BB 2008, 1058 (1063).

733 Böhm/*Böhm*, PflegeZG, § 2 PflegeZG, Rn. 18; Staudinger/*Fischinger*, Kommentar zum BGB §§ 611-613 BGB, § 611a BGB, Rn. 1151; *C. Grundmann*, GuP 2013, 100 (105); Henssler/Willemsen/Kalb/*Krause*, HWK ArbR, § 616 BGB, Rn. 42; Staudinger/*Oetker*, Kommentar zum BGB §§ 613a-619a BGB, § 616 BGB, Rn. 107; *Wank*, Lohnanspruch, S. 78; zumindest kritisch: *Hexel/Lüders*, NZS 2009, 264 (270); Röller/*Poeche*, Küttner Personalbuch, Pflegezeit, Rn. 16.

die unterschiedliche Intensität des Eingriffs in das Synallagma. Während durch § 2 PflegeZG lediglich die Leistungspflicht suspendiert werde, greife § 616 BGB in das Synallagma ein.[734] Hätte der Gesetzgeber dergestalt aktiv werden und eine Entgeltfortzahlung für diesen Zeitraum vorsehen wollen, wäre er an einer entsprechenden Regelung im PflegeZG nicht gehindert gewesen.[735] Vielmehr sei davon auszugehen, dass der Gesetzgeber bewusst in Kauf genommen habe, dass der Beschäftigte für die Dauer der Leistungsverweigerung keinen Entgeltanspruch habe.[736] Dementsprechend habe er sich auch lediglich für eine Rechtsgrundverweisung entschieden. Dadurch werde deutlich, dass er keinen Einfluss auf die etwaigen Vergütungsfortzahlungsansprüche nehmen wollte.[737]

Betrachtet man die Verhältnismäßigkeit der „nicht erhebliche[n] Zeit" in § 616 BGB ereignisbezogen, also so, dass die Zeit für den Verhinderungsgrund sich auf einen angemessenen Zeitraum beschränken muss, so kann man zu der Ansicht gelangen, dass zehn Tage eine „verhältnismäßig nicht erhebliche Zeit" darstellen. Diese Auffassung wird von einzelnen Stimmen in der Literatur vertreten.[738] Hierfür wird vorgebracht, dass in § 2 PflegeZG eine gesetzgeberische Wertung zum Ausdruck komme, nach der für den Zeitraum von bis zu zehn Tagen Vergütungsfortzahlung zu leisten sei.[739] Des Weiteren bedürfe es einer Angleichung der Auslegung, um Wertungswidersprüche zu vermeiden. Zwar werde die Leistungspflicht suspendiert, ohne die Übertragung auf § 616 BGB trage der Beschäftigte allerdings die Lasten, da § 616 BGB nach der herrschenden Meinung nur für fünf Tage eingreife. Dies widerspräche der großzügigeren Gewährung eines Leistungsverweigerungsrechts.[740] Diesem Argument ist entgegenzuhalten, dass sich der Gesetzgeber ausweislich des § 2 Abs. 3 PflegeZG bewusst dazu entschieden hat, lediglich eine Verweisung auf gesetzliche oder vertragliche Fortzahlungsnormen vorzunehmen und somit den Wertungswiderspruch billigend in Kauf genommen

---

734 *Schauß*, Beitrag des PflegeZG, S. 268; mit Verweis auf die Unterscheidung zwischen Freistellung und Entgeltfrage wohl auch: *Wank*, Lohnanspruch, S. 78.

735 So auch: *Preis/Nehring*, NZA 2008, 729 (733).

736 *Joussen*, NZA 2009, 69 (71).

737 *Linck*, BB 2008, 2738 (2741).

738 Boecken/Düwell u. a./*Boecken*, NK-GA, § 616 BGB, Rn. 20; Müller-Glöge/Preis u. a./*Gallner/Bubach*, ErfK, § 2 PflegeZG, Rn. 4; Rolfs/Giesen u. a./*Joussen*, BeckOK ArbR, § 2 PflegeZG, Rn. 17; Müller-Glöge/Preis u. a./*Preis/Greiner*, ErfK, § 616 BGB, Rn. 9; *Preis/Mazurek/Schmid*, NZA 2020, 1137 (1141); wobei *Boecken* eine strikt ereignisbezogene Betrachtung ablehnt.

739 Boecken/Düwell u. a./*Boecken*, NK-GA, § 616 BGB, Rn. 20; *Preis/Mazurek/Schmid*, NZA 2020, 1137 (1141).

740 *Oberthür/T. Becker*, ArbRB 2009, 77 (78).

hat. Zudem wurde zwischenzeitlich der Wertungswiderspruch durch § 44a Abs. 3 SGB XI abgemildert.

Die Orientierung der Auslegung einer „verhältnismäßig nicht erheblichen Zeit" des § 616 S. 1 BGB an § 2 Abs. 1 PflegeZG ist jedenfalls dann abzulehnen, wenn dies ausnahmsweise erfolgt und nicht an ein entsprechendes Verständnis der „Verhältnismäßigkeit" in § 616 BGB anknüpft. Denkbar ist eine Anpassung der Dauer der Entgeltfortzahlung an die Dauer der Leistungsverweigerung allein dann, wenn die Verhältnismäßigkeit der Fortzahlungsdauer ereignisbezogen betrachtet wird.

(3) § 45 SGB V

Eine vergleichbare Frage stellt sich in Bezug auf § 45 SGB V. Zum einen sind auch hier die Umstände der Festlegung der Dauer zu betrachten, zum anderen die möglichen Einflüsse auf § 616 BGB hinsichtlich der Dauer der Vergütungsfortzahlung.

(a) Dauer der Leistungsbefreiung nach § 45 SGB V

Die Dauer der Leistungsbefreiung nach § 45 SGB V wurde mit Wirkung vom 01. Januar1992 erheblich erweitert. Eine ausdrückliche Begründung, weshalb die Dauer der Leistungsbefreiung nach § 45 SGB V auf den nun geltenden Zeitraum festgelegt wurde, ist jedoch nicht vorhanden. Mit der Anpassung des § 45 SGB V wurde der Anspruch auf Krankengeld von fünf auf zehn Tage je Kind und Versicherten ausgedehnt. Durch die Erhöhung auf 20 Tage für alleinerziehende Versicherte wird verdeutlicht, dass die zehn Tage tatsächlich für jedes Elternteil gelten sollen[741] und somit für jedes Kind 20 Tage je Kalenderjahr für die Betreuung im Krankheitsfall zur Verfügung stehen.[742] Die maximale Dauer ist allerdings 25 Tage bzw. 50 Tage für Alleinerziehende gedeckelt. Somit entfallen bei Eltern mit drei oder mehr Kindern weniger als zehn Arbeitstage auf das einzelne Kind. Es wird also bei der Ermittlung der Dauer nicht auf die (subjektiven) Umstände – z. B. die Schwere der Krankheit oder die Möglichkeit des Kindes, sich alleine zu versorgen – abgestellt. Stattdessen werden nur objektiv einfach zu bestimmende Kriterien – nämlich den Sorgerechtsstatus und die Anzahl der Kinder – berücksichtigt.

Durch diese Änderung entsteht der Eindruck, dass der Gesetzgeber grundsätzlich die Dauer der Leistungsbefreiung an den tatsächlichen Betreuungsbedarf der Kinder angepasst hat. Ein anderer sachlicher Grund ist jedenfalls nicht erkennbar. Allerdings sah der Gesetzgeber auch das Bedürfnis, den Dienstberechtigten nicht

---

741 So auch: BT-Drs. 12/1154, S. 6.

742 Wagner/Knittel/*Rieke*, Krauskopf, § 45 SGB V, Rn. 22 f.

zu sehr zu beanspruchen. Dies ergibt sich daraus, dass die Deckelung vom Bundesrat als nicht sachgerecht und sozial ungerechtfertigt kritisiert wurde.[743] Hingegen wurde im Gesetzgebungsverfahren gleichermaßen für die – letztlich auch beibehaltene – Beschränkung auf 25 bzw. 50 Betreuungstage eine Begrenzung der Belastung sowohl für die Krankenversicherung als auch für den Arbeitgeber angeführt.[744]

(b) Einfluss auf die Vergütungsfortzahlung

Wie zuvor dargestellt,[745] wird die Leistungsbefreiung nach § 45 Abs. 3 SGB V durch einen Anspruch auf Krankengeld nach § 45 Abs. 1 SGB V flankiert. Die Regelungen zum Krankengeld sehen in § 49 Abs. 1 SGB V ein Ruhen des Krankengeldanspruchs für den Fall vor, dass der Arbeitnehmer einen Anspruch auf Arbeitsentgelt oder eine Ersatzleistung des Arbeitgebers hat. Dementsprechend verdrängt der Anspruch auf Krankengeld nicht die besonderen und allgemeinen Regelungen der arbeitsrechtlichen Entgeltfortzahlung, sodass § 616 BGB grundsätzlich neben § 45 Abs. 1 SGB V Anwendung findet.[746]

Problematisch ist aber, wie sich die Ausweitung des Anwendungsbereichs und des Anspruchs durch die Änderung des § 45 Abs. 3 SGB V und damit auch des § 45 Abs. 1 SGB V, die hinsichtlich der Dauer miteinander verknüpft sind, auf die Auslegung des § 616 BGB auswirkt. So hat sich die Rechtsprechung – wie zuvor dargestellt[747] – bei der Auslegung des § 616 BGB ausdrücklich am § 45 SGB V a. F. orientiert. Fraglich ist, ob die Auslegung nun ebenfalls anzupassen ist, sodass nicht nur ein Anspruch auf Vergütungsfortzahlung nach § 616 BGB für fünf Tage, sondern nunmehr für zehn Tage besteht. Je nach Anzahl der Kinder und Sorgerechtsstatus kann sich dieser Vergütungsfortzahlungsanspruch auf 25 oder gar 50 Tage im Jahr ausweiten.

---

743 Vgl.: BT-Drs. 12/1526, S. 2.

744 Vgl.: BT-Drs. 12/1154, S. 6; BT-Drs. 12/1363, S. 7; vgl. auch: Wagner/Knittel/*Rieke*, Krauskopf, § 45 SGB V, Rn. 23.

745 Vgl.: C)II)2)b)cc)(3), S. 164.

746 *Brose*, NZA 2011, 719 (722); Becker/Kingreen/*Joussen*, GKV-Kommentar, § 45 SGB V, Rn. 11; *Marburger*, RdA 1993, 31 (32); Rolfs/Giesen u. a./*Tischler*, BeckOK SozR, § 45 SGB V, Rn. 32.

747 Vgl.: C)II)2)b)cc)(1), S. 162.

(aa) Ablehnende Ansichten

Gegen eine weitere Übertragung der gesetzgeberischen Wertung nach Änderung des § 45 SGB V spricht sich die wohl herrschende Literatur aus.[748] So werden von *Erasmy* und weiteren ablehnenden Stimmen der Literatur sowohl strukturelle Bedenken gegen eine Übertragung der Anspruchsdauer vorgetragen, als auch Bedenken auf Grund der Motive des Gesetzgebers für die Änderung geäußert.

Das Gesetz differenziere offensichtlich zwischen dem sozialrechtlichen Anspruch (§ 45 Abs. 1 und 2 SGB V) und dem arbeitsrechtlichen Anspruch (§ 45 Abs. 3 und 5 SGB V).[749] Dabei lasse § 45 SGB V eine Regelung zum Arbeitsentgelt gerade außen vor. Die Norm treffe damit keine (arbeitsrechtliche) Regelung zum Gegenseitigkeitsverhältnis, sondern belasse es – anders als beim Freistellungsanspruch – bei einer sozialrechtlichen Regel.[750] Entsprechend solle durch die Anpassung auf der sozialrechtlichen Ebene allein auf dieser Ebene eine Änderung vollzogen werden, nicht aber auf der arbeitsrechtlichen Ebene.[751] Hinzu käme, dass der Gesetzgeber bei der Neufassung des § 45 SGB V keine Regelung zur bezahlten Freistellung durch den Arbeitgeber getroffen habe, obwohl ihm die Rechtsprechung des *BAG*, das eine Orientierung vorsah, bewusst gewesen sein

---

748 Hau/Poseck/*Baumgärtner*, BeckOK BGB, § 616 BGB, Rn. 7; *Erasmy*, NZA 1992, 921 (922); Säcker/Rixecker u. a./*Henssler*, MüKo zum BGB (Band 5), § 616 BGB, Rn. 35; *Kleinebrink*, ArbRB 2006, 303 (305); *Kleinebrink*, DB 2020, 952 (957); Westermann/Grunewald/Maier-Riemer/*Riesenhuber*, Ermann BGB, § 616 BGB, S. 51; Küfner-Schmitt/Schmitt/*Schmitt*, EFZG, § 616 BGB, Rn. 59; *Sowka*, RdA 1993, 34 (34); Kiel/Lunk/Oetker/*Tillmanns*, MHdB ArbR, § 77 Arbeitsverhinderung aus persönlichen Gründen, Rn. 12; *Wank*, Arbeiter und Angestellte, S. 350; *Wank*, Lohnanspruch, S. 78; wohl auch, da sie weiterhin von einem Anspruch von fünf Tagen spricht: *Schulz*, DB 2006, 838 (839); so noch *Dörner*, wobei mittlerweile eine andere Ansicht vertreten wird (vgl.: Fn. 758): Dörner/Luczak u. a./*Dörner*, Hdb FA ArbR, Kapitel 3, Rn. 1791.

749 Bezüglich der Differenzierung: *Brose*, NZA 2011, 719 (722); Körner/Krasney u. a./*Schifferdecker*, beckOGK SGB V (Stand: 15.08.2024), § 45 SGB V, Rn. 93.

750 *Erasmy*, NZA 1992, 921 (922); *E. Kießling/Jünemann*, DB 2005, 1684 (1687); *Kleinebrink*, ArbRB 2006, 303 (305); *Kleinebrink*, DB 2020, 952 (957); Staudinger/*Oetker*, Kommentar zum BGB §§ 613a-619a BGB, § 616 BGB, S. 107; *Wank*, Arbeiter und Angestellte, S. 351 f.

751 Westermann/Grunewald/Maier-Riemer/*Riesenhuber*, Ermann BGB, § 616 BGB, Rn. 51; unter Verweis auf die unterschiedlichen Regelungsanliegen so wohl auch: Dörner/Luczak u. a./*Dörner*, Hdb FA ArbR, Kapitel 3, Rn. 1791; wobei in neuerer Auflage diese Ansicht wohl fallen gelassen wurde: Dörner/Luczak u. a./*Dörner*, Hdb ArbR, Kapitel 3, Rn. 2054.

musste.[752] Somit verbiete sich eine Übertragung der vermeintlichen Wertung auf § 616 BGB, weil der Gesetzgeber zum Regelungsgegenstand keine Aussage getroffen habe.

Des Weiteren sprächen auch die Motive des Gesetzgebers, die zu einer Ausweitung des Anspruchs geführt hätten, gegen eine Übertragung der gesetzgeberischen Wertung. So basiere die Verlängerung der Anspruchsdauer auf Krankengeld allein auf familienpolitischen Erwägungen und könne deshalb keinen Einfluss auf arbeitsrechtliche Regelungen nehmen.[753]

Ein weiteres Argument bietet *Baumgärtner*. Er verweist darauf, dass der Arbeitnehmer grundsätzlich dazu verpflichtet sei, für eine anderweitige Betreuungsmöglichkeit zu sorgen. Hierfür genügten jedoch fünf Tage. Dementsprechend müsste § 616 BGB auch keinen längeren Zeitraum abdecken.[754]

Außerdem wird mit verschiedenen Begründungsansätzen ausgeführt, dass Regelungsinhalt und -struktur des § 45 Abs. 1 SGB V nicht zu § 616 BGB passten. Die Übernahme der dezidierten Regelung zur Erhöhung des Anspruchs auf bezahlte Freistellung führte bei mehreren Kindern und als Alleinerziehender zu einer willkürlichen Anpassung des § 616 BGB führen.[755] Bereits der Fortzahlungsanspruch für zehn Tage bei einem Kind und geteiltem Sorgerecht, wiche erheblich von dem ansonsten üblichen Zeitaufwand von Arbeitsverhinderung ab, die – wie Hochzeiten oder Umzüge – typischer § 616 BGB unterfielen. Eine noch größere Abweichung vom üblichen zeitlichen Umfang der Vergütungsfortzahlung nach § 616 BGB liege bei den bis zu 50 Arbeitstagen vor, die nach § 45 SGB V gewährt werden könnten.[756]

Gegen eine Übertragung spräche ebenso das systematische Argument, dass die Ruhensregel des § 49 Abs. 1 S. 1 SGB V leerliefe, wenn der sozialrechtliche und der arbeitsrechtliche Anspruch hinsichtlich des Umfangs deckungsgleich sein würden.[757]

---

752 *Erasmy*, NZA 1992, 921 (922); *Sowka*, RdA 1993, 34 (34); die generelle Möglichkeit der Orientierung an der gesetzgeberischen Wertung bei der Auslegung wird von *Sowka* hingegen nicht abgelehnt: *Sowka*, RdA 1993, 34 (34).

753 *Brose*, NZA 2011, 719 (723); *Erasmy*, NZA 1992, 921 (922 f.).

754 Hau/Poseck/*Baumgärtner*, BeckOK BGB, § 616 BGB, Rn. 7.

755 *Sowka*, RdA 1993, 34 (34 f.); so wohl auch: Küfner-Schmitt/Schmitt/*Schmitt*, EFZG, § 616 BGB, Rn. 59.

756 Küfner-Schmitt/Schmitt/*Schmitt*, EFZG, § 616 BGB, Rn. 59; *Wank*, Arbeiter und Angestellte, S. 350.

757 *E. Kießling/Jünemann*, DB 2005, 1684 (1687).

(bb) Befürwortende Ansichten

Hingegen vertreten auch Stimmen in der Literatur die gegenteilige Ansicht, dass eine Orientierung an § 45 SGB V möglich sei.[758]

Bei der „verhältnismäßig nicht erheblichen Zeit" handele es sich um einen ausfüllungsbedürftigen unbestimmten Rechtsbegriff. Dazu biete § 45 SGB V einen gesetzlichen Anhaltspunkt. Durch die Änderung des § 45 SGB V bringe der Gesetzgeber seine Wertung zum Ausdruck, welche Dauer der Dienstverhinderung er für den Dienstberechtigten für zumutbar halte und für welchen Zeitraum er eine wirtschaftliche Absicherung als möglich erachte.[759]

Einen besonderen Ansatz hat *Krause*. Zwar lehnt er grundsätzlich eine Übertragung der Dauer ab, da sich insbesondere für die Privilegierung von Alleinerziehenden in § 616 BGB kein Anhaltspunkt finden würde. Allerdings folgert er aus der Ausweitung, dass für Fälle des § 45 Abs. 3 SGB V der rückwirkende Entfall der Vergütungsfortzahlung beim Überschreiten der „verhältnismäßig nicht erheblichen Zeit" nicht gelten dürfe. Andernfalls würde sich die durch die Ausweitung der Leistungsbefreiung nach § 45 Abs. 3 SGB V eingetretene Verbesserung der Rechtsposition für den Beschäftigten nachteilig auswirken.[760]

(cc) Stellungnahme

Möchte man die starre Grenze, wie sie § 45 Abs. 2 SGB V vorsieht, auf § 616 BGB übertragen, kommt es auch an dieser Stelle abermals darauf an, ob die „verhältnismäßig nicht erhebliche Zeit" ereignisbezogen betrachtet wird. Diese Verständnisse vorausgesetzt, scheidet eine Orientierung am neu gefassten § 45 SGB V nicht nur grundsätzlich nicht aus, sondern ist stattdessen zu befürworten.

---

758 Müller-Glöge/Preis/Schmidt/*Dörner*, ErfK (2012), § 616 BGB, Rn. 10a; Dörner/Luczak u. a./*Dörner*, Hdb ArbR, Kapitel 3, Rn. 2054; Schaub/*Linck*, Arbeitsrecht-Handbuch, § 97 – Arbeitsverhinderung des Arbeitnehmers aus persönlichen Gründen, Rn. 16; Müller-Glöge/Preis u. a./*Preis/Greiner*, ErfK, § 616 BGB, Rn. 9; *Preis/Mazurek/Schmid*, NZA 2020, 1137 (1141); *Schaub*, AuA 1996, 82 (83); Deinert/Wenckebach/Zwanziger/*Trümner*, ArbR, § 38, Rn. 6.

759 Boecken/Düwell u. a./*Boecken*, NK-GA, § 616 BGB, Rn. 20; Müller-Glöge/Preis/Schmidt/*Dörner*, ErfK (2012), § 616 BGB, Rn. 10a; *Linck*, Entgeltrisiko in Zeiten von Covid 19, S. 757; Müller-Glöge/Preis u. a./*Preis/Greiner*, ErfK, § 616 BGB, Rn. 9; *Schaub*, AuA 1996, 82 (83); Deinert/Wenckebach/Zwanziger/*Trümner*, ArbR, § 38, Rn. 6.

760 Henssler/Willemsen/Kalb/*Krause*, HWK ArbR, § 616 BGB, Rn. 42.

(i) Nicht-Regelung als Indiz für die Übertragbarkeit

Dies zeigt bereits die – zuvor erwähnte – Orientierung der Rechtsprechung an § 45 SGB V a. F. Von dieser Praxis wegen der bloßen Änderung des § 45 SGB V abzuweichen, erscheint wenig überzeugend. Dies wird auch nicht – wie von der ablehnenden Auffassung vertreten – deshalb gefordert, weil eine ausdrückliche arbeitsrechtliche Regelung durch den Gesetzgeber unterblieben ist. Denn die Nicht-Regelung des Gesetzgebers in Kenntnis der Rechtsprechung zu § 45 SGB V und § 616 BGB ist kein zwingendes Indiz dafür, dass der Gesetzgeber keine Änderung wollte oder erwartet hat. Es kann vielmehr auch angenommen werden, dass der Gesetzgeber in Kenntnis der Rechtsprechung durch die Änderung erwartet hat, dass die Gerichte ihre Auslegung anpassen. Damit wäre für ihn eine ausdrückliche Änderung obsolet gewesen.

Diese Ansicht wird auch dadurch gestützt, dass dem Gesetzgeber – entgegen der Behauptung von *Erasmy* – bei der Änderung der Norm Auswirkungen auf finanzielle Folgen des Arbeitgebers sehr wohl bewusst waren. Dies geht aus dem Verweis auf die Belastungsgrenzen der Krankenversicherung und des Arbeitgebers hervor.[761] Die vom Gesetzgeber in Erwägung gezogene Belastung des Arbeitgebers kann sich auch nicht in der durch die unbezahlte Freistellung einhergehende Betrachtung erschöpfen. Denn bereits nach § 275 Abs. 3 BGB wäre eine entsprechend umfangreiche Freistellung grundsätzlich zu gewähren. Es wird schwerlich eine Verweigerung des Leistungsverweigerungsrechts nach § 275 Abs. 3 BGB begründet werden können, da ein betrieblicher Belang – sei es noch so wichtig – kaum der Betreuung eines – zumindest schwer –erkrankten Kindes entgegengesetzt werden kann. Der Gesetzgeber kann somit lediglich auf die finanzielle Belastung abgestellt haben. Auch die Nennung der Krankenversicherungen und der Arbeitgeber in einem Atemzug bei der Belastung als Grund für die Beschränkung spricht für eine finanzielle Betrachtung der Belastung des Arbeitgebers. Denn die Krankenversicherung wird allein auf diese Weise belastet und nicht durch die Freistellung des Arbeitnehmers. Somit klingt zumindest an, dass der Gesetzgeber eine Auswirkung seiner Normänderung auf die Arbeitgeber nicht als ausgeschlossen erachtete.

761 Vgl.: BT-Drs. 12/1363, S. 7.

(ii) Familienpolitische Erwägungen als Leitlinie für Wandel des Betreuungsbedarfs

Ebenso wenig überzeugend ist der Verweis darauf, dass die Änderung ausweislich der Entwurfsbegründung aus familienpolitischen Gründen erfolgte.[762] Unstreitig ist wohl, dass § 616 BGB zumindest Ausfluss sozialer Erwägungen ist. Dementsprechend würde es durchaus zur allgemeinen Rechtsdogmatik passen, wenn familienpolitische Erwägungen über sozialpolitische und arbeitsrechtliche Normen Einwirkungen in das Arbeitsrecht erhielten. Denn gerade durch die Familie wird eines der Spannungsfelder zur Arbeitspflicht eröffnet. So wird zu Recht vertreten, dass bei der Auslegung auf den gesellschaftlichen Wandel Rücksicht genommen werden müsse, durch den sich insbesondere die Betreuungssituation verändert habe.[763]

Die Anpassung des § 45 Abs. 2 SGB V kann dabei als Indiz gewertet werden, dass von dem Gesetzgeber ein umfangreicherer Betreuungsbedarf erkannt wurde. Die Anpassung des Bezugszeitraums und des Freistellungsanspruchs erfolgte im Zusammenhang mit dem Auslaufen der Fortgeltung des großzügigeren Rechts der DDR.[764] Insofern kann angenommen werden, dass der Gesetzgeber davon ausging, dass diese Regelung den Bedürfnissen der Versicherten besser entsprechen würde.[765]

(iii) Schutz des Subsidiaritätsgrundsatzes

Geht der Gesetzgeber davon aus, dass regelmäßig bis zu zehn Tage für die Betreuung eines erkrankten Kindes erforderlich sind, würde der Subsidiaritätsgrundsatz bei einer kürzeren Anwendungsdauer des § 616 BGB umgangen. Nach herrschender Meinung entfällt der Anspruch des § 616 BGB bei Überschreitung der „verhältnismäßig nicht erheblichen Zeit" rückwirkend.[766] Nimmt man mit der – wohl immer noch – herrschenden Meinung an, dass lediglich maximal fünf Tage einen nicht erheblichen Zeitraum im Sinne des § 616 BGB darstellen, würde bei einer Dauer von fünf bis zehn Tagen stets die Krankenversicherung eintreten

---

762 Vgl.: BT-Drs. 12/1363, S. 7; BR-Drs. 539/91, S. 10.

763 Hinsichtlich der Berücksichtigung des wandelnden Betreuungsbedarfs auch *Brose*, die allerdings zugleich eine unmittelbare Orientierung an § 45 SGB V ablehnt: *Brose*, NZA 2011, 719 (723 f.).

764 *Marburger*, RdA 1993, 31 (31).

765 So ist wohl die Verweisung auf familienpolitische Gründe zu verstehen, vgl.: BR-Drs. 539/91, S. 10.

766 In ähnlichem Kontext: *Hohenstatt/Krois*, NZA 2020, 413 (416); im Übrigen vgl. für weitere Nachweise: C)II)3)a), S. 174.

müsse – und zwar für den gesamten Zeitraum.[767] Besteht also in Wirklichkeit ein tatsächlicher Betreuungsbedarf von zehn Tagen, den der Gesetzgeber für seine Änderung annahm, wird die gesetzliche Sozialversicherung wesentlich häufiger beansprucht, als man nach dem Subsidiaritätsgrundsatz annehmen dürfte. Wenig überzeugend ist dabei der Ansatz von *Krause*, eine Ausnahme vom Grundsatz des rückwirkenden Entfalls zu machen. So gibt es – anders als für die Übertragung der Wertung auf das Merkmal der „verhältnismäßig nicht erheblichen Zeit" – keinerlei Anhaltspunkte dafür, dass mit der Anpassung des § 45 Abs. 2 SGB V eine Veränderung der Grundstruktur des § 616 BGB einhergehen sollte. Es erschließt sich nämlich nicht, weshalb eine Modifikation an einem festen Grundsatz des § 616 BGB erfolgen sollte, während die Norm auch ein Tatbestandsmerkmal enthält, das eine Differenzierung der Anwendung je nach Verhinderungsfall ermöglicht.

Wenig überzeugend ist auch das vorher erwähnte entgegengesetzte Argument, dass bei einem Gleichlauf der Regelungen die Ruhensregel des § 49 Abs. 1 S. 1 SGB V überflüssig sei. Zum einen handelt es sich bei der Ruhensregel um eine allgemeine Regelung, die generell das Verhältnis von Krankengeld und Entgeltleistungen regelt. Zum anderen ist § 616 BGB grundsätzlich abdingbar, sodass zumindest auf Grund der Privatautonomie Differenzen zwischen § 45 Abs. 1 SGB V und § 616 BGB auftreten können.

(iv) Orientierung auch ohne Rechtsgrundlage möglich

Weiterhin führt *Wank* gegen eine Übertragung der Wertung an, dass eine Änderung des Anwendungsbereiches des § 616 BGB auf Grund einer Änderung des Sozialversicherungsrechts keine rechtliche Grundlage habe.[768] Dem ist entgegenzuhalten, dass diesem Mangel auch bereits die ursprüngliche Orientierung unterlag. In der Anpassung der Auslegung läge auch keine Vertiefung dieses „Unrechts", da gerade keine unmittelbare Regelung durch den Gesetzgeber angenommen wird, sondern allein seine Wertungen durch die Rechtspraxis übertragen werden. Dies ist einer systematischen Auslegung immanent.

(v) Ausufernder Anspruch

Als Argument gegen die Übertragung der Wertung ist zuzugestehen, dass damit eine erhebliche Belastung des Arbeitgebers einherginge, die – zumindest auf den ersten Blick – hinsichtlich des Umfangs für § 616 BGB unüblich wäre. So wür-

767 Dieses Problem ebenfalls erwähnend: *Diller/Krieger*, Streik im Kindergarten, S. 67.

768 *Wank*, Arbeiter und Angestellte, S. 354; diese Argumentation wohl befürwortend: *Sowka*, RdA 1993, 34 (34).

de das Missverhältnis von Leistung und Gegenleistung in erheblichem Umfang steigen. Denn bei einer uneingeschränkten Übertragung würde ein Fortzahlungsanspruch in einem Umfang geschaffen, der – eine Fünftagewoche vorausgesetzt – der Hälfte des jährlichen gesetzlichen Urlaubsanspruchs entspräche.[769] Bei mehr als drei Kindern und alleinerziehend wäre der Umfang gar das Zweieinhalbfache des gesetzlichen Urlaubsanspruchs.

Überträgt man die Wertung des § 45 SGB V, muss man hingegen auch zu dem Ergebnis kommen, dass der Anspruch lediglich einmalig in einem Kalenderjahr besteht. So hat der Gesetzgeber ausdrücklich die Begrenzung der Belastung des Arbeitgebers als Grund für die Beschränkung genannt.[770] Dabei kann es sich – wie zuvor ausgeführt[771] – nur um finanzielle Erwägungen gehandelt haben. Damit wäre auch der vorgenannte Umfang relativiert, der aus einer Übertragung der Wertungen resultiert. Da § 616 BGB keine Regelungen für den Wiederholungsfall enthält, könnte der Arbeitnehmer den Fortzahlungsanspruch mehrmals im Jahr – unabhängig von der Gesamtzahl der Tage in einem Kalenderjahr – geltend machen. Bei der Übertragung besteht zumindest eine Maximalgrenze von 25 bzw. 50 Arbeitstagen im Kalenderjahr.

Letztlich kommt es aber darauf an, ob sich der Arbeitgeber von diesem Risiko befreien kann, indem er die Anwendung des § 616 BGB beschränkt oder gar ausschließt.

(vi) Fazit

Somit ist – insbesondere vor dem Hintergrund der früheren Rechtsprechung und der ereignisbezogenen Betrachtung – eine Übertragung der Wertung des § 45 SGB V auf § 616 BGB hinsichtlich der Dauer des Fortzahlungsanspruchs zu befürworten.

cc) Stellungnahme zum Verständnis der „verhältnismäßig nicht erheblichen Zeit“

Bisher wurden die spezialgesetzlichen Regelungen mit Blick auf die Umstände der Festlegung der Freistellung bzw. Fortzahlungsdauer erläutert, ihr Verhältnis zu § 616 BGB untersucht und die Relevanz ihres Verständnisses einer „verhältnismäßig nicht erheblichen Zeit“ für dieses Verhältnis dargestellt. Nunmehr wird zum Verständnis der „verhältnismäßig nicht erheblichen Zeit“ zusammenfassend

769 Diesen Aspekt führt auch an: *Wank*, Arbeiter und Angestellte, S. 360.
770 Vgl.: BT-Drs. 12/1363, S. 7.
771 Vgl.: C)II)3)b)bb)(3)(b)(cc)(i), S. 208.

Stellung genommen. Dabei ist hervorzuheben, dass letztlich keine der dargestellten Ansichten der Rechtsprechung und Literatur überzeugen kann. Insbesondere die generelle Beschränkung einer „verhältnismäßig nicht erheblichen Zeit" auf lediglich wenige Tage ist abzulehnen. Diese Auffassung wird durch die Betrachtung der spezialgesetzlichen Regelungen bestätigt.

(1) Stellungnahme zur belastungsorientierten Betrachtung

Für die belastungsbezogene Betrachtung spricht zunächst, dass diese im Einklang mit den in den Motiven festgehaltenen Überlegungen[772] steht.[773] Zwar ist zuzugestehen, dass diese Überlegungen keinen unmittelbaren Eingang in den Normtext des § 616 BGB erhalten haben.[774] Allerdings blieb der betreffende Teil der Norm bei ihren Änderungen im Laufe der Zeit unverändert, sodass die dahinterstehenden Erwägungen im Rahmen einer historischen Auslegung herangezogen werden können.

Die historische Betrachtung zeigt, dass auf eine Festlegung des verhältnismäßigen Zeitraums auf Grund der unterschiedlichen möglichen Umstände verzichtet werden sollte. Dabei wurde allerdings nicht auf die verschiedenen Verhinderungsgründe, sondern auf die Vielzahl verschiedener Dienstverhältnisse verwiesen.[775] Dieser Gedanke wird durch die Erwägungen der II. Kommission präzisiert, nach denen die Verhältnismäßigkeit im Verhältnis zur vertragsgemäßen Dauer des Dienstverhältnisses zu sehen sei.[776] Entsprechend habe der Dienstberechtigte auch nicht das Risiko des Ausfalls zu tragen, wenn sich das Dienstverhältnis nur auf einzelne Einsätze beschränkt (genannt wird das Spielhonorar des Schauspielers für einzelne Auftritte).[777] Anders sieht es aber selbst das *BAG*, obwohl es den Ansatz der II. Kommission grundsätzlich teilt. So gewährt es auch bei einem auf einzelne Einsätze beschränkten Dienstverhältnis eine Vergütungsfortzahlung

772 Vgl.: C)I), S. 81.

773 So auch: Gsell/Krüger u. a./*Bieder*, beckOGK (Stand: 01.07.2022), § 616 BGB, Rn. 37.

774 Mit dieser Kritik: Richardi/Wlotzke/*Boewer*, MHdB ArbR (2000), § 80 – Arbeitsverhinderung aus persönlichen und sonstigen Gründen, Rn. 18; *Kleinebrink*, ArbRB 2006, 303 (305).

775 *Mugdan*, Materialien zum BGB II, S. 258; anders als *Oetker* es darstellt (vgl.: Staudinger/*Oetker*, Kommentar zum BGB §§ 613a-619a BGB, § 616 BGB, Rn. 5) wird gerade nicht auf die Verschiedenartigkeit der Verhinderungsgründe abgestellt.

776 *Mugdan*, Materialien zum BGB II, S. 899.

777 *Mugdan*, Materialien zum BGB II, S. 899.

nach § 616 BGB.[778] Dies zeigt, dass das *BAG* im Zweifel doch wieder von den Erwägungen der Kommission abweicht, wenn diese ihm nicht billig erscheinen.

Während zunächst § 616 BGB nur auf „dauernde" Dienstverhältnisse beschränkt werden sollte, wurde diese Einschränkung zwar gestrichen, im Gegenzug jedoch die Dauer der Vergütungsfortzahlung statt für eine „nicht erhebliche Zeit" nun für eine „verhältnismäßig nicht erhebliche Zeit" vorgesehen.[779] Aus diesem Änderungszusammenhang wird deutlich, dass der historische Gesetzgeber bei der Schaffung der Norm davon ausging, dass die Verhältnismäßigkeit der Dauer der Verhinderung in Bezug zur Dauer des Dienstverhältnisses betrachtet werden sollte. Dabei musste es auf die voraussichtliche Dauer des Dienstverhältnisses ankommen, während das bisherige Bestehen nicht maßgeblich sein sollte. Ansonsten hätte es auch bei dauernden Dienstverhältnissen einer Verhältnismäßigkeitsbetrachtung bedurft.

Gleichwohl kann die (voraussichtliche) Dauer des Dienstverhältnisses nicht allein maßgeblich sein. Bei einer schlichten Staffelung anhand der Dauer des Arbeitsverhältnisses hätte der Gesetzgeber ansonsten die Staffelung – wie bei § 622 BGB geschehen – selbst vornehmen können. Davon wurde jedoch abgesehen, sodass zumindest auch weitere Aspekte in die Bewertung einfließen müssten. Ansonsten gäbe es keinen Grund, weshalb der Gesetzgeber von der Regelung abgesehen hat.

Des Weiteren liegen § 616 BGB, wie sich auch aus der Betrachtung der – eng mit § 616 BGB verbundenen – Entwicklung der Entgeltfortzahlung im Krankheitsfall ergibt,[780] primär keine wirtschaftlichen Erwägungen zu Grunde.[781] Vielmehr steht auch bei dem Merkmal der Verhältnismäßigkeit die Gewährung einer für die Verhinderung angemessene Dauer im Fokus. Dies wird auch durch die spezialgesetzlichen Regelungen deutlich, die allesamt die Dauer des Anspruchs nicht in das Verhältnis zur Dauer der Dienstverhinderung setzen. Sowohl bei § 616 Abs. 2 BGB, im ArbKrankhG als auch letztlich im EFZG sind keine wirtschaftlichen Erwägungen durchgreifend, auch wenn dies teilweise – wie bei der Wartezeit – auf den ersten Blick so erscheinen mag. Letztlich kommt es in keiner der Regelungen auf ein tatsächliches Tätigwerden an, sondern es ist stets allein das Bestehen des Dienst- bzw. Arbeitsverhältnisses maßgeblich, ohne dass der

---

778 *BAG*, Urteil vom 07.02.2007 – 5 AZR 270/06, Rn. 25, juris.

779 Vgl.: Schmoeckel/Rückert/Zimmermann/*Rückert*, HKK zum BGB, § 616 BGB, Rn. 12.

780 Vgl.: C)II)3)b)bb)(1), S. 184.

781 So auch: Staudinger/*Oetker*, Kommentar zum BGB §§ 613a-619a BGB, § 616 BGB, Rn. 100.

Dienstverpflichtete zuvor einen wirtschaftlichen Wert zu Gunsten des Dienstberechtigten erbringen musste.

Abschließend passt diese Auffassung auch nicht zu den in Bezug auf die Ausführungen zum persönlichen Leistungshindernis sowie den aus den Motiven erarbeiteten Ergebnissen. Die Bedeutung und Relevanz der kollidierenden Pflichten sind nicht davon abhängig, wie lange das Dienstverhältnis bereits bestand. Ebenso ist die aus dem Dienstverhältnis resultierende Pflicht des Dienstberechtigten davon unabhängig, auf diese kollidierenden Pflichten Rücksicht zu nehmen. Wie bei den Motiven dargestellt,[782] stützt sich § 616 BGB nicht auf eine besondere Fürsorgepflicht, die mit der Dauer des Dienstverhältnisses anwächst, sondern auf eine allgemeine Nebenpflicht der Rücksichtnahme, die dem Dienstverhältnis immanent ist. Deren Intensität ist jedoch nicht von der Dauer des Dienstverhältnisses, sondern vom Grad der Einwirkungsmöglichkeit auf die Rechte und Rechtsgüter des Vertragspartners abhängig. Dies korreliert im Fall des Dienstverhältnisses mit der zeitlichen Festlegung der Arbeitspflicht. Je größer diese Einwirkungsmöglichkeit ist, desto stärker wird die Möglichkeit der Erfüllung der kollidierenden Pflichten vereitelt. Somit ist die Dauer des Dienstverhältnisses für die Systematik der Norm grundsätzlich unbeachtlich.

Der belastungsorientierten Betrachtung ist somit nicht zu folgen.

(2) Stellungnahme zur ereignisorientierten Betrachtung

Die ereignisorientierte Betrachtung tritt der letztgenannten Kritik entgegen, indem sie anerkennt, dass die Wirkung des persönlichen Leistungshindernisses von der Dauer des Dienstverhältnisses unabhängig ist. Jedoch spielen bei dieser Betrachtungsweise eine Vielzahl von Faktoren – insbesondere in Bezug auf die Umstände des einzelnen Dienstverpflichteten – hinein, die die Dauer beeinflussen. Somit ergeben sich stets Einzelfallbewertungen, die es verhindern, dass klare Regeln zur Orientierung entstehen. Dadurch ist eine zu Recht kritisierte[783] komplexe und undurchsichtige Kasuistik entstanden. Diese Folge steht jedoch dem Zweck der Regelung entgegen, den Dienstverpflichteten bei Dienstverhinderungen zu schützen, weil für den Dienstverpflichteten eine erhebliche Rechtsunsicherheit entsteht,[784] die zu risikobehafteten Gerichtsprozessen führen kann.

---

782 Vgl.: C)I)5), S. 99.

783 Dies kritisiert zu Recht *Bieder*, der sich aber gleichwohl für eine Einzelfallbetrachtung ausspricht: Gsell/Krüger u. a./*Bieder*, beckOGK (Stand: 01.07.2022), § 616 BGB, Rn. 38 f.

784 Ebenfalls auf die Rechtsunsicherheit verweisend, die in Widerspruch zur Aufgabe der Rechtsordnung stehe: *Wank*, Lohnanspruch, S. 77.

Zudem zeigen auch die spezialgesetzlichen Regelungen, dass es auf die Umstände des konkreten Einzelfalls nicht ankommen kann. Die dort festgelegten Fortzahlungsdauern sind von den Umständen des einzelnen Dienstverpflichteten unabhängig und stellen allein auf den Grund der Verhinderung ab.[785]

Auch daraus, dass es sich um persönliche Leistungshindernisse handeln muss, lässt sich nicht zwingend folgern, dass eine Einzelfallbewertung anhand der konkreten Umstände des einzelnen Dienstverpflichteten vorgenommen werden muss. Der Aspekt der persönlichen Betroffenheit beschränkt – wie erörtert –, lediglich die möglichen in Frage kommenden Leistungshindernisse. Allerdings besteht durch den Wortlaut kein Bezug der persönlichen Umstände zur Verhältnismäßigkeit der Dauer.

Somit ist auch die ereignisorientierte Betrachtung, die sich an den Umständen des einzelnen Dienstverpflichteten orientiert, auf Grund der daraus erwachsenden Rechtsunsicherheit sowie der Systematik des Gesetzes abzulehnen.

(3) Stellungnahme zur gemischten Betrachtung

Wie zuvor erwähnt, hat der Gesetzgeber von der Normierung einer festen Staffelung der Dauer für einen Anspruch auf Vergütungsfortzahlung abgesehen, obwohl er dies beispielsweise bei § 622 BGB vorgenommen hat und somit auch hier hätte vornehmen können. Vor diesem Hintergrund lässt sich begründen, dass weitere Umstände Berücksichtigung finden sollten, sofern grundsätzlich am belastungsorientierten Ansatz festgehalten wird. Allerdings summiert sich bei diesem Ansatz auch die oben genannte Kritik, da er lediglich beide vorgenannten Betrachtungsweisen kombiniert. So gibt es – wie dargestellt – weder einen Grund dafür, die Dauer der Vergütungsfortzahlung mit der Dauer des Bestehens des Dienstverhältnisses steigen zu lassen, noch dafür, dass die individuellen Umstände des Dienstverpflichteten bei der Bestimmung der Dauer der Vergütungsfortzahlung im Wege einer Einzelfallbetrachtung Berücksichtigung finden.

Folglich überzeugt auch die gemischte Betrachtungsweise nicht.

(4) Stellungnahme zur generellen Beschränkung auf wenige Tage

Unabhängig von der Betrachtungsweise besteht hingegen Einigkeit zwischen den unterschiedlichen Stimmen in der Literatur, dass sich die Dauer der Vergütungs-

785 So mit Verweis auf das EFZG auch: *Linck*, Entgeltrisiko in Zeiten von Covid 19, S. 755; Staudinger/*Oetker*, Kommentar zum BGB §§ 613a-619a BGB, § 616 BGB, Rn. 104.

fortzahlung auf wenige Tage beschränken müsse.[786] Begründet wird diese Beschränkung damit, dass sich die Verhinderung des Dienstverpflichteten auf einen Zeitraum beschränken müsse, mit dem der Dienstberechtigte rechnen könne. Entsprechend scheide auch bei Beschäftigten, die nicht § 3 EFZG unterfielen, bei einer krankheitsbedingten Arbeitsunfähigkeit eine Orientierung an § 3 EFZG hinsichtlich der Dauer aus.[787] Dies werde auch durch die frühere Fiktion in § 616 Abs. 2 BGB deutlich. Sie wäre die überflüssig gewesen, wenn der Gesetzgeber davon ausgegangen wäre, dass sechs Wochen eine verhältnismäßig nicht erhebliche Zeit darstellen könnten.[788] Ein weiterer Begründungsansatz, für einen lediglich auf wenige Tage beschränkte Verhinderung ist, dass es sich bei § 616 BGB um eine eng auszulegende Ausnahmevorschrift handele.[789]

Dem ist entgegenzuhalten, dass vielmehr durch die Fiktion gerade zum Ausdruck kam, dass der Gesetzgeber davon ausging, dass sechs Wochen eine verhältnismäßig nicht erhebliche Zeit darstellen können. Der Gesetzgeber hat § 616 Abs. 1 BGB nämlich mit seiner Fiktion lediglich näher spezifiziert, ohne von den Tatbestandsmerkmalen abzurücken. Er hat festgelegt, dass bei der Krankheit eine Dauer von sechs Wochen noch von § 616 Abs. 1 BGB erfasst ist. Daran ändert auch die Tatsache nichts, dass § 616 Abs. 2 BGB a. F. zwischenzeitlich gestrichen wurde.[790] Der Regelung wurde lediglich zum Zweck der Vereinheitlichung in § 3 EFZG verlagert. Im Krankheitsfall gilt weiterhin eine Dauer von sechs Wochen als verhältnismäßig nicht erheblich. Gäbe es § 3 EFZG nicht, würde die Vergütungs-

786 *Bauer/Opolony,* NJW 2002, 3503 (3507); *Geulen/Sothmann,* ArbR 2020, 217 (218); *Greiner,* NZA 2007, 490 (492); Säcker/Rixecker u. a./*Henssler,* MüKo zum BGB (Band 5), § 616 BGB, Rn. 69; *Henssler/Medem,* RdA 2024, 1 (13); *Hohenstatt/Krois,* NZA 2020, 413 (415 f.); Henssler/Willemsen/Kalb/*Krause,* HWK ArbR, § 616 BGB, Rn. 41; Kießling/*Kümper,* IfSG, § 56 IfSG, Rn. 25; Herberger/Martinek u. a./*Legleitner,* juris-PK BGB (Stand: 02.10.2024), § 616 BGB, Rn. 20 f.; Staudinger/*Oetker,* Kommentar zum BGB §§ 613a-619a BGB, § 616 BGB, Rn. 105; *Preis/Mazurek/Schmid,* NZA 2020, 1137 (1140).

787 Staudinger/*Oetker,* Kommentar zum BGB §§ 613a-619a BGB, § 616 BGB, Rn. 106.

788 *Henssler/Medem,* RdA 2024, 1 (11); Schaub/*Linck,* Arbeitsrecht-Handbuch, § 97 – Arbeitsverhinderung des Arbeitnehmers aus persönlichen Gründen, Rn. 15; Staudinger/*Oetker,* Kommentar zum BGB §§ 613a-619a BGB, § 616 BGB, Rn. 106.

789 Dieses Argument ausdrücklich für die Beschränkung auf wenige Tage anführend: *VG Bayreuth,* Gerichtsbescheid vom 05.05.2021 – B 7 K 21.210, Rn. 35 f., juris; vergleiche zur Sinnhaftigkeit des Arguments im Übrigen die Ausführungen unter: B)III)3), S. 76.

790 So aber: *Balkau,* NJW 2023, 1768 (1772).

fortzahlung weiterhin aus § 616 BGB folgen. In dem Streichen des § 616 Abs. 2 BGB a. F. ist somit keine Abkehr von dem früheren Regelungsgehalt zu sehen.

Hinzu tritt, dass – ohne dass dieser Zusammenhang von den meisten derer, die diese Ansicht teilen, ausdrücklich erwähnt wird[791] – die absolute Beschränkung auf wenige Tage auf dem Grundsatz *minima non curat praetor* zu gründen scheint. Wie zuvor dargestellt,[792] lässt sich dieser Grundsatz nicht zweifelsfrei als Ursprung für den § 616 BGB feststellen.

Auch das Argument, dass es sich mit § 616 BGB um eine Ausnahmevorschrift handele, was eine enge Auslegung und damit einen kurzen Zeitraum geböte, überzeugt nicht. Grundsätzlich ist – wie zuvor bereits erwähnt[793] – zweifelhaft, worauf die Einordnung als Ausnahmevorschrift gestützt wird und ob diese Einordnung so zulässig ist. Zwar weicht § 616 BGB von der Systematik der §§ 275, 326 BGB ab. Jedoch ist die Einordnung als Ausnahmevorschrift vor dem Hintergrund der Motive des § 616 BGB[794] zweifelhaft. Entsprechend dieser Motive stellt § 616 BGB lediglich eine besondere Ausgestaltung einer Nebenpflicht im Dienstverhältnis dar. Dass Nebenpflichten Auswirkungen auf das Austauschverhältnis haben, ist jedoch nicht ungewöhnlich. Mithin handelt es sich nicht durch die bloße Modifikation des Fortbestehens der Gegenleistungspflicht um eine Ausnahmevorschrift, die eine Beschränkung auf wenige Tage voraussetzt.

Damit ergibt sich nicht bereits aus der Systematik, den Motiven der Norm oder sonstigen Erwägungen, dass sich die verhältnismäßig nicht erhebliche Zeit auf wenige Tage beschränken muss, auch wenn sich die Dauer in den meisten Anwendungsfällen möglicherweise tatsächlich auf wenige Tage beschränken wird.

(5) Eigener Ansatz

(a) Herleitung

Die Dauern der Vergütungsfortzahlung bei den spezialgesetzlichen Regelungen sind – wie dargestellt – unabhängig von der bisherigen Dauer des Dienstverhältnisses. Der Gesetzgeber zeigt in diesen Fällen, dass er sich weder an der Dauer des Dienstverhältnisses noch an den individuellen Umständen des Dienstverpflichte-

791 *Henssler/Medem* führen dies tatsächlich als Argument an: *Henssler/Medem*, RdA 2024, 1 (13); *Krause* lässt diesen Zusammenhang zumindest erkennen: Henssler/Willemsen/Kalb/*Krause*, HWK ArbR, § 616 BGB, Rn. 41.

792 Vgl.: C)I)4), S. 89.

793 Vgl. hierzu: B)III)3), S. 76.

794 Vgl. hierzu: C)I), S. 81.

ten, bei dem das Leistungshindernis eingetreten ist, orientiert. Stattdessen stellt er allein auf die Dienstverhinderung als solche ab. Dabei legt er eine bestimmte Dauer in Abhängigkeit vom abstrakten Verhinderungsgrund fest.

Zwar könnte man davon ausgehen, dass diese Festlegung willkürlich erfolgt. Zumindest bei der Festlegung der Dauer der Entgeltfortzahlung scheint dies auf den ersten Blick beim (historischen) Gesetzgeber auch der Fall gewesen zu sein. So war sein Motiv primär die Entlastung der Krankenversicherungen. Ob außerdem ein Blick auf die Verhinderungsursache erfolgt war, ist nicht bekannt bzw. nicht mehr feststellbar. Allerdings ist es zumindest nicht fernliegend, dass mit dem gewählten Zeitraum ein Großteil der Krankheitsfälle erfasst werden sollte, sodass das Krankengeld nur noch die ungewöhnlich lang andauernden Erkrankungen abdecken sollte.

Ein anderes Bild ergibt sich bei § 45 SGB V. Bei diesem stimmt gar die Freistellungsdauer mit der Dauer des subsidiären Vergütungsersatzes überein. Dies stellt zumindest ein Indiz dafür dar, dass der Gesetzgeber davon ausging, dass maximal dieser Zeitraum auch zur Pflege des Kindes voraussichtlich benötigt wird und auf diese Weise die Dauer bestimmt wurde. Auch die Ausweitung des Anspruchs im Rahmen der COVID-19-Pandemie[795] zeigt, dass der Anspruch für den Zeitraum

795 Vgl. § 45 Abs. 2a SGB V in der Fassung vom 05.01.2023: „(2a) [1]Abweichend von Absatz 2 Satz 1 besteht der Anspruch auf Krankengeld nach Absatz 1 für das Kalenderjahr 2021 für jedes Kind längstens für 20 Arbeitstage, für alleinerziehende Versicherte längstens für 40 Arbeitstage. [2]Der Anspruch nach Satz 1 besteht für Versicherte für nicht mehr als 45 Arbeitstage, für alleinerziehende Versicherte für nicht mehr als 90 Arbeitstage. [3]Der Anspruch nach Absatz 1 besteht für das Kalenderjahr 2021 auch dann, wenn Einrichtungen zur Betreuung von Kindern, Schulen oder Einrichtungen für Menschen mit Behinderung von der zuständigen Behörde zur Verhinderung der Verbreitung von Infektionen oder übertragbaren Krankheiten auf Grund des Infektionsschutzgesetzes vorübergehend geschlossen werden, oder deren Betreten, auch auf Grund einer Absonderung, untersagt wird, oder wenn von der zuständigen Behörde aus Gründen des Infektionsschutzes Schul- oder Betriebsferien angeordnet oder verlängert werden oder die Präsenzpflicht in einer Schule aufgehoben wird oder der Zugang zum Kinderbetreuungsangebot eingeschränkt wird, oder das Kind auf Grund einer behördlichen Empfehlung die Einrichtung nicht besucht. [4]Die Schließung der Schule, der Einrichtung zur Betreuung von Kindern oder der Einrichtung für Menschen mit Behinderung, das Betretungsverbot, die Verlängerung der Schul- oder Betriebsferien, die Aussetzung der Präsenzpflicht in einer Schule, die Einschränkung des Zugangs zum Kinderbetreuungsangebot oder das Vorliegen einer behördlichen Empfehlung, vom Besuch der Einrichtung abzusehen, ist der Krankenkasse auf geeignete Weise nachzuweisen; die Krankenkasse kann die Vorlage einer Bescheinigung der Einrichtung oder der Schule verlangen.“.

bestehen soll, der regelmäßig durch die Dienstverhinderung bedingt wird. So hat der Gesetzgeber durch die allgemeine Krankheitslast sowie durch die Schließung von Betreuungseinrichtungen einen erheblich gesteigerten Betreuungsbedarf gesehen, dem er durch die Anpassung der Regelung begegnet ist.

Insofern ist eine weitere Betrachtungsweise, dass die Formulierung „verhältnismäßig nicht erhebliche Zeit" im Verhältnis zum abstrakten – das heißt, unabhängig vom konkreten Einzelfall und den persönlichen Umständen des Dienstverpflichteten – Leistungshindernis bzw. zur abstrakten Dienstverhinderung zu bestimmen ist.[796] Dabei bemisst sich die Verhältnismäßigkeit an der Dauer, die gewöhnlicherweise zur „Beseitigung" des Leistungshindernisses benötigt wird bzw. die das Leistungshindernis gewöhnlicherweise in Anspruch nimmt.[797]

Diese Überlegung lässt sich auch mit der Bestrebung vereinbaren, die Interessen von Dienstverpflichteten und Dienstberechtigten miteinander in Einklang zu bringen. Wie sich aus den spezialgesetzlichen Regelungen ergibt, kann es sich dabei nicht um wirtschaftliche Erwägungen im Sinne der Verhältnismäßigkeit von Leistung- und Gegenleistung handeln. Dem Interesse des Dienstverpflichteten wird genüge getan, wenn dieser grundsätzlich für die gesamte Dauer des Verhinderungsgrundes von der Leistung befreit wird und während dieser Zeit seine Vergütung weiterhin erhält. Demgegenüber steht es im Interesse des Dienstberechtigten, nur so kurz wie nötig Vergütungsfortzahlung leisten zu müssen[798] und diese möglichst nach standardisierten Regeln abwickeln zu können. Somit ist ein Interessenausgleich darin zu sehen, dass der Dienstverpflichtete für den Zeitraum seine Vergütung erhält, für den man bei diesem Grund für gewöhnlich an der Erbringung der Dienstleistung verhindert ist. Wird diese gewöhnliche Dauer überstiegen, geht das Risiko zu Lasten des Dienstverpflichteten. Eine solche Verfahrensweise würde beiden Interessen gerecht werden.

---

796 Ohne weitere Begründung mit wohl ähnlichem Gedanken: *Wank*, Lohnanspruch, S. 77; uneindeutig, aber möglicherweise in eine ähnliche Richtung deutend: *Hexel/Lüders*, NZS 2009, 264 (270).

797 Ein ähnliches Verständnis einer ereignisbezogenen Betrachtung hatte wohl auch: *VG Berlin*, Urteil vom 01.12.2022 – 14 K 631/20, Rn. 43 f., juris; ähnlich bei der Argumentation, ob das gefundene Ergebnis einer Korrektur auf Grund außergewöhnlicher Umstände bedarf: *VG Koblenz*, Urteil vom 10.05.2021 – 3 K 107/21.KO, Rn. 32, juris

798 Da dieses Interesse nicht auf das Verhältnis von Leistung- und Gegenleistung abstellt, sondern ein allgemeines finanzielles Interesse ist, stellt es kein unbeachtliches wirtschaftliches Interesse dar.

Es ist demnach zu ermitteln, wie lang Dienstverpflichtete üblicherweise durch einen Verhinderungsgrund an der Erbringung der Dienstleistung verhindert sind. Diese übliche Dauer der Verhinderung ist durch empirische Erhebungen zu ermitteln oder, sofern es auf Grund anderweitiger Vorschriften[799] eine übliche Verhinderungsdauer gibt, ist diese heranzuziehen. Beispielsweise dauert ein dienstlicher Umzug innerhalb Deutschlands drei Tage. So benötigt ein Umzugsunternehmen im Regelfall einen Tag zum Einpacken des Hab und Guts und Abbau der Möbel, einen Tag zum Transport innerhalb Deutschlands und einen Tag zum Aufbauen und Auspacken. Nur in seltenen Fällen dürfte ein solcher Umzug mehr Zeit in Anspruch nehmen. Dementsprechend ist die übliche Verhinderungsdauer drei Tage. Liegt ein seltener Fall vor, in dem es länger dauert, ist dies das Risiko des Dienstverpflichteten. Auch ein krankheitsbedingter untertägiger Arzttermin wird im Regelfall innerhalb von vier Stunden – mit Anreise, Wartezeit und Untersuchung – erledigt sein, sodass vier Stunden als verhältnismäßig nicht erhebliche Zeit anzunehmen ist. Für die meisten Fälle dürfte dies genügen. Überschreitet die benötigte Zeit zum Wahrnehmen des Arzttermins im Einzelfall diese Dauer, ist dies das Risiko des Dienstverpflichteten. Auf diese Art und Weise sind die üblichen Verhinderungsdauern (durch die Gerichte bzw. das *BAG*) zu ermitteln und festzulegen.

Einer Berücksichtigung der Umstände des Verhinderungsfalls bei der Ermittlung der „verhältnismäßig nicht erheblichen Zeit" bedarf es auch auf Grund der Trennung von Leistungsverweigerung nach § 275 BGB und der Vergütungsfortzahlung nach § 616 BGB nicht. So ist – anders als vor der Schuldrechtsreform 2002 – für § 616 BGB unbeachtlich, ob die Dienstleistung für den Dienstberechtigten einer besonderen Dringlichkeit unterliegt oder die Dauer der Verhinderung den Betriebsablauf erheblich stört.[800] Diese Aspekte werden bereits beim Vorliegen einer Verhinderung im Rahmen des § 275 Abs. 3 BGB berücksichtigt. Sie

799 Vgl. hierfür die Ausführungen zur Verhinderung auf Grund einer Absonderungsverfügung nach §§ 28 Abs. 1, 30 Abs. 1 IfSG: C)II)3)b)dd), S. 225.

800 So klarstellend: Säcker/Rixecker u. a./*Henssler,* MüKo zum BGB (Band 5), § 616 BGB, Rn. 68; Soergel/*Kraft,* BGB (1997), § 616 BGB, Rn. 22; Westermann/Grunewald/Maier-Riemer/*Riesenhuber,* Ermann BGB, § 616 BGB, Rn. 49; wobei *Henssler* bloß auf die Unvereinbarkeit mit dem Wortlaut verweist; so wohl auch: *Nikisch,* Arbeitsrecht, S. 616 ; a. A. *Bleckmann,* die trotz Anerkennung der Trennung zwischen Entfall der Leistungspflicht und Vergütungsfortzahlung bei der Bewertung der verhältnismäßigen Erheblichkeit auch die Störung der Betriebsabläufe berücksichtigt, vgl.: *Bleckmann,* Arbeitspflicht und Vergütungsrisiko in Zeiten der Pandemie, S. 278 f.

haben damit auf Grund der strikten Trennung der Frage der Leistungsbefreiung und der Vergütungsfortzahlung keinen Einfluss mehr im Rahmen der Bewertung. Zudem besteht die Störung des Betriebes unabhängig von der Entgeltfortzahlung, da die Leistungsbefreiung sich auf § 275 BGB stützt, der von § 616 BGB nicht beeinflusst wird. Des Weiteren führt die Berücksichtigung der persönlichen Umstände abermals zu einer Rechtsunsicherheit sowie zur Nichtvorhersehbarkeit der finanziellen Belastung für den Dienstberechtigten.[801] Somit bedarf es auch keiner Berücksichtigung dieser Umstände bei der Festlegung der Dauer.

Wie zuvor ausgeführt, besteht keine zwingende Beschränkung hinsichtlich der maximalen Dauer der Vergütungsfortzahlung. Die absolute Grenze ist jedoch bei maximal sechs Wochen zu sehen. Sie resultiert daraus, dass die persönliche Arbeitsunfähigkeit die wichtigste und schwerste Verhinderungsform ist, da der Arbeitnehmer nicht nur faktisch an der Erbringung der Dienstleistung gehindert ist, sondern die Zeit der Arbeitsunfähigkeit auch zur Wiederherstellung seiner Arbeitsfähigkeit benötigt. Nimmt der Gesetzgeber für diesen Fall eine Entgeltfortzahlung von sechs Wochen an, kann dieser Zeitraum nicht aus Gründen überschritten werden, die weniger schwerwiegend sind. Jedenfalls ist kein schwerwiegenderer Grund als die Arbeitsunfähigkeit ersichtlich, der zur Arbeitsverhinderung führen kann.

(b) Mögliche Kritik und Vorteile

Gegen den Gedanken, der diesem Ansatz zu Grunde liegt, sowie ähnliche Erwägungen wurde bereits Kritik geäußert. Dieser Kritik soll präventiv entgegengetreten werden. Zudem werden die Vorteile des hier vorgeschlagenen Verständnisses zur Bestimmung der „verhältnismäßig nicht erheblichen Zeit“ dargestellt.

(aa) Kritik: Bewusste Trennung des § 616 BGB von spezialgesetzlichen Regelungen

Gegen eine Übertragung der Entgeltfortzahlungsdauer z. B. aus § 3 EFZG und § 56 IfSG wird eingewandt, dass deren Anwendungsbereiche bewusst aus dem Anwendungsbereich des § 616 BGB ausgeschlossen worden seien. Dies werde durch die Regelung in Spezialgesetzen deutlich, sodass keine Rückschlüsse auf die Fortzahlungsdauer nach § 616 BGB möglich seien.[802] Zudem scheide eine

801 So wohl auch: Kiel/Lunk/Oetker/*Reichold,* MHdB ArbR, § 41 Befreiung von der Arbeitspflicht, Rn. 7.

802 *Bleckmann,* Arbeitspflicht und Vergütungsrisiko in Zeiten der Pandemie, S. 276; Boecken/Düwell u. a./*Boecken,* NK-GA, § 616 BGB, Rn. 21; so wohl auch *Temming,*

Übertragung auf Grund der Systematik aus, da die spezialgesetzlichen Regelungen die Dauer der Vergütungsfortzahlung mit der Rechtsfolgenseite verknüpften, während im Rahmen des § 616 BGB dieser Aspekt auf der Tatbestandsseite angesiedelt sei.[803]

Dieses Argument lässt sich jedoch durch die Betrachtung der historischen Entwicklung im Zusammenhang mit § 616 Abs. 2 BGB entkräften. Vor der Schaffung des § 3 EFZG hatte der historische Gesetzgeber mit § 616 Abs. 2 BGB für die Dauer eine Fiktion in Abhängigkeit vom Verhinderungsgrund festgeschrieben. Er hatte damit verdeutlicht, von der grundsätzlichen Systematik der Norm nicht abweichen zu wollen.[804] Auch die weiteren spezialgesetzlichen Vergütungsfortzahlungsansprüche und -ersatzansprüche orientieren sich – wie dargestellt – allein an dem Leistungshindernis. Dass mit diesen ausdrücklichen Regelungen auch eine Änderung der Systematik der „Verhältnismäßigkeit“ von einer Abhängigkeit der Dauer vom Bestehen des Dienstverhältnisses zu einer festen Dauer in Abhängigkeit vom Verhinderungsgrund vollzogen werden sollte, kann bezweifelt werden.[805] Somit ergibt sich, dass die „Verhältnismäßigkeit“ – zumindest nach der Vorstellung des aktuellen Gesetzgebers – das Verhältnis von Fortzahlungsdauer zum Verhinderungsgrund beschreibt.

(bb) Kritik: Unterschiedliche Motive bei § 3 EFZG und § 616 BGB

Gegen eine Übertragung der Dauer der Entgeltfortzahlung nach § 3 EFZG auf die Vergütungsfortzahlung nach § 616 BGB wird zudem eingewandt, dass bei § 3 EFZG der Gesetzgeber auf Grund sozialpolitischer Erwägungen die schuldrechtlichen Grundsätze gezielt durchbrochen habe.[806] Dem ist entgegenzuhalten, dass auch § 616 BGB selbst eine Durchbrechung schuldrechtlicher Grundsätze –

---

der eine Anwendbarkeit des § 616 BGB gänzlich auszuschließen scheint, da ansonsten kein Regelungsbedarf für § 56 IfSG bestanden hätte. Dabei ignoriert er allerdings die Möglichkeit der Abbedingung des § 616 BGB, die zur Schutzlosigkeit führt, die mit § 56 IfSG kompensiert werden soll, vgl.: Kluckert/*Temming*, Infektionsschutzgesetz, § 16 – Infektionsschutzrechtliche Implikationen auf das Arbeitsrecht, Rn. 14.

803 *Bleckmann*, Arbeitspflicht und Vergütungsrisiko in Zeiten der Pandemie, S. 276; hinsichtlich der Verortung der Zeitkomponente: Staudinger/*Oetker*, Kommentar zum BGB §§ 613a-619a BGB, § 616 BGB, Rn. 100.

804 a. A.: *Bleckmann*, Arbeitspflicht und Vergütungsrisiko in Zeiten der Pandemie, S. 275.

805 Ähnlich auch: Schaub/*Linck*, Arbeitsrecht-Handbuch, § 97 – Arbeitsverhinderung des Arbeitnehmers aus persönlichen Gründen, Rn. 14; Staudinger/*Oetker*, Kommentar zum BGB §§ 613a-619a BGB, § 616 BGB, Rn. 104.

806 *Preis/Schmid*, JbArbR 2021, 21 (32).

nämlich der Systematik der §§ 275, 326 BGB – darstellt. Wie herausgearbeitet, lässt sich diese Durchbrechung auch nicht aus anderen schuldrechtlichen Grundsätzen – namentlich dem Bestehen einer Nebenpflicht – herleiten. Stattdessen hat der Gesetzgeber auf Grund sozialpolitischer Erwägungen einer Nebenpflicht nach § 241 Abs. 2 BGB einen Einfluss auf das Verhältnis von Leistung und Gegenleistung zugesprochen.[807] Insofern sind § 3 EFZG und § 616 BGB hinsichtlich ihrer systematischen Stellung vergleichbar und eine Übertragung der Dauer grundsätzlich möglich.

(cc) Vorteil: Erwartbarkeit und Kalkulierbarkeit des Risikos sowie Rechtssicherheit

Von einem Teil der Literatur wird als Argument für die ereignisbezogene Betrachtungsweise die Erwart- und Kalkulierbarkeit für den Dienstberechtigten angeführt.[808] Gleichzeitig führt diese Betrachtung aber auf Grund der Einzelfallbetrachtungen verstärkt zu divergierenden Ansprüchen. Von tatsächlicher Erwart- und Kalkulierbarkeit kann also nicht die Rede sein.

Die hier vorgeschlagene Betrachtungsweise bietet allerdings tatsächlich eine Erwart- und Kalkulierbarkeit. Indem für jeden möglichen Verhinderungsgrund eine bestimmte Dauer festgelegt ist, die gerade nicht durch eine Berücksichtigung des konkreten Einzelfalls modifiziert wird, kann der Dienstberechtigte durch Betrachtung der möglichen Verhinderungsgründe das Risiko überblicken. Zugleich führt diese Betrachtungsweise auch zur Rechtssicherheit bei den Dienstvertragsparteien, wenn ein persönliches Leistungshindernis eintritt.[809] Zwar ist zuzugestehen, dass die Kalkulierbarkeit bei erstmalig auftretenden Fällen – wie den Maßnahmen der COVID-19-Pandemie, die nicht wirklich erwartbar waren – bei Abschluss des Arbeitsvertrages eher nicht gegeben ist.[810] Allerdings besteht zum einen die generelle Möglichkeit zum Erlass von Tätigkeitsverboten bereits

807 Vgl.: C)I)4)d), S. 95.

808 Staudinger/*Oetker*, Kommentar zum BGB §§ 613a-619a BGB, § 616 BGB, Rn. 105.

809 So sehen *Preis/Schmid* in der Einzelfallbetrachtung ein erhebliches Problem der Rechtssicherheit, insbesondere in Fällen, in denen allein anhand des Merkmals der Verhältnismäßigkeit eine Risikoverteilung zwischen Staat und Arbeitgeber vorgenommen wird, vgl.: *Preis/Schmid*, JbArbR 2021, 21 (31).

810 So zu Recht einwendend: *VG Bayreuth*, Gerichtsbescheid vom 05.05.2021 – B 7 K 21.210, Rn. 38, juris; a. A. da die Möglichkeit der Absonderung bereits lange vor der COVID-19-Pandemie bestand: *VG Koblenz*, Urteil vom 10.05.2021 – 3 K 107/21.KO, Rn. 32, juris; *VG Berlin*, Urteil vom 16.11.2022 – 32 K 109/22, Rn. 82, juris; *VG Berlin*, Urteil vom 01.12.2022 – 14 K 631/20, Rn. 40.

seit der Einführung des Bundesseuchenschutzgesetzes. Es mag daher in der Vergangenheit einzelne Fälle gegeben haben, bei denen zur COVID-19-Pandemie vergleichbare Maßnahmen – nur nicht in dieser Vielzahl – getroffen wurden. Zum anderen ist auch die tatsächliche finanzielle Belastung durch andere Regelungen, wie das EFZG, nicht präzise kalkulierbar, da die Häufigkeit der Erkrankung eines Arbeitnehmers nur auf Grundlage statistischer Erfahrungswerte zu berücksichtigen ist. Auch in diesem Fall wird eine Vergütungsfortzahlung von sechs Wochen zugemutet.

(dd) Vorteil: Entsprechen der Regelungspraxis im Kollektivarbeitsrecht

Ebenfalls als Argument für die hier vorgeschlagene Betrachtungsweise könnte die Regelungspraxis in Tarifverträgen herangezogen werden, bei denen im Regelfall ebenfalls lediglich auf den Verhinderungsgrund abgestellt wird. Ein Verweis auf die Tarifverträge wird zum Teil in der Literatur vorgenommen, um die Beschränkung auf wenige Tage zu untermauern, da die Tarifverträge im Regelfall die Fortzahlungsdauer auf maximal fünf Tage beschränken.[811] Bei der Auslegung des § 616 BGB kann es jedoch allein auf die gesetzliche Regelung ankommen und nicht auf die Rechtsanwendung der Tarifparteien, die eine Abweichung von der Norm darstellen könnte. Unproblematisch ist jedoch, aus dieser Praxis Schlussfolgerungen über das vorherrschende Verständnis des sozialpolitischen Regelungsbedürfnisses zu ziehen.[812] Zwar lässt sich durch die Regelungspraxis in den Tarifverträgen nicht die Auslegung des Gesetzes begründen. Jedoch kann festgestellt werden, dass eine ausschließlich am Verhinderungsgrund orientierte Betrachtung dem sozialpolitischen Regelungsbedürfnis zu genügen scheint. Dies unterstützt die hier vertretene Betrachtungsweise zumindest im Ergebnis.

(ee) Zwischenergebnis

Die „verhältnismäßig nicht erhebliche Zeit“ ist somit nach der üblichen Dauer der entsprechenden Verhinderung und unabhängig von den Umständen des Einzelfalls zu bestimmen. Zwar dürfte zurzeit noch eine Ungewissheit hinsichtlich der

---

811 Darauf verweist jedoch *Krause*, um den unbestimmten Rechtsbegriff auszufüllen: Henssler/Willemsen/Kalb/*Krause,* HWK ArbR, § 616 BGB, Rn. 40 f.; auch *Boewer* verweist auf die Tarifverträge, erkennt jedoch die unterschiedliche rechtliche Herkunft als Problem: Richardi/Wlotzke/*Boewer,* MHdB ArbR (2000), § 80 – Arbeitsverhinderung aus persönlichen und sonstigen Gründen, Rn. 18; im Übrigen: *Noack,* NZA 2021, 251 (253).

812 So auch: Richardi/Wlotzke/*Boewer,* MHdB ArbR (2000), § 80 – Arbeitsverhinderung aus persönlichen und sonstigen Gründen, Rn. 18.

üblichen Verhinderungsdauer für die einzelnen Gründe bestehen, sofern keine entsprechenden Regelungen – wie z. B. § 45 SGB V – Anhaltspunkte geben können. Da es jedoch in Gerichtsentscheidungen nicht mehr auf die Umstände des Einzelfalls ankommt, dürfte sich in der Praxis schnell ein entsprechender Katalog entwickeln.

dd) Exkurs: Sonderfall COVID-19-Pandemie

Die Frage welcher Zeitraum noch eine „verhältnismäßig nicht erhebliche Zeit" ist, stellte sich insbesondere während der COVID-19-Pandemie. Waren Personen ansteckungsverdächtig oder symptomlose Ausscheider, wurde gegen diese Personen eine Absonderungsverfügung auf Grundlage von §§ 28 Abs. 1, 30 Abs. 1, 32 IfSG i.V.m. der jeweils geltenden Coronaschutzverordnung erlassen. Diese hinderte sie im Regelfall daran, ihren Arbeitsplatz zu erreichen. Somit waren sie an der Erbringung der Arbeitsleistung gehindert, obwohl sie nicht arbeitsunfähig krank waren. Die Verfügungen erstreckten sich regelmäßig auf einen Zeitraum von 14 Tagen,[813] sodass sich für Dienstberechtigte die Frage ergab, ob diese 14 Tage noch eine „verhältnismäßig nicht erhebliche Zeit" darstellten und sie somit zur Vergütungsfortzahlung nach § 616 BGB verpflichtet waren.

Einen Maßstab hierfür setzte der *BGH* im Jahr 1979. Auch wenn keine pauschale Aussage getroffen werden könne, sondern die Dauer grundsätzlich vom Einzelfall und dabei insbesondere von der Dauer des Dienstverhältnisses abhänge, seien im Fall eines Tätigkeitsverbots eines Ausscheiders bis zu sechs Wochen als verhältnismäßig nicht erheblich anzusehen. Zur Begründung stützte sich der *BGH* darauf, dass die Arbeitsverhinderung von Ausscheidern mit der krankheitsbedingten Verhinderung vergleichbar sei und deren Behandlung sich über Wochen erstrecken könne.[814]

Hingegen entwickelt sich in der aktuellen Rechtsprechung zur COVID-19-Pandemie überwiegend eine eher restriktive Rechtsauslegung, die den Anspruch auf wenige Tage – in der Regel nicht mehr als vier bis fünf Tage – beschränkt.[815] Hierfür wird unabhängig von der belastungs- oder ergebnisorientierten Betrach-

---

813 Vgl.: *Preis/Schmid,* JbArbR 2021, 21 (26).

814 *BGH*, Urteil vom 30.11.1978 – III ZR 43/77, Rn. 37, juris; zustimmend: *Stach,* NJW 2021, 10 (15 f.).

815 *LG Münster*, Urteil vom 15.04.2021 – 8 O 345/20, Rn. 26, juris; *VG Oldenburg*, Urteil vom 26.04.2021 – 7 A 1497/21, Rn. 17, juris; *VG Bayreuth*, Gerichtsbescheid vom 05.05.2021 – B 7 K 21.210, Rn. 37, juris; *VG Münster*, Urteil vom 10.11.2022 – 5a K 1163/21, Rn. 103, juris; *VG Münster*, Urteil vom 12.01.2023 – 5 K 164/22, Rn. 115 ff., juris.

tungsweise vor allem auf die mögliche maximale Dauer einer Verhinderung im Sinne des § 616 BGB abgestellt, die sich aus dem Zweck der Norm ergebe, ausschließlich geringfügige Verhinderungen zu kompensieren.[816] Zwar wird von der Rechtsprechung auch vereinzelt eine zwei wöchige Quarantäne als verhältnismäßig nicht erhebliche Zeit anerkannt.[817] Eine allgemeingültige Tendenz lässt sich jedoch aus diesen einzelnen Entscheidungen nicht entnehmen. Zum Teil erfolgen die Entscheidungen unter Verweis auf das Verhältnis von Beschäftigungs- und Verhinderungsdauer[818], zum Teil unter Vornahme einer Einzelfallbetrachtung in Bezug auf das Verhalten des Arbeitgebers, das zu der Quarantänemaßnahme geführt hat.[819] Auch wird berücksichtigt, dass der Staat durch die Verordnung der Quarantäne die Ursache mit schaffe und er durch eine zu großzügige Auslegung des § 616 BGB von der damit einhergehenden Verantwortung zu stark entlastet werde.[820] Eine konsistente Begründung ergibt sich – bereits ob der unterschiedlichen Ergebnisse – nicht.

In der Literatur wird überwiegend vertreten, dass eine zweiwöchige Quarantäne eine verhältnismäßig erhebliche Zeit darstelle und somit ein Anspruch aus § 616 BGB ausscheide.[821] Neben dem Grund, dass allgemein nur eine Dauer von

816 *VG Bayreuth*, Gerichtsbescheid vom 05.05.2021 – B 7 K 21.210, Rn. 37, juris; *VG Frankfurt*, Urteil vom 28.09.2022 – 5 K 3397/20.F, Rn. 27, juris; *VG Münster*, Urteil vom 10.11.2022 – 5a K 1163/21, Rn. 111 ff., juris; *VG Münster*, Urteil vom 12.01.2023 – 5 K 164/22, Rn. 115 ff., juris.

817 *VG Karlsruhe*, Urteil vom 10.05.2021 – 9 K 67/21, Rn. 90, juris; *VG Berlin*, Urteil vom 16.11.2022 – 32 K 109/22, Rn. 79, juris; *VG Berlin*, Urteil vom 01.12.2022 – 14 K 631/20, Rn. 32, juris.

818 *VG Berlin*, Urteil vom 01.12.2022 – 14 K 631/20, Rn. 38, juris.

819 *VG Karlsruhe*, Urteil vom 10.05.2021 – 9 K 67/21, Rn. 90, juris.

820 Kluckert/*Temming*, Infektionsschutzgesetz, § 16 – Infektionsschutzrechtliche Implikationen auf das Arbeitsrecht, Rn. 14.

821 *Adam*, SPA 2020, 137 (138); *Bleckmann*, Arbeitspflicht und Vergütungsrisiko in Zeiten der Pandemie, S. 281; *Geulen/Sothmann*, ArbR 2020, 217 (218); Säcker/Rixecker u. a./*Henssler*, MüKo zum BGB (Band 5), § 616 BGB, Rn. 70; *Hohenstatt/Krois*, NZA 2020, 413 (416); *Kraayvanger/Schrader*, NZA-RR ArbR 2020, 623 (626 f.); Henssler/Willemsen/Kalb/*Krause*, HWK ArbR, § 616 BGB, Rn. 41; Schaub/*Linck*, Arbeitsrecht-Handbuch, § 97 – Arbeitsverhinderung des Arbeitnehmers aus persönlichen Gründen, Rn. 16; *Noack*, NZA 2021, 251 (253); *Preis/Mazurek/Schmid*, NZA 2020, 1137 (1140 f.); *Preis/Schmid*, JbArbR 2021, 21 (32); *Schmid*, NZA 2021, 846 (847); a. A. mit Verweis auf die Wertungen des § 3 EFZG: *Eufinger*, DB 2020, 1121 (1123).

wenigen Tagen anerkannt sei,[822] wird angeführt, dass ansonsten insbesondere Dienstberechtigte mit wenigen Mitarbeitern, die nicht durch Tarifvertrag § 616 BGB (teilweise) abbedungen hätten, ohne Ausgleich die Fortzahlungslast zu tragen hätten, während andere einen Ausgleich nach § 56 IfSG erhielten.[823]

Nach der hier vertretenen Auffassung ist hingegen allein auf die regelmäßige Verhinderungsdauer für diesen konkreten Verhinderungsgrund abzustellen. Demnach ist zu berücksichtigen, für welchen Zeitraum die Absonderungsverfügung den Betroffenen in der Regel verhindert, seine geschuldete Dienstleistung zu erbringen. Somit wird durch die Verwaltungspraxis entsprechend der Vorgaben des materiellen Gesetzes (§§ 28 Abs. 1, 30 Abs. 1, 32 IfSG i. V. m. der jeweils geltenden Coronaschutzverordnung) Einfluss auf das Dienstverhältnis genommen, indem es die Leistungsverhinderung herbeiführt. Dementsprechend legt die Verwaltungspraxis aber auch einen Maßstab für die übliche Verhinderungsdauer fest, an dem sich Dienstberechtigter und Dienstverpflichteter orientieren können. Bleibt die Verhinderung im Einzelfall innerhalb dieses Rahmens, stellt die Dauer eine für diesen Verhinderungsgrund „verhältnismäßig nicht erhebliche Zeit“ dar. Während der COVID-19-Pandemie wurden die Absonderungen zunächst für 14, später für zehn und dann für fünf Tage angeordnet. Entsprechend wäre im Laufe der Zeit auch die „verhältnismäßig nicht erhebliche Zeit“ im Sinne des § 616 BGB anzupassen gewesen. Dabei ist unerheblich, dass sich der Zeitraum teilweise durch das weitere Vorliegen eines positiven Schnelltests in einzelnen Fällen verlängerte. Die verlängerte Quarantäne war nicht der Regel-, sondern der Einzelfall, der bei dieser Betrachtungsweise gerade nicht maßgeblich ist. Die für den Einzelfall verlängerte Quarantäne überstiege dann die „verhältnismäßig nicht erhebliche Zeit“, sodass der Anspruch auf Vergütungsfortzahlung nach § 616 BGB rückwirkend entfiele.

Einer Ausdehnung der Vergütungsfortzahlung nach § 616 BGB auf zwei Wochen, wird auch das systematische Argument entgegengehalten, dass dann der Anwendungsbereich des § 56 IfSG entfiele.[824] Dies überzeugt nicht. Zu Recht wenden Gerichte teilweise ein, dass § 56 IfSG dann Anwendung finde, wenn § 616

822 *Geulen/Sothmann,* ArbR 2020, 217 (218); *Preis/Mazurek/Schmid,* NZA 2020, 1137 (1140); vgl. zudem: *Fischinger/Hengstberger,* JA 2020, 561 (564); im Übrigen so auch *Hohenstatt/Krois,* die darauf hinweisen, dass sich hieran auch dadurch nichts ändert, dass der Arbeitnehmer selbst und erheblich, wie bei einer krankheitsbedingten Arbeitsunfähigkeit, betroffen sei: *Hohenstatt/Krois,* NZA 2020, 413 (416).

823 *Noack,* NZA 2021, 251 (254).

824 *Preis/Mazurek/Schmid,* NZA 2020, 1137 (1140 f.).

BGB abbedungen sei.[825] Des Weiteren ergibt sich aus der subsidiären Stellung des § 56 IfSG, dass diese gerade nicht der primären Absicherung dienen solle, sondern lediglich eine Auffangregelung darstelle, wenn § 616 BGB nicht eingreife. Sie solle den Betroffenen nur vor einer materiellen Not schützen.[826] Somit kann § 616 BGB logisch überhaupt nicht § 56 IfSG seines Anwendungsbereichs berauben.

Demnach wäre bei der hier vorgeschlagenen Betrachtungsweise im Fall einer Absonderungsverfügung während der COVID-19-Pandemie eine „verhältnismäßig nicht erhebliche Zeit" im Sinne des § 616 BGB anfangs 14 Tagen gewesen. Sie hätte sich mit der Verkürzung des Zeitraums in den Absonderungsanordnungen auf zehn bzw. fünf Tage verkürzt.

ee) Zwischenergebnis

Für die Bestimmung der „verhältnismäßig nicht erheblichen Zeit" der Verhinderung im Sinne des § 616 BGB überzeugen die bislang in der Rechtsprechung und der Literatur vertretenen Ansichten nicht. Stattdessen kommt es bei der „Verhältnismäßigkeit" darauf an, ob die Dauer der Verhinderung im Einzelfall der üblichen Dauer für einen solchen Verhinderungsfall entspricht. Anders gesagt: „Ist die Verhinderungsdauer für den Verhinderungsgrund verhältnismäßig?" Diese Auffassung steht dabei auch in Einklang mit den vom Gesetzgeber spezialgesetzlich geregelten Hinderungsgründen, die allesamt unabhängig vom Einzelfall feste Dauern festlegen.

Damit entspricht beispielsweise eine einzel- oder tarifvertragliche Regelung, die die Dauer für einzelne Verhinderungsgründe pauschal festlegt, grundsätzlich hinsichtlich der Struktur dem gesetzlichen Leitbild. Hingegen weichen Regelungen, die beispielsweise an die Dauer des Bestehens des Arbeitsverhältnisses anknüpfen, von dieser Struktur ab. Diese Erkenntnisse dienen der Bestimmung der Grenzen der vertraglichen Gestaltung im weiteren Verlauf dieser Arbeit.

4) Verschulden

Als negatives Tatbestandsmerkmal bestimmt § 616 BGB, dass für das Bestehen des Vergütungsfortzahlungsanspruchs kein Verschulden des Dienstverpflichteten vorliegen dürfe. Allerdings erfolgt keine weitere Konkretisierung des Verschul-

---

825 *VG Koblenz*, Urteil vom 10.05.2021 – 3 K 107/21.KO, Rn. 33, juris; *VG Berlin*, Urteil vom 01.12.2022 – 14 K 631/20, Rn. 41, juris.

826 So zur Vorgängerregelung im Bundesseuchenschutzgesetz: BT-Drs. 3/2662, S. 3; mit dieser Argumentation: *VG Koblenz*, Urteil vom 10.05.2021 – 3 K 107/21.KO, Rn. 33, juris.

densbegriffs. Somit bleibt sowohl offen, worauf sich das Verschulden beziehen muss, als auch welcher Verschuldensmaßstab anzulegen ist.

Die Rechtsprechung[827] und die herrschende Literatur[828] sprechen sich für einen Gleichlauf des Verschuldensmaßstabs von § 3 EFZG und § 616 BGB aus. Insofern ist die (Einzelfall-)Rechtsprechung des *BAG* zu § 3 EFZG auf § 616 BGB zu übertragen. Ausgangspunkt der (Einzelfall-)Rechtsprechung des *BAG* ist die Feststellung, dass mit „Verschulden" im Sinne des § 3 EFZG und aller weiteren Entgeltfortzahlungsansprüche ein „Verschulden gegen sich selbst" gemeint sei.[829] Dieser Grundsatz ohne Aussagegehalt wird durch die Erläuterung weiter ausgefüllt,[830] dass schuldhaft handele, wer „in erheblichem Maße gegen die von einem verständigen Menschen im eigenen Interesse zu erwartende Verhaltensweise verstößt"[831].

Eine weitergehende Auseinandersetzung mit dem Verschuldensbegriff kann an dieser Stelle dahinstehen. Mangels Kenntnis davon, wie genau es zum Verhinde-

---

827 Zu den Vorgängernormen des § 3 EFZG: *BAG*, Urteil vom 23.11.1971 – 1 AZR 388/70, Rn. 16, juris; *BAG*, Urteil vom 07.12.1972 – 5 AZR 301/72, Rn. 8, juris; *BAG*, Urteil vom 19.10.1983 – 5 AZR 195/81, Rn. 22, juris.

828 Säcker/Rixecker u. a./*Henssler*, MüKo zum BGB (Band 5), § 616 BGB, Rn. 63; Rolfs/Giesen u. a./*Joussen*, BeckOK ArbR, § 616 BGB, Rn. 42 ff.; Staudinger/*Oetker*, Kommentar zum BGB §§ 613a-619a BGB, § 616 BGB, Rn. 113; Müller-Glöge/Preis u. a./*Preis/Greiner*, ErfK, § 616 BGB, Rn. 11; *Sommer*, Nichterfüllung der Arbeitspflicht, S. 218; *Thome*, Lohnfortzahlung bei Arbeitsverhinderung, S. 157; Kiel/Lunk/Oetker/*Tillmanns*, MHdB ArbR, § 77 Arbeitsverhinderung aus persönlichen Gründen, Rn. 29.

829 Statt vieler: *BAG*, Urteil vom 05.04.1962 – 2 AZR 182/61, Rn. 6, juris; *BAG*, Urteil vom 28.02.1979 – 5 AZR 611/77, Rn. 10, juris; *BAG*, Urteil vom 18.03.2015 – 10 AZR 99/14, Rn. 14, juris; *BAG*, Urteil vom 26.10.2016 – 5 AZR 167/16, Rn. 36, juris.

830 *BAG*, Urteil vom 05.04.1962 – 2 AZR 182/61, Rn. 7, juris; mit ähnlicher Formulierung („gröblicher Verstoß gegen das von einem verständigen Menschen im eigenen Interesse gebotene Verhalten") auch: *BAG*, Urteil vom 21.01.1960 – 2 AZR 523/58, Rn. 15, juris; *BAG*, Urteil vom 23.11.1971 – 1 AZR 388/70, Rn. 16, juris.

831 *BAG*, Urteil vom 23.11.1971 – 1 AZR 388/70, Rn. 16, juris; *BAG*, Urteil vom 26.10.2016 – 5 AZR 167/16, Rn. 36, juris; zustimmend: *Boecken*, NZA 2001, 233 (234); *Feichtinger*, Lohn- und Gehaltsfortzahlung, S. 39; *Jahnke*, NZV 1996, 169 (170); Schaub/Koch/*Koch*, Arbeitsrecht A-Z, Entgeltfortzahlung im Krankheitsfall, II. 4.; Schaub/*Linck*, Arbeitsrecht-Handbuch, § 98 – Entgeltfortzahlung im Krankheitsfall, Rn. 30; Säcker/Rixecker u. a./*Müller-Glöge*, MüKo zum BGB (Band 5), § 3 EFZG, Rn. 36; Müller-Glöge/Preis u. a./*Reinhard*, ErfK, § 3 EFZG, Rn. 23; *Stach*, NJW 2021, 10 (15); *Viethen*, EFZG, S. 19.

rungsgrund gekommen ist,[832] wird der Dienstberechtigte selten ein Verschulden nachweisen können. Auf Grund der Beweisprobleme wird die Modifikation des Verschuldensmaßstabs im Regelfall keinen Mehrwert für den Dienstberechtigten bringen. Dementsprechend ist auch in keinem Arbeits- oder Dienstvertragsmuster eine Regelung zum Verschuldensmaßstab des § 616 BGB zu finden.

III) Bedeutung des Anwendungsbereiches für die Abdingbarkeit des § 616 BGB

Mit den vorhergehenden Ausführungen zu den Motiven, aber insbesondere zum Anwendungsbereich des § 616 BGB, wurde das hier vertretene Verständnis der Norm dargestellt. Damit ist die Grundlage gelegt, um zu bewerten, wann eine Abweichung vom grundsätzlichen Anwendungsbereich des § 616 BGB hinsichtlich der Tatbestandsmerkmale „in seiner Person liegende[r] Grund" und „verhältnismäßig nicht erhebliche Zeit" vorliegt. Zudem wurde herausgearbeitet, welchen Grundgedanken die Norm vorsieht, dem abweichende Klauseln möglicherweise zuwiderlaufen. Auch die Ausführungen zu den spezialgesetzlichen Regelungen bieten hierfür, wie dargestellt, Anhaltspunkte. Insbesondere ist hierbei auf die Irrelevanz wirtschaftlicher Erwägung im Sinne der Verhältnismäßigkeit von Leistung und Gegenleistung im Rahmen der Vergütungsfortzahlung hinzuweisen. Hinsichtlich der einzelnen Ergebnisse wird auf die Zwischenergebnisse im Anschluss an die Abschnitte verwiesen.

832 So hinsichtlich der Geschehensabläufe, die zur Arbeitsunfähigkeit geführt haben, wobei eine Mitwirkungspflicht des Arbeitnehmers an der Aufklärung angenommen wird: Säcker/Rixecker u. a./*Müller-Glöge,* MüKo zum BGB (Band 5), § 3 EFZG, Rn. 85; Müller-Glöge/Preis u. a./*Reinhard,* ErfK, § 3 EFZG, Rn. 32.

D) Abdingbarkeit des § 616 BGB

Im vorherigen Kapitel wurde der Anwendungsbereich des § 616 BGB – auch im Verhältnis zu spezialgesetzlichen Regelungen – dargestellt. Dabei wurde deutlich, dass sowohl bei der Bestimmung, welche Verhinderungsgründe in der Person des Dienstverpflichteten liegen, welche Dauer „verhältnismäßig nicht erheblich" ist und wann die Verhinderung nicht verschuldet ist, ein großer Auslegungsspielraum besteht.

Insofern ist nachvollziehbar, dass Dienstberechtigte in Dienstverträgen Regelungen aufnehmen, in denen festgelegt wird, in welchen Fällen ein Anspruch aus § 616 BGB besteht und wie umfangreich die Rechtsfolge ist. Bei diesen Regelungen ist zunächst fraglich, ob sie eine Konkretisierung oder eine Abbedingung des § 616 BGB darstellen und inwiefern dies eine Auswirkung auf die Kontrolle der Wirksamkeit der Regelung hat.

Sodann bedarf es einer Untersuchung, welche Grenzen bei der Abbedingung des § 616 BGB bestehen. Auf Grund der Vielzahl möglicher Anwendungsfälle lassen sich hierfür lediglich allgemeine Leitlinien erarbeiten. Hierfür dürften u. a. die durch das AGB-Recht normierten Grenzen maßgeblich sein. Dabei könnte es relevant sein, wie der Vertrag zwischen Dienstberechtigten und Dienstverpflichteten rechtlich zu qualifizieren ist. Insbesondere könnte es einen Unterschied darstellen, ob es sich um einen Arbeitsvertrag oder einen Dienstvertrag – z. B. mit einem Geschäftsführer oder einem freien Mitarbeiter – handelt. Des Weiteren könnten auch die Abdingbarkeit der zuvor dargestellten Regelungen (§ 3 EFZG, § 2 PflegeZG sowie § 45 SGB V) Anhaltspunkte für die Abdingbarkeit des § 616 BGB bieten, sodass auch deren Beschränkungen betrachtet werden.

I) Grundsätzliche Abdingbarkeit des § 616 BGB

1) Meinungsstand bezüglich der grundsätzlichen Abdingbarkeit

Sowohl nach der Rechtsprechung[833] als auch nach der Literatur[834] ist § 616 BGB grundsätzlich abdingbar. Als maßgebliches Argument hierfür wird § 619 BGB herangezogen. Auch wenn es sich nach Ansicht des *BAG* bei § 616 BGB wie bei § 617 und § 618 BGB um eine soziale Schutzvorschrift handele[835] und somit dieselben Beschränkungen hinsichtlich der Abdingbarkeit nahe lägen, wird § 616 BGB in § 619 BGB anders als die beiden anderen Normen nicht genannt. Somit ergibt sich daraus im Umkehrschluss, dass § 616 BGB grundsätzlich abdingbar ist.[836] Wegen dieser eindeutigen Regelung ist auch ausgeschlossen, die Abdingbarkeit des § 616 BGB auf Grund des gemäß *BAG* zu § 617 BGB und § 618 BGB ähnli-

833 *BAG*, Urteil vom 06.12.1956 – 2 AZR 192/56, Rn. 10, juris; *BAG*, Beschluss vom 17.12.1959 – GS 2/59, Rn. 27, juris; *BAG*, Urteil vom 25.08.1982 – 4 AZR 1064/79, Rn. 8, juris; *BAG*, Urteil vom 07.02.2007 – 5 AZR 270/06, Rn. 27, juris.

834 *Balkau*, NJW 2023, 1768 (1772); Hau/Poseck/*Baumgärtner*, BeckOK BGB, § 616 BGB, Rn. 4; Gsell/Krüger u. a./*Bieder*, beckOGK (Stand: 01.07.2022), § 616 BGB, Rn. 48; *Fischinger*, Arbeitsrecht, Rn. 563; *Greiner*, NZA 2022, 665 (673); Säcker/Rixecker u. a./*Henssler*, MüKo zum BGB (Band 5), § 616 BGB, Rn. 76; Rolfs/Giesen u. a./*Joussen*, BeckOK ArbR, § 616 BGB, Rn. 6; *Linck*, Entgeltrisiko in Zeiten von Covid 19, S. 757; Schaub/*Linck*, Arbeitsrecht-Handbuch, § 97 – Arbeitsverhinderung des Arbeitnehmers aus persönlichen Gründen, Rn. 31; Staudinger/*Oetker*, Kommentar zum BGB §§ 613a-619a BGB, § 616 BGB, Rn. 153; Müller-Glöge/Preis u. a./*Preis/Greiner*, ErfK, § 616 BGB, Rn. 13; Feichtinger/Malkmus/*Schahandeh*, Entgeltfortzahlungsrecht, § 616 BGB, Rn. 112; *Schaub*, AuA 1996, 82 (83); *Schwarz*, NZA-RR ArbR 2021, 1 (1); *Volk*, ARP 2021, 64 (65); Däubler/Hjort u. a./*Waas/Palonka u. a.*, HK-ArbR, § 616 BGB, Rn. 24; kritisch: *Brose*, NZA 2011, 719 (723); ablehnend: Däubler/Deinert/Walser/*Däubler*, AGB-Kontrolle ArbR, Anhang, Rn. 208.

835 *BAG*, Urteil vom 06.12.1956 – 2 AZR 192/56, Rn. 9, juris.

836 So auch: *Balkau*, NJW 2023, 1768 (1772); Hau/Poseck/*Baumgärtner*, BeckOK BGB, § 616 BGB, Rn. 4; Gsell/Krüger u. a./*Bieder*, beckOGK (Stand: 01.07.2022), § 616 BGB, Rn. 48; *Fischinger*, Arbeitsrecht, Rn. 563; Säcker/Rixecker u. a./*Henssler*, MüKo zum BGB (Band 5), § 616 BGB, Rn. 76; Staudinger/*Oetker*, Kommentar zum BGB §§ 613a-619a BGB, § 616 BGB, Rn. 153; Müller-Glöge/Preis u. a./*Preis/Greiner*, ErfK, § 616 BGB, Rn. 13; Feichtinger/Malkmus/*Schahandeh*, Entgeltfortzahlungsrecht, § 616 BGB, Rn. 112; *Schimana*, AuR 1956, 321 (330); *Schwarz*, NZA-RR ArbR 2021, 1 (1); *Volk*, ARP 2021, 64 (65); Däubler/Hjort u. a./*Waas/Palonka u. a.*, HK-ArbR, § 616 BGB, Rn. 24; trotz der kritischen Haltung anerkennend: *Brose*, NZA 2011, 719 (723).

chen Schutzzweck zu beschränken.[837] Die grundsätzliche Abdingbarkeit betrifft nicht nur die Rechtsfolge, sondern, mangels Einschränkung, auch die einzelnen Voraussetzungen.[838]

Streitig und gerichtlich nicht geklärt ist jedoch, innerhalb welcher Grenzen die Abbedingung möglich ist. Während zum Teil vertreten wird, dass eine vollständige Abbedingung des § 616 BGB unproblematisch sei,[839] werden von anderen Stimmen Grenzen und Beschränkungen in Erwägung gezogen,[840] wobei auch hier zu beachten ist, ob das AGB-Recht Anwendung findet.

2) Abdingbarkeit spezialgesetzlicher Regeln

Bei den spezialgesetzlich geregelten Fällen, die früher § 616 BGB unterfielen sind, hat sich der Gesetzgeber teilweise für und teilweise gegen eine Beschränkung der Abdingbarkeit entschieden. Aus diesen Erwägungen lassen sich möglicherweise Rückschlüsse für die Bewertung abbedingender Regelungen im Rahmen der Inhaltskontrolle des AGB-Rechts ziehen.[841]

a) Abdingbarkeit der Entgeltfortzahlung im Krankheitsfall

Durch die regulatorische Nähe zwischen § 616 BGB und der Entgeltfortzahlung im Krankheitsfall kann die eingeschränkte Abdingbarkeit sowie die Hintergründe der Beschränkung möglicherweise Einfluss auf die Grenzen der Abbedingung des § 616 BGB nehmen. So könnte abhängig von den Motiven des Gesetzge-

---

837 So aber auf Grund des Charakters einer Fürsorgebestimmung: *Dersch,* RdA 1952, 53 (56 f.).

838 Staudinger/*Oetker,* Kommentar zum BGB §§ 613a-619a BGB, § 616 BGB, Rn. 155; Feichtinger/Malkmus/*Schahandeh,* Entgeltfortzahlungsrecht, § 616 BGB, Rn. 112.

839 Gsell/Krüger u. a./*Bieder,* beckOGK (Stand: 01.07.2022), § 616 BGB, Rn. 49, 52; *Hessel/Marienhagen,* Krankheit im Arbeitsrecht, S. 29; Schaub/*Linck,* Arbeitsrecht-Handbuch, § 97 – Arbeitsverhinderung des Arbeitnehmers aus persönlichen Gründen, Rn. 32; Feichtinger/Malkmus/*Schahandeh,* Entgeltfortzahlungsrecht, § 616 BGB, Rn. 117 f.

840 *Greiner,* NZA 2022, 665 (673); Säcker/Rixecker u. a./*Henssler,* MüKo zum BGB (Band 5), § 616 BGB, Rn. 77; Rolfs/Giesen u. a./*Joussen,* BeckOK ArbR, § 616 BGB, Rn. 8; Däubler/Hjort u. a./ *Waas/Palonka u. a.,* HK-ArbR, § 616 BGB, Rn. 24; gänzlich ablehnend: Däubler/Deinert/Walser/*Däubler,* AGB-Kontrolle ArbR, Anhang, Rn. 208; Däubler/Deinert/Walser/ *Walser,* AGB-Kontrolle ArbR, § 307 BGB, Rn. 237 ff.

841 So etwa *Kossens,* der aus § 8 PflegeZG ein Verbot der Abbedingung des § 616 BGB folgern möchte: Kossens/*Kossens,* Basiskommentar, § 2 PflegeZG, Rn. 52.

bers für die Einschränkung der Abdingbarkeit angenommen werden, dass die Vergütungsfortzahlung nach § 616 BGB im Fall von krankheitsbedingten Verhinderungen – wie beispielsweise der krankheitsbedingten Wahrnehmung von Arztterminen – nicht ausgeschlossen werden dürfe.

Im Jahr 1930 wurde durch die „Verordnung des Reichspräsidenten zur Sicherung von Wirtschaft und Finanzen" vom 01. Dezember 1930 angeordnet, dass der gesamte § 616 BGB nicht durch Vertrag zu Lasten des Angestellten abbedungen werden konnte.[842] Selbiges wurde für die Fortzahlungsregeln § 63 HGB und § 133c GewO geregelt.[843] Dies bedeutete aber, dass eine Abbedingung zu Lasten des Angestellten nach dem Wortlaut generell und damit unabhängig vom Verhinderungsfall ausgeschlossen war. Die Verordnung betraf also nicht nur die Fälle, in denen durch die Abbedingung ein Anspruch auf Krankengeld begründet würde und somit eine Belastung für die Krankenversicherung eingetreten wäre. Vielmehr wurde die Abdingbarkeit für jeden Verhinderungsgrund ausgeschlossen – unabhängig ob krankheitsbedingt oder nicht. Diese weitreichende Einschränkung wurde mit der „Zweiten Verordnung des Reichspräsidenten zur Sicherung der Wirtschaft und Finanzen" vom 05. Juni 1931 rückwirkend „korrigiert", wonach § 616 Abs. 1 BGB gegenüber Angestellten nur für den Krankheitsfall nicht ausgeschlossen oder beschränkt werden konnte.[844] Damit beschränkte sich die Regelung auf den wohl eigentlichen – zuvor erläuterten[845] – Zweck, die Krankenversicherungen zu entlasten und im Übrigen § 616 BGB zur Disposition der Betroffenen, – nämlich der Vertragsparteien – zu stellen.

Die Unabdingbarkeit der Entgeltfortzahlung im Krankheitsfall gemäß § 3 EFZG wird mittlerweile durch § 12 EFZG bestimmt. Demnach ist eine Abweichung von § 3 EFZG zu Lasten des Arbeitnehmers nicht möglich.

Von dem Ursprung der Unabdingbarkeit der Vergütungsfortzahlung im Krankheitsfall – dem Schutz der gesetzlichen Sozialversicherung – ist beim Normzweck nicht mehr die Rede. Vielmehr wird dieser heute darin gesehen, für den Arbeitnehmer einen Mindeststandard der Entgeltfortzahlung im Krankheitsfall sicherzustellen.[846] Es soll damit die wirtschaftliche und soziale Existenz des Ar-

---

842 RGBl. 1930, S. 521.

843 RGBl. 1930, S. 521.

844 RGBl. 1931, S. 281.

845 Vgl.: C)II)2)b)aa)(2)(a)(aa), S. 124.

846 *BAG*, Urteil vom 26.09.2001 – 5 AZR 539/00, Rn. 35, juris; Säcker/Rixecker u. a./*Müller-Glöge*, MüKo zum BGB (Band 5), § 12 EFZG, Rn. 1; Müller-Glöge/Preis u. a./*Reinhard*, ErfK, § 12 EFZG, Rn. 1; Henssler/Willemsen/Kalb/*Vogelsang*, HWK ArbR, § 12 EFZG, Rn. 1.

beitnehmers in der Notlage der Krankheit gesichert werden.[847] Dementsprechend ist insbesondere eine Verkürzung des Entgeltfortzahlungszeitraums nicht möglich.[848] Die Wirkung des § 12 EFZG beschränkt sich allein auf das EFZG und dessen Anwendungsbereich. Die Abbedingung des § 616 BGB ist hierdurch nicht betroffen,[849] auch wenn Vergütungsfortzahlung im Zusammenhang mit Krankheit gewährt wird.

Zumindest aus dieser geschichtlichen Betrachtung ergeben sich somit keine Rückschlüsse auf eine Beschränkung der Abdingbarkeit des § 616 BGB hinsichtlich der verbleibenden Anwendungsfälle, da bei diesen keine Ansprüche gegen die Krankenversicherungen begründet und diese somit nicht belastet werden.

b) Abdingbarkeit des § 2 PflegeZG

§ 8 PflegeZG schreibt die Unabdingbarkeit des § 2 PflegeZG zu Lasten des Arbeitnehmers vor. Diese Bestimmung beschränkt sich somit allein auf das Leistungsverweigerungsrecht. § 616 BGB ist nicht erfasst,[850] da § 8 PflegeZG sich allein auf das PflegeZG bezieht, von dem der § 616 BGB kein Teil ist.[851] Hieran ändert sich auch nichts dadurch, dass § 2 Abs. 3 PflegeZG auf mögliche Vergütungspflichten aus Vertrag oder anderen Regelungen verweist. Diesen Verweis zieht hingegen *Kossens* als Begründung heran, um aus § 8 PflegeZG ein Verbot der Abbedingung des § 616 BGB in Fällen des § 2 PflegeZG zu folgern. Da § 616 BGB ohnehin anwendbar gewesen sei, komme dem Verweis ansonsten keine Funktion zu.[852] Dies überzeugt jedoch nicht. § 2 Abs. 3 PflegeZG verweist sowohl auf gesetzliche Vorschriften als auch auf Vereinbarungen sowie in Satz 2 auf das Pflegeunterstützungsgeld. Dies zeigt, dass § 2 Abs. 3 PflegeZG allein eine Hinweisfunktion auf mögliche Anspruchsgrundlagen hat. Will man darin ein Verbot der Abbedingung sehen, müsste man aus dem Hinweis auf vertragliche Vereinbarungen auch eine Pflicht zum Abschluss solcher Vereinbarungen folgern. Zudem enthält § 2 Abs. 3

---

847 *BAG*, Urteil vom 26.09.2001 – 5 AZR 539/00, Rn. 35, juris.

848 Rolfs/Giesen u. a./*Ricken*, BeckOK ArbR, § 12 EFZG, Rn. 2.

849 Rolfs/Giesen u. a./*Ricken*, BeckOK ArbR, § 12 EFZG, Vor Rn. 1; Henssler/Willemsen/Kalb/*Vogelsang*, HWK ArbR, § 12 EFZG, Rn. 3; Wedde/Kunz/*Wedde/Kunz*, EFZG, § 12 EFZG, Rn. 2.

850 *Sander*, Pflegezeit aus arbeitsrechtlicher Sicht, S. 64 f.; *Steinau-Steinrück/Mosch*, NJW-Spezial 2010, 178 (179).

851 *Freihube/Sasse*, DB 2008, 1320 (1321); *Linck*, BB 2008, 2738 (2741); *Sander*, Pflegezeit aus arbeitsrechtlicher Sicht, S. 64.

852 Kossens/*Kossens*, Basiskommentar, § 2 PflegeZG, Rn. 51 f.

PflegeZG, wie dargestellt,[853] einen Verweis auf § 44a SGB XI, nach dem ein subsidiärer Anspruch auf Pflegeunterstützungsgeld besteht. Da § 2 Abs. 3 PflegeZG zunächst auf etwaige Vergütungsfortzahlungsansprüche aus Vertrag oder anderweitigen Regelungen verweist, zu denen auch § 616 BGB gehört, wird deutlich, dass der Gesetzgeber von einer Abdingbarkeit oder zumindest Beschränkung des Anspruchs aus§ 616 BGB ausgeht, da andernfalls der Verweis auf die subsidiäre Regelung leerlaufen würde.

§ 8 PflegeZG lässt durch die Trennung des PflegeZG von dem Entfall der Leistungspflicht nach § 2 PflegeZG und der Entgeltfortzahlung nach § 616 BGB also keinen Rückschluss auf die Abdingbarkeit des § 616 BGB zu.

c) Abdingbarkeit der Fortzahlung nach § 45 Abs. 1 SGB V

Ebenso wie das Leistungsverweigerungsrecht nach § 2 Abs. PflegeZG ist gemäß § 45 Abs. 3 S. 3 SGB V der Anspruch auf (unbezahlte) Freistellung aus § 45 Abs. 3 SGB V nicht abdingbar. Diese Beschränkung der Abdingbarkeit bezieht sich jedoch allein auf die Freistellung. Die Entgeltfortzahlung wird hiervon nicht tangiert.[854] Besteht kein Anspruch auf bezahlte Freistellung, tritt die Krankenversicherung nach § 45 Abs. 1, 2 SGB V ein und leistet für einen begrenzten Zeitraum Krankengeld.[855]

Berücksichtigt man den (historischen) Grund für den Ausschluss der Abdingbarkeit der Entgeltfortzahlung im Krankheitsfall, könnte in Erwägung gezogen werden, diesen auf § 45 Abs. 3 SGB V zu übertragen. Auch hier würde dies zur Entlastung der Krankenversicherungen führen. Der Wortlaut des § 45 Abs. 3 S. 3 SGB V, der die Unabdingbarkeit regelt, ist insofern unklar, als er eine Abweichung von§ 45 Abs. 3 Abs. 1 SGB V insgesamt für unwirksam erklärt. Der Satz verweist jedoch im zweiten Halbsatz auch auf etwaige Ansprüche auf bezahlte Freistellung, sodass angenommen werden könnte, dass auch diese nicht ausgeschlossen werden dürfen. Allerdings stellt der zweite Halbsatz primär eine Beschränkung des Anwendungsbereiches des ersten Halbsatzes dar. Einen eigenen Regelungsgehalt enthält der zweite Halbsatz nicht, wie auch durch den offenen und unbestimmten Verweis zu erkennen ist. Es ist deshalb auch nicht davon auszugehen, dass der Gesetzgeber die Abdingbarkeit anderer Ansprüche vorschreiben wollte, ohne

---

853 Vgl.: C)II)2)b)bb)(2)(c)(bb), S. 159.

854 Wagner/Knittel/*Rieke*, Krauskopf, § 45 SGB V, Rn. 29; Körner/Krasney u. a./*Schifferdecker*, beckOGK SGB V (Stand: 15.08.2024), § 45 SGB V, Rn. 98; Rolfs/Giesen u. a./*Tischler*, BeckOK SozR, § 45 SGB V, Rn. 27.

855 Vgl. hierzu: C)II)2)b)cc)(3)(b), S. 164.

überhaupt zu wissen, auf welche Ansprüche er sich damit bezieht. Diesbezüglich unterscheidet sich die Regelung von der Beschränkung der Abdingbarkeit der Entgeltfortzahlung im Krankheitsfall. Im letztgenannten Fall definierte der Gesetzgeber die Fortzahlungspflicht durch den Dienstberechtigten zunächst klar, um dann die Abdingbarkeit dieser konkreten Regelung auszuschließen. Eine entsprechende Regelungssystematik hätte der Gesetzgeber auch in § 45 SGB V nutzen können, insbesondere da er für einen Teilaspekt eine Regelung getroffen hat, die die Abdingbarkeit ausschließt. Dass er das nicht tat, spricht gegen eine Übertragung der Beschränkung der Entgeltfortzahlung im Krankheitsfall zum Schutz der Krankenversicherung auf § 45 SGB V als generellen Rechtsgedanken.

d) Zwischenergebnis

Mithin lässt sich aus den Beschränkungen der Abdingbarkeit der spezialgesetzlichen Regelungen nicht schließen, dass die Beschränkung der Vergütungsfortzahlung in bestimmten Fällen ausgeschlossen ist bzw. sein soll. Insbesondere ergibt sich aus der Regelung des EFZG auch nicht, dass der krankheitsbedingten Arbeitsverhinderung ein besonderer Stellenwert zukommt. Der Gesetzgeber beabsichtigt auch für diese Fälle keinen besonderen Schutz der Dienstverpflichteten. Stattdessen resultiert die Beschränkung allein aus dem Schutz der Krankenversicherungen.

Hingegen ist erkennbar, dass der Möglichkeit der Leistungsverweigerung bzw. (unbezahlten) Freistellungsansprüchen ein höherer Schutz zukommt. Des Weiteren wird deutlich, dass der Gesetzgeber grundsätzlich eine Abdingbarkeit des § 616 BGB nicht ausschließt und die Möglichkeit der Abbedingung auch nicht durch spezialgesetzliche Regelungen in Einzelfällen beschränkt wird.

3) Konkretisierung oder Abbedingung

Bei Regelungen, die § 616 BGB modifizieren, stellt sich zunächst die Frage, ob diese § 616 BGB abbedingen oder lediglich die Anwendung der Norm konkretisieren.[856] Während Klauseln, die die Anwendungsfälle abschließend festlegen, eine Abbedingung des § 616 BGB in den sonstigen Fällen zur Folge haben, lassen Konkretisierungen den Anwendungsbereich grundsätzlich unberührt. Allerdings können bei Konkretisierungen insbesondere hinsichtlich der Nichterheblichkeit der Dauer für die genannten Anwendungsfälle Abweichungen gegenüber dem

856 Diese Unterscheidung ebenfalls klarstellend: *Noack*, NZA 2021, 251 (253); *Preis/Mazurek/Schmid*, NZA 2020, 1137 (1141).

gesetzlichen Leitbild vorliegen, die eine Überprüfung der Regelung erforderlich machen.

Um den Kontrollbedarf zu bestimmen, ist demnach zunächst der Regelungsumfang der Klausel zu ermitteln. Insbesondere Tarifverträge enthalten Regelungen, in denen Anwendungsfälle, die § 616 BGB unterfallen sollen, ausdrücklich erwähnt werden.[857] Fraglich ist dann, ob damit die Anwendungsfälle abschließend geregelt werden.[858] Dies ist nach der herrschenden Meinung im Wege der Auslegung zu ermitteln.[859] So indiziere die Verwendung des Wortes „beispielsweise" die unveränderte Fortgeltung des § 616 BGB, während die dargestellten Anwendungsfälle lediglich den Anwendungsbereich verdeutlichten.[860] Es müsse dabei der Wille zum Ausdruck kommen, § 616 BGB grundsätzlich unberührt zu lassen. Ebenso sei dann von einer Konkretisierung des § 616 BGB auszugehen, wenn die vertragliche Regelung ausdrücklich auf § 616 BGB Bezug nimmt und davon spricht, dass sich in den genannten Fällen ein Anspruch aus § 616 BGB ergebe.[861] Dabei dient die Konkretisierung vor allem der Herbeiführung von Rechtssicherheit.[862] Sieht die Klausel hingegen vor, dass § 616 BGB lediglich in den dort angegebenen Anwendungsfällen einen Anspruch gewähren soll oder „nur tatsächlich geleistete Arbeit bezahlt wird"[863] liegt im Übrigen bzw. in Gänze eine Abbedingung des § 616 BGB vor.[864]

Demnach ist sowohl bei der Klauselgestaltung als auch bei der Klauselkontrolle ein besonderes Augenmerk darauf zu legen, ob lediglich eine Konkretisierung erfolgen soll, bei der der Prüfungsumfang auf die genannten Anwendungsfälle

---

857 So beispielsweise § 29 TVÖD, *Noack,* NZA 2021, 251 (253).

858 *Noack,* NZA 2021, 251 (253).

859 Zur Auslegung des Wortlautes: *BAG,* Urteil vom 27.06.1990 – 5 AZR 365/89, Rn. 12 f., juris; Säcker/Rixecker u. a./*Henssler,* MüKo zum BGB (Band 5), § 616 BGB, Rn. 76; *Noack,* NZA 2021, 251 (253); Staudinger/*Oetker,* Kommentar zum BGB §§ 613a-619a BGB, § 616 BGB, Rn. 159; so exemplarisch für den Wortlaut: „gelten nur die folgenden Anlässe" im TVöD: Rinck/Böhle u. a./*Müller,* BeckOK TVöD, § 29, Rn. 2.

860 *BAG,* Urteil vom 25.04.1960 – 1 AZR 16/58, Rn. 10, juris.

861 *BAG,* Urteil vom 27.06.1990 – 5 AZR 365/89, Rn. 12, juris.

862 *BAG,* Urteil vom 27.06.1990 – 5 AZR 365/89, Rn. 12, juris.

863 *BAG,* Urteil vom 27.06.1990 – 5 AZR 365/89, Rn. 11, juris; mit sehr ähnlichem Wortlaut: Westermann/Grunewald/Maier-Riemer/*Riesenhuber,* Ermann BGB, § 616 BGB, Rn. 15.

864 Vgl. zum Bestehen dieser beiden Varianten und deren Rechtsfolge: Gsell/Krüger u. a./*Bieder,* beckOGK (Stand: 01.07.2022), § 616 BGB, Rn. 50.

beschränkt ist, oder § 616 BGB in den übrigen Fällen oder insgesamt ausgeschlossen werden soll, was eine umfangreichere Prüfung der Wirksamkeit zur Folge hat.

4) Abbedingung durch arbeitszeitrechtliche Regelungen

Damit § 616 BGB greifen kann, bedarf es einer Verhinderung an der Dienstleistung, die zu einer Unmöglichkeit selbiger führt. Der Grundfall hierfür ist die Unmöglichkeit der Arbeitsleistung. Wie zuvor erläutert,[865] tritt diese dann unproblematisch ein, wenn die Kollision zu einer Nichterbringbarkeit der Arbeitsleistung zu der vereinbarten Zeit führt, da es sich bei der Arbeitsleistung grundsätzlich um eine Fixschuld handelt, bei ihre Nichtleistung zur Unmöglichkeit nach § 275 Abs. 1 BGB führt. Hingegen führt die Verhinderung dann nicht zwingend[866] zur Unmöglichkeit der Arbeitsleistung, wenn die geschuldete Arbeitsleistung nicht mehr durch den Zeitpunkt definiert ist. Dies ist dann der Fall, wenn generell keine Arbeitszeiten festgelegt sind oder die Arbeitszeit beispielsweise durch eine Gleitzeitregelung flexibilisiert ist. In diesen Fällen erbringt der Dienstverpflichtete durch die Dienstleistung innerhalb der zeitlichen Grenzen die geschuldete Arbeitsleistung. Allerdings hat der Dienstverpflichtete nicht die Möglichkeit, innerhalb der Gleitzeit die Arbeitsleistung auf einen Zeitraum zu konkretisieren, in dem eine Kollision und damit eine Verhinderung im Sinne des § 616 BGB eintreten würde.[867] Eine andere Bewertung ergibt sich auch nicht durch Billigkeitserwägungen oder Gleichbehandlungsgrundsätze. Denn § 616 BGB soll sicherstellen, dass der Dienstverpflichtete durch die Wahrnehmung (bestimmter) kollidierender Pflichten keinen Vergütungsausfall erleidet bzw. nicht zwischen der Wahrnehmung der Pflichten und dem Erhalt der Vergütung zur wirtschaftlichen Absicherung abwägen muss, weil er auf Grund fremdbestimmter Arbeitsbedingung keine andere Möglichkeit hat, diesen Konflikt zu lösen.[868] Ist der Dienstverpflichtete jedoch in der Lage durch freie Einteilung der Dienstleistung sowohl der Dienstleistungspflicht nachzugehen als auch die kollidierenden Pflichten wahrzunehmen, ist nicht nur § 616 BGB als Schutzregelung entbehrlich, sondern kann auch nicht zur Anwendung gelangen.[869]

---

865 Vgl. m. w. N.: B)II)1), S. 47.

866 Wie zuvor dargestellt, kann es aber auch dann noch zur Unmöglichkeit kommen, wenn die Nachholung durch rechtliche Beschränkungen, wie das ArbZG, vgl. hierzu: B)II)1)b)aa), S. 49.

867 So auch: *Schüren*, AuR 1996, 381 (382).

868 Vgl.: C)I)4)d), S 95.

869 Ähnlich auch *Schüren*, der jedoch eine Einschränkung für die Fälle macht, in denen Fortzahlungstatbestände im Tarifvertrag ausdrücklich geregelt sind, *Schüren*, AuR

Somit wirkt sich die Einführung einer Gleitzeitregelung oder gar eine vollständige Flexibilisierung der Arbeitszeit auch auf die Anwendung des § 616 BGB aus. Besteht die Kollision nicht während der Arbeitszeit, innerhalb derer die Arbeitsleistung erbracht werden muss – in der Regel Kernarbeitszeit genannt –, sondern innerhalb des Zeitraums der flexibilisierten Arbeitszeit bzw. Gleitzeit, liegt bereits keine Verhinderung vor. § 616 BGB kann dann keine Anwendung finden.[870] Lediglich dann, wenn eine Nachholung der geschuldeten Arbeitsleistung nicht mehr möglich ist, tritt wieder Unmöglichkeit ein[871] und damit eine Verhinderung an der Dienstleistung, mit der folglich ein Anspruch aus § 616 BGB in Betracht kommt.[872]

Insofern kann in Regelungen zur Arbeitszeitflexibilisierung eine Beschränkung und damit eine Abbedingung des § 616 BGB gesehen werden. Allerdings bedarf es an dieser Stelle keiner weitergehenden rechtlichen Überprüfung mit Blick auf die Grenzen der Abdingbarkeit des § 616 BGB. Mit der Flexibilisierung der Arbeitszeit wird die Anwendung des § 616 BGB lediglich mittelbar beeinflusst. Es findet keine unmittelbare Einflussnahme auf die Auslegung der Tatbestandsmerkmale oder die generelle Anwendbarkeit des § 616 BGB statt. Stattdessen wird durch organisatorische Maßnahmen lediglich der Eintritt der Unmöglichkeit auf tatsächlicher Ebene verhindert.[873] Eine andere Bewertung könnte sich hingegen

---

1996, 381 (385). Dies überzeugt jedoch nicht, da auch in diesen Fällen lediglich Rechtssicherheit für die Anwendung des § 616 BGB geschaffen werden soll. Zu einem anderen Ergebnis kann man nur dann gelangen, wenn die Tarifparteien erkennbar einen Sonderurlaubanspruch – ohne Anknüpfung an die Systematik des § 616 BGB – schaffen wollten.

870 *BAG*, Urteil vom 22.01.2009 – 6 AZR 78/08, Rn. 23, juris; *LAG Köln*, Urteil vom 10.02.1993 – 8 Sa 894/92, BeckRS 2009, 66030; bestätigend: *BAG*, Urteil vom 19.05.2021 – 5 AZR 318/20, Rn. 22, juris; Säcker/Rixecker u. a./*Henssler*, MüKo zum BGB (Band 5), § 616 BGB, Rn. 48; Rolfs/Giesen u. a./*Joussen*, BeckOK ArbR, § 616 BGB, Rn. 32; *Moll*, RdA 1980, 138 (154); *S. Müller*, ArbR 2021, 176 (178); Müller-Glöge/Preis u. a./*Preis/Greiner*, ErfK, § 616 BGB, Rn. 5; Westermann/Grunewald/Maier-Riemer/*Riesenhuber*, Ermann BGB, § 616 BGB, Rn. 31; Kiel/Lunk/Oetker/*Schüren*, MHdB ArbR, § 47 Arbeitnehmergesteuerte Arbeitszeitsysteme, Rn. 22, 40; die Entscheidung rechtlich als richtig anerkennend, wenn auch in der Sache kritisierend: *Wolmerath*, jurisPR-ArbR 2009, Anm. 6.

871 Vgl. hierzu vertieft: B)II)1)b)aa), S. 49.

872 So auch: Säcker/Rixecker u. a./*Henssler*, MüKo zum BGB (Band 5), § 616 BGB, Rn. 48; Kiel/Lunk/Oetker/*Schüren*, MHdB ArbR, § 47 Arbeitnehmergesteuerte Arbeitszeitsysteme, Rn. 40 f.

873 a. A. wohl *Schüren*, der eine unzumutbare Belastung des Arbeitnehmers darin sieht, wenn der Arbeitnehmer die versäumte Arbeitszeit nicht mehr innerhalb einer Wo-

ergeben, wenn der Charakter der Fixschuld der Arbeitsleistung nur für die Fälle der Dienstverhinderung modifiziert wird, indem für diese Fälle die Nachleistung ermöglicht wird. Eine solche Regelung würde unmittelbar auf die Anwendung des § 616 BGB abzielen und damit eine Abbedingung darstellen.

5) Vertraglich vereinbarte Subsidiarität

Eine Ausprägung der Abbedingung kann auch sein, dass durch eine vertragliche Regelung, die Entgeltfortzahlung nach § 616 BGB als subsidiär gegenüber sonstigen Ansprüchen vereinbart wird. § 29 Abs. 1 S. 1 lit. e bb TVöD sieht z. B. vor, dass der Anspruch aus § 616 BGB lediglich dann besteht, wenn kein Anspruch aus § 45 SGB V besteht oder bestanden hat. Somit wird der Anspruch aus § 616 BGB nachrangig zum eigentlich subsidiären § 45 SGB V.[874]

Durch solche Regelungen wird das Subsidiaritätsprinzip mancher Sozialversicherungsleistungen umgekehrt. Dadurch könnte das Problem entstehen, dass sich beide Ansprüche gegenseitig ausschließen. Eine Lösung dafür ist, die Subsidiaritätsregelung so zu verstehen, dass der Anspruch auf Vergütungsfortzahlung für die Fälle ausgeschlossen sein soll, in denen ein – eigentlich – subsidiärer Vergütungsfortzahlungsanspruch oder -ersatzanspruch gegen die gesetzliche Sozialversicherung oder den Staat besteht.[875] Somit sind solche Regelungen rechtlich genauso zu bewerten, wie eine Abbedingung des § 616 BGB zu Lasten der gesetzlichen Sozialversicherung.

II) Beschränkungen der Abdingbarkeit bei subsidiären Vergütungsfortzahlungsregelungen und -ersatzregelungen

Wie dargestellt, gibt es neben der Möglichkeit der ausdrücklichen teilweisen oder vollständigen Abbedingung des § 616 BGB auch die Möglichkeit der indirekten

---

che ausgleichen kann: Kiel/Lunk/Oetker/*Schüren*, MHdB ArbR, § 47 Arbeitnehmergesteuerte Arbeitszeitsysteme, Rn. 41; Dies überzeugt hingegen nicht, da der Schutz des Arbeitnehmers darüber gesichert ist, dass, wenn die Nacharbeit zu einem Verstoß gegen das ArbZG führt, tatsächliche Unmöglichkeit eintritt. Die Grenze des Arbeitszeitgesetzes erfüllt bereits hinreichend den Schutz des Arbeitnehmers vor Überforderung.

874 Bredemeier/Neffke/*Cerff*, TVöD, § 29 TVöD, Rn. 20; Rinck/Böhle u. a./*Müller*, BeckOK TVöD, § 29, Rn. 16.

875 Selbiges Verständnis einer solchen Subsidiaritätsklausel hat wohl auch *Greiner*: *Greiner*, NZA 2007, 490 (492).

Abbedingung – beispielsweise durch die Vereinbarung der Subsidiarität des § 616 BGB.

Die Abbedingung des § 616 BGB kann zur Folge haben, dass an Stelle des Arbeitgebers die gesetzliche Sozialversicherung (aus Versichertenbeiträgen) oder auch der Staat (aus Steuergeldern)[876] selbst die ausfallende Vergütung bei kurzfristiger Verhinderung des Dienstverpflichteten tragen müsste.[877] Dazu sind im Sozialrecht einzelne Ersatzansprüche des Dienstverpflichteten gegen die gesetzliche Sozialversicherung oder den Staat – allerdings lediglich subsidiär – ausgestaltet. Der Anspruch entsteht nur, wenn der Dienstverpflichtete tatsächlich einen Entgeltausfall erleidet. Das sehen beispielsweise § 44a Abs. 3 SGB XI i.V.m. § 2 Abs. 3 PflegeZG, §§ 49 Abs. 1 Nr. 1, 45 Abs. 1 SGB V oder § 56 Abs. 1 IfSG sowie § 56 Abs. 1a IfSG vorsehen.

Im Folgenden werden allgemeine Rechtsprinzipien bzw. Verbote behandelt, deren Anwendung nicht durch die Tarifautonomie beschränkt ist. Dementsprechend gelten die nachfolgenden Ausführungen auch für Regelungen in Tarifverträgen. Dementsprechend könnten auch in Tarifverträgen zwischen den Tarifparteien getroffene Vereinbarungen, die die Anwendung des § 616 BGB beim Bestehen subsidiärer Vergütungsfortzahlungsansprüche und -ersatzansprüche gegen die gesetzliche Sozialversicherung oder den Staat ausschließen oder § 616 BGB in diesen Fällen für subsidiär erklären, nach den folgenden Grundsätzen unwirksam sein.

1) Abbedingung als Vertrag zu Lasten Dritter

Da durch Abbedingung des § 616 BGB die finanzielle Belastung vom Dienstberechtigten auf den Staat übergeht, könnte eine Abweichung vom Regelfall des § 616 BGB einen Vertrag zu Lasten Dritter darstellen.[878] Ein solcher Vertrag zu Lasten Dritter wäre nach den allgemeinen Grundsätzen als mit der Privatautonomie unvereinbar anzusehen und deshalb unwirksam.[879] Insoweit könnte die Möglichkeit der Abbedingung zumindest in solchen Fällen beschränkt sein, in

876 Beispielsweise richten sich die Ansprüche aus § 56 Abs. 1, Abs. 1a IfSG gemäß § 66 IfSG, unabhängig vom Veranlasserprinzip, also auch wenn die Gemeinde gehandelt hat, gegen die Länder, vgl.: Kießling/*Kümper,* IfSG, § 66 IfSG, Rn. 2, 5, 8.

877 Dieses Problem adressiert ausdrücklich auch: Staudinger/*Oetker,* Kommentar zum BGB §§ 613a-619a BGB, § 616 BGB, Rn. 162.

878 So auch: Rolfs/Giesen u. a./*Joussen,* BeckOK ArbR, § 616 BGB, Rn. 8; Staudinger/*Oetker,* Kommentar zum BGB §§ 613a-619a BGB, § 616 BGB, Rn. 162; ablehnend: *Kleinebrink,* DB 2020, 952 (957).

879 Säcker/Rixecker u. a./*Gottwald,* MüKo zum BGB (Band 3), § 328 BGB, Rn. 263.

denen an Stelle des Arbeitgebers andere Institutionen den Entgeltausfall kompensieren müssen.

Die Ansicht, nach der in diesen Fällen ein Vertrag zu Lasten Dritter vorliegt, verweist lediglich darauf, dass die Abbedingung der Vergütungsfortzahlungspflicht durch den Dienstberechtigten die Einstandspflicht der gesetzlichen Sozialversicherung begründe und darin ein Vertrag zu Lasten Dritter zu sehen sei.[880]

Ein Vertrag zu Lasten Dritter zeichne sich aber dadurch aus, dass zwei Vertragsparteien mit ihrem Vertrag unmittelbar eine Rechtspflicht eines Dritten begründen, ohne diesen zuvor zu beteiligen.[881] Erforderlich sei also ein Disponieren der Parteien über das Pflichtenprogramm eines Dritten in der Form, dass eine neue Pflicht begründet wird. Die Pflicht der gesetzlichen Sozialversicherung zur Leistungserbringung werde jedoch nicht unmittelbar durch den Vertrag begründet, sondern durch Gesetz. Stattdessen schaffen die Parteien nur einen Sachverhalt, der die gesetzliche Pflicht auslösen könnte.[882] Nach Auffassung des *BAG* träte allein eine wirtschaftliche Belastung der gesetzlichen Sozialversicherung ein, die das Vorliegen eines Vertrages zu Lasten Dritter nicht begründen würde.[883]

Dem ist zuzugestehen, dass das Schutzgut des Rechtsinstituts des Vertrags zu Lasten Dritter die Privatautonomie ist.[884] In der Privatautonomie können die gesetzliche Sozialversicherung mangels der Fähigkeit, sich mittels Verträgen zu Sozialleistungen zu verpflichten, nicht beschränkt werden. Auch ist unzweifelhaft, dass die Leistungspflicht des Dritten qua Gesetz begründet wird. Die Parteien schaffen nur die tatsächlichen Voraussetzungen des Tatbestands, sodass sie den wirtschaftlichen Nachteil herbeiführen.

Anders als es in der zuvor zitierten Rechtsprechung des *BAG* anklingt, ist die Herbeiführung eines wirtschaftlichen Nachteils bei der Betrachtung eines Vertrages zu Lasten Dritter nicht unbeachtlich. Das BGB toleriert nämlich den Eingriff in die Privatautonomie für den Fall, dass der Dritte begünstigt wird (vgl. §§ 328 ff.

880 Rolfs/Giesen u. a./*Joussen,* BeckOK ArbR, § 616 BGB, Rn. 8; Staudinger/*Oetker,* Kommentar zum BGB §§ 613a-619a BGB, § 616 BGB, Rn. 162.

881 Allgemein zum Vertrag zu Lasten Dritter: Säcker/Rixecker u. a./*Gottwald,* MüKo zum BGB (Band 3), § 328 BGB, Rn. 263.

882 *Eichenhofer,* VSSR 1991, 185 (196); *Salje,* NZA 1990, 299 (299).

883 *BGH,* Beschluss vom 23.01.2003 – V ZB 48/02, Rn. 8, juris.

884 *BAG,* Urteil vom 30.10.2003 – 8 AZR 491/02, Rn. 26, juris; Säcker/Rixecker u. a./*Gottwald,* MüKo zum BGB (Band 3), § 328 BGB, Rn. 263; Grüneberg/*Grüneberg,* BGB, Einführung vor § 328 BGB, Rn. 10; Staudinger/*Klumpp,* Kommentar zum BGB §§ 328-345 BGB, Vorbemerkung zu §§ 328 ff. BGB, Rn. 54; Gsell/Krüger u. a./*Mäsch,* beckOGK (Stand: 01.07.2024), § 328 BGB, Rn. 128.

BGB). Der Vertrag zu Lasten Dritter wird folglich allein auf Grund der wirtschaftlich nachteiligen Folge für den Dritten abgelehnt, obwohl dieser diese Folgen auch mit Hilfe des § 333 BGB abwehren könnte.[885] Somit könnte angenommen werden, dass eine Vereinbarung der Dienstvertragsparteien bereits auf Grund der wirtschaftlichen Folge unwirksam sein müsste. Gleichwohl ist anerkannt, dass die wirtschaftliche Folge unbeachtlich ist, wenn es sich bei ihr um einen bloßen „Reflex" – also bloße unbeabsichtigte Folge des Vertrages – handelt.[886] Dementsprechend komme es darauf an, ob eine Schädigung des Dritten von den Parteien beabsichtigt war.[887]

Nach anderer Ansicht komme es in solchen Fällen, in denen nicht der Geschäftswille der Parteien die Begründung einer Rechtsfolge für einen Dritten sei, sondern sie allein eine Rechtsfolge zwischen ihnen herbeiführen möchten, die sich auch auf einen Dritten auswirkt, auf die Vereinbarkeit der vertraglichen Regelung mit dem Sinn und Zweck der betroffenen gesetzlichen Regelung an.[888] Bei einer § 616 BGB betreffenden Regelung beabsichtigten die Parteien allein eine Regelung im Innenverhältnis, die durch die Anknüpfung der subsidiären Ansprüche hieran, erst eine Rechtsfolge für Dritte begründe.[889] Es komme demnach auf den Zweck der Regelungen an, die den subsidiären Anspruch begründen. Soll die Subsidiarität zwingend bestehen, soll sie ein Mindestmaß an Absicherung bieten oder soll sie gar die Entlastung des Arbeitgebers ermöglichen?[890]

Zweifelsfrei wird die Vergütungsfortzahlung mit Blick auf das Bestehen subsidiärer Vergütungsfortzahlungsansprüche und -ersatzansprüche des Dienstverpflichteten von den Parteien ausgeschlossen. Dies gilt insbesondere dann, wenn eine Klausel gewählt wird, die nur in Fälle, in denen solche Ansprüche bestehen, § 616 BGB ausschließen. Gleichwohl ist hierin kein unzulässiger Vertrag zu Lasten Dritter zu sehen. Die Parteien überschreiten nicht in unzulässigerweise ihre Möglichkeiten der Gestaltung des Vertrages. Zunächst ist festzuhalten, dass der Geschäftswille – insbesondere des Dienstberechtigten – nicht die Belastung eines Dritten sein dürfte, sondern die eigene Entlastung von der Vergütungszahlung ohne Erhalt einer Gegenleistung. Hierfür begründen die Parteien keine Pflichten Dritter, sondern sorgen nur dafür, dass die Voraussetzungen für den Eintritt der

---

885 Säcker/Rixecker u. a./*Gottwald*, MüKo zum BGB (Band 3), § 328 BGB, Rn. 263.

886 *BGH*, Urteil vom 29.06.2004 – VI ZR 211/03, Rn. 11, juris; *BGH*, Urteil vom 12.02.2019 – VI ZR 141/18, Rn. 29, juris.

887 *BGH*, Beschluss vom 23.01.2003 – V ZB 48/02, Rn. 8, juris.

888 *Ulrici*, ZFA 2016, 377 (398 f.).

889 *Ulrici*, ZFA 2016, 377 (398).

890 *Ulrici*, ZFA 2016, 377 (400).

vom Gesetzgeber geschaffenen Pflichten vorliegen. Ebenso wie es dem Gesetzgeber frei stand, solche Pflichten generell zu begründen, steht es ihm auch frei, die Herbeiführung der Tatbestandsvoraussetzungen zu unterbinden. Der Gesetzgeber hätte entweder in der sozialrechtlichen Regelung selbst oder bei § 616 BGB die Abdingbarkeit der Vorschrift beschränken können. Dass er hierfür die Möglichkeit hat, hat der Gesetzgeber auch gesehen. Dies zeigt sich an der Untersagung – mittlerweile durch § 12 EFZG – der Abbedingung der Entgeltfortzahlung im Krankheitsfall. Die Betrachtung der Entwicklung der Entgeltfortzahlung im Krankheitsfall hat gezeigt, dass diese Beschränkung auch gerade mit dem Blick auf die Entlastung der Krankenversicherung erfolgt ist. Die gleiche Möglichkeit hätte der Gesetzgeber auch in den sonstigen Anwendungsfällen des § 616 BGB, für die eine subsidiäre Absicherung Dritter besteht. Allerdings macht er von dieser Möglichkeit, obwohl sie ihm angesichts § 12 EFZG bewusst sein muss, kein Gebrauch. Die Parteien nutzen somit nur eine vom Gesetzgeber – mit Blick auf § 12 EFZG und deren Vorgänger – mehr oder minder bewusst geschaffene Möglichkeit der Verlagerung der Vergütungsfortzahlung auf Dritte.[891] Somit ist in der Herbeiführung der wirtschaftlichen Belastung kein unzulässiger Vertrag zu Lasten Dritter zu sehen.

2) Abbedingung als Rechtsmissbrauch bzw. Verstoß gegen § 138 Abs. 1 BGB

Die Abbedingung der Vergütungsfortzahlung nach § 616 BGB in Fällen, in denen stattdessen eine gesetzliche Sozialversicherung oder der Staat eingreift, könnte rechtsmissbräuchlich sein bzw. ein nach § 138 Abs. 1 BGB sittenwidriges Rechtsgeschäft darstellen.

§ 138 Abs. 1 BGB könne Rechtsgeschäften entgegenstehen, die nach ihrem Inhalt, Zweck oder Beweggrund darauf abzielten, Zahlungsverpflichtungen zu Lasten der gesetzlichen Sozialversicherung zu verschieben.[892]

891 So auch: *Eichenhofer*, VSSR 1991, 185 (196); ähnlich in Bezug auf die Sittenwidrigkeit einer Verlagerung der Vergütungsfortzahlungslast auf den Staat: *Henssler/Medem*, RdA 2024, 1 (8); ähnlich wohl auch das *BSG* in Bezug auf die Reduzierung von Ausbildungsvergütungen zum Erhalt des Kindergeldanspruchs, wobei es in der Verantwortung des Gesetzgebers liege, solche Praktiken zu verhindern oder zu billigen: *BSG*, Urteil vom 28.02.1990 – 10 RKg 15/89, Rn. 21, juris.

892 *BGH*, Urteil vom 08.12.1982 – IVb ZR 333/81, Rn. 17, juris; *BGH*, Urteil vom 17.09.1986 – IVb ZR 59/85, Rn. 28, juris; *BGH*, Urteil vom 09.07.1992 – XII ZR 57/91, Rn. 15, juris; *VGH Baden-Württemberg*, Urteil vom 08.06.1993 – 6 S 1068/92,

Die Frage der Zulässigkeit von vertraglichen Vereinbarungen, die eine Leistungspflicht der gesetzlichen Sozialversicherung herbeiführen, wird insbesondere im Bereich von Schenkungen[893], Scheidungsfolgenvereinbarungen[894] sowie (sog. Behinderten-)Testamenten[895] diskutiert.

In Bezug auf § 616 BGB wird die Abbedingung zu Lasten der gesetzlichen Sozialversicherung kaum und wenn doch in der Regel nur am Rande thematisiert. Dabei wird zwischen dem rückwirkenden Ausschluss der Vergütungsfortzahlung und dem Ausschluss zukünftiger Fälle differenziert. Werde der Vergütungsfortzahlungsanspruch aus § 616 BGB abbedungen, um einen Verdienstausfall herbeizuführen, der durch die gesetzliche Sozialversicherung oder den Staat kompensiert werde, sei in erster Linie auf eine Verlagerung zu Lasten der gesetzlichen Sozialversicherung angelegt. Dies gelte jedenfalls dann, wenn die Abbedingung rückwirkend erfolge, also der Vergütungsfortzahlungsanspruch dem Grunde nach bereits entstanden sei.[896] Aus dem Umstand, dass die Vergütungsfortzahlungspflicht bereits entstanden sei, sei eine andere Zielsetzung als die Belastung der gesetzlichen Sozialversicherung nicht denkbar.[897]

Hingegen verstoße die Abbedingung von zukünftigen Vergütungsfortzahlungsansprüchen aus § 616 BGB nicht gegen § 138 Abs. 1 BGB, auch wenn dadurch die gesetzliche Sozialversicherung oder der Staat den Verdienstausfall ersetzen

---

Rn. 27, juris; Staudinger/*Fischinger,* Kommentar zum BGB §§ 134-138 BGB, § 138 BGB, Rn. 515; *Preis/Schmid,* JbArbR 2021, 21 (35).

893 Staudinger/*Fischinger,* Kommentar zum BGB §§ 134-138 BGB, § 138 BGB, Rn. 531; Gsell/Krüger u. a./*Jakl,* beckOGK (Stand: 01.08.2024), § 138 BGB, Rn. 507 f.

894 Säcker/Rixecker u. a./*Armbrüster,* MüKo zum BGB (Band 1), § 138 BGB, 65, 98 ff.; Staudinger/*Fischinger,* Kommentar zum BGB §§ 134-138 BGB, § 138 BGB, Rn. 520 ff.; Westermann/Grunewald/Maier-Riemer/*Schmidt-Räntsch,* Ermann BGB, § 138 BGB, Rn. 75.

895 Säcker/Rixecker u. a./*Armbrüster,* MüKo zum BGB (Band 1), § 138 BGB, Rn. 66; Staudinger/*Fischinger,* Kommentar zum BGB §§ 134-138 BGB, § 138 BGB, Rn. 516 ff.; Gsell/Krüger u. a./*Jakl,* beckOGK (Stand: 01.08.2024), § 138 BGB, Rn. 582 ff.; Westermann/Grunewald/Maier-Riemer/*Schmidt-Räntsch,* Ermann BGB, § 138 BGB, Rn. 75; Hau/Poseck/*Wendtland,* BeckOK BGB, § 138 BGB, Rn. 75.

896 *Preis/Schmid,* JbArbR 2021, 21 (35).

897 So für eine rückwirkende Betriebsvereinbarung zu Lasten der Bundesagentur für Arbeit bei der Leistung von Insolvenzgeld: *BSG,* Urteil vom 18.03.2004 – B 11 AL 57/03 R, Rn. 18, juris; diese Annahme scheinbar aufgreifend: *Preis/Schmid,* JbArbR 2021, 21 (35).

müssten.[898] Ohne nähere Befassung mit § 138 Abs. 1 BGB nimmt die (wohl) herrschende Meinung beispielsweise an, dass § 616 BGB ausgeschlossen werden könne, um das eigentlich subsidiäre Krankengeld bei Krankheit des Kindes nach § 45 Abs. 1 SGB V an Stelle des § 616 BGB eingreifen zu lassen.[899]

Zunächst ist zu der dargestellten Differenzierung zwischen der Wirkung für bereits bestehende und zukünftige Vergütungsfortzahlungsansprüche festzuhalten, dass dies nicht überzeugt. Bei der Argumentation wird – zumindest als ein Aspekt zu Recht[900] – auf das Motiv abgestellt. Zweifelsfrei kommt bei der Vereinbarung des Entfalls der Vergütungsfortzahlung nach § 616 BGB für bereits bestehende oder in der Vergangenheit liegende Verhinderungsfälle, deutlicher zum Ausdruck, dass eine Verlagerung der wirtschaftlichen Belastung vom Arbeitgeber auf Dritte – also Staat oder gesetzliche Sozialversicherung – erfolgen soll. Diesen Schluss wird man aber auch bei entsprechenden Klauseln im Arbeitsvertrag, insbesondere, wenn der Ausschluss nur Fälle betrifft, in denen eine subsidiäre Absicherung besteht, annehmen können. Dieser „Verdacht" des Motives genügt grundsätzlich, um eine Sittenwidrigkeit annehmen zu können. Eine Schädigungsabsicht gegen die gesetzliche Sozialversicherung ist nämlich nicht erforderlich.[901] Es kommt vielmehr darauf an, dass die Unterstützungsbedürftigkeit absehbar ist.[902] Das ist hier der Fall.

---

898 Ohne allgemeingültige Begründung, sondern lediglich für eine Abbedingung im Fall der subsidiären Absicherung durch § 56 IfSG, weil dies auch bei § 45 Abs. 1 SGB V anerkannt sei: *Preis/Schmid,* JbArbR 2021, 21 (35); im Ergebnis auch: *Henssler/Medem,* RdA 2024, 1 (8).

899 Säcker/Rixecker u. a./*Henssler,* MüKo zum BGB (Band 5), § 616 BGB, Rn. 29; *Henssler/Medem,* RdA 2024, 1 (8); Staudinger/*Oetker,* Kommentar zum BGB §§ 613a-619a BGB, § 616 BGB, Rn. 63; *Preis/Schmid,* JbArbR 2021, 21 (35).

900 Ebenfalls das Motiv als einen wesentlichen Aspekt bei der Abbedingung zu Lasten der gesetzlichen Sozialversicherung ansehend: Staudinger/*Fischinger,* Kommentar zum BGB §§ 134-138 BGB, § 138 BGB, Rn. 529.

901 *BGH,* Urteil vom 08.12.1982 – IVb ZR 333/81, Rn. 17, juris; *BGH,* Urteil vom 17.09.1986 – IVb ZR 59/85, Rn. 28, juris; Westermann/Grunewald/Maier-Riemer/*Schmidt-Räntsch,* Ermann BGB, § 138 BGB, Rn. 75; gar das Erfordernis eines subjektiven Tatbestands grundsätzlich ablehnend, sofern es nicht auf eine Gesamtabwägung unter Berücksichtigung des Zwecks ankomme (m.w.N.): Staudinger/*Fischinger,* Kommentar zum BGB §§ 134-138 BGB, § 138 BGB, Rn. 146 f.

902 Für den Fall der Sozialhilfebedürftigkeit bei Scheidungsfolgenvereinbarungen: Säcker/Rixecker u. a./*Armbrüster,* MüKo zum BGB (Band 1), § 138 BGB, Rn. 98 f.

Gleichwohl ist die Rechtsmissbräuchlichkeit bzw. Sittenwidrigkeit im Sinne des § 138 Abs. 1 BGB von Klauseln, die § 616 BGB in Fällen abbedingen, in denen subsidiäre Ansprüche gegen Dritte vorliegen, abzulehnen.

Hierfür spricht zum einen, dass die den subsidiären Ansprüchen innewohnende gesetzgeberische Wertung der Sittenwidrigkeit nach § 138 Abs. 1 BGB entgegensteht. So hat der Gesetzgeber durch die Schaffung der subsidiären Übernahme des Vergütungsrisikos die Möglichkeit der Abwälzung des Risikos auf die gesetzliche Sozialversicherung und den Staat geschaffen. Er hat das Vergütungsrisiko subsidiär der gesetzlichen Sozialversicherung bzw. sich selbst zugewiesen, obwohl ihm bewusst sein musste, dass die Risikoverteilung nach § 616 BGB zur Disposition der Parteien steht.[903]

Dieses Ergebnis steht auch in Einklang mit der Rechtsprechung des *BSG*. Das *BSG* sieht in der vertraglichen Verringerung des Ausbildungslohns, um einen Kindergeldanspruch zu erhalten, keinen Verstoß gegen die guten Sitten. Selbst wenn der Beweggrund der Vereinbarung die Schaffung der Voraussetzungen für den Erhalt des Kindergeldes sei, sei dies nicht vorwerfbar. Insoweit sei es Aufgabe des Gesetzgebers entsprechende Regelungen zu schaffen, die eine Umgehung verhindern oder interessengerecht sind.[904] Demnach sieht das BSG auch in dem fehlen, die Abbedingung ausschließender Regelungen, eine gesetzgeberische Wertung, die gegen die Sittenwidrigkeit spricht.

Zum anderen lässt sich dieses Ergebnis auch unter Berücksichtigung der Rechtsprechung des *BGH* zum Unterhaltsverzicht begründen. Hierfür hat der *BGH* entschieden, dass kein Fall des § 138 Abs. 1 BGB vorliege, wenn durch den Unterhaltsverzicht nicht das Risiko zur Inanspruchnahme von Sozialhilfe erhöht werde. Dies sei dann der Fall, wenn der Unterhaltsverzicht bei Eheschluss vereinbart und die Ehe von dem Verzicht abhängig gemacht werde. In diesem Fall trete kein erhöhtes Risiko ein, da der verzichtende Ehegatte ohne die Ehe keinen Anspruch auf Unterhalt gehabt hätte und somit auch das Risiko der Bedürftigkeit bestanden hätte.[905]

Dieser Gedanke lässt sich – wenn auch nicht unmittelbar – auch auf den Abschluss von Arbeitsverträgen übertragen. Nimmt der Arbeitgeber eine Regelung in den Formulararbeitsvertrag auf, nach der § 616 BGB – ggf. auch nur im Fall einer subsidiären Absicherung – ausgeschlossen wird, kann angenommen werden, dass dies eine Bedingung für den Abschluss des Arbeitsvertrages darstellt.

---

903 *Henssler/Medem*, RdA 2024, 1 (8).

904 *BSG*, Urteil vom 28.02.1990 – 10 RKg 15/89, Rn. 21, juris.

905 *BGH*, Urteil vom 09.07.1992 – XII ZR 57/91, Rn. 16 f., juris; *BGH*, Urteil vom 25.10.2006 – XII ZR 144/04, Rn. 19, juris.

Zwar ist der Anspruch gegen die gesetzliche Sozialversicherung, beispielsweise bei § 45 Abs. 1 SGB V, von einem Entgeltausfall abhängig. Dieser kann jedoch nur bei Bestehen eines Arbeitsverhältnisses entstehen. Demnach bestünde nicht auch ohne das Arbeitsverhältnis das Risiko der Einstandspflicht der gesetzlichen Sozialversicherung – was auch der Grund ist, weshalb die Rechtsprechung nicht unmittelbar übertragbar ist. Allerdings ist die Begründung des Arbeitsverhältnisses für die gesetzliche Sozialversicherung auch vorteilhaft. Denn ohne das Arbeitsverhältnis erhielte sie keine Beträge vom Arbeitgeber und vom Arbeitnehmer. Diese Beiträge dürften im Regelfall über denen liegen, die der Staat für Empfänger von Leistungen nach SGB II zahlt. Die gesetzliche Sozialversicherung – letztlich zumindest der Staat, der im Zweifel auch Fehlbeträge der gesetzlichen Sozialversicherung trägt – hat somit ein Interesse am Abschluss von Arbeitsverträgen, die eine Beitragspflicht begründen. Ist die Abbedingung des § 616 BGB Voraussetzung für den Abschluss des Arbeitsvertrages, kann die entsprechende Klausel – nach der zuvor genannten Rechtsprechung – nicht als sittenwidrig angesehen werden.

Mithin steht § 138 Abs. 1 BGB nicht der Abbedingung des § 616 BGB in den Fällen entgegen, in denen anstelle der Vergütungsfortzahlung nach § 616 BGB eine subsidiäre Absicherung durch den Staat oder die gesetzliche Sozialversicherung eingreift.

3) Beschränkungen durch das Sozialrecht

a) Subsidiaritätsprinzip

Daneben könnte sich eine Beschränkung der Abdingbarkeit auch aus dem Sozialrecht ergeben. Nach dem Subsidiaritätsprinzip gemäß § 2 SGB XII ist der einzelne verpflichtet, (u. a.) durch eigenes Einkommen die Hilfsbedürftigkeit zu vermeiden, bevor er Sozialleistung in Anspruch nimmt.[906] Verzichtet der Dienstverpflichtete jedoch auf die Fortzahlung des Einkommens nach § 616 BGB, könnte hierin eine selbstverschuldete Herbeiführung der Hilfsbedürftigkeit gesehen werden, die einen Verstoß gegen das Subsidiaritätsprinzip darstellen könnte.[907] Allerdings ist hierzu zunächst festzustellen, dass das Subsidiaritätsprinzip nicht konsequent in

---

906 Knickrehm/Deinert/*Dankelmann*, beckOGK SGB XII (Stand: 01.06.2021), § 2 SGB XII, Rn. 4 ff.; Rolfs/Giesen u. a./*Groth*, BeckOK SozR, § 2 SGB XII, Rn. 1 ff.

907 Allg. bezüglich der Verweigerung der Annahme von Leistungen: Knickrehm/Deinert/*Dankelmann*, beckOGK SGB XII (Stand: 01.06.2021), § 2 SGB XII, Rn. 15.

allen Bereichen öffentlich-rechtlicher Leistungen verankert ist.[908] Zwar ist im Sozialhilferecht mit § 2 SGB XII der Grundsatz des Forderns (Nachranggrundsatz) normiert. Allerdings handelt es sich dabei lediglich um eine Rechtsanwendungsregel allein für das Sozialhilferecht und gerade nicht um die Konkretisierung eines verfassungsrechtlichen Gebotes,[909] beispielsweise aus dem Sozialstaatsprinzip des Art. 20 Abs. 1 GG[910]. Insbesondere handelt es sich um keine gesetzliche Regelung, die eigenständig den Anspruch auf Leistung ausschließt, sondern regelmäßig des Zusammenwirkens mit einer konkretisierenden gesetzlichen Regelung bedarf.[911] Eine solche gesetzliche Regelung fehlt in Bezug auf § 616 BGB.

Zudem lasse sich aus dem Subsidiaritätsprinzip auch keine Pflicht eines Dritten – hier des Dienstberechtigten – folgern, den Sozialhilfeempfänger zu unterstützen.[912] Dies sei weder mit dem Wortlaut noch dem Zweck des Prinzips zu vereinbaren.[913] Einen generellen Ausschluss der Privatautonomie durch das Subsidiaritätsprinzip lasse sich nicht annehmen, wie sich anhand der Durchbrechung des Subsidiaritätsprinzips durch den Gesetzgeber selbst zeige.[914] Im Umkehrschluss bedeutet dies aber auch, dass das Subsidiaritätsprinzip den vertraglichen Ausschluss einer grundsätzlich abdingbaren Verpflichtung grundsätzlich nicht verhindern kann.[915] Dies gilt jedenfalls, wenn der Dritte die Abbedingung zur Bedingung für den Vertragsschluss – beispielsweise durch die Verwendung in

---

908 So auch: *Salje*, NZA 1990, 299 (301).

909 Flint/*Deckers*, Kommentar SGB XII, § 2 SGB XII, Rn. 1, 3.

910 So bereits *Herzog*, der unter Verweis auf den Herrenchiemsee-Verfassungskonvent und die dort erhobene Forderung das Subsidiaritätsprinzip ausdrücklich in die Verfassung aufzunehmen, sowohl das ungenannte Rezipieren in Art. 20 Abs. 1 GG, als auch in allen anderen in Betracht kommenden Artikeln, ablehnt; vgl.: *Herzog*, Staat 1963, 399 (411 f.).

911 *BSG*, Urteil vom 20.01.2016 – B 14 AS 15/15 R, Rn. 32, juris; Rolfs/Giesen u. a./*Groth*, BeckOK SozR, § 2 SGB XII, Rn. 1a.

912 Staudinger/*Fischinger*, Kommentar zum BGB §§ 134-138 BGB, § 138 BGB, Rn. 523; *Leipold*, ZEV 2009, 471 (473).

913 Staudinger/*Fischinger*, Kommentar zum BGB §§ 134-138 BGB, § 138 BGB, Rn. 523.

914 So in Bezug auf die Testierfreiheit: *BGH*, Urteil vom 21.03.1990 – IV ZR 169/89, Rn. 21, juris; *BGH*, Urteil vom 20.10.1993 – IV ZR 231/92, Rn. 22 ff., juris; allgemein den Verlust der Prägekraft des Nachranggrundsatzes für das Sozialrecht statuierend: *B. Schulte*, NJW 1989, 1241 (1246).

915 a. A. mit Verweis darauf, dass das Subsidiaritätsprinzip keine Verpflichtungen eines Dritten begründe, aber bestehende Verpflichtungen auch unberührt lasse: *Leipold*, ZEV 2009, 471 (473).

Formulararbeitsverträgen – macht. Andernfalls käme es einer Verpflichtung zur Unterstützung gleich.

Auf Grund dessen lässt sich aus dem Subsidiaritätsprinzip kein genereller Grundsatz ableiten, der zur Unwirksamkeit der Abbedingung des § 616 BGB führt.[916]

b) § 46 Abs. 2 SGB I

Allerdings könnte sich eine solcher Grundsatz aus dem Rechtsgedanken des § 46 Abs. 2 SGB I ergeben,[917] dessen unmittelbare Anwendung aber auf Grund seiner auf die Leistung nach den Sozialgesetzbüchern beschränkten Wirkung ausscheidet.[918] Nach dieser Regelung ist ein Verzicht auf eine Leistung dann unwirksam, wenn hierdurch ein anderer Leistungsträger belastet wird.[919] Auf Grund des Zusammenspiels mit § 46 Abs. 1 SGB I, der einen Verzicht gegenüber einem Leistungsträger betrifft, beschränkt sich der Regelungsgehalt nach dem Wortlaut lediglich auf Ansprüche, die gegen eine gesetzliche Sozialversicherung bestehen.[920] Gleichwohl lässt sich möglicherweise der Rechtsgedanke auch auf Rechtsgeschäfte mit Nicht-Sozialversicherungen, also Dienst- bzw. Arbeitgebern übertragen.

---

916 So auch: *Salje,* NZA 1990, 299 (301); *Brose* erkennt in der Subsidiaritätsregel des § 49 SGB V ein Spannungsverhältnis zu § 616, ohne dies jedoch aufzulösen: *Brose,* NZA 2011, 719 (723); aus dieser Regelung lässt sich jedoch auch kein allgemeiner Grundsatz für die Abdingbarkeit entwickeln, weshalb hier auf den Gedanken *Broses* nicht weiter eingegangen wird, sondern der allgemeinen Subsidiaritätsgedanken sowie § 46 SGB I betrachtet werden.

917 Dieses Spannungsfeld erkennend: *Heckelmann,* SAE 1977, 257 (262); Rolfs/Giesen u. a./*Joussen,* BeckOK ArbR, § 616 BGB, Rn. 8; Staudinger/*Oetker,* Kommentar zum BGB §§ 613a-619a BGB, § 616 BGB, Rn. 162; Feichtinger/Malkmus/*Schahandeh,* Entgeltfortzahlungsrecht, § 616 BGB, Rn. 117; Kiel/Lunk/Oetker/*Tillmanns,* MHdB ArbR, § 77 Arbeitsverhinderung aus persönlichen Gründen, Rn. 15.

918 *BSG,* Urteil vom 28.02.1990 – 10 RKg 15/89, Rn. 13 f., juris; *BSG,* Urteil vom 12.04.2000 – B 14 KG 4/99 R, Rn. 17, juris; Rolfs/Giesen u. a./*Gutzler,* BeckOK SozR, § 46 SGB I, Rn. 2; Knickrehm/Roßbach/Waltermann/*Hänlein,* SozR Komm, § 46 SGB I, Rn. 2; Mrozynski/*Mrozynski,* SGB I, § 46 SGB I, Rn. 2; Hauck/Noftz/*Rolfs,* SGB I, § 46 SGB I, Rn. 4; Körner/Krasney u. a./*Schifferdecker,* beckOGK SGB I (Stand: 15.08.2024), § 46 SGB I, Rn. 7, 10; jedenfalls eine Anwendung nur beim Verzicht auf Sozialleistungen annehmend: *Eichenhofer,* VSSR 1991, 185 (188 f.).

919 *Hofmann,* Unabdingbarkeitsnormen, S. 236; Körner/Krasney u. a./*Schifferdecker,* beckOGK SGB I (Stand: 15.08.2024), § 46 SGB I, Rn. 47.

920 *BSG,* Urteil vom 12.04.2000 – B 14 KG 4/99 R, Rn. 17, juris; *Salje,* NZA 1990, 299 (304).

Zum Teil wird angenommen, dass § 46 Abs. 2 SGB I eine Beschränkung der Privatautonomie dahingehend entnommen werden könnte, dass jedes Rechtsgeschäft unwirksam wäre, das den Leistungsfall einer gesetzlichen Sozialversicherung begründen würde.[921] Dieses Verbot würde sich sogar auf tarifvertragliche Regelungen erstrecken, müssten sich doch die Tarifparteien – und für die Arbeitnehmerseite der tarifgebundene Arbeitnehmer selbst – den Verzicht zurechnen lassen.[922]

Gegen die Annahme einer Beschränkung der Privatautonomie auf Grund des Rechtsgedankens des § 46 Abs. 2 SGB I spricht, dass es sich bei dem Verzicht nach § 46 SGB I um eine einseitige, empfangsbedürftige Willenserklärung handelt. Bereits in sozialrechtlicher Beziehung ist eine vertragliche Regelung nicht von § 46 SGB I erfasst.[923] Es müsste also ein Verzicht gegenüber dem primär Leistungsverpflichteten – hier dem Dienstberechtigten – erklärt werden. Mit diesem besteht jedoch ein Vertrag. Das Bestehen des Vertrages würde bereits im Verhältnis zur gesetzlichen Sozialversicherung die Anwendbarkeit des § 46 SGB I ausschließen. Darüber hinaus bedarf es für eine analoge Anwendung einer sozialrechtlichen Einordnung des Arbeitsverhältnisses und der Ansprüche aus dem Arbeitsverhältnis.[924] Denn das Verbot erstreckt sich lediglich auf den Verzicht auf öffentlich-rechtliche Sozialleistungen. Ansprüche aus dem Arbeitsvertrag sind jedoch zivilrechtlich.[925] Demnach bestimmt sich die Wirksamkeit von Verzichten

---

921 Hinsichtlich der Unzulässigkeit einer Regelung, die eine Versorgungslücke schafft (in diesem Fall nach Scheidung einer Ehe): *BSG*, Urteil vom 02.09.1964 – 11/1 RA 189/61, Rn. 15, juris; im Übrigen: *Oetker*, SGb 1984, 193 (196); so wohl auch: *Heckelmann*, SAE 1977, 257 (262); *Hofmann*, Unabdingbarkeitsnormen, S. 236.

922 *Oetker*, SGb 1984, 193 (196).

923 Rolfs/Giesen u. a./*Gutzler*, BeckOK SozR, § 46 SGB I, Rn. 2; Krahmer/Trenk-Hinterberger/*Krahmer/Markovic*, SGB I, § 46 SGB I, Rn. 6; Körner/Krasney u. a./*Schifferdecker*, beckOGK SGB I (Stand: 15.08.2024), § 46 SGB I, Rn. 10; bezüglich des Erfordernisses einer empfangsbedürftigen Willenserklärung: Schlegel/Voelzke/*Groth*, jurisPK SGB I, § 46 SGB I, Rn. 22; Rolfs/Giesen u. a./*Gutzler*, BeckOK SozR, § 46 SGB I, Rn. 7; Knickrehm/Roßbach/Waltermann/*Hänlein*, SozR Komm, § 46 SGB I, Rn. 3.

924 *BSG*, Urteil vom 28.02.1990 – 10 RKg 15/89, Rn. 14, juris.

925 *BSG*, Urteil vom 28.02.1990 – 10 RKg 15/89, Rn. 13, juris; Hauck/Noftz/*Rolfs*, SGB I, § 46 SGB I, Rn. 10; ähnlich: Feichtinger/Malkmus/*Schahandeh*, Entgeltfortzahlungsrecht, § 616 BGB, Rn. 117.

auf arbeitsvertragliche Ansprüche grundsätzlich allein nach arbeits- und privatrechtlichen Regeln[926].

Selbst wenn man eine entsprechende Anwendung des § 46 Abs. 2 SGB I auf privatrechtliche Verträge annehmen würde, führt dies nicht zu einem Verbot der Abbedingung des § 616 BGB für die Fälle, in denen die gesetzliche Sozialversicherung subsidiär eintritt. Zum einen würde auch bei einer entsprechenden Anwendung des § 46 Abs. 2 SGB I weiterhin gelten, dass der Verzicht lediglich durch einseitige Willenserklärung ausgeschlossen ist. Hier liegt aber ein Vertrag vor. Zum anderen steht der Zweck der Regelung der entsprechenden Anwendung entgegen. § 46 Abs. 2 SGB I soll die Verschiebung der Belastung innerhalb des Sozialversicherungssystems durch ein Eingreifen des Berechtigten verhindern bzw. die Belastung anderer Personen, die keine Leistungsträger sind.[927] Die Zuordnung innerhalb des Sozialversicherungssystems bleibt aber bei der Abbedingung des Anspruchs aus § 616 BGB unverändert. Auch wird keine außerhalb des Sozialversicherungssystems stehende Person belastet. An dem Gegenüber von Beitragsaufkommen und Auszahlungsbestimmung – also der Lastenverteilung innerhalb der gesetzlichen Sozialversicherung – wird nichts geändert. Somit führt auch eine entsprechende Anwendung des § 46 Abs. 2 SGB I nicht zur Nichtigkeit einer vertraglichen Regelung, wenn diese lediglich eine privatrechtliche Leistung beeinflusst.

Somit lässt sich aus § 46 Abs. 2 SGB I keine Beschränkung der privatrechtlichen Abbedingung des § 616 BGB zu Lasten der gesetzlichen Sozialversicherung entnehmen.

4) „venire contra factum proprium“ auf Grund des Ausschlusses der primären Fortzahlungspflicht des Dienstberechtigten

Wird die Abbedingung des Vergütungsfortzahlungsanspruchs aus § 616 BGB auch in Fällen, in denen subsidiär die gesetzliche Sozialversicherung oder der Staat eingreifen, – wie hier vertreten – grundsätzlich für wirksam erachtet, wird zum Teil mit Verweis auf den Grundsatz *venire contra factum proprium* die Möglichkeit des Rückgriffs auf die subsidiäre Absicherung abgelehnt. Dadurch, dass der Dienstverpflichtete auf die Leistung des Dienstberechtigten verzichtet, sei es

926 Schlegel/Voelzke/*Groth*, jurisPK SGB I, § 46 SGB I, Rn. 16; Hauck/Noftz/*Rolfs*, SGB I, § 46 SGB I, Rn. 10.

927 Rolfs/Giesen u. a./*Gutzler*, BeckOK SozR, § 46 SGB I, Rn. 15; Knickrehm/Roßbach/Waltermann/*Hänlein*, SozR Komm, § 46 SGB I, Rn. 7; Körner/Krasney u. a./*Schifferdecker*, beckOGK SGB I (Stand: 15.08.2024), § 46 SGB I, Rn. 47.

widersprüchlich, wenn er eine Leistung der gesetzlichen Sozialversicherung in Anspruch nehmen würde.[928]

Diese Beschränkung überzeugt hingegen nicht. Dem Rechtsgrundsatz *venire contra factum proprium* liegt der Gedanke des Vertrauensschutzes zu Grunde.[929] Damit ein widersprüchliches Verhalten vorliegen kann, muss der Dienstverpflichtete selbst oder ein Dritter, dessen Verhalten dem Dienstverpflichteten zugerechnet werden kann, ein Tun oder Unterlassen vornehmen,[930] durch das ein schutzwürdiges Vertrauen begründet wird,[931] dass er auf die Leistungen der gesetzlichen Sozialversicherung oder des Staates nicht zurückgreift. Fraglich ist, woraus sich das Vertrauen der gesetzlichen Sozialversicherung ergeben soll, dass der Dienstberechtigte nicht auf sie zurückgreift. So gibt es zunächst kein Verhalten des Dienstverpflichteten gegenüber der gesetzlichen Sozialversicherung, aus der sich ein Vertrauen auf die Nicht-Inanspruchnahme ergeben kann. Vielmehr zahlen der Dienstverpflichtete und Dienstberechtigte die vorgesehenen Sozialabgaben, in deren Kalkulation die Sozialleistung sogar vorgesehen ist. Damit erbringt der Dienstverpflichtete alles seinerseits Erforderliche, um die Leistungen in Anspruch nehmen zu können. Damit hat der Dienstverpflichtete kein schützenswertes Vertrauen der gesetzlichen Sozialversicherung auf Nicht-Inanspruchnahme verursacht.

Ein anderweitiges Vertrauen könnte sich allein aus dem Bestehen des § 616 BGB ergeben. Hier ist zum einen bereits zweifelhaft, ob dieser Vertrauenstatbestand überhaupt dem Dienstverpflichteten zugerechnet werden kann. Dieses könnte allein in dem Abschluss eines Dienstvertrages unter Anwendung des deutschen Rechts gesehen werden. Es ist zweifelhaft, ob damit aber auch die Erklärung

---

928 *Hofmann*, Unabdingbarkeitsnormen, S. 237; Staudinger/*Oetker*, Kommentar zum BGB §§ 613a-619a BGB, § 616 BGB, Rn. 162, 545.

929 *Canaris*, Vertrauenshaftung, S. 287 f.; *Dette*, Venire contra factum proprium, S. 45 f.; *Kühn*, NZA 2008, 1328 (1328); Staudinger/*Looschelders/Olzen*, Kommentar zum BGB §§ 241-243, § 242 BGB, Rn. 290; *Singer*, NZA 1998, 1309 (1310); den Vertrauensschutz als Teil des zugrunde liegenden Rechtsgedankens anerkennend: *Singer*, Dogmatik der Vertrauenshaftung, S. 430; *Wielig*, AcP 1976, 334 (334 f.).

930 Hinsichtlich des Erfordernisses eines vertrauensbegründenden Tuns oder Unterlassens: *BGH*, Urteil vom 06.03.1985 – IVb ZR 7/84, Rn. 13, juris; Gsell/Krüger u. a./*Kähler*, beckOGK (Stand: 01.05.2024), § 242 BGB, Rn. 395; Säcker/Rixecker u. a./*Schubert*, MüKo zum BGB (Band 2), § 242 BGB, Rn. 369.

931 Grundsätzlich hinsichtlich der Bedeutung des Vertrauens und der Schutzwürdigkeit für die Anwendbarkeit des Grundsatzes: Staudinger/*Looschelders/Olzen*, Kommentar zum BGB §§ 241-243, § 242 BGB, Rn. 292; Säcker/Rixecker u. a./*Schubert*, MüKo zum BGB (Band 2), § 242 BGB, Rn. 373.

der Vertragsparteien verbunden ist, dass eine Inanspruchnahme der gesetzlichen Sozialversicherung in Fällen des § 616 BGB nicht erfolgt, insbesondere wenn bereits beim erstmaligen Abschluss des Dienstvertrages bereits die Anwendung des § 616 BGB ausgeschlossen wird. Indem der Gesetzgeber die Möglichkeit eines subsidiären Eingreifens der gesetzlichen Sozialversicherung schafft, geht er zum anderen selbst davon aus, dass es Fälle gibt, in denen kein Anspruch aus § 616 BGB besteht. Dabei nimmt er keine Beschränkung dahingehend vor, aus welchem Grund der Anspruch nicht besteht. Wenn der Gesetzgeber darauf vertrauen würde, dass § 616 BGB in jedem Dienstverhältnis Anwendung finden würde, hieße dies, dass es entweder keines subsidiären Leistungsanspruches bedürfte oder davon ausgegangen wird, dass der Anwendungsfall nicht § 616 BGB unterfällt. In letzterem Fall bedürfte es dann eines primären und keines subsidiären Anspruchs. Somit eröffnet der Gesetzgeber durch die subsidiäre Ausgestaltung der Leistung gerade die Möglichkeit des Rückgriffs auf die Leistungen der gesetzlichen Sozialversicherung. Ein Vertrauen auf Nicht-Inanspruchnahme wird damit nicht begründet. Auch wird ein Vertrauen nicht nach den anerkannten Fällen widersprüchlichen Verhaltens begründet, in denen sich der Handelnde bewusst gegen die bestehende Rechtsordnung verhält bzw. diese missachtet.[932] Die Abbedingung ist nämlich grundsätzlich möglich – auch zu Lasten der gesetzlichen Sozialversicherung.[933] Aus diesem Grund kann auch in der Abbedingung des § 616 BGB als solches keine Verletzung eines begründeten Vertrauens gesehen werden.

Somit besteht kein Widerspruch zu einem schutzwürdigen Vertrauen der gesetzlichen Sozialversicherung oder des Staates, dass ihre Leistungen nicht in Anspruch genommen werden. Auch hat der Dienstverpflichtete oder ihm zurechenbar ein Dritter keine Handlung vorgenommen oder unterlassen, die dieses Vertrauen hätte begründen können. Somit scheidet die Inanspruchnahme der gesetzlichen Sozialversicherung in Fällen, in denen primär der Dienstberechtigte nach § 616 BGB die Vergütung hätte fortzahlen müssen und dies nur auf Grund der Abbedingung des § 616 BGB nicht tat, nicht auf Grund eines Verstoßes gegen den Grundsatz *venire contra factum proprium* aus.

---

932 Vgl. zu diesen Fallgruppen: Staudinger/*Looschelders/Olzen*, Kommentar zum BGB §§ 241-243, § 242 BGB, Rn. 296 ff.

933 Vgl. zur grundsätzlichen Abdingbarkeit zu Lasten der gesetzlichen Sozialversicherung: D)II), S. 241.

5) Zwischenergebnis

Dementsprechend ist die Abdingbarkeit des § 616 BGB weder über das privatrechtliche Institut des Vertrages zu Lasten Dritter noch über sozialrechtliche Erwägungen gesperrt. Letzteres käme nur in Betracht, sofern es sich um eine subsidiäre Leistung nach den SGB II – SGB XII handeln würde, wobei auch in diesem Fall eine analoge Anwendung wohl abzulehnen wäre.

III) Beschränkungen der Abdingbarkeit durch das AGB-Recht

Eine wesentliche Beschränkung der Vertragsfreiheit erfolgt durch das AGB-Recht. Soweit die Regelungen der §§ 305-310 BGB auf den einzelnen Vertrag sowie die einzelne Vertragsklausel anwendbar sind, erfolgt eine Wirksamkeitskontrolle der Klausel. Dadurch soll sich ein Schutz des sich in der schlechteren Verhandlungsposition befindlichen Arbeitnehmers ergeben.[934]

1) Anwendbarkeit des AGB-Rechts

Zunächst bedarf es einer Klärung, auf welche Klauseln die Beschränkungen des AGB-Rechts überhaupt Anwendung finden und welcher Kontrollmaßstab dann gilt.

a) Ausschluss der Kontrolle vertraglicher Hauptleistungspflichten

Nach § 307 Abs. 3 S. 1 BGB unterliegen Preisabreden in Verträgen nicht der Inhaltskontrolle des AGB-Rechts, sondern allein der Transparenzkontrolle.[935] Somit ist zunächst zu prüfen, ob eine § 616 BGB betreffende Klausel eine Preisabrede darstellt und somit der Inhaltskontrolle entzogen ist.

Diese Frage stellt sich, da die Hauptleistungspflichten des Dienstvertrages auf der einen Seite die Dienstleistungspflicht auf der anderen Seite die Vergütung

---

934 So zumindest die Begründung der Bundesregierung im Gesetzgebungsverfahren: BT-Drs. 14/6857, S. 53 f.; bezüglich des Schutzes des Verhandlungsschwächeren als Zweck des AGB-Rechts: BR-Drs. 338/01, S. 342.

935 Zunächst im Allgemeinen: Staudinger/*Krause*, Kommentar zum BGB Anhang zu §§ 305-310 BGB, Anh. K – AGB-Kontrolle im Arbeitsrecht, Rn. K 238; Graf von Westphalen/Pamp/Thüsing/*Thüsing*, VertrR/AGB-Klauselwerke, Preis – Preisnebenabrede, Rn. 1; Staudinger/*Wendland*, Kommentar zum BGB §§ 305-310 BGB, § 307 BGB, Rn. 310; Gsell/Krüger u. a./*Zschieschack*, beckOGK (Stand: 01.09.2024), § 307 BGB – Preisklausel, Rn. 11.

sind.[936] Abstrakter ausgedrückt stellt die Vergütung somit den Preis für die Dienstleistung des Dienstverpflichteten dar. Indem § 616 BGB das Aufrechterhalten der Vergütungspflicht bei Entfall der Leistungspflicht anordnet und so in das Zusammenspiel von Leistung und Gegenleistung eingreift, könnte man annehmen, dass es sich bei § 616 BGB modifizierenden Regelungen um Preisabreden handelt.

aa) Preis- oder Preisnebenabreden im Sinne der AGB-Kontrolle

Von der Klauselkontrolle nach §§ 307 ff. BGB ausgenommen sind Regelungen des Preises als solchem – also die Bestimmung von Leistung und Gegenleistung – auch wenn die Vergütungsklausel im Übrigen als AGB anzusehen wäre.[937] Gründe für diese Ausnahme sind, dass es in diesen Fällen zum einen an einem Kontrollmaßstab fehlt und zum anderen bei der Bestimmung des Gegenseitigkeitsverhältnisses die Privatautonomie überwiegt.[938] Es ist grundsätzlich nicht Aufgabe des Staates zu überprüfen, ob Leistung und Gegenleistung in einem angemessenen Verhältnis zueinander stehen, sondern dies regeln die Marktmechanismen.[939] Damit die Privatautonomie vollumfänglich geschützt wird, gehören auch einzelne Preisbestandteile zum Preis.[940]

---

936 Statt vieler für den Dienstvertrag: Säcker/Rixecker u. a./*Spinner,* MüKo zum BGB (Band 5), § 611 BGB, Rn. 7 und für den Arbeitsvertrag: Müller-Glöge/Preis u. a./*Preis,* ErfK, § 611a BGB, Rn. 1.

937 *BGH,* Urteil vom 13.01.2011 – III ZR 78/10, Rn. 15, juris; *BGH,* Urteil vom 09.10.2014 – III ZR 32/14, Rn. 37, juris; *BGH,* Urteil vom 22.09.2016 – III ZR 264/15, Rn. 12, juris; *BGH,* Urteil vom 05.10.2017 – III ZR 56/17, Rn. 15, juris; *BGH,* Urteil vom 23.08.2018 – III ZR 192/17, Rn. 14, juris; Gsell/Krüger u. a./*Maties,* beckOGK (Stand: 01.05.2024), § 611a BGB, Rn. 348; *Rieble,* NZA 2004, 304 (304); Staudinger/*Wendland,* Kommentar zum BGB §§ 305-310 BGB, § 307 BGB, Rn. 284.

938 *BGH,* Urteil vom 13.01.2011 – III ZR 78/10, Rn. 15, juris; *BGH,* Urteil vom 09.10.2014 – III ZR 32/14, Rn. 37, juris; *BGH,* Urteil vom 05.10.2017 – III ZR 56/17, Rn. 14, juris; *BGH,* Urteil vom 23.08.2018 – III ZR 192/17, Rn. 14, juris; Staudinger/*Wendland,* Kommentar zum BGB §§ 305-310 BGB, § 307 BGB, Rn. 310.

939 *Preis,* Vertragsgestaltung, S. 294; Staudinger/*Wendland,* Kommentar zum BGB §§ 305-310 BGB, § 307 BGB, Rn. 284; Säcker/Rixecker u. a./*Wurmnest,* MüKo zum BGB (Band 2), § 307 BGB, Rn. 17; Gsell/Krüger u. a./*Zschieschack,* beckOGK (Stand: 01.09.2024), § 307 BGB – Preisklausel, Rn. 10.

940 Gsell/Krüger u. a./*Zschieschack,* beckOGK (Stand: 01.09.2024), § 307 BGB – Preisklausel, Rn. 8.

Kontrollfähig sind hingegen sogenannte Preisnebenabreden.[941] Eine Regelung ist eine Preisnebenabrede, wenn sie nicht unmittelbar und ausschließlich die Gegenleistung bestimmt, sondern diese nur untergeordnet beeinflusst.[942] Es handelt sich insbesondere um Regelungen, die eine Modifikation des Preises – also des Hauptleistungsversprechens – vornehmen.[943] Ein Indiz für eine Preisnebenabrede ist zudem, wenn durch die Klausel dispositives Recht modifiziert wird.[944] Indem durch das dispositive Recht ein Kontrollmaßstab vorliegt, wird die Klauselkontrolle auch erst ermöglicht. Hat der Gesetzgeber eine Möglichkeit zur Kontrolle geschaffen, müsse diese auch erfolgen, denn durch die Klausel wird eine Rechtsfolge geschaffen, die von dispositivem Recht – und damit dem Idealbild des Gesetzgebers – abweiche.[945]

Somit würde die Kontrollfähigkeit der Abbedingung des § 616 BGB bereits dann ausscheiden, wenn § 616 BGB als Teil der Vergütung gesehen würde und somit Teil der Preisabrede wäre.

bb) Einordnung des § 616 BGB

Für die Einordnung von Klauseln zu § 616 BGB als nicht-kontrollfähige Preisabrede spricht, dass nach den vorgenannten Überlegungen auch Preisbestandteile der Klauselkontrolle entzogen sind. § 616 BGB wirkt, wie dargestellt,[946] auf das Gegenseitigkeitsverhältnis von Dienstleistung und Vergütung ein, indem die Norm den Vergütungsanspruch trotz Entfall der Dienstleistung aufrechterhält.[947] Der aufrechterhaltene Vergütungsanspruch kann als „variablen Teil" der Vergütung gesehen werden,[948] der von der Erfüllung der Tatbestandsmerkmale des § 616 BGB abhängt. Der „variable Teil" stellt somit einen Preisbestandteil dar, der zur ausdrücklich vereinbarten Vergütung hinzukommt. Klauseln, die

---

941 *BGH*, Urteil vom 24.03.2010 – VIII ZR 178/08, Rn. 20, juris; *BGH*, Urteil vom 23.08.2018 – III ZR 192/17, Rn. 15, juris.

942 *BGH*, Urteil vom 09.10.2014 – III ZR 32/14, Rn. 37, juris.

943 *BGH*, Urteil vom 24.03.2010 – VIII ZR 178/08, Rn. 20, juris; *BGH*, Urteil vom 23.08.2018 – III ZR 192/17, Rn. 15, juris; Graf von Westphalen/Pamp/Thüsing/*Thüsing*, VertrR/AGB-Klauselwerke, Preis – Preisnebenabrede, Rn. 3 f.

944 *BGH*, Urteil vom 09.10.2014 – III ZR 32/14, Rn. 37, juris; *BGH*, Urteil vom 23.08.2018 – III ZR 192/17, Rn. 15, juris; Graf von Westphalen/Pamp/Thüsing/*Thüsing*, VertrR/AGB-Klauselwerke, Preis – Preisnebenabrede, Rn. 3; kritisch: Staudinger/*Wendland*, Kommentar zum BGB §§ 305-310 BGB, § 307 BGB, Rn. 323.

945 So wohl: *Preis*, Vertragsgestaltung, S. 296.

946 Vgl.: C)I)5), S. 99.

947 Vgl.: B)III)1), S. 73.

948 Vgl.: C)I)5), S. 99.

§ 616 BGB abbedingen oder modifizieren, senken damit den Gegenwert für die erbrachte Arbeitsleistung, indem der „variable Teil" der Vergütung anteilig oder auf null reduziert wird. Der Preis der erbrachten Arbeitsleistung ist dann im Fall der vollkommenen Abbedingung des § 616 BGB auf die ausdrücklich festgelegte Vergütung beschränkt.

Insofern ist eine Klausel, die die Anwendbarkeit des § 616 BGB modifiziert oder gar ganz ausschließt, mit einer Zielvereinbarung zum Erhalt einer variablen Vergütung vergleichbar. In beiden Fällen wird geregelt, unter welchem Umständen der Dienstverpflichtete die „variable Vergütung" erhält, die Bestandteil des Preises einer Dienstleistung ist. Das *BAG*[949] sowie die herrschende Literatur[950] unterwerfen Zielvereinbarungen lediglich einer Transparenzkontrolle, da die variable Vergütung Teil des Preises sei und dies auf die Bedingungen zum Erhalt der variablen Vergütung durchschlage.[951] Dementsprechend wären auch § 616 BGB betreffende Klauseln lediglich einer Transparenzkontrolle zu unterwerfen. Als weiteres Argument kann man durch die Einordnung der Vergütungsfortzahlung nach § 616 BGB als Teil der Vergütung und den Umstand, dass sowohl der Dienstverpflichtete als auch der Dienstberechtigte die Möglichkeit zur Übernahme des Vergütungsrisikos im Verhinderungsfall in die eigene Kalkulation haben, die Anwendung oder Abbedingung des § 616 BGB auch als Ergebnis der Gehaltsverhandlungen und somit als durch den Markt bestimmten Vertragsinhalt sehen. Wie zuvor ausgeführt, soll in diesen Fällen nicht durch die AGB-Kontrolle in das Ergebnis der Preisbildung des Marktes eingegriffen werden.

Gegen die Einordnung als Preisklausel spricht, dass es sich bei § 616 BGB lediglich um eine Regelung zur Risikoverteilung handelt.[952] Der Preis bleibt bei der ausdrücklich festgelegten Vergütung, falls keine Dienstverhinderung eintritt, die zu einem Anspruch aus § 616 BGB führt. Des Weiteren geht das Gesetz in den Fällen des § 616 BGB grundsätzlich von einer Vergütung ohne Dienstleistung

---

949 *BAG*, Urteil vom 12.12.2007 – 10 AZR 97/07, Rn. 16, juris.

950 *Annuß*, NZA 2007, 290 (290); *Bauer/Diller/Göpfert*, BB 2002, 882 (884); *Däubler*, ZIP 2004, 2209 (2212); *Günther/Böglmüller*, NZA-Beilage 2019, 95 (97); *Hördt*, ArbR 2021, 492 (493); Rolfs/Giesen u. a./*Jacobs*, BeckOK ArbR, § 307 BGB, Rn. 13; *Lindemann/Simon*, BB 2002, 1807 (1814); jedenfalls in Bezug auf die Rahmenvereinbarung, die die variable Vergütung festlegt (was dem Regelungsgehalt der einer § 616 BGB modifizierenden Klausel entspricht): Gsell/Krüger u. a./*Maties*, beckOGK (Stand: 01.05.2024), § 611a BGB, Rn. 349.

951 So wohl: *Hördt*, ArbR 2021, 492 (493); Rolfs/Giesen u. a./*Jacobs*, BeckOK ArbR, § 307 BGB, Rn. 13.

952 Vgl. zu § 616 BGB als Gefahrtragungsregel zur Risikoverteilung: B)III)2), S. 75.

aus. Es handelt sich bei § 616 BGB mithin bereits um einen vom Gesetz festgelegten Preisbestandteil. Zwar stellt der Gesetzgeber die Regelung ausdrücklich zur Disposition, allerdings schafft er damit einen Regelfall. Das Bestehen der Vergütungsfortzahlung ohne Dienstleistung stellt somit nicht einen originär vom Markt bestimmten Preisbestandteil dar. Der Marktmechanismus wird zudem durch die Unvollkommenheit der Informationen eingeschränkt. Keine der Parteien weiß, ob überhaupt ein Fall des § 616 BGB eintritt und welche finanziellen Folgen dies hat. Das Argument der freien Preisbildung des Marktes, die in der Privatautonomie grundsätzlich der staatlichen Kontrolle entzogen sein sollte, greift somit nicht durch.

Zudem kann sich der Dienstverpflichtete grundsätzlich lediglich auf die vertraglich vereinbarte, feste Vergütung verlassen. Denn ob tatsächlich ein Anspruch aus § 616 BGB entsteht, liegt außerhalb des Einflussbereichs der Parteien. Dadurch, dass das subjektive Leistungshindernis ohne Verschulden eintreten muss, kann keine Partei willentlich und vorsätzlich Einfluss auf die Erfüllung der Tatbestandsvoraussetzungen nehmen. Auch wenn § 616 BGB im Gegenseitigkeitsverhältnis zur Dienstleistung steht, ist die Vergütungsfortzahlung insofern nicht als „echter" Preisbestandteil anzusehen, der eine Gegenleistung für die erbrachte Leistung darstellt. Vielmehr handelt es sich um eine potentielle, vom Zufall abhängige Gegenleistung.

Somit nehmen auch modifizierende Klauseln lediglich mittelbar Einfluss auf den Preis. Es ist unbeachtlich, ob der Preis unverändert bleibt, weil keine Verhinderung eintritt, die zur Vergütungsfortzahlung führt, oder die Anwendung durch vertragliche Vereinbarung ausgeschlossen ist. Dies spricht für ihre Einordnung als kontrollfähige Preisnebenabrede.[953]

Hinzu kommt, dass der Gesetzgeber mit § 616 BGB als dispositive Regel einen Kontrollmaßstab für eine AGB-Kontrolle geschaffen hat. Dies wird von Teilen der Literatur als Indiz für eine Preisnebenabrede gewertet.[954]

cc) Zwischenergebnis

Mithin überzeugt es, § 616 BGB modifizierende oder gänzlich abbedingende Klauseln nicht als Preisabreden anzusehen, die gemäß § 307 Abs. 3 BGB der Inhaltskontrolle entzogen sind. Vielmehr unterfallen die Klauseln grundsätzlich einer Transparenz- und Inhaltskontrolle im Rahmen der AGB-Kontrolle. Den

---

953 Allgemein so auch: *Preis,* Vertragsgestaltung, S. 295.

954 Vgl. für weitere Nachweise: D)III)1)a)aa), S. 257.

Kontrollmaßstab bietet dabei der vom Gesetzgeber mit § 616 BGB vorgegebene Regelfall.

b) *Tarifverträge*

§ 310 Abs. 4 S. 1 BGB schreibt ausdrücklich vor, dass Tarifverträge keiner AGB-Kontrolle unterliegen. Somit können die Tarifparteien grundsätzlich frei entscheiden, welche Regelungen sie hinsichtlich der Vergütungsfortzahlung nach § 616 BGB treffen. Diese Freiheit findet erst in der Verfassung, höherrangigem zwingenden Recht und in den guten Sitten ihre Grenze.[955] Im Gesetzgebungsverfahren zu § 310 Abs. 4 S. 1 BGB wurde die Ausnahme insbesondere mit Verweis auf die Tarifautonomie begründet.[956] Allerdings dürfte auch bereits der Schutzbedarf für die Anwendung des AGB-Rechts fehlen. Dieses Schutzes bedarf es nicht – unabhängig davon, ob man den Zweck des AGB-Rechts in der geringeren Verhandlungsmacht der zu schützenden Partei sieht[957] oder dem auseinanderfallenden Interesse der Parteien begegnet werden soll, sich im konkreten Fall mit den Vertragsbedingungen auseinanderzusetzen und diese zu gestalten.[958] Zum einen kann bei dem Abschluss von Tarifverträgen nicht davon ausgegangen werden, dass die Arbeitnehmerseite durchsetzungsschwächer ist. Zum anderen setzen sich die Tarifparteien bei der Erarbeitung des Tarifvertrags ebenbürtig mit den

955 *BAG*, Urteil vom 06.09.1995 – 5 AZR 174/94, Rn. 38, juris; *BAG*, Urteil vom 06.11.1996 – 5 AZR 334/95, Rn. 31, juris; *Preis*, Verweisungen auf Tarifverträge, S. 441; Säcker/Rixecker u. a./*Spinner*, MüKo zum BGB (Band 5), § 611a BGB, Rn. 48.

956 BT-Drs. 14/6857, S. 54.; zustimmend auch: Staudinger/*Krause*, Kommentar zum BGB Anhang zu §§ 305-310 BGB, Anh. K – AGB-Kontrolle im Arbeitsrecht, Rn. K 88.

957 *BVerfG*, Nichtannahmebeschluss vom 07.09.2010 – 1 BvR 2160/09, 1 BvR 851/10, Rn. 34 f., juris; Gsell/Krüger u. a./*Lehmann-Richter*, beckOGK (Stand: 01.08.2024), § 305 BGB, Rn. 8; als Argument dagegen wird angeführt, dass die §§ 305 ff. BGB auch Anwendung finden würden, wenn kein Machtgefälle bestünde: Säcker/Rixecker u. a./*Fornasier*, MüKo zum BGB (Band 2), § 305 BGB, Rn. 4.

958 So: Staudinger/*Mäsch*, Kommentar zum BGB §§ 305-310 BGB, Vor § 305 BGB, Rn. 8; allerdings wird von *Mäsch* darauf verwiesen, dass der Kunde wohl in den seltensten Fällen dem Verwender eine Änderung abringen kann. Somit steht er also doch in der durchsetzungsschwächeren Verhandlungsposition, sodass die fehlende Auseinandersetzung mit den AGB wohl eher eine Folge der Aussichtslosigkeit, Änderungen zu bewirken, sein dürfte. Insofern dürfte die von *Leuschner* verwendete Begrifflichkeit „situative Unterlegenheit" passend sein, da die eine Partei vor einer Durchsetzungsschwäche in Bezug auf die konkrete Vertragsverhandlung geschützt werden soll: *Leuschner*, AcP 2007, 491 (495 f.).

Regelungen auseinander – das heißt mit dem gleichen Aufwand und dem gleichen Ressourceneinsatz.[959] Unabhängig davon dürfte die Kontrollfähigkeit nach AGB-Recht bei normativ geltenden Tarifverträgen spätestens daran scheitern, dass die Regelungen ausgehandelt wurden.[960]

Die Privilegierung von Tarifverträgen hat jedoch auch noch weitreichendere Folgen, denn nach § 310 Abs. 4 S. 3 BGB werden tarifvertragliche Regelungen zu Normen erhoben, die den Maßstab für eine Abweichung bilden. Wiederholt eine einzelvertragliche Regelung lediglich eine tarifvertragliche Regelung, liegt grundsätzlich keine kontrollfähige Abweichung vor.[961] Dies bedeutet aber nicht, dass eine in einem beliebigen Tarifvertrag formulierte Regelung in jeden Individualarbeitsvertrag übernommen werden kann. Vielmehr greift § 310 Abs. 4 S. 3 BGB lediglich dann, wenn der Inhalt des gesamten Tarifvertrages übernommen oder auf ihn verwiesen wird.[962] Angesichts der Vielzahl von Tarifverträgen würde andernfalls die Inhaltskontrolle zu einem erheblichen Teil leerlaufen. Außerdem stellen Tarifverträge ein Verhandlungsergebnis als „Gesamtpaket" dar, in dem von beiden Verhandlungsparteien im Wege des Interessenausgleichs an unterschiedlichen Stellen Zugeständnisse gemacht worden sind. Das Herausgreifen einzelner Regelungen würde somit möglicherweise die Anwendung sozialunausgewogener Regelungen ermöglichen, da der Kontext fehlt, der das „Gesamtpaket" sozial ausgewogen macht.[963] Des Weiteren ist es – u. a. vor dem Hintergrund der (negativen) Koalitionsfreiheit nach Art. 9 Abs. 3 GG – ebenso problematisch, auch dem Ver-

959 So auch: *BAG*, Urteil vom 06.02.1985 – 4 AZR 275/83, Rn. 25, juris; das Verhandlungsgleichgewicht wird durch die Zulässigkeit von Arbeitskampfmaßnahmen als Kernbereich des Art. 9 Abs. 3 GG sichergestellt: *BVerfG*, Beschluss vom 26.06.1991 – 1 BvR 779/85, Rn. 48 f., juris; statt vieler m. w. N.: Staudinger/*Krause*, Kommentar zum BGB Anhang zu §§ 305-310 BGB, Anh. K – AGB-Kontrolle im Arbeitsrecht, Rn. K 88.

960 So auch: *Preis*, Verweisungen auf Tarifverträge, S. 428.

961 *Gotthardt*, Arbeitsrecht nach der Schuldrechtsreform, S. 128 f.; *Thüsing*, AGB-Kontrolle im Arbeitsrecht, S. 27.

962 *Thüsing*, AGB-Kontrolle im Arbeitsrecht, S. 74 f.; im Ergebnis so auch: *Oetker*, Bezugnahme auf Tarifverträge, S. 400; *Preis*, Verweisungen auf Tarifverträge, S. 446.

963 Vgl.: *Gotthardt*, Arbeitsrecht nach der Schuldrechtsreform, S. 129 f.; *P. Hanau/Kania*, Bezugnahme auf Tarifverträge, S. 245; Staudinger/*Krause*, Kommentar zum BGB Anhang zu §§ 305-310 BGB, Anh. K – AGB-Kontrolle im Arbeitsrecht, Rn. K 96; *Preis*, Vertragsgestaltung, S. 271; *Preis*, Verweisungen auf Tarifverträge, S. 443 f.; *Rieble*, Arbeitsmarkt und Wettbewerb, S. 521; *Thüsing*, AGB-Kontrolle im Arbeitsrecht, S. 74; Staudinger/*Wendland*, Kommentar zum BGB §§ 305-310 BGB, § 307 BGB, Rn. 300; uneindeutig *Oetker*, der nur für den Gesamtverweis ausdrücklich

handlungsergebnis für Arbeitnehmer, die nicht Mitglied einer Tarifpartei sind, im AGB-Recht Gesetzesrang zuzusprechen.[964] Während sich der Arbeitnehmer, der Mitglied der Tarifpartei ist, somit freiwillig einem möglicherweise für ihn nachteiligen Verhandlungsergebnis unterwirft, darf der „freie" Arbeitnehmer weiterhin das Gesetz als Maßstab für die Angemessenheitskontrolle seiner arbeitsvertraglichen Regelungen beanspruchen.

Somit findet bei Klauseln, die in einem Tarifvertrag die Anwendung des § 616 BGB modifizieren oder gänzlich abbedingen, keine AGB-Kontrolle statt. Das bedeutet jedoch nicht, dass Klauseln, die inhaltsgleich mit Tarifvertragsklauseln sind oder isoliert auf eine entsprechende Regelung in einem Tarifvertrag verweisen, ebenfalls von der Transparenz- und Inhaltskontrolle ausgeschlossen sind. Das Privileg gilt lediglich für den Tarifvertrag bzw. Verweisungen auf einen gesamten Tarifvertrag.

c) Arbeitsverträge

Der praktische Hauptanwendungsfall für Klauseln, die die Anwendung des § 616 BGB modifizieren oder abbedingen, dürfte sich auf Arbeitsverträge erstrecken. Dies liegt nicht nur daran, dass Arbeitsverträge den Großteil der Dienstverträge ausmachen, in denen § 616 BGB eine Relevanz erhält. Auf Grund der Vielzahl von Arbeitsverträgen stellt die Anwendung des § 616 BGB auch ein großes, unkalkulierbares finanzielles Risiko für den Arbeitgeber dar. Insofern ist davon auszugehen, dass viele Arbeitsverträge entsprechende Klauseln enthalten.[965] Es stellt sich mithin die Frage, ob diese den Beschränkungen des AGB-Rechts unterliegen und welcher Kontrollmaßstab aus den §§ 305 ff. BGB resultiert.

aa) Wesensmerkmale eines Arbeitsvertrages

Die Definition des Arbeitsvertrages – bzw. vielmehr des Arbeitnehmerbegriffs – hat mit § 611a BGB am 01. April 2017 Eingang in das Gesetz gefunden. Dabei

---

annimmt, dass keine unangemessene Benachteiligung entstehen kann: *Oetker*, Bezugnahme auf Tarifverträge, S. 399.

964 Mit ähnlichen Überlegungen: Clemenz/Kreft/Krause/*Klumpp*, AGB-ArbR, § 307 BGB, Rn. 38; *Preis*, Vertragsgestaltung, S. 273, 400 f.; *Rieble*, Arbeitsmarkt und Wettbewerb, S. 520 f.

965 Zum Teil wird in Musterhandbüchern die Abbedingung empfohlen: Clausen/Krafczyk/*Hüttl*, BeckOF MedR, 8.1.1.2.3 Arbeitsvertrag für einen Oberarzt ohne Tarifbindung; Schaub/Schrader u. a./*Klagges*, Formular- und Verfahrenshandbuch, Individualarbeitsrecht, Rn. 143 f.

wurden die Leitsätze der Rechtsprechung des *BAG* in das BGB übernommen.[966] Da das Europarecht zum Teil ein anderes Verständnis des Arbeitsvertrages zu Grunde legt, gilt die Definition des § 611a BGB lediglich für Normen, die keinen europarechtlichen Einflüssen unterliegen.[967] Da es sich bei § 616 BGB um eine allein nationale Regelung handelt, kann an dieser Stelle § 611a BGB zur Festlegung der Wesensmerkmale des Arbeitsvertrages – und darüber auch zur Abgrenzung zum Dienstvertrag – herangezogen werden.

Zwar bestimmt sich die Einordnung als Arbeitnehmer im Wege einer Gesamtbetrachtung der in § 611a Abs. 1 BGB festgelegten Merkmale.[968] Zu den dabei wesentlichen Merkmalen gehören gemäß § 611a Abs. 1 S. 2 BGB jedoch insbesondere Weisungen hinsichtlich Inhalt, Zeit und Ort der Tätigkeit.[969] Nach § 611a Abs. 1 S. 3 BGB ist zudem als Kriterium heranzuziehen, ob der Beschäftigte seine Arbeitszeit frei bestimmen kann. Allerdings kann dieses Kriterium angesichts der Flexibilisierung der Arbeitszeit nicht mehr ausschlaggebend sein.[970]

Um dem Verpflichteten den Schutz des Arbeitsrechts zukommen zu lassen, kommt es dem Gesetzgeber, wie § 611a Abs. 1 S. 1 BGB verdeutlicht, für das Vorliegen eines Arbeitsvertrages insbesondere auf die Fremdbestimmtheit der Tätigkeit durch die Möglichkeit von Weisungen an.[971] Entscheidend ist dabei insbesondere die Weisungsgebundenheit hinsichtlich des Orts und der Zeit.[972]

Dieses zentrale Merkmal verdeutlicht die Relevanz des § 616 BGB im Rahmen des Arbeitsverhältnisses, denn wie zuvor herausgearbeitet, soll die Norm die Folgen der aus fremdbestimmter Leistungspflicht resultierenden Konflikte mit anderweitigen Verpflichtungen abfedern.

---

966 Rolfs/Giesen u. a./*Joussen*, BeckOK ArbR, § 611a BGB, Rn. 4 f.; Müller-Glöge/Preis u. a./*Preis*, ErfK, § 611a BGB, Rn. 9; *Wank*, AuR 2017, 140 (142 f.).

967 Staudinger/*Fischinger*, Kommentar zum BGB §§ 611-613 BGB, § 611a BGB, Rn. 1; Rolfs/Giesen u. a./*Joussen*, BeckOK ArbR, § 611a BGB, Rn. 4; Müller-Glöge/Preis u. a./*Preis*, ErfK, § 611a BGB, Rn. 18; *Rinck*, RdA 2019, 127 (127).

968 *BAG*, Urteil vom 01.12.2020 – 9 AZR 102/20, Rn. 38, juris; Müller-Glöge/Preis u. a./*Preis*, ErfK, § 611a BGB, Rn. 12; Säcker/Rixecker u. a./*Spinner*, MüKo zum BGB (Band 5), § 611a BGB, Rn. 88.

969 Säcker/Rixecker u. a./*Spinner*, MüKo zum BGB (Band 5), § 611a BGB, Rn. 88; *Wank*, AuR 2017, 140 (143).

970 Müller-Glöge/Preis u. a./*Preis*, ErfK, § 611a BGB, Rn. 11.

971 Staudinger/*Fischinger*, Kommentar zum BGB §§ 611-613 BGB, § 611a BGB, Rn. 6; Müller-Glöge/Preis u. a./*Preis*, ErfK, § 611a BGB, Rn. 10; generell: *Rinck*, RdA 2019, 127 (128).

972 Staudinger/*Fischinger*, Kommentar zum BGB §§ 611-613 BGB, § 611a BGB, Rn. 7.

bb) Anwendbarkeit der AGB-Kontrolle auf Arbeitsverträge

Während das Arbeitsrecht vom Anwendungsbereich der AGB-Kontrolle unter Geltung des AGBG noch ausgeschlossen war[973] und lediglich eine entsprechende Kontrolle unter dem Deckmantel des § 242 BGB erfolgte,[974] wurde die Bereichsausnahme bei der Schaffung der AGB-Kontrolle nach §§ 305-310 BGB im Rahmen der Schuldrechtsreform 2002 abgeschafft.[975] Die frühere Begründung für die Bereichsausnahme im AGBG war, dass das Arbeitsrecht durch eine Vielzahl von gesetzlichen und kollektiven Regelungen geprägt sei. Demensprechend bestünde ein umfassender Schutz und sofern zusätzlicher Schutz erforderlich sei, solle dieser durch separate Normen sichergestellt werden.[976]

cc) Kontrollmaßstab

Auch wenn die AGB-Kontrolle somit grundsätzlich auf Arbeitsverträge anwendbar ist, ist offen, mit welchem Maßstab die Kontrolle durchzuführen ist. Dies bestimmt sich nach der Anwendbarkeit der §§ 305-309 BGB auf Arbeitsverträge.

(1) Arbeitnehmer als Verbraucher im Sinne des § 13 BGB

Zur Bestimmung des Kontrollmaßstabs muss zunächst betrachtet werden, ob es sich bei dem Arbeitsvertrag um einen Verbrauchervertrag handelt. Dafür müsste es sich gemäß der Legaldefinition des § 310 Abs. 3 BGB um einen zwischen einem Verbraucher und einem Unternehmer geschlossenen Vertrag handeln.

Auch im AGB-Recht richtet sich die Unterscheidung zwischen Verbraucher und Unternehmer nach den allgemeinen Definitionen der § 13 BGB und § 14 BGB.[977] Während nach der Schuldrechtsreform 2002 zunächst streitig war, ob Arbeitnehmer als Verbraucher anzusehen sind,[978] entspricht es nunmehr – zu-

---

973 *H. Dörner/A. Staudinger*, Schuldrechtsmodernisierungsgesetz, Rn. 186; Säcker/Rixecker u. a./*Fornasier*, MüKo zum BGB (Band 2), § 310 BGB, Rn. 131; Rolfs/Giesen u. a./*Jacobs*, BeckOK ArbR, § 305 BGB, Rn. 2.

974 Säcker/Rixecker u. a./*Fornasier*, MüKo zum BGB (Band 2), § 310 BGB, Rn. 131.

975 *H. Dörner/A. Staudinger*, Schuldrechtsmodernisierungsgesetz, Rn. 186; Rolfs/Giesen u. a./*Jacobs*, BeckOK ArbR, § 305 BGB, Rn. 3.

976 BT-Drs. 7/3919, S. 41; *Lingemann*, NZA 2002, 181 (182).

977 Statt vieler: Hau/Poseck/*Martens*, BeckOK BGB, § 13 BGB, Rn. 21.

978 Ablehnend beispielsweise: *Annuß*, NJW 2002, 2844 (2845); *Bauer/Kock*, DB 2002, 42 (43 f.); *Faber*, ZEuP 1998, 854 (882); *Joussen*, NZA 2001, 745 (749); *Lingemann*, NZA 2002, 181 (184); *Natzel*, NZA 2002, 595 (595 f.).

recht – der wohl herrschenden Meinung, dass Arbeitnehmer Verbraucher im Sinne des § 13 BGB sind.[979]

Somit handelt es sich bei Arbeitsverträgen um Verbraucherverträge im Sinne des § 310 Abs. 3 BGB,[980] sodass zum einen die Klauselverbote in § 308 BGB und § 309 BGB unmittelbare Anwendung finden.[981] Zum anderen finden die AGB-Kontrolle auch auf Arbeitsverträge Anwendung, die nur zur einmaligen Verwendung bestimmt sind. Somit unterliegt im Grunde jeder Arbeitsvertrag der AGB-Kontrolle.

(2) Berücksichtigung der Besonderheiten des Arbeitsrechts

Nach § 310 Abs. 4 S. 2 BGB findet die AGB-Kontrolle auf Arbeitsverträge keine reguläre Anwendung. Stattdessen bestimmt das Gesetz, dass bei der Durchführung der AGB-Kontrolle „die im Arbeitsrecht geltenden Besonderheiten angemessen zu berücksichtigen“ sind. Dabei bleibt jedoch offen, was „im Arbeitsrecht geltende Besonderheiten“ sind.

(a) Berücksichtigung tatsächlicher Umstände

Bei der Bestimmung der Besonderheiten des Arbeitsrechts stellt sich die Frage, ob auch tatsächliche oder nur rechtliche Umstände zu berücksichtigen sind. Die tatsächlichen Umstände haben erheblichen Einfluss auf die Interessen der Arbeitnehmer und Arbeitgeber.

Kurz nach der Einführung der Norm hat *Thüsing* zur Erforschung der Bedeutung der „im Arbeitsrecht geltenden Besonderheiten“ den Wortlaut ausgelegt. Dabei gelangte er zu dem Ergebnis, dass mit den „im Arbeitsrecht geltenden Besonderheiten“ nur rechtliche Abweichungen und Vorschriften, die allein das

---

979 *BAG*, Urteil vom 25.05.2005 – 5 AZR 572/04, Rn. 41 ff., juris; *BAG*, Urteil vom 13.02.2013 – 5 AZR 2/12, Rn. 14, juris; *BAG*, Urteil vom 25.09.2018 – 8 AZR 26/18, Rn. 19, juris; Grüneberg/*Ellenberger*, BGB, § 13 BGB, Rn. 3; *Henssler*, Auswirkungen der Schuldrechtsreform, S. 631; *Hümmerich/Holthausen*, NZA 2002, 173 (175 f.); Säcker/Rixecker u. a./*Micklitz*, MüKo zum BGB (Band 1), § 13 BGB, Rn. 58; *Preis/Roloff*, ZFA 2007, 43 (50).

980 *BAG*, Urteil vom 25.05.2005 – 5 AZR 572/04, Rn. 41 ff., juris; *BAG*, Urteil vom 13.02.2013 – 5 AZR 2/12, Rn. 14, juris; *BAG*, Urteil vom 25.09.2018 – 8 AZR 26/18, Rn. 19, juris; Grüneberg/*Ellenberger*, BGB, § 13 BGB, Rn. 3; Säcker/Rixecker u. a./*Micklitz*, MüKo zum BGB (Band 1), § 13 BGB, Rn. 58.

981 *BAG*, Urteil vom 25.05.2005 – 5 AZR 572/04, Rn. 39, juris.

Gebiet des Arbeitsvertragsrechts betreffen, gemeint sein könnten.[982] Eine Ausweitung auf die Besonderheiten des Arbeits*verhältnisses* und damit tatsächliche Umstände würde die Bedeutung der Klauselverbote zu stark entwerten, denen das Arbeitsrecht ja gerade unterworfen werden soll. Dementsprechend könnten Abweichungen von den Klauselverboten nicht durch (vermeintliche) bisherige Üblichkeiten begründet werden.[983]

Dieser hinsichtlich der Berücksichtigung tatsächlicher Umstände ablehnenden Auffassung tritt ein großer Teil der Literatur sowie die Rechtsprechung entgegen. So seien nach deren Auffassung nicht nur rechtliche, sondern auch tatsächliche Umstände zu berücksichtigen. Zwar spreche die Wortwahl des Gesetzgebers bei einem Wortlaut getreuen Verständnis gegen die Berücksichtigung tatsächlicher Begebenheiten. „Gelten" könnten nur rechtliche Umstände, keine tatsächlichen.[984] Allerdings verwende der Gesetzgeber diese Formulierung auch an anderer Stelle, an der auch die tatsächlichen Umstände zu berücksichtigen sind. Es handele sich somit um eine Ungenauigkeit des Gesetzgebers.[985] Des Weiteren spreche für eine Berücksichtigung der tatsächlichen Besonderheiten auch, dass eine Anknüpfung an die rechtlichen Umstände ohnehin erfolge (vgl. § 307 Abs. 3 BGB). Eine Beschränkung auf die rechtlichen Umstände würde der Regelung somit ihren Sinn nehmen.[986] Zudem würden insbesondere Rechtsprinzipien und allgemeine Rechtsgrundsätze, die legitime Bedürfnisse der Vertragsparteien erfüllen sollen, die Besonderheiten des Arbeitsverhältnisses ausmachen. Solche Bedürfnisse ließen sich aus den Tatsachen des Vertragsverhältnisses folgern, sodass sie dementsprechend zu berücksichtigen seien.[987] Gleichermaßen sollten auch arbeitsrechtliche

---

982 Däubler/Deinert/Walser/*Deinert*, AGB-Kontrolle ArbR, § 310 BGB, Rn. 64; *Thüsing*, NZA 2002, 591 (592); zustimmend: *Hönn*, ZFA 2003, 325 (331); so zumindest den Wortlaut ebenfalls interpretierend, wenn auch eine Abweichung vom Wortlaut vertreten wird: Staudinger/*Krause*, Kommentar zum BGB Anhang zu §§ 305-310 BGB, Anh. K – AGB-Kontrolle im Arbeitsrecht, Rn. K 148.

983 *Thüsing*, NZA 2002, 591 (593).

984 Däubler/Deinert/Walser/*Deinert*, AGB-Kontrolle ArbR, § 310 BGB, Rn. 64; *Thüsing*, AGB-Kontrolle im Arbeitsrecht, S. 42; dem Wortlautargument grundsätzlich zustimmend: *Zeller-Müller*, Inhaltskontrolle von Arbeitsverträgen, S. 111.

985 *Joost*, Inhaltskontrolle vorformulierter Arbeitsverträge, S. 54; Staudinger/*Krause*, Kommentar zum BGB Anhang zu §§ 305-310 BGB, Anh. K – AGB-Kontrolle im Arbeitsrecht, Rn. K 147; diese Ungenauigkeit trotz abweichender Ansicht eingestehend: Däubler/Deinert/Walser/*Deinert*, AGB-Kontrolle ArbR, § 310 BGB, Fn. 195.

986 *Joost*, Inhaltskontrolle vorformulierter Arbeitsverträge, S. 54.

987 *Dorndorf*, Besonderheiten des Arbeitsrechts, S. 20 f.; Staudinger/*Krause*, Kommentar zum BGB Anhang zu §§ 305-310 BGB, Anh. K – AGB-Kontrolle im Ar-

Üblichkeiten – also Regelungen, die weit verbreitet sind – zu den Besonderheiten des Arbeitsrechts gehören.[988] Auch aus dem Prinzip der Transparenzkontrolle ergebe sich, dass ein Ausblenden der arbeitsrechtlichen Besonderheiten nicht dem Zweck der Norm gerecht würde, denn die tatsächliche Praxis und Umstände würde den maßgeblichen Erfahrungshorizont der Parteien prägen.[989]

Zu Recht wird eingewandt, dass die arbeitsrechtlichen Grundsätze und Wertungen im Wesentlichen auf den tatsächlichen Umständen im Arbeitsrecht beruhen. Würde man diese außen vor lassen, würde die Bedeutung der Einschränkung erheblich verringert. Das kann nicht dem Willen des Gesetzgebers entsprechen. Der Wortlaut ist grundsätzlich das stärkste Argument für eine Beschränkung auf die rechtlichen Besonderheiten. Allerdings wurde dargelegt, dass sich auf eine präzise Wortwahl des Gesetzgebers nicht verlassen werden kann, sodass dieses Argument entwertet ist. Mithin sind bei der AGB-Kontrolle auch die tatsächlichen Umstände und die aus ihnen zu folgernden Grundsätze und Wertungen als Besonderheiten des Arbeitsrechts zu berücksichtigen.

(b) Bisherige Rechtsprechung als im Arbeitsrecht geltende Besonderheit

Für diese Arbeit von besonderer Relevanz ist, ob die vor der Schuldrechtsreform 2002 im Bereich der Klauselkontrolle ergangene Rechtsprechung eine „im Arbeitsrecht geltende Besonderheit" darstellt oder, ob sie weiterhin Geltung hat. Davon ist nämlich abhängig, ob die vor der Schuldrechtsreform 2002 ergangene Rechtsprechung zur Abdingbarkeit zu berücksichtigen ist.

Thüsing befürwortete nach der Wortlautauslegung eine Fortgeltung der Rechtsprechung als Besonderheiten des Arbeitsrechts. Der Gesetzgeber habe mit der Regelung eine Kontinuität in der Inhaltskontrolle herbeiführen wollen, die bislang

---

beitsrecht, K 148; im Grundsatz der Berücksichtigung von Tatsachen zustimmend: Staudinger/*Fischinger*, Kommentar zum BGB §§ 611-613 BGB, § 611a BGB, Rn. 905; *Henssler*, Auswirkungen der Schuldrechtsreform, S. 636 f.; *Preis/Roloff*, ZFA 2007, 43 (58); *Zeller-Müller*, Inhaltskontrolle von Arbeitsverträgen, S. 111; mittlerweile aus Pragmatismus, weil die Trennung auch nicht scharf möglich sei, zustimmend: *Thüsing*, AGB-Kontrolle im Arbeitsrecht, S. 42; jedenfalls wenn sich aus den Tatsachen normative Sätze entwickeln ließen, seien diese – und damit auch die Tatsachen – zu berücksichtigen: Däubler/Deinert/Walser/*Deinert*, AGB-Kontrolle ArbR, § 310 BGB, Rn. 65.

988 *BAG*, Urteil vom 01.03.2006 – 5 AZR 363/05, Rn. 33, juris.

989 *BAG*, Urteil vom 01.03.2006 – 5 AZR 363/05, Rn. 32, juris; Staudinger/*Krause*, Kommentar zum BGB Anhang zu §§ 305-310 BGB, Anh. K – AGB-Kontrolle im Arbeitsrecht, K 148; a. A.: *Dorndorf*, Besonderheiten des Arbeitsrechts, S. 23.

auf Richterrecht beruhte. Somit seien die gerichtlichen Entscheidungen auch weiterhin bei der Auslegung der §§ 307 ff. BGB zu berücksichtigen.[990]

Hingegen ist insbesondere das *BAG* der Auffassung, dass seine bisherige Rechtsprechung nicht als arbeitsrechtliche Besonderheit anzusehen sei.[991] Eine unveränderte Fortführung würde dem Begehren des Gesetzgebers, den Schutzstandard des Arbeitsrechts an den im Zivilrecht anzupassen, widersprechen und gegen die mit der Streichung des § 23 AGBG bezweckte Änderung verstoßen.[992] Ähnlich wird auch in der Literatur argumentiert. So habe der Gesetzgeber, indem er das Arbeitsrechts dem AGB-Recht unterworfen hat, eine Vereinheitlichung des Prüfungsmaßstabs herbeiführen wollen. Dies schließe einen Rückgriff auf die Wertungen zwar nicht strikt aus, allerdings seien diese auch nicht als Besonderheiten des Arbeitsrechts zu qualifizieren.[993] Im Übrigen könne die fallbasierte Rechtsprechung ohnehin nicht zu objektivierbaren Grundsätzen verdichtet werden. Es könne somit kein Richterrecht entstanden sein, das nun fortgelten könne.[994]

Eine unmittelbare Fortgeltung der Rechtsprechung als Besonderheit des Arbeitsrechts scheidet auch deshalb aus, weil die Rechtsprechung keine Tatsache darstellt.[995] Die bisherige Rechtsprechung an sich kann jedenfalls nicht als alleiniger Grund für eine vom Gesetz abweichende Bewertung herangezogen werden,[996] da sich durch die Änderung des Gesetzes die Grundlage für die Rechtsprechung verändert hat. Es ist zuzugestehen, dass dem gesetzgeberischen Willen, Arbeitsverträge der AGB-Kontrolle zu unterwerfen, widersprechen würde, wenn die Rechtsprechung als Gesamtheit im Sinne einer arbeitsrechtlichen Besonderheit fortgelten würde. Denn während sich die frühere Rechtsprechung – zumindest teilweise – am AGBG orientiert hat, sah der Gesetzgeber die Notwendigkeit, die gerichtliche AGB-Kontrolle durch die Gesetzesänderung neu auszurichten. Al-

---

990 *Bauer/Kock*, DB 2002, 42 (45); *Thüsing*, BB 2002, 2666 (2667, 2673).

991 *BAG*, Urteil vom 25.05.2005 – 5 AZR 572/04, Rn. 31, juris; *BAG*, Urteil vom 27.07.2005 – 7 AZR 486/04, Rn. 42, juris.

992 *BAG*, Urteil vom 27.07.2005 – 7 AZR 486/04, Rn. 42, juris; ebenso: *M. Wolf*, Entwicklungen im AGB-Recht, S. 15; *Vaupel*, Kompensation von Ungleichgewichtslagen, S. 287.

993 Staudinger/*Krause*, Kommentar zum BGB Anhang zu §§ 305-310 BGB, Anh. K – AGB-Kontrolle im Arbeitsrecht, K 150; *Preis/Roloff*, ZFA 2007, 43 (58 f.).

994 *Joost*, Inhaltskontrolle vorformulierter Arbeitsverträge, S. 52 f.

995 So mit der Ausnahme, dass die Rechtsprechung vereinzelt zu Gewohnheitsrecht erstarkt sein könne: *Preis/Roloff*, ZFA 2007, 43 (58 f.).

996 So wohl (mittlerweile) auch: *Hönn*, ZFA 2003, 325 (334); *Joost*, Inhaltskontrolle vorformulierter Arbeitsverträge, S. 52 f.; *Thüsing*, AGB-Kontrolle im Arbeitsrecht, S. 43.

lerdings basierte auch die frühere Rechtsprechung – sofern keine gesetzlichen Regelungen vorlagen – auf einer Abwägung arbeitsrechtlicher Grundsätze. Zumindest diese arbeitsrechtlichen Grundsätze lassen sich aus der Rechtsprechung isolieren und unter Berücksichtigung der neuen Rechtslage neu abwägen. Somit sind zwar nicht die Ergebnisse der Rechtsprechung vor der Schuldrechtsreform 2002 als im Arbeitsrecht geltende Besonderheiten zu verstehen, jedoch die ihr zu Grunde liegenden Erwägungen, die weiterhin berücksichtigt werden können – und nach § 310 Abs. 4 S. 2 BGB müssen.

(c) Zwischenergebnis

Bei der AGB-Kontrolle als „im Arbeitsrecht geltende Besonderheiten" sind neben rechtlichen Umständen auch die tatsächlichen Umstände im Arbeitsverhältnis und insbesondere die sich hieraus ergebenden Grundsätze und Wertungen zu berücksichtigen. Wurden durch die Rechtsprechung derartige Grundsätze und Wertungen herausgearbeitet und entwickelt, kann die Rechtsprechung gleichermaßen als Besonderheit angesehen werden. Hingegen können die daraus durch die Rechtsprechung entwickelten Schlussfolgerungen und Ergebnisse hinsichtlich der Wirksamkeit von Klauseln nicht ohne Weiteres weiterhin Geltung als Besonderheiten des Arbeitsrechts beanspruchen. Vielmehr müssen die Grundsätze und Wertungen im Rahmen der §§ 305 ff. BGB erneut neu abgewogen werden. Dabei ist auch die generelle Ausrichtung des Arbeitsrechts zu berücksichtigen, welches generell eine Interessenabwägung unter Berücksichtigung der sozialen Bedeutung des Arbeitsvertrages für den Arbeitnehmer verlangt.

d) Dienstverträge

Anders als auf Arbeitsverträge fand die AGB-Kontrolle bereits nach dem AGBG auf Dienstverträge Anwendung.[997] Somit kam es damals insbesondere zu einer Diskrepanz bei der Klauselkontrolle bei Verträgen für arbeitnehmerähnliche Personen und Arbeitsverträgen von Arbeitnehmern.[998] Diese Diskrepanz besteht zumindest eingeschränkt fort, indem die Anwendung der AGB-Kontrolle bei Arbeitsverträgen, wie bereits erläutert,[999] durch die Berücksichtigung der arbeitsrechtlichen Besonderheiten nach § 310 Abs. 4 S. 2 BGB eingeschränkt ist. Insofern bedarf es im Weiteren einer Differenzierung zwischen Dienst- und Arbeitsverträ-

997 Staudinger/*Fischinger*, Kommentar zum BGB §§ 611-613 BGB, § 611a BGB, Rn. 5.
998 Müller-Glöge/Preis u. a./*Preis*, ErfK, § 310 BGB, Rn. 10.
999 Vgl.: D)III)1)c)bb), S. 265.

gen sowie einer Zuordnung der hier betrachteten Verträge (freie Mitarbeit und Geschäftsführeranstellungsvertrag).

aa) *Wesensmerkmale von Dienstverträgen und Anwendbarkeit des § 616 BGB*

Der Begriff des Dienstvertrages ist im Allgemeinen recht weitreichend. Unter den Begriff ist eine Vielzahl von im Detail unterschiedlicher Verträge mit Diensten jeder Art zu fassen,[1000] die allein die Erbringung einer Leistung – ohne einen bestimmten Erfolg zu garantieren[1001] – als Hauptleistungspflicht gemein haben.[1002]

Im Übrigen zeichnet sich ein (freier) Dienstvertrag dadurch aus, dass der Dienstverpflichtete die Dienstleistung in wirtschaftlicher und persönlicher Unabhängigkeit erbringt.[1003] Dies bedeutet, dass er die wirtschaftlichen Chancen und Risiken des Angebots seiner Dienstleistung am Markt trägt.[1004] Der Gesetzgeber stellt die Fremdbestimmtheit als wesentliches Abgrenzungsmerkmal dar.[1005] Durch die Differenzierung von Arbeitsvertrag und Dienstvertrag geht der Gesetzgeber davon aus, dass der nichtfremdbestimmt Tätige keines arbeitsrechtlichen und sozialrechtlichen Schutzes bedarf.

Auf Grund des weiten Begriffs des Dienstvertrages unterfallen ihm beispielsweise auch Mandatsverträge mit Rechtsanwälten und Behandlungsverträge mit

---

1000 Gsell/Krüger u. a./*Maties,* beckOGK (Stand: 01.05.2024), § 611 BGB, Rn. 7; Müller-Glöge/Preis u. a./*Preis,* ErfK, § 611 BGB, Rn. 5; Säcker/Rixecker u. a./*Spinner,* MüKo zum BGB (Band 5), § 611 BGB, Rn. 9.

1001 Als grundsätzliches Abgrenzungsmerkmal zum Werkvertrag; vgl. auch: Staudinger/*Latzel,* Kommentar zum BGB §§ 611-613 BGB, § 611 BGB, Rn. 117; Gsell/Krüger u. a./*Maties,* beckOGK (Stand: 01.05.2024), § 611 BGB, Rn. 11 ff.

1002 Staudinger/*Latzel,* Kommentar zum BGB §§ 611-613 BGB, § 611 BGB, Rn. 1; Gsell/Krüger u. a./*Maties,* beckOGK (Stand: 01.05.2024), § 611 BGB, Rn. 6; Säcker/Rixecker u. a./*Spinner,* MüKo zum BGB (Band 5), § 611 BGB, Rn. 7.

1003 Rolfs/Giesen u. a./*Joussen,* BeckOK ArbR, § 611a BGB, Rn. 14; Gsell/Krüger u. a./*Maties,* beckOGK (Stand: 01.05.2024), § 611 BGB, Rn. 174; Müller-Glöge/Preis u. a./*Preis,* ErfK, § 611a BGB, Rn. 10; Säcker/Rixecker u. a./*Spinner,* MüKo zum BGB (Band 5), § 611a BGB, Rn. 87 f.

1004 Müller-Glöge/Preis u. a./*Preis,* ErfK, § 611 BGB, Rn. 4.

1005 Müller-Glöge/Preis u. a./*Preis,* ErfK, § 611a BGB, Rn. 8; noch uneindeutig, wobei die inhaltliche Nähe – bis hin zur Deckungsgleichheit – von Fremdbestimmtheit und Weisungsgebundenheit betont wird: *Preis,* NZA 2018, 817 (820).

Ärzten.[1006] Hierdurch wird deutlich, dass die Anwendung der Regelungen des Dienstvertrages nicht für alle Dienstverträge sinnvoll ist.

Dies zeigt sich auch bei § 616 BGB. Nach dem Wortlaut ist seine Anwendung nicht nur auf Arbeitsverträge beschränkt,[1007] sondern die Regelung gilt allgemein für Dienstverträge.[1008] Gleichwohl kann die Norm nicht auf Dienstverträge jeglicher Art angewandt werden.[1009] Andernfalls würde sich beispielsweise die Frage stellen, weshalb der Arzt bei einer persönlichen Verhinderung, auf Grund der er die Behandlung nicht zum vereinbarten Zeitpunkt vornehmen kann, weiterhin seine Vergütung erhalten sollte.[1010] Dieses Beispiel zeigt, dass § 616 BGB nicht für jeden Dienstvertag gelten kann. Auf Grund der Systematik des § 616 BGB dürfte die Relevanz für derartige Dienstverträge im Übrigen ohnehin gering sein. Mangels Festlegung des Leistungszeitpunkts – es sei denn es sind wie im Beispiel konkrete Termine vereinbart – wird es bereits an der für die Anwendung des § 616 BGB zwingend erforderlichen Unmöglichkeit mangeln.[1011]

1006 Gsell/Krüger u. a./*Bieder,* beckOGK (Stand: 01.07.2022), § 616 BGB, Rn. 8; Letztere haben mittlerweile spezielle Regelungen in §§ 630a-h BGB, wobei die allgemeinen Regeln auch weiterhin subsidiär Anwendung finden.

1007 Anders hingegen §§ 612a, 613a, 615 S. 3, 619a, 622 BGB, vgl.: Staudinger/*Fischinger,* Kommentar zum BGB §§ 611-613 BGB, § 611a BGB, Rn. 13; Staudinger/*Latzel,* Kommentar zum BGB §§ 611-613 BGB, § 611 BGB, Rn. 3; Säcker/Rixecker u. a./*Spinner,* MüKo zum BGB (Band 5), § 611 BGB, Rn. 5.

1008 Gsell/Krüger u. a./*Bieder,* beckOGK (Stand: 01.07.2022), § 616 BGB, Rn. 8; *Medicus/S. Lorenz,* Schuldrecht II BT, § 31, Rn. 30; Staudinger/*Oetker,* Kommentar zum BGB §§ 613a-619a BGB, § 616 BGB, Rn. 31.

1009 Unter Anknüpfung an die mangelnde wirtschaftliche Abhängigkeit: *E. Kießling/Jünemann,* DB 2005, 1684 (1685); wohl a. A. u. a. *Bieder*, der das Problem zumindest bei Dienstleistungen, die einer Vergütungsordnung unterliegen, dadurch lösen möchte, dass diese an die tatsächliche Leistungserbringung anknüpfen: Hau/Poseck/*Baumgärtner,* BeckOK BGB, § 616 BGB, Rn. 2; Gsell/Krüger u. a./*Bieder,* beckOGK (Stand: 01.07.2022), § 616 BGB, Rn. 8; *Esser/Weyers,* Schuldrecht, S. 247. Insofern wäre die Vergütungsordnung als Abbedingung des § 616 BGB zu verstehen. Allerdings knüpfen Vergütungsabreden, z. B. im Arbeitsvertrag, immer an die Leistungserbringung an. § 616 BGB stellt eine Abweichung hiervon dar. Weshalb diese Abweichung bei Vergütungen, die sich nach Vergütungsordnungen richten, nicht eingreifen soll, wird nicht erläutert. Vielmehr dürfte auch hier der Gedanke dahinterstehen, dass die Anwendung des § 616 BGB in diesen Fällen nicht passt.

1010 Ähnlich bereits: Hau/Poseck/*Baumgärtner,* BeckOK BGB, § 616 BGB, Rn. 2; *Esser/Weyers,* Schuldrecht, S. 247.

1011 So wohl auch: Säcker/Rixecker u. a./*Henssler,* MüKo zum BGB (Band 5), § 616 BGB, Rn. 13.

Allerdings gibt es auch Dienstverträge, deren Leistungsbedingungen näher an denen eines Arbeitsvertrages orientiert sind. Bei diesen Dienstverträgen erhält § 616 BGB wiederum eine größere Relevanz, sodass sich auch im Rahmen von Dienstverträgen die Frage der Abdingbarkeit der Norm stellt.

Bei den zwei Verträgen, die hier betrachtet werden sollen, dem sogenannte „Freie Mitarbeit"-Vertrag sowie dem Anstellungsvertrag eines Geschäftsführers, bedarf es für die Ermittlung des Kontrollmaßstabs zunächst einer Zuordnung zum Dienst- oder Arbeitsvertrag. Im Anschluss ist die Bedeutung des § 616 BGB für diese Vertragsarten zu ermitteln und die AGB-Kontrolle durchzuführen.

(1) Freie Mitarbeiter

Ein neben dem Arbeitsvertrag beliebtes Dienstverhältnis, das auf die fortdauernde Erbringung von einer Arbeitsleistung ähnelnden Dienstleistungen gerichtet ist, ist die „freie Mitarbeit".[1012] Diese Beschäftigungsform ist beispielsweise bei Rundfunkredaktionen weit verbreitet.[1013] Auch bei solchen Verträgen wird eine Abbedingung des § 616 BGB empfohlen,[1014] sodass eine Betrachtung im Rahmen dieser Arbeit geboten ist.

Die freie Mitarbeit als Dienstverhältnis unterscheidet sich insbesondere hinsichtlich der Weisungsgebundenheit und Eingliederung von dem klassischen Arbeitsverhältnis.[1015] In der Regel bestehen keine Vorgaben hinsichtlich der Zeit, dem Ort sowie der Art und Weise der Erbringung der geschuldeten Leistung.[1016] Es besteht mithin keine persönliche Abhängigkeit vom Dienstberechtigten.[1017]

Auch wenn keine persönliche Abhängigkeit besteht, kann sich eine wirtschaftliche Abhängigkeit ergeben. Dies ist insbesondere dann der Fall, wenn die freie Mitarbeit ausschließlich oder weit überwiegend für einen Dienstberechtigten

---

1012 Zur Einordnung der „Freien Mitarbeit" als Dienstvertrag: Staudinger/*Latzel*, Kommentar zum BGB §§ 611-613 BGB, § 611 BGB, Rn. 637; Grüneberg/*Weidenkaff*, BGB, Einführung vor § 611 BGB, Rn. 10.

1013 Graf von Westphalen/Pamp/Thüsing/*Thüsing*, VertrR/AGB-Klauselwerke, Arbeitsverträge, Rn. 57; Grüneberg/*Weidenkaff*, BGB, Einführung vor § 611 BGB, Rn. 10.

1014 Reufels/*Deiters*, BeckOF ArbR, 5.4 Vertrag über freie Mitarbeit; Schulze/Grziwotz/Lauda/*Wodtke/Marquardt u. a.*, Vertrags- und Prozessformularbuch, § 611 BGB, I. Muster: Dienstvertrag Rn. 1.

1015 Röller/*Röller*, Küttner Personalbuch, Freie Mitarbeit, Rn. 2.

1016 *BAG*, Urteil vom 15.03.1978 – 5 AZR 819/76, Rn. 27, juris; *BAG*, Urteil vom 03.05.1989 – 5 AZR 158/88, Rn. 24, juris; *BAG*, Urteil vom 27.06.2017 – 9 AZR 851/16, Rn. 17, juris; *Eckert*, BC 2014, 35 (38); Grüneberg/*Weidenkaff*, BGB, Einführung vor § 611 BGB, Rn. 10.

1017 *BAG*, Urteil vom 27.06.2017 – 9 AZR 851/16, Rn. 17, juris.

erfolgt. Ergibt sich die Existenzgrundlage des freien Mitarbeiters nur aus diesem Dienstverhältnis, ist er vom weiteren Erwerb aus diesem Dienstverhältnis abhängig.[1018] Auf Grund des wirtschaftlichen Abhängigkeitsverhältnisses ist der freie Mitarbeiter dann derart schutzbedürftig, dass er als arbeitnehmerähnliche Person einzuordnen ist.[1019] Dies hat zur Folge, dass teilweise arbeitsrechtliche Regelungen und Grundsätze (analog) auf ihn anzuwenden sind.[1020] Der weitreichendere Schutz erfolgt jedoch über die Inhaltskontrolle im AGB-Recht,[1021] sodass die größere Schutzbedürftigkeit dort zu berücksichtigten ist.

In der Literatur wird die Auffassung vertreten, dass § 616 BGB keine Anwendung finden solle, wenn es an einer wirtschaftlichen Abhängigkeit mangelt. Der Schutzzweck des § 616 BGB sei dann nicht erfüllt. Mangels wirtschaftlicher Abhängigkeit bestehe für den freien Mitarbeiter kein Risiko der Existenzgefährdung.[1022] Jedenfalls sei die Übernahme dieses Risikos nicht dem Dienstberechtigten aufzubürden, zu dem kein dauerhaften Schuldverhältnis bestehe. Die persönlichen Lebensrisiken könnten in diesem Fall nicht auf den Dienstberechtigten übertragen werden.[1023] Dieser Argumentation ist entgegenzuhalten, dass sich der Schutzzweck nicht in einem Schutz vor dem Risiko der Existenzgefährdung erschöpft. Vielmehr ist in § 616 BGB eine Konkretisierung einer Nebenpflicht zur Hinnahme geringfügiger Minderleistungen zu sehen.[1024] Bereits an der Beschränkung auf regelmäßig nur kurzfristige Verhinderungen wird deutlich, dass die Existenzgefährdung nicht das Hauptargument für die Anwendung des § 616 BGB ist. Der Dienstverpflichtete soll nicht auf Grund der wirtschaftlichen Folgen davon abgehalten werden, kollidierende Pflichten nicht wahrzunehmen.

1018 *BAG*, Urteil vom 15.11.2005 – 9 AZR 626/04, Rn. 20 ff., juris; *BAG*, Beschluss vom 21.02.2007 – 5 AZB 52/06, Rn. 11, juris; Müller-Glöge/Preis u. a./*Preis*, ErfK, § 611a BGB, Rn. 87; Grüneberg/*Weidenkaff*, BGB, Einführung vor § 611 BGB, Rn. 9.

1019 Röller/*Röller*, Küttner Personalbuch, Freie Mitarbeit, Rn. 2; Graf von Westphalen/Pamp/Thüsing/*Thüsing*, VertrR/AGB-Klauselwerke, Arbeitsverträge, Rn. 57.

1020 Müller-Glöge/Preis u. a./*Preis*, ErfK, § 611a BGB, Rn. 89; Schaub/*Rinck*, Arbeitsrecht-Handbuch, § 10 – Arbeitnehmerähnliche Personen, Rn. 8; Grüneberg/*Weidenkaff*, BGB, Einführung vor § 611 BGB, Rn. 9.

1021 Müller-Glöge/Preis u. a./*Preis*, ErfK, § 310 BGB, Rn. 10; Müller-Glöge/Preis u. a./*Preis*, ErfK, § 611a BGB, Rn. 89; so zur alten Rechtslage vor der Schuldrechtsreform 2002: *LAG Hamm*, Urteil vom 15.05.1998 – 10 Sa 1465/97, Rn. 74, juris; *OLG Düsseldorf*, Urteil vom 11.06.1999 – 16 U 148/98, Rn. 6, juris.

1022 *E. Kießling/Jünemann*, DB 2005, 1684 (1685).

1023 Hau/Poseck/*Baumgärtner*, BeckOK BGB, § 616 BGB, Rn. 2; *E. Kießling/Jünemann*, DB 2005, 1684 (1685).

1024 Vgl.: C)I)5), S. 99.

Somit scheidet die Anwendung des § 616 BGB bei „Freie Mitarbeit"-Verträgen nicht bereits auf Grund der fehlenden oder geringen wirtschaftlichen Abhängigkeit aus.[1025]

(2) Geschäftsführeranstellungsverträge

Eine besondere Relevanz hat § 616 BGB und dessen Abbedingung bei GmbH-Geschäftsführeranstellungsverträgen.[1026] Hinsichtlich des Kontrollmaßstabs stellt sich hier bereits die Frage, ob es sich um einen Arbeits- oder um einen Dienstvertrag handelt. Hierzu werden verschiedene Auffassungen vertreten. Da es für das Festlegen des Maßstabs der AGB-Kontrolle jedoch nur um die generelle Zuordnung geht, ohne eine Bewertung des Vertragsverhältnisses im Einzelfall vorzunehmen, wird der Meinungsstand nicht in seiner gesamten Tiefe dargestellt.

(a) Geschäftsführer als Dienstverpflichteter

Die wohl herrschende Meinung sieht das Anstellungsverhältnis des GmbH-Geschäftsführers grundsätzlich als Dienstvertrag an.[1027] Diese Ansicht wird auf mehrere Argumente gestützt.

Zum einen ergebe sich aus der organisatorischen Nähe zur unternehmerischen Tätigkeit der GmbH, dass der Geschäftsführer kein Arbeitnehmer der GmbH sein könne. Indem er hinsichtlich des Direktionsrechts gegenüber den Arbeitnehmern die Arbeitgeberstellung einnehme, könne er nicht mit diesen gleichgestellt werden.[1028] Dies sei unabhängig davon, mit welchem Anteil er an der Gesellschaft beteiligt ist. Seine Stellung sei auch nicht mit der Leitender Angestellter vergleichbar, die als Arbeitnehmer einzuordnen seien, aber auch Arbeitgeberaufgaben übernähmen. Die Arbeitgeberstellung beim Geschäftsführer resultiere unmittelbar

---

1025 So im Ergebnis ohne weitere Erläuterungen auch: *BAG*, Beschluss vom 29.01.1992 – 7 ABR 25/91, Rn. 19, juris.

1026 So auch: *Haase*, GmbHR 2005, 1260 (1260).

1027 *BAG*, Urteil vom 12.03.1987 – 2 AZR 336/86, Rn. 35, juris; Altmeppen/*Altmeppen*, GmbHG-Kommentar, § 6 GmbHG, Rn. 79; *Hümmerich*, NJW 1995, 1177 (1178); Staudinger/*Latzel*, Kommentar zum BGB §§ 611-613 BGB, § 611 BGB, Rn. 458; *Nebendahl*, NZA 1992, 289 (290).

1028 *Bauer*, BB 1994, 855 (855); *Bauer/Gragert*, ZIP 1997, 2177 (2177 f.); *Grobys*, NJW-Spezial 2005, 513 (513); *Haase*, GmbHR 2005, 1260 (1262); *Hümmerich*, NJW 1995, 1177 (1178); ähnlich: *LG Düsseldorf*, Urteil vom 02.11.2010 – 35 O 28/09, Rn. 37, juris.

aus seiner Bestellung, während diese Stellung bei Leitenden Angestellten nur aus rechtsgeschäftlicher Übertragung durch den Geschäftsführer folge.[1029]

Zum anderen unterliege der Geschäftsführer keinem Direktionsrecht – unabhängig davon, ob der Geschäftsführer Mehrheitsgesellschafter oder Gesellschafter mit einer Sperrminorität sei. Zwar sei der Fremd- oder Minderheitsgeschäftsführer ebenfalls weisungsgebunden und den Weisungen könne er auf Grund der fehlenden Stimmanteile als Gesellschafter auch nicht entgegentreten. Allerdings erfolgten die Weisungen nicht im Rahmen des arbeitsrechtlichen Direktionsrechts sondern aus der gesellschaftsrechtlichen Struktur heraus.[1030] Hingegen könne niemand das Weisungsrecht des Arbeitgebers gegenüber dem Geschäftsführer ausüben.[1031] Zudem sei die gesellschaftsrechtliche Weisung grundsätzlich vorrangig, sodass sie ein etwaig bestehendes arbeitsrechtliches Weisungsrecht verdränge.[1032] Dies sei auch notwendig, da eine klare Abgrenzung zwischen gesellschaftsrechtlichen und arbeitsrechtlichen Weisungen nicht möglich sei.[1033] Das Gesellschaftsrecht enthalte zudem zwingende Regelungen bestimmter Rechte und Pflichten sowie Strukturen. Deren Beachtung erfordere einen Vorrang der gesellschaftsrechtlichen Weisungen.[1034] Verdeutlicht werde der Vorrang des Gesellschaftsrecht auch durch die Regelungen in § 5 Abs. 1 S.3 ArbGG und § 14 Abs. 1 S. 1 KSchG.[1035]

Auch wenn in der Regel von einem Dienstvertrag auszugehen sei, erkennt insbesondere die Rechtsprechung in engen Grenzen auch Ausnahmen an.[1036] So

---

1029 *Bauer/Gragert,* ZIP 1997, 2177 (2178); *Hümmerich,* NJW 1995, 1177 (1178).

1030 *BAG*, Beschluss vom 21.01.2019 – 9 AZB 23/18, Rn. 24, juris; *BGH*, Beschluss vom 08.01.2007 – II ZR 267/05, Rn. 6, juris; Altmeppen/*Altmeppen,* GmbHG-Kommentar, § 6 GmbHG, Rn. 85; *Hümmerich,* NJW 1995, 1177 (1178); *Nebendahl,* NZA 1992, 289 (291); *Reuling/Stritzke,* RdA 2021, 146 (147).

1031 *Nebendahl,* NZA 1992, 289 (291).

1032 *Langenbucher,* Anstellungsverhältnis des abberufenen GmbH-Geschäftsführers, S. 57 f.

1033 Altmeppen/*Altmeppen,* GmbHG-Kommentar, § 6 GmbHG, Rn. 85.

1034 *Kitzinger,* GmbH-Geschäftsführer zwischen Arbeits- und Gesellschaftsrecht, S. 34 f.; *Kuhn,* Abhängiger GmbH-Geschäftsführer, S. 58 ff.; zum Vorrang der Organregelung: *K.-P. Martens,* Vertretungsorgan, S. 442 f.

1035 *Kitzinger,* GmbH-Geschäftsführer zwischen Arbeits- und Gesellschaftsrecht, S. 34; *Kuhn,* Abhängiger GmbH-Geschäftsführer, S. 59.

1036 *BAG*, Urteil vom 24.11.2005 – 2 AZR 614/04, Rn. 18, juris; *BAG*, Beschluss vom 21.01.2019 – 9 AZB 23/18, Rn. 24, juris; *BAG*, Urteil vom 11.06.2020 – 2 AZR 374/19, Rn. 25, juris; *BAG*, Urteil vom 27.04.2021 – 2 AZR 540/20, Rn. 20, juris; zustimmend: Staudinger/*Latzel,* Kommentar zum BGB §§ 611-613 BGB, § 611 BGB, Rn. 459.

könne sich trotz des überlagernden gesellschaftsrechtlichen Weisungsrechts ein ausschlaggebendes arbeitsrechtliches Weisungsrecht ergeben, wenn dieses die Umstände beträfe, nach denen der Geschäftsführer seine Leistung zu erbringen hat. Damit werde sein Status berührt, was ihn als Arbeitnehmer qualifizieren könne.[1037] Ebenfalls könne sich die Arbeitnehmerstellung daraus ergeben, dass mehrere Geschäftsführer bestellt seien und somit nicht jeder Geschäftsführer Arbeitgeberaufgaben übernehmen müsse. In diesem Fall könnten einzelne der Geschäftsführer selbst arbeitsrechtlichen Weisungen unterliegen.[1038]

(b) Geschäftsführer als Arbeitnehmer

Allerdings gibt es auch Stimmen, die den Geschäftsführeranstellungsvertrag als Arbeitsvertrag ansehen. Dies betrifft vor allem den GmbH-Fremdgeschäftsführer.[1039]

Gegen die Folgerung, dass der Geschäftsführer Arbeitgeberaufgaben ausübe und deshalb nicht zugleich Arbeitnehmer sein könne, wird eingewandt, dass dies auch bei Leitenden Angestellten der Fall sei.[1040] Zwischen den beiden Funktionen bestehe auch kein struktureller Unterschied dadurch, dass der Geschäftsführer die Befugnis aus der Organstellung erhalte, da die Organstellung ebenfalls mit einer Weisungsgebundenheit verbunden sei, die von der Gesellschafterversammlung ausgeübt werde.[1041] Des Weiteren sei die Vorgesetztenstellung kein geeignetes Kriterium zur Abgrenzung, denn auch beim Leitenden Angestellten würde man aus der Vorgesetztenstellung keine Selbstständigkeit folgern.[1042]

Das GmbHG unterscheide – anders als das HGB bei Handelsvertretern – nicht ausdrücklich zwischen den gesellschaftsrechtlichen Weisungen und den arbeitsrechtlichen Weisungen. Da das HGB eine Differenzierung zu den handelsrechtlichen Weisungen vornimmt, lasse sich schließen, dass eine Differenzierung bei Geschäftsführern vom Gesetz nicht vorgesehen sei. Dementsprechend lasse sich

1037 *BAG*, Urteil vom 26.05.1999 – 5 AZR 664/98, Rn. 22, juris; *BAG*, Beschluss vom 21.01.2019 – 9 AZB 23/18, Rn. 24, juris.

1038 *BAG*, Beschluss vom 06.05.1999 – 5 AZB 22/98, Rn. 12, juris; *BAG*, Urteil vom 26.05.1999 – 5 AZR 664/98, Rn. 17, juris.

1039 *Annuß*, ZInsO 2001, 344 (345); *Groß*, DB 1984, 1447 (1453 ff.); *Miller*, BB 1977, 723 (725); *Wank/Maties*, NZA 2007, 353 (353).

1040 *Annuß*, ZInsO 2001, 344 (345); *Groß*, DB 1984, 1447 (1453); *Wank/Maties*, NZA 2007, 353 (353 f.).

1041 *Annuß*, ZInsO 2001, 344 (345).

1042 Gsell/Krüger u. a./*Maties*, beckOGK (Stand: 01.05.2024), § 611 BGB, Rn. 186.

dieser Unterschied auch nicht nur Begründung einer Weisungsfreiheit heranziehen.[1043]

Auch ergebe sich durch den ausdrücklichen Ausschluss von Organmitgliedern aus arbeitnehmerschützenden Regelungen – wie dem Kündigungsschutzgesetz –, dass der Gesetzgeber davon ausgegangen sei, dass der GmbH-Geschäftsführer grundsätzlich Arbeitnehmer sei.[1044] Beispielsweise mit § 5 Abs. 1 S. 3 ArbGG nehme der Gesetzgeber eine Fiktion vor, nach der Geschäftsführern auch dann nicht der Weg zu den Arbeitsgerichten eröffnet wäre, wenn sie als Arbeitnehmer einzustufen wären.[1045] Im Umkehrschluss gehe der Gesetzgeber somit grundsätzlich davon aus, dass auch der Geschäftsführer als Arbeitnehmer eingestuft werden könne.[1046] Durch den Ausschluss aus den arbeitnehmerschützenden Regelungen ergebe sich zudem, dass eine Einordnung als Arbeitnehmer zwingend notwendig sei, da er noch schutzloser sei, als der „normale" Arbeitnehmer.[1047]

Gleichwohl wird nicht jeder Geschäftsführer als Arbeitnehmer angesehen, denn die ausschlaggebende persönliche Abhängigkeit bestehe nur bei den Geschäftsführern, die keinen bestimmenden Einfluss auf die Gesellschaft nehmen können. Dies betrifft also Fremdgeschäftsführer und Eigengeschäftsführer mit weniger als 50 % Stimmanteil ohne Sperrminorität.[1048] Diese Ansicht steht in Einklang mit der Rechtsprechung des *BSG*, das für die Begründung des Vorliegens einer abhängigen, versicherungspflichtigen Beschäftigung entsprechend argumentiert. So komme es entscheidend auf die Rechtsmacht an, Weisungen zu verhindern.[1049]

Allerdings ändert sich die Rechtsprechung des *BGH* zumindest im europarechtlichen Kontext, sodass dort zumindest der GmbH-Fremdgeschäftsführer

1043 *Wank/Maties,* NZA 2007, 353 (354).

1044 *Miller,* BB 1977, 723 (725).

1045 *BAG*, Urteil vom 17.01.1985 – 2 AZR 96/84, Rn. 21, juris; *BAG*, Beschluss vom 13.05.1996 – 5 AZB 27/95, Rn. 12, juris; *G. Jaeger,* NZA 1998, 961 (963); Germelmann/Matthes/Prütting/*Müller-Glöge,* ArbGG-Kommentar, § 5 ArbGG, Rn. 45; Rolfs/Giesen u. a./*Clemens,* BeckOK ArbR, § 5 ArbGG, Rn. 12; *Reinecke,* ZIP 1997, 1525 (1527 f.).

1046 Staudinger/*Latzel,* Kommentar zum BGB §§ 611-613 BGB, § 611 BGB, Rn. 459; gegen einen solchen Umkehrschluss: *Hümmerich,* NJW 1995, 1177 (1178).

1047 *Miller,* BB 1977, 723 (725).

1048 Gsell/Krüger u. a./*Maties,* beckOGK (Stand: 01.05.2024), § 611 BGB, Rn. 191 ff.

1049 *BSG*, Urteil vom 18.12.2001 – B 12 KR 10/01 R, Rn. 13 f., juris; *BSG*, Urteil vom 14.03.2018 – B 12 R 5/16 R, Rn. 13, juris; *BSG*, Urteil vom 14.03.2018 – B 12 KR 13/17 R, Rn. 20 ff., juris; *BSG*, Urteil vom 19.09.2019 – B 12 R 25/18 R, Rn. 14, juris; *BSG*, Urteil vom 10.12.2019 – B 12 KR 9/18 R, Rn. 12 f., juris.

als Arbeitnehmer anzusehen sei.[1050] Dabei hat der *BGH* entschieden, dass dem GmbH-Fremdgeschäftsführer als Arbeitnehmer der Schutz des – auf einer europäischen Richtlinie basierenden – AGG zu Gute komme. Hierfür hat der *BGH* auf die vom *EuGH* aufgestellten Kriterien für die Bewertung der Arbeitnehmerstellung Bezug genommen.[1051] Demnach komme es darauf an, ob das Organmitglied für eine bestimmte Zeit nach Weisung Leistungen erbringe und dafür eine Vergütung erhalte.[1052] Dabei vertritt der *EuGH* einen weiteren Eingliederungs- und Weisungsbegriff, bei dem es nicht auf den Einfluss auf die konkrete Arbeitstätigkeit ankomme.[1053]

Für diese Anforderungen lässt der *BGH* das gesellschaftsrechtliche Weisungsrecht ausreichen, das der Gesellschafterversammlung zusteht.[1054] Zudem könne der Gesellschafter bei einem Verstoß gegen die Weisungen jederzeit wieder abberufen werden,[1055] woraus sich ein Unterordnungsverhältnis ergebe.[1056] Somit folge aus den Kriterien des *EuGH*, dass der GmbH-Fremdgeschäftsführer Arbeitnehmer sei.[1057]

Dies ist allerdings durch den europarechtlichen Hintergrund und das Verständnis des Arbeitnehmerbegriffs durch die Richtlinie determiniert.[1058] Um mit Verweis auf diese Rechtsprechung auch im nationalen Recht zu einer Arbeitnehmerstellung des Fremdgeschäftsführers zu gelangen, bedürfte es einer Angleichung des europarechtlichen und nationalen Verständnisses des Arbeitgeberbegriffs zum Zwecke der Rechtseinheit.

1050 *BGH*, Urteil vom 26.03.2019 – II ZR 244/17, Rn. 22, juris.

1051 *BGH*, Urteil vom 26.03.2019 – II ZR 244/17, Rn. 31 ff., juris.

1052 *EuGH*, Urteil vom 11.11.2010 – C-232/09, Rn. 39, juris; *EuGH*, Urteil vom 09.07.2015 – C-229/14, Rn. 34, juris.

1053 *Bayreuther*, NZG 2021, 140 (140).

1054 *BGH*, Urteil vom 26.03.2019 – II ZR 244/17, Rn. 34, juris.

1055 *BGH*, Urteil vom 26.03.2019 – II ZR 244/17, Rn. 34, juris.

1056 *EuGH*, Urteil vom 09.07.2015 – C-229/14, Rn. 39, juris; *Polkowski/Krusche*, SPA 2021, 137 (137).

1057 *BGH*, Urteil vom 26.03.2019 – II ZR 244/17, Rn. 34, juris; zustimmend: *Wank*, EuZA 2018, 327 (335).

1058 *BGH*, Urteil vom 26.03.2019 – II ZR 244/17, Rn. 27 ff., juris; zur Relevanz des europarechtlichen Hintergrunds der Norm, um zu entscheiden, welcher Begriff anzuwenden ist: *BAG*, Beschluss vom 21.01.2019 – 9 AZB 23/18, Rn. 14, juris; *BAG*, Urteil vom 27.04.2021 – 2 AZR 540/20, Rn. 24, juris; *Polkowski/Krusche*, SPA 2021, 137 (137); *Reuling/Stritzke*, RdA 2021, 146 (148); *Wank*, EuZA 2018, 327 (330).

(c) Geschäftsführer als arbeitnehmerähnliche Person

Des Weiteren könne es sich bei GmbH-Geschäftsführern um arbeitnehmerähnliche Personen handeln, sodass die Schutzvorschriften des Arbeitsrechts auf sie anzuwenden wären.[1059] Anders als bei der Abgrenzung zwischen Arbeits- und Dienstvertrag komme es dabei nicht auf das Weisungsrecht an, sondern allem voran auf die wirtschaftliche oder soziale Abhängigkeit.[1060] Dabei sei der Schutzzweck der Norm maßgeblich, um deren mögliche Anwendung es gehe.[1061] Diene die Norm dem Schutz auf Grund sozialer Schutzbedürftigkeit und nicht etwa dem Schutz vor dem Arbeitgeber, könne sie angewandt werden.[1062] Bei Normen, die vor dem Arbeitgeber schützen, scheide die Anwendung denklogisch aus, da der Geschäftsführer selbst diese Funktion einnimmt und nicht vor sich selbst geschützt werden müsse.[1063]

Wie zuvor ausgeführt,[1064] ist ein Indiz für die wirtschaftliche Abhängigkeit, dass die Leistung leidglich für einen Auftraggeber erbracht wird und aus dieser Tätigkeit weit überwiegend die Existenzgrundlage erwirtschaftet wird. Dies sei zumindest bei Minderheits- und Fremdgeschäftsführern der Fall.[1065] Des Weiteren ergebe sich einem Fremdgeschäftsführer auch eine soziale Abhängigkeit dadurch,

---

1059 Dies in Erwägung ziehend: *BAG*, Urteil vom 10.07.1980 – 3 AZR 68/79, Rn. 13, juris; *BAG*, Beschluss vom 25.07.1996 – 5 AZB 5/96, Rn. 10 f., juris; *BGH*, Urteil vom 14.05.1990 – II ZR 122/89, Rn. 9, juris; *Boemke*, RdA 2018, 1 (3 f.); *K.-P. Martens*, Vertretungsorgan, S. 443 f.; *Stöhr*, GmbHR 2020, 411 (414); grundsätzlich für möglich erachtend: Staudinger/*Fischinger*, Kommentar zum BGB §§ 611-613 BGB, § 611a BGB, Rn. 247; zweifelnd: *Grobys*, NJW-Spezial 2005, 513 (514); differenzierend: Henssler/Strohn/*Oetker*, GesR Kommentar, § 35 GmbHG, Rn. 120; ablehnend: *Fleck*, Organmitglied, S. 208.

1060 *BAG*, Urteil vom 17.10.1990 – 5 AZR 639/89, Rn. 18, juris; *BAG*, Beschluss vom 25.07.1996 – 5 AZB 5/96, Rn. 10, juris; *BAG*, Urteil vom 11.06.2020 – 2 AZR 374/19, Rn. 28, juris; *Boemke*, RdA 2018, 1 (4); *K.-P. Martens*, Vertretungsorgan, S. 443.

1061 *Boemke*, RdA 2018, 1 (4).

1062 Henssler/Strohn/*Oetker*, GesR Kommentar, § 35 GmbHG, Rn. 120.

1063 So auch: Henssler/Strohn/*Oetker*, GesR Kommentar, § 35 GmbHG, Rn. 120.

1064 Vgl.: D)III)1)d)aa)(1), S. 273.

1065 *Boemke*, ZFA 1998, 209 (219); *Boemke*, RdA 2018, 1 (4); *Groß*, DB 1984, 1447 (1455); unter der Einschränkung, dass keine erhebliche Gewinnbeteiligung erfolgt: *Stöhr*, GmbHR 2020, 411 (414); zwar die Einordnung als arbeitnehmerähnliche Person ablehnend, die wirtschaftliche und soziale Abhängigkeit gleichwohl anerkennend: *Fleck*, Organmitglied, S. 205.

dass er die Dienstleistung persönlich erbringen müsse und sie nicht an Mitarbeiter delegieren könne.[1066]

Allerdings wird das Vorliegen sozialer Schutzbedürftigkeit auch differenziert betrachtet. So sei nicht jeder Fremdgeschäftsführer schutzbedürftig, sondern die soziale Schutzbedürftigkeit sei von der Möglichkeit der Daseinsvorsorge abhängig. Dies richte sich danach, wie viele Mittel dem Geschäftsführer zur Verfügung stünden. Dafür zieht *Groß* die Schwellenwerte der gesetzlichen Sozialversicherung als Grenze heran.[1067]

Des Weiteren könne es zu Kollisionen kommen zwischen Schutzvorschriften, die grundsätzlich auf arbeitnehmerähnliche Personen anzuwenden sind, und der Organstellung sowie den daraus erwachsenden Pflichten kommen. Der sozialen Schutzbedürftigkeit als eigentliches Problem arbeitnehmerähnlicher Personen, könne dadurch nicht begegnet werden.[1068]

(d) Stellungnahme

Zunächst ist festzustellen, dass die europarechtliche Bewertung der Stellung des Fremdgeschäftsführers für die hiesige Fragestellung unbeachtlich ist. Die Rechtsprechung ist durch den europarechtlichen Hintergrund und das Verständnis des Arbeitnehmerbegriffs durch die Richtlinie determiniert.[1069] Um mit Verweis auf diese Rechtsprechung auch im nationalen Recht zu einer Arbeitnehmerstellung des Fremdgeschäftsführers zu gelangen, bedürfte es einer Angleichung des europarechtlichen und nationalen Verständnisses des Arbeitgeberbegriffs zum Zwecke der Rechtseinheit. Für derartige Bestrebung des Gesetzgebers gibt es allerdings keinerlei Anhaltspunkte. Vielmehr wurde das nationale Verständnis durch die Einführung des § 611a BGB noch weiter gefestigt. Maßgeblich ist somit, ob die jeweils zu betrachtende Norm Ursprung rein nationaler Gesetzgebung ist oder einen europarechtlichen Hintergrund bzw. Bezug hat. § 616 BGB ist rein nationa-

---

1066 *Boemke,* RdA 2018, 1 (4 f.); a. A. unter Verweis auf mögliche Mitgeschäftsführer *Kuhn,* wobei dem entgegenzuhalten ist, dass auch gegenüber dem Mitgeschäftsführer kein Weisungsrecht, sondern nur ein Kontrollrecht besteht: *Kuhn,* Abhängiger GmbH-Geschäftsführer, S. 69 f.

1067 *Groß,* DB 1984, 1447 (1455).

1068 *Kuhn,* Abhängiger GmbH-Geschäftsführer, S. 70.

1069 *BGH,* Urteil vom 26.03.2019 – II ZR 244/17, Rn. 27 ff., juris; zur Relevanz des europarechtlichen Hintergrunds der Norm, um zu entscheiden, welcher Begriff anzuwenden ist: *BAG,* Beschluss vom 21.01.2019 – 9 AZB 23/18, Rn. 14, juris; *BAG,* Urteil vom 27.04.2021 – 2 AZR 540/20, Rn. 24, juris; *Polkowski/Krusche,* SPA 2021, 137 (137); *Reuling/Stritzke,* RdA 2021, 146 (148); *Wank,* EuZA 2018, 327 (330).

len Ursprungs. Insofern lässt die europäische Rechtsprechung keine Rückschlüsse auf die Bewertung in Bezug auf den allein nationalem Recht unterfallenden § 616 BGB zu. Vielmehr bestärkt der *BGH* seine Ansicht, dass nach dem nationalen Begriff der Fremdgeschäftsführer nicht als Arbeitnehmer einzuordnen ist.[1070] Die Übertragung der Entscheidung des *EuGH* auf die Bewertung von nationalen Regelungen, die den sozialen Schutz des Geschäftsführers bezwecken, würde auch der Systematik des deutschen Rechts widersprechen. Die Schutzbedürftigkeit ergibt sich allein aus der arbeitsrechtlichen Abhängigkeit und nicht aus der gesellschaftsrechtlichen.[1071]

Allerdings überzeugt auch im nationalen Recht nicht die Ansicht, dass es sich beim Geschäftsführer um einen Arbeitnehmer handelt. Zwar ist zuzugestehen, dass die Gesellschafterversammlung durch die Möglichkeit seiner jederzeitigen Abberufung Einfluss auf die Art und Weise der Tätigkeitsausübung des Geschäftsführers nehmen kann. Das GmbH-Recht sieht gleichwohl lediglich gesellschaftsrechtliche Weisungen vor, die sich aus dem Bestellungsverhältnis ergeben. Zweifelsfrei mögen diese im Einzelfall auch die Art und Weise der Tätigkeit betreffen, hierfür wird jedoch keine gesonderte Befugnis eingeräumt. Insofern lassen sich die Weisungen nicht trennen.

Vielmehr können Vorgaben hinsichtlich Art, Ort und Zeit der Dienstleistung im Anstellungsvertrag erfolgen. Allerdings stehen solche Vorgaben nicht mit dem arbeitsrechtlichen Weisungsrecht gleich. Mit einer Festlegung der Rahmenbedingungen beschränkt der Vertrag nämlich die Möglichkeiten der Ausübung des Weisungsrechts[1072] und räumt dieses nicht ein. Insofern besteht allein das gesellschaftsrechtliche Weisungsrecht, das jedoch keine Weisungsbefugnis im Sinne des Arbeitnehmerbegriffs darstellt. Somit ist der Geschäftsführer als freier Dienstverpflichteter anzusehen.

Gleichwohl ist der Geschäftsführer sozial schutzbedürftig, denn seine Arbeitskraft ist unmittelbar an die Gesellschaft gebunden.[1073] Er kann seine Arbeitskraft somit nicht anderweitig verwerten. Die Sicherung seines Lebensunterhalts erfolgt somit allein durch die Gesellschaft in Gestalt der von ihr für die Verwertung der

---

1070 *BGH*, Urteil vom 26.03.2019 – II ZR 244/17, Rn. 27, juris; *Lunk*, NJW 2019, 2091 (2091); ebenso, wenn auch dieses Ergebnis kritisch betrachtend: *Wank*, EuZA 2018, 327 (336).

1071 So auch: *C. Weber/Zimmer*, EuZA 2016, 224 (232).

1072 So beispielsweise bei der vertraglichen Festlegung von Arbeitszeiten, wodurch eine Anpassung durch das Direktionsrecht ausgeschlossen wird: *BAG*, Urteil vom 17.07.2007 – 9 AZR 819/06, Rn. 16, juris.

1073 So auch: *Hümmerich*, NJW 1995, 1177 (1178).

Arbeitskraft gezahlten Vergütung. Ist der Geschäftsführer nicht zugleich mit der Mehrheit an der Gesellschaft beteiligt, trägt er aber nicht freibestimmt die wirtschaftlichen Chancen und Risiken. Aus diesem Grund wird zu Recht vertreten, dass arbeitsrechtliche Regelungen zumindest im Einzelfall analog anzuwenden seien.[1074] Bei Abwägungen ist der Geschäftsführer deshalb grundsätzlich wie ein arbeitnehmerähnlicher Beschäftigter zu betrachten.

(e) Zwischenergebnis

Für die Betrachtung der Abdingbarkeit des § 616 BGB im Rahmen von Geschäftsführerverträgen ist davon auszugehen, dass es sich um Dienstverträge handelt. Sollte im Einzelfall auf Grund der individuellen Vertragsgestaltung doch ein Arbeitsverhältnis vorliegen, würde sich die Bewertung dann nach den Ergebnissen richten, die in den Abschnitten zu Arbeitsverträgen gefunden wurden. Hinsichtlich der Schutzbedürftigkeit des Geschäftsführers ist zu berücksichtigen, dass er – sofern er nicht Mehrheitsgesellschafter ist – ähnlich sozial und wirtschaftlich abhängig ist wie ein Arbeitnehmer.

bb) Kontrollmaßstab

Im nächsten Schritt ist der Maßstab für die AGB-Kontrolle zu bestimmen, der bei der Kontrolle von Dienstverträgen anzuwenden ist. Einfluss auf den Kontrollmaßstab hat in erheblicher Weise, ob der Dienstverpflichtete im Rahmen des Abschlusses des Dienstvertrages als Unternehmer oder als Verbraucher angesehen wird. Dies kann für den freien Mitarbeiter sowie für die verschiedenen Arten von Geschäftsführern unterschiedlich betrachtet werden.

(1) Anwendbarkeit der §§ 305 ff. BGB

Der Umfang der AGB-Kontrolle bzw. die Umstände der Anwendung der einzelnen Normen werden durch § 310 Abs. 1 und Abs. 3 BGB bestimmt. Lediglich bei Verbraucherverträgen – also Verträgen, die zwischen einem Unternehmer und einem Verbraucher geschlossen werden – finden nach § 310 Abs. 1 BGB u. a. die §§ 309, 308 BGB uneingeschränkt und unmittelbar Anwendung. Zudem erweitert § 310 Abs. 3 BGB der Anwendungsbereich für Verbraucherverträge auch auf Verträge, die nur zur einmaligen Verwendung bestimmt sind. Dies ist insbesondere für Geschäftsführeranstellungsverträge von Relevanz, da diese oft an die individuellen Umstände angepasst sind und so die Mehrfachverwendungs-

1074 *Bauer/Gragert*, ZIP 1997, 2177 (2178); *Boemke*, ZFA 1998, 209 (219 ff.); *Hümmerich*, NJW 1995, 1177 (1178).

absicht nur schwer nachzuweisen sein kann.[1075] Somit ist zu untersuchen, ob es sich bei den Dienstverträgen mit freien Mitarbeitern und Geschäftsführern um Verbraucherverträge handelt.

Auch im AGB-Recht richtet sich die Unterscheidung zwischen Verbrauchern und Unternehmern nach den allgemeinen Definitionen in § 13 BGB und § 14 BGB.[1076] Nach den beiden Definitionen kommt es darauf an, zu welchem Zweck ein Rechtsgeschäft abgeschlossen wird.[1077]

Ein Dienstverpflichteter schließt den Vertrag grundsätzlich dann als Unternehmer im Sinne des § 14 BGB, wenn der Vertrag der gewerblichen bzw. selbstständigen beruflichen Tätigkeit zugerechnet werden kann.[1078] Dafür muss durch das Anbieten der Dienstleistung eine wesentliche Einnahmequelle zur Sicherung des Lebensunterhalts sein.[1079] Im Gegensatz dazu ist der Handelnde als Verbraucher im Sinne des § 13 BGB anzusehen, wenn sein Handeln überwiegend keiner gewerblichen oder selbstständigen beruflichen Tätigkeit zugeordnet werden kann.[1080] Es handelt sich bei dem Verbraucherbegriff um eine negative Abgrenzung,[1081] sodass der Begriff viel weiter ist als der positiv definierte Unternehmerbegriff, für den die Voraussetzungen vorliegen müssen. Somit ist im Zweifel die Verbrauchereigenschaft anzunehmen.[1082]

1075 So: *Hümmerich,* NZA 2006, 709 (712).

1076 Statt vieler: Hau/Poseck/*Martens,* BeckOK BGB, § 13 BGB, Rn. 21.

1077 Gsell/Krüger u. a./*Alexander,* beckOGK (Stand: 01.08.2024), § 13 BGB, Rn. 271; Gsell/Krüger u. a./*Alexander,* beckOGK (Stand: 01.08.2024), § 14 BGB, Rn. 115 f.; Staudinger/*Fritzsche,* Kommentar zum BGB §§ 1-14 BGB, § 13 BGB, Rn. 67.

1078 Staudinger/*Latzel,* Kommentar zum BGB §§ 611-613 BGB, § 611 BGB, Rn. 98; im Allgemeinen: Gsell/Krüger u. a./*Alexander,* beckOGK (Stand: 01.08.2024), § 14 BGB, Rn. 115 f.; Hau/Poseck/*Martens,* BeckOK BGB, § 14 BGB, Rn. 27 f., 35; Säcker/Rixecker u. a./*Micklitz,* MüKo zum BGB (Band 1), § 14 BGB, Rn. 19, 30 f.

1079 Staudinger/*Latzel,* Kommentar zum BGB §§ 611-613 BGB, § 611 BGB, Rn. 98.

1080 Gsell/Krüger u. a./*Alexander,* beckOGK (Stand: 01.08.2024), § 13 BGB, Rn. 1, 274; Grüneberg/*Ellenberger,* BGB, § 13 BGB, Rn. 1, 3; Hau/Poseck/*Martens,* BeckOK BGB, § 13 BGB, Rn. 49; Säcker/Rixecker u. a./*Micklitz,* MüKo zum BGB (Band 1), § 13 BGB, Rn. 55.

1081 *BGH,* Urteil vom 30.09.2009 – VIII ZR 7/09, Rn. 10, juris; Hau/Poseck/*Martens,* BeckOK BGB, § 13 BGB, Rn. 38; Säcker/Rixecker u. a./*Micklitz,* MüKo zum BGB (Band 1), § 13 BGB, Rn. 35.

1082 *BGH,* Urteil vom 30.09.2009 – VIII ZR 7/09, Rn. 10, juris; im Ergebnis zustimmend: Staudinger/*Fritzsche,* Kommentar zum BGB §§ 1-14 BGB, § 13 BGB, Rn. 74; Säcker/Rixecker u. a./*Micklitz,* MüKo zum BGB (Band 1), § 13 BGB, Rn. 47.

Der Zweck des Vertrages darf jedoch nicht mit den Handlungsmotiven verwechselt werden.[1083] So wird ein Arbeitsvertrag zwar mit dem Motiv der Sicherung des Lebensunterhaltes gegen Anbieten der eigenen Arbeitsleistung abgeschlossen, der Zweck des Arbeitsvertrages ist dadurch aber kein Anbieten der Arbeitsleistung im Rahmen einer selbstständigen Tätigkeit.

(a) Freier Mitarbeiter als Unternehmer im Sinne des § 14 BGB

Nach den vorgenannten Kriterien ist der freie Mitarbeiter regelmäßig als Unternehmer im Sinne des § 14 BGB einzuordnen. Für die selbstständige Tätigkeit, die § 14 BGB voraussetzt, sind insbesondere die freie Gestaltung von Inhalt der Tätigkeit, Arbeitszeit, -ort und -pensum maßgebliche Kriterien.[1084] Da der freie Mitarbeiter seine Arbeitsleistung unabhängig am Markt anbietet, kann er in all diesen Bereichen selbst Entscheidungen treffen. Des Weiteren bietet er seine Arbeitsleistung auch für die Schaffung und Erhaltung seiner Lebensgrundlage an. Insofern erfolgen die Abschlüsse der einzelnen Dienstverträge grundsätzlich im Rahmen der selbstständigen Tätigkeit, sodass er als Unternehmer im Sinne des § 14 BGB handelt.[1085]

Allerdings kann es je nach Einzelfall auch zu einer abweichenden Beurteilung kommen. Ist der freie Mitarbeiter auf Grund einer wirtschaftlichen und sozialen Abhängigkeit von einem Dienstberechtigten als arbeitnehmerähnliche Person anzusehen, ist auch hinsichtlich des Schutzes beim Vertragsschluss eine Vergleichbarkeit zum Arbeitnehmer anzunehmen und der freie Mitarbeiter ist entsprechend als Verbraucher anzusehen.[1086]

(b) Geschäftsführer als Verbraucher im Sinne des § 13 BGB

Obwohl das *BAG* auch den Fremdgeschäftsführer im Regelfall nicht als Arbeitnehmer ansieht, soll es sich bei ihm bei Abschluss des Anstellungsvertrages gleich-

---

1083 Gsell/Krüger u. a./*Alexander*, beckOGK (Stand: 01.08.2024), § 13 BGB, Rn. 275; so wohl auch: Grüneberg/*Ellenberger*, BGB, § 13 BGB, Rn. 4.

1084 *Faber*, ZEuP 1998, 854 (871); Hau/Poseck/*Martens*, BeckOK BGB, § 14 BGB, Rn. 28; Säcker/Rixecker u. a./*Micklitz*, MüKo zum BGB (Band 1), § 14 BGB, Rn. 31.

1085 So auch: *LG Rostock*, Urteil vom 31.07.2009 – 3 O 166/09, Rn. 84, juris; Gsell/Krüger u. a./*Alexander*, beckOGK (Stand: 01.08.2024), § 13 BGB, Rn. 318 ff.

1086 So wohl auch: Gsell/Krüger u. a./*Alexander*, beckOGK (Stand: 01.08.2024), § 13 BGB, Rn. 315 ff.; Staudinger/*Latzel*, Kommentar zum BGB §§ 611-613 BGB, § 611 BGB, Rn. 90 f, 98.

wohl um einen Verbraucher im Sinne des § 13 BGB handeln.[1087] Das *BAG* folgert die Verbraucherstellung daraus, dass der Fremdgeschäftsführer den Weisungen der Gesellschafterversammlung unterliege und mangels Beteiligung an der Gesellschaft auch nicht die wirtschaftlichen Risiken trage.[1088]

Die Literatur teilt die grundsätzliche Einordnung als Verbraucher und sieht wie das *BAG*[1089] eine Differenzierung anhand der Beteiligung des Geschäftsführers an der GmbH vor. Im Gegensatz zum Fremdgeschäftsführer sei dann der Geschäftsführer, der Mehrheitsgesellschafter oder Minderheitsgesellschafter mit Sperrminorität ist, Unternehmer im Sinne des § 14 BGB.[1090] Der bloße Minderheitsgesellschafter ohne Sperrminorität sei wie der Fremdgeschäftsführer hingegen ebenfalls Verbraucher im Sinne des § 13 BGB.[1091] Auch er verfügt über keine hinreichende Rechtsmacht, um Weisungen entgegenzutreten, was das *BAG* als Kriterium heranzieht.[1092]

Allerdings wird auch vertreten, dass der GmbH-Geschäftsführer unabhängig von seiner Beteiligung immer als Verbraucher anzusehen ist.[1093] Der Abschluss des Anstellungsvertrages könne nicht der gewerblichen oder selbstständigen berufliche Tätigkeit zugeordnet werden. Dies ändere sich auch nicht durch eine (Mehrheits-)Beteiligung an der GmbH, da die Beteiligung von dem Rechtsgeschäft des Anstellungsvertrages zu trennen sei. Bei dem Halten der Anteile handele es sich allein um die Verwaltung eigenen Vermögens, das auch nicht als gewerbliche Tätigkeit anzusehen sei.[1094]

1087 *BAG*, Urteil vom 19.05.2010 – 5 AZR 253/09, Rn. 23, juris; zustimmend: Grüneberg/*Ellenberger*, BGB, § 13 BGB, Rn. 3; *Langenbucher*, Anstellungsverhältnis des abberufenen GmbH-Geschäftsführers, S. 210 ff.; Henssler/Strohn/*Oetker*, GesR Kommentar, § 35 GmbHG, Rn. 124.

1088 *BAG*, Urteil vom 19.05.2010 – 5 AZR 253/09, Rn. 23, juris.

1089 *BAG*, Urteil vom 19.05.2010 – 5 AZR 253/09, Rn. 23, juris.

1090 Gsell/Krüger u. a./*Maties*, beckOGK (Stand: 01.05.2024), § 611 BGB, Rn. 203; *Schmitt-Rolfes*, Verträge von Organmitgliedern, S. 396; so wohl auch: Staudinger/*Piekenbrock*, Kommentar zum BGB §§ 305-310 BGB, § 310 BGB, Rn. 91.

1091 Fleischer/Goette/*Jaeger/Steinbrück*, MüKo GmbHG, § 35 GmbHG, Rn. 287; Gsell/Krüger u. a./*Maties*, beckOGK (Stand: 01.05.2024), § 611 BGB, Rn. 203; Henssler/Strohn/*Oetker*, GesR Kommentar, § 35 GmbHG, Rn. 124; *Schmitt-Rolfes*, Verträge von Organmitgliedern, S. 396.

1092 Fleischer/Goette/*Jaeger/Steinbrück*, MüKo GmbHG, § 35 GmbHG, Rn. 287.

1093 Staudinger/*Fritzsche*, Kommentar zum BGB §§ 1-14 BGB, § 13 BGB, Rn. 51, 102; wohl auch: *Mirza Khanian*, Inhaltskontrolle von Organanstellungsverträgen, S. 121.

1094 Staudinger/*Fritzsche*, Kommentar zum BGB §§ 1-14 BGB, § 13 BGB, Rn. 51, 102.

Ist der Anstellungsvertrag von Fremdgeschäftsführern und Minderheitsgesellschafter-Geschäftsführern demnach als Verbrauchervertrag im Sinne des § 310 Abs. 3 BGB anzusehen, unterliegt der Vertrag der vollumfänglichen Inhaltskontrolle mit direkter Anwendung der Klauselverbote in § 309 BGB und § 308 BGB. Zudem wird nach § 310 Abs. 3 Nr. 1 BGB ein einseitiges Stellen der Vertragsbedingungen durch den Unternehmer angenommen.

Dies gilt nicht für die Geschäftsführer, die auf Grund ihrer Mehrheitsbeteiligung oder Minderheitsbeteiligung mit Sperrminoritätenstellung als Unternehmer im Sinne des § 14 BGB anzusehen sind. Für diese gilt allein § 307 BGB als Kontrollmaßstab, wobei die Wertungen der § 309 BGB und § 308 BGB zu beachten sind.

Für diese beiden Arten von Geschäftsführern stellt sich aber ohnehin die Frage, ob die Anwendung des AGB-Rechts dessen Sinn entspricht. Durch ihre Gesellschafterposition haben sie die Möglichkeit auch auf Seiten des Dienstberechtigten Einfluss auf die Vertragsgestaltung zu nehmen.[1095] Die Vertragsbedingungen werden ihnen also nicht vom Vertragspartner gestellt. Unabhängig davon wäre aber zumindest ein Berufen auf die Unwirksamkeit der Klausel nach dem Grundsatz *venire contra factum proprium* rechtsmissbräuchlich.[1096] Somit ist die Relevanz der AGB-Kontrolle für die Mehrheitsgesellschafter und Gesellschafter mit einer Sperrminorität reduziert, sodass die Betrachtungen im Weiteren auf Fremdgeschäftsführer sowie Minderheitsgesellschafter-Geschäftsführer beschränkt wird.

(2) Anwendbarkeit des § 310 Abs. 4 S. 2 BGB

Die AGB-Kontrolle von Dienstverträgen unterliegt nicht der Modifikation des § 310 Abs. 4. S. 2 BGB.[1097] Dies ergibt sich bereits aus dem Wortlaut.[1098] Auf Grund der deutlichen und bekannten Differenzierung zwischen Dienst- und Arbeitsverträgen ist anzunehmen, dass der Gesetzgeber die Anwendung der Norm mit der Wortwahl „Arbeitsverträge“ bewusst und explizit auf solche beschränken wollte.

Hingegen könnte in Erwägung gezogen werden, Dienstverträge arbeitnehmerähnlicher Personen ebenfalls als Arbeitsverträge im Sinne des § 310 Abs. 4 S. 2

1095 *Hümmerich*, NZA 2006, 709 (710); zustimmend: *Schmitt-Rolfes*, Verträge von Organmitgliedern, S. 396.

1096 *Hümmerich*, NZA 2006, 709 (710).

1097 Säcker/Rixecker u. a./*Fornasier*, MüKo zum BGB (Band 2), § 310 BGB, Rn. 144; Clemenz/Kreft/Krause/*Kreft*, AGB-ArbR, § 310 BGB, Rn. 50; Graf von Westphalen/Pamp/Thüsing/*Thüsing*, VertrR/AGB-Klauselwerke, Arbeitsverträge, Rn. 59.

1098 So auch: *Hümmerich*, NZA 2006, 709 (712).

BGB anzusehen[1099] bzw. die Regelung analog auf Dienstverträge, beispielsweise Geschäftsführerverträge, anzuwenden.[1100] Dies hätte zur Konsequenz, dass auch bei diesen Verträgen die rechtlichen und tatsächlichen Besonderheiten zu berücksichtigen wären. Als Grund ließe sich anführen, dass die soziale Schutzbedürftigkeit bei arbeitnehmerähnlichen Personen vergleichbar mit der bei Arbeitnehmern sei.[1101] Eine inhaltliche Vergleichbarkeit wird auch für die analoge Anwendbarkeit des § 310 Abs. 4 S. 2 BGB auf Geschäftsführerverträge herangezogen, da sich auf Grund der Höchstpersönlichkeit der Dienstleistung sehr ähnliche Probleme ergäben.[1102] Zudem ergäben sich aus dem Spannungsfeld zwischen Organstellung und Anstellungsverhältnis tatsächliche Umstände, die bei der AGB-Kontrolle zu berücksichtigen seien.[1103]

Neben dem eingangs erwähnten, ausdrücklichen Wortlaut spricht auch der Entstehungshintergrund des § 310 Abs. 4 S. 2 BGB gegen eine derart umfangreiche Anwendung. Die Norm wurde im Zuge der Abschaffung der Bereichsausnahme des § 23 AGBG eingeführt. Sie diente als Kompensation zur Unterwerfung des Arbeitsrechts unter die AGB-Kontrolle.[1104] Allerdings unterlagen Dienstverträge und auch Verträge mit arbeitnehmerähnlichen Personen bereits zuvor der AGB-Kontrolle.[1105] Die vom Gesetzgeber bei der Übertragung der AGB-Kontrolle vom AGBG in das BGB geschaffene Ausnahme bezieht sich somit auch nur auf das Arbeitsrecht, für das die AGB-Kontrolle neu eingeführt wurde. Des Weiteren ist es der Systematik der AGB-Kontrolle immanent, dass es Klauseln gibt, deren Wirksamkeit auf Grundlage einer Interessenabwägung überprüft wird sowie explizite Klauselverbote, die nicht durch eine Interessabwägung „umgangen" werden können. Diese expliziten Klauselverbote gelten grundsätzlich für jede Vertragsart. Hätte der Gesetzgeber ein anderes Ergebnis gewollt, hätte er auch hier eine Berücksichtigung der Eigenarten des Vertrages – und somit eine Interessenabwägung – zugelassen. Diese sollte entsprechend nicht durch eine weite Auslegung des Begriffs „Arbeitsvertrag" oder eine analoge Anwendung des § 310 Abs. 4 S. 2 BGB durch eine Hintertür eingeführt werden.

1099 Dies wohl in Erwägung ziehend: Säcker/Rixecker u. a./*Fornasier*, MüKo zum BGB (Band 2), § 310 BGB, Rn. 144.

1100 *Mirza Khanian*, GmbHR 2011, 116 (118); *Stagat*, NZA-RR ArbR 2011, 617 (621).

1101 Säcker/Rixecker u. a./*Fornasier*, MüKo zum BGB (Band 2), § 310 BGB, Rn. 144.

1102 *Mirza Khanian*, GmbHR 2011, 116 (117).

1103 *Stagat*, NZA-RR ArbR 2011, 617 (621 f.).

1104 So auch: *Boemke*, RdA 2018, 1 (15).

1105 *OLG Nürnberg*, NJW 1986, 782 (783); *Boemke*, RdA 2018, 1 (15); Clemenz/Kreft/Krause/*Kreft*, AGB-ArbR, § 310 BGB, Rn. 11.

Dementsprechend ist die allgemeine Klauselkontrolle nach § 307 BGB unverändert anzuwenden.

2) Inhaltskontrolle

Im nachfolgenden Abschnitt wird die Inhaltskontrolle behandelt, die zu Erkenntnissen darüber führen soll, welche Anforderungen an § 616 BGB modifizierende Klauseln zu stellen sind, damit diese wirksam vereinbart werden können. Entsprechend der im AGB-Recht üblichen Vorgehensweise wird zunächst betrachtet, ob es sich bei § 616 BGB ausschließenden Klauseln um überraschende Klauseln im Sinne des § 305c Abs. 1 BGB handelt. Da die Abbedingung des § 616 BGB keines der Klauselverbote nach § 309 BGB und § 308 BGB tangiert, wird im Weiteren betrachtet, ob der Vertragspartner – hier der Arbeitnehmer oder Dienstverpflichtete – durch eine entsprechende Klausel unangemessen benachteiligt wird. Innerhalb dieser Betrachtung wird erst das Transparenzgebot nach § 307 Abs. 1 S. 2 BGB beleuchtet, bevor im Anschluss auf die unangemessene Benachteiligung gemäß § 307 Abs. 1 S. 1, Abs. 2 BGB eingegangen wird.

a) Überraschende Klausel – § 305c Abs. 1 BGB

Eine § 616 BGB ausschließende Klausel könnte zunächst eine überraschende Klausel im Sinne des § 305c Abs. 1 BGB darstellen.

aa) Grundsatz

Bei § 305c Abs. 1 BGB handelt es sich um eine negative Einbeziehungsvoraussetzung.[1106] Dies bedeutet, dass überraschende Klauseln nicht Bestandteil des Vertrages werden. Damit eine Klausel überraschend ist, muss sie zunächst ungewöhnlich sein. Dies bedeutet, dass sie inhaltlich von den üblichen Erwartungen des Vertragspartners, also dem womit er gewöhnlicherweise zu rechnen hat, abweichen muss.[1107] Die Erwartungen können sich aus den Umständen des Vertrags

---

1106 Bzgl. dieser – treffenden – Terminologie: Gsell/Krüger u. a./*Bonin*, beckOGK (Stand: 01.07.2024), § 305c BGB, Rn. 8; Grüneberg/*Grüneberg*, BGB, § 305c BGB, Rn. 1; Rolfs/Giesen u. a./*Jacobs*, BeckOK ArbR, § 305c BGB, Rn. 4; Hau/Poseck/*Schmidt*, BeckOK BGB, § 305c BGB, Rn. 14.

1107 Säcker/Rixecker u. a./*Fornasier*, MüKo zum BGB (Band 2), § 305c BGB, Rn. 7; Westermann/Grunewald/Maier-Riemer/*Looschelders*, Ermann BGB, § 305c BGB, Rn. 9; Hau/Poseck/*Schmidt*, BeckOK BGB, § 305c BGB, Rn. 14.

und Vertragsabschlusses,[1108] insbesondere aus der Art des Vertrages ergeben.[1109] Geschützt werden soll der Vertragspartner vor Klauseln, die er nach den gewöhnlichen Umständen nicht erwarten muss.[1110] Er soll also vor einer Überrumpelung geschützt werden.[1111]

Eine ungewöhnliche, überraschende Klausel kann auch daraus resultieren, dass sie sich an einer Stelle im Vertrag befindet, an der sie nicht erwartet wird.[1112]

bb) Überraschende Klausel auf Grund des Inhalts

§ 616 BGB stellt eine Abweichung vom eigentlichen Grundsatz des Entfalls der Gegenleistung bei Unmöglichkeit der Leistung dar. Des Weiteren handelt es sich um eine der wenigen einzelvertraglich abdingbaren Regelungen im Arbeits- und Dienstvertragsrecht. Die Abbedingung führt somit zu einem nicht unüblichen Ergebnis, dem Entfall der Vergütung bei Unmöglichkeit der Leistung. Es drängt sich auf, dass eine Regelung in dem Vertrag abbedungen oder zumindest eingeschränkt wird, die einen allgemeinen schuldrechtlichen Grundsatz modifiziert, zugleich aber vom Gesetzgeber für abdingbar erklärt wurde. Die Üblichkeit solcher Einschränkungen ergibt sich auch aus Tarifverträgen, die regelmäßig ent-

---

1108 Gsell/Krüger u. a./*Bonin*, beckOGK (Stand: 01.07.2024), § 305c BGB, Rn. 34 ff.; Säcker/Rixecker u. a./*Fornasier*, MüKo zum BGB (Band 2), § 305c BGB, Rn. 7; Rolfs/Giesen u. a./*Jacobs*, BeckOK ArbR, § 305c BGB, Rn. 8; Hau/Poseck/*Schmidt*, BeckOK BGB, § 305c BGB, Rn. 15.

1109 *BGH*, Urteil vom 22.12.1992 – VI ZR 341/91, Rn. 18, juris; Gsell/Krüger u. a./*Bonin*, beckOGK (Stand: 01.07.2024), § 305c BGB, Rn. 42; Grüneberg/*Grüneberg*, BGB, § 305c BGB, Rn. 3; Rolfs/Giesen u. a./*Jacobs*, BeckOK ArbR, § 305c BGB, Rn. 7 f.

1110 Gsell/Krüger u. a./*Bonin*, beckOGK (Stand: 01.07.2024), § 305c BGB, Rn. 29; Rolfs/Giesen u. a./*Jacobs*, BeckOK ArbR, § 305c BGB, Rn. 4; *Zeller-Müller*, Inhaltskontrolle von Arbeitsverträgen, S. 153 f.

1111 *BAG*, Urteil vom 19.08.2010 – 8 AZR 645/09, Rn. 54, juris; *LAG München*, Urteil vom 31.01.2012 – 9 Sa 950/11, Rn. 43, juris; *Diehn*, NZA 2004, 129 (132); Säcker/Rixecker u. a./*Fornasier*, MüKo zum BGB (Band 2), § 305c BGB, Rn. 12; Rolfs/Giesen u. a./*Jacobs*, BeckOK ArbR, § 305c BGB, Rn. 7; *Zeller-Müller*, Inhaltskontrolle von Arbeitsverträgen, S. 154.

1112 *BAG*, Urteil vom 31.08.2005 – 5 AZR 545/04, Rn. 24, juris; *BAG*, Urteil vom 27.04.2017 – 8 AZR 859/15, Rn. 71, juris; *LAG München*, Urteil vom 31.01.2012 – 9 Sa 950/11, Rn. 43, juris; Gsell/Krüger u. a./*Bonin*, beckOGK (Stand: 01.07.2024), § 305c BGB, Rn. 38; Rolfs/Giesen u. a./*Jacobs*, BeckOK ArbR, § 305c BGB, Rn. 8; Hau/Poseck/*Schmidt*, BeckOK BGB, § 305c BGB, Rn. 17; diesen Aspekt im Rahmen des Transparenzgebotes behandelnd: *Pfeiffer*, NJW 2011, 1 (5).

sprechende Klauseln enthalten.[1113] Auch wenn Regelungen in Tarifverträgen nicht mit Individualarbeits- und insbesondere Dienstverträgen vergleichbar sind, haben sie zumindest eine Indizwirkung. Denn jedenfalls für Arbeitsverträge ergibt sich hieraus eine gewisse Branchenüblichkeit, die auch eine inhaltliche Üblichkeit begründet.[1114]

Ein überraschender Vertragsinhalt durch die Abbedingung des § 616 BGB ist grundsätzlich nicht gegeben.

cc) Überraschende Klausel auf Grund der Stelle der Regelung im Arbeits- und Dienstvertrag

Allerdings könnte die Stelle der Regelung im Arbeits- oder Dienstvertrag zum Vorliegen einer überraschenden Klausel führen. Dies wäre dann der Fall, wenn die Abbedingung des § 616 BGB an einer unerwarteten Stelle im Vertrag erfolgt. Da es sich hierbei allein um eine abstrakte Betrachtung handelt, sind die möglicherweise in Betracht kommenden Stellen im Vertrag zu betrachten.

An einer unerwarteten Stelle befindet sich eine Regelung dann, wenn sie auf Grund ihres Inhalts nach gewöhnlicher Weise einem anderen Regelungskonglomerat zuzuordnen wäre.[1115] So hat beispielsweise das *LAG München* entschieden, dass eine auflösende Bedingung eines Arbeitsvertrages dann überraschend sei, wenn sie nicht dem im Vertrag vorhandenen Abschnitt „Beendigung“ unterfällt.[1116]

Wie zuvor ausgeführt,[1117] war historisch die Vergütungsfortzahlung in Krankheitsfällen ein wesentlicher Anwendungsbereich des § 616 BGB in Arbeitsverträgen. Während diese mittlerweile durch § 3 EFZG geregelt wurde, verbleibt im Bereich der Krankheit die Verhinderung auf Grund der krankheitsbedingten

1113 Exemplarisch sei hier auf § 52 BAT, § 29 TVöD, im Übrigen auf die zahlreiche Rechtsprechung des *BAG* verwiesen, die von einer regen Abbedingungspraxis in Tarifverträgen zeugt.

1114 Zur Maßgeblichkeit der Branchenüblichkeit für die Üblichkeit einer Klausel: Gsell/Krüger u. a./*Bonin,* beckOGK (Stand: 01.07.2024), § 305c BGB, Rn. 46; als Indiz eine Vielzahl von Rechtsprechung – die für Tarifverträge besteht – oder Formulierungshilfen im Schrifttum ansehend: Staudinger/*Krause,* Kommentar zum BGB Anhang zu §§ 305-310 BGB, Anh. K – AGB-Kontrolle im Arbeitsrecht, Rn. K 157.

1115 *BAG*, Urteil vom 31.08.2005 – 5 AZR 545/04, Rn. 25, juris; *BAG*, Urteil vom 27.04.2017 – 8 AZR 859/15, Rn. 71, juris; Gsell/Krüger u. a./*Bonin,* beckOGK (Stand: 01.07.2024), § 305c BGB, Rn. 38.

1116 *LAG München*, Urteil vom 31.01.2012 – 9 Sa 950/11, Rn. 43, juris.

1117 Vgl.: C)II)2)b)aa)(2)(a), S. 124.

Wahrnehmung von untertägigen Arztterminen als Hauptanwendungsbereich des § 616 BGB. Legt man die Ausführungen zur Klausel an einer unerwarteten Stelle sowie die zitierte Entscheidung zu Grunde, könnte vertreten werden, dass zumindest für die Fälle der Vergütungsfortzahlung bei der Wahrnehmung von Arztbesuchen der Ausschluss der Anwendbarkeit des § 616 BGB in einem Regelungskonglomerat mit den sonstigen Regelungen zur Krankheit und Entgeltfortzahlung nach § 3 EFZG vereinbart werden müsse. So könnte der Arbeitnehmer erwarten dürfen, dass in dem Vertragsabschnitt zum Krankheitsfall auch alle Auswirkungen auf Leistung und Gegenleistung in diesem Fall geregelt werden.

Allerdings führt der weite Anwendungsbereich des § 616 BGB zu Zuordnungsproblemen. Der weite Anwendungsbereich, der sich gerade nicht nur auf Krankheitsfälle bezieht,[1118] könnte es erforderlich machen, § 616 BGB an mehreren Stellen im Vertrag zu erwähnen. So kann die Fortzahlung der Vergütung nach § 616 BGB – insbesondere bei Geschäftsführern, die nicht dem Entgeltfortzahlungsgesetz unterliegen – einen erheblichen Teil der Vergütung darstellen. Auch wenn es sich nicht um eine Hauptleistungspflicht handelt, ist § 616 BGB auf Grund des Einflusses auf das Synallagma ein wesentlicher Teil der Preisbildung. Mithin könnte argumentiert werden, dass die Vergütungsfortzahlung nach § 616 BGB bei der Festlegung der Vergütung thematisiert werden müsste. Auf der anderen Seite ist § 616 BGB stets mit einer Befreiung von der Leistungspflicht verbunden. Mithin könnte es auch im Rahmen von Leistungsbefreiungstatbeständen thematisiert werden.

Eine Aufteilung des Ausschlusses des § 616 BGB kann aber gleichermaßen zu überraschenden Klauseln führen.[1119] Denn der Arbeitnehmer darf erwarten, dass thematisch zusammenhängende Regelungsgegenstände an einer Stelle gesammelt im Vertrag abgehandelt werden.[1120] Eine Aufteilung der Abbedingung des § 616 BGB auf verschiedene Regelungsbereiche – z. B. Krankheit, Freistellung – mit im Zweifel noch einer Auffangregelung – beispielsweise im Bereich der Regelungen zur Vergütung – führt gleichermaßen zu überraschenden Klauseln. Enthält der

---

1118 Vgl. hierzu: C)II)2)a)gg), S. 121.

1119 So allgemein in Bezug auf das Transparenzgebot: Däubler/Deinert/Walser/*Bonin/Walser,* AGB-Kontrolle ArbR, § 307 BGB, Rn. 155; Ulmer/Brandner/Hensen/*Fuchs,* AGB-Recht, § 307 BGB, Rn. 335a; *Pfeiffer,* NJW 2011, 1 (5); Hau/Poseck/*Schmidt,* BeckOK BGB, § 307 BGB, Rn. 45, 48; Säcker/Rixecker u. a./*Wurmnest,* MüKo zum BGB (Band 2), § 307 BGB, Rn. 62.

1120 So in Bezug auf das Transparenzgebot: *BGH,* Urteil vom 05.10.2023 – III ZR 216/22, Rn. 22, juris; Säcker/Rixecker u. a./*Wurmnest,* MüKo zum BGB (Band 2), § 307 BGB, Rn. 62.

Vertrag an einer Stelle eine Klausel zu § 616 BGB, ist nicht unbedingt zu erwarten, dass an anderer Stelle erneut eine Regelung, die § 616 BGB betrifft, erfolgt.[1121] Für den Dienstverpflichteten wird erheblich erschwert zu erkennen, in welcher Reichweite der Dienstberechtigte von seiner Möglichkeit der Abbedingung Gebrauch macht. Hierfür müsste er die über den Vertrag verteilten Regelungen sammeln und zusammenführen.

Dementsprechend ist § 616 BGB in Arbeits- und Dienstverträgen BGB einmal – vollumfänglich – zu thematisieren. Dabei obliegt dem Ersteller des Vertrages auf Grund des weiten Anwendungsbereiches und damit der thematischen Verbundenheit mit mehreren Regelungskonglomeraten im Vertrag, ein weiter Spielraum. Am sichersten wäre es, § 616 BGB unter einer eigenen Überschrift, die die Regelung hervorhebt zu thematisieren. So kann erreicht werden, dass die Klausel wahrgenommen wird. Durch die Hervorhebung kann der Überraschungseffekt ausgeschlossen werden.[1122]

dd) Zwischenergebnis

Mithin handelt es sich bei Klauseln, die § 616 BGB ganz oder teilweise abbedingen, regelmäßig nicht um überraschende Klauseln im Sinne des § 305c BGB. Gleichwohl sollte darauf geachtet werden, dass die Klausel an einer – entsprechend ihrem Regelungsgehalt – logischen und thematisch passenden Stelle in den Vertrag aufgenommen wird. Möglicherweise bietet sich gar ein eigener Paragraph mit eigener Überschrift an.

b) Transparenzgebot – § 307 Abs. 1 S. 2 BGB

Die Unwirksamkeit einer § 616 BGB modifizierenden Klausel im Arbeits- oder Dienstvertrag kann sich aus einem Verstoß gegen das Transparenzgebot nach § 307 Abs. 1 S. 2 BGB ergeben.

1121 Ähnlich für mehrere Befristungsabreden an unterschiedlichen Stellen in einem Vertrag: *LAG Hamm*, Urteil vom 13.12.2012 – 11 Sa 1206/12, Rn. 40, juris.

1122 Im Allgemeinen zur Eignung der (drucktechnischen) Hervorhebung der Regelung um den Überraschungseffekt auszuschließen: Gsell/Krüger u. a./*Bonin*, beckOGK (Stand: 01.07.2024), § 305c BGB, Rn. 52; Hau/Poseck/*Schmidt*, BeckOK BGB, § 305c BGB, Rn. 19.

aa) Grundsatz des Transparenzgebotes

Das Transparenzgebot nach § 307 Abs. 1 S. 2 BGB stellt einen Unterfall der unangemessenen Benachteiligung des Vertragspartners dar.[1123] Eine Klausel ist intransparent, wenn der Verwender sie nicht hinreichend klar und durchschaubar bzw. verständlich darstellt.[1124]

(1) Grundsätze im allgemeinen Zivilrecht

Dabei kann mit der intransparenten Vertragsgestaltung zusätzlich eine inhaltliche Benachteiligung einhergehen. Allerdings kann sich die Benachteiligung auch unmittelbar aus der Intransparenz ergeben.[1125] Für eine sich auch unmittelbar aus der Intransparenz ergebende unangemessene Benachteiligung werden zwei Fallgruppen vertreten. Diese beziehen sich zum einen auf den Zeitpunkt des Vertragsschlusses – Abschlusstransparenz – und zum anderen auf die Vertragsabwicklung – Abwicklungstransparenz.[1126]

Bei der Abschlusstransparenz könne der Vertragspartner durch die intransparente Vertragsgestaltung seine Marktchancen nicht wahrnehmen. Eine Vereitelung der Marktchancen liege dann vor, wenn der Vertragspartner nicht beurteilen

---

1123 Gsell/Krüger u. a./*Eckelt,* beckOGK (Stand: 01.01.2024), § 307 BGB – Inhaltskontrolle, Rn. 125; Staudinger/*Wendland,* Kommentar zum BGB §§ 305-310 BGB, § 307 BGB, Rn. 174; die Intransparenz als Regelbeispiel für eine unangemessene Benachteiligung bezeichnend: Rolfs/Giesen u. a./*Jacobs,* BeckOK ArbR, § 307 BGB, Rn. 56.

1124 *BAG,* Urteil vom 24.08.2017 – 8 AZR 378/16, Rn. 18, juris; *BAG,* Urteil vom 24.05.2018 – 6 AZR 308/17, Rn. 34, juris; *BAG,* Urteil vom 03.12.2019 – 9 AZR 44/19, Rn. 16, juris; *BGH,* Urteil vom 09.05.2001 – IV ZR 121/00, Rn. 34, juris; Däubler/Deinert/Walser/*Bonin/Walser,* AGB-Kontrolle ArbR, § 307 BGB, Rn. 139; *Henssler/Moll,* AGB-Kontrolle, Rn. 31; Rolfs/Giesen u. a./*Jacobs,* BeckOK ArbR, § 307 BGB, Rn. 59; Hau/Poseck/*Schmidt,* BeckOK BGB, § 307 BGB, Rn. 43.

1125 Däubler/Deinert/Walser/*Bonin/Walser,* AGB-Kontrolle ArbR, § 307 BGB, Rn. 151, 153; Gsell/Krüger u. a./*Eckelt,* beckOGK (Stand: 01.01.2024), § 307 BGB – Inhaltskontrolle, Rn. 125 f.; Ulmer/Brandner/Hensen/*Fuchs,* AGB-Recht, § 307 BGB, Rn. 330 f.; Staudinger/*Wendland,* Kommentar zum BGB §§ 305-310 BGB, § 307 BGB, Rn. 174; mit Blick auf die ökonomische Rechtfertigung der AGB-Kontrolle zweifelnd: Säcker/Rixecker u. a./*Wurmnest,* MüKo zum BGB (Band 2), § 307 BGB, Rn. 60; a. A.: Rolfs/Giesen u. a./*Jacobs,* BeckOK ArbR, § 307 BGB, Rn. 59.

1126 *BAG,* Urteil vom 24.05.2018 – 6 AZR 308/17, Rn. 34, juris; Ulmer/Brandner/Hensen/*Fuchs,* AGB-Recht, § 307 BGB, Rn. 326; Clemenz/Kreft/Krause/*Klumpp,* AGB-ArbR, § 307 BGB, Rn. 84; Staudinger/*Krause,* Kommentar zum BGB Anhang zu §§ 305-310 BGB, Anh. K – AGB-Kontrolle im Arbeitsrecht, Rn. K 239.

könne, ob es sich um einen für ihn akzeptablen Vertrag handele.[1127] Eine unangemessene Benachteiligung ist also darin zu sehen, dass der Vertragspartner nicht abschätzen kann, ob er für seine Leistung am Markt nicht eine bessere bzw. in der Summe höhere Gegenleistung erhalten[1128] bzw. mit dem Verwender in entsprechende Verhandlungen eintreten könnte.[1129]

Im Fall der Abwicklungstransparenz werde dem Vertragspartner durch die intransparente Klausel die Rechtswahrnehmung erschwert. Durch eine nicht verständliche Klausel könne der Vertragspartner seine Rechte möglicherweise nicht einschätzen, erkennen oder durchsetzen.[1130] Ihm würden also Rechte, die ihm grundsätzlich nach dem Vertrag zustünden, faktisch wieder entzogen.[1131]

1127 Gsell/Krüger u. a./*Eckelt*, beckOGK (Stand: 01.01.2024), § 307 BGB – Inhaltskontrolle, Rn. 127; Ulmer/Brandner/Hensen/*Fuchs*, AGB-Recht, § 307 BGB, Rn. 326; Staudinger/*Krause*, Kommentar zum BGB Anhang zu §§ 305-310 BGB, Anh. K – AGB-Kontrolle im Arbeitsrecht, Rn. K 239; Staudinger/*Wendland*, Kommentar zum BGB §§ 305-310 BGB, § 307 BGB, Rn. 175; so wohl auch: *Henssler/Moll*, AGB-Kontrolle, Rn. 30; Hau/Poseck/*Schmidt*, BeckOK BGB, § 307 BGB, Rn. 45.

1128 So auch: *BGH*, Urteil vom 01.10.2019 – VI ZR 156/18, Rn. 23, juris; Däubler/Deinert/Walser/*Bonin/Walser*, AGB-Kontrolle ArbR, § 307 BGB, Rn. 147; Westermann/Grunewald/Maier-Riemer/*Looschelders*, Ermann BGB, § 307 BGB, Rn. 20.

1129 So auch: Staudinger/*Krause*, Kommentar zum BGB Anhang zu §§ 305-310 BGB, Anh. K – AGB-Kontrolle im Arbeitsrecht, Rn. K 239.

1130 *BAG*, Urteil vom 24.08.2017 – 8 AZR 378/16, Rn. 18, juris; *BGH*, Urteil vom 17.01.1989 – XI ZR 54/88, Rn. 22, juris; *BGH*, Urteil vom 26.10.2005 – VIII ZR 48/05, Rn. 23, juris; *BGH*, Urteil vom 29.04.2015 – VIII ZR 104/14, Rn. 16, juris; *BGH*, Urteil vom 22.03.2018 – IX ZR 99/17, Rn. 34, juris; *Bieder*, AcP 2016, 911 (915); Däubler/Deinert/Walser/*Bonin/Walser*, AGB-Kontrolle ArbR, § 307 BGB, Rn. 148; Gsell/Krüger u. a./*Eckelt*, beckOGK (Stand: 01.01.2024), § 307 BGB – Inhaltskontrolle, Rn. 127; Ulmer/Brandner/Hensen/*Fuchs*, AGB-Recht, § 307 BGB, Rn. 335; *Henssler/Moll*, AGB-Kontrolle, Rn. 29 f.; Clemenz/Kreft/Krause/*Klumpp*, AGB-ArbR, § 307 BGB, Rn. 84; Staudinger/*Krause*, Kommentar zum BGB Anhang zu §§ 305-310 BGB, Anh. K – AGB-Kontrolle im Arbeitsrecht, Rn. K 239; Stürner/*Stadler*, Jauernig, § 307 BGB, Rn. 6; Staudinger/*Wendland*, Kommentar zum BGB §§ 305-310 BGB, § 307 BGB, Rn. 178.

1131 Ulmer/Brandner/Hensen/*Fuchs*, AGB-Recht, § 307 BGB, Rn. 328.

(2) Anwendung der Grundsätze im Arbeitsrecht

Fraglich ist, ob das Transparenzgebot grundsätzlich uneingeschränkt auch für Arbeitsverträge gilt. Insbesondere *Krause* zweifelt die Sinnhaftigkeit des Transparenzgebotes bei Arbeitsverträgen an.[1132]

Krause wendet ein, dass die Abschlusstransparenz für den Arbeitnehmer kaum hilfreich sei. Er benötige dieses Instrument nicht, um seine Marktchancen abschätzen zu können. Denn es bestehe zwischen Arbeitnehmern und Arbeitgebern ein derartiges Ungleichgewicht hinsichtlich der Angewiesenheit auf den Abschluss des Arbeitsvertrages, dass der Arbeitnehmer nicht in Verhandlungen eintreten würde. Ebenso würde sich der Arbeitnehmer kaum bei mehreren Arbeitgebern bewerben, um dann die Vertragsbedingungen gegeneinander vergleichen zu können. Des Weiteren beträfen die Vertragsbedingungen regelmäßig Konditionen, die im Randbereich der Relevanz für den Arbeitnehmer lägen.[1133]

Krause zieht zudem auch die Bedeutung der Abwicklungstransparenz im Arbeitsverhältnis in Zweifel. So hebt er hervor, dass die Durchsetzung des Arbeitsrechts während des laufenden Arbeitsverhältnisses weniger eine Frage der Transparenz als vielmehr der Belastung des Vertragsverhältnisses durch (gerichtliche) Streitigkeiten sei. Komme es hingegen zu einem Prozess, zeige dies – anders als bei Verbandsklageverfahren – das der Arbeitnehmer gerade nicht von der Geltendmachung seines Rechts abgehalten werde. Allerdings erkennt *Krause* auch an, dass durch eine intransparente Klauselgestaltung die Rechtsdurchsetzung erschwert werde.[1134]

Dieser Argumentation ist damit entgegenzutreten, dass die Angewiesenheit des Arbeitnehmers auf den Vertragsschluss, die Möglichkeit zum Vergleich der Konditionen verschiedener Arbeitgeber sowie die Bereitschaft des Arbeitgebers zu Verhandlungen stark von der jeweiligen Arbeitsmarktlage abhängen. Insbesondere in Zeiten des Fachkräftemangels, in denen der Markt sich zu Gunsten des Arbeitnehmers darstellt, kann sich der Arbeitnehmer den Arbeitgeber tatsächlich aussuchen. Weshalb er dann nicht die Vertragsbedingungen gegeneinander vergleichen sollte und könnte, die entweder mittelbar das Arbeitsentgelt beeinflussen oder möglicherweise auch nur die Rahmenbedingungen der Ar-

---

1132 Staudinger/*Krause*, Kommentar zum BGB Anhang zu §§ 305-310 BGB, Anh. K – AGB-Kontrolle im Arbeitsrecht, Rn. K 241 f.

1133 Staudinger/*Krause*, Kommentar zum BGB Anhang zu §§ 305-310 BGB, Anh. K – AGB-Kontrolle im Arbeitsrecht, Rn. K 241.

1134 Staudinger/*Krause*, Kommentar zum BGB Anhang zu §§ 305-310 BGB, Anh. K – AGB-Kontrolle im Arbeitsrecht, Rn. K 242.

beitsleistung betreffen, erschließt sich nicht. Der Arbeitnehmer kann bei dieser Marktlage gleichsam wie bei jedem anderen schuldrechtlichen Vertrag anhand der Vertragsbedingungen eine freie Entscheidung über die „Qualität" des Vertragsangebots im Vergleich zum sonstigen Markt treffen. Insbesondere dies soll die Abschlusstransparenz sichern.

Zwar ist zuzustimmen, dass wohl viele Arbeitnehmer von der Durchsetzung ihrer Rechte deshalb absehen, weil sie das Arbeitsverhältnis nicht belasten möchten. Zum einen führt aber bereits die Überzeugung des Arbeitnehmers, dass er entgegen dem geltenden Recht behandelt wird, zu einer Unzufriedenheit und damit auch zu Belastung des Arbeitsverhältnisses. Zum anderen zeigt sich dieses Problem in sämtlichen Dauerschuldverhältnissen, wie beispielsweise auch in Mietverträgen. Somit müsste in allen Dauerschuldverhältnissen die Sinnhaftigkeit des Transparenzgebotes angezweifelt werden, was kaum dem Zweck der Norm und dem Willen des Gesetzgebers entspräche. Aber auch an dieser Stelle zeigt sich wieder die Bedeutung der Abschlusstransparenz auch im Arbeitsvertrag. Denn klar und eindeutig geregelte Rechte wirken einem Streit über das Bestehen des Rechts entgegen.

Des Weiteren hat der Gesetzgeber durch die Einbeziehung des Arbeitsrechts in die AGB-Kontrolle beabsichtigt, Arbeitnehmern grundsätzlich den gleichen Schutzstandard zukommen zu lassen, wie er im sonstigen Zivilrecht gilt.[1135] Die grundsätzliche Anwendbarkeit des § 307 Abs. 1 S. 2 BGB wird auch dadurch verdeutlicht, dass die Norm nicht in § 310 Abs. 4 S. 2 a. E. BGB genannt wird.

All dies spricht dagegen, die Anwendung des Transparenzgrundsatzes aus § 307 Abs. 1 S. 2 BGB auf Grund einer vermeintlich fehlenden Sinnhaftigkeit für Arbeitsverträge einzuschränken bzw. anderen Maßstäben zu unterwerfen, als sie für das allgemeine Zivilrecht gelten. Gleichwohl wirkt auch an dieser Stelle § 310 Abs. 4 S. 2 BGB in die Transparenzkontrolle hinein, wonach „die im Arbeitsrecht geltenden Besonderheiten angemessen zu berücksichtigen" sind.[1136]

bb) Beurteilungsmaßstäbe

Auch wenn beide zuvor genannten Fallgruppen[1137] zu unterschiedlichen Zeitpunkten des Geschäftskontakts der Vertragsparteien wirken, unterliegt die Beurteilung der Transparenz grundsätzlich den gleichen Maßstäben. Diese sollen

1135 BT-Drs. 14/6857, S. 54.

1136 So auch: Staudinger/*Wendland*, Kommentar zum BGB §§ 305-310 BGB, § 307 BGB, Rn. 219; vgl. zur Bedeutung dieser Einschränkung: D)III)1)c)cc)(2)(c), S. 270.

1137 Vgl.: D)III)2)b)aa)(1), S. 294.

im Folgenden aufgezeigt werden, um im Anschluss potentielle Klauseln zu § 616 BGB hieran zu messen.

(1) Maßstab bei Verbraucherverträgen

Die Beurteilung der Transparenz knüpft das *BAG* an eine Faustformel an: Der Vertragspartner müsse aus der Klausel erkennen können, „was […] auf ihn zukommt".[1138] Diese Faustformel ist – naturgemäß – recht unbestimmt, verdeutlicht aber auch, dass eine Vielzahl von Faktoren bei der Bewertung der Transparenz zu berücksichtigen sind. Dadurch lassen sich konkrete, allgemeingültige Grenzen der Transparenz nicht formulieren.[1139] Jedoch sind zumindest die zu berücksichtigenden Kriterien und Maßstäbe zur Beurteilung zu bestimmen.

Nach herrschender Meinung erfordert die Transparenz einer Klausel, dass durch den Verwender sowohl die Tatbestandsvoraussetzungen als auch die Rechtsfolgen derart eindeutig aufgezeigt werden, dass keine ungerechtfertigten Beurteilungsspielräume verbleiben.[1140] Dies bedeute, dass wirtschaftliche Nachteile insoweit erkennbar sein müssten, wie es nach den Umständen gefordert werden könne.[1141]

Bei dem Transparenzgebot handele es sich um eine typisierte, generalisierte Betrachtung, sodass es nicht auf das Verständnis des konkreten Vertragspartners, sondern das Verständnis des – für diesen Vertragstyp – durchschnittlichen Vertragspartners ankomme.[1142] Dementsprechend richteten sich auch die Er-

---

1138 *BAG*, Urteil vom 21.08.2012 – 3 AZR 698/10, Rn. 18, juris; *BAG*, Urteil vom 26.01.2017 – 6 AZR 671/15, Rn. 22, juris; *BAG*, Urteil vom 24.08.2017 – 8 AZR 378/16, Rn. 18, juris.

1139 So auch: Staudinger/*Wendland*, Kommentar zum BGB §§ 305-310 BGB, § 307 BGB, Rn. 194.

1140 *BAG*, Urteil vom 24.08.2017 – 8 AZR 378/16, Rn. 18, juris; *BGH*, Urteil vom 05.12.2012 – I ZR 23/11, Rn. 35, juris; *BGH*, Urteil vom 09.04.2014 – VIII ZR 404/12, Rn. 37, juris; *BGH*, Urteil vom 29.04.2015 – VIII ZR 104/14, Rn. 16, juris; *BGH*, Urteil vom 22.03.2018 – IX ZR 99/17, Rn. 34, juris; Säcker/Rixecker u. a./*Wurmnest*, MüKo zum BGB (Band 2), § 307 BGB, Rn. 63.

1141 *BGH*, Urteil vom 14.01.2014 – XI ZR 355/12, Rn. 23, juris; *BGH*, Urteil vom 09.04.2014 – VIII ZR 404/12, Rn. 37, juris; *BGH*, Urteil vom 13.09.2017 – IV ZR 302/16, Rn. 13, juris; *BGH*, Urteil vom 05.10.2023 – III ZR 216/22, Rn. 22, juris; *Bieder*, AcP 2016, 911 (914); Ulmer/Brandner/Hensen/*Fuchs*, AGB-Recht, § 307 BGB, Rn. 335; Hau/Poseck/*Schmidt*, BeckOK BGB, § 307 BGB, Rn. 45; Säcker/Rixecker u. a./*Wurmnest*, MüKo zum BGB (Band 2), § 307 BGB, Rn. 63.

1142 Rolfs/Giesen u. a./*Jacobs*, BeckOK ArbR, § 307 BGB, Rn. 60; Rn. 43, 49; Staudinger/*Wendland*, Kommentar zum BGB §§ 305-310 BGB, § 307 BGB, Rn. 183; mit Blick

kenntnisse und Erkenntnismöglichkeiten nach denen eines durchschnittlichen Vertragspartners.[1143] Der durchschnittliche Vertragspartner sei grundsätzlich rechtlich[1144] und kaufmännisch nicht vorgebildet.[1145] So ließen sich lediglich das Alltagswissen und einfaches Rechnen von Verbrauchern als Vertragspartner erwarten.[1146] Allerdings sei dabei auch zu berücksichtigen, an welchen Empfängerkreis sich die Vertragsart richte.[1147] So wird sich im Bereich des Arbeitsrechts dafür ausgesprochen, beispielsweise zwischen Leitenden Angestellten und sonstigen Arbeitnehmern zu differenzieren.[1148] Teilweise wird gar eine noch kleinteiligere Untergliederung für erforderlich angesehen.[1149]

Mit Blick auf das logische Denken könne vom Vertragspartner auch erwartet werden, dass er den Sinnzusammenhang verschiedener Klauseln erfasse, sofern dieser für ihn erkennbar sei.[1150] Vom durchschnittlichen Vertragspartner dürfe

---

auf die Rechtsprechung des *EuGH*, die auch die konkreten Umstände des Vertragsschlusses berücksichtigt: *F. Gerlach*, GWR 2014, 415 (415).

1143 *BGH*, Urteil vom 26.10.2005 – VIII ZR 48/05, Rn. 24, juris; *BGH*, Urteil vom 14.01.2014 – XI ZR 355/12, Rn. 23, juris; *BGH*, Urteil vom 09.04.2014 – VIII ZR 404/12, Rn. 37, juris; Gsell/Krüger u. a./*Eckelt*, beckOGK (Stand: 01.01.2024), § 307 BGB – Inhaltskontrolle, Rn. 130; Clemenz/Kreft/Krause/*Klumpp*, AGB-ArbR, § 307 BGB, Rn. 88.

1144 *BGH*, Urteil vom 05.05.2010 – III ZR 209/09, Rn. 14, juris; *BGH*, Urteil vom 19.04.2018 – III ZR 255/17, Rn. 18, juris; *BGH*, Urteil vom 07.02.2019 – III ZR 38/18, Rn. 24, juris; Gsell/Krüger u. a./*Eckelt*, beckOGK (Stand: 01.01.2024), § 307 BGB – Inhaltskontrolle, Rn. 130; Säcker/Rixecker u. a./*Wurmnest*, MüKo zum BGB (Band 2), § 307 BGB, Rn. 69.

1145 Gsell/Krüger u. a./*Eckelt*, beckOGK (Stand: 01.01.2024), § 307 BGB – Inhaltskontrolle, Rn. 130; Säcker/Rixecker u. a./*Wurmnest*, MüKo zum BGB (Band 2), § 307 BGB, Rn. 69.

1146 Gsell/Krüger u. a./*Eckelt*, beckOGK (Stand: 01.01.2024), § 307 BGB – Inhaltskontrolle, Rn. 131.1; *Pfeiffer*, NJW 2011, 1 (6); Staudinger/*Wendland*, Kommentar zum BGB §§ 305-310 BGB, § 307 BGB, Rn. 196; Säcker/Rixecker u. a./*Wurmnest*, MüKo zum BGB (Band 2), § 307 BGB, Rn. 69.

1147 Gsell/Krüger u. a./*Eckelt*, beckOGK (Stand: 01.01.2024), § 307 BGB – Inhaltskontrolle, Rn. 130.

1148 Clemenz/Kreft/Krause/*Klumpp*, AGB-ArbR, § 307 BGB, Rn. 88; Staudinger/*Krause*, Kommentar zum BGB Anhang zu §§ 305-310 BGB, Anh. K – AGB-Kontrolle im Arbeitsrecht, Rn. K 244; *Stoffels*, ZFA 2009, 861 (879).

1149 Däubler/Deinert/Walser/*Bonin*/*Walser*, AGB-Kontrolle ArbR, § 307 BGB, Rn. 159.

1150 *BGH*, Urteil vom 11.03.2015 – IV ZR 54/14, Rn. 12, juris; *BGH*, Urteil vom 22.04.2015 – IV ZR 419/13, Rn. 12, juris; *BGH*, Urteil vom 06.07.2016 – IV ZR 44/15, Rn. 17, juris; *BGH*, Urteil vom 04.04.2018 – IV ZR 104/17, Rn. 9, juris; *BGH*,

auch eine Anstrengung seiner Erkenntniskräfte verlangt werden. Dies folge aus dem Freiheits- und Verantwortungsprinzip des Schuldrechts. Somit könne von einem aufmerksamen und sorgfältigen Vertragspartner ausgegangen werden.[1151] *Pfeiffer* nimmt gar an, dass eine gesteigerte Sorgfalt beim Vertragsschluss und größeres Bemühen beim Verständnis der Bedingungen erwartet werden könne, wenn mit dem Vertrag eine längere Bindung eingegangen werde.[1152]

Obwohl grundsätzlich von einer fehlenden rechtlichen Vorbildung auszugehen ist, treffe den Verwender keine Pflicht zur Rechtsaufklärung in den AGB.[1153] Uneindeutig sind Literatur und Rechtsprechung dahingehend, ob dem durchschnittlichen Vertragspartner Verweise auf gesetzliche Normen und unbestimmte Rechtsbegriffe zugemutet werden können.

Teilweise wird vertreten, dass sich der Regelungsgehalt der Klausel nicht bloß aus einer Gesetzesnorm, auf die verwiesen wird, ergeben dürfe.[1154] Vielmehr müsse die Klausel den wesentlichen Inhalt der Norm, auf die sich bezogen wird, wiedergeben.[1155] Andernfalls werde die Erkennbarkeit der Rechtsfolge zu stark eingeschränkt.[1156] *Wurmnest* sowie Teile der Rechtsprechung möchten hingegen zumindest klare und eindeutige Verweisungen als transparent ansehen.[1157] So könne dem Vertragspartner zugemutet werden, bei der Durchsicht der AGB einen Blick in das Gesetz vorzunehmen. Dies könne sowohl hinsichtlich des zeitlichen

Urteil vom 07.02.2019 – III ZR 38/18, Rn. 24, juris; *BGH*, Urteil vom 05.10.2023 – III ZR 216/22, Rn. 23, juris.

1151 Staudinger/*Wendland*, Kommentar zum BGB §§ 305-310 BGB, § 307 BGB, Rn. 196.

1152 *Pfeiffer*, NJW 2011, 1 (4).

1153 *BGH*, Urteil vom 14.05.1996 – XI ZR 257/94, Rn. 31, juris; Däubler/Deinert/Walser/*Bonin/Walser*, AGB-Kontrolle ArbR, § 307 BGB, Rn. 154; Rolfs/Giesen u. a./*Jacobs*, BeckOK ArbR, § 307 BGB, Rn. 59; Schulze/*Schulte-Nölke*, HK-BGB, § 307 BGB, Rn. 23; Staudinger/*Wendland*, Kommentar zum BGB §§ 305-310 BGB, § 307 BGB, Rn. 199.

1154 Die undifferenzierte Bezugnahme von gesetzlichen Regelungen grundsätzlich als problematisch ansehend: Ulmer/Brandner/Hensen/*Fuchs*, AGB-Recht, § 307 BGB, Rn. 337.

1155 *EuGH*, Urteil vom 21.03.2013 – C-92/11, Rn. 50, juris; *BGH*, Urteil vom 14.01.2014 – XI ZR 355/12, Rn. 27, juris; *Schleswig-Holsteinisches OLG*, Rechtsentscheid in Mietsachen vom 27.03.1995 – 4 RE-Miet 1/93, Rn. 18, juris; *OLG Düsseldorf*, Urteil vom 19.12.1996 – 24 U 11/96, Rn. 11, juris.

1156 *OLG Düsseldorf*, Urteil vom 19.12.1996 – 24 U 11/96, Rn. 11, juris.

1157 *OLG Rostock*, Urteil vom 29.05.2006 – 3 U 167/05, Rn. 50 f., juris; Säcker/Rixecker u. a./*Wurmnest*, MüKo zum BGB (Band 2), § 307 BGB, Rn. 64.

Aspekts beim Lesen der AGB aber auch hinsichtlich des Verständnisses auch von einem Laien erwartet werden.[1158]

Bei der Verwendung unbestimmter Rechtsbegriffe geht der *BGH* auch davon aus, dass der Vertragspartner zur Auslegung eines unbestimmten Rechtsbegriffs eine zitierte Norm in Augenschein nehmen könne.[1159] Dem Vertragspartner wird dann sogar zugemutet, die Struktur der Klausel und der Norm zu vergleichen und dadurch zur Auslegung des unbestimmten Rechtsbegriffs in den AGB zu gelangen.[1160] Unklar bleibt, ob der *BGH* eine Transparenz nur in den Fällen annimmt, in denen bereits das allgemeine Verständnis des Wortlauts zu dem richtigen Auslegungsergebnis des unbestimmten Rechtsbegriffs gelangt und der Vergleich mit der zitierten Norm dieses Ergebnis nur unterstützt. Dies lässt jedenfalls der letzte Satz der Ausführungen des Urteils hierzu vermuten.[1161]

Die Grenze des zumutbaren Rechtsverständnisses des Vertragspartners – insbesondere, wenn er Verbraucher ist – sei aber jedenfalls dann erreicht, wenn er zwischen verschiedenen Rechtsbegriffen und Rechtsinstituten selbstständige Abgrenzungen vornehmen müsse.[1162] Beispiele hierfür seien die Unterscheidung zwischen der Herstellergarantie und der Gewährleistung des Verkäufers,[1163] die Unterscheidung zwischen vertraglichem oder gesetzlichem Rücktrittsrecht[1164] oder die Vermengung von zwei verschiedenen Haftungsfällen mit unterschiedlichen Rechtsfolgen zu einer vermeintlichen Sinneinheit.[1165] Diesen Intransparenzen könne jedoch zumindest mit einer abstrakten Begriffserläuterung begegnet werden, während eine (abschließende) Aufzählung aller relevanter Aspekte, wie Vertragspflichten oder Tatbestandsmerkmale, nicht mehr im Möglichen bzw. dem Verwender Zumutbaren liege.[1166] Lediglich das ihm Mögliche und Zumutbare könne vom Verwender erwartet werden.[1167]

1158 *OLG Rostock*, Urteil vom 29.05.2006 – 3 U 167/05, Rn. 48, juris.

1159 *BGH*, Urteil vom 22.04.2015 – IV ZR 419/13, Rn. 15, juris.

1160 *BGH*, Urteil vom 22.04.2015 – IV ZR 419/13, Rn. 15, juris.

1161 Vgl. hierfür den letzten Satz der Randnummer: *BGH*, Urteil vom 22.04.2015 – IV ZR 419/13, Rn. 15, juris.

1162 So die einschlägige Rechtsprechung zusammenfassend: *Pfeiffer*, NJW 2011, 1 (6 f.).

1163 *BGH*, Urteil vom 23.03.1988 – VIII ZR 58/87, Rn. 29 ff., juris.

1164 *BGH*, Urteil vom 27.09.2000 – VIII ZR 155/99, Rn. 59, juris.

1165 *BGH*, Urteil vom 27.09.2000 – VIII ZR 155/99, Rn. 105, juris.

1166 *BGH*, Urteil vom 20.07.2005 – VIII ZR 121/04, Rn. 86, juris; zustimmend: Staudinger/*Wendland*, Kommentar zum BGB §§ 305-310 BGB, § 307 BGB, Rn. 195.

1167 *BAG*, Urteil vom 31.08.2005 – 5 AZR 545/04, Rn. 45, juris; *BAG*, Urteil vom 21.08.2012 – 3 AZR 698/10, Rn. 19, juris; Däubler/Deinert/Walser/*Bonin/Walser*,

Im Übrigen sei der Ausgangspunkt für das Verständnis der Norm durch den Vertragspartner der Wortlaut.[1168] Dieser sei nach dem allgemein vorherrschenden Sprachverständnis zu bestimmen.[1169] Das Transparenzgebot verlange jedoch nicht, dass der Wortlaut der Klauseln so eindeutig sein müsse, dass er keiner Auslegung mehr bedürfe.[1170] Es könne insbesondere nicht gefordert werden, dass jegliche Einzelfälle, die von der Regelung betroffen sind, in der Klausel Erwähnung finden.[1171] Ein solches Erfordernis sei für die Transparenz auch kontraproduktiv. Durch die Regelung jedes Einzelfalls würde die Regelung zu detailliert und unübersichtlich,[1172] was gleichermaßen zu Intransparenz führe.[1173] Alternativ zur Regelung der Einzelfälle sei es jedoch möglich, Regelbeispiele in die Klausel aufzunehmen, um den Inhalt zu konkretisieren.[1174] Die Klausel müsse jedoch derart konkret formuliert sein, dass der Vertragspartner eine benachteiligende Wirkung der Klausel ohne die Einholung von Rechtsrat erkennen könne.[1175] Der

---

AGB-Kontrolle ArbR, § 307 BGB, Rn. 154; Ulmer/Brandner/Hensen/*Fuchs,* AGB-Recht, § 307 BGB, Rn. 348 ff.

1168 *BGH,* Urteil vom 19.01.2005 – XII ZR 107/01, Rn. 22, juris; *BGH,* Urteil vom 13.09.2017 – IV ZR 302/16, Rn. 13, juris; *BGH,* Urteil vom 04.04.2018 – IV ZR 104/17, Rn. 10, juris; *BGH,* Urteil vom 19.04.2018 – III ZR 255/17, Rn. 18, juris; *BGH,* Urteil vom 07.02.2019 – III ZR 38/18, Rn. 24, juris; zustimmend: Gsell/Krüger u. a./*Eckelt,* beckOGK (Stand: 01.01.2024), § 307 BGB – Inhaltskontrolle, Rn. 130; Staudinger/*Wendland,* Kommentar zum BGB §§ 305-310 BGB, § 307 BGB, Rn. 183a.

1169 *BGH,* Urteil vom 04.04.2018 – IV ZR 104/17, Rn. 10, juris.

1170 *BGH,* Rechtsentscheid in Mietsachen vom 30.10.1984 – VIII ARZ 1/84, Rn. 19, juris; Däubler/Deinert/Walser/*Bonin/Walser,* AGB-Kontrolle ArbR, § 307 BGB, Rn. 157; *Gotthardt,* Arbeitsrecht nach der Schuldrechtsreform, S. 121; *Pfeiffer,* NJW 2011, 1 (7).

1171 *BGH,* Urteil vom 07.02.2019 – III ZR 38/18, Rn. 23, juris; *BGH,* Urteil vom 05.10.2023 – III ZR 216/22, Rn. 23, juris.

1172 *BGH,* Urteil vom 21.06.1990 – VII ZR 308/89, Rn. 20, juris.

1173 *BAG,* Urteil vom 26.01.2017 – 6 AZR 671/15, Rn. 23, juris; *BGH,* Urteil vom 21.06.1990 – VII ZR 308/89, Rn. 20, juris; *BGH,* Urteil vom 19.01.2005 – XII ZR 107/01, Rn. 22, juris; *Kappus,* NJW 2006, 15 (16); Hau/Poseck/*Schmidt,* BeckOK BGB, § 307 BGB, Rn. 43; *Stoffels,* ZFA 2009, 861 (880); wohl auch: Staudinger/*Wendland,* Kommentar zum BGB §§ 305-310 BGB, § 307 BGB, Rn. 195.

1174 *BGH,* Urteil vom 09.06.2011 – III ZR 157/10, Rn. 29, juris; Schaub/Schrader u. a./*Klagges,* Formular- und Verfahrenshandbuch, Individualarbeitsrecht, Rn. 144; Hau/Poseck/*Schmidt,* BeckOK BGB, § 307 BGB, Rn. 48.

1175 *BGH,* Urteil vom 24.11.1988 – III ZR 188/87, Rn. 27, juris; Rolfs/Giesen u. a./*Jacobs,* BeckOK ArbR, § 307 BGB, Rn. 59; *Lingemann,* NZA 2002, 181 (187); Hau/Poseck/

Vertragspartner dürfe sich nicht intensiv mit der Regelung auseinandersetzen oder Unterstützung, insbesondere Rechtsrat, einholen müssen, um die Wirkung zu erkennen.[1176]

U. a. in diesem Zusammenhang stellen sich komplexe Klauseln als problematisch dar. Auch hier dürften die Anforderungen an den Klauselverwender bei der Formulierung nicht zu hoch angesetzt werden. Es müssten insbesondere nicht die bestmöglichen Formulierungen gefunden werden. Vielmehr dürften die Formulierungen auch kompliziert sein, sofern sich der Inhalt mit der gebotenen Aufmerksamkeit erschließen lasse.[1177] Bei der Bewertung der Komplexität müsse auch die Komplexität des Sachverhalts berücksichtigt werden.[1178] Für die Transparenz könne nur der Bereich des Möglichen und Zumutbaren maßgebend sein.[1179]

(2) Zwischenergebnis

Aus den dargestellten Grundsätzen lässt sich der folgende Maßstab zusammenfassen: Eine AGB-Klausel genügt dann dem Transparenzgebot nach § 307 Abs. 1 S. 2 BGB, wenn sich der Regelungsgehalt dem durchschnittlichen Vertragspartner, dem kaum juristische Kenntnisse zuzusprechen sind, bei einer sorgfältigen Lektüre der AGB erschließt. Dabei müssen für ihn insbesondere aus den AGB resultierende (wirtschaftliche) Nachteile ohne Einholung von Rechtsrat erkennbar werden. Verweisungen auf andere Rechtsvorschriften erweisen sich zumindest als problematisch. Die juristischen Fähigkeiten des durchschnittlichen Vertragspartners werden jedenfalls dann überspannt, wenn er zwischen verschiedenen Rechtsbegriffen und -instituten selbstständig eine Abgrenzung vornehmen muss.

Schmidt, BeckOK BGB, § 307 BGB, Rn. 45; Säcker/Rixecker u. a./*Wurmnest*, MüKo zum BGB (Band 2), § 307 BGB, Rn. 63.

1176 *BGH*, Urteil vom 24.11.1988 – III ZR 188/87, Rn. 27, juris; *BGH*, Urteil vom 10.07.1990 – XI ZR 275/89, Rn. 18, juris; Däubler/Deinert/Walser/*Bonin/Walser*, AGB-Kontrolle ArbR, § 307 BGB, Rn. 157; Hau/Poseck/*Schmidt*, BeckOK BGB, § 307 BGB, Rn. 45.

1177 *BGH*, Urteil vom 07.02.2019 – III ZR 38/18, Rn. 23, juris; *BGH*, Urteil vom 05.10.2023 – III ZR 216/22, Rn. 23, juris; so wohl auch: *Pfeiffer*, NJW 2011, 1 (4).

1178 *BGH*, Urteil vom 07.02.2019 – III ZR 38/18, Rn. 23, juris.

1179 *BAG*, Urteil vom 26.01.2017 – 6 AZR 671/15, Rn. 23, juris; *BGH*, Urteil vom 07.02.2019 – III ZR 38/18, Rn. 23, juris; Säcker/Rixecker u. a./*Wurmnest*, MüKo zum BGB (Band 2), § 307 BGB, Rn. 63; grundsätzlich: Staudinger/*Wendland*, Kommentar zum BGB §§ 305-310 BGB, § 307 BGB, Rn. 180.

(3) Maßstab bei Verträgen zwischen Unternehmern

Bei dieser Untersuchung sind nicht nur die Maßstäbe für Verbraucherverträge maßgeblich. Wie zuvor festgestellt,[1180] handelt es sich bei freien Mitarbeitern nicht um Verbraucher im Sinne des § 13 BGB, sondern um Unternehmer im Sinne des § 14 BGB. Somit stellt sich für die weitere Bearbeitung die Frage, ob bei Verträgen zwischen Unternehmern (B2B-Verträge) die gleichen Maßstäbe für die Transparenz anzulegen sind wie bei Verbraucherverträgen (B2C-Verträge).

Eine Einschränkung der Anwendung der §§ 305-309 BGB bei Verträgen zwischen Unternehmern erfolgt durch § 310 Abs. 1 S. 2 BGB. Es wird vertreten, dass durch die „Berücksichtigung von im Handelsverkehr geltenden Gewohnheiten und Gebräuche" eine Flexibilität der Inhaltskontrolle ermöglicht werden solle, die sich auch auf die Transparenzkontrolle auswirke.[1181] Allerdings erfahre nach der wohl herrschenden Meinung die Anwendung des § 307 Abs. 1 S. 2 BGB hierdurch keine Einschränkung. Bei der Intransparenz von Vertragsklauseln handele es sich nämlich um keine im Handelsverkehr geltenden Gewohnheiten und Gebräuche.[1182] Somit gelte das Transparenzgebot auch im unternehmerischen Verkehr.[1183]

Allerdings folge eine Differenzierung zwischen B2B- und B2C-Verträgen aus § 307 Abs. 1 S. 2 BGB selbst. Dadurch, dass auf den Vertragstypus und den Adressatenkreis abgestellt werde, seien deren Kenntnisse und Fähigkeiten zu berücksichtigen. Bei Unternehmern könne grundsätzlich von einer besseren Erkenntnis- und Verständnismöglichkeit ausgegangen werden.[1184] Somit ist im unternehmerischen Geschäftsverkehr der Maßstab großzügiger anzusetzen,[1185]

1180 Vgl.: D)III)1)d)bb)(1), S. 285.

1181 *Berger/Kleine,* NJW 2007, 3526 (3527).

1182 *BGH,* Urteil vom 26.09.2012 – XII ZR 112/10, Rn. 11, juris; *BGH,* Versäumnisurteil vom 10.09.2014 – XII ZR 56/11, Rn. 25, juris; *BGH,* Urteil vom 03.12.2015 – VII ZR 100/15, Rn. 22, juris; *BGH,* Urteil vom 28.03.2018 – XII ZR 18/17, Rn. 13, juris.

1183 *BGH,* Urteil vom 03.08.2011 – XII ZR 205/09, Rn. 16, juris; *BGH,* Versäumnisurteil vom 10.09.2014 – XII ZR 56/11, Rn. 25, juris; *BGH,* Urteil vom 25.10.2017 – XII ZR 1/17, Rn. 13, juris; *BGH,* Urteil vom 28.03.2018 – XII ZR 18/17, Rn. 13, juris; Staudinger/*Wendland,* Kommentar zum BGB §§ 305-310 BGB, § 307 BGB, Rn. 206.

1184 *BGH,* Urteil vom 16.05.2007 – XII ZR 13/05, Rn. 19, juris; *BGH,* Urteil vom 21.07.2010 – XII ZR 189/08, Rn. 30, juris; *BGH,* Urteil vom 08.10.2015 – I ZR 136/14, Rn. 27, juris; Gsell/Krüger u. a./*Eckelt,* beckOGK (Stand: 01.01.2024), § 307 BGB – Inhaltskontrolle, Rn. 132; Leuschner/*Rieländer,* AGB-Recht, § 307 BGB, Rn. 87; Säcker/Rixecker u. a./*Wurmnest,* MüKo zum BGB (Band 2), § 307 BGB, Rn. 63, 69; so wohl auch: *Berger/Kleine,* NJW 2007, 3526 (3527).

1185 Hau/Poseck/*Schmidt,* BeckOK BGB, § 307 BGB, Rn. 50; Staudinger/*Wendland,* Kommentar zum BGB §§ 305-310 BGB, § 307 BGB, Rn. 206.

wobei es hier auch auf die Unternehmergruppe und deren spezifischen Fähigkeiten ankomme.[1186]

Streitig ist gleichwohl auch bei Unternehmern, welche juristischen Kenntnisse und Fähigkeiten verlangt werden können. So stellt sich die Frage, ob auch bei Unternehmern Klauseln, die eine selbstständige Abgrenzung von Rechtsbegriffen erfordern, intransparent sind Trotz einer Vielzahl von Urteilen, die den Begriff Kardinalpflichten erläutern, nimmt der *BGH* an, dass einem Kfz-Händler nicht die Abgrenzung zwischen Kardinalpflichten und sonstigen Pflichten geläufig und damit nicht zuzumuten sei.[1187] Durch die bloße bessere Erkenntnis- und Verständnismöglichkeit sei nicht zugleich auch von ausgeprägteren juristischen Kenntnissen auszugehen.[1188] Auch von einem Unternehmer als juristischer Laie sei weder die Kenntnis juristischer Fachliteratur noch die Kenntnis höchstrichterlicher Rechtsprechung zu erwarten.[1189] Dies sei nur dann anzunehmen, wenn die Kenntnis der entsprechenden Entscheidungen der zu erwartenden beruflichen Sorgfalt entspreche.[1190] Allerdings wird diese Rechtsauffassung u. a. mit Verweis auf Rechtsprechung des Reichsgerichts in der Literatur auch kritisiert. Insbesondere im Handelsverkehr könne vom Vertragspartner verlangt werden, sich nach dem gemeinten Inhalt einer Klausel zu erkundigen und Rechtsrat einzuholen.[1191]

Somit unterscheidet sich der Beurteilungsmaßstab bei Verträgen zwischen Unternehmern nicht von Verträgen zwischen Unternehmern und Verbrauchern. Allein dadurch, dass die Kenntnisse und Fähigkeiten des durchschnittlichen Vertragspartners zu berücksichtigen sind, die sich am Vertragstyp und am Adressatenkreis orientieren, kann die Bewertung der Transparenz zu einem anderen Ergebnis gelangen. Hinsichtlich der rechtlichen Kenntnisse sind zweifelsfrei höhere Erwartungen an einen Unternehmer zu stellen. Allerdings kann, entgegen der teilweise in der Literatur vertretenen Ansicht, auch von ihm nicht verlangt werden, Rechtsrat einzuholen. Dies würde eine tiefergehende Auseinandersetzung mit den AGB bedeuten, die mit dem Grundsatz des § 307 Abs. 1 S. 2 BGB

1186 *Berger/Kleine,* NJW 2007, 3526 (3527); Leuschner/*Rieländer,* AGB-Recht, § 307 BGB, Rn. 87; Säcker/Rixecker u. a./*Wurmnest,* MüKo zum BGB (Band 2), § 307 BGB, Rn. 69.

1187 *BGH*, Urteil vom 20.07.2005 – VIII ZR 121/04, Rn. 85 f., juris.

1188 *BGH*, Urteil vom 21.07.2010 – XII ZR 189/08, Rn. 30, juris; *BGH*, Urteil vom 08.10.2015 – I ZR 136/14, Rn. 28, juris.

1189 *BGH*, Urteil vom 08.10.2015 – I ZR 136/14, Rn. 28, juris.

1190 *BGH*, Urteil vom 08.10.2015 – I ZR 136/14, Rn. 28, juris.

1191 *Kappus,* NJW 2006, 15 (16); Leuschner/*Rieländer,* AGB-Recht, § 307 BGB, Rn. 95.

nicht zu vereinbaren ist. Danach muss der Vertragspartner bei der Befassung mit den AGB selbst den Nachteil erkennen können.

cc) Unklarheiten hinsichtlich des Umfangs der Abbedingung

Die Intransparenz einer § 616 BGB abbedingenden Klausel könnte sich unabhängig vom Vertrag bereits daraus ergeben, dass nicht klar ist, in welchem Umfang die Norm abbedungen wird. Als Beispiel sollen die folgenden Klauseln dienen: *„§ 616 BGB findet keine Anwendung.“* oder *„§ 616 BGB findet lediglich in den folgenden Fällen Anwendung: ...“*.

Wie zuvor erläutert,[1192] bestand vor der Schuldrechtsreform 2002 keine Norm, nach der bei Unzumutbarkeit der Leistungserbringung die Leistungspflicht entfallen wäre. Auf Grund dessen wurde diese Funktion teilweise § 616 BGB zugeschrieben. Obwohl mit der Schuldrechtsreform 2002 mit § 275 Abs. 3 BGB eine entsprechende Norm eingefügt wurde, wurde weiterhin vertreten, dass § 616 BGB auch eine Leistungsbefreiungsfunktion zukomme und die Norm als *lex specialis* § 275 Abs. 3 BGB vorgehe.

Auch wenn in dieser Arbeit vertreten wird, dass § 616 BGB spätestens seit der Schuldrechtsreform 2002 lediglich noch die Vergütungsfortzahlung und nicht mehr die Leistungsbefreiung regelt, gibt es, wie dargestellt,[1193] immer noch anders lautende Stimmen. Wird diesen gefolgt, würde ein Ausschluss des § 616 BGB auf Grund des *lex specialis*-Grundsatzes auch bewirken, dass nicht auf § 275 Abs. 3 BGB zurückgegriffen werden könnte.

Somit bleibt für den Vertragspartner, selbst wenn er sich mit der Wirkung des § 616 BGB auseinandergesetzt hat, unklar, welche genaue Wirkung der Ausschluss des § 616 BGB nach dem Verständnis des Verwenders haben soll. Für den Vertragspartner ist nicht erkennbar, ob lediglich die Vergütungsfortzahlung ausgeschlossen werden oder ihm gar das Leistungsverweigerungsrecht und damit die Möglichkeit, unbezahlte Freistellung zu erhalten, entzogen werden soll.

Dasselbe gilt für die Klausel, mit der die Anwendung auf bestimmte Fälle beschränkt werden soll. Auch bei ihr ist für den Vertragspartner nicht ersichtlich, ob ihm in sonstigen Fällen lediglich keine Vergütung zusteht oder er auch keine unbezahlte Freistellung erhalten kann.

Der Vertragspartner kann mithin – sogar dann, wenn er sich in die Literatur zur Norm einliest – nicht den Umfang des Nachteils einschätzen, der mit

---

1192 Vgl.: B)I)1), S. 42.

1193 Vgl.: B)I)2)a), S. 43.

der Klausel einhergeht. Dies widerspricht den dargestellten Anforderungen des Transparenzgebotes.

Somit sind Klauseln, die nicht erkennen lassen, von welcher Wirkung des § 616 BGB der Verwender ausgeht, intransparent.

dd) Einschränkung des Anwendungsbereichs des § 616 BGB

Eine Möglichkeit der Abbedingung des § 616 BGB ist, den Anwendungsbereich der Norm einzuschränken. Dies kann entweder dahingehend erfolgen, dass für das Vertragsverhältnis die Anwendung des § 616 BGB vollständig ausgeschlossen wird. Alternativ könnte die Anwendung in den Fällen ausgeschlossen werden, in denen der Arbeitnehmer oder Dienstverpflichtete einen subsidiären Anspruch gegen die gesetzliche Sozialversicherung oder den Staat hat. Die letzte Möglichkeit ist eine Beschränkung auf in der Norm genannte Einzelfälle.

(1) Arbeitsverträge

Zunächst soll die Transparenz von entsprechenden Klauseln in Arbeitsverträgen betrachtet werden.

(a) Pauschale Abbedingung

An dieser Stelle soll der Fall betrachtet werden, in dem der Arbeitgeber die Anwendbarkeit des § 616 BGB für das Arbeitsverhältnis insgesamt ausschließt. Eine solche Klausel könnte intransparent sein, weil für den Vertragspartner nicht erkennbar ist, in welchen Fällen andere spezialgesetzliche Regelungen eingreifen. Zudem könnte sich eine Intransparenz in den Fällen ergeben, in denen ohne weitere Erläuterung kurz und knapp geregelt wird, dass § 616 BGB keine Anwendung findet. In diesen Fällen wird oftmals für die Voraussetzungen und Rechtsfolge auf die Norm selbst verwiesen, ohne ihren Inhalt zu wiederholen.

Des Weiteren stellt sich die Frage, ob ein generalklauselartiger Ausschluss des § 616 BGB in den Fällen, in denen ein subsidiärer Fortzahlungsanspruch besteht, transparent ist.

In Betracht kommen hierfür Klauseln wie:

„*[Die Anwendung von] § 616 BGB ist ausgeschlossen.*“[1194]

1194 Mit ähnlichem Wortlaut beispielsweise: Schaub/Schrader u. a./*Klagges*, Formular- und Verfahrenshandbuch, Individualarbeitsrecht, Rn. 144; *Kleinebrink*, DB 2020, 952 (954); *Laber/Gerdom*, ArbRB 2010, 255 (258).

oder

„Die Vergütung wird nur für tatsächlich geleistete Arbeit gezahlt.“[1195].

(aa) Inhaltliche Intransparenz durch das Verhältnis zu § 44a Abs. 3 SGB XI und § 45 Abs. 1 SGB V

Bei der pauschalen Abbedingung des § 616 BB könnte sich für den Arbeitnehmer eine inhaltliche Intransparenz aus offenen Abgrenzungsfragen ergeben. Wird § 616 BGB ausgeschlossen oder eingeschränkt, stellt sich für den Arbeitnehmer bei eintretenden Verhinderungsgründen die Frage, ob die Verhinderungsgründe § 616 BGB unterfallen oder von dem Anwendungsbereich einer spezialgesetzlichen Norm erfasst werden.

(i) Intransparenz auf Grund der Abgrenzung zu § 44a Abs. 3 SGB XI und § 45 Abs. 1 SGB V

Eine Abgrenzungsfrage könnte sich für den Arbeitnehmer im Fall der bezahlten Freistellung zur kurzzeitigen Pflege seines Angehörigen nach § 2 PflegeZG i.V.m. § 44a Abs. 3 XI bzw. zur Betreuung seines Kindes gemäß § 45 Abs. 1 SGB V stellen. In beiden Fällen ist die Vergütungsfortzahlungen durch die gesetzliche Sozialversicherung subsidiär gegenüber der Vergütungsfortzahlung durch den Arbeitgeber. In beiden Fällen besteht grundsätzlich ein Anspruch auf Vergütungsfortzahlung nach § 616 BGB.[1196]

Insbesondere der Anwendungsbereich der Freistellung nach § 2 PflegeZG und die damit verbundene Vergütungsersatz nach § 44a Abs. 3 SGB XI sind nicht deckungsgleich mit dem Leistungsverweigerungsrecht nach § 275 Abs. 3 BGB und dem Vergütungsfortzahlungsanspruch aus § 616 BGB. § 2 PflegeZG und damit auch § 44a Abs. 3 SGB XI ist auf nahe Angehörige beschränkt, die in § 7 Abs. 3 PflegeZG definiert sind.[1197] Allerdings sind die Voraussetzungen des § 616 BGB hinsichtlich des erforderlichen Verwandtschaftsgrades enger als der von § 7 Abs. 3 PflegeZG benannte und für § 2 PflegeZG maßgebliche Personenkreis.[1198] Mithin entsteht durch die Abbedingung des § 616 BGB kein weiterer Abgrenzungsaufwand für den Arbeitnehmer.

1195 Mit ähnlichem Wortlaut beispielsweise: Tschöpe/*Grimm*, ArbR Hdb, 2. Teil, B – Entgeltfortzahlung, Rn. 95.

1196 Vgl. im Fall des § 2 PflegeZG: C)II)2)b)bb)(2)(c)(bb)(i), S. 159; im Fall des § 45 SGB V: C)II)2)b)cc)(3)(b), S. 164.

1197 Vgl.: C)II)2)b)bb)(2)(b)(aa), S. 154.

1198 Vgl. auch für weitere Nachweise: C)II)2)b)bb)(2)(c)(bb)(ii), S. 159.

Ein weiterer Abgrenzungsaufwand durch die Abbedingung des § 616 BGB kann sich durch das Verhältnis der § 45 SGB V und § 616 BGB ergeben. § 45 Abs. 1 SGB V bietet den Arbeitnehmern – abgesehen von privat krankenversicherten Beschäftigten – einen Anspruch auf Kinderkrankengeld. Allerdings besteht dieser Anspruch lediglich bis zum Ende des zwölften Lebensjahres des Kindes. Bei älteren Kindern ergibt sich der Entfall der Leistungspflicht allein aus dem Leistungsverweigerungsrecht nach § 275 Abs. 3 BGB[1199] und die Vergütungsfortzahlung nach § 616 BGB. Wird § 616 BGB abbedungen, muss dem Vertragspartner bewusst sein, dass bei der Krankheit von Kindern, die älter als zwölf Jahre sind, eine Vergütungsfortzahlung nicht mehr gegeben ist. Allerdings stellt dies keine Abgrenzung zwischen Rechtsbegriffen und Rechtsinstituten dar, die zur Intransparenz der Regelung führen. Es besteht keine Unsicherheit hinsichtlich des Anwendungsbereichs des § 45 Abs. 1 SGB V und des § 616 BGB, die durch die Anwendung juristischer Methoden aufgelöst werden muss. Vielmehr ist in § 45 SGB V ausdrücklich normiert, dass der Anspruch lediglich bis zur Vollendung des zwölften Lebensjahres besteht. Damit ist eine klare und einfach verständlich Grenze gegeben, die den Anwendungsbereich des § 45 SGB V festlegt. Durch die Abbedingung des § 616 BGB entfällt sogar die für den Rechtsanwender schwierige Frage, ob § 616 BGB bei Kindern, die älter als zwölf Jahre sind, überhaupt anwendbar ist.

(ii) Intransparenz auf Grund der Nichterkennbarkeit wirtschaftlicher Nachteile

Hinsichtlich der inhaltlichen Transparenz ist jedoch fraglich, ob die wirtschaftlichen Folgen für den Arbeitnehmer hinreichend erkennbar sind. Die Klausel muss so gestaltet sein, dass er anhand des Wortlautes erkennen kann, welche wirtschaftlichen Nachteile für ihn mit der einhergehen. Dies könnte problematisch sein, weil er nicht durch den bloßen Wortlaut erkennen kann, in welchen Fällen er überhaupt keine Vergütungsfortzahlung erhält und in welchen Fällen die gesetzliche Sozialversicherung eingreift. Allerdings verdeutlicht der umfangreiche Ausschluss gegenüber dem Arbeitnehmer, dass er grundsätzlich davon auszugehen hat, dass er keine Vergütungsfortzahlung erhält. Es stellt somit keinen Nachteil für ihn dar, nicht die genauen Tatbestände der spezialgesetzlichen Regelungen zu kennen. Stattdessen wird er durch das Eingreifen der gesetzlichen Sozialversicherung gegenüber dem, was er auf Grund der vertraglichen Regelung erwarten kann, bessergestellt.

1199 Vgl.: C)II)2)b)cc)(5), S. 167.

(iii) Intransparenz auf Grund der Hinderung der Geltendmachung von Ansprüchen gegen Dritte

Damit verbunden ist aber auch ein anderer Aspekt der Intransparenz. So dürfe der Vertragspartner nicht durch eine unklar gefasste Klausel an der Durchsetzung seiner Rechte gehindert werden.[1200] Diese Folge könnte jedoch eintreten, wenn der Arbeitnehmer auf Grund der weiten Regelung davon ausgeht, dass er auch keine anderen Vergütungsfortzahlungsansprüche und -ersatzansprüche hat. Die in Frage stehenden Klauseln nehmen jedoch in der Regel keinen Bezug auf anderweitige Vergütungsfortzahlungsansprüche und -ersatzansprüche. Auf Grund der allgemeinen Formulierung bedürfen derartige Klauseln einer Auslegung.

Ausgangspunkt für die Auslegung im Rahmen der Transparenzkontrolle ist der Wortlaut, der nach dem allgemeinen Sprachverständnis zu verstehen ist.[1201] Der Wortlaut führt an dieser Stelle jedoch nicht weiter, da zwar eine vollumfassende Abbedingung durch eine entsprechende Klausel normiert wird, er aber gerade keine Differenzierung zu den einzelnen Vergütungsfortzahlungsansprüchen und -ersatzansprüchen vornimmt.

Somit bedarf es einer weitergehenden Auslegung der Klausel. Hierfür könnte die vom *BAG* zu Ausschlussklauseln ergangene Rechtsprechung herangezogen werden. Demnach sei eine Klausel dann intransparent, wenn sie aus ihrem Anwendungsbereich nicht solche Regelungen ausnehme, über die die Vertragsparteien nicht disponieren könnten, wie den Mindestlohnanspruch.[1202] Dies gelte insbesondere dann, wenn der nicht aus dem Anwendungsbereich ausgeschlossenen Fall nur in außergewöhnlichen Fällen auftrete.[1203] In diesem Fall könne nicht davon auszugehen sein, dass der Verwender diesen Fall nicht mitregeln wollte.[1204] Grundsätzlich sei eine Klausel auch dem Sinn und Zweck nach auszulegen.[1205]

1200 *BGH*, Urteil vom 27.09.2000 – VIII ZR 155/99, Rn. 59, juris.

1201 *BGH*, Urteil vom 19.01.2005 – XII ZR 107/01, Rn. 22, juris; *BGH*, Urteil vom 13.09.2017 – IV ZR 302/16, Rn. 13, juris; *BGH*, Urteil vom 04.04.2018 – IV ZR 104/17, Rn. 10, juris; *BGH*, Urteil vom 19.04.2018 – III ZR 255/17, Rn. 18, juris; *BGH*, Urteil vom 07.02.2019 – III ZR 38/18, Rn. 24, juris; zustimmend: Gsell/Krüger u. a./*Eckelt*, beckOGK (Stand: 01.01.2024), § 307 BGB – Inhaltskontrolle, Rn. 130; Staudinger/*Wendland*, Kommentar zum BGB §§ 305-310 BGB, § 307 BGB, Rn. 183a.

1202 *BAG*, Urteil vom 18.09.2018 – 9 AZR 162/18, Rn. 36, juris.

1203 *BAG*, Urteil vom 18.09.2018 – 9 AZR 162/18, Rn. 40, juris.

1204 *BAG*, Urteil vom 18.09.2018 – 9 AZR 162/18, Rn. 40, juris.

1205 *BAG*, Urteil vom 25.05.2005 – 5 AZR 572/04, Rn. 23, juris; *BAG*, Urteil vom 20.06.2013 – 8 AZR 280/12, Rn. 21, juris; *BAG*, Urteil vom 18.09.2018 – 9 AZR 162/18, Rn. 40, juris.

Nach dem Sinn und Zweck beabsichtige der Verwender regelmäßig nicht, seltene Ausnahmefälle zu erfassen.[1206]

Fraglich ist, ob eine solche Auslegung überhaupt möglich ist. Sie führte dazu, dass das Verständnis der Klausel zu Gunsten des Klauselverwenders beschränkt würde. Diese Praxis kollidiere mit dem in § 305c Abs. 2 BGB verankerten Grundsatz, nach dem die Klauseln für die Kontrolle kundenfeindlich – bzw. zumindest zum Nachteil des Verwenders – auszulegen seien.[1207] Auch wenn sich der *BGH* im Gegensatz zum *BAG* strikter an diesen Grundsatz hält,[1208] erkennt auch er Ausnahmen an. So seien Verständnismöglichkeiten, die zwar theoretisch denkbar, praktisch aber völlig fernliegend seien, außer Acht zu lassen.[1209]

Zumindest die Einschränkung des *BGH* ist mit Blick auf konkurrierende Überlegungen des Transparenzgebotes erforderlich. Die Intransparenz einer Klausel kann auch darin begründet sein, dass sie zu umfangreich und komplex wird.[1210] Diese Gefahr besteht, wenn vom Verwender erwartet wird, dass er jeglichen Ausnahmefall, der von der Klausel erfasst werden könnte, ausdrücklich in der Klausel erwähnen muss. Insofern ist auch der Ansatz des *BAG* überzeugend, die Klausel nach dem Sinn und Zweck auszulegen und die Fälle bei der Bewertung der Intransparenz außen vorzulassen, die nach dem Verständnis des durchschnittlichen Vertragspartners nicht von der Regelung erfasst werden sollen. Dies wird regelmäßig Ausnahmefälle betreffen.

Im vorliegenden Fall der Verhinderung durch die Betreuung eines erkrankten Kindes handelt es sich zwar nicht um einen Sachverhalt, der nur selten eintritt und damit einen Ausnahmefall darstellt. Vielmehr sind Kinder häufig krank,

---

1206 *BAG*, Urteil vom 25.05.2005 – 5 AZR 572/04, Rn. 23, juris; *BAG*, Urteil vom 20.06.2013 – 8 AZR 280/12, Rn. 21, juris.

1207 Bezüglich der Kollision: Säcker/Rixecker u. a./*Fornasier*, MüKo zum BGB (Band 2), § 305c BGB, Rn. 42; *Wutte*, DZWIR 2019, 205 (208); bezüglich des Grundsatzes zur kundenfeindlichen Auslegung: *BGH*, Urteil vom 24.03.2010 – VIII ZR 178/08, Rn. 11, juris; Hau/Poseck/*Schmidt*, BeckOK BGB, § 305c BGB, Rn. 61.

1208 *BGH*, Urteil vom 20.12.2007 – III ZR 144/07, Rn. 9, juris; *BGH*, Teilurteil vom 29.04.2008 – KZR 2/07, Rn. 19, juris; *BGH*, Urteil vom 24.03.2010 – VIII ZR 178/08, Rn. 11, juris; *BGH*, Urteil vom 29.05.2013 – VIII ZR 285/12, Rn. 20, juris.

1209 *BGH*, Urteil vom 21.04.2009 – XI ZR 78/08, Rn. 11, juris; *BGH*, Urteil vom 17.02.2011 – III ZR 35/10, Rn. 10, juris.

1210 Zur Intransparenz auf Grund zu umfangreichen Regelungen: *BGH*, Urteil vom 21.06.1990 – VII ZR 308/89, Rn. 20, juris; *BGH*, Urteil vom 19.01.2005 – XII ZR 107/01, Rn. 22, juris; *Kappus*, NJW 2006, 15 (16); Hau/Poseck/*Schmidt*, BeckOK BGB, § 307 BGB, Rn. 43; Staudinger/*Wendland*, Kommentar zum BGB §§ 305-310 BGB, § 307 BGB, Rn. 195.

sodass öfter ein damit verbundener Betreuungsbedarf besteht. Auch besteht für die Parteien keine Dispositionsbefugnis. Dies resultiert allerdings nicht aus einem gesetzlichen Verbot der Abbedingung.[1211] Der Arbeitgeber ist nicht Partei des Rechtsverhältnisses, sondern Dritter. Das Rechtsverhältnis besteht allein zwischen dem Arbeitnehmer und der gesetzlichen Sozialversicherung. Eine Modifikation des Rechtsverhältnisses ist somit zwischen Arbeitgeber und Arbeitnehmer nicht möglich. Somit würde nach der vorgenannten Rechtsprechung des *BAG* zu Ausschlussklauseln, die den Mindestlohn betreffen, die Nicht-Erwähnung der nichtabdingbaren Ansprüche zur Intransparenz der Klausel führen.

Gleichwohl könnte man zu einer anderen Auffassung gelangen, wenn die Klausel nach dem Sinn und Zweck ausgelegt wird. Die Besonderheit liegt hier darin, dass die Unklarheit nicht dazu führt, dass der Verwender – also der Arbeitgeber – bevorteilt wird. Für ihn ist es letztlich unerheblich, ob der Arbeitnehmer den Vergütungsfortzahlungsanspruch oder -ersatzanspruch gegen die gesetzliche Sozialversicherung geltend macht bzw. machen kann. Der Vertragspartner kann jedoch davon ausgehen, dass der Verwender lediglich Ansprüche, die ihn betreffen, ausschließen möchte. Er kann somit nicht annehmen, dass weitere Ansprüche, die sich gegen Dritte richten, ebenfalls beschränkt werden sollen. Dies wäre mangels Dispositionsbefugnis rechtlich auch überhaupt nicht möglich. Zwar können vom Vertragspartner keine juristischen Kenntnisse vorausgesetzt werden, allerdings ergibt sich der Schluss, dass der Arbeitgeber nicht befugt ist, bestehende Ansprüche zwischen Arbeitnehmern und Dritten auszuschließen, bereits aus logischem Denken. Ein solches kann vom Vertragspartner erwartet werden.

Zudem wird der Vertragspartner – also der Arbeitnehmer – nicht in dem Vertragsverhältnis unangemessen benachteiligt. Der Zweck der Transparenzkontrolle ist jedoch, vor der Benachteiligung innerhalb des Vertragsverhältnisses zu schützen. Dem Vertragspartner wird durch die Klausel nicht der Vergleich mit anderen Angeboten am Markt erschwert, da es sich um Leistungen handelt, die der Markt nicht beeinflussen kann. Auch ist nicht die Abwicklungstransparenz betroffen. Die Rechte des Vertragspartners gegenüber dem Verwender stehen hier nämlich nicht zur Diskussion.

Da der Verwender nicht dazu verpflichtet ist, in den AGB Rechtsaufklärung zu betreiben,[1212] ergibt sich auch keine Verpflichtung dazu, auf das Bestehen gesetzli-

---

1211 So aber bei der zuvor zitierten Entscheidung (vgl.: Fn. 1202 ff.): *BAG*, Urteil vom 18.09.2018 – 9 AZR 162/18.

1212 *BGH*, Urteil vom 14.05.1996 – XI ZR 257/94, Rn. 31, juris; Rolfs/Giesen u. a./*Jacobs*, BeckOK ArbR, § 307 BGB, Rn. 59; Staudinger/*Krause*, Kommentar zum BGB Anhang zu §§ 305-310 BGB, Anh. K – AGB-Kontrolle im Arbeitsrecht, Rn. K 244;

cher Ansprüche gegen die einzelnen Zweige der gesetzlichen Sozialversicherung hinzuweisen.

Mithin muss eine § 616 BGB abbedingende Klausel keine auch weiterhin bestehenden Ansprüche gegen die gesetzliche Sozialversicherung wie § 45 Abs. 1 SGB V oder § 44a Abs. 3 SGB XI vom Anwendungsbereich ausnehmen oder ausdrücklich auf diese hinweisen.

(iv) Zwischenergebnis

Es ergibt sich keine inhaltliche Intransparenz dadurch, dass § 616 BGB vollständig abbedungen und der Vertragspartner nicht über das Verhältnis zu den spezialgesetzlichen Fortzahlungsregelungen nach § 2 PflegeZG i. V. m. § 44a Abs. 3 SGB XI und § 45 Abs. 1 SGB V aufgeklärt wird.

(bb) Inhaltliche Intransparenz durch das Verhältnis zu § 3 EFZG

Eine inhaltliche Intransparenz der Abbedingung des § 616 BGB könnte sich auf Grund des Verhältnisses der Norm zu § 3 EFZG ergeben. Auch in dem Verhältnis dieser beiden Nomen kann es für den Arbeitnehmer zu Abgrenzungsproblemen im Anwendungsbereich beider Normen kommen. Wie zuvor dargestellt,[1213] gilt eine Regelung als intransparent, wenn der Vertragspartner selbstständige Abgrenzung zwischen verschiedenen Rechtsbegriffen und Rechtsinstituten vornehmen muss.[1214] Eine solche selbstständige Abgrenzung könnte beim Verhältnis zwischen § 3 EFZG und § 616 BGB notwendig sein.

Im Verhältnis zwischen § 3 EFZG und § 616 BGB stellt sich insbesondere die Frage, welcher Norm die krankheitsbedingte Wahrnehmung von Arztterminen unterfällt, die zu einer untertägigen Arbeitsverhinderung führt.[1215] Nach der hier vertretenen Auffassung erfolgt die Vergütungsfortzahlung in diesen Fällen auf Grundlage des § 616 BGB.[1216]

Müller-Glöge/Preis u. a./*Preis,* ErfK, § 310 BGB, Rn. 44; Schulze/*Schulte-Nölke,* HK-BGB, § 307 BGB, Rn. 23; Staudinger/*Wendland,* Kommentar zum BGB §§ 305-310 BGB, § 307 BGB, Rn. 199.

1213 Vgl.: D)III)2)b)bb)(1), S. 298.

1214 *BGH*, Urteil vom 23.03.1988 – VIII ZR 58/87, Rn. 29 ff., juris; *BGH*, Urteil vom 27.09.2000 – VIII ZR 155/99, Rn. 105 f., juris; *Pfeiffer,* NJW 2011, 1 (6 f.); so wohl auch: *BAG*, Urteil vom 19.02.2014 – 5 AZR 700/12, Rn. 23, juris; Däubler/Deinert/Walser/*Bonin/Walser,* AGB-Kontrolle ArbR, § 307 BGB, Rn. 156c.

1215 Vgl.: C)II)2)b)aa)(4)(b)(cc), S. 137.

1216 Vgl.: C)II)2)b)aa)(4)(b)(cc)(vi), S. 145.

Eine Vielzahl von Arbeitsverträgen enthält Regelungen zur Entgeltfortzahlung im Krankheitsfall nach dem EFZG, beispielsweise um die Vorlagepflicht einer Arbeitsunfähigkeitsbescheinigung ausdrücklich – zumeist deklaratorisch – zu regeln. Somit dürfte der durchschnittliche Arbeitnehmer § 3 EFZG als die zentrale Regelung zur Entgeltfortzahlung im Krankheitsfall ansehen.

Auf Grund dieser ausdrücklichen Bezugnahme auf § 3 EFZG für die Entgeltfortzahlung im Krankheitsfall dürfte es bereits außerhalb des Bewusstseins vieler Arbeitnehmer liegen, dass nicht jegliche Fälle der Entgeltfortzahlung im Krankheitsfall durch § 3 EFZG erfasst werden. Selbst wenn angenommen werden könnte, dass dem durchschnittlichen Arbeitnehmer bewusst ist, dass sich die Entgeltfortzahlung im Krankheitsfall nach § 3 EFZG und § 616 BGB richten kann, stellt sich die Frage, ob eine Abgrenzung der einzelnen Anwendungsfälle vom Arbeitnehmer erwartet werden kann. Dies ist allerdings nicht anzunehmen.

Das *BAG* geht in einer Entscheidung beispielsweise davon aus, dass bereits eine Klausel, die zwischen der Entstehung und der Fälligkeit eines Anspruchs differenziert, intransparent sei, weil die unterschiedliche Bedeutung der Begriffe das Verständnis der Klausel zu sehr erschwere.[1217] Dasselbe gelte für eine Klausel, die von dem Vertragspartner erwarte, zwischen dem vertraglichen und dem gesetzlichen Rücktrittsrecht unterscheiden zu können.[1218] Vor dem Hintergrund dieser Entscheidungen dürfte auch eine Klausel intransparent sein, bei der der Vertragspartner zunächst einen Sachverhalt unter zwei in Frage kommende Normen subsumieren und dann erkennen muss, dass je nach Ergebnis der Subsumtion die Vergütungsfortzahlung ausgeschlossen ist. So würde von dem Arbeitnehmer verlangt, dass er ein Bewusstsein dafür hat, dass die untertägige krankheitsbedingte Arbeitsunfähigkeit einer anderen Bewertung unterliegen kann, als die ganztägige krankheitsbedingte Arbeitsunfähigkeit. Des Weiteren müsste der Arbeitnehmer dann den Fall der untertägigen krankheitsbedingten Arbeitsunfähigkeit § 616 BGB zuordnen. Diese Unterscheidung bedarf einer Auseinandersetzung mit der rechtlichen Möglichkeit einer quantitativen Teilarbeitsunfähigkeit im Rahmen des § 3 EFZG sowie einer Argumentation mit dem Sinn und Zweck dieser Norm. Das Ergebnis ist alles andere als evident. Ein derartiges Normverständnis mitsamt juristischen Überlegungen kann nicht vom durchschnittlichen Arbeitnehmer erwartet werden, der juristisch ungebildet ist.[1219]

1217 *BAG*, Urteil vom 19.02.2014 – 5 AZR 700/12, Rn. 23, juris; Däubler/Deinert/Walser/*Bonin/Walser*, AGB-Kontrolle ArbR, § 307 BGB, Rn. 156c.

1218 *BGH*, Urteil vom 27.09.2000 – VIII ZR 155/99, Rn. 59, juris.

1219 Im Grundsatz so auch *Pfeiffer*, nach dem eine AGB dann intransparent ist, wenn die Rechtsfolge nur mithilfe von umfangreichem juristischen Fachwissen zu erschließen ist: Wolf/Lindacher/Pfeiffer/*Pfeiffer*, AGB-Recht, § 307 BGB, Rn. 254.

Ein anderes Ergebnis könnte sich lediglich dadurch ergeben, dass in Massenmedien regelmäßig Beiträge zur Entgeltfortzahlung und Arbeitsunfähigkeit veröffentlicht werden. Entsprechende Beiträge können ein Allgemeinwissen in der Bevölkerung zu diesem Themenbereich begründen.[1220] Allerdings sind diese Beiträge regelmäßig allgemeiner gefasst und dürften kaum tiefergehende juristische Auseinandersetzungen dazu umfassen, ob die Wahrnehmung von Arztterminen von § 3 EFZG oder § 616 BGB erfasst ist. Insofern ist aus den Beiträgen in den Massenmedien kein entsprechendes Allgemeinwissen abzuleiten, das das Verständnis der entsprechenden Klauseln zur Entgeltfortzahlung im Krankheitsfall und § 616 BGB erleichtert.

Mithin sind Klauseln intransparent, die § 616 BGB pauschal abbedingen, ohne auf die Rechtsfolge für die untertägige krankheitsbedingte Arbeitsverhinderung Bezug zu nehmen. Damit solche Klauseln transparent sind, bedarf es einer entsprechenden Klarstellung.

An diesem Ergebnis ändert sich auch dadurch nichts, dass die Klausel nicht unnötig verkompliziert werden soll, damit nicht die Komplexität wiederum zur Intransparenz führt.[1221] Der Krankheitsfall stellt nicht nur historisch,[1222] sondern auch noch in der heutigen Zeit einen wesentlichen Anwendungsfall des § 616 BGB dar. Bei der krankheitsbedingten Wahrnehmung von Arztterminen während der Arbeitszeit handelt es sich um einen bei den meisten Beschäftigten regelmäßig wiederkehrenden Anwendungsfall des § 616 BGB. Zudem gibt es auf Grund der Regelungsnähe zu § 3 EFZG einen besonderen Klarstellungsbedarf.

Es empfiehlt sich also – auch wenn dadurch die Klausel umfangreicher wird – klarzustellen, dass mit der Abbedingung des § 616 BGB auch die Vergütungsfortzahlung bei untertägiger krankheitsbedingter Verhinderung – wie der Wahrnehmung von Arztterminen – entfällt.

Eine transparente Klausel könnte dementsprechend wie folgt lauten:

> *„Die Vergütungsfortzahlung bei Verhinderung für eine verhältnismäßig nicht erhebliche Zeit nach § 616 BGB ist ausgeschlossen. Dies umfasst auch untertägige Verhinderung, wie die krankheitsbedingte Wahrnehmung von Arztterminen.“*

1220 So: *BGH*, Urteil vom 10.07.1990 – XI ZR 275/89, Rn. 22, juris; *Pfeiffer*, NJW 2011, 1 (6).

1221 Zur Intransparenz auf Grund zu umfangreichen Regelungen: *BGH*, Urteil vom 21.06.1990 – VII ZR 308/89, Rn. 20, juris; *BGH*, Urteil vom 19.01.2005 – XII ZR 107/01, Rn. 22, juris; *Kappus*, NJW 2006, 15 (16); Hau/Poseck/*Schmidt*, BeckOK BGB, § 307 BGB, Rn. 43; Staudinger/*Wendland*, Kommentar zum BGB §§ 305-310 BGB, § 307 BGB, Rn. 195.

1222 Vgl.: C)II)2)b)aa)(2)(a), S. 124.

(cc) Intransparenz durch Verweisung

Die Intransparenz einer § 616 BGB abbedingenden Klausel könnte sich auch daraus ergeben, dass ohne weitere Erläuterungen auf § 616 BGB verwiesen wird.

Bei Klauseln, wie

> *„[Die Anwendung von] § 616 BGB ist ausgeschlossen"*[1223],

könnte die Intransparenz daraus resultieren, dass weder die eigentlich geltenden Voraussetzungen für die Vergütungsfortzahlung noch die Rechtsfolge der Norm erläutert werden. Dies bedeutet, dass der Vertragspartner § 616 BGB im BGB nachschlagen müsste, um den Inhalt der Klausel und damit auch die wirtschaftlichen Nachteile bewerten zu können.

Fraglich ist, ob es den Transparenzanforderungen genügt, wenn der Vertragspartner den Gesetzestext heranziehen muss, um den Inhalt der Klausel begreifen zu können.

(i) Eine Verweisung genügt den Transparenzanforderungen

Das *OLG Rostock* sieht das Hinzuziehen des Gesetzestextes bei der Vertragsprüfung als zumutbar an. Schließlich richte sich das Vertragsverhältnis auch im Übrigen nach den gesetzlichen Vorschriften. Demnach würden die Parteien ohnehin das Gesetz kennen oder zumindest konsultieren (müssen). Es wäre inkonsequent, dem Vertragspartner nicht zuzumuten, sich auch mit der Bedeutung einer abbedungenen Norm auseinanderzusetzen.[1224]

Dabei bezieht sich das *OLG Rostock* auch auf eine Entscheidung des *BGH*. Dieser erachtet in Mietverträgen einen Verweis auf die Betriebskostenverordnung für ausreichend, um die Umlagefähigkeit der dort niedergeschriebenen Betriebskosten hinreichend transparent zu begründen.[1225]

Auch das *BAG* erkennt Verweisungsklauseln, insbesondere auf Tarifverträge, als transparent an.[1226] Dabei handele es sich um eine im Arbeitsrecht weit ver-

1223 Mit ähnlichem Wortlaut beispielsweise: Schaub/Schrader u. a./*Klagges*, Formular- und Verfahrenshandbuch, Individualarbeitsrecht, Rn. 144; *Kleinebrink*, DB 2020, 952 (954); *Laber/Gerdom*, ArbRB 2010, 255 (258).

1224 *OLG Rostock*, Urteil vom 29.05.2006 – 3 U 167/05, Rn. 48, juris; zustimmend: *BGH*, Urteil vom 14.01.2014 – XI ZR 355/12, Rn. 27, juris.

1225 *BGH*, Urteil vom 07.04.2004 – VIII ZR 167/03, Rn. 14, juris.

1226 *BAG*, Urteil vom 30.11.2010 – 3 AZR 798/08, Rn. 29, juris.

breitete und übliche Regelungstechnik.[1227] Demnach wäre möglicherweise die Verweisungstechnik als Besonderheit des Arbeitsrechts zu sehen, selbst wenn eine Verweisung im allgemeinen Zivilrecht für intransparent zu erachten wäre. Diese wäre dann bei der Bewertung der Intransparenz der Verweisung in einem Arbeitsvertrag zu berücksichtigen.

Die Möglichkeit des Verweises ergebe sich auch aus praktischen Gründen bzw. aus dem Blick auf den Umfang von AGB. Ohne Verweisungen auf andere Regelwerke oder Gesetzesnormen entstünden unübersichtliche und schwer zu durchschauende Klauselwerke.[1228]

(ii) Eine Verweisung ist intransparent

Dieser Ansicht stehen ein Teil der Literatur sowie Urteile einzelner Instanzgerichte gegenüber. Der bloße Verweis auf eine Norm, die mit der Klausel abbedungen werden soll, sei nicht ausreichend.[1229] Die bloße leichte Zugänglichkeit von Gesetzen genüge regelmäßig nicht, um eine hinreichende Transparenz bei Regelungen zu begründen, die abbedungen oder modifiziert werden sollen. Der Vertragspartner müsse den Sinn der Regelung, auf die sich bezogen wird, auch materiell erfassen können. Ohne die Wiedergabe der Bedeutung und Tragweite der gesetzlichen Regelung würde allenfalls ein Jurist, nicht aber der Durchschnittsverbraucher die Bezugnahme verstehen.[1230] Der Vertragspartner könne nicht in zumutbarer Weise den Inhalt der Regelung zu Kenntnis nehmen.[1231] Dementsprechend sei

1227 *BAG*, Urteil vom 16.02.2010 – 3 AZR 181/08, Rn. 43, juris; *BAG*, Urteil vom 30.11.2010 – 3 AZR 798/08, Rn. 29, juris; *BAG*, Urteil vom 13.03.2013 – 5 AZR 954/11, Rn. 30, juris; zustimmend: *Henssler/Moll*, AGB-Kontrolle, Rn. 32.

1228 *BGH*, Urteil vom 14.01.2014 – XI ZR 355/12, Rn. 27, juris.

1229 *Schleswig-Holsteinisches OLG*, Rechtsentscheid in Mietsachen vom 27.03.1995 – 4 RE-Miet 1/93, Rn. 18, juris; *LG Berlin*, Urteil vom 08.07.1996 – 61 S 4/96, WuM 1996, 707 (707); zustimmend: *Haase*, ZMR 2002, 557 (561); *Heinrichs*, NJW 1996, 1381 (1383); wohl auch *Pfeiffer*, laut dem sich der Regelungsgehalt der AGB durch die Verweisung nicht nur aus dem Gesetz ergeben dürfe: Wolf/Lindacher/Pfeiffer/*Pfeiffer*, AGB-Recht, § 307 BGB, Rn. 260.

1230 *OLG Nürnberg*, Urteil vom 03.12.1976 – 1 U 179/75, Rn. 74, 1. Orientierungssatz, juris; *Haase*, ZMR 2002, 557 (561); *Heinrichs*, NJW 1996, 1381 (1383); *S. Müller*, NJW 1996, 1520 (1520); *Oetker*, JZ 2002, 337 (338 f.); grundsätzlich zustimmend wohl auch: *Casper*, NJW 1997, 240 (240 f.).

1231 *OLG Hamm*, Urteil vom 13.06.1986 – 20 U 285/85, NJW 1987, 311 (313); *LG Berlin*, Urteil vom 08.07.1996 – 61 S 4/96, WuM 1996, 707 (707).

beim Verweis auf Gesetzesnormen, unter denen sich der Durchschnittsbürger abstrakt nichts vorstellen kann, deren Bedeutung zu erläutern.[1232]

In Ausnahmefällen erkennt selbst der *BGH* eine Verweisungsklausel als intransparent an. So sei eine Verweisung dann intransparent, wenn sich der Regelungsgehalt der Klausel erst durch Lektüre der in Bezug genommenen gesetzlichen Regelung erschließe.[1233]

(iii) Stellungnahme

Die Auffassung, dass eine bloße Verweisung auf eine gesetzliche Norm im Regelfall transparent sei, überzeugt nicht. Hierdurch werden die wirtschaftlichen Folgen durch die Abweichung vom dispositiven Recht nicht hinreichend deutlich dargestellt.

Die Aufklärung des Vertragspartners über die wirtschaftlichen Folgen ist nach allgemeinen Grundsätzen des *EuGH* erforderlich.[1234] Dem ließe sich entgegenhalten, dass die Rechtsprechung des *EuGH* nicht für die Bewertung der Transparenz in Arbeitsverträgen maßgeblich sein könne. Die Rechtsprechung des *EuGH* ergeht nämlich auf Grundlage der Richtlinie 93/13/EWG, die jedoch die unselbstständig beruflich Handelnde – also Arbeitnehmer – vom Verbraucherbegriff ausnimmt.[1235] Wenn die Richtlinie grundsätzlich nicht für Arbeitnehmer gilt, könnte auch die dazu ergehende Rechtsprechung nicht für Arbeitsverhältnisse gelten. Dieser Betrachtungsweise steht allerdings der Gedanke der Rechtseinheit entgegen. Der Bundesgesetzgeber hat sich bewusst für eine Erweiterung des Regelungsbereiches entschieden. Somit kann ihm grundsätzlich auch der Wille unterstellt werden, die Grundsätze gleichermaßen auch auf den überschießenden Regelungsteil anzuwenden. Somit ist auch für den überschießend geregelten Teil der AGB-Kontrolle – hier das Arbeitsrecht – grundsätzlich von einer einheitlichen Auslegung auszugehen.[1236] Demnach ist auch für Arbeitsverträge die Rechtspre-

1232 *OLG Nürnberg*, Urteil vom 03.12.1976 – 1 U 179/75, Rn. 74, 1. Orientierungssatz, juris; *LG Berlin*, Urteil vom 08.07.1996 – 61 S 4/96, WuM 1996, 707 (707).

1233 *BGH*, Urteil vom 14.01.2014 – XI ZR 355/12, Rn. 27, juris.

1234 *EuGH*, Urteil vom 30.04.2014 – C-26/13, Rn. 73, juris; *EuGH*, Urteil vom 21.12.2016 – C-154/15, Rn. 48, juris; *EuGH*, Urteil vom 19.09.2019 – C-34/18, Rn. 62, juris; Säcker/Rixecker u. a./*Wurmnest*, MüKo zum BGB (Band 2), § 307 BGB, Rn. 69.

1235 Staudinger/*Krause*, Kommentar zum BGB Anhang zu §§ 305-310 BGB, Anh. K – AGB-Kontrolle im Arbeitsrecht, Rn. K 52; Staudinger/*Wendland*, Kommentar zum BGB §§ 305-310 BGB, § 307 BGB, Rn. 218.

1236 So auch: *Höpfner/Rüthers*, AcP 2009, 1 (29 f.); Staudinger/*Krause*, Kommentar zum BGB Anhang zu §§ 305-310 BGB, Anh. K – AGB-Kontrolle im Arbeitsrecht, Rn. K 52; so wohl auch: *Wutte*, DZWIR 2019, 205 (209).

chung des *EuGH* maßgeblich, nach der der Vertragspartner in den AGB über die wirtschaftlichen Folgen aufgeklärt werden muss.

Dies ist der Grund, aus dem die Entscheidung des *BGH* zur Bezugnahme auf die Betriebskostenverordnung[1237] – anders als vom *OLG Rostock* angenommen[1238] – nicht allgemein und jedenfalls nicht auf Klauseln übertragbar ist, die eine Norm wie § 616 BGB abbedingen. Ein Verweis auf die Betriebskostenverordnung unterscheidet sich wesentlich von einem Verweis, der die Abbedingung einer Norm wie § 616 BGB festschreibt. Bereits durch die Vereinbarung, dass die Betriebskosten durch den Mieter zu tragen sind, werden dem Mieter die wirtschaftlichen Nachteile deutlich – wenn auch nicht der konkreten Höhe nach. Die Verweisung konkretisiert lediglich die vom Gesetzgeber als umlagefähig erklärten Betriebskosten.[1239] Bei der bloßen Abbedingung einer Norm, wie in der Entscheidung des *OLG Rostock* in der § 568 BGB a. F./ § 545 BGB n. F. abbedungen werden sollten, wird dem Mieter durch einen bloßen Verweis hingegen die Rechtsfolge nicht klar. Ähnlich verhält es sich bei einer Klausel, die § 616 BGB abbedingt.

Auch eine Orientierung an der Rechtsprechung des *BAG* zu (dynamischen) Verweisungen auf Tarifverträge führt zu keinem anderen Ergebnis. Das *BAG* erachtet dynamische Verweisungen auf Tarifverträge als transparent. Als Argument für die Transparenz werden insbesondere praktische Erwägungen herangezogen. Die dynamische Verweisung auf andere Normen diene den Interessen beider Vertragsparteien eines auf Zukunft gerichteten Arbeitsverhältnisses. Auch zukünftige Änderungen des Tarifvertrages sollen erfasst werden können.[1240] Diese Begründung greift jedoch bei der Verweisung auf eine einzelne gesetzliche Norm nicht durch. Zwar können sich auch diese Regelungen im Laufe der Zeit ändern. Allerdings ist nicht davon auszugehen, dass sie sich derart umfangreich ändern, dass die Wiedergabe der Rechtsfolge oder die Tatbestandsmerkmale die Sinnhaftigkeit der Klausel verändern. Insbesondere § 616 BGB ist hierfür ein gutes Beispiel, da der Kern der Regelung seit Einführung des BGB quasi unverändert ist. Zudem würde die Wiedergabe von Tatbestandsmerkmalen und Rechtsfolge dazu führen, dass die Norm, auf die sich bezogen werden soll, auch dann noch für den Vertragspartner einfach aufzufinden ist, wenn sich ihre Ordnungsnummer

1237 Vgl.: *BGH*, Urteil vom 07.04.2004 – VIII ZR 167/03.

1238 Vgl.: D)III)2)b)dd)(1)(a)(cc)(i), S. 316.

1239 Ähnlich: *Oetker*, JZ 2002, 337 (339).

1240 *BAG*, Urteil vom 16.02.2010 – 3 AZR 181/08, Rn. 43, juris; *BAG*, Urteil vom 14.11.2012 – 5 AZR 107/11, Rn. 22, juris; *BAG*, Urteil vom 13.03.2013 – 5 AZR 954/11, Rn. 30, juris.

ändert.[1241] Auch in der Komplexität der Verweisung unterscheiden sich Verweisungen auf Tarifverträge und solche auf einzelne Rechtsnormen. Die Darstellung der Tatbestandsmerkmale und Rechtsfolgen der Regelungen des Tarifvertrages, auf die Bezug genommen wird, dürfte nicht nur umfangreicher als bei einzelnen Rechtsnormen sein. Es dürfte auch gerade dem Zweck der dynamischen Verweisung auf Tarifverträge zuwiderlaufen, zukünftige Entwicklungen mit abzudecken. Hingegen ist bei einfachen gesetzlichen Regelungen, auf die Bezug genommen wird, eine Darstellung der Tatbestandsmerkmale und der Rechtsfolge der Normen im Regelfall in übersichtlicher Weise möglich und zumutbar.[1242]

Auch mit Blick auf die Intransparenz auf Grund zu umfangreicher und komplexer AGB scheidet eine Darstellung der Tatbestandsmerkmale und Rechtsfolge der Norm, die abbedungen werden soll, nicht aus. Insbesondere bei einer hinsichtlich der Tatbestandsmerkmale und Rechtsfolge wenig komplexen Regelung wie § 616 BGB bedeutet es kaum einen Mehrumfang, wenn die Norm oder zumindest die Rechtsfolge noch einmal dargelegt wird. Der Mehrumfang, der die Übersichtlichkeit der AGB mindern kann, ist jedoch das Merkmal, das grundsätzlich gegen eine Verweisung spricht.[1243]

Mithin sind bei der Abbedingung einer dispositiven Regelung in den AGB grundsätzlich die wesentlichen Tatbestandsmerkmale und die Rechtsfolge der Regelung darzustellen. Andernfalls kann der durchschnittliche Vertragspartner nicht aus der Regelung selbst erkennen, welche wirtschaftlichen Folgen die Klausel für ihn bedeutet. Ein Abgleich mit dem Gesetz ist ihm dafür nicht zuzumuten. Hingegen ist für den Verwender zumutbar und möglich, die Rechtsfolgen in der Klausel darzustellen. Dass der Verwender die ihm möglichen und zumutbaren Anstrengungen unternimmt, gebietet das Transparenzgebot.

(iv) Zwischenergebnis

Somit ist eine Klausel, die § 616 dadurch abbedingt, dass sie einfach auf die Norm verweist intransparent. Eine Klausel wie:

„[Die Anwendung von] § 616 BGB ist ausgeschlossen."

1241 So z. B. in der zitierten Entscheidung des *OLG Rostock*, in der der Regelungsinhalt des früheren § 568 BGB nun in § 545 BGB zu finden ist.

1242 Ebenfalls auf das für den Verwender mögliche und zumutbare abstellend: *Heinrichs*, NJW 1996, 1381 (1383); *Oetker*, JZ 2002, 337 (340); *Zeller-Müller*, Inhaltskontrolle von Arbeitsverträgen, S. 215.

1243 Vgl.: *BGH*, Urteil vom 01.02.1996 – I ZR 44/94, Rn. 16, juris; Staudinger/*Wendland*, Kommentar zum BGB §§ 305-310 BGB, § 307 BGB, Rn. 200.

ist damit nach § 307 Abs. 1 S. 2 BGB unwirksam. Stattdessen müsste die Klausel beispielsweise wie folgt gefasst werden:

„Die Vergütungsfortzahlung bei Verhinderung für eine verhältnismäßig nicht erhebliche Zeit nach § 616 BGB ist ausgeschlossen.“.

In dieser Klausel werden die wesentlichen Tatbestandsmerkmale sowie insbesondere die Rechtsfolge dargestellt.

Die Klausel

„Bezahlt wird nur die tatsächlich geleistete Arbeit.“

unterliegt diesem Problem ohnehin nicht, da sie nicht auf § 616 BGB verweist. Stattdessen wird verdeutlicht, dass nur für die erbrachte Arbeitsleistung eine Gegenleistung erbracht wird. Damit wird die Rechtsfolge des § 616 BGB deutlich dargestellt, wodurch sich der wirtschaftliche Nachteil für den Arbeitnehmer aufdrängt.

(dd) Zwischenergebnis

Unter Berücksichtigung des vorherigen Ergebnisses zum Verhältnis des § 616 BGB zu § 3 EFZG könnte eine transparente Klausel wie folgt lauten:

„Die Vergütungsfortzahlung bei Verhinderung für eine verhältnismäßig nicht erhebliche Zeit nach § 616 BGB ist ausgeschlossen. Dies umfasst auch untertägige Verhinderung, wie die krankheitsbedingte Wahrnehmung von Arztterminen.“.

oder

„Bezahlt wird nur die tatsächlich geleistete Arbeit. Auch für untertägige Verhinderung, wie die krankheitsbedingte Wahrnehmung von Arztterminen, wird keine Vergütung gezahlt.“.

(b) Abbedingung bei subsidiären Vergütungsfortzahlungsregelungen und -ersatzregelungen

Wie bereits zuvor thematisiert,[1244] könnte der Arbeitgeber die Vergütungsfortzahlung nach § 616 BGB in den Fällen ausschließen wollen, in denen an seiner Stelle die gesetzliche Sozialversicherung oder der Staat die Vergütungsfortzahlung übernehmen würden.

1244 Vgl. für die Auseinandersetzung mit sozialversicherungsrechtlichen Überlegungen: D)II), S. 241.

(aa) Generalklauselartiger Ausschluss

Um dieses Ziel zu erreichen, könnte der Arbeitgeber seine Vergütungsfortzahlungspflicht pauschal ausschließen und den Ausschluss nicht weiter bezüglich der einzelnen Anspruchsgrundlagen für die subsidiäre Vergütungsfortzahlung und den subsidiären Vergütungsersatz spezifizieren. Eine solche Klausel könnte beispielsweise wie folgt lauten:

> „*Die Vergütungsfortzahlung durch den Arbeitgeber bei Verhinderung für eine verhältnismäßig nicht erhebliche Zeit nach § 616 BGB ist in den Fällen ausgeschlossen, in denen eine subsidiäre Vergütungsfortzahlung oder -entschädigung durch Dritte gesetzlich vorgesehen ist.*“.

Fraglich ist, ob ein solcher generalklauselartiger Ausschluss hinreichend transparent ist.

Ein Aspekt, der zur Intransparenz der Klausel führen könnte, ist die mangelnde Bestimmtheit der Klausel. Für den Vertragspartner ist durch die Klausel bei der bloßen Durchsicht der AGB nicht ersichtlich, in welchen konkreten Fällen subsidiäre Vergütungsfortzahlungstatbestände oder Vergütungsersatztatbestände greifen und somit nicht mehr der Arbeitgeber, sondern die einzelnen Zweige der gesetzlichen Sozialversicherung oder der Staat die Vergütungsfortzahlung übernehmen. Dadurch könnte ein Verstoß gegen das dem Transparenzgebot unterfallende Bestimmtheitsgebot vorliegen. Fraglich ist somit, welche Anforderungen an das Bestimmtheitsgebot zu stellen sind.

(i) Grenzen des Bestimmtheitsgebotes

Das Bestimmtheitsgebot gilt nach Auffassung der Rechtsprechung allerdings nicht unbegrenzt. Die Grenze des Bestimmtheitsgebotes sei bei sachlich gerechtfertigten Unbestimmtheiten erreicht. Gebe es sachliche Gründe, die eine spätere Konkretisierung oder Bestimmung erforderten, sei die Unbestimmtheit hinzunehmen.[1245] Gleiches gilt, wenn die Gefahr der Unvollständigkeit besteht, also denkmögliche Fälle übersehen werden könnten, zugleich aber grundsätzlich erkennbar ist, welche Fallgestaltungen erfasst sein sollen.[1246]

1245 Zu einem Bestimmungsrecht über das Vertragsgebiet: *BGH*, Urteil vom 26.11.1984 – VIII ZR 214/83, Rn. 51, juris; zu einem Bestimmungsrecht über den Zinssatz: *BGH*, Urteil vom 06.03.1986 – III ZR 195/84, Rn. 24, juris; *BGH*, Urteil vom 14.04.1992 – XI ZR 196/91, Rn. 21, juris; bezüglich der Geltung für das Transparenzgebot: Staudinger/*Wendland*, Kommentar zum BGB §§ 305-310 BGB, § 307 BGB, Rn. 197.

1246 So wohl: *BGH*, Urteil vom 20.07.2005 – VIII ZR 121/04, Rn. 11, juris.

Auch die Rechtsprechung des *BAG* zu dynamischen Verweisungsklauseln betrifft das Bestimmtheitsgebot. Wie dargestellt sieht das *BAG* solche Verweisungen als übliche Regelungstechnik und transparent an.[1247] Dem Bestimmtheitsgebot sei grundsätzlich entsprochen, wenn zum Zeitpunkt der Anwendung die in Bezug genommene Regelung bestimmbar ist.[1248] Dabei sei sogar unschädlich, wenn aus der Klausel nicht unmittelbar hervorgehe, auf welche Tarifverträge verwiesen werde. Der Arbeitnehmer habe die Möglichkeit, durch Nachfrage beim Arbeitgeber zu jedem Zeitpunkt in Erfahrung zu bringen, welche Tarifverträge zum jeweiligen Zeitpunkt gelten sollten.[1249] Diese großzügige Auffassung sei erforderlich, um den Interessen der Vertragsparteien in einem zukunftsgerichteten Dauerschuldverhältnis gerecht zu werden und ihnen das erforderliche Maß an Flexibilität zu belassen.[1250] Insofern stelle die Eigenart des Arbeitsverhältnis als Dauerschuldverhältnis eine als Besonderheit des Arbeitsrecht zu berücksichtigende Tatsache dar.[1251]

Auch in der Literatur werden an das Bestimmtheitsgebot keine hohen Anforderungen gestellt. Im Wesentlichen wird ebenfalls auf Grund des auf die Zukunft gerichteten Charakters und der Dynamik des Dauerschuldverhältnisses eine dynamische Verweisung als erforderlich und transparent erachtet.[1252] Daraus ergebe sich, dass nicht jeder Regelungsfall konkret normiert sein müsse.[1253] Das Transparenzgebot erfordere lediglich, dass sich auf den Kern der Regelung konzentriert werden müsse.[1254]

Oetker zieht zur Begründung der Transparenz von dynamischen Verweisungsklauseln auch die Regelungstechnik des Gesetzgebers heran. Auch in Gesetzen

---

1247 Vgl. für Nachweise: D)III)2)b)dd)(1)(a)(cc)(i), S. 316, Fn. 1226, 1227.

1248 *BAG*, Urteil vom 14.03.2007 – 5 AZR 630/06, Rn. 29, juris; *BAG*, Urteil vom 18.11.2009 – 4 AZR 493/08, Rn. 25, juris; *BAG*, Urteil vom 16.02.2010 – 3 AZR 181/08, Rn. 43, juris; *BAG*, Urteil vom 30.11.2010 – 3 AZR 798/08, Rn. 29, juris; Schaub/*Linck*, Arbeitsrecht-Handbuch, § 35 – Kontrolle Allgemeiner Geschäftsbedingungen, Rn. 59; *Stoffels*, ZFA 2009, 861 (886).

1249 *BAG*, Urteil vom 14.11.2012 – 5 AZR 107/11, Rn. 23, juris.

1250 *BAG*, Urteil vom 16.02.2010 – 3 AZR 181/08, Rn. 43, juris; *BAG*, Urteil vom 14.11.2012 – 5 AZR 107/11, Rn. 22, juris; *BAG*, Urteil vom 13.03.2013 – 5 AZR 954/11, Rn. 30, juris.

1251 Allgemein: *B. Gaul*, Aktuelles ArbR, S. 352; *Roloff*, Arbeitsvertragliche Ausschlussfristen, S. 413 f.; Henssler/Willemsen/Kalb/*Roloff*, HWK ArbR, § 310 BGB, Rn. 11.

1252 Müller-Glöge/Preis u. a./*Preis*, ErfK, § 310 BGB, Rn. 80a; *Roloff*, Arbeitsvertragliche Ausschlussfristen, S. 414 f.; *Thüsing/Lambrich*, NZA 2002, 1361 (1364).

1253 *Thüsing/Lambrich*, NZA 2002, 1361 (1364).

1254 *Stoffels*, ZFA 2009, 861 (880).

seien dynamische Verweisungen eine typische Regelungstechnik. Zwar seien Regelungstechniken in Gesetzen nicht mit solchen in AGB gleichzusetzen, gleichwohl böten sie ein Indiz für zulässige Methoden in AGB.[1255]

Des Weiteren wird in der Literatur selbst der Vorbehalt eines unkonkreten, einseitigen Bestimmungsrecht als transparent angesehen, wenn die mangelnde Bestimmtheit auf der Ungewissheit weiterer Entwicklungen beruhe und deshalb diese Klauselgestaltung unumgänglich notwendig sei.[1256]

(ii) Bewertung im vorliegenden Fall

Anhand dieser von Rechtsprechung und Literatur definierten Grenzen des Bestimmtheitsgebotes ist die dargestellte Klausel zu messen.

Für die unbestimmte Gestaltung der Klausel besteht in dem hier fraglichen Fall ein sachlicher Grund. Für den Verwender der Klausel ist nicht absehbar, in welchen Fällen der Gesetzgeber noch eine subsidiäre Fortzahlungs- oder Ersatzpflicht der gesetzlichen Sozialversicherung oder des Staates vorsehen wird. Ein Beispiel für einen nicht absehbaren Fall aus jüngster Zeit ist die Einführung der subsidiären Vergütungsfortzahlung[1257] für den Fall der Quarantäne nach § 56 IfSG.

Somit ist eine weitergehende Konkretisierung auf Grund der Unsicherheit über das zukünftige Handeln des Gesetzgebers sinnvollerweise nicht möglich. Der Arbeitgeber hat – anders als bei Tarifverträgen – keine Einflussmöglichkeit auf die Änderung des Inhalts der Verweisung. Würde verlangt, dass die subsidiären Vergütungsfortzahlungsregelungen und -ersatzregelungen abschließend aufgezählt werden, könnte dies dazu führen, dass später in Kraft getretene Regelungen nicht mehr von der Klausel erfasst wären, obwohl sie dies nach dem Sinn und Zweck der Klausel sein müssten. Würde eine nähere Bestimmung der in Frage kommenden Regelungen gefordert, bestünde insofern die Gefahr der Unvollständigkeit.

Zusätzlich zu einem sachlichen Grund als Rechtfertigung für die offene Formulierung der Klausel bedarf es zumindest der Bestimmbarkeit der in Bezug genommenen Regelungen zum Zeitpunkt der Anwendung. Dies könnte bei der vorgeschlagenen Klauselformulierung jedoch problematisch sein. Abgesehen

---

1255 *Oetker*, JZ 2002, 337 (339).

1256 Däubler/Deinert/Walser/*Bonin/Walser*, AGB-Kontrolle ArbR, § 307 BGB, Rn. 167, 171.

1257 Zur Vereinfachung wird die Konstruktion Vergütungsfortzahlung genannt. Rechtlich handelt es sich um eine Entschädigung (vgl.: § 56 Abs. 1 IfSG), die sich nach der Höhe des Vergütungsausfalls bemisst (vgl.: § 56 Abs. 2, 3 IfSG). Für Arbeitnehmer wird sie zunächst durch den Arbeitgeber ausbezahlt, der sich den Betrag erstatten lassen kann (vgl.: § 56 Abs. 5 IfSG).

davon, dass im Fall von subsidiären Vergütungsfortzahlungsansprüchen und -ersatzansprüchen, die Norm abbedungen sein soll, gibt es keinen Hinweis, um welche (zukünftigen) Normen es sich konkret handelt. Der durchschnittliche und damit juristisch nicht vorgebildete Vertragspartner dürfte damit nicht wissen, welche Normen gemeint sind. Allerdings kommt es in einem solchen Fall nach der Rechtsprechung auf die bloße Möglichkeit der Kenntnisverschaffung an.[1258] In den analogen und digitalen Massenmedien wird häufig in nicht-wissenschaftlicher Weise über die verschiedenen Vergütungsfortzahlungsregelungen und -ersatzregelungen berichtet. Auch wenn dabei nicht auf die juristischen Feinheiten eingegangen wird, erschließt sich auch für den nicht juristisch vorgebildeten Arbeitnehmer, dass die Krankenversicherungen im Zweifelsfall die richtigen Ansprechpartner sind. Dies galt auch für kurzfristig neu geschaffene Regelungen, wie während der COVID-19-Pandemie. Wie bereits zuvor erwähnt, ist die allgemeine Berichterstattung in den Massenmedien eine Erkenntnisquelle, die das Wissen des durchschnittlichen Vertragspartners mehrt.[1259] Somit kann davon ausgegangen werden, dass dem durchschnittlichen Arbeitnehmer bewusst ist, welche subsidiären Vergütungsfortzahlungsansprüche und -ersatzansprüche bestehen und an welche Stellen er sich dafür wenden muss. Im Zweifelsfall ist sogar realistisch, dass der Arbeitnehmer eine qualifizierte Antwort von seinem Arbeitgeber bzw. dessen Personalabteilung erhält. Da die finanziellen Folgen nicht den Arbeitgeber treffen, ist davon auszugehen, dass er den Arbeitnehmer auf die entsprechende subsidiäre Regelung hinweisen wird.

(iii) Zwischenergebnis

Der Ausschluss der Vergütungsfortzahlung nach § 616 BGB in Fällen des Bestehens von subsidiären Vergütungsfortzahlungsansprüchen und -ersatzansprüchen gegen Dritte ist durch eine Art Generalklausel, die die subsidiären Vergütungsfortzahlungsansprüche und -ersatzansprüche nicht weiter definiert, transparent möglich. Auf Grund der Einordnung des Arbeitsvertrags als Dauerschuldverhältnis, während dessen Bestehen sich somit gesetzliche Regelungen ändern können, ist der Vorbehalt einer gewissen Flexibilität durch eine entsprechende Klauselgestaltung gerechtfertigt. Der Verwender – hier der Arbeitgeber – hat weder einen Einfluss darauf noch eine Kenntnis davon, welche subsidiären Vergütungsfortzahlungsansprüche und -ersatzansprüche der Gesetzgeber nach Vertragsschluss schafft oder

1258 *BAG*, Urteil vom 14.11.2012 – 5 AZR 107/11, Rn. 23, juris.

1259 So: *BGH*, Urteil vom 10.07.1990 – XI ZR 275/89, Rn. 22, juris; *Pfeiffer*, NJW 2011, 1 (6).

abschafft. Dem Bestimmtheitsgebot ist dadurch Genüge getan, dass nach dem Wortlaut der Regelung zum Zeitpunkt der Anwendung zweifelsfrei festgestellt werden kann, in welchen Fällen der Arbeitgeber seine Pflicht zur Vergütungsfortzahlung ausschließen wollte. Dass der Vertragspartner dabei Erkundigungen danach tätigen muss, ist vor dem Hintergrund der Rechtsprechung des *BAG* zu tolerieren.

Mithin wäre die vorgenannte Klausel[1260] mit Blick auf das Transparenzgebot wirksam zu vereinbaren.

(bb) Konkreter Ausschluss

Neben dem generalklauselartigen Ausschluss könnte der Verwender die Fälle ausdrücklich benennen, in denen die Vergütungsfortzahlung nach § 616 BGB zu Gunsten eines subsidiären Vergütungsfortzahlungsanspruchs oder -ersatzanspruchs abbedungen wird. Eine entsprechende Klausel könnte wie folgt lauten:

> „*Die Vergütungsfortzahlung durch den Arbeitgeber bei Verhinderung für eine verhältnismäßig nicht erhebliche Zeit nach § 616 BGB ist in den folgenden Fällen des Bestehens einer subsidiären Vergütungsfortzahlung oder eines subsidiären Vergütungsersatzes durch Dritte ausgeschlossen: Kinderkrankengeld nach § 45 Abs. 1 SGB V, Pflegeunterstützungsgeld nach § 44a SGB XI i. V. m. § 2 PflegeZG und Entschädigungen auf Grund infektionsschutzrechtlicher Maßnahmen nach § 56 Abs. 1 IfSG und § 56 Abs. 1a IfSG. Im Übrigen bleibt die Vergütungsfortzahlung nach § 616 BGB unberührt.*“.

Eine derartige Klausel würde zweifelsfrei den Anforderungen des Bestimmtheitsgebotes genügen. Nachteilig für den Verwender dürfte jedoch sein, dass mit dieser Klausel die Abbedingung auf die genannten Fälle beschränkt wäre. Sollten während des Bestehens des vertraglich vereinbarten Dauerschuldverhältnisses noch weitere subsidiäre Vergütungsfortzahlungstatbestände oder -ersatztatbestände hinzukommen, wären diese nicht erfasst.

Trotz des hohen Bestimmtheitsgrades birgt auch die Klausel mit Blick auf die übrigen Erwägungen im Zusammenhang mit dem Transparenzgebot Risiken. Zum einen bestünde beim weiteren Ergänzen der Liste der Ausnahmen das Risiko, dass die Klausel zu komplex und damit wiederum intransparent würde. Zum anderen könnte die Klausel auf Grund einer sich ändernden Rechtslage intransparent werden. Der Gesetzgeber könnte sich nicht nur dazu entschließen neue subsidiäre Vergütungsfortzahlungsregelungen und -ersatzregelungen zu schaffen, sondern auch bereits bestehende Regelungen wieder aufzuheben.

1260 Vgl.: D)III)2)b)dd)(1)(b)(aa), S. 322.

Würde einer der erwähnten subsidiären Vergütungsfortzahlungsansprüche und -ersatzansprüche aufgehoben, gäbe die Klausel die Rechtslage unzutreffend wieder. Der Vertragspartner geht in diesem Fall weiterhin, nunmehr fälschlicherweise davon aus, dass sein Anspruchsgegner nicht der Arbeitgeber, sondern ein Dritter ist. Hierdurch wird der Vertragspartner getäuscht und möglicherweise daran gehindert, seinen Vergütungsfortzahlungsanspruch aus § 616 BGB gegenüber dem Arbeitgeber geltend zu machen. Eine solche irreführende bzw. täuschende Darstellung der Rechtslage führt zur Intransparenz der Klausel.[1261]

Der Verwender wird bei der Gestaltung und Verwendung der Klausel in den meisten Fällen nicht vorsätzlich hinsichtlich der Täuschung des Vertragspartners gehandelt haben, sondern vielmehr die Absicht gehabt haben, eine möglichst transparente und eindeutige Klausel für den Vertragspartner zu erstellen. Allerdings kommt es bei der Intransparenz auf Grund einer Täuschung des Vertragspartners nicht darauf an, ob die Täuschung vorsätzlich geschieht.[1262] Es genügt allein die Gefahr, dass der Vertragspartner seine Rechte nicht geltend macht, damit die Klausel intransparent ist.[1263]

Somit geht der Verwender bei der konkreten Aufzählung der subsidiären Vergütungsfortzahlungsansprüche und -ersatzansprüche nicht nur das Risiko ein, dass er entgegen seiner Absicht zukünftig nicht mehr alle Fälle erfasst, sondern auch, dass seine anfänglich wirksame Klausel auf Grund von Beschlüssen des Gesetzgebers nachträglich irreführend und täuschend wird und somit als intransparent angesehen wird. Auch wenn die dargestellte Klausel nicht zwingend unwirksam werden muss, besteht gleichwohl dieses Risiko, das es zu vermeiden gilt. Die Verwendung dieser oder einer entsprechenden Klausel ist daher nicht zu empfehlen.

1261 Gsell/Krüger u. a./*Eckelt*, beckOGK (Stand: 01.01.2024), § 307 BGB – Inhaltskontrolle, Rn. 139; Säcker/Rixecker u. a./*Wurmnest*, MüKo zum BGB (Band 2), § 307 BGB, Rn. 68.

1262 *Bieder*, AcP 2016, 911 (914 f.); Gsell/Krüger u. a./*Eckelt*, beckOGK (Stand: 01.01.2024), § 307 BGB – Inhaltskontrolle, Rn. 139; Ulmer/Brandner/Hensen/*Fuchs*, AGB-Recht, § 307 BGB, Rn. 342; Säcker/Rixecker u. a./*Wurmnest*, MüKo zum BGB (Band 2), § 307 BGB, Rn. 68.

1263 *BAG*, Urteil vom 14.09.2011 – 10 AZR 526/10, Rn. 22, juris; *BAG*, Urteil vom 21.01.2015 – 10 AZR 84/14, Rn. 33, juris; *BAG*, Urteil vom 15.11.2016 – 3 AZR 539/15, Rn. 57, juris; *Bieder*, AcP 2016, 911 (915).

(c) Zwischenergebnis

Mit Blick auf das Transparenzgebot ist es dem Arbeitgeber grundsätzlich möglich, die Anwendung des § 616 BGB pauschal auszuschließen. Dabei hat er jedoch zu beachten, dass eine bloße Verweisung auf § 616 BGB in der Klausel nicht genügt. Damit für den Arbeitnehmer die wirtschaftlichen Folgen hinreichend deutlich werden, muss er die Rechtsfolge sowie die wesentlichen Tatbestandsmerkmale des § 616 BGB nennen. Auf Grund der inhaltlichen Nähe zu § 3 EFZG und der schwierigen Abgrenzung bei untertägigen krankheitsbedingten Verhinderungen – z. B. durch die Wahrnehmung von Arztterminen – muss die Klausel einen Hinweis enthalten, dass mit der Abbedingung des § 616 BGB auch ein Vergütungsfortzahlungsanspruch bei solchen untertägigen krankheitsbedingten Verhinderungen entfällt.

Neben der pauschalen Abbedingung kann der Arbeitgeber die Anwendung des § 616 BGB auch in den Fällen ausschließen, in denen an seiner Stelle ein subsidiärer Vergütungsfortzahlungsanspruch oder -ersatzanspruch gegen einen Dritten – wie die gesetzliche Sozialversicherung oder den Staat – besteht. Eine derartige Regelung kann transparent formuliert werden. Allerdings empfiehlt sich eine generalklauselartige Umschreibung der betreffenden Fälle an Stelle einer ausdrücklichen Erwähnung der betreffenden subsidiären Vergütungsfortzahlungsansprüche und -ersatzansprüche.

(d) Definition des Anwendungsbereichs durch Beispiele

In Tarifverträgen ist es üblich, den Anwendungsbereich des § 616 BGB durch Beispiele näher zu definieren. Diese Praxis könnte auch für Arbeitsverträge übernommen werden,[1264] wobei sich die Frage stellt, ob solche Regelungen dann transparent sind. Im Wesentlichen gibt es zwei Regelungsarten.

(aa) Abschließende Aufzählung der anspruchsbegründenden Fälle

Teilweise sind Aufzählungen der anspruchsbegründenden Fälle dahingehend zu verstehen, dass sie den Anwendungsbereich des § 616 BGB abschließend regeln sollen und damit die Anwendung des § 616 BGB in sonstigen Fällen ausgeschlossen ist.[1265] Vergleichbare Klauseln könnten auch in Arbeitsverträge aufgenommen

---

1264 Diesen Gedanken haben auch: *Laber/Gerdom*, ArbRB 2010, 255 (258).

1265 Für Tarifverträge: *BAG*, Urteil vom 25.08.1982 – 4 AZR 1064/79, Rn. 13, juris; *BAG*, Urteil vom 09.03.1983 – 4 AZR 62/80, Rn. 17, juris; *BAG*, Urteil vom 22.01.1986 – 5 AZR 34/85, Rn. 16, juris; *BAG*, Urteil vom 20.06.1995 – 3 AZR 857/94, Rn. 13, juris; *BAG*, Urteil vom 18.01.2001 – 6 AZR 492/99, Rn. 19 f., juris; *BAG*, Urteil vom

werden, um den Anwendungsbereich des § 616 BGB zu beschränken. Grundsätzlich dürften derartige Klauseln auch in Arbeitsverträgen hinreichend transparent sein. Wie zuvor dargestellt, kommt es insbesondere darauf an, ob der Arbeitnehmer die wirtschaftlichen Nachteile erkennen kann, die mit der Abbedingung der dispositiven Regelung einhergehen. Auch wenn der Arbeitnehmer sicherlich nicht den gesamten Anwendungsbereich des § 616 BGB kennt, werden ihm durch die Aufzählung die Folgen bewusst. So wird ihm verdeutlicht, dass er nur in den genannten Fällen eine Vergütungsfortzahlung erhält und in allen weiteren denkbaren Fällen das wirtschaftliche Risiko selbst tragen muss.

Gleichwohl könnte der Regelungsumfang solcher Klauseln zur Intransparenz führen. Naturgemäß werden Klauseln umfangreicher sein, wenn sie jegliche Fälle regeln sollen, in denen eine Vergütungsfortzahlungspflicht nach § 616 BGB bestehen soll. Sofern nicht eine seitenlange Aufzählung die Folge ist, dürfte dies jedoch nach den dargestellten Grundsätzen unproblematisch sein. Durch eine Aufzählung einer übersichtlichen Zahl von Fällen wird die Regelung nicht übermäßig komplex und damit unverständlich.

Hinreichend deutlich muss jedoch zum Ausdruck kommen, dass die Aufzählung abschließend sein soll. In Anlehnung an die Rechtsprechung des *BAG* zu tarifvertraglichen Regelungen dürften hierfür wohl Formulierungen wie:

> *„Grundsätzlich wird in Abweichung von § 616 BGB der Lohn nur für die wirklich geleistete Arbeitszeit gezahlt. Hiervon gelten die folgenden erschöpfend aufgezählten Ausnahmen."*[1266]

oder

> *„Grundsätzlich wird Arbeitsentgelt nur für die Zeit gezahlt, in der Arbeit geleistet wird, sowie für die Zeit der Arbeitsbereitschaft, es sei denn, daß gesetzliche oder tarifliche Vorschriften etwas anderes bestimmen. […] In folgenden Fällen der Verhinderung an der Arbeitsleistung hat der Arbeitnehmer Anspruch auf Fortzahlung des Arbeitsentgelts: […]."*[1267]

genügen. Nicht hinreichend deutlich sein, dürfte jedoch eine Formulierung wie:

> *„Der Lohn ist gemäß § 616 BGB in folgenden Fällen […] fortzuzahlen."*.[1268]

13.12.2001 – 6 AZR 30/01, Rn. 14, juris; *Linck*, Entgeltrisiko in Zeiten von Covid 19, S. 757.

1266 *BAG*, Urteil vom 22.01.1986 – 5 AZR 34/85, Rn. 16, juris.

1267 *BAG*, Urteil vom 25.08.1982 – 4 AZR 1064/79, Rn. 10 ff., juris.

1268 *BAG*, Urteil vom 27.06.1990 – 5 AZR 365/89, Rn. 12, juris.

(bb) Exemplarische Aufzählung der anspruchsbegründenden Fälle

Die Aufzählung im Tarifvertrag kann jedoch auch nur exemplarisch sein, sodass der Anwendungsbereich des § 616 BGB nicht eingeschränkt werden soll.[1269] Fraglich ist, ob auch diese Regelungspraxis in einem Arbeitsvertrag transparent ist.

Bei sogenannten deklaratorischen Klauseln, die ihrem Wortlaut nach oder ihrem Sinn nach der gesetzlichen Regelung entsprechen, erfolgt keine Inhaltskontrolle.[1270] Zählt die deklaratorische Klausel tatsächlich lediglich beispielhafte Fälle auf, die § 616 BGB auch nach dem Gesetzeswortlaut unterfallen, unterscheidet sich die Rechtlage nach der Klausel nicht von der gesetzlichen Rechtslage.[1271] Demnach liegt keine Abweichung vom Sinn der gesetzlichen Regelung vor. Somit ist die Klausel keiner Inhaltskontrolle zugänglich. Dies bedeutet, wie § 307 Abs. 3 S. 2 BGB klarstellt, jedoch nicht, dass auch die Transparenzkontrolle entfällt.[1272] Denn auch bei der sinngetreuen Wiedergabe der Regelung kann es dazu kommen, dass die gewählte Formulierung beispielsweise den Vertragspartner täuscht oder irreführt. Somit sind auch bei der exemplarischen Formulierung die zuvor[1273] dargestellten Maßstäbe für die Transparenz zu beachten.

Grundsätzlich ist es möglich, Regelbeispiele zur Verdeutlichung des Regelungsgehalts einer Klausel in den Vertrag aufzunehmen.[1274] Damit die Regelbeispiele nicht als abschließende Aufzählung angesehen werden, sollte der Verwender einleitend hinreichend deutlich macht, dass es sich lediglich um eine exemplarische und nicht um eine abschließende Aufzählung handelt. Zumindest bei Tarifverträgen wird davon ausgegangen, dass die Aufzählung grundsätzlich abschließend sein solle, es sei denn es gebe Anhaltspunkte für eine anderweitige Auslegung.[1275] Wenn schon bei Tarifverträgen von einer abschließenden Aufzählung ausgegangen wird, ist dies – zumindest im Rahmen der Transparenzkontrolle – auch

---

1269 *BAG*, Urteil vom 25.10.1973 – 5 AZR 156/73, Rn. 11, juris; *BAG*, Urteil vom 27.06.1990 – 5 AZR 365/89, Rn. 12, juris; Staudinger/*Oetker*, Kommentar zum BGB §§ 613a-619a BGB, § 616 BGB, Rn. 159.

1270 Säcker/Rixecker u. a./*Wurmnest*, MüKo zum BGB (Band 2), § 307 BGB, Rn. 6.

1271 Bezüglich des Vergleichs der Rechtslage als Kontrollinstrument: Gsell/Krüger u. a./*Eckelt*, beckOGK (Stand: 01.01.2024), § 307 BGB – Inhaltskontrolle, Rn. 184.

1272 So auch: Säcker/Rixecker u. a./*Wurmnest*, MüKo zum BGB (Band 2), § 307 BGB, Rn. 6.

1273 Vgl.: D)III)2)b)bb), S. 297.

1274 *BGH*, Urteil vom 09.06.2011 – III ZR 157/10, Rn. 29, juris; Schaub/Schrader u. a./*Klagges*, Formular- und Verfahrenshandbuch, Individualarbeitsrecht, Rn. 144; Hau/Poseck/*Schmidt*, BeckOK BGB, § 307 BGB, Rn. 48.

1275 Staudinger/*Oetker*, Kommentar zum BGB §§ 613a-619a BGB, § 616 BGB, Rn. 159.

bei Arbeitsverträgen anzunehmen. Denn nach § 305c BGB ist bei der Kontrolle die Klausel bei Unklarheiten zu Lasten des Verwenders auszulegen. Da bei der Kontrolle die größeren Hürden für die Wirksamkeit der Klausel in dem Fall bestehen, dass sie die Anwendungsfälle abschließend aufzählt, ist im Zweifel von einer abschließenden Aufzählung auszugehen. Mithin sollte der Verwender jegliche Unsicherheit bezüglich des rein deklaratorischen Charakters und der exemplarischen Aufzählung der Regelung vermeiden. Zudem sollte der Verwender sicherstellen, dass die Aufzählung und damit die Klausel nicht zu umfangreich und zu komplex wird.

Auch wenn eine exemplarische Aufzählung vor allem im Interesse des Vertragspartners liegt, dem damit seine Rechte besser vor Augen geführt werden sollen, besteht ein erhebliches Risiko der Intransparenz. Sofern § 616 BGB unverändert für das Arbeitsverhältnis gelten soll, ist daher zu empfehlen, keine deklaratorische Klausel aufzunehmen, sondern § 616 BGB in dem Vertrag nicht zu erwähnen.

(2) Dienstverträge

Auch bei Dienstverträgen könnten Klauseln intransparent sein, die die Anwendung des § 616 BGB abbedingen.

(a) Inhaltliche Intransparenz durch das Verhältnis zu anderen Normen

Die Intransparenz könnte sich auch bei Klauseln in Dienstverträgen daraus ergeben, dass für den Dienstverpflichteten unklar ist, welche Fälle der Verhinderung unter eine spezialgesetzliche Norm fallen und welche von § 616 BGB erfasst sind und somit abbedungen werden.

(aa) Geschäftsführer

(i) Verhältnis zu § 44a Abs. 3 SGB XI und § 45 Abs. 1 SGB V

Wie zuvor dargestellt,[1276] ist bei der Transparenzkontrolle auf den durchschnittlichen Adressaten abzustellen. Der Geschäftsführer als Dienstverpflichteter wird regelmäßig umfangreichere juristische Kenntnisse haben als ein gewöhnlicher Arbeitnehmer, jedenfalls aber nicht weniger Kenntnisse. Dementsprechend wird bei der Transparenzkontrolle kein strengerer Maßstab anzulegen sein, als dies bei der Abbedingung gegenüber Arbeitnehmern erfolgt ist. Mithin sind die zur Abbedingung gegenüber einem Arbeitnehmer herausgearbeiteten Überlegungen

---

1276 Vgl.: D)III)2)b)bb), S. 297.

übertragbar.[1277] Demnach ist eine Klausel auch dann transparent, wenn nicht über das Verhältnis zu den spezialgesetzlichen Vergütungsfortzahlungsansprüchen und -ersatzansprüchen nach § 44a Abs. 3 SGB XI und § 45 Abs. 1 SGB V aufgeklärt wird.

(ii) Verhältnis zu § 3 EFZG

Anders als der normale Arbeitnehmer wird der Geschäftsführer nicht von § 3 EFZG erfasst.[1278] Dies bedeutet, dass jegliche Verhinderung auf Grund von krankheitsbedingter Arbeitsunfähigkeit dem Anwendungsbereich des § 616 BGB unterfällt. Bei der vollständigen Abbedingung des § 616 BGB muss der Geschäftsführer deshalb davon ausgehen, dass er in keinem Fall krankheitsbedingter Arbeitsunfähigkeit eine Vergütungsfortzahlung erhält. Dementsprechend ist bei einer Abbedingung des § 616 BGB eine Klarstellung für den Fall der untertägigen krankheitsbedingten Arbeitsunfähigkeit entbehrlich.

Eine andere Bewertung kann sich in den Fällen ergeben, in denen § 616 BGB nicht vollständig ausgeschlossen wird, sondern eine Vergütungsfortzahlung im Krankheitsfall für eine bestimmte Dauer vereinbart wird. Eine solche Regelung ist in Geschäftsführeranstellungsverträgen üblich.[1279] Die genaue Umsetzung im Anstellungsvertrag variiert jedoch. Teilweise wird an § 3 EFZG angeknüpft.[1280] Teilweise wird eine eigene Regelung geschaffen.[1281]

Allerdings stellt sich in diesen Fällen auch für den Geschäftsführer die Abgrenzungsfrage zwischen der Klausel, die die Vergütungsfortzahlung im Krankheitsfall regelt, und § 616 BGB. Insbesondere wenn in der Klausel Bezug auf § 3 EFZG genommen wird, entsteht die gleiche Abgrenzungsproblematik wie bei

1277 Vgl. für das Zwischenergebnis: D)III)2)b)dd)(1)(a)(aa)(iv), S. 313.

1278 Vgl.: C)II)2)b)aa)(3), S. 129.

1279 *Haase*, GmbHR 2005, 1260 (1266, 1269); vgl. auch: Reichert/*Brechtel*, GmbH, § 63 – Geschäftsführung, II. Geschäftsführer-Anstellungsvertrag; Schulze/Grziwotz/Lauda/*Sörup/Mühlenhoff*, Vertrags- und Prozessformularbuch, § 611 BGB – Vertragstypische Pflichten beim Dienstvertrag, I. Muster: Geschäftsführeranstellungsvertrag, II. Erläuterungen Rn. 18; Fuhrmann/Wälzholz/*Wälzholz*, FormB GesR, Kapitel 16 – Der Geschäftsführer, Muster M 16.4, Rn. 19.

1280 So beispielsweise: Fuhrmann/Wälzholz/*Wälzholz*, FormB GesR, Kapitel 16 – Der Geschäftsführer, Muster M 16.4.

1281 So beispielsweise: Reichert/*Brechtel*, GmbH, § 63 – Geschäftsführung, II. Geschäftsführer-Anstellungsvertrag; Lorz/Pfisterer/Gerber/*Gerber*, BeckFormB GmbHR (2010), E – Geschäftsführung, V. 1. Anstellungsvertrag Rn. 11; Breyer/Najdecki/*Sitzenfrei*, BeckFormB GmbHR, G.VI. – Anstellungs- und Versorgungsvertrag für einen Geschäftsführer, S. 618, 624 Anm. 12.

Arbeitnehmern. Dasselbe gilt in den Fällen, in denen der gleiche Wortlaut wie in § 3 EFZG gewählt wird. Auch bei einem zu § 3 EFZG ähnlichen Wortlaut, wie beispielsweise:

> *„Ist der Geschäftsführer durch Arbeitsunfähigkeit infolge Krankheit an seiner Dienstleistung gehindert, ohne dass ihn ein Verschulden trifft, zahlt die Gesellschaft seine Vergütung für die Dauer von 3 Monaten fort."*[1282]

oder

> *„Im Falle der Erkrankung oder sonstigen unverschuldeten Arbeitsunfähigkeit wird die monatliche Vergütung gemäß § 3 (Festgehalt und Tantieme) für die Dauer von sechs Monaten, längstens bis zur Beendigung des Anstellungsvertrages, fortgezahlt."*.[1283]

Derartige Regelungen lassen ebenso wie § 3 EFZG[1284] einen Auslegungsspielraum zu, ob untertägige krankheitsbedingte Verhinderungen dieser Vergütungsfortzahlungsregelung unterfallen oder ob sie als anderweitiger Fall des § 616 BGB mit abbedungen sind.

Die vertraglichen Vergütungsfortzahlungsregelungen stellen regelmäßig wie auch § 3 EFZG auf einen nach Wochen oder Monaten bestimmten Zeitraum ab, für den eine Vergütungsfortzahlung erfolgen soll. Wie bei § 3 EFZG führt dies zu der Frage in der Praxis, wie untertägige Arbeitsverhinderungen bei der Berechnung der Fortzahlungsdauer zu berücksichtigen sind. Eine Anrechnung auf die Fortzahlungsdauer als ganzer Arbeitstag, obwohl nur für einzelne Stunden die krankheitsbedingte Arbeitsunfähigkeit bestand, entspricht nicht dem Schutzzweck der Regelung. Auf Grund dessen ist, wie bei § 3 EFZG, davon auszugehen, dass untertägige, krankheitsbedingte Arbeitsverhinderungen nicht den entsprechenden ausdrücklichen Vergütungsfortzahlungsregelungen unterliegen.[1285]

Bei Geschäftsführern kommt noch die Problematik hinzu, dass nach dem Grundsatz des § 616 BGB der Vergütungsfortzahlungsanspruch beim Überschreiten der verhältnismäßig nicht erheblichen Zeit grundsätzlich rückwirkend entfällt.[1286] Es ist zwar davon auszugehen, dass es dem Willen der Vertragsparteien entspricht,

---

1282 Reichert/*Brechtel*, GmbH, § 63 – Geschäftsführung, II. Geschäftsführer-Anstellungsvertrag.

1283 Lorz/Pfisterer/Gerber/*Gerber*, BeckFormB GmbHR (2010), E – Geschäftsführung, V. 1. Anstellungsvertrag.

1284 Vgl.: C)II)2)b)aa)(4)(b)(cc), S. 137.

1285 Vgl. zur Argumentation bei § 3 EFZG: C)II)2)b)aa)(4)(b)(cc)(v), S. 143.

1286 Vgl.: C)II)3)a), S. 174.

bei der Vergütungsfortzahlung im Krankheitsfall, wie bei § 3 EFZG, den Anspruch nicht rückwirkend wieder entfallen zu lassen. Es widerspräche dem Sinn einer Vergütungsfortzahlung im Krankheitsfall, wenn der Geschäftsführer die bereits erhaltenen Zahlungen, die auch seinen Lebensunterhalt gesichert haben, bei einer außergewöhnlich langen Erkrankung zurückzahlen müsste. Zweifelhaft ist jedoch, ob diese Abweichung vom Grundsatz des § 616 BGB auch im Fall untertägiger, krankheitsbedingter Arbeitsverhinderungen gelten soll. Anders als bei der länger andauernden Erkrankung drängt sich hier kein Konflikt zum Sinn der Regelung auf. Auch deshalb ist nicht davon auszugehen, dass auch diese Fälle von der vertraglichen Regelung der Vergütungsfortzahlung im Krankheitsfall erfasst werden sollen.

Somit stellt sich die Frage, ob die Unterscheidung zwischen länger andauernder Arbeitsunfähigkeit und nur untertägiger, krankheitsbedingter Arbeitsverhinderung und die daraus resultierende unterschiedliche Zuordnung für den Geschäftsführer hinreichend transparent ist. Auf Grund dessen, dass der Geschäftsführer einer GmbH regelmäßig rechtliche Regelungen zu beachten hat, kann bei ihm davon ausgegangen werden, dass seine juristischen Kenntnisse und rechtliche Vorbildung ausgeprägter sind, als die gewöhnlicher Arbeitnehmer.[1287] Gleichwohl darf keine juristische Detailkenntnis erwartet werden, es sei denn, der Geschäftsführer wäre zugleich Volljurist.[1288] Zu den nicht erwartbaren juristischen Detailkenntnissen gehören auch vertiefte arbeitsrechtliche Kenntnisse.[1289] Zwar wird man von einem Geschäftsführer erwarten dürfen, dass er ein grundsätzliches Bewusstsein für die Vergütungsfortzahlung im Krankheitsfall hat und dass diese sich im Anstellungsvertrag nach § 616 BGB und § 3 EFZG richtet.[1290] Die Auseinandersetzung mit spezifischen Überlegungen des Entgeltfortzahlungsrechts und der Abgrenzung des Anwendungsbereichs zugehöriger Normen wird gleichwohl

---

1287 So für den Vorstand einer AG, der wohl vergleichbar sein dürfte: Fleischer/*Thüsing*, Hdb Vorstandsrecht, § 5 – Abberufung und Kündigung der Anstellung des Vorstands, Rn. 59; wohl auch: Grüneberg/*Grüneberg*, BGB, § 307 BGB, Rn. 21; grundsätzlich auch: *Langenbucher*, Anstellungsverhältnis des abberufenen GmbH-Geschäftsführers, S. 301.

1288 Ebenfalls grundsätzlich tiefgreifende juristische Kenntnisse verneinend: *Langenbucher*, Anstellungsverhältnis des abberufenen GmbH-Geschäftsführers, S. 301; mit Blick auf ein vollumfängliches Verständnis einer Kopplungsklausel im Verhältnis zum Trennungsprinzip: *Graf von Westphalen*, NZG 2020, 321 (327 f.).

1289 So auch: *BAG*, Urteil vom 19.05.2010 – 5 AZR 253/09, Rn. 32, juris.

1290 Sich ebenfalls für dafür aussprechend, dass die Kenntnisse grundsätzlicher Begriffe, ihre Bedeutung und offensichtliche Problematiken von Organmitgliedern erwartet werden dürfen: *Langenbucher*, Anstellungsverhältnis des abberufenen GmbH-Geschäftsführers, S. 302.

die Kenntnisse und juristischen Fähigkeiten eines Geschäftsführers übersteigen. Somit wird man nicht erwarten können, dass er die wirtschaftlichen Nachteile einer entsprechenden Klausel erfassen kann.

Somit bedarf es auch in einem Dienstvertrag mit einem Geschäftsführer, sofern dieser eine Vergütungsfortzahlung im Krankheitsfall vorsieht, aber im Übrigen § 616 BGB abbedingt, einer Klarstellung, dass mit der Abbedingung des § 616 BGB auch der Vergütungsfortzahlungsanspruch bei einer untertägigen, krankheitsbedingten Arbeitsverhinderung entfällt.

(bb) Freie Mitarbeiter

Ebenso wie bei Dienstverträgen mit Geschäftsführern ist es bei Dienstverträgen mit freien Mitarbeitern üblich, eine Klausel betreffend § 616 BGB aufzunehmen. Abweichend von der Gestaltung von Verträgen mit Geschäftsführern wird bei Verträgen mit freien Mitarbeitern § 616 BGB tendenziell vollständig ausgeschlossen, ohne eine anderweitige Regelung für die Vergütungsfortzahlung im Krankheitsfall aufzunehmen.[1291]

Wie zuvor für den Arbeitnehmer – für den strengere Maßstäbe gelten als bei einem Vertrag zwischen Unternehmern, wie er hier vorliegt – festgestellt, bedarf es bei der Abbedingung des § 616 BGB keiner Klarstellung des Verhältnisses zu § 44a SGB XI und § 45 SGB V. Da § 3 EFZG auf den freien Mitarbeiter keine Anwendung findet, bedarf es auch hier – anders als bei Arbeitnehmern und Geschäftsführern – keiner Abgrenzung zu § 3 EFZG oder vertraglichen Vergütungsfortzahlungsregelungen und -ersatzregelungen. Eine Ausnahme könnte nur dann bestehen, wenn auch im Dienstvertrag des freien Mitarbeiters eine Vergütungsfortzahlung im Krankheitsfall vereinbart wird. Das kommt in der Praxis aus naheliegenden Gründen regelmäßig nicht vor.

(b) Inhaltliche Intransparenz durch Verweisung

Ebenso wie bei der Abbedingung in Arbeitsverträgen stellt sich in Dienstverträgen die Frage, ob ein bloßer Verweis auf § 616 BGB hinreichend transparent ist oder die wesentlichen Tatbestandsvoraussetzungen sowie die Rechtsfolge dargestellt werden müssen.

1291 Vgl. hierfür die Muster: Reufels/*Deiters,* BeckOF ArbR, 5.4 Vertrag über freie Mitarbeit; Schaub/Schrader u. a./*Koch,* Formular- und Verfahrenshandbuch, Individualarbeitsrecht, Rn. 400 f.; Schulze/Grziwotz/Lauda/*Wodtke/Marquardt u. a.,* Vertrags- und Prozessformularbuch, § 611 BGB, I. Muster: Dienstvertrag, Rn. 1.

(aa) Geschäftsführer

Eine Beurteilung, die von den in Arbeitsverträgen geltenden Anforderungen an die Transparenz abweicht, könnte sich aus möglicherweise abweichenden Kenntnissen und Erkenntnissen des durchschnittlichen Geschäftsführers ergeben.

Wie bereits erörtert ist davon auszugehen, dass die juristischen Kenntnisse eines durchschnittlichen Geschäftsführers umfassender sind, als die eines gewöhnlichen Arbeitnehmers. Dabei dürfen aber gleichwohl keine vertieften Rechtskenntnisse angenommen werden.[1292] § 616 BGB stellt für den Geschäftsführer die zentrale Vorschrift für die Vergütungsfortzahlung dar. Angesichts der Tatsache, dass er nicht dem sachlichen Anwendungsbereich des § 3 EFZG unterfällt, muss sich der Geschäftsführer somit zumindest für den Fall der Vergütungsfortzahlung im Krankheitsfall mit § 616 BGB auseinandersetzen. Dies bedeutet, dass ihm auf Grund des Eigeninteresses zumindest die Grundlagen der Norm und damit die grundsätzlichen Tatbestandsmerkmale und die Rechtsfolge bekannt sein sollten.

Ist davon auszugehen, dass ein grundlegendes Verständnis der in der Klausel in Bezug genommenen Norm vorhanden ist und der Vertragspartner damit den Inhalt der Klausel materiell erfasst, bedarf es in der Klausel keiner weiteren Erläuterungen der Tatbestandsmerkmale und Rechtsfolge dieser Norm.[1293] Mithin sind bei Anstellungsverträgen von Geschäftsführern geringere Anforderungen an die Transparenz zu stellen und auch Klauseln wie

„[Die Anwendung von] § 616 BGB ist ausgeschlossen."

sind gegenüber dem Geschäftsführer hinreichend transparent.

(bb) Freie Mitarbeiter

Fraglich ist, ob bei Dienstverträgen mit freien Mitarbeitern die wesentlichen Tatbestandsmerkmale und die Rechtsfolge des § 616 BGB in diese Norm abbedingenden Klauseln dargestellt werden müssen.

Zunächst ist festzustellen, dass es sich bei Dienstverträgen mit freien Mitarbeitern nicht um Verbraucherverträge, sondern um Verträge zwischen Unternehmern handelt.[1294] Dies bedeutet, dass bei der Transparenzkontrolle auf Grund des unternehmerischen Auftretens am Markt grundsätzlich von umfangreicheren

---

1292 Vgl.: D)III)2)b)dd)(2)(a)(aa)(ii), S. 332.
1293 So wohl auch: *Oetker*, JZ 2002, 337 (338 f.).
1294 Vgl.: D)III)1)d)bb)(1), S. 283.

Kenntnissen und Erkenntnismöglichkeiten ausgegangen werden kann. Allerdings kommt es auch hier auf den Vertragstyp und die Eigenart der Klausel an.[1295]

Freie Mitarbeiter bieten regelmäßig ihre Dienstleistung am Arbeitsmarkt an. Somit sollte der durchschnittliche freie Mitarbeiter mit den für Dienstverträge wesentlichen Normen und Klauseln vertraut sein und ein entsprechendes Fachwissen aufweisen. § 616 BGB gehört zu den wenigen für Dienstverpflichtete geltenden gesetzlichen Regelungen, die die Vergütungspflicht betreffen. Ein freier Mitarbeiter als Selbstständiger wird regelmäßig nicht davon ausgehen können, dass das Vergütungsrisiko im Verhinderungsfall vom Dienstberechtigten getragen wird. Es ist die Eigenart der selbstständigen Beschäftigung und damit der freien Mitarbeit sozial unabhängig zu sein.[1296] Gleichwohl ist zu erwarten, dass sich der freie Mitarbeiter mit einer Norm auseinandergesetzt hat, die ihm einen Teil der Absicherung bieten soll. Insbesondere von einem freien Mitarbeiter ist ein gewisses Maß an Eigenständigkeit bei der Beschäftigung mit rechtlichen Themen zu erwarten, da ihn auch in anderen Bereichen, wie dem Steuerrecht und der sozialen Vorsorge, Pflichten treffen, mit denen er sich selbstständig auseinandersetzen muss.

Mithin ist auf Grund des Fachwissens des durchschnittlichen freien Mitarbeiters, wie beim Anstellungsvertrag des Geschäftsführers, nicht auf die wesentlichen Tatbestandsmerkmale und die Rechtsfolge des § 616 BGB hinzuweisen. Klauseln wie

„[Die Anwendung von] § 616 BGB ist ausgeschlossen.“

sind gegenüber dem freien Mitarbeiter somit hinreichend transparent.

(c) Abbedingung bei subsidiären Vergütungsfortzahlungsregelungen und -ersatzregelungen

Die Anzahl subsidiärer Vergütungsfortzahlungsansprüche und -ersatzansprüche ist bei Geschäftsführern und freien Mitarbeitern geringer, hängt aber auch von den persönlichen Umständen ab. So ist beispielsweise das Bestehen eines Anspruchs nach § 45 Abs. 1 SGB V davon abhängig, ob der Geschäftsführer in der gesetzlichen Krankenversicherung pflicht- oder freiwillig versichert ist. Auch der freie Mitarbeiter könnte freiwillig versichert sein und somit einen Anspruch haben. § 56 Abs. 1 IfSG regelt hingegen einen Anspruch, der von den persönlichen Umständen unabhängig ist. Er besteht für beide Personengruppen. Auf Grund

---

1295 Vgl.: D)III)2)b)bb)(3), S. 304.

1296 Vgl. bezüglich der sozialen Unabhängigkeit: D)III)1)d)aa)(1), S. 273.

dessen kann es auch im Dienstvertrag sinnvoll sein, die Vergütungsfortzahlung nach § 616 BGB im Fall des Bestehens subsidiärer Vergütungsfortzahlungsansprüche und -ersatzansprüche gegen Dritte auszuschließen.

Wie für die entsprechende Klausel gegenüber Arbeitnehmern herausgearbeitet, kann die teilweise Abbedingung des § 616 BGB grundsätzlich transparent im Vertrag vereinbart werden.[1297] In Bezug auf Geschäftsführer und freie Mitarbeiter kann jedoch problematisch sein, dass es, wie zuvor dargestellt, sehr von ihren persönlichen Umständen abhängt, welche subsidiären Vergütungsfortzahlungsansprüche und -ersatzansprüche bestehen. Somit kann es erheblich erschwert sein, im Anwendungsfall zu ermitteln, gegen wen ein Vergütungsfortzahlungsanspruch oder -ersatzanspruch besteht. Wie zuvor dargestellt, ist jedoch davon auszugehen, dass ein freier Mitarbeiter sich vertiefter mit Entgeltfragen und der sozialversicherungsrechtlichen Absicherung beschäftigen wird. Auch vom Geschäftsführer kann eine entsprechende Kenntnis erwartet werden. Dies ist auch dadurch bedingt, dass sich die Vertragspartner im Fall der freiwilligen Sozialversicherung, sich die Vertragspartner ohnehin mit der Frage der Versicherung und ihrer Leistungen auseinandergesetzt haben müssen. Beim sozialversicherungspflichtigen Geschäftsführer ist hingegen die Situation mit der eines gewöhnlichen Arbeitnehmers zu vergleichen.

Somit mag zwar eine generalklauselartiger Abbedingung des § 616 BGB im Fall eines Dienstvertrages bei der Anwendung nicht so eindeutig sein, wie bei einem Arbeitnehmer. Allerdings ist die Verweisung – auch auf Grund der Vorbefassung mit der Thematik und den ausgeprägteren Kenntnissen, die erwartet werden dürfen – im Anwendungsfall bestimmbar. Dies genügt für eine hinreichende Transparenz. Im Übrigen gelten auch hier die Erwägungen zur entsprechenden Klausel in Arbeitsverträgen.

Mithin ist ein generalklauselartiger Ausschluss der Vergütungsfortzahlung nach § 616 BGB in Fällen des Bestehens eines subsidiären Vergütungsfortzahlungsanspruchs oder -ersatzanspruchs gegen Dritte auch gegenüber dem Geschäftsführer und freien Mitarbeiter transparent möglich.

(3) Zwischenergebnis

Insbesondere im Rahmen des Arbeitsvertrages sind hohe Transparenzanforderungen an Klauseln zu stellen, die den Anwendungsbereich des § 616 BGB modifizieren oder § 616 BGB vollständig abbedingen. Der Verwender muss in der

---

1297 Vgl.: D)III)2)b)dd)(1)(b)(aa)(iii), S. 325.

Klausel die wesentlichen Tatbestandsvoraussetzungen und die Rechtsfolge des § 616 BGB darstellen. Ein bloßer Verweis auf § 616 BGB genügt nicht.

Ein besonderes Augenmerk ist auf das Verhältnis zwischen § 616 BGB und § 3 EFZG zu legen. Dies gilt auch im Rahmen von Dienstverträgen, wenn § 616 BGB für die Vergütungsfortzahlung im Krankheitsfall weiterhin Anwendung finden soll oder die Vergütungsfortzahlung in einer § 3 EFZG entsprechenden Klausel gesondert geregelt wird. Auf Grund der inhaltlichen Nähe und der Schwierigkeiten bei der Abgrenzung der Vergütungsfortzahlung im Krankheitsfall von der Vergütungsfortzahlung bei untertägiger, krankheitsbedingter Verhinderung, die § 616 BGB unterfällt, ist bei der Abbedingung des § 616 BGB darauf hinzuweisen, dass kein Anspruch auf Vergütungsfortzahlung bei untertägiger, krankheitsbedingter Verhinderung besteht. Nur so kann der Vertragspartner die wirtschaftlichen Nachteile, die mit der Klausel einhergehen, tatsächlich erkennen.

Möchte der Arbeitgeber bei Arbeitsverträgen die Vergütungsfortzahlung nach § 616 BGB in den Fällen ausschließen, in denen ein subsidiärer Vergütungsfortzahlungsanspruch oder -ersatzanspruch gegen Dritte besteht, ist dies auch grundsätzlich transparent möglich. Angesichts der Möglichkeit, dass der Gesetzgeber Änderungen vornimmt, ist eine generalklauselartige Verweisung auf subsidiäre Vergütungsfortzahlungsansprüche und -ersatzansprüche geboten und möglich.

ee) Bestimmungen hinsichtlich der Dauer der „verhältnismäßig nicht erheblichen Zeit“

Eine weitere Möglichkeit § 616 BGB im Arbeits- und Dienstvertrag zu modifizieren, ist eine Konkretisierung des Tatbestandsmerkmals „verhältnismäßig nicht erhebliche Zeit“.

(1) Arbeitsverträge

(a) Konkretisierung für bestimmte Anwendungsfälle

In tarifvertraglichen Klauseln ist es üblich, einen Katalog üblicher Verhinderungsgründe aufzunehmen, in dem auch die Dauer der bezahlten Freistellung festgelegt wird.[1298] So wird in Tarifverträgen beispielsweise festgelegt, dass für die

1298 Vgl. exemplarisch: § 29 Abs. 1 S. 1 TVöD in der Fassung vom 22.04.2023; § 4 Nr. 1-4 Bundesrahmentarifvertrag für das Baugewerbe (BRTV), BAnz AT vom 01.08.2023 B1, S. 7 f.; § 14 Rahmentarifvertrag für gewerbliche Arbeitnehmer im Dachdeckerhandwerk – Dach-, Wand- und Abdichtungstechnik –, BAnz AT vom 19.05.2023

Entbindung/Niederkunft der eigenen Ehefrau oder eingetragenen Lebenspartnerin bezahlte Freistellung für zwei[1299] bzw. einen[1300] Arbeitstag gewährt wird.

Eine entsprechende Aufzählung ausgewählter Verhinderungsgründe und der in diesem Fall geltenden „verhältnismäßig nicht erheblichen Zeit“ könnte auch in Individualarbeitsverträgen vereinbart werden. Hierdurch könnte klargestellt werden, wie das Merkmal „verhältnismäßig nicht erhebliche Zeit“ in dem Vertrag zu verstehen ist. Fraglich ist allerdings, ob dies auch transparent möglich ist. Das soll im Folgenden untersucht werden.

(aa) Abschließende Aufzählung der Anwendungsfälle

Wie zuvor herausgearbeitet, ist die abschließende Aufzählung von Verhinderungsgründen, die im Rahmen des Vertrages zur Vergütungsfortzahlung nach § 616 BGB führen sollen, grundsätzlich unproblematisch, sofern sie nicht zu umfangreich und damit zu komplex wird.[1301] Mit Blick auf Transparenzgesichtspunkte spricht nichts dagegen, dass die abschließende Aufzählung der Anwendungsfälle um die Angabe ergänzt wird, welche Verhinderungsdauer für den jeweiligen Verhinderungsfall als „verhältnismäßig nicht erheblich“ gelten soll. Durch die entsprechende Angabe wird die Unklarheit bezüglich dieses Tatbestandsmerkmals beseitigt, sodass der Arbeitnehmer seine Rechte eindeutiger überblicken und geltend machen kann. Die Angabe wäre damit sogar für die Transparenz förderlich.

(bb) Beispielhafte Aufzählung der Anwendungsfälle

Problematisch könnte jedoch der Fall sein, in dem die Aufzählung der Verhinderungsfälle und der zugehörigen „verhältnismäßig nicht erheblichen Zeiten“ nur beispielhaft erfolgt. Zwar ist die Konkretisierung eines abstrakten Begriffs bzw. Tatbestandsmerkmals durch die Aufzählung von Beispielen in AGB grundsätzlich möglich.[1302] Eine Klausel muss auch nicht derart ausführlich sein, dass eine

B8, S. 6 f.; § 29 Abs. 1 S. 1 TV-Ärzte, Amtsblatt des Justizministeriums Baden-Württemberg, 8/2020, S. 225 f.

1299 Vgl.: § 4 Nr. 2.2 Bundesrahmentarifvertrag für das Baugewerbe (BRTV), BAnz AT vom 01.08.2023 B1, S. 7.

1300 Vgl.: § 29 Abs. 1 S. 1 lit. a TV-Ärzte, Amtsblatt des Justizministeriums Baden-Württemberg, 8/2020, S. 225.

1301 Vgl.: D)III)2)b)dd)(1)(d)(aa), S. 328.

1302 *BAG*, Urteil vom 18.09.2018 – 9 AZR 162/18, Rn. 51, juris; *Dzida/Krois*, ArbRB 2019, 92 (94 f.); *Naber/W. Schulte*, BB 2018, 2100 (2106).

einzelfallbezogene Subsumtion durch die Klausel entbehrlich wird.[1303] Gleichwohl könnte durch die Aufzählung die Regelung unbestimmt sein und zu einer Irreführung des Vertragspartners führen.[1304]

Dies resultiert daraus, dass der Verwender in den im Vertrag genannten Fällen festlegt, was eine „verhältnismäßig nicht erhebliche Zeit" ist. Damit bringt er zum Ausdruck, dass nicht mehr primär die Erwägungen des Gesetzgebers, sondern die Festlegungen des Verwenders als Orientierung für die Auslegung dienen sollen. Der Vertragspartner wird die Aufzählung nämlich nicht dahingehend verstehen können, dass der Verwender lediglich das Gesetz deklaratorisch konkretisiert. Dem würde schon der Gedanke entgegenstehen, dass bereits in unterschiedlichen Tarifverträgen dieselben Fälle auch unterschiedlich geregelt werden. Als Beispiel sei auf den zuvor dargestellten Fall der Dauer der bezahlten Freistellung bei Entbindung/Niederkunft der Ehefrau oder eingetragenen Lebenspartnerin verwiesen.

Allerdings ist angesichts der Vielzahl von Fällen, die § 616 BGB unterfallen können, dem Verwender eine abschließende Aufzählung auch nicht möglich. Er kann schon allein aus praktischen Gründen nicht jeden Anwendungsfall des § 616 BGB erwähnen und die „verhältnismäßig nicht erheblichen Zeit" definieren. In einem solchen Fall genügt es, wenn die vom Verwender erstellte Aufzählung dem Vertragspartner die Möglichkeit gibt, sich für die nicht geregelten Fälle an den ausdrücklichen Vorgaben zu orientieren.[1305] Damit die genannten Fälle eine Orientierung bieten können, sind allerdings gewisse Anforderungen an sie zu stellen.

Eine willkürliche Auswahl der Anwendungsfälle kann diesen nicht genügen.[1306] Das *BAG* hat zu Widerrufsklauseln klargestellt, dass zwar eine abschließende Aufzählung der Gründe nicht möglich sei. Es müsse jedoch aus der Klausel hervorgehen, welchen Grad der Störung der Verwender für die Ausübung des Widerrufsrechts vorsehe.[1307] Es müsse also für den Vertragspartner die „Richtung"

1303 *BAG*, Urteil vom 18.09.2018 – 9 AZR 162/18, Rn. 51, juris.

1304 Dieses Problem thematisierend, ohne zu einer praktikablen, allgemeingültigen Lösung zu gelangen: *Bayreuther,* DB 2017, 487 (489 f.).

1305 *BGH*, Urteil vom 09.06.2011 – III ZR 157/10, Rn. 28 f.

1306 Kritisch ist insbesondere *Wutte*, der zu dem Ergebnis kommt, dass sich jegliche Auswahl der Beispiele angreifen ließe: *Wutte,* DZWIR 2019, 205 (214).

1307 *BAG*, Urteil vom 12.01.2005 – 5 AZR 364/04, Rn. 28, jurs; zustimmend: *Mirza Khanian,* Inhaltskontrolle von Organanstellungsverträgen, S. 235; allgemeiner das *LAG Hamm*, das von einer bloßen Erkennbarkeit der Voraussetzungen spricht: *LAG Hamm*, Urteil vom 11.05.2004 – 19 Sa 2132/03, Rn. 68 f., juris. Dies spricht aber auch

erkennbar sein, in welche die Klausel zu verstehen ist.[1308] Dies bedeutet auf die hier behandelte Konstellation übertragen, dass aus den genannten Fällen eine „Richtung" zur Einordnung der nicht genannten Fälle hervorgehen muss. Damit der Vertragspartner den nicht genannten Fall einordnen kann, müssen die genannten Fälle eine gewisse Bandbreite bei den „verhältnismäßig nicht erheblichen Zeiten" abdecken. So dürfen nicht nur Verhinderungsgründe genannt sein, bei denen eine eintägige Dauer als verhältnismäßig nicht erheblich angesehen wird. Vielmehr sollten auch Fälle mit einer längeren vorgesehenen Verhinderungsdauer genannt werden. Nur so kann der Vertragspartner den konkret fraglichen, nicht geregelten Fall mit den geregelten Fällen vergleichen und die „verhältnismäßig nicht erhebliche Zeit" ermitteln.

Neben einer Bandbreite der beispielhaft genannten Verhinderungsdauern ist es dem Verwender auch zumutbar, häufig vorkommende Verhinderungsgründe in seine Aufzählung aufzunehmen.[1309] So bewirkt die Aufzählung in Fällen, die während der Durchführung des Dauerschuldverhältnisses regelmäßig erwartbar einmalig oder häufiger auftreten, eine erhöhte Transparenz.[1310] Würden diese Fälle hingegen nicht genannt, dafür aber mit geringerer Wahrscheinlichkeit auftretende Fälle, könnte dies zu einer Unsicherheit beim Vertragspartner führen. Es würde sich für den Vertragspartner die Frage stellen, weshalb selten eintretende Fälle genannt sind, erwartbare und eigentlich § 616 BGB unterfallende Fälle hingegen nicht. Somit könnte der Vertragspartner zu dem Schluss kommen, dass diese Fälle ausgenommen sein sollen. Das würde eine Irreführung des Vertragspartners darstellen.

Auch wenn der Arbeitsvertrag mit den entsprechend der vorherigen Grundsätze ausgewählten Beispielen eine Orientierung für die Auslegung des Tatbestandsmerkmals „verhältnismäßig nicht erhebliche Zeit" bietet, kann eine Orientierung

---

dafür, dass der Vertragspartner die Möglichkeit haben muss, die nicht genannten Fälle einzuordnen.

1308 *Mirza Khanian,* Inhaltskontrolle von Organanstellungsverträgen, S. 235; ebenfalls den Begriff „Richtung" verwendend: *BAG,* Urteil vom 12.01.2005 – 5 AZR 364/04, Rn. 28, juris.

1309 In Bezug auf die Nennung des Mindestlohns in einer Ausschlussklausel für die Nennung „prominenter Beispiele": *Dzida/Krois,* MDR 2016, 1357 (1361); *Dzida/Krois,* ArbRB 2019, 92 (94 f.); ebenfalls in Bezug auf die Wirksamkeit von Ausschlussklauseln für eine Nennung der gängigen, praxisrelevanten Regelungen: *Henssler/Moll,* AGB-Kontrolle, Rn. 363; wohl auch: *Naber/W. Schulte,* BB 2018, 2100 (2106); ähnlich auch: *Roloff,* Arbeitsvertragliche Ausschlussfristen, S. 414 f.

1310 Im Grundsatz auch: *Henssler/Moll,* AGB-Kontrolle, Rn. 363.

an den gesetzlichen Grundsätzen notwendig bleiben. Insbesondere in Ausnahmefällen, in denen eine außergewöhnlich lange Dauer eine „verhältnismäßig nicht erhebliche Zeit" darstellen kann, wird es in einer Klausel in der Regel keine entsprechenden Beispiele zur Orientierung geben. Ein Beispiel hierfür ist die Vergütungsfortzahlung im Fall der Quarantäne während der COVID-19-Pandemie, die sich nach dem Grundgedanken des Gesetzes an der regelmäßigen Quarantänedauer orientiert.[1311]

Somit ist die Aufzählung von Verhinderungsgründen unter Angabe der für diesen Verhinderungsgrund als „verhältnismäßig nicht erheblich" geltende Verhinderungsdauer grundsätzlich möglich. Der Verwender muss jedoch bei der Auswahl der genannten Verhinderungsgründe beachten, dass er zum einen Verhinderungsgründe wählt, deren „verhältnismäßig nicht erhebliche Zeit" variiert, sodass sie eine Orientierung bei der Auslegung nicht genannter Fälle bieten können. Zum anderen müssen auch Verhinderungsgründe aufgezählt werden, die erfahrungsgemäß häufiger auftreten.

(b) Bestimmung der Verhältnismäßigkeit anhand der Betriebszugehörigkeit

Fraglich ist zudem, ob eine Abweichung vom Grundsatz des § 616 BGB transparent vereinbart werden kann, nach der sich die Verhältnismäßigkeit der Verhinderungsdauer nach der Dauer der Betriebszugehörigkeit bemisst. Grundsätzlich bemisst sich die „verhältnismäßig nicht erhebliche Zeit" nach der üblichen Verhinderungsdauer für den konkreten Verhinderungsgrund.[1312] Allerdings wird in der Rechtsprechung und Literatur auch vertreten, dass das sich die „verhältnismäßig nicht erhebliche Zeit" nach der Dauer des bisherigen Bestehens des Arbeitsverhältnisses richtet.[1313]

Arbeitgeber könnten in Erwägung ziehen, diesen Ansatz zur Bestimmung der Verhältnismäßigkeit zumindest vertraglich zu vereinbaren. Insofern könnte die Klausel wie folgt lauten:

> „*Die „verhältnismäßig nicht erhebliche Zeit" orientiert sich an der Dauer der Betriebszugehörigkeit.*"

Fraglich ist, ob diese – oder eine ähnliche Klausel – transparent ist. Intransparent ist eine Regelung, die dem Verwender ein nahezu schrankenloses Ermessen ein-

---

1311 Vgl.: C)II)3)b)dd), S. 225.
1312 Vgl.: C)II)3)b)cc)(5), S. 217.
1313 Vgl.: C)II)3)b)aa)(1), S. 179.

räumt und dadurch den Vertragspartner in Rechtsunsicherheit versetzt.[1314] Denn der Vertragspartner kann die wirtschaftlichen Nachteile nicht abschätzen. Somit ist vom Verwender zu erwarten, einseitige Bewertungsspielräume im Rahmen des Zumutbaren und Möglichen zu vermeiden.[1315]

Bei der dargestellten Klausel liegt eine solche Unsicherheit vor, da lediglich der Bezug für die Verhältnismäßigkeitserwägung festgelegt wird. Offen bleibt jedoch, bei welcher Betriebszugehörigkeit, welche Verhinderungsdauer „nicht erheblich" ist. Der Bewertungsspielraum verbleibt vollständig beim Verwender, da nicht einmal Anhaltspunkte für die Auslegung bestehen.

Nach der hier vertretenen Auffassung liegt mit der Anknüpfung an die Betriebszugehörigkeit eine Abweichung von der gesetzlichen Regelung vor. Daher kann für die Beseitigung der Unsicherheit nicht auf eine Auslegung nach dem Sinn und Zweck des Gesetzes zurückgegriffen werden. Nimmt der Verwender keine Konkretisierung des Verhältnisses von Betriebszugehörigkeit und Auslegung von „verhältnismäßig nicht erhebliche Zeit" vor, bleibt für den Vertragspartner eine Unklarheit, wie die Regelung auszulegen ist. Um eine transparente Regelung zu schaffen, müsste der Verwender also eine Staffelung zwischen den beiden Bezugsgrößen vornehmen. Denkbar wäre eine Regelung, die an eine Staffelung wie in § 622 BGB anknüpft. Allerdings würde mit der Festlegung einer Staffel zugleich eine Berücksichtigung sonstiger Umstände des Verhinderungsgrundes ausgeschlossen.

Mithin ist eine Anknüpfung der Verhältnismäßigkeit zur Bestimmung der „verhältnismäßig nicht erheblichen Zeit" an die Betriebszugehörigkeit nur dann möglich, wenn im Vertrag geregelt wird, welche Verhinderungsdauer bei welcher Betriebszugehörigkeit noch für „verhältnismäßig nicht erheblich" erachtet wird.

(2) Dienstverträge

(a) Geschäftsführer

Legt man die vorgenannten Grundsätze zur Konkretisierung der „verhältnismäßig nicht erheblichen Zeit" in bestimmten Anwendungsfällen auch bei entsprechenden Regelungen in Geschäftsführeranstellungsverträgen zu Grunde, ergeben sich geringfügige Abweichungen zu den Regelungen in einem Arbeitsvertrag.

1314 Säcker/Rixecker u. a./*Wurmnest,* MüKo zum BGB (Band 2), § 307 BGB, Rn. 64.

1315 Ulmer/Brandner/Hensen/*Bieder,* AGB-Recht, Anhang zu § 310 – AGB-Kontrolle im Arbeitsrecht, Rn. 59.

Diese Unterschiede ergeben sich aus dem größeren Anwendungsbereich des § 616 BGB. Wie zuvor herausgestellt,[1316] ist die krankheitsbedingte Arbeitsunfähigkeit mangels der Anwendbarkeit des § 3 EFZG auf Geschäftsführer ein Anwendungsfall des § 616 BGB von erheblicher Bedeutung. Dementsprechend muss eine § 616 BGB konkretisierende Regelung in jedem Fall eine Aussage zur „verhältnismäßig nicht erheblichen Zeit“ bei krankheitsbedingter Arbeitsunfähigkeit enthalten. Eine entsprechende Klarstellung ist für den Verwender zumutbar und mit Blick auf die Bestimmtheit einer entsprechenden Klausel geboten.

Im Übrigen bestehen keine derartigen sachlichen Unterschiede zwischen der Anwendung des § 616 BGB in Geschäftsführeranstellungsverhältnissen und Arbeitsverhältnissen, die eine unterschiedliche Behandlung erfordern.

(b) Freie Mitarbeiter

Ähnlich verhält es sich bei Dienstverträgen mit freien Mitarbeitern. Sofern bei diesen die Anwendung des § 616 BGB nicht beschränkt oder ausgeschlossen ist, erhalten auch sie eine Vergütungsfortzahlung bei krankheitsbedingter Arbeitsunfähigkeit nach § 616 BGB.[1317] Insofern wäre bei der beispielhaften Darstellung der Dauer der „verhältnismäßig nicht erheblichen Zeit“ der Fall der krankheitsbedingten Arbeitsunfähigkeit in die Aufzählung aufzunehmen.

(3) Zwischenergebnis

Konkretisierungen hinsichtlich des im Vertrag geltenden Verständnisses, welche Zeiträume eine „verhältnismäßig nicht erhebliche Zeit“ darstellen, sind in einer vertraglichen Regelung, die § 616 BGB betrifft grundsätzlich transparent möglich. Unproblematisch ist es in den Konstellationen, in denen die Fälle, die § 616 BGB unterfallen sollen, abschließend aufgezählt sind. Die Anforderungen an die Transparenz richten sich nach den zuvor dargestellten Maßstäben zur Beschränkung des Anwendungsbereiches des § 616 BGB.[1318]

Wird § 616 BGB durch die Regelung nicht eingeschränkt, sondern sollen nur Anwendungsfälle beispielhaft aufgezählt und jeweils geltende „verhältnismäßig nicht erhebliche Zeit“ dargestellt werden, kommt es für die Transparenz der

---

1316 Vgl.: C)II)2)b)aa)(3), S. 129.

1317 Zum Anspruch von freien Dienstverpflichtete auf Vergütungsfortzahlung im Krankheitsfall: *BAG*, Beschluss vom 29.01.1992 – 7 ABR 25/91, Rn. 19, juris; Pletke/Schrader u. a./*Pletke/Schrader u. a.*, Flexible Arbeit, Dimensionen der Flexibilisierung, Rn. 100; grundsätzlich zur uneingeschränkten Anwendbarkeit: Gsell/Krüger u. a./*Bieder*, beckOGK (Stand: 01.07.2022), § 616 BGB, Rn. 8.

1318 Vgl.: D)III)2)b)dd)(1)(d)(aa), S. 328.

Klausel auf die Auswahl der aufgezählten Anwendungsfälle an. Die beispielhafte Aufzählung muss übliche Anwendungsfälle sowie Fälle umfassen, bei denen die „verhältnismäßig nicht erhebliche Zeit“ unterschiedlich lang ist. Nur so ist es möglich, dass der Vertragspartner einen nicht genannten Fall mit den aufgezählten Fällen vergleichen und so die „verhältnismäßig nicht erhebliche Zeit“ abschätzen kann.

Für Dienstverträge gelten dieselben Grundsätze. Hier ist jedoch zu beachten, dass die beispielhafte Aufzählung zwingend den Fall der krankheitsbedingten Arbeitsunfähigkeit und die dabei geltende „verhältnismäßig nicht erhebliche Zeit“ umfassen muss.

ff) Zwischenergebnis

Wie dargestellt, haben sowohl der Arbeitgeber als auch der Dienstberechtigte eine Vielzahl von Möglichkeiten die Anwendung des § 616 BGB zu beeinflussen, indem sie das Verständnis der einzelnen Tatbestandsmerkmale modifizieren. Unter Berücksichtigung der vom Einzelfall abhängigen Grenzen ist dies auch in AGB gegenüber Arbeitnehmern und Dienstverpflichteten transparent möglich.

c) Unangemessene Benachteiligung – § 307 Abs. 1 S. 1, Abs. 2 BGB

Nach § 307 Abs. 1 S. 1 BGB ist eine vertragliche Regelung, die als AGB einzuordnen ist, auch dann unwirksam, wenn sie den Vertragspartner, also hier den Arbeitnehmer oder den Dienstverpflichteten, unangemessen benachteiligt.

Die Prüfung der unangemessenen Benachteiligung erfolgt zweigliedrig.[1319] Zunächst muss durch die vertragliche Regelung ein nicht unerheblicher Nachteil gegenüber dem dispositiven Recht herbeigeführt werden.[1320] Dieser Nachteil muss sich dann als für den Vertragspartner unangemessen darstellen.[1321]

1319 Gsell/Krüger u. a./*Eckelt,* beckOGK (Stand: 01.01.2024), § 307 BGB – Inhaltskontrolle, Rn. 80.

1320 Däubler/Deinert/Walser/*Deinert,* AGB-Kontrolle ArbR, § 307 BGB, Rn. 54; Gsell/Krüger u. a./*Eckelt,* beckOGK (Stand: 01.01.2024), § 307 BGB – Inhaltskontrolle, Rn. 76, 78.

1321 Däubler/Deinert/Walser/*Deinert,* AGB-Kontrolle ArbR, § 307 BGB, Rn. 61; Gsell/Krüger u. a./*Eckelt,* beckOGK (Stand: 01.01.2024), § 307 BGB – Inhaltskontrolle, Rn. 80.

aa) Grundsätze der unangemessenen Benachteiligung

Bei der unangemessenen Benachteiligung nach § 307 Abs. 1 S. 1 BGB handelt es sich um eine Generalklausel, die ausfüllungsbedürftig ist. Diese Funktion übernimmt u. a. der gegenüber § 307 Abs. 1 S. 1 BGB vorrangige[1322] § 307 Abs. 2 BGB, der Regelbeispiele[1323] für das Vorliegen einer unangemessenen Benachteiligung enthält. Dabei handelt es sich um eine widerlegbare Vermutung des Gesetzes, dass in den dort genannten Fällen eine unangemessene Benachteiligung vorliege. Die Vermutung kann durch das Bestehen einer besonderen Interessenlage widerlegt werden.[1324]

Eine § 616 BGB modifizierende oder ausschließende Klausel wäre insbesondere dann gemäß § 307 Abs. 2 BGB unangemessen benachteiligend, wenn die dadurch herbeigeführte Rechtslage mit den wesentlichen Grundgedanken der gesetzlichen Regelung unvereinbar wäre (Nr. 1) oder wesentliche Rechte und Pflichten dergestalt eingeschränkt würden, dass die Erreichung des Vertragszwecks gefährdet wäre (Nr. 2).

(1) Unangemessene Benachteiligung nach § 307 Abs. 2 Nr. 1 BGB

Demnach stellt sich die Frage, ob die vollständige oder teilweise Abbedingung des § 616 BGB gegen einen wesentlichen Grundgedanken des Gesetzes verstoßen könnte und somit eine unangemessene Benachteiligung indiziert wäre. Dafür muss ermittelt werden, ob § 616 BGB überhaupt einen wesentlichen Grundgedanken verkörpert. Bevor hierfür ein Ergebnis gefunden werden kann, werden nachfolgend die Grundsätze dargestellt, nach denen das Vorliegen eines wesentlichen Grundgedankens zu ermitteln ist.

1322 Staudinger/*Wendland*, Kommentar zum BGB §§ 305-310 BGB, § 307 BGB, Rn. 227.

1323 Ebenfalls den Begriff verwendend: Gsell/Krüger u. a./*Eckelt*, beckOGK (Stand: 01.01.2024), § 307 BGB – Inhaltskontrolle, Rn. 140; Rolfs/Giesen u. a./*Jacobs*, BeckOK ArbR, § 307 BGB, Rn. 43; Hau/Poseck/*Schmidt*, BeckOK BGB, § 307 BGB, Rn. 52; der *BGH* bezeichnet die Fälle des Abs. 2 als „Regelvermutungen": *BGH*, Urteil vom 18.04.2019 – III ZR 191/18, Rn. 18, juris.

1324 Wolf/Lindacher/Pfeiffer/*Pfeiffer*, AGB-Recht, § 307 BGB, Rn. 96, 100, 103; Staudinger/*Wendland*, Kommentar zum BGB §§ 305-310 BGB, § 307 BGB, Rn. 222.

(a) Grundsätze

(aa) Ermittlung eines wesentlichen Grundgedankens

Bei der Ermittlung eines „wesentlichen Grundgedankens der gesetzlichen Regelung“ stellt sich zunächst die Frage, welche „gesetzlichen Regelungen“ einen wesentlichen Grundgedanken vermitteln können. Welche Rechtsquellen sind von diesem Wortlaut umfasst?

Als zentrale Quelle eines wesentlichen Grundgedankens dienten die dispositiven Normen.[1325] Mit dispositiven Normen bringe der Gesetzgeber zum Ausdruck, was nach seiner Auffassung eine sachgerechte Regelung für den geregelten Fall sei.[1326] Dementsprechend könne aus diesen Normen ein Gerechtigkeitsgebot resultieren.[1327]

Neben den dispositiven Normen soll nach Auffassung des *BGH* sowie von Teilen der Literatur auch zwingendes Recht geeignet sein, wesentliche Grundgedanken zu vermitteln.[1328] So folgert der *BGH* für den Dienstvertrag aus § 611 BGB, dass im Dienstvertrag grundsätzlich nur für geleistete Arbeit Vergütung geschuldet werde.[1329] Zwar liege bei einem Verstoß gegen zwingende Regeln regelmäßig bereits eine Unwirksamkeit nach § 134 BGB vor, dies schließe aber nicht die Kontrolle nach § 307 BGB aus.[1330]

Des Weiteren können auch aus Rechtsprinzipien, die nicht ausdrücklich normiert sind, wesentliche Grundgedanken des Rechts folgen.[1331] So lasse sich

---

1325 *Gotthardt,* Arbeitsrecht nach der Schuldrechtsreform, S. 145; Säcker/Rixecker u. a./*Wurmnest,* MüKo zum BGB (Band 2), § 307 BGB, Rn. 72.

1326 Wolf/Lindacher/Pfeiffer/*Pfeiffer,* AGB-Recht, § 307 BGB, Rn. 110; ähnlich auch: Clemenz/Kreft/Krause/*Klumpp,* AGB-ArbR, § 307 BGB, Rn. 64 ff.

1327 Wolf/Lindacher/Pfeiffer/*Pfeiffer,* AGB-Recht, § 307 BGB, Rn. 110; Staudinger/*Wendland,* Kommentar zum BGB §§ 305-310 BGB, § 307 BGB, Rn. 229; so wohl auch *Preis,* der von „Leitbild des dispositiven Rechts“ spricht: Müller-Glöge/Preis u. a./*Preis,* ErfK, § 310 BGB, Rn. 43.

1328 *BGH*, Urteil vom 03.02.2005 – III ZR 268/04, Rn. 20, juris; Ulmer/Brandner/Hensen/*Fuchs,* AGB-Recht, § 307 BGB, Rn. 209; Westermann/Grunewald/Maier-Riemer/*Looschelders,* Ermann BGB, § 307 BGB, Rn. 24; Wolf/Lindacher/Pfeiffer/*Pfeiffer,* AGB-Recht, § 307 BGB, Rn. 111.

1329 *BGH*, Urteil vom 03.02.2005 – III ZR 268/04, Rn. 20, juris.

1330 Wolf/Lindacher/Pfeiffer/*Pfeiffer,* AGB-Recht, § 307 BGB, Rn. 111.

1331 *BGH*, Urteil vom 09.10.1985 – VIII ZR 217/84, Rn. 20, juris; *BGH*, Urteil vom 30.05.2001 – XII ZR 273/98, Rn. 26, juris; *BGH*, Urteil vom 11.10.2011 – VI ZR 46/10, Rn. 10, juris; Gsell/Krüger u. a./*Eckelt,* beckOGK (Stand: 01.01.2024), § 307 BGB – Inhaltskontrolle, Rn. 147; Rolfs/Giesen u. a./*Jacobs,* BeckOK ArbR, § 307

beispielsweise bei gegenseitigen Verträgen das Äquivalenzprinzip als ungeschriebener gesetzlicher Grundgedanke feststellen.[1332] Allerdings müsse der Grundgedanke hinreichend konkret sein. Diffuse, allgemeine Überlegungen seien allein bei § 307 Abs. 1 S. 1 BGB zu berücksichtigen.[1333] Dasselbe gelte auch für durch die Rechtsprechung entwickelte Grundsätze,[1334] denn bei ihnen sei ohnehin die Abgrenzung zu Rechtssätzen praktisch unmöglich.[1335] Dementsprechend ließen sich auch aus Teilbereichen des BGB – wie beispielsweise der Gesamtheit der Normen, die einen Vertragstyp regeln – Grundsätze entnehmen.[1336]

Im Arbeitsrecht drängt sich zusätzlich die Frage auf, ob auch Kollektivvereinbarungen wie Tarifverträge wesentliche Grundgedanken vermitteln können.[1337] Immerhin stellt § 310 Abs. 4 S. 3 BGB u. a. Tarifverträge Rechtsvorschriften im Sinne des § 307 Abs. 3 BGB gleich.[1338] Mit Blick auf § 616 BGB ist dies von besonderer Relevanz, da in Tarifverträgen oftmals § 616 BGB modifizierende oder gar abbedingende Klauseln enthalten sind. Allerdings geht die wohl herrschende Meinung davon aus, dass Kollektivvereinbarungen keine Quellen eines Leitbildes

---

BGB, Rn. 47; Wolf/Lindacher/Pfeiffer/*Pfeiffer*, AGB-Recht, § 307 BGB, Rn. 108, 112; Hau/Poseck/*Schmidt*, BeckOK BGB, § 307 BGB, Rn. 58; Staudinger/*Wendland*, Kommentar zum BGB §§ 305-310 BGB, § 307 BGB, Rn. 234 f.

1332 *BGH*, Urteil vom 09.10.1985 – VIII ZR 217/84, Rn. 20, juris; *BGH*, Urteil vom 12.06.2001 – XI ZR 274/00, Rn. 27, juris; *BGH*, Urteil vom 13.02.2020 – IX ZR 140/19, Rn. 18, juris; Gsell/Krüger u. a./*Eckelt*, beckOGK (Stand: 01.01.2024), § 307 BGB – Inhaltskontrolle, Rn. 155; Hau/Poseck/*Schmidt*, BeckOK BGB, § 307 BGB, Rn. 58; Staudinger/*Wendland*, Kommentar zum BGB §§ 305-310 BGB, § 307 BGB, Rn. 235.

1333 Ulmer/Brandner/Hensen/*Fuchs*, AGB-Recht, § 307 BGB, Rn. 213; Staudinger/*Wendland*, Kommentar zum BGB §§ 305-310 BGB, § 307 BGB, Rn. 235.

1334 *BGH*, Urteil vom 10.12.1992 – I ZR 186/90, Rn. 20, juris; *BGH*, Urteil vom 25.02.1998 – VIII ZR 276/96, Rn. 23, juris; Wolf/Lindacher/Pfeiffer/*Pfeiffer*, AGB-Recht, § 307 BGB, Rn. 113; Staudinger/*Wendland*, Kommentar zum BGB §§ 305-310 BGB, § 307 BGB, Rn. 236; kritisch mit Blick auf die dadurch entstehende Unschärfe bei der Anwendung des § 307 Abs. 2 Nr. 1 BGB und die Funktion des § 307 Abs. 1 S. 1 BGB, die eigentlich die Rechtsprechung hinreichend erfassen würde: Ulmer/Brandner/Hensen/*Fuchs*, AGB-Recht, § 307 BGB, Rn. 212.

1335 Staudinger/*Wendland*, Kommentar zum BGB §§ 305-310 BGB, § 307 BGB, Rn. 236.

1336 *Canaris*, AGB-rechtliche Leitbildfunktion, S. 1083.

1337 So: *Däubler*, NZA 2001, 1329 (1334 f.).

1338 Mit dem gleichen Verweis die Erwägung begründend: *Lingemann*, NZA 2002, 181 (188).

sein könnten.[1339] Dies habe der Gesetzgeber nicht nur in der Entwurfsbegründung zum neuen AGB-Recht zum Ausdruck gebracht.[1340] Auch die Verweisung in § 310 Abs. 4 S. 3 BGB erfolge nur auf § 307 Abs. 3 BGB und nicht auch auf § 307 Abs. 2 BGB.[1341] Der Gesetzgeber habe mit der Verweisung lediglich Tarifverträge von der Inhaltskontrolle ausschließen wollen.[1342] Dem ist zuzustimmen. Die Erhebung von Kollektivvereinbarungen in den Gesetzesrang würde nämlich auch zu grundrechtlichen Problemen führen.[1343] Gleichwohl zieht der *BGH* für die Bewertung, ob es sich bei einer Norm um ein auf den Schutz einer Partei gerichtetes Gerechtigkeitsgebot handelt, als Maßstab heran, wie häufig die entsprechende Norm gesetzlich oder (tarif-)vertraglich modifiziert wird.[1344]

Demgemäß sind sowohl dispositive als auch zwingende Rechtsvorschriften sowie nicht normierte und durch die Rechtsprechung entwickelte Rechtsprinzipien und Grundsätze für die Ermittlung eines „wesentlichen Grundgedankens" im Sinne des § 307 Abs. 2 Nr. 1 BGB maßgeblich.

Bereits die Vielzahl von möglichen Rechtsquellen, die sich im Prinzip auf jegliches normierte Recht beziehen, zeigt, dass sich nicht aus jeder Norm ein wesentlicher Grundgedanke ergeben kann. Außer der generellen Eignung der Rechtsquelle, einen wesentlichen Grundgedanken zum Ausdruck zu bringen, muss es auch auf ihren Inhalt ankommen. Anders gesagt: Nicht jede zwingende Regelung, aber auch nicht jede dispositive Regelung ist notwendigerweise Aus-

---

1339 Rolfs/Giesen u. a./*Jacobs*, BeckOK ArbR, § 307 BGB, Rn. 48; *Lingemann*, NZA 2002, 181 (188 f.); Müller-Glöge/Preis u. a./*Preis*, ErfK, § 310 BGB, Rn. 39; *Preis/Roloff*, ZFA 2007, 43 (68); *Singer*, RdA 2003, 194 (198).

1340 Unter Verweis auf: BT-Drs. 14/6857, S. 54: Rolfs/Giesen u. a./*Jacobs*, BeckOK ArbR, § 307 BGB, Rn. 48.

1341 Rolfs/Giesen u. a./*Jacobs*, BeckOK ArbR, § 307 BGB, Rn. 48; Staudinger/*Krause*, Kommentar zum BGB Anhang zu §§ 305-310 BGB, Anh. K – AGB-Kontrolle im Arbeitsrecht, Rn. K 182; *Lingemann*, NZA 2002, 181 (188 f.); Müller-Glöge/Preis u. a./*Preis*, ErfK, § 310 BGB, Rn. 39.

1342 Clemenz/Kreft/Krause/*Klumpp*, AGB-ArbR, § 307 BGB, Rn. 71; *Lingemann*, NZA 2002, 181 (189); *Preis/Roloff*, ZFA 2007, 43 (68).

1343 Vgl.: D)III)1)b), S. 261; ähnlich auch: *Lingemann*, NZA 2002, 181 (189); Müller-Glöge/Preis u. a./*Preis*, ErfK, § 310 BGB, Rn. 39; *Singer*, RdA 2003, 194 (198); dieses Argument ablehnend, da auch bei der Sittenwidrigkeitskontrolle tarifvertragliche Regelungen herangezogen würden: Staudinger/*Krause*, Kommentar zum BGB Anhang zu §§ 305-310 BGB, Anh. K – AGB-Kontrolle im Arbeitsrecht, Rn. K 182.

1344 *BGH*, Urteil vom 18.04.2019 – III ZR 191/18, Rn. 26, juris; dem wohl zustimmend: *Sibben*, DB 2003, 826 (827).

druck eines „wesentlichen Grundgedankens“ im Sinne des § 307 Abs. 2 Nr. 1 BGB.[1345]

Nach Ansicht der Rechtsprechung kann einer gesetzlichen Regelung nur dann ein wesentlicher Grundgedanke zu entnehmen sein, wenn sie nicht nur Zweckmäßigkeitserwägungen dient, sondern Ausdruck eines Gerechtigkeitsgedankens ist.[1346] In diesen Fällen diene das Recht dem Interessenausgleich der Parteien, der sich an der Gerechtigkeit orientiere. Zumindest im Rahmen von AGB dürfte nicht vom Kern dieser Regelungen abgewichen werden.[1347]

Diese Abgrenzungsmethode wird in der Literatur kritisiert. Sie sei nicht geeignet, da die aufgestellten Kriterien selbst ausfüllungsbedürftig seien und eine strikte Abgrenzung nicht zuließen.[1348] Da es kaum Regelungen gebe, die allein eine Ordnungsfunktion hätten,[1349] bestünde bei der Unterscheidung zwischen Gerechtigkeits- und Ordnungsfunktion die Gefahr, dass auf Grund einer überwiegenden Ordnungsfunktion die Gerechtigkeitsfunktion unterschlagen und damit der Schutz des AGB-Rechts verkürzt werde.[1350] Stattdessen sollten Normen für die Ermittlung der wesentlichen Grundgedanken des Gesetzes maßgeblich sein, die die Interessen des Vertragspartners schützen sollen.[1351]

1345 Ähnlich auch: *Canaris,* AGB-rechtliche Leitbildfunktion, S. 1082.

1346 *BAG,* Urteil vom 07.12.2005 – 5 AZR 535/04, Rn. 35, juris; *BAG,* Urteil vom 25.04.2007 – 5 AZR 627/06, Rn. 19, juris; *BGH,* Urteil vom 21.12.1983 – VIII ZR 195/82, Rn. 12, juris; *BGH,* Urteil vom 23.04.1991 – XI ZR 128/90, Rn. 11, juris; *BGH,* Urteil vom 30.05.2001 – XII ZR 273/98, Rn. 26, juris; *BGH,* Urteil vom 18.04.2019 – III ZR 191/18, Rn. 26, juris.

1347 *BGH,* Urteil vom 13.05.2014 – XI ZR 405/12, Rn. 67, juris; so im Ergebnis auch: Westermann/Grunewald/Maier-Riemer/*Looschelders,* Ermann BGB, § 307 BGB, Rn. 24; Staudinger/*Wendland,* Kommentar zum BGB §§ 305-310 BGB, § 307 BGB, Rn. 230.

1348 Gsell/Krüger u. a./*Eckelt,* beckOGK (Stand: 01.01.2024), § 307 BGB – Inhaltskontrolle, Rn. 144; Ulmer/Brandner/Hensen/*Fuchs,* AGB-Recht, § 307 BGB, Rn. 222; Wolf/Lindacher/Pfeiffer/*Pfeiffer,* AGB-Recht, § 307 BGB, Rn. 117; Hau/Poseck/*Schmidt,* BeckOK BGB, § 307 BGB, Rn. 57; so wohl auch: Rolfs/Giesen u. a./*Jacobs,* BeckOK ArbR, § 307 BGB, Rn. 50; *Stoffels,* AGB-Recht, Rn. 503; kritisch gegenüber der „strikten“ Ablehnung: *Canaris,* AGB-rechtliche Leitbildfunktion, S. 1081 f.

1349 Gsell/Krüger u. a./*Eckelt,* beckOGK (Stand: 01.01.2024), § 307 BGB – Inhaltskontrolle, Rn. 144; Staudinger/*Wendland,* Kommentar zum BGB §§ 305-310 BGB, § 307 BGB, Rn. 249.

1350 Gsell/Krüger u. a./*Eckelt,* beckOGK (Stand: 01.01.2024), § 307 BGB – Inhaltskontrolle, Rn. 144.

1351 Wolf/Lindacher/Pfeiffer/*Pfeiffer,* AGB-Recht, § 307 BGB, Rn. 115; kritisch: Gsell/Krüger u. a./*Eckelt,* beckOGK (Stand: 01.01.2024), § 307 BGB – Inhaltskontrolle, Rn. 144.

Einen weiteren Ansatz verfolgt *Fuchs*. Er unterscheidet zwischen leitbildgeeigneten und leitbildungeeigneten Normen, um der Filterfunktion des § 307 Abs. 2 S. 1 BGB gerecht zu werden. Damit keine Vorverlagerung einer schwierigen und umfangreichen Interessenabwägung in der Frage vorgenommen werden müsse, ob eine Norm einen wesentlichen Grundgedanken enthalte, sei ein einfaches Kriterium hierfür anzunehmen. So hätten grundsätzlich alle (dispositiven) Normen einen wesentlichen Grundgedanken inne, die einem berechtigten Interesse eines Vertragspartners dienen sollen.[1352] Eine Interessenabwägung erfolge dann gesammelt in der Unvereinbarkeitsprüfung, für die der Gerechtigkeitsgehalt der Norm als Richtschnur diene.[1353]

Der Ansatz von *Fuchs* vermischt die Frage, ob überhaupt ein wesentlicher Grundgedanke in der gesetzlichen Regelung enthalten ist, mit der Interessenabwägung, ob die fragliche AGB-Regelung mit dem Grundgedanken zu vereinbaren ist. Ob ein wesentlicher Grundgedanke enthalten ist, ist jedoch unabhängig davon, welches Interesse der Verwender an der Abweichung von diesem hat. Richtigerweise ist allerdings zur Ermittlung des wesentlichen Grundgedankens darauf abzustellen, ob und welches Interesse mit der gesetzlichen Regelung geschützt werden soll.

Im Übrigen ist aber keine Entscheidung zwischen Rechtsprechung und Literatur erforderlich, da beide Methoden zu keinen wesentlich unterschiedlichen Ergebnissen führen.[1354]

(bb) Unvereinbarkeit – Interessenabwägung

Das Bestehen eines wesentlichen Grundgedankens, von dem durch die AGB-Regelung zum Nachteil des Vertragspartners abgewichen wird, genüge jedoch noch nicht, um eine Unwirksamkeit nach § 307 Abs. 2 Nr. 1 BGB anzunehmen. Durch § 307 Abs. 2 Nr. 1 BGB solle nämlich nicht jegliche Abweichung vom Gesetz verhindert werden, sondern lediglich grundlegende Veränderungen des

1352 Ulmer/Brandner/Hensen/*Fuchs*, AGB-Recht, § 307 BGB, Rn. 223; ähnlich auch: *Stoffels*, AGB-Recht, Rn. 503.

1353 Ulmer/Brandner/Hensen/*Fuchs*, AGB-Recht, § 307 BGB, Rn. 223 f.; *Stoffels*, AGB-Recht, Rn. 503.

1354 Westermann/Grunewald/Maier-Riemer/*Looschelders*, Ermann BGB, § 307 BGB, Rn. 24; Hau/Poseck/*Schmidt*, BeckOK BGB, § 307 BGB, Rn. 57.

vom Gesetzgeber geschaffenen Interessenausgleichs,[1355] die „tragende Gedanken des gesetzgeberischen Gerechtigkeitsmodells beeinträchtig[en]".[1356]

Werde der vom Gesetz beabsichtigte Schutz auf andere Weise erreicht, scheide eine Unwirksamkeit nach § 307 Abs. 2 S. 1 BGB aus.[1357] Ansonsten bedürfe es einer Interessenabwägung. in deren Rahmen die Abweichung vom wesentlichen Grundgedanken gerechtfertigt werden könne.[1358] Zur Rechtfertigung bedürfe es allerdings eines Grundes, der das der Regelung innewohnende Gerechtigkeitsgebot in den zu regelnden Fällen in Frage stelle und die abweichende Regelung als billig erscheinen lasse.[1359]

Da bereits bei der gesetzlichen Regelung eine Interessenabwägung vorgenommen worden sei und dies zu der in der Regelung verankerten Gerechtigkeitsentscheidung geführt habe, müsse das Interesse des Verwenders eine überragende Bedeutung haben.[1360] Nach anderer Ansicht bedürfe es eines konkreten Interesses des Verwenders, nach dem die vom Gesetzgeber gefundene Gerechtigkeitsentscheidung in diesem Fall unbillig sei.[1361] Die Erheblichkeit des Grundes bzw. die Bedeutung des Interesses des Verwenders sei zudem abhängig von der „Stärke"

1355 Ulmer/Brandner/Hensen/*Fuchs*, AGB-Recht, § 307 BGB, Rn. 221; *Preis/Roloff*, ZFA 2007, 43 (66).

1356 Säcker/Rixecker u. a./*Wurmnest*, MüKo zum BGB (Band 2), § 307 BGB, Rn. 73; ebenfalls: *Schwarz*, NZA-RR ArbR 2021, 1 (2).

1357 *BGH*, Urteil vom 07.03.2013 – VII ZR 162/12, Rn. 26, juris; *BGH*, Urteil vom 14.01.2014 – XI ZR 355/12, Rn. 45, juris; *BGH*, Urteil vom 25.10.2016 – XI ZR 9/15, Rn. 32, juris; Ulmer/Brandner/Hensen/*Fuchs*, AGB-Recht, § 307 BGB, Rn. 229.

1358 Zu § 9 Abs. 2 Nr. 1 AGBG als Vorgängerregelung: *BGH*, Urteil vom 28.01.2003 – XI ZR 156/02, Rn. 12 f., juris; zu § 307 Abs. 2 Nr. 1 BGB: *BGH*, Urteil vom 14.01.2014 – XI ZR 355/12, Rn. 45, juris; *BGH*, Urteil vom 21.04.2015 – XI ZR 200/14, Rn. 17, juris; *BGH*, Urteil vom 25.10.2016 – XI ZR 9/15, Rn. 32, juris; *BGH*, Urteil vom 04.07.2017 – XI ZR 562/15, Rn. 41, juris; Ulmer/Brandner/Hensen/*Fuchs*, AGB-Recht, § 307 BGB, Rn. 230; Westermann/Grunewald/Maier-Riemer/*Looschelders*, Ermann BGB, § 307 BGB, Rn. 26; Staudinger/*Wendland*, Kommentar zum BGB §§ 305-310 BGB, § 307 BGB, Rn. 251.

1359 *BGH*, Urteil vom 04.06.1970 – VII ZR 187/68, Rn. 17, juris; *BGH*, Urteil vom 08.11.2017 – VIII ZR 13/17, Rn. 22, juris; Gsell/Krüger u. a./*Eckelt*, beckOGK (Stand: 01.01.2024), § 307 BGB – Inhaltskontrolle, Rn. 150.

1360 Westermann/Grunewald/Maier-Riemer/*Looschelders*, Ermann BGB, § 307 BGB, Rn. 26.

1361 Ulmer/Brandner/Hensen/*Fuchs*, AGB-Recht, § 307 BGB, Rn. 230; Staudinger/*Wendland*, Kommentar zum BGB §§ 305-310 BGB, § 307 BGB, Rn. 253.

des Gerechtigkeitsgebots, das der gesetzlichen Regelung inne wohne. Je stärker dieses Gebot sei, desto größer müsse die Erheblichkeit bzw. Bedeutung sein.[1362]

Eine Rechtfertigung der Abweichung könne zudem aus der Art des Vertrags folgen. Die Besonderheiten des Vertrages müssten dann Anlass dazu geben, von der vom Gesetzgeber vorgesehenen Risiko- und Lastenverteilung abzuweichen.[1363]

(b) Wesentlicher Grundgedanke des § 616 BGB

Demnach ist anhand der aufgezeigten Grundsätze zu ermitteln, ob § 616 BGB einen „wesentlichen Grundgedanken" enthält.

(aa) Meinungsstand

(i) § 616 BGB enthält einen wesentlichen Grundgedanken

Von einem großen Teil der Literatur wird angenommen, dass § 616 BGB einen wesentlichen Grundgedanken enthalte und deshalb eine vollständige Abbedingung ohne Rechtfertigung ausscheide.[1364] Allerdings wird oftmals offen gelassen, worin der wesentliche Grundgedanke zu sehen sei und woraus dieser folge.[1365] Sofern

---

1362 *OLG Frankfurt*, Beschluss vom 05.05.2014 – 9 U 96/12, Rn. 16, juris; Ulmer/Brandner/Hensen/*Fuchs*, AGB-Recht, § 307 BGB, Rn. 231; Staudinger/*Wendland*, Kommentar zum BGB §§ 305-310 BGB, § 307 BGB, Rn. 247; Säcker/Rixecker u. a./*Wurmnest*, MüKo zum BGB (Band 2), § 307 BGB, Rn. 73.

1363 Staudinger/*Wendland*, Kommentar zum BGB §§ 305-310 BGB, § 307 BGB, Rn. 255.

1364 *Thüringer LAG*, Urteil vom 08.08.2023 – 1 Sa 41/23, Rn. 58, juris; *Gotthardt*, Arbeitsrecht nach der Schuldrechtsreform, S. 145 f.; Säcker/Rixecker u. a./*Henssler*, MüKo zum BGB (Band 5), § 616 BGB, Rn. 77; *Lakies*, Vertragsgestaltung, 1. Kapitel, Rn. 341, 5. Kapitel, Rn. 213; Herberger/Martinek u. a./*Legleitner*, juris-PK BGB (Stand: 02.10.2024), § 616 BGB, Rn. 25.1; Müller-Glöge/Preis u. a./*Preis*, ErfK, § 310 BGB, Rn. 82; Westermann/Grunewald/Maier-Riemer/*Riesenhuber*, Ermann BGB, § 616 BGB, Rn. 16; Henssler/Willemsen/Kalb/*Roloff*, HWK ArbR, Anhang §§ 305–310 ABC der Klauseltypen, Rn. 29; Kiel/Lunk/Oetker/*Tillmanns*, MHdB ArbR, § 77 Arbeitsverhinderung aus persönlichen Gründen, Rn. 14; *Zeller-Müller*, Inhaltskontrolle von Arbeitsverträgen, S. 241 f.; wohl auch: Staudinger/*Oetker*, Kommentar zum BGB §§ 613a-619a BGB, § 616 BGB, Rn. 157.

1365 *Thüringer LAG*, Urteil vom 08.08.2023 – 1 Sa 41/23, Rn. 58, juris; *Lakies*, Vertragsgestaltung, Rn. 241; Müller-Glöge/Preis u. a./*Preis*, ErfK, § 310 BGB, Rn. 82; Westermann/Grunewald/Maier-Riemer/*Riesenhuber*, Ermann BGB, § 616 BGB, Rn. 16; Henssler/Willemsen/Kalb/*Roloff*, HWK ArbR, Anhang §§ 305–310 ABC der Klauseltypen, Rn. 29; wohl auch: Staudinger/*Oetker*, Kommentar zum BGB §§ 613a-619a BGB, § 616 BGB, Rn. 157.

der wesentliche Grundgedanke benannt wird, wird dieser meistens in dem sozialen Schutzzweck des § 616 BGB gesehen.[1366] *Walser* sieht den Schutz vor sozialer Isolation als wesentlichen Grundgedanken des § 616 BGB. Dieser werde dadurch erfüllt, dass der Arbeitnehmer soziale und moralische Verpflichtungen wahrnehmen könne, ohne seinen Erholungsurlaub in Anspruch nehmen zu müssen.[1367] Zwar erkennt *Tillmanns*, dass durch die Einführung des § 3 EFZG jedenfalls bei Arbeitnehmern der (historische) Hauptanwendungsfall des § 616 BGB entfallen sei und somit das Bestehen des sozialen Schutzzwecks als wesentlicher Grundgedanke in Zweifel gezogen werden könne. Allerdings stelle der Gesetzgeber bei § 45 SGB V, § 2 PflegeZG und weiteren neu geschaffenen Normen für die Vergütungsfortzahlung primär auf § 616 BGB ab. Er habe sich demnach nicht dafür entschieden, § 616 BGB zu entwerten oder gar abzuschaffen, sodass auch heute noch der vollständigen Abbedingung des § 616 BGB ihr wesentlicher Grundgedanke nach § 307 Abs. 2 Nr. 1, Abs. 1 S. 1 BGB grundsätzlich entgegenstehe.[1368]

Zeller-Müller führt zudem als Argument an, dass durch die Abbedingung des § 616 BGB die vom Gesetzgeber vorgesehene Risikoverteilung vollständig umgekehrt werde. Hieran ändere sich auch nichts, wenn die materielle Absicherung subsidiär durch die gesetzliche Sozialversicherung erfolge.[1369]

Nach einem anderen Begründungsansatz handele es sich bei der Entgeltfortzahlung als solcher um einen wesentlichen Grundgedanken des Arbeitsvertrages.[1370]

(ii) § 616 BGB enthält keinen wesentlichen Grundgedanken

Von einem anderen Teil der Literatur wird vertreten, dass § 616 BGB keinen wesentlichen Grundgedanken (mehr) enthalte und somit § 616 BGB mit Blick auf § 307 Abs. 2 Nr. 1 BGB unproblematisch vollständig abbedungen werden könne.[1371]

1366 Säcker/Rixecker u. a./*Henssler,* MüKo zum BGB (Band 5), § 616 BGB, Rn. 77; Kiel/Lunk/Oetker/*Tillmanns,* MHdB ArbR, § 77 Arbeitsverhinderung aus persönlichen Gründen, Rn. 14; Däubler/Deinert/Walser/*Walser,* AGB-Kontrolle ArbR, § 307 BGB, Rn. 238.

1367 Däubler/Deinert/Walser/*Walser,* AGB-Kontrolle ArbR, § 307 BGB, Rn. 238.

1368 Kiel/Lunk/Oetker/*Tillmanns,* MHdB ArbR, § 77 Arbeitsverhinderung aus persönlichen Gründen, Rn. 14.

1369 *Zeller-Müller,* Inhaltskontrolle von Arbeitsverträgen, S. 241 f.

1370 Däubler/Deinert/Walser/*Däubler,* AGB-Kontrolle ArbR, Einleitung, Rn. 98.

1371 Gsell/Krüger u. a./*Bieder,* beckOGK (Stand: 01.07.2022), § 616 BGB, Rn. 52; *Sander,* Pflegezeit aus arbeitsrechtlicher Sicht, S. 62; *Schwarz,* NZA-RR ArbR 2021, 1 (2).

Zur Begründung wird angeführt, dass der Verhinderungsgrund, der zu einer Vergütungsfortzahlung nach § 616 BGB führe, aus der Sphäre des Dienstverpflichteten resultiere.[1372] Die Zuweisung des Vergütungsrisikos an den Dienstberechtigten stelle dabei eine Ausnahme vom Grundsatz nach §§ 326 Abs. 1, 275 BGB dar. Weshalb diese Risikozuweisung entgegen dem gesetzlichen Regelfall gerecht sein solle, sei nicht nachvollziehbar.[1373] Zudem seien dem Arbeitnehmer geringfügige Entgelteinbußen zumutbar. Dies habe sich auch in der Entscheidung des Gesetzgebers in den 1990er-Jahren gezeigt, durch die die Entgeltfortzahlung im Krankheitsfall vorübergebend von 100 % auf 80 % des Bruttoentgelts reduziert worden sei.[1374]

Des Weiteren ergebe sich aus dem Umstand, dass der Gesetzgeber § 616 BGB nicht für unabdingbar erklärt habe, dass § 616 BGB nach seiner Ansicht keine besondere Rolle im Gerechtigkeitsmodell des Dienstvertragsrechts innehabe.[1375]

(iii) Streit über das Verständnis der Rechtsprechung des *BAG*

Daneben besteht innerhalb der Literatur Streit, wie sich das *BAG* zu der Frage positioniert habe bzw. ob aus Urteilen des *BAG* Rückschlüsse gezogen werden können. Es wird vertreten, dass das *BAG* die Frage bislang ausdrücklich offengelassen habe. Dafür wird auf entsprechende Passagen in den Urteilen verwiesen, in denen das *BAG* erklärt, dass die Frage der Abdingbarkeit nach dem AGB-Recht offenbleiben könne.[1376] Nach anderer Ansicht sei einer Entscheidung des *BAG* zu entnehmen, dass § 616 BGB „kein unabweisbares Gerechtigkeitsgebot“[1377] enthalte.[1378] Zwar beziehe sich die Entscheidung nicht auf einen Arbeitsvertrag,

---

1372 *Sander,* Pflegezeit aus arbeitsrechtlicher Sicht, S. 62; ebenfalls als Argument anführend: Gsell/Krüger u. a./*Bieder,* beckOGK (Stand: 01.07.2022), § 616 BGB, 49, 52.

1373 *Sander,* Pflegezeit aus arbeitsrechtlicher Sicht, S. 62 f.

1374 *Sander,* Pflegezeit aus arbeitsrechtlicher Sicht, S. 63.

1375 *Schwarz,* NZA-RR ArbR 2021, 1 (2); ähnlich: Rolfs/Giesen u. a./*Joussen,* BeckOK ArbR, § 616 BGB, Rn. 7.

1376 *Henssler* unter Verweis auf: *BAG,* Urteil vom 20.06.1979 – 5 AZR 479/77, 2. LS, Rn. 30: Säcker/Rixecker u. a./*Henssler,* MüKo zum BGB (Band 5), § 616 BGB, Rn. 77; *Schwarz* unter Verweis auf: *BAG,* Urteil vom 07.02.2007 – 5 AZR 270/06, Rn. 29, juris: *Schwarz,* NZA-RR ArbR 2021, 1 (1).

1377 Verwiesen wird auf: *BAG,* Urteil vom 07.02.2007 – 5 AZR 270/06, Rn. 36, juris.

1378 Herberger/Martinek u. a./*Legleitner,* juris-PK BGB (Stand: 02.10.2024), § 616 BGB, Rn. 25; *Sander,* Pflegezeit aus arbeitsrechtlicher Sicht, S. 63; zwar nicht als Begründung, aber als a. A. gegenüber der selbst vertretenen, ablehnenden Ansicht: Henssler/Willemsen/Kalb/*Krause,* HWK ArbR, § 616 BGB, Rn. 50; Staudinger/*Oetker,* Kommentar zum BGB §§ 613a-619a BGB, § 616 BGB, Rn. 157.

sondern auf einen Dienstvertrag, gleichwohl treffe das Gericht damit eine allgemeine Aussage zu § 616 BGB.[1379]

(bb) Stellungnahme

(i) Keine Positionierung des *BAG* erkennbar

Zunächst ist festzustellen, dass das *BAG* keine Aussage hinsichtlich des Bestehens eines wesentlichen Grundgedankens in § 616 BGB getroffen hat. Entgegen der – insbesondere von *Sander* vorgebrachten und begründeten – Ansicht eines Teils der Literatur ist die Verallgemeinerungsfähigkeit der Aussage zweifelhaft, dass § 616 BGB kein „unabweisbares Gerechtigkeitsgebot“ enthalte. Das Urteil hebt hervor, dass die Norm keinem wesentlichen Schutzbedürfnis entspreche, da die Leistung einen „Werkcharakter“ habe. Diese Beurteilung wird man bei den meisten Dienst- und Arbeitsverträgen jedoch nicht entsprechend annehmen können. Zudem verweist das *BAG* darauf, dass die Tätigkeit eine Nebentätigkeit darstelle und die Arbeitnehmerin aus der Hauptbeschäftigung einen hinreichenden Schutz genieße.[1380]

Das *BAG* berücksichtigt bei seiner Entscheidung also in erheblichem Maße die individuellen Umstände der Arbeitnehmerin sowie den Inhalt der konkreten Tätigkeit.[1381] Dies steht einer Verallgemeinerung des vom *BAG* gezogenen Schlusses entgegen. Gleichwohl lassen sich die Argumente für eine differenzierte Betrachtung der Abdingbarkeit des § 616 BGB berücksichtigen – beispielsweise im Rahmen von geringfügigen Beschäftigungen.

(ii) Differenzierte Betrachtung des Vorliegens eines wesentlichen Grundgedankens

Die Frage, ob § 616 BGB einen „wesentlichen Grundgedanken“ im Sinne des § 307 Abs. 2 Nr. 1 BGB enthält, bedarf einer differenzierten Betrachtung.[1382]

Entsprechend der Systematik der §§ 326 Abs. 1, 275 BGB wird man als wesentlichen Grundgedanken des Schuldrechts des BGB anerkennen müssen, dass im

1379 *Sander,* Pflegezeit aus arbeitsrechtlicher Sicht, S. 63.

1380 *BAG,* Urteil vom 07.02.2007 – 5 AZR 270/06, Rn. 36, juris.

1381 Mit ähnlichen Erwägungen zum Urteil: *Brose,* NZA 2011, 719 (723).

1382 So möglicherweise auch *Schahandeh,* der zwischen Arbeits- und Dienstvertrag differenziert, wobei zweifelhaft bleibt, ob er dies mit Blick auf den wesentlichen Grundgedanken macht – hierfür spricht die Formulierung „sachliche Rechtfertigung“ – oder allgemein die Interessenabwägung nach § 307 Abs. 1 S. 1 BGB: Feichtinger/Malkmus/*Schahandeh,* Entgeltfortzahlungsrecht, § 616 BGB, Rn. 118.

Regelfall derjenige das Vergütungsrisiko zu tragen hat, in dessen Sphäre das Leistungshindernis liegt. Allerdings macht § 616 BGB gerade hiervon eine Ausnahme. Diese Ausnahme folgt, wie dargestellt,[1383] nicht allein aus den Nebenpflichten des Dienstvertrages. Vielmehr wohnt der Ausnahme eine Wert-entscheidung des Gesetzgebers inne, durch die die Nebenpflicht in das Synallagma des Dienstvertrages eingreifen kann. Damit hat der Gesetzgeber bewusst die Entscheidung getroffen, dass das Risiko, das in der Sphäre des Dienstverpflichteten liegt, in manchen Fällen vom Dienstberechtigten zu tragen ist. Eine Norm, die eine Risikoverteilung vornimmt, verkörpert im Regelfall einen wesentlichen Grundgedanken.[1384] Denn es handelt sich bei der vorgenommenen Risikoverteilung um eine von mehreren Möglichkeiten, aus denen sich der Gesetzgeber für diese eine Möglichkeit entschieden hat. Diese gegenüber dem allgemeinen Grundsatz abweichende Aufteilung ist als Gerechtigkeitsentscheidung anzusehen. Demnach liegt in der dispositiven Regelung des § 616 BGB der wesentliche Grundgedanke, dass das Vergütungsrisiko nicht in allen Fällen der persönlichen Verhinderung vom Dienstverpflichteten zu tragen ist.

Dem steht – wie manche Stimmen in der Literatur argumentieren – auch nicht entgegen, dass § 616 BGB grundsätzlich dispositiv ist.[1385] Bei dieser Argumentation wird verkannt, dass durch die Abdingbarkeit keine Aussage dazu getroffen wird, ob die Norm nur im Rahmen von Individualvereinbarungen oder auch bei vorformulierten Vertragsbedingungen insgesamt dispositiv ist. Für den Fall vorformulierter Vertragsbedingungen bietet das AGB-Recht eine besondere Grenze der Vertragsfreiheit, die gerade zeigt,[1386] dass vom dispositiven Recht nicht unbegrenzt abgewichen werden kann.[1387] Zwar kann nicht bezweifelt werden, dass es grundsätzlich auch andere „gerechte" Regelungsmöglichkeiten geben könnte. Allerdings hat sich der Gesetzgeber für die in der dispositiven Regelung festgeschriebenen Variante entschieden. Indem er § 616 BGB zur Disposition gestellt hat, schafft er die Möglichkeit von dieser Variante grundsätzlich abzuweichen. Dies bedeutet aber nicht, dass er auch einen möglichen Grundgedanken seiner

---

1383 Vgl.: C)I)4)d), S. 95.

1384 Grundsätzlich Risikoverteilungen als wesentliche Grundgedanken ansehend: Rolfs/Giesen u. a./*Jacobs*, BeckOK ArbR, § 307 BGB, Rn. 51; Staudinger/*Wendland*, Kommentar zum BGB §§ 305-310 BGB, § 307 BGB, Rn. 248.

1385 Zur grundsätzlichen Abdingbarkeit: D)I)1), S. 232.

1386 Gsell/Krüger u. a./*Maties*, beckOGK (Stand: 01.05.2024), § 611a BGB, Rn. 524.

1387 Säcker/Rixecker u. a./*Busche*, MüKo zum BGB (Band 1), Vorbemerkung (Vor § 145), Rn. 26.

Entscheidung bei der Gestaltung der Norm aufgeben möchte.[1388] Somit ist die Abdingbarkeit einer Norm im Zusammenspiel mit der AGB-Kontrolle nach §§ 305-310 BGB zu sehen. Der Schluss, dass § 616 BGB auf Grund der Abdingbarkeit keinen wesentlichen Grundgedanken enthalten kann, kann jedenfalls nicht gezogen werden.

Gleichwohl hat der Gesetzgeber – zumindest für Arbeitnehmer im Sinne des EFZG und gesetzlich versicherte Beschäftigte – durch die Einführung von spezialgesetzlichen Regelungen zur Vergütungsfortzahlung und zum Vergütungsersatz – allen voran die hier betrachteten § 3 EFZG, § 45 Abs. 1 SGB V und § 44a Abs. 3 SGB XI – den ursprünglich in § 616 BGB enthaltenen wesentlichen Grundgedanken ausgehöhlt. Zunächst ist darauf zu verweisen, dass der Gesetzgeber § 616 BGB einen nicht näher vom Gesetz bestimmten Anwendungsbereich zugesprochen hat. Zugleich hat er die Norm grundsätzlich zur Disposition der Vertragsparteien gestellt. Somit ist davon auszugehen, dass nicht der gesamte Anwendungsbereich des § 616 BGB den Gerechtigkeitskern und damit den wesentlichen Grundgedanken darstellt, der von § 307 Abs. 2 Nr. 1 BGB geschützt wird. Während bei Entstehung der Norm der tatsächliche Anwendungsbereich gänzlich unbekannt war und auch heute noch weitestgehend ist,[1389] hat der Gesetzgeber im Laufe der Zeit spezialgesetzliche Regelungen zur Vergütungsfortzahlung und zum Vergütungsersatz geschaffen. Da sich deren Anwendungsbereiche teilweise mit dem Anwendungsbereich des § 616 BGB überschneiden, kann angenommen werden, dass der Gesetzgeber die Vergütungsfortzahlung (und Freistellung) für diese Fälle als besonders wichtig erachtete. Andernfalls hätte er es bei der generellen Regelung des § 616 BGB belassen können. Es kann somit angenommen werden, dass der Gesetzgeber den Kernbereich der Gerechtigkeitsentscheidung zwischenzeitlich durch spezialgesetzliche Regelungen gewährleistet.[1390]

1388 Staudinger/*Wendland*, Kommentar zum BGB §§ 305-310 BGB, § 307 BGB, Rn. 230.

1389 Jedenfalls gibt es nicht für alle denkbaren Fälle Entscheidungen und es ist davon auszugehen, dass immer wieder neue mögliche Anwendungsfälle auftreten werden, an die noch nicht gedacht wurde und über die somit noch keine Erwägungen angestrengt wurden.

1390 So auch: Gsell/Krüger u. a./*Bieder*, beckOGK (Stand: 01.07.2022), § 616 BGB, Rn. 52; Soergel/*Kraft*, BGB (1997), § 616 BGB, Rn. 4; ähnlich mit Verweis auf die krankheitsbedingte Arbeitsunfähigkeit als Hauptanwendungsfall: Schaub/*Linck*, Arbeitsrecht-Handbuch, § 97 – Arbeitsverhinderung des Arbeitnehmers aus persönlichen Gründen, Rn. 32; wohl auch *Schwarz*, der jedoch auf das Leitbild des Vertragstyps abstellt, das durch die Abbedingung des § 616 BGB auf Grund der verschiedenen besonderen Vergütungsfortzahlungsregelungen und -ersatzregelungen nicht betroffen sei: *Schwarz*, NZA-RR ArbR 2021, 1 (2).

Dem steht auch nicht entgegen, dass der Gesetzgeber bei neugeschaffenen Sondervorschriften – wie § 45 Abs. 3 SGB V und § 2 PflegeZG – primär die Vergütungsfortzahlung auf § 616 BGB stützt. Denn der Gesetzgeber hat zugleich auch die bereits erwähnten, korrespondierenden subsidiären Vergütungsersatzregelungen geschaffen. Demnach ist der Arbeitnehmer zum Sozialschutz nicht mehr auf § 616 BGB angewiesen. Auch wenn der Gesetzgeber somit § 616 BGB nicht abgeschafft hat, hat er gleichwohl dessen Bedeutung für gesetzlich versicherte Beschäftigte entwertet. Die Funktion des § 616 BGB beschränkt sich lediglich noch auf die Vergütungsfortzahlung und umfasst nicht mehr auch die Freistellung von der Arbeitsleistung.[1391] Damit erschöpft sich das auf den gesetzlich versicherten Beschäftigten verlagerte Risiko allein in dem Entgeltrisiko. Entgegen der Ansicht von *Zeller-Müller* wird durch die materielle Absicherung durch die gesetzliche Sozialversicherung das Risiko also nicht entgegen dem Gesetz wieder auf den gesetzlich versicherten Beschäftigten rückverlagert, sondern geht auf einen Dritten über.

Somit ist festzustellen, dass § 616 BGB für gesetzlich versicherte Beschäftigte keinen wesentlichen Grundgedanken mehr beinhaltet. Allerdings finden die spezialgesetzlichen Regelungen zur Vergütungsfortzahlung und zum Vergütungsersatz – insbesondere § 3 EFZG – keine Anwendung auf Geschäftsführeranstellungsverträge und sonstige Dienstverträge. Die vorstehende Argumentation greift in diesen Fällen demnach nicht. Es bleibt also dabei, dass § 616 BGB für Dienstverträge, die keine Arbeitsverträge sind, den wesentlichen Grundgedanken verkörpert, dass der Dienstverpflichtete nicht in allen Fällen der persönlichen Verhinderung das Vergütungsrisiko zu tragen hat. Ob der wesentliche Grundgedanke tatsächlich für den einzelnen Dienstvertragstyp Geltung beansprucht, ist im Einzelfall noch zu prüfen.

(2) Unangemessene Benachteiligung nach § 307 Abs. 2 Nr. 2 BGB

Des Weiteren kann nach § 307 Abs. 2 Nr. 2 BGB eine unangemessene Benachteiligung daraus resultieren, dass durch eine Klausel Rechte und Pflichten des Vertrages derart eingeschränkt werden, dass die Erreichung des Vertragszwecks gefährdet wird.

Der Vertragszweck liege in dem, was die Parteien grundsätzlich erreichen möchten.[1392] Maßgeblich sei das, was der typischen Parteierwartung an einen

1391 Vgl.: B)I)3), S. 46.

1392 Hau/Poseck/*Schmidt,* BeckOK BGB, § 307 BGB, Rn. 66.

Vertrag dieser Art entspreche.[1393] Stehe eine vertragliche Regelung in Widerspruch dazu, solle sie jedenfalls nicht als AGB vereinbart werden können.[1394]

(a) Normzweck des § 307 Abs. 2 Nr. 2 BGB

Wendland und wohl auch *Fuchs* sehen den Normzweck des § 307 Abs. 2 Nr. 2 BGB vor allem darin, einen zu § 307 Abs. 2 Nr. 1 BGB vergleichbaren Schutz für ungeregelte Vertragstypen und atypische Verträge, deren Vertragstyp aber grundsätzlich geregelt sei, für die also kein gesetzliches Leitbild bestehe, zu gewährleisten.[1395] Hierzu passt auch die zum Teil in der Literatur vertretene Auffassung, dass sich § 307 Abs. 2 Nr. 1 BGB und § 307 Abs. 2 Nr. 2 BGB inhaltlich sehr ähnlich seien. Denn mit der Gefährdung der Erreichung des Vertragszwecks gehe im Regelfall auch eine Abweichung von wesentlichen Grundgedanken der gesetzlichen Regelung einher.[1396] Allerdings bedeute dies nicht, dass § 307 Abs. 2 Nr. 2 BGB bei geregelten Vertragstypen keine Geltung habe.[1397]

Dementsprechend sei die Beschränkung der Haftung im Fall der Nichterfüllung von Hauptpflichten der wesentliche Anwendungsfall des § 307 Abs. 2 Nr. 2 BGB.[1398] In gleicher Weise die Vertragserfüllung gefährdend sei die generelle Freizeichnung von (Haupt-)Leistungspflichten.[1399] Aber auch die Beschränkung von Nebenpflichten könne nach § 307 Abs. 2 Nr. 2 BGB unwirksam sein, wenn diese für die Vertragsdurchführung von besonderer Bedeutung seien.[1400]

1393 Gsell/Krüger u. a./*Eckelt*, beckOGK (Stand: 01.01.2024), § 307 BGB – Inhaltskontrolle, Rn. 173; Staudinger/*Wendland*, Kommentar zum BGB §§ 305-310 BGB, § 307 BGB, Rn. 278; Säcker/Rixecker u. a./*Wurmnest*, MüKo zum BGB (Band 2), § 307 BGB, Rn. 82.

1394 Hau/Poseck/*Schmidt*, BeckOK BGB, § 307 BGB, Rn. 66.

1395 Ulmer/Brandner/Hensen/*Fuchs*, AGB-Recht, § 307 BGB, Rn. 238; Staudinger/*Wendland*, Kommentar zum BGB §§ 305-310 BGB, § 307 BGB, Rn. 261.

1396 Ulmer/Brandner/Hensen/*Fuchs*, AGB-Recht, § 307 BGB, Rn. 197; Säcker/Rixecker u. a./*Wurmnest*, MüKo zum BGB (Band 2), § 307 BGB, Rn. 78; jedenfalls in Bezug auf die im BGB normierten Schuldverhältnisse ähnlich: Hau/Poseck/*Schmidt*, BeckOK BGB, § 307 BGB, Rn. 66.

1397 Staudinger/*Wendland*, Kommentar zum BGB §§ 305-310 BGB, § 307 BGB, Rn. 264.

1398 Säcker/Rixecker u. a./*Wurmnest*, MüKo zum BGB (Band 2), § 307 BGB, Rn. 78.

1399 *Graf von Westphalen*, NJW 2002, 12 (18); Westermann/Grunewald/Maier-Riemer/*Looschelders*, Ermann BGB, § 307 BGB, Rn. 31; Hau/Poseck/*Schmidt*, BeckOK BGB, § 307 BGB, Rn. 67.

1400 Westermann/Grunewald/Maier-Riemer/*Looschelders*, Ermann BGB, § 307 BGB, Rn. 33; Hau/Poseck/*Schmidt*, BeckOK BGB, § 307 BGB, Rn. 67; ähnlich unter Ver-

(b) Anwendbarkeit im Fall der Abbedingung des § 616 BGB

Fraglich ist, ob mit der Abbedingung des § 616 BGB eine Pflicht des Dienstberechtigten überhaupt derart eingeschränkt wird, dass der Vertragszweck gefährdet wird.

Der Vertragszweck des Dienstvertrages liegt in dem Austausch von Dienstleistung gegen Vergütung.[1401] Grundsätzlich entspricht es nicht der typischen Erwartung des Dienstverpflichteten, eine Vergütung ohne die Erbringung der Dienstleistung zu erhalten. Dementsprechend handelt es sich bei der Vergütung für die erbrachte Dienst- bzw. Arbeitsleistung auch um eine Hauptpflicht des Dienst- und Arbeitsvertrages. Die Vergütungspflicht ist durch § 616 BGB und diesbezügliche Klauseln aber nur mittelbar betroffen. Jedenfalls die Hauptleistungspflicht bleibt bei § 616 BGB abbedingenden Klauseln unberührt, denn § 616 BGB greift nur in den Fällen ein, in denen das Synallagma ohnehin bereits gestört ist. Dementsprechend handelt es sich auch lediglich um eine Nebenpflicht des Dienstberechtigten bzw. Arbeitgebers.[1402]

Zwar ließe sich argumentieren, dass § 616 BGB auch der Erhaltung der Dienstleistungsfähigkeit und damit dem Vertragszweck diene. Entfiele die Dienstleistungsfähigkeit, wäre der Vertragszweck erheblich gefährdet. Durch die Vergütungsfortzahlung bei Verhinderung werde dem Dienstverpflichteten ermöglicht, zwingende soziale Verpflichtungen wahrzunehmen. Dadurch würde einer sozialen Isolation entgegengewirkt und die psychische Gesundheit erhalten. Auch die Vergütungsfortzahlung im Krankheitsfall trage dazu bei, dass sich der Dienstverpflichtete tatsächlich bis zur vollständigen Genesung Zeit nimmt und die Arbeit nicht verfrüht wieder aufnimmt. Dadurch sowie durch die Stärkung der psychischen Gesundheit werde der dauerhafte Erhalt der Dienstleistungsfähigkeit unterstützt.

Allerdings genügt, damit § 307 Abs. 2 Nr. 2 BGB greift, nicht die bloße Möglichkeit, dass der Vertragszweck nicht erreicht wird. Sondern es muss hinreichend wahrscheinlich sein, dass durch die Verwendung der Klausel der Vertragszweck nicht mehr erfüllt werden kann.[1403]

---

weis auf die Leistungs- und Schutzerwartung des Vertragspartners: Ulmer/Brandner/Hensen/*Fuchs*, AGB-Recht, § 307 BGB, Rn. 240.

1401 So wohl auch: *BAG*, Urteil vom 28.09.2005 – 5 AZR 52/05, Rn. 28, juris; *Preis*, NZA-Beilage 2006, 115 (121); Müller-Glöge/Preis u. a./*Preis*, ErfK, § 310 BGB, Rn. 100.

1402 Vgl. bezüglich der Einordnung als Nebenpflicht: C)I)4), S. 89.

1403 Gsell/Krüger u. a./*Eckelt*, beckOGK (Stand: 01.01.2024), § 307 BGB – Inhaltskontrolle, Rn. 177; Rolfs/Giesen u. a./*Jacobs*, BeckOK ArbR, § 307 BGB, Rn. 55; Staudinger/*Wendland*, Kommentar zum BGB §§ 305-310 BGB, § 307 BGB, Rn. 279.

Dieser Grad an Sicherheit wird selbst durch eine § 616 BGB vollständig abbedingende Klausel nicht erreicht. Das Risiko der dauerhaften Leistungsunfähigkeit ist dem Austauschverhältnis immanent. Dieses Risiko ist grundsätzlich vom Dienstverpflichteten zu tragen. Daran ändert auch § 616 BGB nichts, dient er doch nur dazu, die Verhinderungen der Leistungserbringung für eine bloß „verhältnismäßig nicht erheblichen Dauer" abzusichern. Inwiefern § 616 BGB tatsächlich das Risiko der (dauerhaften) Leistungsunfähigkeit kausal verhindert, wird zudem auch kaum nachweisbar sein.

Stattdessen führt die Anwendung des § 616 BGB selbst grundsätzlich zu einer Gefährdung des Vertragszwecks. Denn hierdurch wird der Dienstberechtigte entgegen dem Vertragszweck zur Zahlung der Vergütung trotz nicht erbrachter Dienstleistung verpflichtet. Dieses Ergebnis tritt anders als die mögliche Risikoverringerung der dauerhaften Leistungsunfähigkeit sicher ein. Durch die Abbedingung des § 616 BGB wird der Vertragszweck also nicht gefährdet. Vielmehr könnte man sogar sagen, dass der Vertragszweck gestärkt wird, indem wieder nur noch für die erbrachte Dienstleistung Vergütung gezahlt wird.

Das Regelbeispiel aus § 307 Abs. 2 S. 2 BGB ist somit für § 616 BGB und damit auch für die weitere Bearbeitung unbeachtlich.[1404]

(3) Unangemessene Benachteiligung nach § 307 Abs. 1 S. 1 BGB

Nach der in § 307 Abs. 1 S. 1 BGB enthaltenen Generalklausel kann sich die Unwirksamkeit einer § 616 BGB modifizierenden oder abbedingenden Regelung daraus ergeben, dass der Vertragspartner durch die Regelung unangemessen benachteiligt wird. Abgesehen vom zuvor thematisierten § 307 Abs. 2 BGB wird vom Gesetz nicht weiter spezifiziert, wann eine unangemessene Benachteiligung vorliegt. Somit bedarf es einer Konkretisierung des Kontrollmaßstabs.

(a) Bestehen eines Nachteils

Damit eine unangemessene Benachteiligung vorliegen könne, bedürfe es zunächst eines Nachteils für den Vertragspartner.[1405] Der Maßstab für die Bestimmung des

---

1404 Anders möglicherweise *Henssler*, der für die Unzulässigkeit der vollständigen Abbedingung des § 616 BGB auf § 307 Abs. 2 S. 2 BGB verweist, vgl.: Säcker/Rixecker u. a./*Henssler*, MüKo zum BGB (Band 5), § 616 BGB, Rn. 77; Da er jedoch nur auf den Grundgedanken der Regelung Bezug nimmt und nicht die Gefährdung des Vertragszwecks erwähnt, scheint hier ein Fehler bei dem Verweis vorzuliegen, der eigentlich auf Nr. 1 zielen soll.

1405 Gsell/Krüger u. a./*Eckelt*, beckOGK (Stand: 01.01.2024), § 307 BGB – Inhaltskontrolle, Rn. 74; Ulmer/Brandner/Hensen/*Fuchs*, AGB-Recht, § 307 BGB, Rn. 100;

Nachteils sei primär das dispositive Recht.[1406] Allerdings könnten auch Grundsätze und Regelungen aus dem allgemeinen Teil des BGB, des Schuldrechts sowie richterrechtliche Grundsätze[1407] und von Rechtsprechung sowie Literatur anerkannte Rechtssätze herangezogen werden.[1408] Letztlich müsse die Rechtsstellung des Vertragspartners bei Anwendung der Klausel schlechter sein, als bei unveränderter Anwendung des Rechts.[1409]

Gleichwohl wohne nicht jedem Nachteil eine Unangemessenheit inne.[1410] Vielmehr bedürfe es einer Benachteiligung von einem gewissen Gewicht.[1411] Andernfalls bedürfte es auch nicht der Trennung zwischen der Benachteiligung und Unangemessenheit.[1412] Die Abdingbarkeit einer Vielzahl der gesetzlichen Regelungen würde auf Grund der AGB-Kontrolle für einen Großteil der Verträge leerlaufen.

(b) Unangemessenheit

(aa) Grundsatz der Interessenabwägung

Für die Ermittlung der Unangemessenheit der Benachteiligung ist nach ganz herrschender Meinung eine Interessenabwägung erforderlich.[1413]

Rolfs/Giesen u. a./*Jacobs,* BeckOK ArbR, § 307 BGB, Rn. 30; Staudinger/*Wendland,* Kommentar zum BGB §§ 305-310 BGB, § 307 BGB, Rn. 90.

1406 *BGH*, Urteil vom 26.01.1994 – VIII ZR 39/93, Rn. 14, juris; in Bezug auf die Angemessenheit finanzieller Rechtsfolgen: *BGH*, Urteil vom 08.11.1984 – VII ZR 256/83, Rn. 26, juris; *BGH*, Urteil vom 29.05.1991 – IV ZR 187/90, Rn. 9, juris; wohl auch: Müller-Glöge/Preis u. a./*Preis,* ErfK, § 310 BGB, Rn. 45.

1407 So z. B. die Grundsätze des *BAG* zum innerbetrieblichen Schadensausgleich: *LAG Köln*, Urteil vom 25.01.2011 – 5 Sa 1291/10, Rn. 40, juris.

1408 Hau/Poseck/*Schmidt,* BeckOK BGB, § 307 BGB, Rn. 30.

1409 Däubler/Deinert/Walser/*Deinert,* AGB-Kontrolle ArbR, § 307 BGB, Rn. 54; Clemenz/Kreft/Krause/*Klumpp,* AGB-ArbR, § 307 BGB, Rn. 41; *Stoffels,* AGB-Recht, Rn. 467.

1410 Gsell/Krüger u. a./*Eckelt,* beckOGK (Stand: 01.01.2024), § 307 BGB – Inhaltskontrolle, Rn. 80.

1411 BT-Drs. 07/3919, S. 22; BT-Drs. 07/5422, S. 6; im Ergebnis ebenso: Ulmer/Brandner/Hensen/*Fuchs,* AGB-Recht, § 307 BGB, Rn. 101; Hau/Poseck/*Schmidt,* BeckOK BGB, § 307 BGB, Rn. 29.

1412 Gsell/Krüger u. a./*Eckelt,* beckOGK (Stand: 01.01.2024), § 307 BGB – Inhaltskontrolle, Rn. 80.

1413 *BAG*, Urteil vom 24.10.2002 – 6 AZR 632/00, Rn. 29, juris; *BAG*, Urteil vom 25.08.2010 – 10 AZR 275/09, Rn. 27; *BAG*, Urteil vom 25.04.2023 – 9 AZR 187/22,

Nach Ansicht der Rechtsprechung liege dann eine unangemessen benachteiligende und damit unwirksame Regelung vor, wenn der Verwender auf Kosten des Vertragspartners seine eigenen Interessen durchsetzt, ohne die Interessen des Vertragspartners zu berücksichtigen und in Ausgleich zu bringen.[1414] Dafür müssten die rechtlich anerkannten Interessen beider Vertragsparteien wechselseitig berücksichtigt und bewertet werden.[1415] Letztlich sei das Interesse des Verwenders einer Klausel an der Aufhebung der gesetzlichen Regelung mit dem Interesse des Vertragspartners an deren Erhalt abzuwägen.[1416] Das Interesse des Verwenders müsse als begründet und billigenswert anzusehen sein.[1417]

Diese allgemeinen Grundsätze zur Interessenabwägung stoßen in der Literatur weitestgehend auf Zustimmung.[1418] Zur Begründung wird von der Literatur dar-

---

Rn. 19, juris; *BAG*, Urteil vom 05.09.2023 – 9 AZR 350/22, Rn. 24, juris; *BAG*, Urteil vom 10.10.2023 – 3 AZR 250/22, Rn. 30, juris; *BGH*, Urteil vom 08.03.1984 – IX ZR 144/83, Rn. 24, juris; Gsell/Krüger u. a./*Bieder*, beckOGK (Stand: 01.07.2022), § 616 BGB, Rn. 80; Däubler/Deinert/Walser/*Deinert*, AGB-Kontrolle ArbR, § 307 BGB, Rn. 61; Ulmer/Brandner/Hensen/*Fuchs*, AGB-Recht, § 307 BGB, Rn. 102; *Henssler/Moll*, AGB-Kontrolle, Rn. 34; Clemenz/Kreft/Krause/*Klumpp*, AGB-ArbR, § 307 BGB, Rn. 45 f.; Westermann/Grunewald/Maier-Riemer/*Looschelders*, Ermann BGB, § 307 BGB, Rn. 9; Wolf/Lindacher/Pfeiffer/*Pfeiffer*, AGB-Recht, § 307 BGB, Rn. 157, 174; *Stoffels*, AGB-Recht, Rn. 468; Staudinger/*Wendland*, Kommentar zum BGB §§ 305-310 BGB, § 307 BGB, Rn. 107; Säcker/Rixecker u. a./*Wurmnest*, MüKo zum BGB (Band 2), § 307 BGB, Rn. 37.

1414 *BAG*, Urteil vom 24.10.2002 – 6 AZR 632/00, Rn. 28, juris; *BAG*, Urteil vom 25.08.2010 – 10 AZR 275/09, Rn. 27, juris; *BGH*, Urteil vom 08.03.1984 – IX ZR 144/83, Rn. 24, juris; *BGH*, Urteil vom 08.07.1993 – VII ZR 79/92, Rn. 22, juris; *BGH*, Urteil vom 05.06.1997 – VII ZR 324/95, Rn. 14, juris.

1415 *BAG*, Urteil vom 24.10.2002 – 6 AZR 632/00, Rn. 29, juris; *BAG*, Urteil vom 25.08.2010 – 10 AZR 275/09, Rn. 27; *BAG*, Urteil vom 25.04.2023 – 9 AZR 187/22, Rn. 19, juris; *BAG*, Urteil vom 05.09.2023 – 9 AZR 350/22, Rn. 24, juris; *BAG*, Urteil vom 10.10.2023 – 3 AZR 250/22, Rn. 30, juris; *BGH*, Urteil vom 08.03.1984 – IX ZR 144/83, Rn. 24, juris.

1416 *BAG*, Urteil vom 25.04.2007 – 5 AZR 627/06, Rn. 19, juris.

1417 *BAG*, Urteil vom 04.03.2004 – 8 AZR 344/03, Rn. 68, juris; *BAG*, Urteil vom 25.04.2023 – 9 AZR 187/22, Rn. 19, juris; *BAG*, Urteil vom 05.09.2023 – 9 AZR 350/22, Rn. 24, juris; *BAG*, Urteil vom 10.10.2023 – 3 AZR 250/22, Rn. 30, juris.

1418 Gsell/Krüger u. a./*Eckelt*, beckOGK (Stand: 01.01.2024), § 307 BGB – Inhaltskontrolle, Rn. 82; *Henssler/Moll*, AGB-Kontrolle, Rn. 34; Rolfs/Giesen u. a./*Jacobs*, BeckOK ArbR, § 307 BGB, Rn. 31 f.; Herberger/Martinek u. a./*Lapp/Salamon*, juris-PK BGB (Stand: 02.09.2024), § 307 BGB, Rn. 22; Westermann/Grunewald/Maier-Riemer/*Looschelders*, Ermann BGB, § 307 BGB, Rn. 9; Wolf/Lindacher/Pfeiffer/*Pfeiffer*, AGB-Recht, § 307 BGB, Rn. 158; Henssler/Willemsen/Kalb/*Roloff*, HWK

auf hingewiesen, dass das Wesen eines Vertrages grundsätzlich dem Ausgleich der beiderseitigen Interessen diene.[1419] AGB ersetzten das individuelle Aushandeln der Vertragsbedingungen zwischen den Vertragsparteien. Beim Aushandeln würden die Interessen der Vertragsparteien gegeneinander abgewogen und somit regelmäßig gewahrt. Indem dem Vertrag AGB zu Grunde gelegt würden, entfalle das Aushandeln, bei dem die Interessen abgewogen würden. Der Vertragspartner könne somit nicht seine Interessen in den Entstehungsprozess des Vertrages einbringen. Dadurch bestehe die Gefahr, dass seine Interessen vom Verwender nicht hinreichend gewürdigt würden und in der Folge die Vertragsbedingungen zu seinen Lasten abgeändert würden und damit unangemessen seien. Damit eine Klausel nicht unangemessen sei, müsse der Verwender deshalb das interessengeleitete Aushandeln der Bedingungen in einem Individualvertrag durch einen Interessenausgleich selbst vornehmen. Ob dies geschehen ist, werde durch die AGB-Kontrolle überprüft.[1420]

Der Wortlaut des Gesetzes stellt zudem auf das „Gebot von Treu und Glauben" ab. Der Erwähnung von Treu und Glauben komme jedoch keine besondere Funktion zu, sondern stelle neben der Unangemessenheit eine Tautologie dar. Hierdurch sollte Bezug auf die bisherige Rechtsprechung genommen werden,[1421] die die Unangemessenheit aus dem in § 242 BGB verankerten Grundsatz von Treu und Glauben folgerte. Dies verdeutliche aber zugleich, dass die Unangemessenheit einen Unterfall von Treu und Glauben darstelle.[1422]

Die Interessenabwägung dürfe jedoch nicht nur knapp zu Gunsten des Vertragspartners ausgehen. Vielmehr erforderten die „Unangemessenheit" sowie die Vertragsfreiheit, dass ein erhebliches Missverhältnis der Interessen im Vertrag zu Lasten eines Vertragspartners bestünde.[1423]

ArbR, § 307 BGB, Rn. 15; zum Grundsatz des Interessenausgleichs: *Schmidt-Salzer,* NJW 1977, 129 (138 f.).

1419 Staudinger/*Wendland,* Kommentar zum BGB §§ 305-310 BGB, § 307 BGB, Rn. 95.

1420 Gsell/Krüger u. a./*Eckelt,* beckOGK (Stand: 01.01.2024), § 307 BGB – Inhaltskontrolle, Rn. 80 f.

1421 So bereits zu einer Entwurfsfassung des § 307 BGB vorangehenden AGBG: BT-Drs. 07/3919, S. 22.

1422 Herberger/Martinek u. a./*Lapp/Salamon,* juris-PK BGB (Stand: 02.09.2024), § 307 BGB, Rn. 20; *Schmidt-Salzer,* NJW 1977, 129 (138); Säcker/Rixecker u. a./*Wurmnest,* MüKo zum BGB (Band 2), § 307 BGB, Rn. 36; in der Erwähnung von Treu und Glauben eine Verdeutlichung des Merkmals der Unangemessenheit erkennend: Däubler/Deinert/Walser/*Deinert,* AGB-Kontrolle ArbR, § 307 BGB, Rn. 65.

1423 Wolf/Lindacher/Pfeiffer/*Pfeiffer,* AGB-Recht, § 307 BGB, Rn. 158, 177; so wohl auch *Schmidt-Salzer*, der bei einem Patt der Interessen auf die überwiegende Vertragsfreiheit verweist: *Schmidt-Salzer,* NJW 1977, 129 (139).

(bb) Bestimmung der Interessen

Damit eine Interessenabwägung vorgenommen werden kann, müssen zunächst die Interessen der beiden Vertragsparteien – also die des Verwenders und die seines Vertragspartners – ermittelt werden.

Nach der Rechtsprechung des *BAG* müssten die zu berücksichtigenden Interessen als begründet und billigenswert anzusehen sein.[1424] Dementsprechend seien alle rechtlich anerkannten Interessen zu berücksichtigen, wozu auch grundrechtlich geschützte Rechtspositionen[1425] und Wertungen[1426] gehörten. Dies folge aus der Einwirkung der Grundrechte im Sinne der mittelbaren Drittwirkung über Generalklauseln, wie beispielsweise § 307 Abs. 1 S. 1 BGB.[1427]

Nach der Literatur sei gleichwohl eine Anknüpfung an gesetzliche Wertungen nicht erforderlich.[1428] Auch seien die Interessen nicht zu katalogisieren.[1429] Im Rahmen der typisierenden Betrachtung sei auf die typischen Interessen der beteiligten Personenkreise abzustellen.[1430] Exemplarisch genannt werden bei dem

---

1424 *BAG*, Urteil vom 04.03.2004 – 8 AZR 344/03, Rn. 68, juris; *BAG*, Urteil vom 25.04.2023 – 9 AZR 187/22, Rn. 19, juris; *BAG*, Urteil vom 05.09.2023 – 9 AZR 350/22, Rn. 24, juris; *BAG*, Urteil vom 10.10.2023 – 3 AZR 250/22, Rn. 30, juris.

1425 *BAG*, Urteil vom 24.10.2002 – 6 AZR 632/00, Rn. 29, juris; *BAG*, Urteil vom 04.03.2004 – 8 AZR 344/03, Rn. 68, juris.

1426 *OLG Dresden*, Beschluss vom 08.08.2018 – 4 W 577/18, Rn. 18, juris; Gsell/Krüger u. a./*Eckelt*, beckOGK (Stand: 01.01.2024), § 307 BGB – Inhaltskontrolle, Rn. 117; Ulmer/Brandner/Hensen/*Fuchs*, AGB-Recht, § 307 BGB, Rn. 166; Hau/Poseck/*Schmidt*, BeckOK BGB, § 307 BGB, Rn. 30; Staudinger/*Wendland*, Kommentar zum BGB §§ 305-310 BGB, § 307 BGB, Rn. 151a; für eine Berücksichtigung bei der Interessenabwägung und nicht unbedingt bei der Interessenermittlung: Wolf/Lindacher/Pfeiffer/*Pfeiffer*, AGB-Recht, § 307 BGB, Rn. 176.

1427 Gsell/Krüger u. a./*Eckelt*, beckOGK (Stand: 01.01.2024), § 307 BGB – Inhaltskontrolle, Rn. 117; Wolf/Lindacher/Pfeiffer/*Pfeiffer*, AGB-Recht, § 307 BGB, Rn. 176; Staudinger/*Wendland*, Kommentar zum BGB §§ 305-310 BGB, § 307 BGB, Rn. 151a.

1428 Gsell/Krüger u. a./*Eckelt*, beckOGK (Stand: 01.01.2024), § 307 BGB – Inhaltskontrolle, Rn. 84 f.

1429 Gsell/Krüger u. a./*Eckelt*, beckOGK (Stand: 01.01.2024), § 307 BGB – Inhaltskontrolle, Rn. 84 f.

1430 Däubler/Deinert/Walser/*Deinert*, AGB-Kontrolle ArbR, § 307 BGB, Rn. 73 f.; Gsell/Krüger u. a./*Eckelt*, beckOGK (Stand: 01.01.2024), § 307 BGB – Inhaltskontrolle, Rn. 99; Clemenz/Kreft/Krause/*Klumpp*, AGB-ArbR, § 307 BGB, Rn. 49; *Stoffels*, AGB-Recht, Rn. 473; Staudinger/*Wendland*, Kommentar zum BGB §§ 305-310 BGB, § 307 BGB, Rn. 109 f.

Vertragspartner u. a. das Interesse an der Erhaltung der wirtschaftlichen[1431] und persönlichen Entscheidungsfreiheit[1432], an der Vermeidung von Schäden und (wirtschaftlichen) Gefahren,[1433] an der Möglichkeit der Erfüllung gesetzlicher Pflichten[1434], an dem Schutz von Rechtsgütern und Rechtspositionen[1435] sowie an der persönlichen Lebensgestaltung[1436].

Beim Verwender sind die Interessen ebenso unbestimmt. Auch das wirtschaftliche Interesse schieden nicht zwingend als zu berücksichtigendes Interesse aus,[1437] bedürften jedoch eine Ableitung aus den vertrags- oder branchentypischen Gegebenheiten.[1438] Als übliche Interessen werden das Rationalisierungsinteresse[1439]

1431 *BGH*, Urteil vom 19.12.2007 – XII ZR 61/05, Rn. 20, juris; *BGH*, Urteil vom 14.10.2009 – VIII ZR 96/07, Rn. 19, juris.

1432 Ulmer/Brandner/Hensen/*Fuchs*, AGB-Recht, § 307 BGB, Rn. 127; Westermann/Grunewald/Maier-Riemer/*Looschelders*, Ermann BGB, § 307 BGB, Rn. 16; Wolf/Lindacher/Pfeiffer/*Pfeiffer*, AGB-Recht, § 307 BGB, Rn. 160; Staudinger/*Wendland*, Kommentar zum BGB §§ 305-310 BGB, § 307 BGB, Rn. 159; in Bezug auf eine ungewöhnlich lange Kündigungsfrist, die die Entscheidungsfreiheit des Arbeitnehmers einschränke: *BAG*, Urteil vom 26.10.2017 – 6 AZR 158/16, Rn. 34 f., juris.

1433 *BGH*, Urteil vom 29.05.2008 – III ZR 330/07, Rn. 17, juris; *BGH*, Urteil vom 14.10.2009 – VIII ZR 96/07, Rn. 18, juris; Wolf/Lindacher/Pfeiffer/*Pfeiffer*, AGB-Recht, § 307 BGB, Rn. 160; Staudinger/*Wendland*, Kommentar zum BGB §§ 305-310 BGB, § 307 BGB, Rn. 160.

1434 Wolf/Lindacher/Pfeiffer/*Pfeiffer*, AGB-Recht, § 307 BGB, Rn. 160.

1435 Wolf/Lindacher/Pfeiffer/*Pfeiffer*, AGB-Recht, § 307 BGB, Rn. 160.

1436 So für das Mietrecht: *BGH*, Urteil vom 18.06.2008 – VIII ZR 224/07, Rn. 17, juris; *BGH*, Urteil vom 20.01.2010 – VIII ZR 50/09, Rn. 10, juris; Westermann/Grunewald/Maier-Riemer/*Looschelders*, Ermann BGB, § 307 BGB, Rn. 10.

1437 Ulmer/Brandner/Hensen/*Fuchs*, AGB-Recht, § 307 BGB, Rn. 125; Staudinger/*Wendland*, Kommentar zum BGB §§ 305-310 BGB, § 307 BGB, Rn. 158.

1438 Westermann/Grunewald/Maier-Riemer/*Looschelders*, Ermann BGB, § 307 BGB, Rn. 16.

1439 *BGH*, Urteil vom 10.01.1996 – XII ZR 271/94, Rn. 13, juris; *BGH*, Urteil vom 05.06.2013 – VIII ZR 131/12, Rn. 23, juris; *BGH*, Urteil vom 04.07.2013 – VII ZR 249/12, Rn. 24, juris; Ulmer/Brandner/Hensen/*Fuchs*, AGB-Recht, § 307 BGB, Rn. 121; Herberger/Martinek u. a./*Lapp/Salamon*, juris-PK BGB (Stand: 02.09.2024), § 307 BGB, Rn. 52; Wolf/Lindacher/Pfeiffer/*Pfeiffer*, AGB-Recht, § 307 BGB, Rn. 161; Staudinger/*Wendland*, Kommentar zum BGB §§ 305-310 BGB, § 307 BGB, Rn. 156.

sowie das Interesse an einer Vereinheitlichung, um Rechtssicherheit[1440] und Gleichbehandlung[1441] zu gewährleisten, angeführt.

Dementsprechend kann grundsätzlich jedes Interesse bei der Interessenabwägung berücksichtigt werden. Welcher Stellenwert dem Interesse jeweils beizumessen ist, ist im Einzelfall zu betrachten.

(cc) Vornahme der Interessenabwägung

Nachdem die widerstreitenden Interessen bestimmt sind, müssen diese gegeneinander abgewogen werden. Auch hierfür gilt es, Maßstäbe zu bestimmen.

Zu prüfen sei, ob die Klausel mit Blick auf die wechselseitigen Interessen eine billige und gerechte Regelung darstelle und, ob das Verhältnis der Rechte und Pflichten des Vertragspartners nicht erheblich zu seinen Lasten verschoben sei.[1442]

(i) Bewertungsmaßstab

Bei der AGB-Kontrolle und damit hier bei der Interessenabwägung handele es sich grundsätzlich um eine generalisierende, typisierende Betrachtung, bei der nicht auf den Einzelfall abgestellt werde, sondern Eigenart, Gegenstand und Zweck des Rechtsgeschäfts zu berücksichtigen seien.[1443] Für Verbraucherverträge, zu denen auch Arbeits- und Geschäftsführeranstellungsverträge gehörten,[1444] nehme § 310 Abs. 3 Nr. 3 BGB von diesem Grundsatz eine Abweichung vor. Demnach seien bei

---

1440 *BAG*, Urteil vom 25.05.2005 – 5 AZR 572/04, Rn. 25, juris; *BAG*, Urteil vom 28.09.2005 – 5 AZR 52/05, Rn. 29, juris; Clemenz/Kreft/Krause/*Klumpp*, AGB-ArbR, § 307 BGB, Rn. 55.

1441 Wolf/Lindacher/Pfeiffer/*Pfeiffer*, AGB-Recht, § 307 BGB, Rn. 162.

1442 Gsell/Krüger u. a./*Eckelt*, beckOGK (Stand: 01.01.2024), § 307 BGB – Inhaltskontrolle, Rn. 99.

1443 *BAG*, Urteil vom 27.04.2000 – 8 AZR 286/99, Rn. 45, juris; *BAG*, Urteil vom 04.03.2004 – 8 AZR 196/03, Rn. 56, juris; *BAG*, Urteil vom 25.04.2007 – 5 AZR 627/06, Rn. 19, juris; *BGH*, Urteil vom 03.04.1998 – V ZR 6/97, Rn. 22, juris; Gsell/Krüger u. a./*Eckelt*, beckOGK (Stand: 01.01.2024), § 307 BGB – Inhaltskontrolle, Rn. 83, 102; Ulmer/Brandner/Hensen/*Fuchs*, AGB-Recht, § 307 BGB, Rn. 110; *Henssler/Moll*, AGB-Kontrolle, Rn. 34; Westermann/Grunewald/Maier-Riemer/*Looschelders*, Ermann BGB, § 307 BGB, Rn. 9; Müller-Glöge/Preis u. a./*Preis*, ErfK, § 310 BGB, Rn. 42; Hau/Poseck/*Schmidt*, BeckOK BGB, § 307 BGB, Rn. 31; Staudinger/*Wendland*, Kommentar zum BGB §§ 305-310 BGB, § 307 BGB, Rn. 109.

1444 Vgl. für den Arbeitsvertrag: D)III)1)c)cc)(1), S. 265; a. A. Rolfs/Giesen u. a./*Jacobs*, BeckOK ArbR, § 307 BGB, Rn. 32; vgl. für den Anstellungsvertrag: D)III)1)d)bb)(1)(b), S. 285.

Verbraucherverträgen auch die konkret-individuellen Umstände des Einzelfalls zu berücksichtigen.[1445]

Gleichwohl haben die konkret-individuellen Umstände des Einzelfalls in der folgenden Betrachtung keine Relevanz, denn es sollen allgemeine Leitlinien herausgearbeitet werden, die die grundsätzliche Abdingbarkeit des § 616 BGB und ihre Grenzen betreffen. Die Umstände der Einzelfälle sind so vielfältig, dass nicht jede Fallkonstellation mit in die Erwägungen einbezogen werden kann. Mithin verbleibt es – obwohl es sich bei den Arbeits- und Anstellungsverträgen um Verbraucherverträge handelt – bei einer generalisierenden, typisierenden Betrachtung.

(ii) Kriterien

Des Weiteren ist auch nicht festgelegt, welche weiteren Gesichtspunkte für die Interessenabwägung heranzuziehen sind. In Rechtsprechung und Literatur wird auf die folgenden Kriterien hingewiesen: Zweck, Gegenstand, Art und besondere Eigenarten des Rechtsgeschäfts bzw. des Vertragstyps, Risikoverteilung und Versicherbarkeit des Risikos sowie Verkehrssitte.[1446]

Im Bereich des Arbeitsrechts seien besonders die Art des Arbeitsvertrages, der Status des Arbeitnehmers sowie die gerechte Risikoverteilung als Kriterien relevant.[1447]

1445 Gsell/Krüger u. a./*Eckelt*, beckOGK (Stand: 01.01.2024), § 307 BGB – Inhaltskontrolle, Rn. 102; Ulmer/Brandner/Hensen/*Fuchs*, AGB-Recht, § 307 BGB, Rn. 115; *Henssler/Moll*, AGB-Kontrolle, Rn. 35; Wolf/Lindacher/Pfeiffer/*Stoffels*, AGB-Recht, ArbR, Rn. 75.

1446 *BAG*, Urteil vom 27.04.2000 – 8 AZR 286/99, Rn. 45, juris; *BAG*, Urteil vom 04.03.2004 – 8 AZR 196/03, Rn. 52, juris; *BAG*, Urteil vom 07.10.2015 – 7 AZR 945/13, Rn. 40, juris; *BAG*, Urteil vom 11.12.2018 – 9 AZR 383/18, Rn. 23, juris; *BAG*, Urteil vom 05.09.2023 – 9 AZR 350/22, Rn. 24, juris; *BAG*, Urteil vom 10.10.2023 – 3 AZR 250/22, Rn. 30, juris; Gsell/Krüger u. a./*Eckelt*, beckOGK (Stand: 01.01.2024), § 307 BGB – Inhaltskontrolle, Rn. 95 ff.; Ulmer/Brandner/Hensen/*Fuchs*, AGB-Recht, § 307 BGB, Rn. 140f., 156 f.; Rolfs/Giesen u. a./*Jacobs*, BeckOK ArbR, § 307 BGB, Rn. 33; Herberger/Martinek u. a./*Lapp/Salamon*, juris-PK BGB (Stand: 02.09.2024), § 307 BGB, Rn. 52; Wolf/Lindacher/Pfeiffer/*Pfeiffer*, AGB-Recht, § 307 BGB, Rn. 178, 181 ff.; Henssler/Willemsen/Kalb/*Roloff*, HWK ArbR, § 307 BGB, Rn. 16; *Stoffels*, AGB-Recht, Rn. 490 ff.

1447 *Gotthardt*, Arbeitsrecht nach der Schuldrechtsreform, S. 145 f.; Clemenz/Kreft/Krause/*Klumpp*, AGB-ArbR, § 307 BGB, Rn. 52, 56; Henssler/Willemsen/Kalb/*Roloff*, HWK ArbR, § 307 BGB, Rn. 16; Müller-Glöge/Preis u. a./*Preis*, ErfK, § 310 BGB, Rn. 46 ff.

Daneben wird aber auch vertreten, dass das dispositive Recht selbst als ordnungspolitische Grundentscheidung einen Anhaltspunkt für den Maßstab biete.[1448] Demnach soll es wohl darauf ankommen, ob das Motiv, das der Gesetzgeber bei der Schaffung der Norm herangezogen hat, immer noch ausreichend berücksichtigt ist.

Wendland geht sogar noch einen Schritt weiter und zieht die gesamte Rechtsordnung als Erkenntnisquelle von normativen Maßstäben heran. Neben den Wertungen in den §§ 308, 309 BGB seien auch die Wertungen sonstiger Normen sowie ungeschriebene Rechtsprinzipien als Maßstäbe für die Interessenabwägung heranzuziehen.[1449]

Auch der Grundsatz der Verhältnismäßigkeit spielt nach Ansicht des *BGH* bei der Bewertung einer unangemessenen Benachteiligung eine erhebliche Rolle. Auch in dem Verstoß gegen den Grundsatz der Verhältnismäßigkeit sei eine übermäßige Begünstigung eigener Interessen durch den Verwender zu sehen.[1450] Der Grundsatz der Verhältnismäßigkeit geböte einen möglichst geringen und schonenden Eingriff in die Rechte des Vertragspartners, bei dem aber dem Verwender ein Gestaltungsspielraum verbleibe.[1451]

(iii) Berücksichtigung einer Kompensation

Die Möglichkeit der Kompensation des Nachteils ist ein weiteres zentrales Kriterium bei der Bewertung, ob eine unangemessene Benachteiligung vorliegt.

Das Fehlen eines Interesses des Verwenders an der Abbedingung könne auch durch die Gewährung eines gleichwertigen Vorteils als Ausgleich für den Nach-

---

1448 *Schmidt-Salzer*, NJW 1977, 129 (138 f.).

1449 Staudinger/*Wendland*, Kommentar zum BGB §§ 305-310 BGB, § 307 BGB, Rn. 119; ähnlich wohl *Schmidt*, der hervorhebt, dass es sich bei § 307 Abs. 1 S. 1 BGB um eine normative Kontrolle und um keine Billigkeitskontrolle handele: Hau/Poseck/*Schmidt*, BeckOK BGB, § 307 BGB, Rn. 29.

1450 *BAG*, Urteil vom 19.01.2011 – 3 AZR 621/08, Rn. 33, juris; *BAG*, Urteil vom 10.10.2023 – 3 AZR 250/22, Rn. 29, juris; *BGH*, Urteil vom 24.09.1980 – VIII ZR 273/79, Rn. 25, juris; *BGH*, Urteil vom 07.10.1981 – VIII ZR 214/80, Rn. 18, juris; ebenfalls den Grundsatz der Verhältnismäßigkeit herausstellend: Däubler/Deinert/Walser/*Deinert*, AGB-Kontrolle ArbR, § 307 BGB, Rn. 63; Ulmer/Brandner/Hensen/*Fuchs*, AGB-Recht, § 307 BGB, Rn. 105; Staudinger/*Wendland*, Kommentar zum BGB §§ 305-310 BGB, § 307 BGB, Rn. 98.

1451 Ulmer/Brandner/Hensen/*Fuchs*, AGB-Recht, § 307 BGB, Rn. 105; Staudinger/*Wendland*, Kommentar zum BGB §§ 305-310 BGB, § 307 BGB, Rn. 98, 162.

teil kompensiert werden.[1452] Eine Abwägung bleibe gleichwohl nicht aus, denn Nachteil und Vorteil müssten gegeneinander abgewogen werden.[1453] Der Vorteil müsse nämlich in einem angemessenen Verhältnis zum Nachteil stehen und das beeinträchtigte Interesse stärken.[1454]

Allerdings könne nicht jeglicher Vorteil innerhalb des Vertrages zu einer Kompensation eines Nachteils führen.[1455] Denn dadurch würde die Kontrolle der Klausel aufgeweicht und stattdessen eine Angemessenheitskontrolle des gesamten Vertragswerks erfolgen, was dem Sinn und Zweck der AGB-Kontrolle widerspräche.[1456] Auf Grund dessen müsste zwischen der nachteiligen und der vorteilhaften Regelung ein Konnex – also ein innerer Zusammenhang[1457] – bestehen. Sie müssten in einem Gegenseitigkeitsverhältnis zueinanderstehen.[1458]

Des Weiteren eigne sich nicht jeder „Vorteil" als Kompensation. Zum einen könne keine Kompensation eines Nachteils durch einen ohnehin bestehenden

---

1452 *BAG*, Urteil vom 04.03.2004 – 8 AZR 196/03, Rn. 56, juris; *BAG*, Urteil vom 04.03.2004 – 8 AZR 344/03, Rn. 68, juris; *BAG*, Urteil vom 25.04.2023 – 9 AZR 187/22, Rn. 19, juris; *BAG*, Urteil vom 05.09.2023 – 9 AZR 350/22, Rn. 24, juris; *BAG*, Urteil vom 10.10.2023 – 3 AZR 250/22, Rn. 30, juris; *Henssler/Moll*, AGB-Kontrolle, Rn. 34; Clemenz/Kreft/Krause/*Klumpp*, AGB-ArbR, § 307 BGB, Rn. 58; *Niebling*, BB 1992, 717 (719 f.); Wolf/Lindacher/Pfeiffer/*Pfeiffer*, AGB-Recht, § 307 BGB, Rn. 215; Säcker/Rixecker u. a./*Wurmnest*, MüKo zum BGB (Band 2), § 307 BGB, Rn. 40.

1453 *BAG*, Urteil vom 24.09.2015 – 2 AZR 347/14, Rn. 18, juris.

1454 *BAG*, Urteil vom 24.09.2015 – 2 AZR 347/14, Rn. 18, juris; Wolf/Lindacher/Pfeiffer/*Pfeiffer*, AGB-Recht, § 307 BGB, Rn. 215, 217; Staudinger/*Wendland*, Kommentar zum BGB §§ 305-310 BGB, § 307 BGB, Rn. 127.

1455 Gsell/Krüger u. a./*Eckelt*, beckOGK (Stand: 01.01.2024), § 307 BGB – Inhaltskontrolle, Rn. 88 ff.; Ulmer/Brandner/Hensen/*Fuchs*, AGB-Recht, § 307 BGB, Rn. 144; Westermann/Grunewald/Maier-Riemer/*Looschelders*, Ermann BGB, § 307 BGB, Rn. 11.

1456 Ulmer/Brandner/Hensen/*Fuchs*, AGB-Recht, § 307 BGB, Rn. 144; wohl auch: Gsell/Krüger u. a./*Eckelt*, beckOGK (Stand: 01.01.2024), § 307 BGB – Inhaltskontrolle, Rn. 88, 91.

1457 *BAG*, Urteil vom 23.08.2012 – 8 AZR 804/11, Rn. 45, juris; *BAG*, Urteil vom 24.09.2015 – 2 AZR 347/14, Rn. 18, juris.

1458 *BGH*, Urteil vom 29.11.2002 – V ZR 105/02, Rn. 20, juris; Ulmer/Brandner/Hensen/*Fuchs*, AGB-Recht, § 307 BGB, Rn. 145; Rolfs/Giesen u. a./*Jacobs*, BeckOK ArbR, § 307 BGB, Rn. 33; Herberger/Martinek u. a./*Lapp/Salamon*, juris-PK BGB (Stand: 02.09.2024), § 307 BGB, Rn. 65; Wolf/Lindacher/Pfeiffer/*Pfeiffer*, AGB-Recht, § 307 BGB, Rn. 212; Müller-Glöge/Preis u. a./*Preis*, ErfK, § 310 BGB, Rn. 47; Staudinger/*Wendland*, Kommentar zum BGB §§ 305-310 BGB, § 307 BGB, Rn. 125 f.

gesetzlichen Anspruch erfolgen, da es dabei bereits am Vorteil mangele.[1459] Zum anderen sei eine Kompensation durch Preisgestaltung problematisch. Ökonomische Argumente seien grundsätzlich unbeachtlich und es bestünden Probleme bei der Bewertung der wirtschaftlichen Bedeutung der abweichenden Regelung.[1460] Zum Teil wird vertreten, dass es zwar grundsätzlich zu akzeptieren sei, wenn der Vertragspartner zwischen Vertragsgestaltungen auswählen könne, bei denen die Risikoverlagerung durch die Preisgestaltung ausgeglichen werde. Allerdings seien hierfür enge Grenzen zu setzen. Insbesondere müsse die Risikoverlagerung wirtschaftlich realistisch ausgeglichen werden.[1461] Nach anderer, wohl überwiegender Auffassung sei hingegen die Berücksichtigung von unbilligen Regelungen in der Preiskalkulation nicht geeignet, die Unbilligkeit zu rechtfertigen.[1462] Die Preiskalkulation müsse auf Grundlage der rechtlichen Begebenheiten erfolgen.[1463] Zudem würde dies wieder eine Angemessenheitsprüfung der Hauptleistung bedeuten.[1464]

Unter Berücksichtigung dieser Grundsätze ist demnach im Einzelfall zu prüfen, ob ein Vorteil gewährt wird, der den durch die AGB eintretenden Nachteil kompensieren kann.

1459 *BAG*, Urteil vom 24.09.2015 – 2 AZR 347/14, Rn. 23, juris; *BAG*, Urteil vom 10.11.2021 – 5 AZR 334/21, Rn. 40, juris; Clemenz/Kreft/Krause/*Klumpp*, AGB-ArbR, § 307 BGB, Rn. 58; Müller-Glöge/Preis u. a./*Preis*, ErfK, § 310 BGB, Rn. 47; Staudinger/*Wendland*, Kommentar zum BGB §§ 305-310 BGB, § 307 BGB, Rn. 127.

1460 Gsell/Krüger u. a./*Eckelt*, beckOGK (Stand: 01.01.2024), § 307 BGB – Inhaltskontrolle, Rn. 93; Staudinger/*Wendland*, Kommentar zum BGB §§ 305-310 BGB, § 307 BGB, Rn. 129 ff.

1461 Gsell/Krüger u. a./*Eckelt*, beckOGK (Stand: 01.01.2024), § 307 BGB – Inhaltskontrolle, Rn. 94; wohl auch: Wolf/Lindacher/Pfeiffer/*Pfeiffer*, AGB-Recht, § 307 BGB, Rn. 226.

1462 *BGH*, Urteil vom 29.09.1960 – II ZR 25/59, Rn. 10, juris; *BGH*, Urteil vom 12.05.1980 – VII ZR 166/79, Rn. 19, juris; *BGH*, Urteil vom 04.12.2013 – IV ZR 215/12, Rn. 43, juris; *BGH*, Urteil vom 04.07.2017 – XI ZR 562/15, Rn. 48, juris; in Bezug auf den vollständigen Ausschluss von Gewährleistungsrechten zu Gunsten eines geringeren Preises: *BGH*, Urteil vom 29.10.1956 – II ZR 79/55, Rn. 23, juris; zustimmend: Däubler/Deinert/Walser/*Deinert*, AGB-Kontrolle ArbR, § 307 BGB, Rn. 96; Clemenz/Kreft/Krause/*Klumpp*, AGB-ArbR, § 307 BGB, Rn. 59; Hau/Poseck/*Schmidt*, BeckOK BGB, § 307 BGB, Rn. 35.

1463 *BGH*, Urteil vom 29.10.1956 – II ZR 79/55, Rn. 23, juris; *BGH*, Urteil vom 29.09.1960 – II ZR 25/59, Rn. 10, juris.

1464 Clemenz/Kreft/Krause/*Klumpp*, AGB-ArbR, § 307 BGB, Rn. 59.

(dd) Zwischenergebnis

Die vorherigen Ausführungen zeigen, dass es keine festen, vom Gesetzgeber vorgegebenen und stets anzuwendenden Kriterien gibt, wie die Interessenabwägung zur Ermittlung der unangemessenen Benachteiligung im Rahmen des § 307 Abs. 1 BGB zu erfolgen hat. Weder gibt es festgelegte, zwingend zu berücksichtigende Interessen noch einen exakten Maßstab, wie diese ins Verhältnis zueinander zu setzen sind. Vielmehr sind die Interessen in Abhängigkeit vom Einzelfall zu ermitteln und deren Berücksichtigungsfähigkeit anhand der bereits ergangenen Einzelfallrechtsprechung zu überprüfen. Unter Beachtung dieser Rechtsprechung ist auch die Interessenabwägung vorzunehmen, wobei die meisten in Frage kommenden Kriterien bereits zuvor dargestellt wurden.

Nachdem nun der Tatbestand der „unangemessenen Benachteiligung" näher umrissen ist, wird im Folgenden geprüft, welche § 616 BGB modifizierenden oder abbedingenden Regelungen mit § 307 Abs. 2, Abs. 1 S. 1 BGB und § 307 Abs. 1 S. 1 BGB vereinbar sind. Wie bereits bei der Transparenzkontrolle wird die Prüfung aufgeteilt nach Tatbestandsmerkmalen, die von den Klauseln betroffen sind, sowie nach den Vertragstypen.

bb) Einschränkung des Anwendungsbereichs des § 616 BGB

Wie bereits im Rahmen der Transparenzkontrolle betrachtet, ist die erste Möglichkeit, um § 616 BGB zu modifizieren oder abzubedingen, den Anwendungsbereich der Norm zu beschränken. Dabei kommt sowohl in Betracht, die Anwendung insgesamt auszuschließen, als auch die Anwendung für bestimmte Fälle auszuschließen oder die Anwendung nur in bestimmten Fällen zuzulassen.

Eine Aufteilung der Betrachtung auf die einzelnen Vertragstypen ist notwendig, da die Interessen der Vertragsparteien und deren Stellenwert unterschiedlich ausfallen können. So haben beispielsweise Arbeitnehmer durch ihre soziale und wirtschaftliche Abhängigkeit generell ein großes Schutzbedürfnis, das bei der Betrachtung der Unangemessenheit der Benachteiligung zu berücksichtigen ist.[1465] Eine solche soziale und wirtschaftliche Abhängigkeit besteht bei freien Mitarbeitern hingegen nicht in gleicher Weise. Dies verdeutlicht die Notwendigkeit einer differenzierten Betrachtung.

(1) Arbeitsverträge

Im Folgenden wird die Abdingbarkeit des § 616 BGB im Rahmen von Arbeitsverträgen betrachtet.

1465 *Brose*, NZA 2011, 719 (723).

(a) Vollständige Abbedingung

Der Arbeitgeber könnte in Erwägung ziehen, die Vergütungsfortzahlung nach § 616 BGB vollständig auszuschließen. Dazu könnte er in einen Arbeitsvertrag die – wie zuvor festgestellt transparente[1466] – Klausel

> *„Die Vergütungsfortzahlung bei Verhinderung für eine verhältnismäßig nicht erhebliche Zeit nach § 616 BGB ist ausgeschlossen. Dies umfasst auch untertägige Verhinderung, wie die krankheitsbedingte Wahrnehmung von Arztterminen."*

aufnehmen. Fraglich ist, ob diese Klausel nicht nur nicht intransparent, sondern auch nicht unangemessen benachteiligend ist.

(aa) Vorliegen einer Benachteiligung

Durch die Klausel soll § 616 BGB keine Anwendung auf das Arbeitsverhältnis finden, sodass eine Vergütungsfortzahlung nach dieser Norm ausgeschlossen wird. Stattdessen findet der Grundsatz des Entfalls der Gegenleistung bei Unmöglichkeit der Leistung nach §§ 326, 275 BGB Anwendung.[1467] Dementsprechend verliert der Arbeitnehmer durch die Klausel einen Teil seines Vergütungsanspruchs, der bei unveränderter Anwendung des Gesetzes durch § 616 BGB aufrechterhalten würde.[1468] Somit verursacht die Klausel für den Arbeitnehmer einen Nachteil gegenüber der unveränderten Anwendung des Gesetzes. Dieser Nachteil müsste zudem unangemessen sein.

(bb) Kein wesentlicher Grundgedanke, auch für nicht gesetzlich versicherte Beschäftigte

Eine unangemessene Benachteiligung könnte sich nach § 307 Abs. 2 Nr. 1, Abs. 1 S. 1 BGB daraus ergeben, dass die Klausel eine Abweichung von einem wesentlichen Grundgedanken des Gesetzes darstellt. Wie zuvor dargestellt,[1469] ist auf Grund der spezialgesetzlichen Regelungen, die frühere Anwendungsfälle des § 616 BGB zumindest subsidiär regeln, in § 616 BGB kein wesentlicher Grundgedanke für gesetzlich versicherte Beschäftigte zu sehen.

Mehrere spezialgesetzliche Regelungen stellen jedoch Leistungen der gesetzlichen Sozialversicherung dar. So besteht der Anspruch auf Kinderkrankengeld

1466 Vgl.: D)III)2)b)dd)(1)(a)(cc)(iv), S. 320.

1467 Vgl. zum Regelfall ohne Geltung des § 616 BGB: B)II)3), S. 71.

1468 Vgl. zur Einordnung der Wirkung des § 616 BGB als Aufrechterhaltung des Vergütungsanspruchs: B)III)1), S. 73.

1469 Vgl.: D)III)2)c)aa)(1)(b)(bb), S. 357.

nach § 45 Abs. 1 SGB V nicht für Arbeitnehmer, die privat versichert sind.[1470] Auch das Pflegeunterstützungsgeld nach § 44a Abs. 3 SGB XI gilt nur für Mitglieder der Sozialen Pflegeversicherung. Auf Grund dessen könnte angenommen werden, dass mangels entsprechender Absicherung durch subsidiäre Ansprüche gegen die gesetzliche Sozialversicherung § 616 BGB gegenüber nicht gesetzlich versicherten Beschäftigten einen wesentlichen Grundgedanken enthält. Dieser Gedanke greift allerdings nicht durch.

Zum einen ist hervorzuheben, dass sich auch bei nicht gesetzlich versicherten Arbeitnehmern die Entgeltfortzahlung im Krankheitsfall nach dem EFZG richtet. Somit unterfällt der „Hauptabsicherungsfall" auch bei dieser Beschäftigtengruppe nicht § 616 BGB. Ein wesentlicher Teil des sozialen Absicherungsgedanken, der den wesentlichen Grundgedanken des § 616 BGB ausmacht, entfällt somit.

Zum anderen ist grundsätzlich jeder Arbeitnehmer nach § 5 Abs. 1 Nr. 1 SGB V in der gesetzlichen Krankenversicherung versicherungspflichtig. Die Mitgliedschaft in der Sozialen Pflegeversicherung richtet sich gemäß § 1 Abs. 2 SGB XI nach der Versicherungspflicht in der gesetzlichen Krankenversicherung. Somit hat grundsätzlich jeder Arbeitnehmer die Möglichkeit, Leistungen nach § 45 Abs. 1 SGB V und § 44a Abs. 3 SGB XI zu beanspruchen. Dass einige Arbeitnehmer nicht durch Ansprüche gegen die gesetzliche Sozialversicherung subsidiär abgesichert sind, resultiert aus der Versicherungsfreiheit nach § 6 SGB V. Arbeitnehmer, deren Jahresarbeitsentgelt die Jahresarbeitsentgeltgrenze nach § 6 Abs. 5 SGB V oder § 6 Abs. 6 SGB V übersteigt, sind von der Versicherungspflicht in der gesetzlichen Krankenversicherung und damit auch in der Sozialen Pflegeversicherung befreit. Dies bedeutet aber nicht, dass sie nicht die Möglichkeit hätten, Mitglied der gesetzlichen Krankenversicherung und der Sozialen Pflegeversicherung zu sein. Vielmehr können sie nach § 9 SGB V weiterhin Mitglied bleiben, auch wenn ihr Jahresarbeitsentgelt die Jahresarbeitsentgeltgrenze übersteigt. Sie können auch Mitglied werden, wenn sie bislang privat krankenversichert waren und erstmals Arbeitnehmer sind, auch wenn ihr Jahresarbeitsentgelt die Jahresarbeitsentgeltgrenze übersteigt. Die Entscheidung, als Arbeitnehmer nicht Mitglied in der gesetzlichen Krankenversicherung und der Sozialen Pflegeversicherung zu sein, basiert also immer auf einem freien Entschluss des Arbeitnehmers. Jeder Arbeitnehmer hat grundsätzlich die Möglichkeit, subsidiäre Vergütungsfortzahlungsansprüche und -ersatzansprüche gegen die gesetzliche Sozialversicherung zu erlangen. Es kann somit angenommen werden, dass mit der Schaffung dieser Ansprüche für alle Arbeitnehmer – unabhängig vom Versicherungsstatus – § 616

1470 Vgl.: C)II)2)b)cc)(2)(a), S. 163.

BGB seinen wesentlichen Grundgedanken verloren hat. Diese Ansicht wird dadurch gestützt, dass nicht zu begründen wäre, weshalb die Vertragsgestaltung für den Arbeitgeber dadurch eingeschränkt werden könnte, dass der Arbeitnehmer freiwillig auf den Schutz der gesetzlichen Sozialversicherung verzichtete. Erachtet der Arbeitnehmer die Mitgliedschaft in einer privaten Kranken- und Pflegeversicherung gegenüber ihren gesetzlichen Pendants als für sich vorteilhaft, umfasst diese Bewertung auch den Verlust jeglicher sonstiger Vorteile, wie dem der subsidiären Absicherung der Vergütungsfortzahlung in bestimmten Fällen – namentlich hier des § 45 Abs. 1 SGB V und § 44a Abs. 3 SGB XI. Würde durch die Wahl des Arbeitnehmers die Möglichkeit der Vertragsgestaltung des Arbeitgebers eingeschränkt, käme dies Rosinenpickerei gleich. Die Nachteile der Entscheidung des Arbeitnehmers dem Arbeitgeber aufzubürden, entspricht nicht dem Schutzzweck des AGB-Rechts.

Die vollständige Abbedingung des § 616 BGB in Arbeitsverträgen ist somit nicht auf Grund einer Abweichung vom wesentlichen Grundgedanken des Gesetzes nach § 307 Abs. 2 Nr. 1, Abs. 1 S. 1 BGB unangemessen benachteiligend.

(cc) Interessenabwägung nach § 307 Abs. 1 S. 1 BGB

Eine unangemessene Benachteiligung der vollständigen Abbedingung des § 616 BGB in einem Arbeitsvertrag könnte jedoch aus der Generalklausel nach § 307 Abs. 1 S. 1 BGB resultieren. Demnach ist durch eine Interessenabwägung die Angemessenheit der Benachteiligung zu ermitteln, für die die begründeten und billigenswerten Interessen der Parteien zu bestimmen sind.

(i) Interessen des Arbeitgebers

In der Literatur werden als Interesse des Arbeitgebers – teilweise als einziger Grund, teilweise beispielhaft, ohne sich festzulegen[1471] – besondere Verhältnisse im Betrieb und die betriebliche Notwendigkeit angeführt.[1472] Zwar wird dieses Interesse von der Literatur zumeist im Zusammenhang mit § 307 Abs. 2 Nr. 1 BGB als Rechtfertigung der Abweichung von einem wesentlichen Grundgedan-

1471 So: Müller-Glöge/Preis u. a./*Preis*, ErfK, § 310 BGB, Rn. 82; Westermann/Grunewald/Maier-Riemer/*Riesenhuber*, Ermann BGB, § 616 BGB, Rn. 16.

1472 Henssler/Willemsen/Kalb/*Krause*, HWK ArbR, § 616 BGB, Rn. 50; Müller-Glöge/Preis u. a./*Preis*, ErfK, § 310 BGB, Rn. 82; Kiel/Lunk/Oetker/*Reichold*, MHdB ArbR, § 41 Befreiung von der Arbeitspflicht, Rn. 8; Westermann/Grunewald/Maier-Riemer/*Riesenhuber*, Ermann BGB, § 616 BGB, Rn. 16; *Schimana*, AuR 1956, 321 (330).

ken thematisiert.[1473] Losgelöst von dem Aspekt, ob der in Bezug auf § 307 Abs. 2 Nr. 1 BGB erwähnte Rechtfertigungsgrund als Interesse im Rahmen des § 307 Abs. 1 S. 1 BGB angesehen werden kann, stellt sich die Frage, ob überhaupt ein Interesse auf Grund betrieblicher Notwendigkeit und der besonderen Verhältnisse im Betrieb für die Abbedingung des § 616 BGB bestehen kann.

Zumindest seit der Schuldrechtsreform 2002 erschöpft sich der Regelungsinhalt des § 616 BGB in der Vergütungsfortzahlung.[1474] § 616 BGB regelt also den rein finanziellen Aspekt der Verhinderung des Arbeitnehmers an der Erbringung der vereinbarten Arbeitsleistung. Die Leistungsbefreiung folgt – sofern keine spezialgesetzlichen Regelungen zur Leistungsbefreiung, wie beispielsweise die in dieser Arbeit thematisierten § 45 Abs. 3 SGB V, § 45 Abs. 5 SGB V oder § 2 Abs. 1 PflegeZG bestehen – nach § 275 BGB. Dabei gewährt § 275 Abs. 3 BGB ein Leistungsverweigerungsrecht, dessen Umfang in Anlehnung an das BUrlG durch eine Abwägung mit den betrieblichen Interessen des Arbeitgebers zu ermitteln ist.[1475] Dementsprechend ergibt sich die betriebliche Belastung, die aus dem Entfall der Arbeitspflicht resultiert, allein aus § 275 Abs. 3 BGB. Die Abbedingung des § 616 BGB ändert hieran nichts, da sie sich allein finanziell auswirkt. Zwar kann auch die finanzielle Belastung den Bestand des Betriebes gefährden und somit die Abbedingung eine betriebliche Notwendigkeit darstellen, wenn die finanzielle Belastung zur Insolvenz führt. Die Verringerung des Insolvenzrisikos durch eine Reduzierung der Lohnkosten wird man aber kaum als betriebliche Notwendigkeit oder besonderes Verhältnis im Betrieb sehen können, sondern allein als originäres finanzielles Interesse. Die Abbedingung des § 616 BGB nimmt somit keinen Einfluss auf besondere Verhältnisse im Betrieb oder betriebliche Notwendigkeiten, sodass diese Aspekte auch kein Interesse des Arbeitgebers bei der Interessenabwägung im Rahmen des § 307 Abs. 1 S. 1 BGB darstellen können.

Der wesentliche Vorteil, den der Arbeitgeber durch die vollständige Abbedingung des § 616 BGB erlangt, ist, dass er in den Fällen des § 616 BGB nicht mehr zur Vergütungszahlung verpflichtet ist, ohne eine entsprechende Arbeitsleistung als Gegenleistung zu erhalten. Somit verfolgt er durch die Abbedingung

---

1473 *Brose,* NZA 2011, 719 (723); *Gotthardt,* Arbeitsrecht nach der Schuldrechtsreform, S. 145 f.; Müller-Glöge/Preis u. a./*Preis,* ErfK, § 310 BGB, Rn. 82; Kiel/Lunk/Oetker/*Reichold,* MHdB ArbR, § 41 Befreiung von der Arbeitspflicht, Rn. 8; Westermann/Grunewald/Maier-Riemer/*Riesenhuber,* Ermann BGB, § 616 BGB, Rn. 16; *Schimana,* AuR 1956, 321 (330); Kiel/Lunk/Oetker/*Tillmanns,* MHdB ArbR, § 77 Arbeitsverhinderung aus persönlichen Gründen, Rn. 14.

1474 Vgl.: B)I)2), S. 43.

1475 Vgl.: B)II)2)c)bb), S. 65.

ein finanzielles, wirtschaftliches Interesse. Dass als einziges Interesse auf Seiten des Dienstverpflichteten das finanzielle Interesse streitet, macht auch *Klagges* deutlich, der als Motivation für die Abbedingung des § 616 BGB allein auf Kostengründe verweist.[1476]

Fraglich ist, ob ein wirtschaftliches Interesse bei der Interessenabwägung grundsätzlich Berücksichtigung finden kann, weil es als billigenswert und begründet anzuerkennen ist. Jedenfalls in der Literatur zu § 616 BGB werden die wirtschaftlichen Interessen, die sich eigentlich aufdrängen müssten, nicht erwähnt. Vielmehr wird die Frage aufgeworfen, welche Rechtfertigungsgründe und Interessen generell in Betracht kämen.[1477] Durch die Nicht-Erwähnung lässt sich zumindest vermuten, dass nach Ansicht der Literatur ein finanzielles, wirtschaftliches Interesse an der Abbedingung des § 616 BGB keine Berücksichtigung finden könne.

Auch die Rechtsprechung erwähnt ein wirtschaftliches Interesse im Zusammenhang einer AGB-Kontrolle bei der Abbedingung des § 616 BGB nicht. Allerdings schließt die Rechtsprechung[1478] – insbesondere das *BAG* – die Berücksichtigung finanzieller, wirtschaftlicher Interessen nicht generell aus. Dies zeigt sich in der Berücksichtigung wirtschaftlicher Interessen bei verschiedenen, der AGB-Kontrolle unterzogenen Regelungen.

Nach Ansicht des *BAG* könnten hinsichtlich der Vermeidung von Doppelbelastungen bei Versorgungsaufwendungen auch finanzielle Erwägungen ein berechtigtes Interesse darstellen.[1479] Das Interesse eines Arbeitgebers als Verwender von AGB, Kosten zu reduzieren, sei im Rahmen der AGB-Kontrolle mit Blick auf die Wertungen der Berufsfreiheit aus Art. 12 Abs. 1 GG sowie insbesondere der wirtschaftlichen Betätigungsfreiheit aus Art. 2 Abs. 1 GG angemessen zu berücksichtigen.[1480] Dementsprechend sieht das *BAG* wohl die Reduzierung von Kosten grundsätzlich als rechtlich anerkanntes Interesse an. Auch im Rahmen der

1476 Schaub/Schrader u. a./*Klagges*, Formular- und Verfahrenshandbuch, Individualarbeitsrecht, Rn. 143.

1477 So: Schaub/*Linck*, Arbeitsrecht-Handbuch, § 97 – Arbeitsverhinderung des Arbeitnehmers aus persönlichen Gründen, Rn. 32.

1478 Die Berücksichtigung wirtschaftlicher Interessen zumindest erwähnend: *LAG Schleswig-Holstein*, Urteil vom 21.12.2009 – 3 Sa 255/09, Rn. 46, juris; *OLG Karlsruhe*, Urteil vom 24.08.2010 – 19 U 27/10, Rn. 21, juris; *OLG Dresden*, Urteil vom 28.06.2019 – 2 U 273/19, Rn. 12, juris.

1479 *BAG*, Urteil vom 13.07.2021 – 3 AZR 298/20, Rn. 56, juris; *BAG*, Urteil vom 10.10.2023 – 3 AZR 250/22, Rn. 32, juris.

1480 *BAG*, Urteil vom 13.07.2021 – 3 AZR 298/20, Rn. 56, juris.

Rechtsprechung zu Widerrufsvorbehalten von Entgeltbestandteilten verweist das *BAG* auf die Unsicherheiten hinsichtlich der wirtschaftlichen Entwicklung des Unternehmens und somit auf wirtschaftliche Interessen.[1481]

Bei der Bewertung der Angemessenheit der Höhe einer Vertragsstrafe bei ungerechtfertigter außerordentlicher Kündigung des Arbeitsverhältnisses orientiert sich das *BAG* an dem wirtschaftlichen Interesse des Arbeitgebers an der Arbeitsleistung.[1482] Damit erklärt es implizit das wirtschaftliche Interesse als berücksichtigungsfähig und gar als Maßstab für die AGB-Kontrolle.

Im Rahmen von Rückzahlungs- bzw. Bindungsklauseln bei Fortbildungen erkennt das *BAG* an, dass der Arbeitgeber ein Interesse habe, von der Fortbildung, zu profitieren, die er gezahlt habe.[1483] Auch hierin liegt ein wirtschaftliches Interesse, nämlich die Rentabilität der Investition des Arbeitgebers in die Fortbildung des Arbeitnehmers.

Somit ist die Berücksichtigung eines wirtschaftlichen Interesses bei der Interessenabwägung des § 616 BGB zumindest nicht ausgeschlossen. Durch § 616 BGB wird dem Arbeitgeber eine wirtschaftliche Belastung auferlegt, ohne für diese einen unmittelbaren Gegenwert zu erhalten. Sich von dieser zusätzlichen Belastung zu lösen, entspricht dem nachvollziehbaren Interesse eines wirtschaftlich agierenden Arbeitgebers. Welchen Stellenwert das Interesse im Rahmen der Abbedingung des § 616 BGB hat, ist bei der Abwägung zu ermitteln und zu berücksichtigen.

(ii) Interessen des Arbeitnehmers

Neben den Interessen des Arbeitgebers an der Abbedingung des § 616 BGB sind auch die Interessen des Arbeitnehmers am Erhalt der Regelung zu ermitteln.

1481 *BAG*, Urteil vom 12.01.2005 – 5 AZR 364/04, Rn. 23, juris; *BAG*, Urteil vom 11.10.2006 – 5 AZR 721/05, Rn. 22, juris.

1482 *BAG*, Urteil vom 17.03.2016 – 8 AZR 665/14, Rn. 23, juris; *BAG*, Urteil vom 24.08.2017 – 8 AZR 378/16, Rn. 27, juris; zustimmend: *LAG Schleswig-Holstein*, Urteil vom 28.02.2012 – 1 Sa 235 b/11, Rn. 39, juris; *LAG Sachsen-Anhalt*, Urteil vom 15.02.2018 – 2 Sa 267/15, Rn. 39, juris; *LAG Rheinland-Pfalz*, Urteil vom 09.05.2018 – 2 Sa 453/17, Rn. 28, juris.

1483 *BAG*, Urteil vom 19.02.2004 – 6 AZR 552/02, Rn. 24, juris; *BAG*, Urteil vom 21.07.2005 – 6 AZR 452/04, Rn. 15, juris; *BAG*, Urteil vom 11.04.2006 – 9 AZR 610/05, Rn. 25, juris; *BAG*, Urteil vom 05.06.2007 – 9 AZR 604/06, Rn. 18 ff., juris; *BAG*, Urteil vom 14.01.2009 – 3 AZR 900/07, Rn. 17, juris; zustimmend: Däubler/Deinert/Walser/*Deinert*, AGB-Kontrolle ArbR, § 307 BGB, Rn. 108.

Für den Arbeitnehmer gilt ebenso wie für den Arbeitgeber, dass die Möglichkeit zur bloßen unbezahlten Befreiung von der Arbeitspflicht nicht von der Abbedingung des § 616 BGB betroffen ist. Dies bedeutet, dass die grundsätzliche Möglichkeit zur Wahrnehmung mit der Arbeitspflicht kollidierender Pflichten auch bei der vollständigen Abbedingung des § 616 BGB besteht. Als einzige Folge resultiert aus der Abbedingung, dass der Arbeitnehmer auch die finanziellen Folgen seiner Entscheidung, die Wahrnehmung der kollidierenden Pflicht gegenüber der Arbeitspflicht zu bevorzugen, tragen müsste. Somit handelt es sich auch auf Seiten des Arbeitnehmers allein um das finanzielle, wirtschaftliche Interesse, in den von § 616 BGB erfassten Fällen nicht die finanziellen Folgen der Entscheidung tragen zu müssen.

Durch die Einbindung in die Organisationsstruktur des Arbeitgebers ist der Arbeitnehmer vom Arbeitgeber persönlich und wirtschaftlich abhängig, woraus sich ein größeres Schutzbedürfnis ergibt.[1484] Der Arbeitgeber gibt grundsätzlich vor, wann die Arbeitsleistung zu erbringen ist. Der Arbeitnehmer verliert die Möglichkeit, selbstbestimmt die geschuldete Arbeitsleistung nachzuerbringen und so dem Vergütungsausfall zu entgehen. Somit hat er ein billigenswertes und begründetes Interesse am Erhalt der gesetzlichen Regelung.

Zudem ist zu berücksichtigen, dass § 616 BGB gerade Ausdruck davon ist, dass der Arbeitnehmer erwarten könne, in bestimmten Fällen trotz der Nichtleistung seine Vergütung zu erhalten. Der Gesetzgeber gesteht dem Arbeitnehmer grundsätzlich das Vergütungsfortzahlungsrecht – wenn auch dispositiv – zu. Wird einer Vertragspartei durch den Gesetzgeber eine vorteilhafte Rechtsstellung zugesprochen, so wird das Interesse am Erhalt dieser Rechtsstellung grundsätzlich als billigenswert und berechtigt anzuerkennen sein.

(iii) Abwägung

Die ermittelten Interessen der Parteien sind gegeneinander abzuwägen. Dabei sind – wie zuvor herausgearbeitet – die Kriterien für die Abwägung vielseitig und vom Einzelfall abhängig.[1485] Von besonderem Interesse dürften in diesem Fall die Erwägungen des Gesetzgebers zur Risikoverteilung sowie die Motive und Wertungen bei spezialgesetzlichen Regelungen sein.

Da auf beiden Seiten wirtschaftliche Interessen dominieren, ist zu entscheiden, ob das wirtschaftliche Interesse an der Abbedingung das wirtschaftliche Interesse

---

1484 So grundsätzlich: *Brose,* NZA 2011, 719 (723).

1485 Vgl.: D)III)2)c)aa)(3)(b)(cc)(ii), S. 370.

am Erhalt überwiegt. Somit sind die Stellenwerte der wirtschaftlichen Interessen zu ermitteln.

Hinsichtlich des wirtschaftlichen Interesses des Arbeitnehmers wird darauf verwiesen, dass die Abbedingung der Vergütungsfortzahlung nach § 616 BGB nicht besonders ins Gewicht falle. Der Anwendungsberiech des § 616 BGB sei nicht so groß[1486] und der Arbeitnehmer stünde auf Grund der spezialgesetzlichen Regelungen nicht schutzlos da.[1487] Dementsprechend könnte angenommen werden, dass das wirtschaftliche Interesse des Arbeitnehmers von untergeordneter Relevanz sei.

Diese Ansicht lässt sich möglicherweise mit einem Vergleich mit der Rechtsprechung des *BAG* zum Widerrufsvorbehalt unterstreichen. Aus dieser könnte gefolgert werden, dass es dem Arbeitnehmer zumutbar ist, auf die wirtschaftlichen Vorteile zu verzichten, die mit § 616 BGB einhergehen. Gegenstand von Widerrufsvorbehalten ist, dass finanzielle Leistungen des Arbeitgebers unter bestimmten Voraussetzungen durch einseitige Erklärung des Arbeitgebers für die Zukunft aufgehoben werden können.[1488] Das *BAG* lässt insoweit den Widerruf von Leistungen des Arbeitgebers bis zu einem Umfang von 25-30 % des Lohns zu. Ansonsten läge ein Eingriff in den Kernbereich des Arbeitsverhältnisses und eine Verlagerung des wirtschaftlichen Risikos auf den Arbeitnehmer vor.[1489] Diese Situation ist mit § 616 BGB in gewisser Weise vergleichbar. Auch bei § 616 BGB handelt es sich um einen Teil der Vergütung. Dieser ist vom Gesetzgeber variabel ausgestaltet und keine Partei hat Einfluss auf die tatsächliche Auszahlung dieses Vergütungsanteils. Tritt ein Verhinderungsgrund im Sinne des § 616 BGB ein, gelangt dieser Vergütungsanteil zur Auszahlung. Tritt ein Verhinderungsgrund nicht ein, „verfällt" der Vergütungsanteil.[1490] Indem die Parteien § 616 BGB abbedingen, wird dieser variable Anteil der Vergütung von Beginn an ausgeschlossen. Mit Blick auf die Rechtsprechung zu Widerrufsvorbehalten kann dies gerechtfertigt sein, wenn der Umfang 25 % der Gesamtvergütung nicht übersteigt.

1486 Feichtinger/Malkmus/*Schahandeh*, Entgeltfortzahlungsrecht, § 616 BGB, Rn. 117 f.; *Schwarz*, NZA-RR ArbR 2021, 1 (2).

1487 *Schwarz*, NZA-RR ArbR 2021, 1 (2).

1488 Zum grundsätzlichen Verständnis eines Widerrufsvorbehalts: Staudinger/*Fischinger*, Kommentar zum BGB §§ 611-613 BGB, § 611a BGB, Rn. 947; Staudinger/*Krause*, Kommentar zum BGB Anhang zu §§ 305-310 BGB, Anh. K – AGB-Kontrolle im Arbeitsrecht, Rn. K 204; Wolf/Lindacher/Pfeiffer/*Stoffels*, AGB-Recht, ArbR, Rn. 149.

1489 *BAG*, Urteil vom 11.10.2006 – 5 AZR 721/05, Rn. 22 f., juris; *BAG*, Urteil vom 24.01.2017 – 1 AZR 774/14, Rn. 25 f., juris.

1490 Vgl.: C)I)4)d), S. 95.

Regelmäßig wird es sich bei den Verhinderungen, die § 616 BGB unterfallen, um kurzfristige Verhinderungen handeln. Zudem wird von einem Großteil der Literatur vertreten, dass § 616 BGB generell nur Verhinderungen von bis zu fünf Tagen erfasse.[1491] Somit würde durch einen Entfall der Vergütungsfortzahlung nach § 616 BGB das Monatsentgelt nicht um mehr als 25 % gemindert werden. Nach der Rechtsprechung kann diese Kürzung dem Arbeitnehmer zumutbar sein.

Dieser Argumentation ist mit Verweis auf die Erkenntnisse zum Anwendungsbereich und der Dauer der „verhältnismäßig nicht erheblichen Zeit" des § 616 BGB entgegenzutreten. Während *Schwarz*[1492] bei seiner Argumentation der Ansicht folgt, dass die „verhältnismäßig nicht erhebliche Zeit" sich lediglich auf wenige Tage beschränke, kann die Dauer der Vergütungsfortzahlung nach der hier vertretenen Auffassung[1493] viel umfangreicher ausfallen. Demnach kann die Verhinderung auch länger als fünf Tage dauern, was – bei einer Betrachtung des Monatsentgelts – zu einer Überschreitung der Schwelle von 25-30 % führen kann. Somit kann aus der Rechtsprechung zu Widerrufsvorbehalten nicht gefolgert werden, dass der durch die Abbedingung des § 616 BGB eintretende Entfall der Vergütung generell als zumutbar zu betrachten ist.

Dagegen kann nicht eingewandt werden, dass es sich bei Widerrufsvorbehalten und deren Ausübung um Regelungen handelt, die die Vergütung für einen längeren Zeitraum modifizieren und somit nicht mit dem Fall der Abbedingung des § 616 BGB vergleichbar sind. Zwar wirkt ein Widerrufsvorbehalt langfristiger. Im Zweifel wird die Vergütung für die gesamte zukünftige Dauer des Arbeitsvertrages gemindert. Unterliegt eine jährliche Bonusregelung einem Widerrufsvorbehalt, wirkt sich dieser zumindest auf ein ganzes Jahr aus. Im Fall der Abbedingung des § 616 BGB tritt die Folge hingegen lediglich nur in einzelnen Monaten ein. Der Entfall von mehr als 25-30 % der Vergütung beschränkt sich dementsprechend auf diese Monate. Wird das ganze Jahr betrachtet, wird dieser Schwellenwert von 25-30 % hingegen auch unter ungünstigen Umständen nicht erreicht. Dafür müssten mehrere Verhinderungsgründe, die eine mehrwöchige Verhinderung verursachen, innerhalb eines Jahres zusammenfallen, was als unrealistisch erscheint. Dementsprechend könnte gegen die Anlehnung an die Rechtsprechung zum Widerrufsvorbehalt eine fehlende Vergleichbarkeit eingewandt werden.

1491 *Bauer/Opolony,* NJW 2002, 3503 (3507); *Geulen/Sothmann,* ArbR 2020, 217 (218); *Greiner,* NZA 2007, 490 (492); *Hohenstatt/Krois,* NZA 2020, 413 (415 f.); Henssler/Willemsen/Kalb/*Krause,* HWK ArbR, § 616 BGB, Rn. 41; *Preis/Mazurek/Schmid,* NZA 2020, 1137 (1140).

1492 Vgl.: Fn. 1486 f.

1493 Vgl.: C)II)3)b)cc)(4), S. 215.

Allerdings ergibt sich eine vergleichbare Schutzwürdigkeit aus den Möglichkeiten des Arbeitnehmers, auf die „Kürzung" der Vergütung zu reagieren. Wird ein Widerrufsvorbehalt tatsächlich ausgeübt, hat der Arbeitnehmer stets die Möglichkeit, die wirtschaftlichen Folgen durch die Beendigung des Arbeitsverhältnisses zu verringern oder für die Zukunft ganz zu vermeiden. Er kann die Auswirkungen damit auf einen möglichst kurzen Zeitraum reduzieren. Die Annahme, dass durch die Auswirkung des Widerrufsvorbehalts tatsächlich die Vergütung für die gesamte restliche Dauer des Arbeitsverhältnisses oder das gesamte Jahr verringert wird, trifft somit nicht auf jeden Fall zu. Eine vergleichbare Reaktionsmöglichkeit hat der Arbeitnehmer im Fall der Abbedingung des § 616 BGB nicht. Er muss den Vergütungsausfall hinnehmen, ohne einen Eintritt weiterer Fälle in der Zukunft verhindern oder darauf Einfluss nehmen zu können. Was die laufende Vergütung angeht, ist seine Schutzbedürftigkeit vergleichbar und die Rechtsprechung zu den Obergrenzen beim Widerrufsvorbehalt kann als Wertungsmaßstab herangezogen werden, obwohl ein erheblicher Vergütungsausfall sich im Regelfall auf einen Monat beschränken würde.

Zwar darf tatsächlich das Merkmal „in seiner Person liegende[r] Grund", das den Anwendungsbereich erheblich bestimmt, bereits zum Schutz des Arbeitgebers nicht zu umfangreich ausgelegt werden. Ein solcher Grund wird deshalb nicht leichtfertig angenommen, sondern nur bei einer Kollision der Arbeitspflicht mit einer rechtlichen, öffentlichen, sittlichen oder moralischen Pflicht, deren Nichterfüllung zu einem Nachteil für den Arbeitnehmer führen muss.[1494] Dies beschränkt den Anwendungsbereich des § 616 BGB – wie als Argument vorgetragen[1495] – durchaus. Die Pflichten verdeutlichen wiederum, die Wichtigkeit der Vergütungsfortzahlung nach § 616 BGB. Der Arbeitnehmer müsste bei einer Abbedingung des § 616 BGB zwischen dem finanziellen Nachteil des Ausbleibens der Vergütungsfortzahlung und dem (nicht zwingend finanziellen) Nachteil bei Nichterfüllung der Pflicht entscheiden. Der Arbeitnehmer wird also in eine persönliche Zwangslage gedrängt. Der Vergütungsausfall kann nach der hier vertretenen Auffassung beispielsweise zwei Wochen betragen. Der Entfall der hälftigen Monatsvergütung – was durchaus dem Anteil der monatlichen Fixkosten der Lebensführung des Arbeitnehmers entsprechen kann – kann insbesondere im Niedriglohnsektor, dessen Beschäftigte kaum Rücklagen bilden können, zu einer erheblichen sozialen Gefährdung des Arbeitnehmers führen. Dementsprechend

1494 Vgl.: C)II)2)d), S. 173.

1495 Feichtinger/Malkmus/*Schahandeh*, Entgeltfortzahlungsrecht, § 616 BGB, Rn. 117 f.; *Schwarz*, NZA-RR ArbR 2021, 1 (2).

kann nicht davon gesprochen werden, dass die Abbedingung des § 616 BGB nicht besonders ins Gewicht falle.

Der Stellenwert des wirtschaftlichen Interesses des Arbeitnehmers ließe sich möglicherweise auch durch die Berücksichtigung der Risikoverteilung mindern. Die Abbedingung sei angemessen, da es angesichts der Risikotragung des Betriebsrisikos durch den Arbeitgeber gemäß § 615 BGB auch nicht ungerecht sei, wenn der Arbeitnehmer das Risiko, das in seiner Sphäre liege, selbst zu tragen habe.[1496] Einen ähnlichen Gedanken vertritt *Tillmanns* im Rahmen der Abbedingung des § 615 BGB. Demnach sei auch maßgeblich, ob der Arbeitnehmer die Umstände, die zum Lohnausfall führten, beeinflussen könne.[1497] Hier findet sich also der Sphärengedanke wieder. Grundsätzlich sei es angemessen, dass derjenige, aus dessen Sphäre das Risiko stamme, auch die Folgen trage. Im Rahmen des § 616 BGB würde die Verhinderung der Sphäre des Arbeitnehmers entstammen.[1498] Dementsprechend könnte man es als angemessen ansehen, wenn der Arbeitnehmer durch die Abbedingung des § 616 BGB auch tatsächlich das finanzielle Risiko zu tragen hätte. Allerdings passt das Kriterium der Risikobeherrschung nicht zu § 616 BGB. Bei dem Aspekt der Risikobeherrschung kommt es darauf an, in wessen Sphäre das Risiko fällt und welche Partei die Realisierung des Risikos besser kontrollieren kann.[1499] Der Aspekt der Beherrschung des Risikos findet sich bereits in dem Tatbestandsmerkmal des Verschuldens wieder. Hätte der Arbeitnehmer den Eintritt des Verhinderungsfalls und damit die Realisierung des Risikos vermeiden können, wäre die Anwendung des § 616 BGB ohnehin ausgeschlossen. Soll die Schwelle höher sein, ist der Verschuldensmaßstab hierfür der Ansatzpunkt der vertraglichen Regelung, nicht jedoch der vollständige Ausschluss des § 616 BGB, soll dieser doch gerade die Folgen des unverschuldeten Risikoeintritts abfedern.

Die Ansätze zur Verringerung der Bedeutung bzw. des Stellenwertes des wirtschaftlichen Interesses des Arbeitnehmers am Erhalt des § 616 BGB greifen somit nicht durch. Fraglich ist demnach, welchen Stellenwert das wirtschaftliche Interesse des Arbeitgebers an der Abbedingung des § 616 BGB hat und ob es sich gegenüber dem Interesse des Arbeitnehmers durchsetzen kann.

1496 *Schwarz*, NZA-RR ArbR 2021, 1 (2); ähnlich: Westermann/Grunewald/Maier-Riemer/*Riesenhuber*, Ermann BGB, § 616 BGB, Rn. 16; Feichtinger/Malkmus/*Schahandeh*, Entgeltfortzahlungsrecht, § 616 BGB, Rn. 117 f.

1497 *Tillmanns*, Strukturfragen, Rn. 50 ff., 78 ff.; zustimmend: Fischinger/Orth/*Fischinger/Reiter*, COVID-19 und Sport, Teil 2 Arbeitsrecht, Rn. 146.

1498 Westermann/Grunewald/Maier-Riemer/*Riesenhuber*, Ermann BGB, § 616 BGB, Rn. 16.

1499 *Stoffels*, AGB-Recht, Rn. 490.

Wie zuvor erörtert, kann das wirtschaftliche Interesse des Arbeitgebers im Rahmen der Interessenabwägung grundsätzlich zu berücksichtigen sein. Fraglich ist, ob dies auch für § 616 BGB gilt. Grundsätzlich gilt, dass keine Interessen Berücksichtigung finden können, die mit der gesetzgeberischen Wertentscheidung unvereinbar sind.[1500] Liegt keine Unvereinbarkeit vor, dürfen die Interessen aber auch nicht entgegen der gesetzgeberischen Wertentscheidung übermäßig berücksichtigt werden.

Das *BAG* scheint davon auszugehen, dass die finanziellen, wirtschaftlichen Interessen im Rahmen des § 616 BGB berücksichtigt werden können. In seiner Entscheidung zur Abdingbarkeit des § 616 BGB im Dienstvertrag mit einer Opernsängerin führt das *BAG* in der Abwägung auch an, dass dem Theater Kosten durch einen Ersatz bzw. beim Ausfall der Ausführung für Schadensersatz entstünden.[1501] Finanzielle Interessen sind demnach zumindest nicht unbeachtlich.

Wird hingegen die Entwicklung der spezialgesetzlichen Vergütungsfortzahlungsansprüche und -ersatzansprüche – insbesondere der Vergütungsfortzahlung im Krankheitsfall – betrachtet, zeigt sich, dass die wirtschaftlichen Interessen des Arbeitgebers hinsichtlich des Verhältnisses von Leistung und Gegenleistung für den Gesetzgeber nicht relevant waren. Vielmehr lag der Fokus allein auf der wirtschaftlichen Absicherung des Arbeitnehmers. In besonderem Maße hat sich diese Erkenntnis bei der Bestimmung der Dauer der Vergütungsfortzahlung sowie in Bezug auf etwaige Regeln zur möglichen Sicherung des Verhältnisses von Leistung und Gegenleistung gezeigt.[1502] Dass auch die Rechtswissenschaft etwaige in den Regelungen anklingende wirtschaftliche Erwägungen des Gesetzgebers außer Acht gelassen hat, zeigt sich auch bei der Entwicklung des Grundsatzes der Fortsetzungserkrankung.[1503] Auf Grund der besonderen tatbestandlichen Nähe der spezialgesetzlichen Vergütungsfortzahlungsregelungen und -ersatzregelungen zu § 616 BGB ist mangels anderweitiger Indizien davon auszugehen, dass dieses Verständnis auch für die Anwendung des § 616 BGB gilt. Dies hat sich auch bei der Auslegung der Tatbestandsmerkmale des § 616 BGB gezeigt. Mithin wäre es systemwidrig und würde der Wertentscheidung des Gesetzgebers widersprechen, dem wirtschaftlichen Interesse des Arbeitgebers an der Abbedingung des § 616 BGB einen großen Stellenwert beizumessen.

1500 Däubler/Deinert/Walser/*Deinert*, AGB-Kontrolle ArbR, § 307 BGB, Rn. 61.

1501 *BAG*, Urteil vom 07.02.2007 – 5 AZR 270/06, Rn. 36, juris.

1502 Vgl. insbesondere: C)II)3)b)bb)(1)(d)(cc), S. 193, C)II)3)b)bb)(1)(f)(ee), S. 199 und C)II)3)b)bb)(1)(g)(bb), S. 200.

1503 Vgl. insbesondere: C)II)3)b)bb)(1)(b)(aa), S. 187 und C)II)3)b)bb)(1)(d)(bb), S. 192.

Hinzu kommt, dass es sich auch für den Arbeitgeber vorteilhaft auswirken kann, wenn der Arbeitnehmer in bestimmten Fällen während seiner Verhinderung Vergütungsfortzahlung erhält. Dies gilt insbesondere im Fall der krankheitsbedingten Wahrnehmung von Arztterminen. Durch die präventive Wahrnehmung von Arztterminen wird die Wahrscheinlichkeit erhöht, dass die Leistungsfähigkeit des Arbeitnehmers dauerhaft erhalten bleibt. Die Hemmschwelle zur Wahrnehmung solcher Arzttermine wird gesenkt, wenn damit keine Vergütungseinbußen einhergehen.[1504] Durch die Möglichkeit der Wahrnehmung wichtiger – insbesondere sozialer oder moralischer – Pflichten ohne eine Abwägung vornehmen zu müssen, kann auch angenommen werden, dass die psychische Gesundheit und damit auch die dauerhafte Leistungsfähigkeit des Arbeitnehmers geschützt wird. Auch diese Erwägungen mindern den Stellenwert der wirtschaftlichen Interessen des Arbeitgebers, fällt die wirtschaftliche Belastung doch – zumindest bei langfristiger Betrachtung – wohl geringer aus, als wenn man nur die finanzielle Belastung durch die Vergütungsfortzahlung im konkreten Verhinderungsfall betrachtet.

Etwas anderes ergibt sich auch nicht aus dem Umstand, dass Regelungen, die § 616 BGB abbedingen, in Tarifverträgen üblich seien und somit ein Indiz für die Angemessenheit darstellten.[1505] Tarifverträge begründen nämlich kein gesetzliches Leitbild und sind nicht als Maßstab heranzuziehen.[1506] Andernfalls würde die Differenzierung zwischen der Tariffreiheit der Parteien, die auf Grund der Ausgeglichenheit des Gesamtwerks sehr weitgehend ist, und der Beschränkung der Privatautonomie durch das AGB-Recht aufgehoben. Spricht der Aspekt der Ausgewogenheit des Tarifvertrages als Gesamtwerk dagegen, die Inhaltskontrolle auszuschließen, wenn nur auf einzelne Regelungen des Tarifvertrages verwiesen wird,[1507] können diese einzelnen Regelungen auch nicht der Maßstab für die Interessenabwägung im Rahmen der Inhaltskontrolle nach § 307 Abs. 1 S. 1 BGB sein.

Angesichts des geringen Stellenwerts des wirtschaftlichen Interesses des Arbeitgebers an der Abbedingung des § 616 BGB bei der Interessenabwägung im Rahmen des § 616 BGB überwiegt das wirtschaftliche Interesse des Arbeitnehmers am Fortbestehen der Anwendbarkeit des § 616 BGB. Die vollständige Abbedingung des § 616 BGB benachteiligt den Arbeitnehmer unangemessen im Sinne des § 307 Abs. 1 S. 1 BGB.

1504 Vgl. zu diesem Gedanken: C)II)2)b)aa)(2)(b), S. 126.

1505 So aber: *Sibben*, DB 2003, 826 (827).

1506 Vgl. hierzu bereits zum „wesentlichen Grundgedanken": D)III)2)c)aa)(1)(a)(aa), S. 348.

1507 Vgl.: D)III)1)b), S. 261.

(iv) Zwischenergebnis

Die vollständige Abbedingung des § 616 BGB im Arbeitsverhältnis durch Klauseln, wie

> *„Die Vergütungsfortzahlung bei Verhinderung für eine verhältnismäßig nicht erhebliche Zeit nach § 616 BGB ist ausgeschlossen. Dies umfasst auch untertägige Verhinderung, wie die krankheitsbedingte Wahrnehmung von Arztterminen."*

stellt grundsätzlich eine unangemessene Benachteiligung des Arbeitnehmers dar. Zwar ist auf Grund der spezialgesetzlichen Vergütungsfortzahlungsansprüche und -ersatzansprüche – insbesondere des § 3 EFZG – in § 616 BGB gegenüber Arbeitnehmern kein wesentlicher Grundgedanke mehr enthalten. Allerdings stellt sich die Abbedingung in der Interessenabwägung im Rahmen des § 307 Abs. 1 S. 1 BGB als unangemessen dar. Das wirtschaftliche Interesse des Arbeitgebers vermag im Rahmen einer Interessenabwägung jedoch nicht die Abbedingung des § 616 BGB zu rechtfertigen. Ausschlaggebend hierfür ist der geringe Stellenwert des wirtschaftlichen Interesses des Arbeitgebers im Rahmen von Vergütungsfortzahlungsregelungen und -ersatzregelungen, den der Gesetzgeber bei der Schaffung der spezialgesetzlichen Regeln zum Ausdruck gebracht hat.

(dd) Kompensation der vollständigen Abbedingung durch Mehrurlaub

Neben der klassischen Interessenabwägung kann die Unangemessenheit einer Klausel auch dadurch verhindert werden, dass der Nachteil durch einen gewährten Vorteil kompensiert wird.[1508]

Im Rahmen der Abbedingung des § 616 BGB könnte eine solche Kompensation durch die Gewährung eines vertraglichen Mehrurlaubs erfolgen.[1509] Eine entsprechende Klausel könnte beispielsweise wie folgt lauten:

> *„Die Vergütungsfortzahlung bei Verhinderung für eine verhältnismäßig nicht erhebliche Zeit nach § 616 BGB ist ausgeschlossen. Dies erfasst auch die untertägige Verhinderung auf Grund der krankheitsbedingten Wahrnehmung von Arztterminen. Der Arbeitnehmer erhält je Kalenderjahr einen vertraglichen Mehrurlaub im Umfang von vier Tagen, der auch als halbe Tage beansprucht*

1508 Vgl.: D)III)2)c)aa)(3)(b)(cc)(iii), S. 371.

1509 Den Gedanken der Kompensation der Abbedingung des § 616 BGB durch die Gewährung von Mehrurlaub hat auch *Bieder*, der jedoch die rechtlichen Grenzen nicht weiter betrachtet: Gsell/Krüger u. a./*Bieder*, beckOGK (Stand: 01.07.2022), § 616 BGB, Rn. 52.

werden kann. Dieser vertragliche Mehrurlaub verfällt am Ende des darauffolgenden Kalenderjahres, ohne dass es eines Hinweises des Arbeitgebers bedarf. Im Ein- und Austrittsjahr verringert sich der Anspruch pro rata temporis.".

Die Kompensation durch einen ohnehin bestehenden gesetzlichen Anspruch genügt nicht.[1510] Somit kann die Abbedingung nach § 616 BGB nicht dadurch kompensiert werden, dass der Dienstverpflichtete generell einen Urlaubsanspruch hat oder unbezahlte Freistellung erhalten kann. Beides sind gesetzlich vorgesehene Rechte – der Urlaubsanspruch aus § 7 BUrlG, unbezahlte Freistellung nach § 275 Abs. 3 BGB. Bei der vorgeschlagenen Klausel wird dem Arbeitnehmer jedoch ein vertraglicher, über den gesetzlichen Anspruch hinausgehender Urlaubsanspruch gewährt, sodass die Klausel einen Vorteil für den Arbeitnehmer darstellt. Durch den Regelungskontext wird deutlich, dass die Gewährung des vertraglichen Mehrurlaubs im Gegenzug zur Abbedingung des § 616 BGB erfolgt. Zudem besteht ein inhaltlicher Zusammenhang, da sowohl § 616 BGB als auch der Mehrurlaub eine bezahlte Freistellung von der Arbeitsleistung ermöglichen. Dementsprechend ist auch ein innerer Zusammenhang anzunehmen, sodass die Abbedingung des § 616 BGB und die Gewährung des Mehrurlaubs konnex sind.

Zusätzlich zu diesen erfüllten Voraussetzungen, wonach die Gewährung des Mehrurlaubs als Vorteil für den aus der Abbedingung folgenden Nachteil gesehen werden kann, muss der Vorteil dem Nachteil gleichwertig sein. Die Ermittlung, ob eine Gleichwertigkeit vorliegt, gestaltet sich jedoch schwierig. Der Umfang, in dem § 616 BGB in einem Kalenderjahr vom Arbeitnehmer in Anspruch genommen wird, kann zum einen variieren und hängt zum anderen sehr von den persönlichen Umständen ab. Insofern ist es nicht einfach, zu bestimmen, welchen Wert § 616 BGB für den einzelnen Arbeitnehmer hat.

(i) Ermittlung der Gleichwertigkeit bei nicht konkretisierbarem Nachteil

Das Problem der Bestimmung der Gleichwertigkeit stellt sich auch bei anderen Vereinbarungen zwischen Arbeitgeber und Arbeitnehmer. Ein Beispiel hierfür sind Ausgleichsquittungen bei der Beendigung von Arbeitsverhältnissen.[1511] Umfasse eine Ausgleichsquittung den Verzicht auf Erhebung einer Kündigungsschutzklage nach § 4 KSchG, könne eine Kompensation durch eine den Beendi-

---

1510 *BAG*, Urteil vom 24.09.2015 – 2 AZR 347/14, Rn. 23, juris; *BAG*, Urteil vom 10.11.2021 – 5 AZR 334/21, Rn. 40, juris; Müller-Glöge/Preis u. a./*Preis*, ErfK, § 310 BGB, Rn. 47.

1511 Wohl ebenfalls einen Vergleich in Erwägung ziehend: Däubler/Deinert/Walser/*Deinert*, AGB-Kontrolle ArbR, § 307 BGB, Rn. 99.

gungszeitpunkt modifizierenden Vereinbarung, die Gewährung einer Abfindung oder den Verzicht auf eigene Ansprüche durch den Arbeitgeber erfolgen.[1512] Allerdings mangele es an einem Maßstab, welche Kompensation angemessen sei.[1513] Im Rahmen von Ausgleichsquittungen wird diesem Problem dadurch begegnet, dass die Höhe einer vereinbarten Abfindung regelmäßig nicht kontrollfähig sei. Grund hierfür sei, dass die Abfindung und der Verzicht Hauptleistungspflichten der Beendigungsvereinbarung darstellten.[1514] Die Höhe der Abfindung unterliege in dem Fall lediglich noch einer Kontrolle nach § 242 BGB.[1515] Selbiges müsste dann aber auch für jede der zuvor erwähnten Gegenleistungen gelten.[1516]

Es könnte in Betracht gezogen werden, diesen Ansatz auf die allgemeine Vertragsgestaltung zu übertragen. Hierdurch wäre kein gleichwertiger Vorteil mehr erforderlich, sondern lediglich noch ein Vorteil, der innerhalb der Grenzen des nach § 242 BGB Zulässigen liegt. Als Argument für eine Verallgemeinerung des Ansatzes spricht, dass die Kompensation – wie bereits erörtert – einen inneren Zusammenhang zwischen Vorteil und Nachteil erfordert. Dementsprechend lässt sich dem Nachteil unmittelbar eine Gegenleistung zuordnen, die im Prinzip den „Preis" für den Nachteil darstellt. Es besteht ein unmittelbares Verhältnis von Leistung zu Gegenleistung, das als Hauptleistung für diese vertragliche Abrede angesehen werden könnte. Dies würde bedeuten, dass die Abbedingung des § 616

1512 *BAG*, Urteil vom 06.09.2007 – 2 AZR 722/06, Rn. 37, juris; *BAG*, Urteil vom 25.09.2014 – 2 AZR 788/13, Rn. 24, juris; Rolfs/Giesen u. a./*Jacobs*, BeckOK ArbR, § 307 BGB, Rn. 34; *Preis/Bleser/Rauf*, DB 2006, 2812 (2816); wohl auch: *LAG Hamm*, Urteil vom 09.10.2003 – 11 Sa 515/03, Rn. 29, juris, wobei dieses durch die Zahlung einer Abfindung den Verzicht und die Abfindung als Hauptleistungsvereinbarungen ansieht, die nicht mehr kontrollfähig nach § 307 BGB seien; ähnl.: Müller-Glöge/Preis u. a./*Preis*, ErfK, § 310 BGB, Rn. 77a.

1513 *Rolfs*, Inhaltskontrolle Beendigungsvereinbarungen, S. 835; Henssler/Willemsen/Kalb/*Roloff*, HWK ArbR, Anhang §§ 305–310 ABC der Klauseltypen, Rn. 55; so wohl auch: *Krets*, Klageverzichtsverträge, S. 608; *Worzalla*, SAE 2009, 31 (34).

1514 *LAG Hamm*, Urteil vom 09.10.2003 – 11 Sa 515/03, Rn. 29, juris; *Bauer/Günther*, NJW 2008, 1617 (1620); Müller-Glöge/Preis u. a./*Preis*, ErfK, § 310 BGB, Rn. 77a; *Preis/Bleser/Rauf*, DB 2006, 2812 (2816); *Worzalla*, SAE 2009, 31 (34); a. A.: *BAG*, Urteil vom 25.09.2014 – 2 AZR 788/13, Rn. 20, juris; *BAG*, Urteil vom 24.09.2015 – 2 AZR 347/14, Rn. 18, juris.

1515 So ist wohl der Verweis auf „Treu und Glauben" zu verstehen: *LAG Hamm*, Urteil vom 09.10.2003 – 11 Sa 515/03, Rn. 29, juris.

1516 So auch für eine gegenseitige Verzichtserklärung in einer Ausgleichsquittung: Rolfs/Giesen u. a./*Jacobs*, BeckOK ArbR, § 307 BGB, Rn. 34; a. A. *Preis/Bleser/Rauf*, die die Gefahr der Umgehung von § 307 Abs. 1 S. 1 BGB sehen: *Preis/Bleser/Rauf*, DB 2006, 2812 (2816).

BGB und die Gewährung von Mehrurlaub im Gegenzug zu betrachten wären, sodass kein gleichwertiger Vorteil erforderlich wäre, sondern allein kein Verstoß gegen Treu und Glauben nach § 242 BGB vorliegen dürfte.

Gegen eine solche Betrachtungsweise spricht, dass sich nicht jede vertragliche Regelung isolieren und als eigene Hauptleistungsabrede verstehen lässt. So hat das *BAG* klargestellt, dass es seiner Auffassung nach für die Einordnung, ob es sich um eine Haupt- oder Nebenleistungspflicht im Sinne des § 307 Abs. 3 S. 1 BGB handele, auf die Eigenart des Vertrags ankomme. So sei selbst in einem Aufhebungsvertrag ein Verzicht auf Ansprüche keine Hauptleistung, sondern eine Nebenleistung, gehe es doch bei einem Aufhebungsvertag um die Beendigung eines Arbeitsverhältnisses.[1517] Des Weiteren sei nicht jede Hauptpflicht der Inhaltskontrolle entzogen. Stellten die vereinbarten Hauptpflichten Abweichungen von Rechtsvorschriften oder diese ergänzenden Regelungen dar, seien auch sie kontrollfähig.[1518]

Vor dem Hintergrund dieser Rechtsprechung ist die Abbedingung des § 616 BGB und die Gewährung eines entsprechenden Ausgleichs in einem Arbeitsvertrag nicht als der Inhaltskontrolle entzogene korrespondierende Hauptleistungspflicht zu sehen. Ein eigenständiges Rechtsgeschäft, das allein die Anwendung des § 616 BGB behandelt, ist auch nicht denkbar. § 616 BGB entfaltet seine Wirkung stets nur im Zusammenhang mit einem Dienstvertrag und stellt eine konkretisierte Nebenpflicht des Dienstvertrages dar. Die vertragliche Regelung nimmt Einfluss auf den Inhalt und die weitere Durchführung des Dienstvertrages. Auch durch die Abbedingung des § 616 BGB in einem gesonderten Vertragswerk ändert sich nichts daran, dass die Regelung stets dem Dienstvertrag zuzuordnen ist. Somit können die Abbedingung des § 616 BGB und die Gewährung von Mehrurlaub als kompensatorischer Vorteil nicht als Hauptleistungspflichten eines eigenständigen Vertrages, die keiner Inhaltskontrolle unterliegen, gesehen werden. Der Vorteil muss somit weiterhin gleichwertig mit dem Nachteil sein. Dies ändert aber nichts an dem Problem, dass sich der Nachteil nicht sicher bestimmen lässt.

Allerdings ist auch das *BAG* in seiner Rechtsprechung schon auf das Problem gestoßen, dass sich der Nachteil nicht genau bestimmen lässt.[1519] Das *BAG* begeg-

---

1517 *BAG*, Urteil vom 24.02.2016 – 5 AZR 258/14, Rn. 37 f., juris.

1518 *BGH*, Urteil vom 09.07.1981 – VII ZR 139/80, Rn. 12, juris; *BGH*, Urteil vom 19.02.1998 – III ZR 106/97, Rn. 26, juris; *BAG*, Urteil vom 25.09.2014 – 2 AZR 788/13, Rn. 20, juris; grundsätzlich zustimmend: *Rolfs*, Inhaltskontrolle Beendigungsvereinbarungen, S. 833; Graf von Westphalen/Pamp/Thüsing/*Thüsing*, VertrR/AGB-Klauselwerke, Arbeitsverträge, Rn. 63.

1519 *BAG*, Urteil vom 24.02.2016 – 5 AZR 258/14, Rn. 41 f., juris.

net diesem Problem damit, dass § 307 Abs. 1 S. 1 BGB nicht jede Benachteiligung, sondern lediglich unangemessene Benachteiligungen verbiete. Diese Grenze sei erst bei einer verwerflichen Benachteiligung erreicht, also wenn der Arbeitgeber seine Interessen wider Treu und Glauben durchsetzen wolle.[1520] Insofern verbleibt dem Verwender ein relativ großer Gestaltungsspielraum.

Dem steht die Rechtsprechung zur Mankoabrede gegenüber. Dabei geht es um die Frage, ob die Haftung des Arbeitnehmers für Fehlbeträge in der Kasse durch die Zahlung einer Mankovergütung kompensiert werden kann. Auch in diesem Fall ist nicht sicher, wie hoch der Fehlbetrag und damit der Nachteil ausfällt. Das *BAG* setzt in diesen Fällen voraus, dass die Mankohaftung des Arbeitnehmers nicht die Höhe der Mankovergütung übersteigen darf.[1521] Insofern könnte angenommen werden, dass tatsächlich eine gleichwertige Kompensation erforderlich ist. Allerdings kann diese Rechtsprechung nicht verallgemeinert und insbesondere nicht auf die hiesige Fragestellung übertragen werden.[1522] Denn nach Ansicht des *BAG* handelt es sich bei den Grundsätzen der Haftung des Arbeitnehmers um zwingendes Recht.[1523] Insofern ist es auch nachvollziehbar, dass der Nachteil vollständig kompensiert werden muss.

Nach den Erwägungen der dargestellten Rechtsprechung ist dementsprechend bei der Bestimmung des kompensierenden Vorteils dem Verwender ein Gestaltungsspielraum zuzugestehen.[1524] Soll die Abbedingung des § 616 BGB durch die Gewährung von vertraglichem Mehrurlaub kompensiert werden, müsste dementsprechend der Umfang des gewährten Mehrurlaubes nicht mit dem Umfang der nach § 616 BGB zu gewährenden Vergütungsfortzahlung übereinstimmen. Vielmehr kann der Umfang des gewährten Mehrurlaubes frei gewählt werden, solange er die Grenze von Treu und Glauben nicht verletzt.

1520 *BAG*, Urteil vom 24.02.2016 – 5 AZR 258/14, Rn. 43 f., juris.

1521 *BAG*, Urteil vom 17.09.1998 – 8 AZR 175/97, Rn. 67 f.; *BAG*, Urteil vom 02.12.1999 – 8 AZR 386/98, Rn. 23, juris.

1522 So auch: Däubler/Deinert/Walser/*Deinert*, AGB-Kontrolle ArbR, § 307 BGB, Rn. 99.

1523 *BAG*, Urteil vom 17.09.1998 – 8 AZR 175/97, Rn. 66, juris; *BAG*, Urteil vom 27.01.2000 – 8 AZR 876/98, Rn. 42, juris; *BAG*, Urteil vom 05.02.2004 – 8 AZR 91/03, Rn. 31, juris; so auch: Däubler/Deinert/Walser/*Deinert*, AGB-Kontrolle ArbR, § 307 BGB, Rn. 99.

1524 Wohl auch *Däubler*, der von „keinerlei (nennenswerte[n]) Gegenleistung" spricht: Däubler/Deinert/Walser/*Däubler*, AGB-Kontrolle ArbR, Einleitung, Rn. 168.

(ii) Keine Benachteiligung wider Treu und Glauben

Eine Durchsetzung der eigenen Interessen wider Treu und Glauben kann in der vorgeschlagenen Klausel nicht gesehen werden.

Anders als bei der vorherigen Abwägung kann bereits in Frage gestellt werden, ob für die vorgeschlagene Vertragsgestaltung ein wirtschaftliches Interesse des Arbeitgebers bestehen kann. Der Anwendungsbereich des § 616 BGB ist nicht grenzenlos, sondern auf die Kollision der Arbeitspflicht mit rechtlichen, öffentlichen, sittlichen oder moralischen Pflichten, deren Nichtbefolgung zum Nachteil des Arbeitnehmers wäre,[1525] sowie auf den Fall der Wahrnehmung eines untertägigen, krankheitsbedingten Arzttermins beschränkt. Wie häufig eine solche Kollision eintritt, hängt von den persönlichen Verhältnissen des Arbeitnehmers ab. So wird eine solche Kollision bei Arbeitnehmern mit betreuungspflichtigen Kindern häufiger, als bei kinderlosen Arbeitnehmern eintreten. Macht der Arbeitgeber von der Möglichkeit Gebrauch, § 616 BGB abzubedingen, sodass in diesen Fällen subsidiäre Ansprüche gegen Dritte eingreifen, sind solche Fälle nicht in die hier vorgenommene wirtschaftliche Betrachtung einzubeziehen. Abgesehen von diesen kollidieren Pflichten handelt es sich bei den zuvor thematisierten Pflichten um solche, die im Laufe eines Arbeitsverhältnisses nur selten auftreten. Durch die vorgeschlagene Klausel ist der Arbeitgeber verpflichtet, im Laufe des Arbeitsverhältnisses – angenommen es dauert das gesamte Erwerbsleben des Arbeitnehmers, also z. B. vom 30. bis zum 68. Lebensjahr, an – insgesamt 152 Urlaubstage zusätzlich zu gewähren. Dass so viele Verhinderungsfälle auftreten, die einen Anspruch aus § 616 BGB begründen, kann bezweifelt werden. Wird die gesamte Dauer des Arbeitsverhältnisses betrachtet, entsteht dem Arbeitgeber somit kein wirtschaftlicher Vorteil, sodass ein wirtschaftliches Interesse nicht anzunehmen ist.

Hingegen wird durch die Klausel der Umfang der – eigentlich nach § 616 BGB zu gewährenden – Vergütungsfortzahlung je Kalenderjahr für den Arbeitgeber kalkulierbar. Es hängt nicht mehr von den Umständen des Einzelfalls ab, wie hoch die jährliche Belastung durch die Vergütungsfortzahlung nach § 616 BGB ist, sondern der Arbeitgeber kann je Arbeitnehmer die finanzielle Belastung von vier zusätzlichen Urlaubstagen einkalkulieren. Dadurch wird für ihn die Vertragsdurchführung vereinfacht, sodass ein Rationalisierungsinteresse des Arbeitgebers besteht.[1526]

1525 Vgl.: C)II)2)d), S. 173.

1526 Zur Kalkulierbarkeit als Rationalisierungsinteresse: Ulmer/Brandner/Hensen/*Fuchs,* AGB-Recht, § 307 BGB, Rn. 121.

Im Gegenzug wird der Arbeitnehmer durch die Klausel nicht übermäßig belastet. Treten in einem Kalenderjahr mehr Verhinderungsfälle auf, als von den vier Mehrurlaubstagen abgedeckt werden können, wirkt sich die vorgeschlagene Klausel zwar nachteilig für den Arbeitnehmer aus. Allerdings kann angenommen werden, dass dieser Fall selten eintritt. Durch die vorgeschlagene Klausel wird § 616 BGB vollständig abbedungen. Dies bedeutet, dass beispielsweise im Fall der Betreuung des erkrankten Kindes, der Vergütungsausfall durch die subsidiären Ansprüche gegen Dritte aufgefangen wird. Ein Einsatz der vier Mehrurlaubstage in solchen Fällen ist nicht erforderlich. Stattdessen muss auf diese nur im Fall der sonstigen Kollision der Arbeitspflicht mit rechtlichen, öffentlichen, sittlichen oder moralischen Pflichten sowie der Wahrnehmung eines untertägigen, krankheitsbedingten Arzttermins zurückgegriffen werden. Dementsprechend dürften regelmäßig nicht derart viele Verhinderungen in einem Kalenderjahr vorliegen, dass mehr als vier Tage erforderlich wären.

Zudem erhält der Arbeitnehmer den Mehrurlaub auch in den Jahren, in denen kein Verhinderungsgrund auftritt, der zur Vergütungsfortzahlung nach § 616 BGB führen würde. In diesem Fall steht ihm der Mehrurlaub zur freien Verfügung. Durch die großzügige Verfallsfrist kann er den Mehrurlaub auch flexibel im Folgejahr einsetzen. Hat sich der Arbeitnehmer den Mehrurlaub bis zum Jahresende für den Fall aufgespart, dass noch ein Verhinderungsgrund auftritt, muss er ihn nicht zwingend am Jahresende in Anspruch nehmen.

Durch die Einordnung der bezahlten Freistellung als Urlaubsanspruch entsteht dem Arbeitnehmer gegenüber dem Anspruch aus § 616 BGB auch kein Nachteil bei der Inanspruchnahme. Die Inanspruchnahme des Mehrurlaubs unterliegt den gleichen Grenzen wie der Entfall der Leistungspflicht nach § 275 Abs. 3 BGB, der für die Vergütungsfortzahlung nach § 616 BGB erforderlich ist. Sowohl dem Mehrurlaub – dessen Gewährung sich nach dem BUrlG richtet[1527] – als auch der Leistungsbefreiung nach § 275 Abs. 3 BGB kann der Arbeitgeber lediglich betriebliche Interessen entgegenhalten.[1528] Durch die Ausgestaltung der bezahlten Freistellung als Mehrurlaub erleidet der Arbeitnehmer somit keinen Nachteil hinsichtlich der Möglichkeit Wahrnehmung der bezahlten Freistellung.

1527 Zum grundsätzlichen Gleichlauf des gesetzlichen und vertraglichen Urlaubsanspruchs, sofern keine anderweitige Regelung getroffen wird: *BAG*, Urteil vom 12.04.2011 – 9 AZR 80/10, Rn. 23, juris; *BAG*, Urteil vom 19.02.2019 – 9 AZR 321/16, Rn. 51, juris; *BAG*, Urteil vom 21.05.2019 – 9 AZR 579/16, Rn. 20, juris; Clemenz/Kreft/Krause/*Klumpp*, AGB-ArbR, § 307 BGB, Rn. 279; *Stoffels*, AGB-Recht, Rn. 1194.

1528 Vgl. zu § 275 Abs. 3 BGB: B)II)2)c)bb), S. 65.

Einen weiteren Vorteil erhält der Arbeitnehmer dadurch, dass auch für ihn die Vergütungsfortzahlung kalkulierbar wird. Denn abweichend von § 616 BGB entfällt der Vergütungsfortzahlungsanspruch bei Überschreiten der verhältnismäßig nicht erheblichen Zeit nicht mehr rückwirkend. Dauert die Geburt des eigenen Kindes beispielsweise länger als den üblichen Tag, würde bei Anwendung des § 616 BGB der Vergütungsfortzahlungsanspruch rückwirkend entfallen. Durch die vorgeschlagene Klausel kann der Arbeitnehmer hingegen sicher damit rechnen – sofern die vier Tage noch nicht aufgebraucht sind –, tatsächlich für den Tag der Geburt die Vergütung zu erhalten.

Mithin sind mit der vorgeschlagenen Klausel auch für den Arbeitnehmer Vorteile verbunden. Eine tatsächlich nachteilige Auswirkung der Klausel dürfte nur selten vorkommen. Bei Betrachtung des gesamten Erwerbslebens dürfte sich die Klausel sogar vorteilhaft darstellen. Auch wenn im Einzelfall Unsicherheiten verbleiben, kann nicht angenommen werden, dass der Arbeitgeber seine Interessen wider Treu und Glauben zu Lasten des Arbeitnehmers durchsetzt.

(iii) Zwischenergebnis

Die vorgeschlagene Klausel gleicht die mit der Abbedingung des § 616 BGB einhergehende Benachteiligung des Arbeitnehmers hinreichend aus, sodass keine unangemessene Benachteiligung im Sinne des § 307 Abs. 1 S. 1 BGB vorliegt. Sie stellt demnach eine vertragliche Gestaltungsmöglichkeit dar, soll im Übrigen § 616 BGB vollständig abbedungen werden.

(b) Vollständige Abbedingung bei geringfügiger Beschäftigung

Die vollständige Abbedingung des § 616 BGB könnte in Arbeitsverträgen, die nach § 8 Abs. 1 S. 1 SGB IV eine geringfügige Beschäftigung darstellen, zulässig sein.

(aa) AGB-rechtliche Zulässigkeit

Eine Abweichung gegenüber der vorstehenden Interessenabwägung ist in diesem Fall die sozialversicherungsrechtliche Einordnung des Arbeitsvertrages. Auf Grund der Besonderheiten des Vertragstyps könnte die mit der Abbedingung des § 616 BGB einhergehende Benachteiligung angemessen sein.

Eine geringfügige Beschäftigung im Sinne des § 8 Abs. 1 Nr. 1 SGB IV liegt dann vor, wenn das vertraglich vereinbarte, regelmäßige monatliche Arbeitsentgelt eine bestimmte Grenze – zurzeit 538,00 Euro – nicht überschreitet. Durch die Einführung des Mindestlohns im Jahr 2015 wurde durch diese Entgeltgrenze auch eine maximale monatliche Arbeitszeit festgelegt, die im Rahmen einer geringfügigen Beschäftigung geschuldet werden kann. Mittlerweile legt das Gesetz eine maximale Beschäftigungsdauer für eine geringfügige Beschäftigung fest. Nach § 8 Abs. 1a S. 1 SGB IV wird die Geringfügigkeitsgrenze danach bestimmt, wie viel Entgelt bei einer Beschäftigung von zehn Stunden wöchentlich zum geltenden Mindestlohn erzielt werden kann. Damit definiert das Gesetz, dass die Arbeitsverpflichtung bei einer geringfügigen Beschäftigung maximal zehn Stunden wöchentlich betragen kann. Bei einem höheren Stundenlohn als dem Mindestlohn sinkt die maximal zulässige Beschäftigungsdauer entsprechend.

Diese Begrenzung der Beschäftigungsdauer zeigt, dass eine geringfügige Beschäftigung nicht die Haupteinnahmequelle darstellen kann. Sie bindet nur einen Bruchteil der vom Arbeitnehmer zur Sicherung seines Lebensunterhalts einsetzbaren Arbeitskraft. Gemäß § 3 S. 1 ArbZG darf die werktägliche Arbeitszeit des einzelnen Arbeitnehmers acht Stunden nicht überschreiten. Bei sechs Werktagen je Woche kann der Arbeitnehmer somit rechtlich zulässig bis zu 48 Stunden arbeiten. Wird die Grenze der geringfügigen Beschäftigung mit einer Entlohnung nach dem Mindestlohn von zehn Stunden zu den 48 Stunden ins Verhältnis gesetzt, ergibt sich ein Anteil der Arbeitszeit, die auf die geringfügige Beschäftigung entfällt, von 20,8 %. Da sich die Geringfügigkeit der Beschäftigung nach dem monatlichen Arbeitsentgelt richtet, sinkt der Anteil mit steigendem Stundenlohn proportional. Bei einem Stundenlohn, der das Doppelte des Mindestlohns beträgt, verringert sich der Anteil dementsprechend auf nur noch 10,4 %. Dies verdeutlicht, dass es sich bei der geringfügigen Beschäftigung im Sinne des § 8 Abs. 1 Nr. 1 SGB IV nicht um die Hauptbeschäftigung handeln kann, sondern nur um eine Nebenbeschäftigung. Die Absicherung des Lebensunterhalts erfolgt also entweder durch eine andere Hauptbeschäftigung oder durch staatliche Transferleistungen.

Auf Grund dessen ist dem wirtschaftlichen Interesse des Arbeitnehmers ein geringes Gewicht beizumessen. Die Intensität der Nebenpflicht, auf der § 616 BGB gründet, hängt von der wirtschaftlichen Abhängigkeit ab.[1529] Dient die Beschäftigung nicht primär der wirtschaftlichen Absicherung des Arbeitnehmers, ist die Bedeutung der Nebenpflicht geringer. Zudem dient § 616 BGB dem Erhalt der sozialen Absicherung des Arbeitnehmers. Erfüllt die Beschäftigung als solche bereits nicht diesen Zweck, kann ihn auch die Vergütungsfortzahlung nach § 616 BGB nicht verfolgen.

Ähnlich positioniert sich das *BAG*. Das Gericht erläutert, dass die Abbedingung des § 616 BGB dann nicht unangemessen benachteiligend sei, wenn es sich bei dem fraglichen Beschäftigungsverhältnis nur um eine Nebentätigkeit handele

1529 Vgl.: C)I)4)d), S. 95.

und ein anderes Arbeitsverhältnis bestehe. Aus diesem resultiere ein ausreichender Schutz.[1530] Zwar bezieht sich das Urteil nicht auf einen Arbeitsvertrag, sondern auf einen Dienstvertrag, der nur einzelne, wenige Auftritte einer Opernsängerin umfasste. Allerdings lässt sich die Begründung in dieser Hinsicht verallgemeinern. Das Verhältnis von Neben- und Hauptbeschäftigung sowie der sich daraus ergebenden sozialen Schutz ist anders als die sonstigen einzelfallbezogenen Erwägungen des Urteils genereller Natur. Dieses Verhältnis ist unabhängig von der rechtlichen Einordnung des Beschäftigungsverhältnisses.

Der Gedanke, dass Beschäftigungen mit einem geringen Arbeitsumfang einer geringeren sozialen Absicherung bedürfen, findet sich auch in der Geschichte der Entgeltfortzahlung im Krankheitsfall wieder. § 1 Abs. 2 Nr. 2 LohnFG[1531] schloss die Lohnfortzahlung im Krankheitsfall für Arbeiter aus, deren wöchentliche Arbeitspflicht nicht mehr als zehn Stunden betrug. Zwar verwies das *BAG* darauf, dass der Grund für die Ausnahme nicht die soziale Lage der für weniger als zehn Stunden wöchentlich beschäftigten Arbeitnehmer sein könne. Der Gesetzgeber wolle alle Arbeitnehmer für die ersten sechs Wochen der Erkrankung vor wirtschaftlichen Nachteilen schützen.[1532] Dabei ließ es aber offen, was stattdessen das Motiv der Ausnahme gewesen sein sollte. Offensichtlich wollte der Gesetzgeber gerade nicht alle Arbeitnehmer vor wirtschaftlichen Nachteilen schützen. Als einziger Grund kam die wirtschaftliche Absicherung der Arbeitnehmer durch eine andere Einnahmequelle in Betracht.

Als weiteres Argument kann auf die Rechtsprechung des *BAG* zum Widerrufsvorbehalt sowie zur Arbeit auf Abruf verwiesen werden.[1533] Demnach sei – u. a. – vor dem Hintergrund der Funktion des Entgelts als wirtschaftlicher Absicherung des Arbeitnehmers, der das wirtschaftliche Risiko gerade nicht zu tragen habe, ein widerrufbarer Lohnanteil von bis zu 25 %[1534] bzw. der Nichtabruf von bis zu 20 % der bei Arbeit auf Abruf vereinbarten Arbeitszeit zulässig[1535]. Diese Rechtsprechung

1530 *BAG*, Urteil vom 07.02.2007 – 5 AZR 270/06, Rn. 36, juris.

1531 § 1 Abs. 2 Nr. 2 LohnFG in der Fassung vom 27.07.1969 lautete: „(2) Absatz 1 gilt nicht […] 2. für Arbeiter in einem Arbeitsverhältnis, in dem die regelmäßige Arbeitszeit wöchentlich zehn Stunden oder monatlich fünfundvierzig Stunden nicht übersteigt;“.

1532 *BAG*, Urteil vom 26.02.1992 – 5 AZR 225/91, Rn. 29, juris.

1533 Ebenfalls, wenn auch kritisch, auf die Indizwirkung verweisend: *Singer*, Inhaltskontrolle, S. 18.

1534 *BAG*, Urteil vom 12.01.2005 – 5 AZR 364/04, Rn. 23 ff., juris; *BAG*, Urteil vom 11.10.2006 – 5 AZR 721/05, Rn. 21 ff., juris.

1535 Vgl.: *BAG*, Urteil vom 07.12.2005 – 5 AZR 535/04, Rn. 43 ff., juris.

verdeutlicht, dass einem Arbeitnehmer auch ein Entfall von bis zu 25 % des Arbeitsentgelts wirtschaftlich zuzumuten ist. Damit wird implizit festgestellt, dass es dieses Anteils zur sozialen Absicherung des Arbeitnehmers nicht bedarf.[1536] Auch die zwischenzeitliche Kodifikation des Minderabrufs bei Arbeit auf Abruf in § 12 Abs. 2 S. 2 TzBfG unterstreicht dieses Ergebnis noch einmal. So genügt es hinsichtlich der Planbarkeit des Einkommens,[1537] wenn der Arbeitgeber bis zu 20 % weniger als die vereinbarte Arbeitsleistung abrufen darf. Aus Sicht des Gesetzgebers gefährden Vergütungseinbußen in diesem Umfang nicht die soziale Absicherung. Somit ist es dem Arbeitnehmer auch zuzumuten, dass die Vergütung aus der geringfügigen Nebenbeschäftigung, die maximal 20,8 % der möglichen Vergütung der eigenen Arbeitsleistung betragen kann, durch die Abbedingung des § 616 BGB entfällt, ohne dass die soziale Absicherung des Arbeitnehmers gefährdet wäre.

Zwar bleibt es dabei, dass auf der Seite des Arbeitgebers auch lediglich ein finanzielles, wirtschaftliches Interesse besteht, dem aus den zuvor dargestellten Gründen kein großer Stellenwert beizumessen ist. Allerdings verschiebt sich die Interessenabwägung durch das äußerst geringe wirtschaftliche Interesse auf Seiten des Arbeitnehmers auf Grund der Besonderheiten des Vertragstyps. Jedenfalls eine unangemessene Benachteiligung wider Treu und Glauben kann in der Abbedingung des § 616 BGB bei Arbeitsverträgen, die nach § 8 Abs. 1 Nr. 1 SGB IV als geringfügig anzusehen sind, nicht gesehen werden.

(bb) Exkurs: Benachteiligung nach § 4 Abs. 1 TzBfG

Die AGB-rechtliche zulässige Abbedingung könnte jedoch auf Grund eines Verstoßes nach § 4 TzBfG unwirksam sein.[1538] Da die geringfügige Beschäftigung keiner Vollzeittätigkeit entspricht, sondern lediglich einen Bruchteil der möglichen Arbeitsleistung umfasst, ist die geringfügige Beschäftigung nach § 2 Abs. 1 TzBfG im Regelfall als Teilzeitbeschäftigung anzusehen. § 2 Abs. 2 TzBfG stellt sogar ausdrücklich klar, dass auch nach § 8 Abs. 1 Nr. 1 SGB IV geringfügig Beschäftigte Teilzeitbeschäftigte im Sinne des TzBfG sind.[1539] Nach § 4 Abs. 1 TzBfG dürfen jedoch Teilzeitbeschäftigte gegenüber Vollzeitbeschäftigten nicht

---

1536 Kritisch *Singer*, der davon ausgeht, dass „erfahrungsgemäß […] im Haushalt von Arbeitnehmer jeder Euro verplant [ist]“: *Singer*, Inhaltskontrolle, S. 18.

1537 So auch: Müller-Glöge/Preis u. a./*Preis*, ErfK, § 12 TzBfG, Rn. 23; die Entwurfsbegründung spricht lediglich von der „Planungssicherheit“ ohne klarzustellen, dass sich dies auf die Planbarkeit der Vergütung bezieht: BT-Drs. 19/3452, S. 20.

1538 So auch: Preis/*Sagan*, Arbeitsvertrag, T 10 – Teilzeitarbeit, Rn. 20.

1539 Zustimmend, dass geringfügig Beschäftigte auch ohne § 2 Abs. 2 TzBfG als Teilzeitbeschäftigte anzusehen wären: Rolfs/Giesen u. a./*Bayreuther*, BeckOK ArbR, § 2

schlechter behandelt werden.[1540] Das Benachteiligungsverbot gilt für sämtliche Arbeitsbedingungen.[1541]

Zur Ermittlung der Benachteiligung bedarf es eines Vergleichs der Arbeitsbedingungen mit einem Vollzeitbeschäftigten, der eine vergleichbare Tätigkeit ausübt.[1542] Im Rahmen der hier vorgenommenen abstrakten Betrachtung der Vertragsgestaltung, bei der die vorstehende AGB-Kontrolle lediglich zwischen geringfügig Beschäftigten und sonstigen Beschäftigten unterscheidet, ist eine Vergleichbarkeit anzunehmen. Nach der vorstehenden AGB-Kontrolle ist – unabhängig von der konkreten Tätigkeit – eine vollständige Abbedingung des § 616 BGB bei geringfügig Beschäftigten wirksam, während sie bei sonstigen Arbeitnehmern unwirksam ist. Würde dieses Ergebnis in die Arbeitsvertragsgestaltung übernommen, könnte dies dazu führen, dass bei ansonsten vergleichbaren Arbeitnehmern im Vertrag des Arbeitnehmers mit einer geringfügigen Beschäftigung § 616 BGB abbedungen würde, bei dem anderen Arbeitnehmer, der entweder in Vollzeit oder Teilzeit arbeitet, § 616 BGB hingegen anwendbar wäre. Es läge damit eine Benachteiligung des geringfügig Beschäftigten vor.[1543] Allerdings kann die Benachteiligung durch einen sachlichen Grund gerechtfertigt werden.[1544]

Die soziale Lage des Arbeitnehmers als solche könne jedoch keinen Rechtfertigungsgrund für eine Diskriminierung nach § 4 Abs. 1 TzBfG darstellen.[1545] So

---

TzBfG, Rn. 9; Meinel/Heyn/Herms/*Herms*, TzBfG Kommentar, § 2 TzBfG, Rn. 20; Müller-Glöge/Preis u. a./*Preis*, ErfK, § 2 TzBfG, Rn. 5.

1540 Rolfs/Giesen u. a./*Bayreuther*, BeckOK ArbR, § 4 TzBfG, Rn. 1, 7; Meinel/Heyn/Herms/*Herms*, TzBfG Kommentar, § 4 TzBfG, Rn. 18; Säcker/Rixecker u. a./*Müller-Glöge*, MüKo zum BGB (Band 5), § 4 TzBfG, Rn. 18.

1541 Rolfs/Giesen u. a./*Bayreuther*, BeckOK ArbR, § 4 TzBfG, Rn. 5; Meinel/Heyn/Herms/*Herms*, TzBfG Kommentar, § 4 TzBfG, Rn. 18.

1542 Meinel/Heyn/Herms/*Herms*, TzBfG Kommentar, § 4 TzBfG, Rn. 21 ff.; Säcker/Rixecker u. a./*Müller-Glöge*, MüKo zum BGB (Band 5), § 4 TzBfG, Rn. 21; Müller-Glöge/Preis u. a./*Preis*, ErfK, § 4 TzBfG, Rn. 25 ff.

1543 So abstrakt ebenfalls: Preis/*Sagan*, Arbeitsvertrag, T 10 – Teilzeitarbeit, Rn. 20; Kiel/Lunk/Oetker/*Schüren*, MHdB ArbR, § 50 – Begründung, Inhalt und Beendigung des Teilzeitarbeitsverhältnisses, Rn. 247.

1544 Rolfs/Giesen u. a./*Bayreuther*, BeckOK ArbR, § 4 TzBfG, Rn. 29; Meinel/Heyn/Herms/*Herms*, TzBfG Kommentar, § 4 TzBfG, Rn. 30; Säcker/Rixecker u. a./*Müller-Glöge*, MüKo zum BGB (Band 5), § 4 TzBfG, Rn. 34; Müller-Glöge/Preis u. a./*Preis*, ErfK, § 4 TzBfG, Rn. 38.

1545 *BAG*, Urteil vom 01.11.1995 – 5 AZR 84/94, Rn. 23 ff., juris; Rolfs/Giesen u. a./*Bayreuther*, BeckOK ArbR, § 4 TzBfG, Rn. 32; Säcker/Rixecker u. a./*Müller-Glöge*, MüKo zum BGB (Band 5), § 4 TzBfG, Rn. 37.

hat das *BAG* entschieden, dass das Bestehen einer Hauptbeschäftigung, die ein existenzsicherndes Einkommen gewähre, keine Rechtfertigung für einen geringeren Lohn darstelle.[1546] Das *BAG* lässt offen, dass die „soziale Lage" bei anderen Leistungen als der Vergütung Berücksichtigung finden könne.[1547] In neueren Entscheidungen des *BAG* nimmt es an, dass eine Benachteiligung von Teilzeitbeschäftigten gerechtfertigt sein könne, wenn der Grund aus dem Verhältnis von Leistungszweck und Umfang der Teilzeitbeschäftigen folge. Die Prüfung habe anhand des von der Leistung verfolgten Zwecks zu erfolgen. Dies gelte insbesondere für Leistungen, bei denen der Vergütungscharakter nicht im Vordergrund stehe.[1548]

Diese neueren Grundsätze lassen sich auf den vorliegenden Fall anwenden. Die Abbedingung des § 616 BGB ist durch den Leistungszweck gerechtfertigt, der bei einem Teilzeitarbeitsverhältnis mit derart geringem Tätigkeitsumfang nicht erfüllt werden kann. § 616 BGB dient der wirtschaftlichen Absicherung des Arbeitnehmers bei einer kurzfristigen Verhinderung an der Arbeitsleistung. Durch den geringen Arbeitszeitanteil kann eine geringfügige Beschäftigung nicht der wirtschaftlichen Absicherung des Arbeitnehmers dienen. Es handelt sich vielmehr um einen Zuverdienst, der die wirtschaftliche Lage unterstützt, aber sie nicht sichert. Dementsprechend kann aber auch die Vergütungsfortzahlung nach § 616 BGB nicht der wirtschaftlichen Absicherung des Arbeitnehmers dienen. Aus dem Verhältnis von Leistungszweck und Umfang der Teilzeitbeschäftigung folgt also ein Grund für die Nichtanwendung der Norm. Demnach ist die Benachteiligung eines Arbeitnehmers mit einer geringfügigen Beschäftigung sachlich gerechtfertigt.

(cc) Zwischenergebnis

Die vollständige Abbedingung des § 616 BGB in geringfügigen Arbeitsverhältnissen ist möglich. Die Klausel

> *„Die Vergütungsfortzahlung bei Verhinderung für eine verhältnismäßig nicht erhebliche Zeit nach § 616 BGB ist ausgeschlossen. Dies umfasst auch untertägige Verhinderung, wie die krankheitsbedingte Wahrnehmung von Arztterminen."*

ist in diesem Fall nicht unangemessen benachteiligend.

1546 *BAG*, Urteil vom 01.11.1995 – 5 AZR 84/94, Rn. 22, 31 ff., juris.

1547 *BAG*, Urteil vom 01.11.1995 – 5 AZR 84/94, Rn. 34, juris.

1548 *BAG*, Beschluss vom 29.01.2020 – 4 ABR 26/19, Rn. 28, juris; *BAG*, Urteil vom 28.03.2023 – 9 AZR 106/22, Rn. 23, juris; *BAG*, Urteil vom 25.07.2023 – 9 AZR 332/22, Rn. 26, juris.

(c) Abbedingung beim Bestehen subsidiärer Vergütungsfortzahlungsregelungen und -ersatzregelungen

Wie bereits mehrfach in anderem Zusammenhang thematisiert,[1549] ist die Gestaltung einer Klausel hinsichtlich § 616 BGB zum Ausschluss der Vergütungsfortzahlung für die Fälle möglich, in denen eine subsidiäre finanzielle Absicherung durch die gesetzliche Sozialversicherung oder staatliche Leistungen besteht. Entweder kann sich der Ausschluss des § 616 BGB tatsächlich ausschließlich auf die Fälle beziehen, in denen ein subsidiärer Vergütungsfortzahlungsanspruch oder -ersatzanspruch besteht, oder diese Fälle stellen einen Teil der durch die Klausel ausgeschlossenen Fälle dar. Auch für die zweite Variante wird in diesem Abschnitt die mögliche unangemessene Benachteiligung betrachtet, die mit dem Ausschluss der Vergütungsfortzahlung für die Fälle, in denen subsidiäre Ansprüche bestehen.

(aa) Vorliegen einer Benachteiligung

Fraglich ist zunächst, ob eine Regelung, nach der der Arbeitnehmer auf – eigentlich – subsidiäre Vergütungsfortzahlungsansprüche und -ersatzansprüche verwiesen wird und dabei der Anspruch aus § 616 BGB gegen den Arbeitgeber ausgeschlossen wird, einen Nachteil für den Arbeitnehmer bedeutet. Am wichtigsten dürfte für den Arbeitnehmer die finanzielle Wirkung der Vergütungsfortzahlung sein. Bereits dadurch, dass die Abbedingung des § 616 BGB nur in den Fällen greift, in denen ein subsidiärer Anspruch besteht, wird die Vergütungsfortzahlung hinsichtlich der möglichen Verhinderungsfälle nicht eingeschränkt. Wie zuvor dargestellt,[1550] orientiert sich der Anspruch der Vergütungsfortzahlung hinsichtlich des zeitlichen Umfangs am zeitlichen Umfang der gesetzlichen Leistungsbefreiung, an deren Umfang sich auch die subsidiären Vergütungsfortzahlungsansprüche und -ersatzansprüche orientieren. Somit geht mit der Abbedingung auch hinsichtlich des zeitlichen Umfangs der Vergütungsfortzahlung kein Nachteil für den Arbeitnehmer einher. Allerdings kann der Nachteil sich aus der Höhe der Vergütungsfortzahlung ergeben. § 616 BGB gewährt grundsätzlich eine Vergütungsfortzahlung, deren Höhe sich nach

---

1549 Vgl.: D)II), S. 241, D)III)2)b)dd)(1)(b), S. 321.

1550 Vgl. zum grundsätzlich hier vertretenen Ansatz der Bestimmung der „verhältnismäßig nicht erheblichen Zeit“: C)II)3)b)cc)(5), S. 217, sowie zur Orientierung an den spezialgesetzlichen Vergütungsfortzahlungsansprüchen und -ersatzansprüchen exemplarisch zu § 45 SGB V: C)II)3)b)bb)(3)(b)(cc)(vi), S. 211 und zu § 56 IfSG: C)II)3)b)dd), S. 225.

dem Lohnausfallprinzip bestimmt[1551] und somit der hypothetischen Vergütung bei Arbeitsleistung entspricht[1552]. Ob durch die Verweisung auf die subsidiären Vergütungsfortzahlungsansprüche und -ersatzansprüche ein Nachteil für den Arbeitnehmer entsteht, hängt von der Ausgestaltung des einzelnen subsidiären Anspruchs ab. Beispielsweise wird nach § 56 Abs. 2 IfSG die Entschädigung für die ersten sechs Wochen in Höhe des Verdienstausfalls gewährt, sodass für den Arbeitnehmer kein Nachteil entsteht.[1553] Hingegen beträgt das Krankengeld bei Krankheit des Kindes, das nach § 45 Abs. 1 SGB V gezahlt wird, gemäß § 47 Abs. 1 SGB V grundsätzlich lediglich 70 % des Regelentgelts, wobei es gemäß § 47 Abs. 2 SGB V 90 % des Nettoarbeitsentgelts nicht übersteigen darf. Somit läge eine Benachteiligung hinsichtlich der Höhe der Vergütungsfortzahlung vor.

Insofern liegt ein Nachteil, der möglicherweise unangemessen ist, nur in den Fällen vor, in denen der – eigentlich – subsidiäre Vergütungsfortzahlungsanspruch oder -ersatzanspruch eine geringere Vergütungsfortzahlung als § 616 BGB vorsieht.

(bb) Interessenabwägung

Auch für die Abbedingung des § 616 BGB in Fällen, in denen ein subsidiärer Vergütungsfortzahlungsanspruch oder -ersatzanspruch gegen die gesetzliche Sozialversicherung oder den Staat besteht, steht auf Seiten des Arbeitgebers allein das wirtschaftliche Interesse, die Kosten für die Vergütungsfortzahlung zu sparen. Diesem Interesse steht das wirtschaftliche Interesse des Arbeitnehmers am Erhalt der Vergütungsfortzahlung in der in § 616 BGB vorgesehenen Höhe gegenüber.

Fraglich ist somit, ob die – zumeist geringfügigen – Einbußen bei der Vergütungsfortzahlung den Arbeitnehmer unangemessen benachteiligen. Dies wird in der Literatur zumindest in Erwägung gezogen.[1554] Mit Blick auf die vorherigen Ausführungen, nach denen beim Gegenüberstehen wirtschaftlicher Interessen die Interessenabwägung zu Gunsten des Arbeitnehmers ausgefallen ist, könnte angenommen werden, dass auch hier eine unangemessene Benachteiligung vorliegt.

1551 Gsell/Krüger u. a./*Bieder*, beckOGK (Stand: 01.07.2022), § 616 BGB, Rn. 43; Säcker/Rixecker u. a./*Henssler*, MüKo zum BGB (Band 5), § 616 BGB, Rn. 72; Rolfs/Giesen u. a./*Joussen*, BeckOK ArbR, § 616 BGB, Rn. 59.

1552 Hau/Poseck/*Baumgärtner*, BeckOK BGB, § 616 BGB, Rn. 12; Gsell/Krüger u. a./*Bieder*, beckOGK (Stand: 01.07.2022), § 616 BGB, Rn. 43; Säcker/Rixecker u. a./*Henssler*, MüKo zum BGB (Band 5), § 616 BGB, Rn. 72.

1553 So wohl auch: *Henssler/Medem*, RdA 2024, 1 (2).

1554 Kiel/Lunk/Oetker/*Tillmanns*, MHdB ArbR, § 77 Arbeitsverhinderung aus persönlichen Gründen, Rn. 15.

Allerdings ist in diesem Fall das wirtschaftliche Interesse des Arbeitnehmers entsprechend dem geringeren Nachteil geringer als bei der vorherigen Abwägung. Außerdem sind bei der Abwägung auch gesetzliche Wertungen heranzuziehen. Mit Blick auf die frühere und die heutige Gesetzeslage erscheint es als angemessen, wenn der Arbeitnehmer keine Vergütungsfortzahlung erhält, die zu 100 % dem Entgeltausfall entspricht.

Als historische Wertung dient die Entgeltfortzahlung im Krankheitsfall nach § 3 EFZG in den 90er-Jahren. Diese entsprach von 01. Oktober 1996 bis zum 31. Dezember 1998 nicht dem vollen Entgeltausfall, sondern gemäß § 4 Abs. 1 EFZG[1555] lediglich 80 %. Hierdurch hat der Gesetzgeber verdeutlicht, dass nach seiner Auffassung auch eine Vergütungsfortzahlung in Höhe von 80 % des Entgeltausfalls angemessen sein kann[1556] und den Zweck der sozialen Absicherung erfüllt.

Auch aus den heutigen gesetzlichen Regelungen lässt sich schließen, dass der Gesetzgeber davon ausgeht, dass mit einem Vergütungsfortzahlungsanspruch oder -ersatzanspruch von weniger als 100 % des Entgeltausfalls dem Interesse des Arbeitnehmers angemessen genüge getan wird. Denn der Anspruch auf Krankengeld nach § 45 Abs. 1 SGB V, der nur 70 % des Entgeltausfalls entspricht, greift auch dann ein, wenn der die Verhinderungsdauer die „verhältnismäßig nicht erhebliche Zeit" überschreitet. Auch wenn nach der hier vertreten Auffassung sich die verhältnismäßig nicht erhebliche Zeit nach dem Umfang des Freistellungsanspruchs aus § 45 Abs. 3 SGB V orientiert[1557] und damit deckungsgleich mit dem Anspruch nach § 45 Abs. 1 SGB V ist, kann es gleichwohl zu einer Überschreitung der „verhältnismäßig nicht erheblichen Zeit" kommen. Denn im Anschluss an den Freistellungsanspruch aus § 45 Abs. 3 SGB V kann ein Leistungsverweigerungsrecht aus § 275 Abs. 3 BGB bestehen,[1558] dessen Geltendmachung bei der Vergütungsfortzahlung zu einer Überschreitung führt. In diesem Fall entfällt der Vergütungsfortzahlungsanspruch aus § 616 BGB rückwirkend[1559] und der Arbeitnehmer ist von Beginn an auf das Krankengeld verwiesen. Nach Auffassung des Gesetzgebers ist selbst in diesem Fall, in dem die Belastung durch die lange

---

1555 § 4 Abs. 1 EFZG in Fassung vom 01.10.1996 lautete: „(1) [1]Die Höhe der Entgeltfortzahlung im Krankheitsfall für den in § 3 Abs. 1 bezeichneten Zeitraum beträgt 80 vom Hundert des dem Arbeitnehmer bei der für ihn maßgebenden regelmäßigen Arbeitszeit zustehenden Arbeitsentgelts. […]"

1556 So auch: *Sander*, Pflegezeit aus arbeitsrechtlicher Sicht, S. 63.

1557 Vgl.: C)II)3)b)bb)(3)(b)(cc), S. 207.

1558 Vgl. zum Nebeneinander von § 45 Abs. 3 SGB V und § 275 Abs. 3 BGB: C)II)2)b)cc)(5), S. 167.

1559 Vgl. zum rückwirkenden Entfall des Anspruchs aus § 616 BGB: C)II)3)a)cc), S. 177.

Dauer der Verhinderung noch einmal gesteigert ist, eine Absicherung in Höhe von 70 % des Entgeltausfall ausreichend. Es lässt sich daher nicht begründen, weshalb ein unmittelbarer Verweis auf den Anspruch aus § 45 Abs. 3 SGB V durch Abbedingung des § 616 BGB unangemessen sein sollte. Vielmehr ist dadurch für den Arbeitnehmer die Höhe der Vergütungsfortzahlung kalkulierbarer, da er nicht das Risiko einer rückwirkenden Verringerung trägt.

Somit ist es nach der Wertung des Gesetzgebers nicht unangemessen, wenn der Arbeitnehmer anstelle des vollen Entgeltausfalls lediglich einen Teil des Entgeltausfalls als Vergütungsfortzahlung erhält. Diese Wertung ist neben dem geringeren wirtschaftlichen Interesse ausschlaggebend dafür, dass bei einer Abbedingung des § 616 BGB für die Fälle, in denen ein subsidiärer Vergütungsfortzahlungsanspruch oder -ersatzanspruch gegen die gesetzliche Sozialversicherung oder den Staat besteht, keine unangemessene Benachteiligung im Sinne des § 307 Abs. 1 S. 1 BGB darstellen kann.

Dieses Ergebnis ändert sich auch nicht für den Fall, dass der Arbeitnehmer nicht gesetzlich sozialversichert ist. Wie zuvor ausgeführt, kann die freie Entscheidung des Arbeitnehmers, kein Mitglied der gesetzlichen Kranken- und Pflegeversicherung zu sein, sich nicht zum Nachteil des Arbeitgebers bei der Vertragsgestaltung auswirken.[1560]

(d) Konkretisierung von Verhinderungsgründen

Eine weitere Möglichkeit der Gestaltung einer Klausel zu § 616 BGB ist die Konkretisierung der Verhinderungsgründe. Wie zuvor dargestellt, kann die Konkretisierung durch zwei Varianten erfolgen.[1561]

Zum einen kommt eine beispielhafte Aufzählung der Verhinderungsgründe in Betracht. Mit dieser geht keine Beschränkung des Anwendungsbereichs hinsichtlich der von § 616 BGB erfassten Verhinderungsfälle einher. Mithin stellt sich bei dieser Variante der Konkretisierung allein die Frage der Transparenz, die zuvor bereits beantwortet wurde.[1562]

Zum anderen ist als zweite Variante der Konkretisierung eine abschließende Aufzählung der Verhinderungsgründe möglich, die zu einem Vergütungsfortzahlungsanspruch nach § 616 BGB führen. Dadurch wird der Anwendungsbereich des § 616 BGB auf die in der Klausel genannten Verhinderungsgründe beschränkt. Angesichts der Vielzahl möglicher Anwendungsfälle, geht mit dieser

1560 Vgl.: D)III)2)c)bb)(1)(a)(bb), S. 375.
1561 Vgl.: D)III)2)b)dd)(1)(d), S. 328.
1562 Vgl.: D)III)2)b)dd)(1)(d)(bb), S. 330.

Gestaltung einer Klausel ein Nachteil für den Arbeitnehmer einher. Fraglich ist, ob der Nachteil auch unangemessen ist. Dies wird in der Literatur – ohne weitere Begründung – teilweise verneint.[1563] Allerdings bedarf es zur Ermittlung der Unangemessenheit einer Interessenabwägung.

(aa) Beiderseitige Interessen

Neben den – bei jeder Einschränkung des § 616 BGB – gegenüberstehenden wirtschaftlichen Interessen des Arbeitnehmers und des Arbeitgebers kommt an dieser Stelle noch das Interesse des Arbeitgebers hinzu, die Pflichten und Rechte der Parteien möglichst präzise zu regeln, um so Streitigkeiten im Arbeitsverhältnis zu verhindern. Durch die abschließende Aufzählung der Verhinderungsfälle, die einen Vergütungsfortzahlungsanspruch nach § 616 BGB begründen sollen, werden Rechtsstreitigkeiten vermieden. Insofern wird die Vertragsdurchführung erheblich erleichtert. Ein Rationalisierungsinteresse liegt dann vor, wenn in dem Vertrag Maßnahmen vereinbart werden, die die Vertragsabwicklung vereinheitlichen oder vereinfachen sollen.[1564] Beispiele hierfür sind die Erteilung von Einzugsermächtigungen oder Abtretungsverbote.[1565] Allerdings kann auch eine pauschale Haftungsbegrenzung grundsätzlich dem Vereinfachungs- und Rationalisierungsgedanken unterfallen.[1566] Die Schaffung von Rechtssicherheit und Rechtsfrieden ist ein Teil dieses Rationalisierungsinteresses.[1567] Dementsprechend wird man auch in der Konkretisierung der Verhinderungsgründe ein Rationalisierungsinteresse sehen können.

Bei dem Interesse des Arbeitgebers an einer Vertragsgestaltung, die zu Rechtssicherheit und Rechtsfrieden führt, handelt es sich auch um ein billigenswertes, berechtigtes Interesse, das im Rahmen der Interessenabwägung Berücksichtigung

---

1563 *Laber/Gerdom*, ArbRB 2010, 255 (258); Kiel/Lunk/Oetker/*Tillmanns*, MHdB ArbR, § 77 Arbeitsverhinderung aus persönlichen Gründen, Rn. 14.

1564 Gsell/Krüger u. a./*Eckelt*, beckOGK (Stand: 01.01.2024), § 307 BGB – Inhaltskontrolle, Rn. 114; Lindner-Figura/Oprée/Stellmann/*Lindner-Figura*, Hdb Geschäftsraummiete, § 7 – Allgemeine Geschäftsbedingungen, Rn. 114; Staudinger/*Wendland*, Kommentar zum BGB §§ 305-310 BGB, § 307 BGB, Rn. 156.

1565 Gsell/Krüger u. a./*Eckelt*, beckOGK (Stand: 01.01.2024), § 307 BGB – Inhaltskontrolle, Rn. 114.1; Lindner-Figura/Oprée/Stellmann/*Lindner-Figura*, Hdb Geschäftsraummiete, § 7 – Allgemeine Geschäftsbedingungen, Rn. 114; Staudinger/*Wendland*, Kommentar zum BGB §§ 305-310 BGB, § 307 BGB, Rn. 156.

1566 So wohl: *BGH*, Urteil vom 04.07.2013 – VII ZR 249/12, Rn. 24, juris; ebenfalls das Urteil so verstehend: *Ayad*, BB 2013, 2191 (2194).

1567 *Wendland*, Vertragsfreiheit, S. 293.

finden kann. Bei diesem Interesse handelt es sich im Arbeitsrecht um ein weit verbreitetes Motiv. Es findet sich beispielsweise im Rahmen der Vertragsgestaltung auch bei der Vereinbarung von Ausschlussfristen wieder.[1568]

(bb) Abwägung

Allgemein anerkannt ist, dass das Rationalisierungsinteresse keinen derart großen Stellenwert hat, dass es schwerwiegende Nachteil des Vertragspartners rechtfertigen kann.[1569] So könne beispielsweise das Interesse, einen Geschäftsvorgang möglichst schnell abzuwickeln, keine zu kurze Rügefrist rechtfertigen.[1570] Somit kommt es darauf an, wie schwerwiegend der Nachteil durch den teilweisen Ausschluss des § 616 BGB für den Arbeitnehmer ausfällt.

Durch die Konkretisierung der Verhinderungsfälle, in denen § 616 BGB Anwendung finden soll, geht eine Einschränkung der übrigen möglicherweise § 616 BGB unterfallenden Anwendungsfälle einher. Bei den Verhinderungsfällen, die auf Grund der Klausel keinen Anspruch auf Vergütungsfortzahlung nach § 616 BGB mehr begründen, erleidet der Arbeitnehmer einen wirtschaftlichen Nachteil.

Allerdings wird durch die Klarstellung auch für den Arbeitnehmer Rechtssicherheit herbeigeführt. Sie trägt dazu bei, dass weniger (außer)gerichtliche Streitigkeiten darüber geführt werden müssten, ob der Verhinderungsgrund § 616 BGB unterfällt. Dadurch träte auch eine wirtschaftliche Entlastung für den Arbeitnehmer ein. Im Rahmen einer gerichtlichen Auseinandersetzung würde dem Arbeitnehmer ein finanzieller Aufwand entstehen. Da gemäß § 12a ArbGG in der ersten Instanz des Arbeitsgerichtsverfahrens keine Kostenerstattung erfolgt, wäre der Arbeitnehmer bei einer gerichtlichen Geltendmachung stets mit den hierdurch verursachten Kosten wirtschaftlich belastet. Somit wirkt sich eine abschließende Konkretisierung grundsätzlich auch positiv für den Arbeitnehmer aus. Die positive Auswirkung der Rationalisierung auf beide Vertragspartner liegt aber in der Natur der Sache.[1571] Ist die Rechtssicherheit für die eine Partei hergestellt, wirkt diese auch für die andere Seite. Insofern

---

1568 *BAG*, Urteil vom 25.05.2005 – 5 AZR 572/04, Rn. 25, juris; *BAG*, Urteil vom 28.09.2005 – 5 AZR 52/05, Rn. 29, juris; Clemenz/Kreft/Krause/*Klumpp*, AGB-ArbR, § 307 BGB, Rn. 125; Müller-Glöge/Preis u. a./*Preis*, ErfK, § 218 BGB, Rn. 46;

1569 Ulmer/Brandner/Hensen/*Fuchs*, AGB-Recht, § 307 BGB, Rn. 123; Hau/Poseck/*Schmidt*, BeckOK BGB, § 307 BGB, Rn. 33; Staudinger/*Wendland*, Kommentar zum BGB §§ 305-310 BGB, § 307 BGB, Rn. 156; wohl auch: Wolf/Lindacher/Pfeiffer/*Pfeiffer*, AGB-Recht, § 307 BGB, Rn. 161.

1570 Hau/Poseck/*Schmidt*, BeckOK BGB, § 307 BGB, Rn. 33.

1571 *Wendland*, Vertragsfreiheit, S. 293.

würde auch eine vollständige Abbedingung des § 616 BGB zur Rechtssicherheit auf beiden Seiten führen. Die vollständige Abbedingung würde allerdings auf Grund des Umfangs der Auswirkungen auf die wirtschaftlichen Interessen – auch vor dem Hintergrund, des allgemein anerkannten Stellenwertes des Rationalisierungsinteresse – eine unangemessene Benachteiligung verursachen. Dies zeigt, dass das Rationalisierungsinteresse keinen übermäßigen Nachteil rechtfertigen kann.

Damit kein übermäßiger Nachteil besteht, muss also ein angemessener Anwendungsbereich des § 616 BGB verbleiben. Insbesondere mit der Abbedingung von üblicherweise im Laufe eines Arbeitsverhältnisses auftretenden Verhinderungsfällen würde ein erheblicher Nachteil einhergehen, der nicht mehr durch das Rationalisierungsinteresse zu rechtfertigen wäre. Dem Interesse des Arbeitnehmers dürfte dementsprechend mit der Klarstellung Genüge getan sein, dass die üblicherweise im Laufe eines Arbeitsverhältnisses auftretenden Verhinderungsfälle zu einer Vergütungsfortzahlung führen. Auf Grund des Schutzzwecks des § 616 BGB gilt dies insbesondere für Verhinderungsgründe, die aus sozialen Pflichten mit hoher Wichtigkeit – wie der Beerdigung naher Angehöriger – oder dem Schutz der eigenen Gesundheit resultieren. Sofern also unzweifelhaft ist, dass diese „erwartbaren“ Fälle als Verhinderungsgründe von § 616 BGB ausdrücklich erfasst werden, wird die Klausel beider Interessen gerecht. Somit könnte – in Anlehnung an tarifvertragliche Regelungen – die folgende Klausel eine nach § 307 Abs. 1 BGB wirksame Regelung darstellen:

> *„Der Anspruch auf Vergütungsfortzahlung bei Verhinderung für eine verhältnismäßig nicht erhebliche Zeit nach § 616 BGB besteht nur bei Vorliegen eines der nachfolgenden persönlichen Leistungshindernisse:*
> *a) untertägige Verhinderung auf Grund der krankheitsbedingten Wahrnehmung eines Arzttermins,*
> *b) Geburt des eigenen Kindes oder Niederkunft der Ehepartnerin, Lebenspartnerin oder Lebensgefährtin,*
> *c) Tod der Ehepartnerin, Lebenspartnerin, Lebensgefährtin / des Ehepartners, Lebenspartners, Lebensgefährten, eines Kindes oder Elternteils,*
> *d) eigene Eheschließung oder Eheschließung eines Kindes oder Elternteils.“.*

(e) Zwischenergebnis

Eine vollständige Abbedingung des § 616 BGB stellt im Rahmen eines Arbeitsverhältnisses eine unangemessene Benachteiligung dar. Für eine solche Klausel streiten auf Seiten des Arbeitgebers allein wirtschaftliche Interessen, deren Berücksichtigung im Rahmen von Vergütungsfortzahlungsregelungen grundsätzlich wesensfremd ist. Dies bedeutet aber nicht, dass jegliche Regelung, die den Anwendungsbereich des § 616 BGB modifiziert, unangemessen benachteiligend ist. Insbesondere kann dem Interesse des Arbeitnehmers als Kompensation der Abbedingung auch durch die Gewährung eines vertraglichen Mehrurlaubs Genüge getan werden.

Bei einer abschließenden Konkretisierung der Verhinderungsfälle, durch die Anwendung des § 616 BGB auf eigentlich vom Gesetz erfasste Fälle ausgeschlossen wird, tritt neben das wirtschaftliche Interesse auch ein Rationalisierungsinteresse des Arbeitgebers. Auch der Arbeitnehmer profitiert von der damit einhergehenden Rechtssicherheit. Somit kann die Beschränkung der § 616 BGB unterfallenden Verhinderungsfälle gerechtfertigt werden. Allerdings müssen die wesentlichen Verhinderungsfälle erfasst werden, deren Eintreten im Laufe des grundsätzlich zu erwarten ist und sowohl wichtige soziale Pflichten sowie die eigene Gesundheit betreffen.

(2) Dienstverträge

(a) Geschäftsführeranstellungsverträge

Auch im Rahmen von Geschäftsführeranstellungsverträgen stellt sich die Frage, ob und inwieweit die Anwendung des § 616 BGB ausgeschlossen werden kann. Eine mögliche Klausel zur vollständigen Abbedingung des § 616 BGB könnte wie folgt lauten:

> *„[Die Anwendung von] § 616 BGB ist ausgeschlossen."*.

Diese gegenüber Geschäftsführern transparente Regelung[1572] darf nicht zu einer unangemessenen Benachteiligung im Sinne des § 307 Abs. 2 Nr. 1, Abs. 1 BGB oder § 307 Abs. 1 S. 1 BGB führen.

(aa) Vorliegen einer Benachteiligung

Zunächst müsste der Geschäftsführer durch die vollständige Abbedingung des § 616 BGB einen Nachteil erleiden. Zur Ermittlung des Nachteils durch die Abbedingung ist die Rechtslage bei unveränderter Anwendung zu ermitteln.

Der Geschäftsführer unterliegt regelmäßig keinen festen Arbeitszeiten. Mangels festgelegter Arbeitszeiten kann somit grundsätzlich keine Unmöglichkeit

---

1572 Vgl.: D)III)2)b)dd)(2)(b)(aa), S. 336.

eintreten.[1573] Die Unmöglichkeit der Leistungspflicht ist jedoch die Voraussetzung für den Entfall der Vergütungspflicht und somit der Anwendung des § 616 BGB.

Auch wenn für Geschäftsführer regelmäßig keine Arbeitszeiten festgelegt werden, wird gleichwohl ein regelmäßiges Tätigwerden erwartet. Dies ergibt sich aus vertraglichen Regelungen wie: „Der Geschäftsführer stellt seine gesamte Arbeitskraft, sein fachliches Wissen sowie seine Erfahrung ausschließlich in den Dienst der Gesellschaft."[1574] oder „Herr C wird seine Arbeitskraft ausschließlich der Gesellschaft widmen."[1575]. Bei einem vollständigen Einsatz der Arbeitskraft kann erwartet werden, dass der Geschäftsführer grob im zeitlichen Rahmen eines normalen Arbeitnehmers und damit im Grunde fünf Tage in der Woche tätig wird.[1576]

Bei kurzzeitigen, untertägigen Verhinderungen kann angesichts der nicht festgelegten Arbeitszeiten nicht angenommen werden, dass eine Kollision mit der Dienstleistungspflicht besteht. Anders fällt die Bewertung jedoch bei ganztägigen Verhinderungen, wie im Fall der Krankheit oder sonstiger Ereignisse aus. Fällt die ganztätige Verhinderung auf einen Tag, an dem der Geschäftsführer üblicherweise tätig wird, ist eine Kollision mit der Dienstleistungspflicht gegeben und im Fall der krankheitsbedingten Arbeitsunfähigkeit eine Befreiung von der Leistungspflicht nach § 275 Abs. 1 BGB, bei sonstigen Verhinderungen nach § 275 Abs. 3 BGB anzunehmen.[1577] In diesen Fällen kann § 616 BGB somit grundsätzlich angewandt werden und der Geschäftsführer hat einen Vergütungsfortzahlungsanspruch. Die-

---

1573 Vgl. zu den Möglichkeiten der Leistungsbefreiung nach § 275 Abs. 1 BGB: B)II)1), S. 47.

1574 Schulze/Grziwotz/Lauda/*Sörup/Mühlenhoff*, Vertrags- und Prozessformularbuch, § 611 BGB – Vertragstypische Pflichten beim Dienstvertrag, I. Muster: Geschäftführeranstellungsvertrag, Rn. 12.

1575 Gebele/Scholz/*Wentrup*, BeckFormB BHW, IX. GmbH, Form. 48.

1576 So wohl auch Breitbach/Ottersbach, die in ihrer Klausel ergänzen, dass der Geschäftsführer auch zur Mehrarbeit über die sonst üblichen Arbeitszeiten hinaus verpflichtet ist: *Breitbach/Ottersbach*, Kompendium GesR, K. Muster, Rn. 6; ähnlich wohl auch: *BGH*, Urteil vom 07.12.1987 – II ZR 206/87, Rn. 12, juris.

1577 So – ohne weitere Ausführungen – wohl auch die herrschende Meinung, die eine Anwendbarkeit des § 616 BGB bei Krankheit und sonstigen Verhinderungen grundsätzlich annimmt: Altmeppen/*Altmeppen*, GmbHG-Kommentar, § 6 GmbHG, Rn. 127; Fleischer/Goette/*Jaeger/Steinbrück*, MüKo GmbHG, § 35 GmbHG, Rn. 344; Heidinger/Leible/Schmidt/*Tebben/Kämper*, MHLS-GmbHG, § 6 GmbHG, Rn. 173; Gebele/Scholz/*Wentrup*, BeckFormB BHW, IX. GmbH, Form. 48, Anm. 13; Ziemons/Jaeger/Pöschke/*Wisskirchen/Zoglowek*, BeckOK GmbHG, § 6 GmbHG, Rn. 120.

ser Anspruch würde bei der Abbedingung des § 616 BGB entfallen, sodass ein Nachteil bestünde.

Ist die Arbeitszeit des Geschäftsführers festgelegt, was auch möglich ist,[1578] können auch untertägige Verhinderungen zu einer Leistungsbefreiung nach § 275 BGB führen, sodass § 616 BGB für untertägige und ganztägige Verhinderungen anwendbar ist und durch die Abbedingung zweifelsfrei ein Nachteil entsteht.

(bb) Verstoß gegen den wesentlichen Grundgedanken

Die Unangemessenheit dieses Nachteils könnte sich gemäß § 307 Abs. 2 Nr. 1, Abs. 1 BGB aus einem Verstoß gegen den wesentlichen Grundgedanken des § 616 BGB ergeben.

(i) Bestehen eines wesentlichen Grundgedankens

Wie zuvor dargestellt, enthält § 616 BGB bei gesetzlich versicherten Arbeitnehmern auf Grund des Bestehens der spezialgesetzlichen Vergütungsfortzahlungsansprüche und -ersatzansprüche keinen wesentlichen Grundgedanken.[1579] Allerdings finden nicht alle spezialgesetzlichen Regelungen auf den Geschäftsführer Anwendung. Der Geschäftsführer ist nicht als Arbeitnehmer[1580] anzusehen, sodass § 3 EFZG für ihn keine Anwendung findet.[1581] Diese Regelung ist jedoch das Hauptargument, weshalb im Rahmen eines Arbeitsverhältnisses kein wesentlicher Grundgedanke der Norm mehr angenommen wurde. Demensprechend ist bei Geschäftsführeranstellungsverträgen anzunehmen, dass § 616 BGB den wesentlichen Grundgedanken enthält, dass nicht jede Dienstverhinderung zur finanziellen Belastung des Dienstverpflichteten führen darf.[1582] Auch § 44a Abs. 3 SGB XI i.V.m. § 2 PflegeZG findet auf den Geschäftsführer keine Anwendung.[1583] Ist der Geschäftsführer – was auf Grund seiner im Durchschnitt über der Jahresarbeitsentgeltgrenze liegenden Vergütung der Regelfall sein dürfte – nicht gesetzlich krankenversichert, hat er auch keinen Anspruch auf Kinderkrankengeld aus § 45 Abs. 1 SGB V.

1578 *BGH*, Urteil vom 07.12.1987 – II ZR 206/87, Rn. 11, juris; Henssler/Strohn/*Oetker*, GesR Kommentar, § 35 GmbHG, Rn. 127.

1579 Vgl.: D)III)2)c)aa)(1)(b)(bb)(ii), S. 357.

1580 Vgl.: D)III)1)d)aa)(2)(d), S. 281.

1581 Vgl.: C)II)2)b)aa)(3), S. 129.

1582 Jedenfalls mangels Anwendbarkeit des EFZG ein gesteigerten Rechtfertigungsbedürfnis erkennend: Feichtinger/Malkmus/*Schahandeh*, Entgeltfortzahlungsrecht, § 616 BGB, Rn. 118.

1583 Vgl.: C)II)2)b)bb)(2)(a), S. 152.

Wie bereits in der vorherigen Argumentation angesprochen,[1584] kann jedoch nicht die Anwendung des § 616 BGB auf jeden von der Norm erfassten Fall als Teil des wesentlichen Grundgedankens gesehen werden. Vielmehr umfasst der wesentliche Grundgedanke nur den Kern der Regelung. Diesen Kern hat der Gesetzgeber durch die Einführung der spezialgesetzlichen Regelungen verdeutlicht. Auch wenn diese Regelungen nicht für Geschäftsführer gelten, geht von ihnen eine Indizwirkung des Gesetzgebers aus, in welchen Fällen Beschäftigte trotz Verhinderung nicht ihren Vergütungsanspruch verlieren sollten. Hieran ändert sich auch nichts dadurch, dass der Gesetzgeber die Möglichkeit gehabt hätte, Geschäftsführer in die Anwendung dieser Normen – z. B. § 3 EFZG – einzubeziehen oder die Vergütungsfortzahlung für diese Fälle als zwingend zu gestalten. Allerdings ist bei der Orientierung an den spezialgesetzlichen Regelungen als Indiz zu beachten, dass diese zum Teil überschießend geregelt sind. So ist der sachliche Anwendungsbereich des § 2 PflegeZG hinsichtlich des zu pflegenden Personenkreises größer als bei § 616 BGB.[1585] Der überschießend geregelte Teil des § 2 PflegeZG kann dementsprechend nicht als Indiz für den Kern des § 616 BGB dienen.

Gegen die Annahme, dass aus § 44a SGB XI i. V. m. § 2 PflegeZG gefolgert werden könne, dass der Gesetzgeber die Vergütungsfortzahlung in einem solchen Fall als besonders wichtig angesehen hat und sie somit Teil des wesentlichen Grundgedankens ist, lässt sich anführen, dass der Gesetzgeber den Anwendungsbereich des § 2 PflegeZG auch auf den Geschäftsführer hätte erweitern können. Der fehlenden Einbeziehung des Geschäftsführers könnte so entnommen werden, dass dieser auch nicht geschützt werden sollte. Hiergegen lässt sich einwenden, dass im Arbeitsverhältnis viele Regelungsmöglichkeiten bestehen, die nicht der AGB-Kontrolle unterliegen. So hätte die Anwendung des § 616 BGB für den Fall der Pflege naher Angehöriger durch einen Tarifvertrag ausgeschlossen werden können, der nicht der AGB-Kontrolle unterliegt. Um dies zu verhindern, ist eine ausdrückliche Regelung samt Erklärung der Unabdingbarkeit erforderlich. Bei Geschäftsführern besteht jedoch allein die Möglichkeit des Individualvertrags, bei dem die Privatautonomie überwiegt und der vorformulierten Vertragsbedingungen enthält, sodass eine Beschränkung durch das AGB-Recht erfolgen kann. Somit bedurfte es für den Gesetzgeber keiner Erweiterung des persönlichen Anwendungsbereichs des § 2 PflegeZG und somit von § 44a Abs. 3 SGB XI auf den Geschäftsführer.

1584 Vgl.: D)III)2)c)aa)(1)(b)(bb)(ii), S. 357.

1585 Vgl.: C)II)2)b)bb)(2)(c)(bb)(ii), S. 159.

Demnach soll der Dienstverpflichtete nach dem wesentlichen Grundgedanken des § 616 BGB in den Fällen das Vergütungsrisiko nicht selber tragen, in denen er durch eigene Krankheit oder die Krankheit oder kurzfristige Pflegebedürftigkeit eines Kindes bzw. nahen Angehörigen an der Erbringung der Dienstleistung verhindert ist.

(ii) Keine Rechtfertigung

Gegen diesen wesentlichen Grundgedanken würde die vorgeschlagene Klausel verstoßen, indem auch für die genannten Fälle die Vergütungsfortzahlung nach § 616 BGB ausgeschlossen wäre.

Allerdings besteht die Möglichkeit, dass der Verstoß gegen den wesentlichen Grundgedanken des Gesetzes gerechtfertigt ist. Dafür müssten derart gewichtige Gründe vorliegen, die die Abwägungsentscheidung des Gesetzgebers als unbillig erscheinen ließen. Dies könnte entweder in einem überragend wichtigen Interesse des Verwenders oder der Vereinbarkeit des Grundgedankens mit dem konkreten Anwendungsfall gesehen werden.[1586]

Als Interesse des Arbeitgebers an der vollständigen Abbedingung des § 616 BGB kommt abermals das wirtschaftliche Interesse in Betracht. Durch die Abbedingung des § 616 BGB könnte der Arbeitgeber sicherstellen, nur für die tatsächlich erbrachte Dienstleistung eine Vergütung zahlen zu müssen und nicht durch Verhinderungen aus der Sphäre des Geschäftsführers einen finanziellen Nachteil zu erleiden.

<u>Rechtfertigung durch wirtschaftliche Interessen</u>
Bei der Berücksichtigungsfähigkeit des wirtschaftlichen Interesses ist hier gegenüber der Abwägung im Arbeitsverhältnis besonders zu beachten, dass mit der Abbedingung des § 616 BGB für den Geschäftsführer auch die Vergütungsfortzahlung im Krankheitsfall entfällt. Bei der Betrachtung der Entwicklung der Vergütungsfortzahlung im Krankheitsfall hat sich gezeigt, dass wirtschaftliche Erwägungen zum Schutz des Dienstberechtigten keine Relevanz haben. Selbst bei Regelungen, die auf den ersten Blick als Schutz des Verhältnisses von Leistung und Gegenleistung wirken, wurden jedenfalls bei der herrschenden Auslegung wirtschaftliche Erwägungen zu Gunsten des Dienstberechtigten im Sinne der Verhältnismäßigkeit von Leistung und Gegenleistung außer Betracht gelassen.[1587] Vielmehr wurden wirtschaftliche Erwägungen lediglich zu Lasten des Dienstverpflichteten herangezogen. So habe der Dienstverpflichtete ein Interesse an einer

---

1586 Vgl.: D)III)2)c)aa)(1)(a)(bb), S. 352.

1587 Vgl.: C)II)2)b)aa)(2)(d), S. 128 und C)II)3)b)bb)(1)(g)(bb), S. 200.

großzügigen Auslegung des Anwendungsbereichs der Vergütungsfortzahlung, da dadurch seine Arbeitskraft und -fähigkeit erhalten bleiben würde.[1588] Die Irrelevanz der Verhältnismäßigkeit von Leistung und Gegenleistung hat sich bei allen spezialgesetzlichen Vergütungsfortzahlungsansprüchen und -ersatzansprüchen gezeigt. Auf Grund der Nähe der spezialgesetzlichen Regelungen zu § 616 BGB, die sich insbesondere anhand des früheren § 616 Abs. 2 BGB zeigte, kann angenommen werden, dass § 616 BGB für die Vergütungsfortzahlung im Krankheitsfall zumindest ähnlichen Gedanken unterliegt. Wirtschaftliche Erwägungen für eine Beschränkung der Vergütungsfortzahlung im Krankheitsfall nach § 616 BGB streiten zu lassen, erscheint als systemwidrig. Jedenfalls können sie nicht als derart gewichtiges Interesse gelten, um der Interessenabwägung des Gesetzgebers entgegenzustehen und ein Abweichen vom wesentlichen Grundgedanken der Norm zu rechtfertigen.

Rechtfertigung auf Grund der einfacheren Versicherbarkeit

Ein weiteres Argument für das Abweichen vom wesentlichen Grundgedanken kann die einfachere Versicherbarkeit des Risikos durch die andere Vertragspartei sein.[1589] Dafür müsste das Risiko zunächst durch den Geschäftsführer versicherbar sein. In Betracht kommt hierbei eine Absicherung durch die gesetzliche Sozialversicherung.

Für einen Anspruch auf Pflegeunterstützungsgeld nach § 44a Abs. 3 SGB XI genügt jedoch nicht die bloße Mitgliedschaft in der Sozialen Pflegeversicherung. Der Anspruch aus § 44a Abs. 3 SGB XI setzt eine kurzzeitige Arbeitsverhinderung nach § 2 PflegeZG voraus. Der Geschäftsführer hat jedoch nach herrschender Meinung kein Leistungsverweigerungsrecht nach § 2 PflegeZG.[1590] Somit kann er bereits auf Grund der Systematik keinen Anspruch aus § 44a Abs. 3 SGB XI haben. Dies führt dazu, dass selbst der in der Sozialen Pflegeversicherung versicherte Geschäftsführer schutzlos wäre.

Mit Blick auf den Anspruch auf Krankengeld bei Betreuung des erkrankten Kindes nach § 45 Abs. 1 SGB V stellt sich die Situation anders dar. Hier ist die Voraussetzung, dass der Anspruchssteller sowie das zu betreuende Kind in der gesetzlichen Krankenversicherung versichert sind. Somit gilt die Regelung auch für den freiwillig gesetzlich versicherten Geschäftsführer.

1588 Vgl.: C)II)2)b)aa)(2)(b), S. 126.

1589 Grds. für die Berücksichtigung der Versicherbarkeit: *BGH*, Urteil vom 18.03.1997 – XI ZR 117/96, Rn. 34, juris.

1590 Vgl.: C)II)2)b)bb)(2)(a), S. 152.

Dementsprechend hätte der Geschäftsführer die einfache Möglichkeit[1591] einen – gegenüber § 616 BGB subsidiären – Anspruch auf Krankengeld bei Betreuung seines erkrankten Kindes zu erhalten. Zwar sind mit der Mitgliedschaft in der gesetzlichen Krankenversicherung eine Vielzahl weiterer Folgen verbunden. Ob die gesetzliche oder die private Krankenversicherung für den Geschäftsführer vorteilhaft ist, hängt von den Umständen des Einzelfalls ab. Jedenfalls stellt es eine freiwillige Entscheidung des Geschäftsführers dar, auf die ihm mögliche Versicherung zu verzichten. Weshalb diese Entscheidung dann zu Lasten des Dienstberechtigten gehen soll, der das Risiko grundsätzlich nicht versichern kann, sondern selber eine Art Versicherung für den Geschäftsführer darstellt, erschließt sich nicht.[1592]

Zwar gilt auch für den Krankheitsfall, dass der gesetzlich pflichtversicherte und der freiwillig gesetzlich versicherte Geschäftsführer einen Anspruch auf Krankengeld nach § 44 SGB V hätte. Somit ließe sich auch hier argumentieren, dass die Möglichkeit einer einfachen Versicherbarkeit bestünde, die eine Abweichung vom wesentlichen Grundgedanken rechtfertigen könnte. Allerdings beträgt der Krankengeldanspruch nach § 47 Abs. 1 SGB V lediglich 70 % des Regelentgelts. Dies bedeutet, dass im Fall der Abbedingung des § 616 BGB für den Krankheitsfall ein Entgeltausfall in Höhe von 30 % eintreten würde. Wird auch hier die Rechtsprechung zum Widerrufsvorbehalt zu Grund gelegt,[1593] ist dieser Entgeltausfall als nicht nur geringfügig anzusehen, sondern derart, dass die wirtschaftliche Absicherung gefährdet sein könnte. Dies stünde jedoch im Widerspruch zum wesentlichen Grundgedanken des § 616 BGB und käme einer Risikoverlagerung gleich.

Diese Erwägungen erfordern auch keine Korrektur des Ergebnisses zum Kinderkrankengeld. Während das Krankengeld gemäß § 47 Abs. 1 SGB V grundsätzlich 70 % des Regelentgelts beträgt, was je nach Umständen bis zu 90 % des Nettoentgelts betragen kann, beträgt das Kinderkrankengeld gemäß § 45 Abs. 2 S. 2 SGB V unabhängig von den persönlichen Umständen 90 % des Nettoentgelts. Somit ist sichergestellt, dass die 30 %-Grenze bei pflichtversicherten Geschäfts-

1591 Ohnehin kann der Geschäftsführer auch gesetzlich krankenversichert sein. Dies hängt von dem Jahresarbeitsentgelt und der Beteiligung an der Gesellschaft ab. Grundsätzlich besteht aber die Möglichkeit der freiwilligen Mitgliedschaft. Vgl. zur Systematik die Ausführungen zu Arbeitnehmern: D)III)2)c)bb)(1)(a)(bb), S. 375.

1592 Dieselben Erwägungen gelten für den Arbeitnehmer: D)III)2)c)bb)(1)(a)(bb), S. 375.

1593 Vgl. zum Gegenstand und Tenor dieser Rechtsprechung: D)III)2)c)bb)(1)(a)(cc)(iii), S. 381.

führern nicht erreicht wird. Da sich die 90 % an dem Nettoentgelt aus beitragspflichtigem Arbeitsentgelt orientieren, sinkt der prozentuale Anteil bei freiwillig gesetzlich versicherten Geschäftsführern, da das die Beitragsbemessungsgrenze übersteigende Entgelt nicht berücksichtigt wird. Dies kann dazu führen, dass das Kinderkrankengeld weniger als 70 % des Nettoentgelts beträgt. Allerdings ist daraus nicht zu folgern, dass die Klausel dadurch unangemessen benachteiligend ist oder doch ein wesentlicher Grundgedanke anzunehmen ist. Mit steigendem Einkommen, sinkt die Schutzbedürftigkeit.[1594] Zwar ist nicht von der Hand zu weisen, dass mit steigendem regelmäßigem Entgelt auch der Lebensstandard und die Ausgaben steigen. Allerdings bestehen zum einen auch umfangreiche Möglichkeiten der privaten Vorsorge. Jedenfalls würde durch die Höhe des Kinderkrankgeldes nach § 45 Abs. 1 SGB V eine grundlegende wirtschaftliche Absicherung bestehen, aus der der Lebensunterhalt bestritten werden könnte.

Dementsprechend ist es gerechtfertigt, wenn der Dienstverpflichtete § 616 BGB auch für den Fall ausschließt, dass der Geschäftsführer sein erkranktes Kind betreuen muss.

Rechtfertigung auf Grund der Eigenart des Vertrages

Eine sachliche Rechtfertigung könnte in der Eigenart des Vertrages gesehen werden. Bei dem Geschäftsführeranstellungsvertrag handelt es sich um einen Dienstvertrag. § 616 BGB findet grundsätzlich auch auf Dienstverträgen Anwendung. § 616 BGB basiert, anders als zum Teil vertreten, nicht auf einer „arbeitsrechtlichen Fürsorgepflicht", sondern stellt eine ausdrücklich geregelte, in Dienstverhältnissen allgemein bestehende Nebenpflicht in Gestalt einer „dienstvertraglichen Fürsorgepflicht" dar. Nach der Wertentscheidung des Gesetzgebers nimmt sie Einfluss auf das Verhältnis der Hauptleistungen. Dabei hängt die Intensität der „dienstrechtlichen Fürsorgepflicht" von der tatsächlichen und wirtschaftlichen Abhängigkeit ab.[1595] Dementsprechend ist sie im Arbeitsverhältnis am meisten ausgeprägt.

1594 So generell: *BGH*, Urteil vom 11.07.1953 – II ZR 126/52, Rn. 15, juris; *Hohlfeld*, GmbHR 1987, 255 (257);ebenfalls auf einen größeren Spielraum wegen ausreichender Absicherung abstellend: *Simon/Hidalgo/Koschker*, NZA 2012, 1071 (1073); für eine großzügigere Betrachtung in Bezug auf einen Entgeltausfall wohl auch: *Bayreuther*, NZA 2013, 1238 (1241 f.); da auf das verbleibende Gehalt abstellend und somit nicht das Verhältnis von Arbeit zu Lohn, sondern die existentielle Bedeutung des Arbeitsentgelts der Kern des Arbeitsverhältnisses sein muss, wohl auch: *Grimm/Linden*, ArbRB 2013, 285 (286); *Schwarze*, RdA 2012, 321 (323, 327 f.).

1595 Vgl.: C)I)4)d), S. 95.

Zwar ist der Geschäftsführer nicht als Arbeitnehmer anzusehen und die tatsächlichen Einwirkungsmöglichkeiten des Dienstberechtigten auf das Dienstverhältnis nach dessen Vertragsschluss ist mangels arbeitsrechtlichen Weisungsrechts begrenzt. Dennoch besteht im Regelfall – sofern der Geschäftsführer nicht Mehrheitsgesellschafter der GmbH ist – eine soziale und wirtschaftliche Abhängigkeit des Geschäftsführers vom Dienstverpflichteten. Diese ist gar so stark, dass der Geschäftsführer als arbeitnehmerähnlich anzusehen ist.[1596] Dementsprechend ausgeprägt ist auch die „dienstvertragliche Fürsorgepflicht". Das Abweichen vom wesentlichen Grundgedanken des § 616 BGB kann somit im Regelfall nicht mit der Eigenart des Vertrages gerechtfertigt werden.

(iii) Zwischenergebnis

Die vollständige Abbedingung des § 616 BGB gemäß der vorgeschlagenen Klausel würde gegen den wesentlichen Grundgedanken des § 616 BGB verstoßen, sodass die Klausel gemäß § 307 Abs. 2 Nr. 1, Abs. 1 S. 1 BGB unangemessen benachteiligend wäre.

Um diesem Ergebnis zu begegnen, müsste die Klausel den Verhinderungsfall der eigenen Krankheit und der kurzfristigen Pflege eines nahen Angehörigen erfassen. Eine mögliche Klausel könnte lauten:

> *„Abgesehen von der Dienstverhinderung für eine verhältnismäßig nicht erhebliche Zeit auf Grund von eigener Krankheit und der kurzfristigen Pflegebedürftigkeit naher Angehöriger ist die Anwendung des § 616 BGB ausgeschlossen."*.

Anstatt bloß die Krankheit von der Abbedingung auszunehmen, kann auch eine ausdrückliche Regelung zur Krankheit aufgenommen werden. Dem wesentlichen Grundgedanken einer Regelung wird nämlich auch dann entsprochen, wenn er auf eine andere Art und Weise erfüllt wird.[1597] Erfolgt eine an § 3 EFZG angelehnte vertragliche Regelung, ist diese Voraussetzung erfüllt.

(cc) Unangemessene Benachteiligung im Sinne des § 307 Abs. 1 S. 1 BGB

Fraglich ist, ob in der Abbedingung des § 616 BGB in allen übrigen Verhinderungsfällen, in denen nicht bereits von einem Verstoß gegen den wesentlichen

---

1596 Vgl. die Ausführungen unter D)III)1)d)aa)(2), S. 275 und die hier vertretene Ansicht unter D)III)1)d)aa)(2)(d), S. 281.

1597 *BGH*, Urteil vom 07.03.2013 – VII ZR 162/12, Rn. 26, juris; *BGH*, Urteil vom 14.01.2014 – XI ZR 355/12, Rn. 45, juris; *BGH*, Urteil vom 25.10.2016 – XI ZR 9/15, Rn. 32, juris; Ulmer/Brandner/Hensen/*Fuchs*, AGB-Recht, § 307 BGB, Rn. 229.

Grundgedanken auszugehen ist, eine unangemessene Benachteiligung im Sinne des § 307 Abs. 1 S. 1 BGB zu sehen ist.

Dabei stellt sich insbesondere die Frage, ob sich das Interesse des Geschäftsführers von dem Interesse des gewöhnlichen Arbeitnehmers unterscheidet, sodass nicht auf die Erwägungen zur Abbedingung in Arbeitsverträgen verwiesen werden kann.

Wie zuvor dargestellt, ist zumindest der Geschäftsführer, der keine Mehrheitsbeteiligung oder Minderheitsbeteiligung mit Sperrminorität an der Gesellschaft hält, wirtschaftlich von dieser abhängig. Auf Grund dessen ist er als arbeitnehmerähnlicher Beschäftigter anzusehen.[1598] An der wirtschaftlichen Abhängigkeit ändert sich auch nichts dadurch, dass Geschäftsführer im Schnitt ein hohes Einkommen erhalten, das im Regelfall über der Jahresarbeitsentgeltgrenze des § 6 SGB V liegt. Wie zuvor erörtert, mag dadurch zwar für den Geschäftsführer keine finanzielle Notlage entstehen, da er durch das höhere Gehalt im Regelfall Rücklagen bilden kann. Es führt aber nicht dazu, dass der Geschäftsführer generell nicht mehr auf den Erhalt einer Vergütung angewiesen ist. Sollte also § 616 BGB abbedungen sein, besteht auch für ihn der Konflikt zwischen der Wahrnehmung der kollidierenden Pflicht und der Erfüllung der Dienstleistungspflicht, um die Vergütung zu erhalten. Jedenfalls wird durch die im Durchschnitt höhere Vergütung nicht das billigenswerte und berechtigte Interesse des Geschäftsführers am Erhalt der Anwendbarkeit des § 616 BGB derart erheblich gemindert, dass es einen Einfluss auf die Abwägungsentscheidung hätte.

(dd) Zwischenergebnis

Somit können die für den Arbeitnehmer erarbeiteten Ergebnisse auch auf den Geschäftsführer übertragen werden. Dabei ist bei der Gestaltung der Klausel jedoch zu beachten, dass die für Arbeitnehmer vorgeschlagenen Klauseln nicht ohne Anpassung übernommen werden können. Vielmehr muss sichergestellt werden, dass sie – entsprechend dem vorherigen Ergebnis – weder die Vergütungsfortzahlung im Krankheitsfall noch bei der kurzzeitigen Pflegebedürftigkeit naher Angehöriger erfassen.

(b) Freie Mitarbeiter

Auch für freie Mitarbeiter hat § 616 BGB Relevanz. Insbesondere scheitert die Anwendung der Norm – wie in der Literatur vertreten – nicht bereits daran, dass auf Grund der regelmäßig nur sehr kurz dauernden Dienstverträge jede Dauer

---

1598 Vgl.: D)III)1)d)aa)(2)(d), S. 281.

einer Verhinderung eine verhältnismäßig erhebliche Zeit darstellt.[1599] Nach der hier vertretenen Auffassung orientiert sich die „verhältnismäßig nicht erhebliche Zeit“ nämlich nicht an der Dauer des Dienstverhältnisses, sondern am Verhinderungsgrund. Somit kann auch bei nur sehr kurz dauernden Dienstverhältnissen ein Anspruch aus § 616 BGB bestehen. Umso relevanter ist für den Dienstberechtigten die Möglichkeit zur Abbedingung des § 616 BGB.

Eine mögliche Klausel zur vollständigen Abbedingung des § 616 BGB könnte wie folgt lauten:

„[Die Anwendung von] § 616 BGB ist ausgeschlossen.“.

Diese auch gegenüber freien Mitarbeitern transparente Regelung[1600] dürfte nicht zu einer unangemessenen Benachteiligung im Sinne des § 307 Abs. 2 Nr. 1, Abs. 1 BGB oder § 307 Abs. 1 S. 1 BGB führen.

(aa) Vorliegen einer Benachteiligung

Die Gestaltungsmöglichkeiten bei einem Dienstvertrag für freie Mitarbeiter sind vielfältig – auch hinsichtlich der Modalitäten der Arbeitszeit. Ob die Dienstleistung des freien Mitarbeiters unmöglich werden kann, sodass die Anwendbarkeit des § 616 BGB überhaupt in Frage kommt, hängt somit von der einzelnen Vertragsgestaltung ab. Jedenfalls ist nicht ausgeschlossen, dass eine Unmöglichkeit eintritt, beispielsweise wenn der freie Mitarbeiter für die gesamte Vertragslaufzeit arbeitsunfähig erkrankt ist und somit die Arbeitsleistung auch nicht mehr nachholbar wäre.

Im Einzelnen kommt es hierauf auch nicht an, wenn die Abbedingung des § 616 BGB ohnehin unproblematisch möglich ist. Somit wird für die weitere Betrachtung angenommen, dass § 616 BGB im Rahmen von Dienstverträgen grundsätzlich Anwendung finden kann und somit durch die Abbedingung des § 616 BGB ein Nachteil für den freien Mitarbeiter entsteht.

(bb) Kein Verstoß gegen den wesentlichen Grundgedanken

Die Abbedingung des § 616 BGB in Dienstverträgen freier Mitarbeiter könnte einen Verstoß gegen den wesentlichen Grundgedanken des § 616 BGB darstellen,

---

1599 So aber: Gsell/Krüger u. a./*Bieder,* beckOGK (Stand: 01.07.2022), § 616 BGB, Rn. 8; Säcker/Rixecker u. a./*Henssler,* MüKo zum BGB (Band 5), § 616 BGB, Rn. 13; *Medicus/S. Lorenz,* Schuldrecht II BT, § 31, Rn. 30.

1600 Vgl.: D)III)2)b)dd)(2)(b)(bb), S. 336.

sodass eine entsprechende Klausel gemäß § 307 Abs. 2 Nr. 1, Abs. 1 S. 1 BGB unwirksam wäre.

(i) Bestehen eines wesentlichen Grundgedankens

Wie zuvor dargestellt, kann grundsätzlich in § 616 BGB ein wesentlicher Grundgedanke gesehen werden.[1601] Hinsichtlich der Absicherung mit anderweitigen Vergütungsfortzahlungsansprüchen und -ersatzansprüchen sind freie Mitarbeiter mit Geschäftsführern vergleichbar. Ein Anspruch auf Entgeltfortzahlung nach § 3 EFZG besteht nicht. Ebenso wenig ist ein Anspruch auf Pflegeunterstützungsgeld nach § 44a Abs. 3 SGB XI i.V.m. § 2 PflegeZG gegeben. Ob ein Anspruch auf Krankengeld bei Betreuung der erkrankten Kindes nach § 45 Abs. 1 SGB V besteht, hängt von der freiwilligen Mitgliedschaft in der gesetzlichen Krankenversicherung ab. Somit kann auch für sie – anders als für Arbeitnehmer – ein wesentlicher Grundgedanke in § 616 BGB gesehen werden.

(ii) Rechtfertigung

Die Abbedingung des § 616 BGB im Dienstvertrag des freien Mitarbeiters könnte jedoch durch die Besonderheiten des Vertragstyps gerechtfertigt sein.

Bei dieser Betrachtung ist aber ebenfalls das Wesensmerkmal des Dienstvertrages eines freien Mitarbeiters zu berücksichtigen. Eine freie Mitarbeit zeichnet sich dadurch aus, dass nicht nur eine persönliche Unabhängigkeit vom Dienstberechtigten besteht, sondern grundsätzlich auch keine wirtschaftliche Abhängigkeit.[1602] Wie zuvor erörtert, schließt die wirtschaftliche Unabhängigkeit nicht unmittelbar eine Anwendung des § 616 BGB aus.[1603] Allerdings hat dies Einfluss auf das Vorliegen eines wesentlichen Grundgedankens, den § 616 BGB verkörpert.

Nach der hier vertretenen Auffassung ist in der Risikozuordnung, die der Gesetzgeber vorgenommen hat, der wesentliche Grundgedanke der Regelung zu sehen.[1604] Die Risikozuordnung basiert auf der Annahme einer „dienstvertraglichen Fürsorgepflicht“ als Unterfall der allgemeinen Nebenpflicht nach § 241 Abs. 2 BGB, die nach der Entscheidung des Gesetzgebers in das Verhältnis von

1601 Vgl.: D)III)2)c)aa)(1)(b)(bb), S. 357.

1602 Rolfs/Giesen u. a./*Joussen*, BeckOK ArbR, § 611a BGB, Rn. 14; Müller-Glöge/Preis u. a./*Preis*, ErfK, § 611a BGB, Rn. 10; Säcker/Rixecker u. a./*Spinner*, MüKo zum BGB (Band 5), § 611a BGB, Rn. 87 f.; vgl. im Übrigen: D)III)1)d)aa), S. 271.

1603 Vgl.: D)III)1)d)aa)(1), S. 273.

1604 Vgl.: D)III)2)c)aa)(1)(b)(bb), S. 357.

Leistung und Gegenleistung einwirken soll. Die Intensität der Nebenpflicht hängt von der tatsächlichen und wirtschaftlichen Abhängigkeit des Dienstverpflichteten vom Dienstberechtigten ab.[1605] Der freie Mitarbeiter zeichnet sich dabei durch die wirtschaftliche Unabhängigkeit und Bereitschaft, wirtschaftliche Risiken zu tragen, aus. Dementsprechend ist auch die Intensität der Nebenpflicht sehr gering. Da die Risikozuweisung, die als wesentlicher Grundgedanke angesehen wird, auf dieser Nebenpflicht basiert, kann nicht angenommen werden, dass ein wesentlicher Grundgedanke auch im Dienstvertrag des freien Mitarbeiters anzunehmen ist. Dies stünde mit dem Wesen des Dienstvertrages im Widerspruch.

Zweifelsfrei kann der Dienstverpflichtete im Fall der Dienstverhinderung – insbesondere im Fall der Krankheit – seine Arbeitskraft auch nicht anderweitig in einem anderen Dienstverhältnis verwerten. In diesem Fall ist er also durchaus von dem gerade bestehenden Dienstverhältnis wirtschaftlich abhängig. Dieses Risiko in diesem Fall aber auf denjenigen Dienstberechtigten zu übertragen, zu dem der Dienstverpflichtete gerade in einem Dienstverhältnis steht, wäre eine zufällige Verlagerung des Risikos. Einer allgemein wirtschaftlich unabhängigen Tätigkeit, wie dem Dienstvertrag eines freien Mitarbeiters, ist es immanent, dass der Dienstverpflichtete auch dieses Risiko trägt und für den Fall der Risikorealisierung Vorsorge trifft.

Somit ist bei der Inhaltskontrolle von § 616 BGB abbedingenden Klauseln in Dienstverträgen freier Mitarbeiter nicht anzunehmen, dass § 616 BGB einen wesentlichen Grundgedanken im Sinne des § 307 Abs. 2 Nr. 1 BGB enthält.[1606]

Zwar führt die besondere Interessenlage nicht zwingend zu einer Rechtfertigung der Abweichung. Je nach Möglichkeit einer Einflussnahme auf das Risiko kann es auch trotzdem gerechtfertigt sein, dass es bei der vom Gesetz vorgesehenen Risikoverteilung bleibt. So stünde die Herrschaft über die Gestaltung eines Scheckverfahrens hinsichtlich der Fälschungsprüfung einer Verlagerung des gesamten Haftungsrisikos auf den Kunden entgegen.[1607] Hier liegen aber auch die Umstände, die Einfluss auf das Risiko und die Risikoverwirklichung haben, in der Sphäre des freien Mitarbeiters. Es gibt folglich keine Möglichkeit der Einflussnahme des Dienstberechtigten, die gegen eine Verlagerung sprechen würde.

1605 Vgl.: C)I)4)d), S. 95.

1606 Im Ergebnis wohl auch: Kiel/Lunk/Oetker/*Tillmanns*, MHdB ArbR, § 77 Arbeitsverhinderung aus persönlichen Gründen, Rn. 14.

1607 *BGH*, Urteil vom 18.03.1997 – XI ZR 117/96, Rn. 29 ff., juris; *BGH*, Urteil vom 13.05.1997 – XI ZR 84/96, Rn. 15, juris; *Nobbe*, WM-Sonderbeilage 2 2012, 1 (9); Staudinger/*Wendland*, Kommentar zum BGB §§ 305-310 BGB, § 307 BGB, Rn. 256.

Demnach ist die Abweichung vom wesentlichen Grundgedanken des § 616 BGB gerechtfertigt.

Zu einem anderen Ergebnis gelangt man lediglich dann, wenn kein „echter" freier Mitarbeiter vorliegt, sondern der freie Mitarbeiter wirtschaftlich abhängig und damit arbeitnehmerähnlich ist.[1608] Auf Grund der gesteigerten wirtschaftlichen Abhängigkeit ist dann auch die Intensität der Nebenpflicht gesteigert, auf der die Risikoverteilung gegründet wird. Damit ist ein wesentlicher Grundgedanke anzunehmen.[1609] In diesem Fall ist die weitergehende Betrachtung mit der bei Geschäftsführerverträgen vergleichbar.

(cc) Keine unangemessene Benachteiligung im Sinne des § 307 Abs. 1 S. 1 BGB

Bei der Abwägung im Rahmen des § 307 Abs. 1 S. 1 BGB streitet auf Seiten des freien Mitarbeiters abermals lediglich das wirtschaftliche Interesse an der Aufrechterhaltung des § 616 BGB. Rechtfertigen die Besonderheiten des Vertragstyps bereits eine Abweichung vom wesentlichen Grundgedanken der Norm, überwiegt dieses Interesse auch bei der Abwägung im Rahmen von § 307 Abs. 1 S. 1 BGB gegenüber dem Interesse an der Aufrechterhaltung der Anwendbarkeit der Norm. Bei § 307 Abs. 2 Nr. 1, Abs. 1 S. 1 BGB sind nämlich die Anforderungen an die Rechtfertigung höher als bei § 307 Abs. 1 S. 1 BGB. Kommt auf Seiten des Vertragspartners – hier des freien Mitarbeiters – kein weiteres Interesse hinzu, kann die Abwägung nicht anders ausfallen.

Wenn es sich um keinen „echten" freien Mitarbeiter handelt, sondern dieser auf Grund seiner wirtschaftlichen Abhängigkeit als arbeitnehmerähnlicher Beschäftigter anzusehen ist, gilt selbstverständlich auch im Rahmen des § 307 Abs. 1 S. 1 BGB, dass keine Besonderheiten des Vertragstyps bestehen, die die Interessen des Dienstverpflichteten überwiegen. In diesem Fall fällt die Abwägung entsprechend der Ausführungen zum Geschäftsführer[1610] aus.

(dd) Zwischenergebnis

Die Abbedingung des § 616 BGB kann – je nach vertraglicher Gestaltung hinsichtlich der Arbeitszeit – auch bei freien Mitarbeitern eine Benachteiligung darstellen. Die Benachteiligung ist jedoch nicht unangemessen, sodass – auch mit Blick auf

---

1608 Vgl. zum arbeitnehmerähnlichen freien Mitarbeiter: D)III)1)d)aa)(1), S. 273.

1609 Im Ergebnis so auch: Kiel/Lunk/Oetker/*Tillmanns*, MHdB ArbR, § 77 Arbeitsverhinderung aus persönlichen Gründen, Rn. 14.

1610 Vgl.: D)III)2)c)bb)(2)(a), S. 408.

die Transparenzanforderungen – die folgende Klausel zur Abbedingung des § 616 BGB in einem Dienstvertrag für freie Mitarbeiter vereinbart werden kann:

„[Die Anwendung von] § 616 BGB ist ausgeschlossen.“.

(3) Zwischenergebnis

§ 307 BGB beschränkt die Möglichkeit von Dienstberechtigten erheblich, die Vergütungsfortzahlung nach § 616 BGB zu beschränken.

Die vollständige Abbedingung des § 616 BGB in Arbeitsverträgen widerspricht – anders als in der Literatur oft angedeutet – weder einem wesentlichen Grundgedanken, noch lässt sie sich durch betriebliche Notwendigkeiten rechtfertigen. Vielmehr ist sie grundsätzlich gemäß § 307 Abs. 1 S. 1 BGB unangemessen benachteiligend und entsprechende Klauseln somit unwirksam. Eine Ausnahme hiervon besteht bei Arbeitsverträgen über geringfügige Beschäftigungen, bei denen es der wirtschaftlichen Absicherung durch § 616 BGB nicht zwingend bedarf. Unter bestimmten Bedingungen kann gleichwohl auch in Arbeitsverträgen eine Einschränkung des § 616 BGB erfolgen. So lässt sich die Anwendung entweder auf bestimmte Anwendungsfälle beschränken, wobei dann wichtige, häufiger auftretende Fälle umfasst sein müssen, oder die Abbedingung wird durch die Gewährung von vertraglichem Mehrurlaub kompensiert.

Bei Dienstverträgen kommt es auf den Typ des Dienstvertrages an, ob § 616 BGB wirksam vollständig abbedungen werden kann. Ist der Dienstverpflichtete als wirtschaftlich abhängig anzusehen, ist eine Abweichung von § 616 BGB nicht möglich. Dessen Bedeutung ist sogar gegenüber der Bedeutung im Rahmen eines Arbeitsverhältnisses noch gesteigert, weil sich auch die Vergütungsfortzahlung im Krankheitsfall auf § 616 BGB stützt. Deren Abbedingung ist nicht möglich. Ist der Dienstverpflichtete hingegen wirtschaftlich unabhängig – wie ein freier Mitarbeiter – ist die Abbedingung auf Grund der Besonderheiten des Vertragstyps unproblematisch möglich.

cc) Bestimmungen hinsichtlich der Dauer der „verhältnismäßig nicht erheblichen Zeit“

Eine weitere Möglichkeit, die Anwendung des § 616 BGB zu modifizieren bzw. zu beschränken, stellen Regelungen zur Bestimmung der „verhältnismäßig nicht erheblichen Zeit“ dar. Dabei gibt es mehrere denkbare Regelungsmöglichkeiten, die von der konkreten Festlegung der „verhältnismäßig nicht erheblichen Zeit“ für bestimmte Verhinderungsgründe, über die Anknüpfung an die Betriebszugehörigkeit bis zur generellen Beschränkung der Vergütungsfortzahlung auf eine bestimmte Anzahl an Tagen reichen.

(1) Arbeitsverträge

(a) Festlegung bestimmter Zeiten als „verhältnismäßig nicht erhebliche Zeit"

Insbesondere bei Arbeitsverträgen bietet es sich an, – in Anlehnung an Tarifverträge, bei denen diese Regelungsmethodik teilweise gewählt wird[1611] – die Dauer der „verhältnismäßig nicht erheblichen Zeit" für bestimmte Verhinderungsfälle zu konkretisieren. Dies ist grundsätzlich sowohl bei einer abschließenden Bestimmung der Verhinderungsfälle als auch bei einer beispielhaften Aufzählung möglicher Verhinderungsfälle denkbar. Eine Klausel könnte beispielsweise wie folgt lauten:

> *„Der Anspruch auf Vergütungsfortzahlung bei Verhinderung nach § 616 BGB besteht nur bei Vorliegen eines der nachfolgenden persönlichen Leistungshindernisse für die jeweils angegebene Dauer, bei deren Überschreitung der Anspruch rückwirkend entfällt:*
> *a) untertägige Verhinderung auf Grund der krankheitsbedingten Wahrnehmung eines Arzttermins – bis zu vier Stunden,*
> *b) Geburt des eigenen Kindes oder Niederkunft der Ehepartnerin, Lebenspartnerin oder Lebensgefährtin – bis zu zwei Tage,*
> *c) Tod der Ehepartnerin, Lebenspartnerin, Lebensgefährtin / des Ehepartners, Lebenspartners, Lebensgefährten, eines Kindes oder Elternteils – bis zu einem Tag,*
> *d) eigene Eheschließung oder Eheschließung eines Kindes oder Elternteils – bis zu einem Tag.".*

(aa) Vorliegen einer Benachteiligung

Fraglich ist, ob mit der Festlegung bestimmter Zeiten als „verhältnismäßig nicht erhebliche Zeit" überhaupt eine Benachteiligung einhergeht. Eine Benachteiligung liegt dann vor, wenn der Arbeitnehmer durch die Anwendung der Klausel schlechter gestellt ist, als er nach der unveränderten Rechtslage dastünde.

In der Literatur wird von *Walser* angenommen, dass eine unangemessene Benachteiligung – sogar ein Verstoß gegen den wesentlichen Grundgedanken – dann vorliege, wenn von der Berücksichtigung der Dauer, Art und Schwere des Verhinderungsgrundes abgewichen werde.[1612] Demnach läge bei der vorstehen-

1611 Vgl.: D)III)2)b)ee)(1)(a), S. 339.
1612 Däubler/Deinert/Walser/*Walser*, AGB-Kontrolle ArbR, § 307 BGB, Rn. 239.

den Klausel ein Verstoß vor. Dieser Ansicht kann nicht gefolgt werden. Nach der hier vertretenen Auffassung bestimmt sich die „verhältnismäßig nicht erhebliche Zeit" allein anhand des Verhinderungsgrundes, ohne die Umstände des Einzelfalls zu berücksichtigen.[1613] Die vorstehende Klausel bestimmt die „verhältnismäßig nicht erhebliche Zeit" allein anhand des Verhinderungsgrundes. Somit weicht sie nicht von der Systematik des Gesetzes ab. Hinsichtlich der Systematik der Bestimmung verändert sich die Rechtslage für den Arbeitnehmer durch die Klausel nicht.

Allerdings kann durch die konkret bestimmte „verhältnismäßig nicht erhebliche Zeit" eine Benachteiligung einhergehen. Ist die in der Klausel bestimmte Dauer kürzer als die für einen solchen Verhinderungsfall eigentlich als „verhältnismäßig nicht erhebliche Zeit" anzusehende Dauer, ist die Klausel für den Arbeitnehmer nachteilig. Beispielsweise könnte das *BAG* entscheiden, dass die übliche Verhinderungsdauer und damit die „verhältnismäßig nicht erhebliche Zeit" im Fall des Todes der Ehepartnerin, Lebenspartnerin, Lebensgefährtin / des Ehepartners, Lebenspartners, Lebensgefährten, eines Kindes oder Elternteils sich auf zwei Tage erstreckt. Die Regelung in der vorstehenden Klausel würde somit eine Verkürzung der „verhältnismäßig nicht erheblichen Dauer" und damit eine Benachteiligung des Arbeitnehmers darstellen.

Somit kann bei der Festlegung der „verhältnismäßig nicht erheblichen Zeit" dadurch eine Benachteiligung des Arbeitnehmers eintreten, dass die festgelegte Dauer kürzer ist, als die nach der Systematik des Gesetzes bestimmte „verhältnismäßig nicht erhebliche Zeit".

(bb) Interessenabwägung

Die Benachteiligung könnte unangemessen sein. Für die Bewertung der Angemessenheit ist eine Interessenabwägung erforderlich.

Auf der Seite des Arbeitgebers streitet abermals das wirtschaftliche Interesse. Durch die Verkürzung der „verhältnismäßig nicht erheblichen Zeit" reduziert sich die finanzielle Belastung des Arbeitgebers durch die Vergütungsfortzahlung. Allerdings könnten noch weitere Interessen des Arbeitgebers hinzukommen. Durch die Festlegung der „verhältnismäßig nicht erheblichen Zeit" – insbesondere in Kombination mit einer abschließenden Aufzählung der möglichen Verhinderungsgründe – werden die Risiken der Vergütungsfortzahlung nach § 616 BGB kalkulierbarer. Die Erhöhung der Kalkulierbarkeit des Risikos ist als ein grundsätzlich bei der Interessenabwägung zu berücksichtigendes Rationalisie-

---

1613 Vgl.: C)II)3)b)cc)(5), S. 217.

rungsinteresse anzusehen.[1614] Hinzukommen könnte noch das Interesse an der Herbeiführung von Rechtssicherheit. Durch die Festlegung der „verhältnismäßig nicht erheblichen Zeit“ besteht bei Eintritt des Verhinderungsfalles kein Zweifel, wie lange der Verhinderungsgrund für das Bestehen eines Vergütungsfortzahlungsanspruchs längstens vorliegen darf.

Allerdings können sowohl das Rationalisierungsinteresse als auch das Interesse an der Rechtssicherheit bei der Interessenabwägung nicht berücksichtigt werden. Jedenfalls sobald das *BAG* erstmalig – unter Anwendung des hier vertretenen Verständnisses der Bestimmung der „verhältnismäßig nicht erheblichen Zeit“ – eine Entscheidung zur „verhältnismäßig nicht erheblichen Zeit“ bei dem konkreten Verhinderungsgrund getroffen hat, entfallen das Rationalisierungsinteresse und das Interesse an der Herbeiführung der Rechtssicherheit für den Arbeitnehmer. Dadurch, dass die „verhältnismäßig nicht erhebliche Zeit“ nicht von den Umständen des Einzelfalls abhängt, sondern unabhängig vom Einzelfall bestimmt wird, ist die Entscheidung auf jeden weiteren Fall dieses Verhinderungsgrundes übertragbar. Mit der ersten Entscheidung zu diesem Verhinderungsfall führt damit die Rechtsprechung zum einen die gewünschte Rechtssicherheit herbei. Zum anderen kann sich der Arbeitgeber an diesem Urteil auch bei der Kalkulation des Risikos orientieren. Für die Erfüllung beider Interessen ist somit eine vertragliche Regelung nicht (mehr) notwendig. Das Rationalisierungsinteresse und das Interesse an der Rechtssicherheit sind folglich bei der Interessenabwägung nicht zu berücksichtigen.

Auch beim Arbeitnehmer besteht ein wirtschaftliches Interesse an der Beibehaltung der nach der gesetzlichen Systematik bestimmten „verhältnismäßig nicht erheblichen Zeit“. Dessen Interesse, dass die „verhältnismäßig nicht erhebliche Zeit“ nicht verkürzt wird, ist als besonders ausgeprägt anzusehen. Dies resultiert daraus, dass bei Überschreiten der „verhältnismäßig nicht erheblichen Zeit“ der Vergütungsfortzahlungsanspruch insgesamt entfällt.[1615] Bestimmt sich die „verhältnismäßig nicht erhebliche Zeit“ nach der für einen solchen Fall üblichen Verhinderungsdauer, werden die meisten Verhinderungen dieser Art von der „verhältnismäßig nicht erheblichen Zeit“ erfasst. Wird die „verhältnismäßig nicht erhebliche Zeit“ durch die Klausel jedoch verkürzt, führt dies zwingend dazu, dass ein Großteil der Verhinderungen dieser Art länger dauern. Durch den rückwirkenden Entfall bei Überschreitung der in der Klausel als „verhältnismäßig

---

1614 Zur Kalkulierbarkeit als Rationalisierungsinteresse: Ulmer/Brandner/Hensen/*Fuchs*, AGB-Recht, § 307 BGB, Rn. 121.

1615 Vgl.: C)II)3)a)cc), S. 177.

nicht erheblichen Zeit“ definierten Dauer, würde der Arbeitnehmer somit im Regelfall schutzlos sein.

Dementsprechend würde sich eine durch die Klausel gegenüber der nach der gesetzlichen Systematik bestimmten „verhältnismäßig nicht erheblichen Zeit“ verkürzte Dauer besonders nachteilig für den Arbeitnehmer auswirken. Dementsprechend ist von einer unangemessenen Benachteiligung des Arbeitnehmers auszugehen.

(cc) Zwischenergebnis

Daraus ergibt sich, dass die Festlegung der „verhältnismäßig nicht erheblichen Zeit“ wie in der zuvor erwähnten Klausel entweder keine Benachteiligung des Arbeitnehmers darstellt, weil die Dauer der nach der gesetzlichen Systematik bestimmten Dauer übereinstimmt und darüber hinausgeht. Ist die durch die Klausel festgelegte Dauer hingegen kürzer, liegt nicht nur eine Benachteiligung vor, sondern diese ist als unangemessen anzusehen.

(b) Orientierung der „verhältnismäßig nicht erheblichen Zeit“ an der bisherigen Beschäftigungsdauer

Eine weitere Möglichkeit zur Regelung der „verhältnismäßig nicht erheblichen Zeit“ könnte deren Orientierung an der Dauer des Bestehens des Arbeitsverhältnisses sein. So könnte vereinbart werden, dass mit der Dauer des Bestehens des Arbeitsverhältnisses auch die Dauer der „verhältnismäßig nicht erheblichen Zeit“ steigt. Damit würde das Verständnis der (früheren) Rechtsprechung von der Bestimmung der Verhältnismäßigkeit[1616] durch eine vertragliche Vereinbarung umgesetzt.

Durch eine solche Regelung würde dem Interesse des Arbeitgebers entsprochen, nur dann zur Vergütungsfortzahlung und damit zur Leistung der Vergütung ohne Erhalt einer Gegenleistung verpflichtet zu sein, wenn er zuvor zumindest eine Arbeitsleistung erhalten hat. Er stellt somit sicher, einen wirtschaftlichen Vorteil erhalten zu haben, bevor er (übermäßig) belastet wird.

Da durch diese Regelung der Vergütungsfortzahlungsanspruch aus § 616 für Arbeitnehmer, deren Arbeitsverhältnis erst kurze Zeit besteht, unabhängig vom Verhinderungsgrund nur für eine sehr kurze Zeit besteht, geht mit einer solchen Regelung eine Benachteiligung einher.

Wie bereits bei den vorherigen Abwägungen erwähnt, widerspricht der einer solchen Klausel innewohnende wirtschaftliche Gedanke den grundsätzlichen

---

1616 Vgl.: C)II)3)b)aa)(1), S. 179.

Erwägungen bei der Schaffung und Auslegung spezialgesetzlicher Vergütungsfortzahlungsansprüche und -ersatzansprüche. Es kommt gerade nicht darauf an, dass der Arbeitgeber bereits eine wirtschaftliche Leistung vom Arbeitnehmer erhalten hat, damit dem Arbeitnehmer einen Anspruch auf die Vergütungsfortzahlung zusteht.[1617] Erhält der Arbeitnehmer eine Quarantäneverfügung, die zur einwöchigen Unmöglichkeit der Arbeitsleistung führt, ist der Arbeitnehmer, der erst sechs Monate für den Arbeitgeber arbeitet, ebenso schutzbedürftig, wie der Arbeitnehmer, dessen Arbeitsverhältnis bereits seit zehn Jahren besteht. Dass es irrelevant ist, welchen Vorteil der Arbeitnehmer bereits für den Arbeitgeber erbracht hat, zeigt sich insbesondere an dem Verständnis der Wartezeitregelung des § 3 Abs. 3 EFZG[1618] sowie am Wiederaufleben der Entgeltfortzahlung nach zwölf Monaten Krankheit.[1619]

Angesichts dieser – im Rahmen des Vergütungsfortzahlungsrechts als Grundsatz anzusehenden – Wertung des Gesetzgebers und des Umstandes, dass die wirtschaftliche Folge der Verhinderung für den Arbeitnehmer unabhängig von der bisherigen Dauer des Bestehens des Dienstverhältnisses ist, ist eine Klausel mit solchem Inhalt als unangemessen benachteiligend anzusehen.

(c) Beschränkung der Vergütungsfortzahlung auf eine bestimmte Anzahl an Tagen

Des Weiteren könnte durch den Arbeitgeber in Erwägung gezogen werden, die Vergütungsfortzahlung nach § 616 BGB je Kalenderjahr auf eine bestimmte Anzahl an Tagen zu beschränken. So schlägt *Zöllner* vor, eine Höchstverhinderungszeit von drei Tagen zu vereinbaren.[1620]

Die Einführung einer solchen Regelung würde das finanzielle Risiko für den Arbeitgeber insgesamt begrenzen. Damit würde die wirtschaftliche Belastung reduziert und die Lohnkosten würden für ihn besser kalkulierbar. Somit besteht ein Rationalisierungsinteresse.

Dem steht abermals das Interesse des Arbeitnehmers gegenüber, für etwaige Verhinderungsgründe, die im Laufe des Kalenderjahres eintreten können, Vergütungsfortzahlung für die übliche Verhinderungsdauer zu erhalten. Für den Arbeitnehmer ist es im Einzelfall unerheblich, ob im Laufe des Jahres bereits

---

1617 Vgl. hierzu insbesondere die Ausführungen zur Wartezeit bei § 3 EFZG: C)II)3)b)bb)(1)(f)(dd), S. 197, aber auch die übrigen Ausführungen zum Verhältnis von Leistung und Gegenleistung.

1618 Vgl.: C)II)3)b)bb)(1)(f)(dd), S. 197.

1619 Vgl.: C)II)3)b)bb)(1)(f)(cc), S. 196.

1620 *Zöllner*, NZA-Beilage 2006, 99 (105).

andere Verhinderungsgründe eingetreten sind, die bereits zur Vergütungsfortzahlung nach § 616 BGB geführt haben. Bei einer isolierten Betrachtung des Verhinderungsgrundes gerät der Arbeitnehmer in den Konflikt, zwischen Erfüllung der kollidierenden Pflicht oder Erfüllung der Arbeitspflicht abzuwägen, um die Vergütung zur wirtschaftlichen Absicherung zu erhalten. Gerade dieser Konflikt soll durch § 616 BGB verhindert werden. Eine Summierung der Vergütungsfortzahlungsdauer über das Jahr hinweg würde dem von § 616 BGB geschützten Interesse des Arbeitnehmers entgegenstehen.

Zöllner führt an, dass dem Arbeitnehmer auch zugemutet werden könne, beim Auftreten weiterer Verhinderungsgründe, Urlaub in Anspruch zu nehmen.[1621] Zwar ist zuzugestehen, dass der Arbeitnehmer grundsätzlich diese Möglichkeit hat. Hierfür spricht zweifelsfrei, dass der Urlaubsanspruch u. a. die Freizeitgestaltung ermöglichen soll.[1622] Insofern steht der Urlaubsanspruch in Konkurrenz mit § 616 BGB, der im Grunde auch die Freizeitgestaltung ermöglichen soll. Zugleich soll der Urlaubsanspruch auch der Erholung dienen.[1623] Dies umfasst grundsätzlich die freie Wahl des Zeitpunktes Urlaubes, während bei § 616 BGB der Zeitpunkt durch die Lage der kollidierenden Pflicht determiniert ist. Ein Verweis auf den gesetzlichen Urlaub würde so die Möglichkeit der Erholung einschränken. Würde man annehmen können, dass das BUrlG und § 616 BGB den gleichen Schutzzweck erfüllten, wäre zudem § 616 BGB überflüssig und könnte abgeschafft werden. Insofern widerspricht eine Verlagerung des Risikos vom Arbeitgeber auf den Arbeitnehmer unter Verweis auf das BUrlG der gesetzlichen Systematik.[1624]

Auch wenn sich eigentlich aufdrängt, dass § 616 BGB als Nebenpflicht nicht grenzenlos den Arbeitgeber belasten kann, ist dies im Rahmen des AGB-Rechts nicht möglich. Die Norm bietet keinen Anhaltspunkt dafür,

---

1621 *Zöllner,* NZA-Beilage 2006, 99 (105).

1622 *EuGH,* Urteil vom 20.01.2009 – C-350/06, C-520/06, Rn. 25, juris; *EuGH,* Urteil vom 20.07.2016 – C-341/15, Rn. 34, juris; *EuGH,* Urteil vom 25.06.2020 – C-762/18, C-37/19, Rn. 58, juris; Müller-Glöge/Preis u. a./*Gallner,* ErfK, § 1 BUrlG, Rn. 2; *Stoffels,* ZfA 2021, 247 (249).

1623 Ebenfalls: *EuGH,* Urteil vom 20.01.2009 – C-350/06, C-520/06, Rn. 25, juris; *EuGH,* Urteil vom 20.07.2016 – C-341/15, Rn. 34, juris; *EuGH,* Urteil vom 25.06.2020 – C-762/18, C-37/19, Rn. 58, juris; Müller-Glöge/Preis u. a./*Gallner,* ErfK, § 1 BUrlG, Rn. 2; *Stoffels,* ZfA 2021, 247 (249).

1624 Ähnlich – unter Verweis auf den Erholungszweck – zum Verhältnis von Urlaub und § 616 BGB am Beispiel der COVID-19-Pandemie und sich darauf ergebender Betreuungsprobleme: *Hohenstatt/Krois,* NZA 2020, 413 (414, 417).

dass die wirtschaftliche Belastung des Arbeitgebers innerhalb bestimmter Zeitabschnitte beschränkt werden soll. § 616 BGB knüpft allein an den einzelnen Verhinderungsfall an und sieht dafür eine Beschränkung durch den Aspekt der Verhältnismäßigkeit vor. Eine summierte Betrachtung der Verhinderungsdauer findet keinen Anklang. Selbst in den Fortzahlungsregeln des EFZG – zu nennen sind hier die Grundsätze zur Fortsetzungs- und Wiederholungserkrankung – ist keine absolute Beschränkung der Belastung des Arbeitgebers je Kalenderjahr zu sehen. Auf Grund dessen ist im Rahmen der AGB-Kontrolle dem Interesse des Arbeitgebers an der Beschränkung gegenüber dem Interesse des Arbeitnehmers, für jeden möglichen Verhinderungsgrund im Sinne des § 616 BGB Vergütungsfortzahlung zu erhalten, kein Vorzug zu geben.

Vielmehr ist als alleinige Belastungsgrenze des Arbeitgebers die generell mögliche Häufigkeit des Auftretens der Verhinderungsgründe zu sehen, die zur Vergütungsfortzahlung nach § 616 BGB führen können. So kann beispielsweise maximal zwei Mal im Laufe des Erwerbslebens ein Vergütungsfortzahlungsanspruch auf Grund des Todes der Eltern auftreten.

Diese Ansicht steht auch nicht in Konflikt mit der zuvor vorgeschlagenen Gestaltung der Klausel, nach der die vollständige Abbedingung des § 616 BGB durch die Gewährung eines vertraglichen Mehrurlaubes im Umfang von vier Tagen je Kalenderjahr kompensiert werden kann. Durch diese Kompensation erhält der Arbeitnehmer nämlich im Gegenzug zur Beschränkung den Vorteil, dass er auch, wenn kein Verhinderungsgrund nach § 616 BGB in einem Kalenderjahr eintritt, den Mehrurlaub in Anspruch nehmen kann. Eine solche Klausel stellt somit nicht nur eine einseitig vorteilhafte Beschränkung der Vergütungsfortzahlungspflicht des Arbeitgebers dar.

Eine solche einseitig vorteilhafte Beschränkung der Vergütungsfortzahlungspflicht des Arbeitgebers wäre allerdings bei einer Beschränkung der Vergütungsfortzahlung nach § 616 BGB auf wenige Tage gegeben. Der Arbeitnehmer erhielte hierdurch keinerlei Vorteil. Eine Durchsetzung des Rationalisierungsinteresses und wirtschaftlichen Interesses vollständig zu Lasten des Arbeitnehmers kann bei der Interessenabwägung jedoch nicht erfolgen.

Mithin scheidet eine Beschränkung der Vergütungsfortzahlung nach § 616 BGB auf eine bestimmte Anzahl an Tagen auf Grund des Vorliegens einer unangemessenen Benachteiligung zwingend aus.

(2) Dienstverträge

Auch im Rahmen von Dienstverträgen kann eine Beschränkung der Dauer des Vergütungsfortzahlungsanspruchs aus § 616 BGB durch eine vertragliche Regelung in Betracht kommen. Von besonderer Relevanz ist dies bei arbeitnehmerähnlichen Personen, wie Geschäftsführern ohne Mehrheitsbeteiligung oder einer Mindestbeteiligung ohne Sperrminorität, deren Anspruch auf Vergütungsfortzahlung im Krankheitsfall aus § 616 BGB folgt. Es stellt sich die Frage, ob eine Beschränkung der Vergütungsfortzahlung im Krankheitsfall auf weniger als sechs Wochen möglich ist.

(a) Bestehen eines Nachteils

Damit eine unangemessene Benachteiligung nach § 307 Abs. 1 S. 1 BGB überhaupt vorliegen kann, muss im Fall der Verkürzung der Dauer der Vergütungsfortzahlung auf weniger als sechs Wochen ein Nachteil bestehen. Dafür ist maßgeblich, welche Dauer bei der krankheitsbedingten Verhinderung des Dienstverpflichteten eine „verhältnismäßig nicht erhebliche Zeit“ darstellt.

Die überwiegende Literatur orientiert die vertraglichen Regelungen zur Vergütungsfortzahlung im Krankheitsfall in Geschäftsführeranstellungsverträgen an § 3 EFZG und sieht eine Vergütungsfortzahlung von mindestens sechs Wochen vor.[1625] Es wird gar angenommen, dass eine Unterschreitung nicht möglich sei.[1626] *Wälzholz* deutet gar an, dass auf Grund des Wegfalls der subsidiären Absicherung durch das Krankengeld bei fehlender Mitgliedschaft in der gesetzlichen Krankenversicherung eine längere Dauer in Erwägung zu ziehen sei.[1627]

Die Anlehnung an § 3 EFZG überzeugt nach der hier vertretenen Auffassung der Bestimmung der „verhältnismäßig nicht erheblichen Zeit“. Denn die Dauer bestimmt sich nach der üblichen Verhinderungsdauer. § 3 EFZG enthält ein Indiz, dass die übliche Verhinderungsdauer im Krankheitsfall sechs Wochen umfasst. Zwar kann angesichts des Motives der Entlastung der gesetzlichen Sozialversicherung angenommen werden, dass die sechs Wochen bestimmt wurden, um einen

---

1625 Altmeppen/*Altmeppen*, GmbHG-Kommentar, § 6 GmbHG, Rn. 127; *Haase*, GmbHR 2005, 1260 (1266 f.); *G. Jaeger*, Anstellungsvertrag, S. 129; Fleischer/Goette/*Jaeger/Steinbrück*, MüKo GmbHG, § 35 GmbHG, Rn. 344; *Oberrath*, MDR 1999, 134 (136); Staudinger/*Oetker*, Kommentar zum BGB §§ 613a-619a BGB, § 616 BGB, Rn. 106; Müller-Glöge/Preis u. a./*Preis/Greiner*, ErfK, § 616 BGB, Rn. 10a.; a. A. *Schaub*, WiB 1994, 637 (637).

1626 *G. Jaeger*, Anstellungsvertrag, S. 129.

1627 Fuhrmann/Wälzholz/*Wälzholz*, FormB GesR, Kapitel 16 – Der Geschäftsführer, 4. Muster, Rn. 18.

möglichst umfangreichen Schutz selbiger zu erreichen. Der Schutz dürfte jedoch am effektivsten gewesen sein, wenn der Zeitraum möglichst viele Krankheitsfälle umfasst hat. Somit ist es zumindest nicht fernliegend, dass der Zeitraum von sechs Wochen gewählt wurde, da dieser die meisten Krankheiten – und damit die regelmäßig zu erwartende Krankheitsdauer – berücksichtigte.

Dementsprechend hat der Geschäftsführer einen Anspruch auf Vergütungsfortzahlung im Krankheitsfall von mindestens sechs Wochen aus § 616 BGB. Eine Verkürzung dieser Regelung durch eine vertragliche Regelung stellt mithin einen Nachteil dar.

(b) Interessenabwägung

Fraglich ist, ob eine Unterschreitung der sechs Wochen Vergütungsfortzahlung unangemessen ist.

Auf der Seite des Dienstberechtigten ist wieder das wirtschaftliche Interesse zu sehen, durch die Beschränkung der Vergütungsfortzahlung im Krankheitsfall finanzielle Aufwendungen zu sparen.

Der Geschäftsführer hat demgegenüber ein erhebliches Interesse daran, dass die sechs Wochen nicht unterschritten werden. Die besondere Relevanz dieser Dauer ergibt sich für den Geschäftsführer aus der Systematik des § 616 BGB. Denn bei einer Überschreitung der „verhältnismäßig nicht erheblichen Zeit" entfällt der Vergütungsfortzahlungsanspruch von Beginn an. Dies führt dazu, dass für den Geschäftsführer auch im Krankheitsfall beim Überschreiten der sechs Wochen der Anspruch auf Vergütungsfortzahlung rückwirkend entfällt.[1628] Wird die „verhältnismäßig nicht erhebliche Zeit" verkürzt, tritt diese Wirkung häufiger ein. Die Vergütungsfortzahlung nach § 616 BGB würde damit faktisch entwertet. Der pflichtversicherte und der freiwillig gesetzlich versicherte Geschäftsführer wären in diesem Fall vom ersten Tag an auf den Krankengeldanspruch nach § 44 SGB V angewiesen. Der privat versicherte Geschäftsführer müsste eine entsprechende Krankentagegeldversicherung vereinbaren.

Zwar tritt dieser Effekt auch ein, wenn die Dauer nicht modifiziert wird und die Krankheit länger als sechs Wochen dauert. Bei der AGB-rechtlichen Betrachtung ist das unerheblich, weil es sich um die gesetzliche Folge handelt und somit keine Benachteiligung vorliegt. Es wäre die Aufgabe des Gesetzgebers, eine andere Rechtsfolge vorzusehen. Steigert der Dienstberechtigte durch eine Verkürzung der „verhältnismäßig nicht erheblichen Zeit" jedoch die Häufigkeit der Fälle, in denen es zum rückwirkenden Entfall kommt, stellt dies eine unangemessene

---

1628 Vgl.: C)II)3)a)dd), S. 178.

Benachteiligung dar, die nicht durch das wirtschaftliche Interesse des Dienstberechtigten gerechtfertigt werden kann.

(3) Zwischenergebnis

Die Vereinbarung einer kürzeren „verhältnismäßig nicht erheblichen Zeit“, als sie sich nach der Systematik des Gesetzes bestimmt ist, stellt stets eine unangemessene Benachteiligung dar. Dies resultiert aus dem Umstand, dass die „verhältnismäßig nicht erhebliche Zeit“ sich nach der üblichen Verhinderungsdauer für diesen Grund bestimmt und somit bei einer Verkürzung der Dauer ein Großteil der Anwendungsfälle ausgeschlossen wird, sodass die Fortzahlung faktisch entwertet ist.

Auch eine absolute Beschränkung der Vergütungsfortzahlung nach § 616 BGB auf eine bestimmte Anzahl an Tagen je Kalenderjahr ist unangemessen benachteiligend im Sinne des § 307 Abs. 1 S. 1 BGB.

dd) Zwischenergebnis zur unangemessenen Benachteiligung

Die vorstehende Untersuchung zeigt, dass nicht durch jede Abbedingung des § 616 BGB eine unangemessene Benachteiligung im Sinne des § 307 Abs. 1 S. 1 BGB vorliegen muss.

Durch die spezialgesetzlichen Vergütungsfortzahlungsansprüche und -ersatzansprüche – insbesondere § 3 EFZG – enthält § 616 BGB für Arbeitsverträge keinen wesentlichen Grundgedanken im Sinne des § 307 Abs. 2 Nr. 1 BGB. Für Arbeitsverträge bestimmt sich die unangemessene Benachteiligung somit allein nach der Interessenabwägung im Rahmen des § 307 Abs. 1 S. 1 BGB. Das wirtschaftliche Interesse des Arbeitgebers, die Vergütungsfortzahlung nach § 616 BGB auszuschließen, überwiegt im Regelfall – mit Ausnahme von geringfügigen Beschäftigungen im Sinne des § 8 Abs. 1 Nr. 1 SGB IV – nicht dem Interesse des Arbeitnehmers am Fortbestehen des § 616 BGB. Eine vollständige Abbedingung des § 616 BGB ist deshalb lediglich dann möglich, wenn der damit einhergehende Nachteil kompensiert wird. Im Übrigen ist eine teilweise Abbedingung durch die Konkretisierung der Verhinderungsfälle, die § 616 BGB unterfallen sollen, möglich. Dabei tritt neben das wirtschaftliche Interesse noch ein Rationalisierungsinteresse, das den Ausschlag für die Angemessenheit der Benachteiligung gibt.

Bei Dienstverträgen, auf die § 3 EFZG keine Anwendung findet, ist hingegen ein wesentlicher Grundgedanke des § 616 BGB anzunehmen. Insofern ist – jedenfalls bei Dienstverpflichteten, die auf Grund ihrer Abhängigkeit mit einem Arbeitnehmer vergleichbar sind – eine Abbedingung des § 616 BGB in dem Dienstvertrag grundsätzlich nicht möglich. Dies gilt beispielsweise für Anstellungsverträge von Fremdgeschäftsführern und Minderheitsgeschäftsführern ohne

Sperrminorität. Im Übrigen ist – jedenfalls bei diesen Anstellungsverträgen – die Interessenabwägung mit der bei Arbeitsverträgen derart vergleichbar, dass die dortigen Ergebnisse auf die Anstellungsverträge übertragbar sind.

Allerdings kann auch bei Dienstverträgen eine Abweichung vom wesentlichen Grundgedanken des § 616 BGB gerechtfertigt sein. Diese Rechtfertigung kann sich unter anderem aus den Besonderheiten des Vertragstyps ergeben. Eine solche Rechtfertigung ist beispielsweise bei Dienstverträgen mit freien Mitarbeitern gegeben. Die generelle Tragung des wirtschaftlichen Risikos seiner Tätigkeit durch den freien Mitarbeiter verringert seine Schutzbedürftigkeit derart, dass die Abbedingung des § 616 BGB entgegen den wesentlichen Grundgedanken gerechtfertigt ist.

Während somit eine Modifikation durch Konkretisierung der Anwendungsfälle und eine vollständige Abbedingung des § 616 BGB innerhalb der dargestellten engen Grenzen möglich ist, sind Klauseln, die ergänzend oder allein die Dauer der „verhältnismäßig nicht erheblichen Zeit" bestimmen, im Regelfall unangemessen benachteiligend. Dies ergibt sich aus dem hier vertretenen Verständnis der Bestimmung „der verhältnismäßig nicht erheblichen Zeit". Durch eine vertragliche Verkürzung dieser Dauer würde der Großteil der Verhinderungsgründe nicht mehr von der Regelung erfasst. Dies käme einer vollständigen Abbedingung gleich. Hierfür streiten auf Seiten des Dienstberechtigten abermals allein wirtschaftliche Interessen, die sich im Rahmen der Interessenabwägung des § 307 Abs. 1 S. 1 BGB nicht durchsetzen können.

d) Zwischenergebnis zur Inhaltskontrolle

Die vorherigen Ausführungen zeigen, dass § 616 BGB nicht nur generell dispositiv ist, wie es die herrschende Meinung zu Recht postuliert, sondern auch im Rahmen von Formularverträgen unter Beachtung des AGB-Rechts grundsätzlich dispositiv ist. Anders als in der Kommentarliteratur erwähnt, ist dabei nicht nur bei der Inhaltskontrolle Vorsicht geboten. Auch wenn es sich bei § 616 BGB abbedingenden und modifizierenden Klauseln nicht um generell überraschende Klauseln im Sinne des § 305c Abs. 1 BGB handelt, kann die Stellung innerhalb des Vertragswerks zu einer Qualifizierung als überraschende Klausel führen. Dementsprechend sollte die Klausel im Zusammenhang mit inhaltlich passenden Regelungen erwähnt werden oder gar eine eigene Überschrift gewidmet werden.

Zudem kann sich aus der Formulierung der Klausel eine Intransparenz ergeben. Bei Arbeitsverträgen ist besonderes Augenmerk darauf zu legen, dass die wirtschaftlichen Folgen sowie die Wechselwirkungen mit spezialgesetzlichen Vergütungsfortzahlungsansprüchen und -ersatzansprüchen für den Arbeitnehmer nachvollziehbar dargestellt werden. Dementsprechend ist ein bloßer Verweis auf § 616 BGB nicht hinreichend transparent. Ebenso intransparent ist eine Klausel, die nicht darauf hinweist, dass durch die Abbedingung des § 616 BGB auch der Anspruch auf Vergütungsfortzahlung bei Verhinderungen auf Grund krankheitsbedingter Wahrnehmung von Arztterminen entfällt. Derartige Beschränkungen sind bei Dienstverträgen im Regelfall nicht anzunehmen. Zumindest gilt dies für den in dieser Arbeit thematisierten Anstellungsvertrag für Geschäftsführer und den Dienstvertrag für freie Mitarbeiter. Bei diesen Personengruppen ist von einem anderen Verständnishorizont als bei Arbeitnehmern auszugehen, der die Transparenzanforderungen senkt.

Transparente und nicht überraschende Klauseln, die § 616 BGB abbedingen oder modifizieren, können gleichwohl unangemessen benachteiligend – bei Arbeitsverträgen – im Sinne des § 307 Abs. 1 S. 1 BGB und – bei Dienstverträgen – im Sinne des § 307 Abs. 2 Nr. 1, Abs. 1 S. 1 BGB sein. Dabei ist zu beachten, dass für die Abbedingung des § 616 BGB auf Seiten des Dienstberechtigten allein ein wirtschaftliches Interesse bei der Interessenabwägung streitet. Dieses kann sich nur in Ausnahmefällen durchsetzen. Den Dienstverpflichteten benachteiligende Klauseln sind nur in engen Grenzen angemessen. Grob umschrieben sind diese Grenzen durch Klauseln gewahrt, die eine Kompensation bieten, oder durch Konkretisierungen im Interesse beider Vertragsparteien zur Rechtssicherheit beitragen. Im Übrigen kann eine solche Rechtfertigung auch aus den Besonderheiten des Vertragstyps resultieren. Solche Besonderheiten sind anzunehmen, wenn auf Grund des Vertragstyps der Arbeitnehmer oder Dienstverpflichtete kein berechtigtes wirtschaftliches Interesse an der Vergütungsfortzahlung aus § 616 BGB haben kann.

E) Ergebnis

Diese Arbeit erörtert die Frage, welcher Anwendungsbereich § 616 BGB zukommt und welche Möglichkeiten der Dienstberechtigte hat, die Anwendbarkeit des § 616 BGB für den jeweiligen Dienstvertrag – auch in AGB – auszuschließen.

I) Anwendungsbereich des § 616 BGB

Im Rahmen dieser Betrachtung zeigt sich, dass – spätestens seit der Schuldrechtsreform 2002 – § 616 BGB lediglich die Vergütungsfortzahlung bei einer Verhinderung des Dienstverpflichteten an der Dienstleistung regelt. Die Befreiung von der Dienstleistungspflicht – als Voraussetzung dafür, dass der Anwendungsbereich des § 616 BGB überhaupt eröffnet ist – ergibt sich aus anderen Vorschriften. Dabei ist insbesondere auf § 275 Abs. 3 BGB zu verweisen. Die Leistungsbefreiung nach dieser Norm unterliegt einer Interessenabwägung. Für die Interessenabwägung wird in dieser Arbeit ein neuer Maßstab vorgeschlagen, der sich an der Systematik des BUrlG orientiert. Daraus ergibt sich ein großzügiges Leistungsverweigerungsrecht für den Dienstverpflichteten und somit ein grundsätzlich weitreichender Anwendungsbereich des § 616 BGB.

Dieser großzügige Anwendungsbereich ist durch die Auslegung des Tatbestandsmerkmals „in seiner Person liegender Grund“ zu beschränken. Ein solcher „in seiner Person liegender Grund“ liegt nach dem Ergebnis dieser Arbeit lediglich bei krankheitsbedingten Verhinderungen sowie bei mit der Arbeitspflicht konkurrierenden rechtlichen, öffentlichen, sittlichen oder moralischen Pflichten, bei deren Nichtbefolgung dem Dienstverpflichteten ein Nachteil erwächst, vor. Dieses Verständnis der zur Vergütungsfortzahlung nach § 616 BGB führenden Verhinderungsgründe ist auch bei der AGB-Kontrolle zu Grunde zu legen.

Als zweites wesentliches Tatbestandsmerkmal wird die „verhältnismäßig nicht erhebliche Zeit“ betrachtet und eine Auseinandersetzung mit den bisher hierzu vertretenen Auffassungen vorgenommen. Da diese Auffassungen jedoch – auch mit Blick auf spezialgesetzliche Vergütungsfortzahlungsansprüche und -ersatzansprüche – nach der hier vertretenen Auffassung nicht überzeugen können, wird ein neues Verständnis eingeführt. Demnach bestimmt sich die „verhältnismäßig nicht erhebliche Zeit“ nach der üblichen Verhinderungsdauer für dem konkreten Verhinderungsgrund. Durch dieses Verständnis wird nicht nur Rechtssicherheit für die Dienstvertragsparteien herbeigeführt, sondern es trägt auch dem Wortlaut und der Systematik der Norm Rechnung, wonach als einziger Anknüpfungspunkt der Verhinderungsgrund dient. Dieses Verständnis des Tatbestandsmerkmals wird auch als Ausgangspunkt für die Betrachtung der Abdingbarkeit des § 616 BGB genutzt.

Im Rahmen der Betrachtung dieser beiden Tatbestandsmerkmale findet auch eine Auseinandersetzung mit spezialgesetzlichen Vergütungsfortzahlungsansprüchen und -ersatzansprüchen statt. Als wesentliches Ergebnis dieser Betrachtung ergibt sich die Folgerung, dass wirtschaftliche Erwägungen mit Blick auf die Verhältnismäßigkeit von Leistung und Gegenleistung sowohl für den Gesetzgeber bei Schaffung der Normen als auch für die Rechtsprechung und Rechtswissenschaft bei der Auslegung der Normen weitestgehend unbeachtlich waren und sind. Dieses Ergebnis dient als ein wesentliches Argument bei der Betrachtung der Abdingbarkeit des § 616 BGB.

II) Abdingbarkeit des § 616 BGB

Obwohl § 616 BGB grundsätzlich – unabhängig davon, ob es sich um einen Dienst- oder Arbeitsvertrag handelt – abdingbar ist, unterliegt die Abbedingung in Arbeitsverträgen und vorformulierten Dienstverträgen der AGB-Kontrolle.

1) Grundsätze

Während sich die Abdingbarkeit des § 616 BGB in Dienstverträgen mit freien Mitarbeitern auf Grund der Risikoverteilung eines solchen Dienstvertrages sowohl hinsichtlich der Transparenz- als auch der Inhaltskontrolle als unproblematisch darstellt, ist sie in Arbeitsverträgen und Dienstverträgen mit Fremd- und Minderheitsgeschäftsführern ohne Sperrminorität nicht derart unproblematisch möglich.

Interessanterweise wird die Frage der Abdingbarkeit in der Kommentarliteratur zu § 616 BGB lediglich oberflächlich behandelt. Insbesondere der Verweis darauf, dass eine Abbedingung durch betriebliche Notwendigkeiten gerechtfertigt werden müsse, greift seit der Schuldrechtsreform 2002 nicht mehr durch. Vielmehr streiten auf Seiten des Dienstberechtigten in der Regel lediglich wirtschaftliche Interessen, deren Relevanz bei der Interessenabwägung auf Grund der bereits erwähnten Indizwirkung der spezialgesetzlichen Vergütungsfortzahlungsansprüche und -ersatzansprüche gering ist. Durch die gewählten Klauseln müssen in der Regel weitere Interessen des Dienstberechtigten, die über das bloße wirtschaftliche Interesse hinausgehen, hinzukommen, um die Abbedingung oder Modifikation des § 616 BGB zu rechtfertigen. Dieses kann beispielsweise in einem Rationalisierungsinteresse zu sehen sein, wodurch eine Klausel, die den Anwendungsbereich auf bestimmte, in der Klausel genannte Fälle beschränkt, wirksam sein kann. Auch kann zur Vermeidung der unangemessenen Benachteiligung eine Kompensation der Abbedingung – beispielsweise in Gestalt von vertraglichem Mehrurlaub – vereinbart werden. Dabei stellt es kein Problem dar, wenn durch die Klausel auch Fälle, in denen eine subsidiäre Absicherung durch den Staat oder die gesetzliche Sozialversicherung besteht, erfasst sind. Eine Klausel kann sich gar nur auf diese Fälle beschränken. Denn in einer solchen Klausel ist weder eine unzulässige Verlagerung der Vergütungsfortzahlung auf Dritte zu sehen, noch geht durch das geringe Sicherungsniveau eine unangemessene Benachteiligung einher.

In Arbeitsverträgen ergibt sich lediglich bei geringfügigen Beschäftigungen im Sinne des § 8 Abs. 1 Nr. 1 SGB IV die generelle Möglichkeit, § 616 BGB – auch ohne eine Kompensation – vollständig abzubedingen. In diesem Fall dient bereits das Arbeitsverhältnis nicht der finanziellen Absicherung des Lebensunterhalts des Arbeitnehmers, sodass § 616 BGB seiner Funktion nicht gerecht werden kann.

Bei Geschäftsführern ist bei der Abbedingung des § 616 BGB zudem ein besonderes Augenmerk auf den Fall der krankheitsbedingten Verhinderung zu legen. Mangels Anwendbarkeit des § 3 EFZG ist der Geschäftsführer zur Vergütungsfortzahlung im Krankheitsfall auf § 616 BGB angewiesen. Auf Grund dessen ist in § 616 BGB gegenüber Geschäftsführern – anders als gegenüber Arbeitnehmern – ein wesentlicher Grundgedanke im Sinne des § 307 Abs. 2 Nr. 1 BGB enthalten. Eine Abbedingung des § 616 BGB, die auch den Fall krankheitsbedingter Arbeitsunfähigkeit erfasst und keine Ersatzregelung hierfür vorsieht, ist mangels Rechtfertigung stets unangemessen benachteiligend.

Neben der Beschränkung des Anwendungsbereichs des § 616 BGB kommen grundsätzlich auch Klauseln in Betracht, die das Tatbestandsmerkmal der „verhältnismäßig nicht erheblichen Zeit" konkretisieren. Die Modifikation der Dauer der „verhältnismäßig nicht erheblichen Zeit" erscheint auf Grund der hier vertretenen Auffassung zur Bestimmung dieser Dauer nicht sinnvoll und empfehlenswert. Im Grunde führt jede Festlegung der „verhältnismäßig nicht erheblichen Zeit" möglicherweise zu einer Verkürzung der Dauer. Dadurch, dass bei einer Verkürzung ein Großteil der möglichen Verhinderungsfälle von der Anwendung des § 616 BGB ausgenommen würde, stellt eine solche Regelung eine unangemessene Benachteiligung dar. Dementsprechend ist eine Klausel, die die „verhältnismäßig nicht erhebliche Zeit" regelt, nicht zweckgerecht. Entweder die im Vertrag vereinbarte Zeit ist kürzer als die Zeit, die nach der gesetzlichen Regelung zu bestimmen ist. In diesem Fall ist die Regelung unangemessen benachteiligend. Oder die in der Klausel vereinbarte Dauer ist gleichlang oder länger. Dann hat diese Klausel allerdings – zumindest aus wirtschaftlicher Sicht – keinen Mehrwert für den Dienstberechtigten.

Die Frage der unangemessenen Benachteiligung im Sinne des § 307 Abs. 1 S. 1 BGB umfasst auch das Transparenzgebot im Sinne des § 307 Abs. 1 S. 2 BGB. Vor allem mit Blick hierauf ist in Arbeitsverträgen besondere Vorsicht bei der Klauselgestaltung geboten. Dies ergibt sich zum einen aus dem Erfordernis, dass der Arbeitnehmer die wirtschaftlichen Folgen der Klausel erkennen können muss. Vor allem die bloße Erwähnung des § 616 BGB wird dem nicht gerecht. Zum anderen kann das Verhältnis zu den spezialgesetzlichen Regelungen – allen voran § 3 EFZG – zu Unklarheiten und damit zur Intransparenz führen. Bei Dienstverträgen bestehen in dieser Hinsicht größere Freiheiten.

2) Klauselvorschläge

Im Rahmen der AGB-Kontrolle wurden verschiedene Klauselvorschläge behandelt. Dabei stellten sich insbesondere die nachfolgenden Klauseln als mit der AGB-Kontrolle vereinbar dar:

Zur Abbedingung des § 616 BGB in Arbeitsverträgen:

„Die Vergütungsfortzahlung bei Verhinderung für eine verhältnismäßig nicht erhebliche Zeit nach § 616 BGB ist ausgeschlossen. Dies erfasst auch die untertägige Verhinderung auf Grund der krankheitsbedingten Wahrnehmung von Arztterminen. Der Arbeitnehmer erhält je Kalenderjahr einen vertraglichen Mehrurlaub im Umfang von vier Tagen, der auch in Form von halben Tagen beansprucht werden kann. Dieser vertragliche Mehrurlaub verfällt am Ende des darauffolgenden Kalenderjahres, ohne dass es eines Hinweises des Arbeitgebers bedarf. Im Ein- und Austrittsjahr verringert sich der Anspruch pro rata temporis.“.

Zur Modifikation des § 616 BGB in Arbeitsverträgen durch Konkretisierung der Verhinderungsgründe:

„Der Anspruch auf Vergütungsfortzahlung bei Verhinderung für eine verhältnismäßig nicht erhebliche Zeit nach § 616 BGB besteht nur bei Vorliegen eines der nachfolgenden persönlichen Leistungshindernisse:

a) Untertägige Verhinderung auf Grund der krankheitsbedingten Wahrnehmung eines Arzttermins,
b) Geburt des eigenen Kindes oder Niederkunft der Ehepartnerin, Lebenspartnerin oder Lebensgefährtin,
c) Tod der Ehepartnerin, Lebenspartnerin, Lebensgefährtin / des Ehepartners, Lebenspartners, Lebensgefährten, eines Kindes oder Elternteils,
d) eigene Eheschließung oder Eheschließung eines Kindes oder Elternteils.“.

Ausschluss der Vergütungsfortzahlung nach § 616 BGB beim Bestehen subsidiärer Ansprüche gegen den Staat oder die gesetzliche Sozialversicherung:

„Die Vergütungsfortzahlung durch den Arbeitgeber bei Verhinderung für eine verhältnismäßig nicht erhebliche Zeit nach § 616 BGB ist in den Fällen ausgeschlossen, in denen eine subsidiäre Vergütungsfortzahlung oder -entschädigung durch Dritte gesetzlich vorgesehen ist.“.

Zur Abbedingung des § 616 BGB in Arbeitsverträgen bei Vorliegen einer geringfügigen Beschäftigung:

„Die Vergütungsfortzahlung bei Verhinderung für eine verhältnismäßig nicht erhebliche Zeit nach § 616 BGB ist ausgeschlossen. Dies umfasst auch untertägige Verhinderung, wie die krankheitsbedingte Wahrnehmung von Arztterminen.“.

Zur Abbedingung des § 616 BGB gegenüber Fremdgeschäftsführern und Minderheitsgeschäftsführern ohne Sperrminorität müssen die vorgeschlagenen Klauseln für Arbeitnehmer um den folgenden Ausschluss der Abbedingung ergänzt werden:

„Dieser Ausschluss umfasst nicht die Verhinderung für eine verhältnismäßig nicht erhebliche Zeit auf Grund von eigener Krankheit und der kurzfristigen Pflegebedürftigkeit naher Angehöriger.“.

Zur Abbedingung des § 616 BGB gegenüber freien Mitarbeitern:

„[Die Anwendung von] § 616 BGB ist ausgeschlossen.“.

Diese eingeschränkten Möglichkeiten zur Abbedingung des § 616 BGB innerhalb des Anwendungsbereichs der AGB-Kontrolle zeigen, dass der Dienstberechtigte die wirtschaftliche Belastung, die von § 616 BGB ausgeht, grundsätzlich nicht verhindern kann. Sollte § 616 BGB für nicht mehr zeitgemäß erachtet werden oder die wirtschaftliche Belastung für Dienstberechtigte verringert werden, ist der Gesetzgeber hier gefordert, einzugreifen und beispielsweise eine Maximalgrenze für die Vergütungsfortzahlung nach § 616 BGB innerhalb eines Kalenderjahres einzuführen. Dies ist nicht durch eine vertragliche Regelung möglich. Bis dahin kann der Dienstberechtigte nur im Rahmen der dargestellten Möglichkeiten den Anwendungsbereich beschränken, um sein wirtschaftliches Risiko zu begrenzen.

Literaturverzeichnis

Adam, Inka, Corona: Zurück aus dem Urlaub – und wieder ins Büro? In: Schnellinformation für Personalmanagement und Arbeitsrecht (25) 2020, S. 137–139 (zitiert als: *Adam*, SPA 2020, 137)

Adjan, Laura/Lettmeier, Florian, „Der vorsichtige Arbeitgeber": Einseitige Freistellung als Schutzmaßnahme in der Pandemie. In: Neue Zeitschrift für Arbeitsrecht (38) 2021, S. 161–166 (zitiert als: *Adjan/Lettmeier*, NZA 2021, 161)

Alexander, Christian, Leistungsstörungsrecht im Dienstvertrag. In: Juristische Arbeitsblätter (47) 2015, S. 321–328 (zitiert als: *Alexander*, JA 2015, 321)

Altmeppen, Holger (Hrsg.), Gesetz betreffend die Gesellschaften mit beschränkter Haftung, Kommentar, 11. Auflage, München 2023 (zitiert als: Altmeppen/*Bearbeiter*, GmbHG-Kommentar)

Ammermüller, Martin G., Freistellung von der Arbeit bei Erkrankung eines Kindes, Gesetzliche Neuregelung durch das Leistungsverbesserungsgesetz. In: Der Betrieb (27) 1974, S. 187–189 (zitiert als: *Ammermüller*, DB 1974, 187)

Annuß, Georg, Der Anstellungsvertrag des Fremdgeschäftsführers in Betriebsübergang und Insolvenz, Anm. zu LAG Hamm, Urt. v. 25. 10. 2000 – 4 Sa 363/00. In: Zeitschrift für das gesamte Insolvenz- und Sanierungsrecht (4) 2001, S. 344–350 (zitiert als: *Annuß*, ZInsO 2001, 344)

Annuß, Georg, Der Arbeitnehmer als solcher ist kein Verbraucher! In: Neue Juristische Wochenschrift (55) 2002, S. 2844–2846 (zitiert als: *Annuß*, NJW 2002, 2844)

Annuß, Georg, Arbeitsrechtliche Aspekte von Zielvereinbarungen in der Praxis. In: Neue Zeitschrift für Arbeitsrecht (24) 2007, S. 290–296 (zitiert als: *Annuß*, NZA 2007, 290)

Arbeitskreis Deutsche Rechtseinheit im Arbeitsrecht, Welche wesentliche Inhalte sollte ein nach Art. 30 des Einigungsvertrages zu schaffendes Arbeitsvertragsgesetz haben?, Gutachten D für den 59. Deutschen Juristentag. In: Verhandlungen des neunundfünfzigsten Deutschen Juristentages Hannover 1992 (59) 1992, D1–D141 (zitiert als: *Arbeitskreis Deutsche Rechtseinheit im Arbeitsrecht*, Arbeitsvertragsgesetz 1992, D1–D141)

Ayad, Patrick, BGH: AGB von Textilreinigungsbetrieben – Unwirksamkeit der Klauseln über eine Haftungsbegrenzung. In: Betriebs-Berater (68) 2013, S. 2191–2194
(zitiert als: *Ayad*, BB 2013, 2191)

Bader, Johann/Ronellenfitsch, Michael (Hrsg.), Beck'scher Online-Kommentar VwVfG mit VwVG und VwZG, 64. Auflage, München 2024
(zitiert als: Bader/Ronellenfitsch/*Bearbeiter*, BeckOK VwVfG)

Balkau, Leon, Der Corona-Entschädigungsanspruch im Kontext des Zivil- bzw. Arbeitsrechts. In: Neue Juristische Wochenschrift (76) 2023, S. 1768–1773
(zitiert als: *Balkau*, NJW 2023, 1768)

Bandasch, Georg W. (Begr.), Gemeinschaftskommentar zum Handelsgesetzbuch, Neuwied/Kriftel/Berlin 1989
(zitiert als: Bandasch/*Bearbeiter*, GK-HGB)

Bauer, Jobst-Hubertus, Kündigung und Kündigungsschutz vertretungsberechtigter Organmitglieder. In: Betriebs-Berater (49) 1994, S. 855–858
(zitiert als: *Bauer*, BB 1994, 855)

Bauer, Jobst-Hubertus/Diller, Martin u. a., Zielvereinbarungen auf dem arbeitsrechtlichen Prüfstand. In: Betriebs-Berater (57) 2002, S. 882–887
(zitiert als: *Bauer/Diller/Göpfert*, BB 2002, 882)

Bauer, Jobst-Hubertus/Gragert, Nicola, Der GmbH-Geschäftsführer zwischen Himmel und Hölle. In: Zeitschrift für Wirtschaftsrecht (18) 1997, S. 2177–2184
(zitiert als: *Bauer/Gragert*, ZIP 1997, 2177)

Bauer, Jobst-Hubertus/Günther, Jens, Neue Spielregeln für Klageverzichtsvereinbarungen. In: Neue Juristische Wochenschrift (61) 2008, S. 1617–1621
(zitiert als: *Bauer/Günther*, NJW 2008, 1617)

Bauer, Jobst-Hubertus/Kock, Martin, Arbeitsrechtliche Auswirkungen des neuen Verbraucherschutzrechts. In: Der Betrieb (55) 2002, S. 42–46
(zitiert als: *Bauer/Kock*, DB 2002, 42)

Bauer, Jobst-Hubertus/Lingemann, Stefan, Probleme der Entgeltfortzahlung nach neuem Recht. In: Betriebs-Berater (51) 1996, S. 8–17
(zitiert als: *Bauer/Lingemann*, BB 1996, 8)

Bauer, Jobst-Hubertus/Lingemann, Stefan u. a. (Hrsg.), Anwalts-Formularbuch Arbeitsrecht, 7. Auflage, Köln 2021
(zitiert als: Bauer/Lingemann u. a./*Bearbeiter*, Anwalts-FormB ArbR)

Bauer, Jobst-Hubertus/Opolony, Bernhard, Arbeitsrechtliche Fragen bei Katastrophen. In: Neue Juristische Wochenschrift (55) 2002, S. 3503–3508
(zitiert als: *Bauer/Opolony*, NJW 2002, 3503)

Baumbach, Adolf/Duden, Konrad (Hrsg.), Handelsgesetzbuch, 13. Auflage, München/Berlin 1959
(zitiert als: Baumbach/Duden/*Bearbeiter*, HGB-Kommentar (1959))

Baumbach, Adolf/Duden, Konrad u. a. (Hrsg.), Handelsgesetzbuch, Beck´sche Kurz-Kommentare Band 9, 28. Auflage, München 1989
(zitiert als: Baumbach/Duden u. a./*Bearbeiter*, HGB-Kommentar (1989))

Bayreuther, Frank, Braucht es rechtliche Sonderregelungen für den unternehmerähnlichen Arbeitnehmer? In: Neue Zeitschrift für Arbeitsrecht (30) 2013, S. 1238–1245
(zitiert als: *Bayreuther*, NZA 2013, 1238)

Bayreuther, Frank, Die Formulierung von Ausschlussklauseln nach der neuen Rechtsprechung des BAG. In: Der Betrieb (70) 2017, S. 487–492
(zitiert als: *Bayreuther*, DB 2017, 487)

Bayreuther, Frank, Mehr Urlaub für den GmbH-Geschäftsführer. In: Neue Zeitschrift für Gesellschaftsrecht (24) 2021, S. 140–142
(zitiert als: *Bayreuther*, NZG 2021, 140)

Becher, Clemens, Lohnfortzahlungsgesetz, Bonn-Bad Godesberg 1971
(zitiert als: *Becher*, LohnFG)

Becker, Ulrich/Kingreen, Thorsten (Hrsg.), SGB V – Gesetzliche Krankenversicherung, Kommentar, 9. Auflage, München 2024
(zitiert als: Becker/Kingreen/*Bearbeiter*, GKV-Kommentar)

Beckmann, Marco, Verdienstausfallentschädigung für pflegende Angehörige in der Pandemie, Ein Plädoyer für Gleichberechtigung. In: Neue Zeitschrift für Sozialrecht (30) 2021, S. 290–295
(zitiert als: *Beckmann*, NZS 2021, 290)

Benedyczuk, Matthias, Lohnfortzahlungsgesetz: Hinweise für den Arbeitnehmer, 13. Auflage, Saarbrücken 1991
(zitiert als: *Benedyczuk*, LohnFG)

Berger, Klaus Peter/Kleine, Lucas, AGB-Gestaltung und Transparenzgebot, Beispiele aus der jüngeren BGH-Rechtsprechung zum unternehmerischen Geschäftsverkehr. In: Neue Juristische Wochenschrift (60) 2007, S. 3526–3530
(zitiert als: *Berger/Kleine*, NJW 2007, 3526)

Berger-Delhey, Ulf, Posteriores cogitationes, ut aiunt, sapientiores solent esse, Anmerkungen zum Entwurf eines Pflegezeitgesetzes. In: Zeitschrift für Tarif-, Arbeits- und Sozialrecht des öffentlichen Dienstes (21) 2007, S. 604–605
(zitiert als: *Berger-Delhey*, ZTR 2007, 604)

Beuthien, Volker, Das Nachleisten versäumter Arbeit. In: Recht der Arbeit (25) 1972, S. 20–23
(zitiert als: *Beuthien*, RdA 1972, 20)

Bieder, Marcus, Der Schutz vor täuschungsgeeigneten Formularverträgen, Überlegungen zur Konkretisierung des AGB-rechtlichen Transparenzgebots (§ 307 Abs. 1 S. 2 BGB). In: Archiv für die civilistische Praxis (216) 2016, S. 911–951
(zitiert als: *Bieder,* AcP 2016, 911)

Bischoff, Hans-Albrecht, Betrieb und Krankenversicherungsreform. In: Betriebs-Berater (16) 1961, S. 335–339
(zitiert als: *Bischoff,* BB 1961, 335)

Bleckmann, Lena, Arbeitspflicht und Vergütungsrisiko in Zeiten der Pandemie, Eine rechtsvergleichende Betrachtung der Folgen von Infektion, Infektionsverdacht und erhöhter Gesundheitsgefahr für Arbeitspflicht und Lohnanspruch, Berlin 2023
(zitiert als: *Bleckmann,* Arbeitspflicht und Vergütungsrisiko in Zeiten der Pandemie)

Boecken, Winfried, Probleme der Entgeltfortzahlung im Krankheitsfall. In: Neue Zeitschrift für Arbeitsrecht (16) 1999, S. 673–683
(zitiert als: *Boecken,* NZA 1999, 673)

Boecken, Winfried, Entgeltfortzahlung bei nebentätigkeitsbedingtem Arbeitsunfall bzw. Unfall. In: Neue Zeitschrift für Arbeitsrecht (18) 2001, S. 233–237
(zitiert als: *Boecken,* NZA 2001, 233)

Boecken, Winfried/Düwell, Franz Josef u. a. (Hrsg.), Gesamtes Arbeitsrecht, 2. Auflage, Baden-Baden 2023
(zitiert als: Boecken/Düwell u. a./*Bearbeiter,* NK-GA)

Boemke, Burkhard, Das Dienstverhältnis des GmbH-Geschäftsführers zwischen Gesellschafts- und Arbeitsrecht. In: Zeitschrift für Arbeitsrecht (29) 1998, S. 209–236
(zitiert als: *Boemke,* ZFA 1998, 209)

Boemke, Burkhard, Aktuelles zum GmbH-Geschäftsführer aus arbeitsrechtlicher Sicht. In: Recht der Arbeit 2018, S. 1–24
(zitiert als: *Boemke,* RdA 2018, 1)

Böhm, Annett (Hrsg.), Pflegezeitgesetz, 2. Auflage, Baden-Baden 2015
(zitiert als: Böhm/*Bearbeiter,* PflegeZG)

Brecht, Hans-Theo, Lohnfortzahlung für Arbeiter, 1. Auflage, Herne/Berlin 1970
(zitiert als: *Brecht,* Lohnfortzahlung (1970))

Brecht, Hans-Theo, Lohnfortzahlung für Arbeiter, Gesetz über die Fortzahlung des Arbeitsentgelts im Krankheitsfalle, 3. Auflage, Herne 1979
(zitiert als: *Brecht,* Lohnfortzahlung (1979))

Brecht, Hans-Theo (Hrsg.), Entgeltfortzahlung an Feiertagen und im Krankheitsfall, Entgeltfortzahlungsgesetz mit Erläuterungen, München 1995
(zitiert als: Brecht/*Bearbeiter,* Entgeltfortzahlung)

Bredemeier, Jörg/Neffke, Reinhard (Hrsg.), TVöD/TV-L, Tarifverträge für den öffentlichen Dienst, 6. Auflage, München 2022
(zitiert als: Bredemeier/Neffke/*Bearbeiter,* TVöD)

Breitbach, Joachim/Ottersbach, Jörg H., Kompendium Gesellschaftsrecht, Formwahl – Gestaltung – Muster für die Praxis, München 2010
(zitiert als: *Breitbach/Ottersbach,* Kompendium GesR)

Breithaupt, Hermann, 25 Jahre Reichsversicherung, Band 1, München 1938
(zitiert als: *Breithaupt,* Reichsversicherung)

Breyer, Michael/Najdecki, Damian Wolfgang (Hrsg.), Beck'sches Formularbuch GmbH-Recht, 2. Auflage, München 2024
(zitiert als: Breyer/Najdecki/*Bearbeiter,* BeckFormB GmbHR)

Brill, Werner, Arztbesuche während der Arbeitszeit. In: Neue Zeitschrift für Arbeitsrecht (1) 1984, S. 281–283
(zitiert als: *Brill,* NZA 1984, 281)

Brors, Christiane, Die Abschaffung der Fürsorgepflicht, Tübingen 2002
(zitiert als: *Brors,* Abschaffung der Fürsorgepflicht)

Brose, Wiebke, Das erkrankte Kind des Arbeitnehmers im Arbeits- und Sozialrecht. In: Neue Zeitschrift für Arbeitsrecht (28) 2011, S. 719–724
(zitiert als: *Brose,* NZA 2011, 719)

Buschmann, Rudolf, Gemeine Marktwirtschaft. In: Arbeit und Recht (44) 1996, S. 285–291
(zitiert als: *Buschmann,* AuR 1996, 285)

Bydlinski, Franz, Juristische Methodenlehre und Rechtsbegriffe, Wien/New York 1982
(zitiert als: *Bydlinski,* Juristische Methodenlehre)

Canaris, Claus-Wilhelm, Systemdenken und Systembegriff in der Juriprudenz, Entwickelt am Beispiel des deutschen Privatrechts, Berlin 1969
(zitiert als: *Canaris,* Systemdenken)

Canaris, Claus-Wilhelm, Die Vertrauenshaftung im Deutschen Privatrecht, München 1971
(zitiert als: *Canaris,* Vertrauenshaftung)

Canaris, Claus-Wilhelm, Grundrechte und Privatrecht. In: Archiv für die civilistische Praxis (184) 1984, S. 201–246
(zitiert als: *Canaris,* AcP 1984, 201)

Canaris, Claus-Wilhelm, Die Reform des Rechts der Leistungsstörung. In: JuristenZeitung (56) 2001, S. 499–524
(zitiert als: *Canaris,* JZ 2001, 499)

Canaris, Claus-Wilhelm, Die AGB-rechtliche Leitbildfunktion des neuen Leistungsstörungsrechts. In: Habersack, Mathias/Hommelhoff, Peter u. a. (Hrsg.),

Festschrift für Peter Ulmer zum 70. Geburtstag am 2. Januar 2003, Berlin 2003, S. 1073–1096
(zitiert als: *Canaris,* AGB-rechtliche Leitbildfunktion)

Casper, Matthias, Vorformulierte Verzugszinspauschalierung durch Diskontsatzverweis. In: Neue Juristische Wochenschrift (50) 1997, S. 240–241
(zitiert als: *Casper,* NJW 1997, 240)

Clausen, Tilman/Krafczyk, Wolfgang (Hrsg.), Beck'sche Online-Formulare Medizinrecht, 40. Auflage, München 2024
(zitiert als: Clausen/Krafczyk/*Bearbeiter,* BeckOF MedR)

Clemenz, Susanne/Kreft, Burghard u. a. (Hrsg.), AGB-Arbeitsrecht, Kommentar zu den §§ 305-310 BGB, 3. Auflage, München 2023
(zitiert als: Clemenz/Kreft u. a./*Bearbeiter,* AGB-ArbR)

Commandeur, Gert/Kleinebrink, Wolfgang, Der Status des Geschäftsführers als Arbeitnehmer – Geschäftsführer als Subjekt unionsrechtlicher Schutzvorschriften. In: NZA-Rechtsprechungs-Report Arbeitsrecht (22) 2017, S. 449–463
(zitiert als: *Commandeur/Kleinebrink,* NZA-RR ArbR 2017, 449)

Compensis, Ulrike, Sozialrechtliche Auswirkungen der stufenweisen Wiedereingliederung arbeitsunfähiger Arbeitnehmer nach § 74 SGB V. In: Neue Zeitschrift für Arbeitsrecht (9) 1992, S. 631–637
(zitiert als: *Compensis,* NZA 1992, 631)

Däubler, Wolfgang, Das Arbeitsrecht 2, Leitfaden für Arbeitnehmer, 4. Auflage, Hamburg 1986
(zitiert als: *Däubler,* Arbeitsrecht)

Däubler, Wolfgang, Die Auswirkungen der Schuldrechtsmodernisierung auf das Arbeitsrecht. In: Neue Zeitschrift für Arbeitsrecht (18) 2001, S. 1329–1337
(zitiert als: *Däubler,* NZA 2001, 1329)

Däubler, Wolfgang, Zielvereinbarungen und AGB-Kontrolle. In: Zeitschrift für Wirtschaftsrecht (25) 2004, S. 2209–2214
(zitiert als: *Däubler,* ZIP 2004, 2209)

Däubler, Wolfgang/Deinert, Olaf u. a. (Hrsg.), AGB-Kontrolle im Arbeitsrecht, Kommentar zu den §§ 305 bis 310 BGB, 5. Auflage, München 2021
(zitiert als: Däubler/Deinert u. a./*Bearbeiter,* AGB-Kontrolle ArbR)

Däubler, Wolfgang/Hjort, Jens Peter u. a. (Hrsg.), Arbeitsrecht, Individualarbeitsrecht mit kollektivrechtlichen Bezügen, Handkommentar, 5. Auflage, Baden-Baden 2022
(zitiert als: Däubler/Hjort u. a./*Bearbeiter,* HK-ArbR)

Dauner-Lieb, Barbara/Langen, Werner (Hrsg.), NomosKommentar BGB, Schuldrecht, Band 2/1: §§ 241-487, 4. Auflage, Baden-Baden 2021
(zitiert als: Dauner-Lieb/Langen/*Bearbeiter,* NK-BGB)

Dehmel, Esther/Hartmann, Nina, Das Coronavirus (COVID-19) auf dem Vormarsch – Die wichtigsten arbeitsrechtlichen Themen. In: Betriebs-Berater (75) 2020, S. 885–891
(zitiert als: *Dehmel/Hartmann*, BB 2020, 885)

Deinert, Olaf/Wenckebach, Johanna u. a. (Hrsg.), Arbeitsrecht, Handbuch für die Praxis, 11. Auflage, Frankfurt a.M. 2023
(zitiert als: Deinert/Wenckebach u. a./*Bearbeiter*, ArbR)

Delheid, Johannes/Schreven, Bernhard, Die Anwesenheitsprämie. In: Recht der Arbeit (23) 1970, S. 10–13
(zitiert als: *Delheid/Schreven*, RdA 1970, 10)

Denecke, Johannes, Krankheit im Arbeitsverhältnis. In: Betriebs-Berater (5) 1951, S. 58–60
(zitiert als: *Denecke*, BB 1951, 58)

Denecke, Johannes (Begr.), Der Dienstvertrag 1959
(zitiert als: Denecke/*Bearbeiter*, Dienstvertrag)

Dersch, Hermann, Wechselwirkung zwischen Arbeitsrecht und Sozialversicherung auf dem Gebiet der Leistungen. In: Recht der Arbeit (5) 1952, S. 53–59
(zitiert als: *Dersch*, RdA 1952, 53)

Dette, Hans Walter, Venire contra factum proprium nulli conceditur, Zur Konkretisierung eines Rechtssprichworts, Berlin 1985
(zitiert als: *Dette*, Venire contra factum proprium)

Diehn, Thomas, AGB-Kontrolle von arbeitsrechtlichen Verweisungsklauseln. In: Neue Zeitschrift für Arbeitsrecht (21) 2004, S. 129–135
(zitiert als: *Diehn*, NZA 2004, 129)

Diekhoff, Ludwig, Umstrittene Fragen aus dem Gesetz zur Verbesserung der wirtschaftlichen Sicherung der Arbeiter im Krankheitsfalle. In: Arbeit und Recht (5) 1957, S. 297–302
(zitiert als: *Diekhoff*, AuR 1957, 297)

Dieterich, Thomas/Hanau, Peter u. a. (Hrsg.), Erfurter Kommentar zum Arbeitsrecht, 1. Auflage, München 1998
(zitiert als: Dieterich/Hanau u. a./*Bearbeiter*, ErfK (1998))

Diller, Martin/Krieger, Steffen, Streik im Kindergarten – Wer zahlt das Gehalt der Eltern? In: Düwell, Franz Josef/Stückemann, Wolfgang/Wagner, Volker (Hrsg.), Bewegtes Arbeitsrecht. Festschrift für Wolfgang Leinemann zum 70. Geburtstag, Neuwied 2006
(zitiert als: *Diller/Krieger*, Streik im Kindergarten)

Doetsch, Werner/Schnabel, Fritz u. a. (Hrsg.), Gesetz über die Fortzahlung des Arbeitsentgelts im Krankheitsfalle (Lohnfortzahlungsgesetz), 6. Auflage, Bergisch Gladbach 1983
(zitiert als: Doetsch/Schnabel u. a./*Bearbeiter*, LohnFG)

Dorndorf, Eberhard, Besonderheiten des Arbeitsrechts nach § 310 Abs. 4 BGB. In: Oetker, Hartmut/Preis, Ulrich/Rieble, Volker (Hrsg.), 50 Jahre Bundesarbeitsgericht, München 2004, S. 19–30
(zitiert als: *Dorndorf,* Besonderheiten des Arbeitsrechts)

Dörner, Heinrich/Staudinger, Ansgar, Schuldrechtsmodernisierungsgesetz, Baden-Baden 2002
(zitiert als: *H. Dörner/A. Staudinger,* Schuldrechtsmodernisierungsgesetz)

Dörner, Klemens/Luczak, Stefan u. a. (Hrsg.), Handbuch des Fachanwalts Arbeitsrecht, 13. Auflage, Köln 2016
(zitiert als: Dörner/Luczak u. a./*Bearbeiter,* Hdb FA ArbR)

Dörner, Klemens/Luczak, Stefan u. a. (Hrsg.), Handbuch des Arbeitsrechts, 16. Auflage, Hürth 2022
(zitiert als: Dörner/Luczak u. a./*Bearbeiter,* Hdb ArbR)

Dreier, Horst (Hrsg.), Grundgesetz-Kommentar, Band 1 – Präambel, Art. 1 – 19 GG, Band 1, 4. Auflage, Tübingen 2023
(zitiert als: Dreier/*Bearbeiter,* Grundgesetz)

Dzida, Boris/Krois, Christopher, Schriftformerfordernis in AGB unzulässig? In: Monatsschrift für Deutsches Recht (70) 2016, S. 1357–1362
(zitiert als: *Dzida/Krois,* MDR 2016, 1357)

Dzida, Boris/Krois, Christopher, Wirksamkeit vorbehaltlos formulierter Ausschlussfristen. In: ArbeitsRechtsberater (19) 2019, S. 92–95
(zitiert als: *Dzida/Krois,* ArbRB 2019, 92)

Eckert, Michael, Der Arbeitsvertrag. In: Zeitschrift für Bilanzierung, Rechnungswesen & Controlling (9) 2014, S. 35–39
(zitiert als: *Eckert,* BC 2014, 35)

Eichenhofer, Eberhard, Sozialrechtliche Grenzen der Privatautonomie. In: Vierteljahresschrift für Sozialrecht 1991, S. 185–204
(zitiert als: *Eichenhofer,* VSSR 1991, 185)

Engisch, Karl, Einführung in das juristische Denken, 13. Auflage, Stuttgart 2024
(zitiert als: *Engisch,* Einführung in das juristische Denken)

Epping, Volker/Hillgruber, Christian (Hrsg.), Beck'scher Online-Kommentar Grundgesetz, 58. Auflage, München 2024
(zitiert als: Epping/Hillgruber/*Bearbeiter,* BeckOK GG)

Erasmy, Walter, Arbeitsrechtliche Auswirkungen der Neuregelung des Kinderkrankengeldes in § 45 SGB V. In: Neue Zeitschrift für Arbeitsrecht (9) 1992, S. 921–924
(zitiert als: *Erasmy,* NZA 1992, 921)

Esser, Josef/Weyers, Hans-Leo, Schuldrecht, Band II Besonderer Teil, 8. Auflage, Band 2, Heidelberg 1998
(zitiert als: *Esser/Weyers,* Schuldrecht)

Eufinger, Alexander, § 56 IfSG – Coronavirus SARS-CoV-2 und die Entdeckung einer Norm. In: Der Betrieb (73) 2020, S. 1121–1124
(zitiert als: *Eufinger*, DB 2020, 1121)

Faber, Wolfgang, Elemente verschiedener Verbraucherbegriffe in EG-Richtlinien, zwischenstaatlichen Übereinkommen und nationalem Zivil- und Kollisionsrecht. In: Zeitschrift für Europäisches Privatrecht (6) 1998, S. 854–892
(zitiert als: *Faber*, ZEuP 1998, 854)

Falter, Gernot, Die Arbeitsleistung in der Pandemie, Die Auswirkung der Schutzpflichten des Arbeitgebers auf die Verpflichtung zur Arbeitsleistung der betriebsnotwendigen Arbeitnehmer. In: Betriebs-Berater (64) 2009, S. 1974–1980
(zitiert als: *Falter*, BB 2009, 1974)

Fehre, Andrea, Unmöglichkeit und Unzumutbarkeit der Leistung, Voraussetzungen und Rechtsfolgen nach Inkrafttreten des Schuldrechtsmodernisierungsgesetzes, Berlin 2005
(zitiert als: *Fehre*, Unmöglichkeit und Unzumutbarkeit der Leistung)

Feichtinger, Peter, Lohn- und Gehaltsfortzahlung im Krankheitsfall. Arbeitsrecht-Blattei, Band 19, Wiesbaden 1989
(zitiert als: *Feichtinger*, Lohn- und Gehaltsfortzahlung)

Feichtinger, Peter/Malkmus, Hans (Hrsg.), Entgeltfortzahlungsrecht, Handkommentar, 2. Auflage, Baden-Baden 2010
(zitiert als: Feichtinger/Malkmus/*Bearbeiter*, Entgeltfortzahlungsrecht)

Fischinger, Philipp S., Haftungsbeschränkung im Bürgerlichen Recht, Tübingen 2015
(zitiert als: *Fischinger*, Haftungsbeschränkung im Bürgerlichen Recht)

Fischinger, Philipp S., Zwei Jahre Corona-Krise: Die Reaktion des Arbeitsrechts auf pandemiebedingte Störungen. In: Soziales Recht (12) 2022, S. 37–50
(zitiert als: *Fischinger*, SR 2022, 37)

Fischinger, Philipp S., Arbeitsrecht, 3. Auflage, Heidelberg 2024
(zitiert als: *Fischinger*, Arbeitsrecht)

Fischinger, Philipp S./Hengstberger, Silas, Arbeitsrechtliche Fragen in der Corona-Krise. In: Juristische Arbeitsblätter (52) 2020, S. 561–569
(zitiert als: *Fischinger/Hengstberger*, JA 2020, 561)

Fischinger, Philipp S./Orth, Jan F. (Hrsg.), COVID-19 und Sport, Verträge und Regelwerke krisenfest gestalten, Handbuch, München 2021
(zitiert als: Fischinger/Orth/*Bearbeiter*, COVID-19 und Sport)

Fischinger, Philipp S./Reiter, Heiko (Hrsg.), Das Arbeitsrecht im Profisport, Praxishandbuch, München 2021
(zitiert als: Fischinger/Reiter/*Bearbeiter*, Arbeitsrecht im Profisport)

Fischinger, Philipp S./Straub, Christine, Ohne Arbeit kein Lohn? In: Juristische Schulung 2016, S. 208–214
(zitiert als: *Fischinger/Straub,* JuS 2016, 208)

Fleck, Hans-Joachim, Das Organmitglied – Unternehmer oder Arbeitnehmer? In: Dieterich, Thomas/Gamillscheg, Franz/Wiedemann, Herbert (Hrsg.), Festschrift für Marie Luise Hilger und Hermann Stumpf, München 1983, S. 197–220
(zitiert als: *Fleck,* Organmitglied)

Fleischer, Holger (Hrsg.), Handbuch des Vorstandsrechts, 1. Auflage, München 2006
(zitiert als: Fleischer/*Bearbeiter,* Hdb Vorstandsrecht)

Fleischer, Holger/Goette, Wulf (Hrsg.), Münchener Kommentar zum GmbHG, Band 2, 4. Auflage, München 2023
(zitiert als: Fleischer/Goette/*Bearbeiter,* MüKo GmbHG)

Flint, Thomas (Hrsg.), SGB XII Sozialhilfe mit Eingliederungshilfe (SGB IX Teil 2) und Asylbewerberleistungsgesetz, Kommentar, 8. Auflage, München 2024
(zitiert als: Flint/*Bearbeiter,* Kommentar SGB XII)

Freihube, Dirk/Sasse, Stefan, Was bringt das neue Pflegezeitgesetz!? In: Der Betrieb (61) 2008, S. 1320–1323
(zitiert als: *Freihube/Sasse,* DB 2008, 1320)

Freitag, Robert, Rechtsfolgen der Unmöglichkeit und Unzumutbarkeit der Leistung. In: Neue Juristische Wochenschrift (67) 2014, S. 113–117
(zitiert als: *Freitag,* NJW 2014, 113)

Freyler, Carmen, Die zeitweise Abberufung des Geschäftsführers nach § 38 III GmbHG. In: Schnellinformation für Personalmanagement und Arbeitsrecht (27) 2022, S. 85–87
(zitiert als: *Freyler,* SPA 2022, 85)

Fröhlich, Oliver, Das Pflegezeitgesetz – Neue Rechte für Arbeitnehmer. In: ArbeitsRechtsberater (8) 2008, S. 84–87
(zitiert als: *Fröhlich,* ArbRB 2008, 84)

Fuhrmann, Lambertus J./Wälzholz, Eckhard (Hrsg.), Formularbuch Gesellschaftsrecht, Muster und Erläuterungen für alle Rechtsformen, Konzerne und Umwandlungen mit Steuer- und Kostenanmerkungen, 4. Auflage, Köln 2023
(zitiert als: Fuhrmann/Wälzholz/*Bearbeiter,* FormB GesR)

Gaul, Björn, Aktuelles Arbeitsrecht, Band 2/2001, Köln 2001
(zitiert als: *B. Gaul,* Aktuelles ArbR)

Gaul, Björn/Bonanni, Andrea, Änderung der Gewerbeordnung – Gesetzliche Niederlegung allgemeiner arbeitsrechtlicher Grundsätze. In: ArbeitsRechtsberater 2002, S. 234–236
(zitiert als: *B. Gaul/Bonanni,* ArbRB 2002, 234)

Gaul, Dieter, Zur Ungleichbehandlung der Angestellten nach § 185c RVO. In: Der Betrieb (32) 1979, S. 212–214
(zitiert als: *D. Gaul,* DB 1979, 212)

Gaul, Dieter, Das Arbeitsrecht im Betrieb, Band I, 8. Auflage, Band 1, Heidelberg 1986
(zitiert als: *D. Gaul,* Arbeitsrecht im Betrieb)

Gebele, Alexander/Scholz, Kai-Steffen (Hrsg.), Beck'sches Formularbuch Bürgerliches, Handels- und Wirtschaftsrecht, 14. Auflage, München 2022
(zitiert als: Gebele/Scholz/*Bearbeiter,* BeckFormB BHW)

Gerlach, Finn, Transparenzanforderungen an eine Klausel zur Devisenumrechnung in Fremdwährungsdarlehen, Anmerkung zu EuGH, Urteil vom 30.4.2014 – C-26/13. In: Gesellschafts- und Wirtschaftsrecht (6) 2014, S. 415
(zitiert als: *F. Gerlach,* GWR 2014, 415)

Gerlach, Heinz Werner, Das Leistungsverbesserungsgesetz 1974. In: Wege zur Sozialversicherung (28) 1974, S. 49–64
(zitiert als: *H. Gerlach,* WzS 1974, 49)

Germelmann, Claas-Hinrich/Matthes, Hans-Christoph u. a. (Hrsg.), Arbeitsgerichtsgesetz, Kommentar, 10. Auflage, München 2022
(zitiert als: Germelmann/Matthes u. a./*Bearbeiter,* ArbGG-Kommentar)

Geulen, Felix/Sothmann, Jannis, Entschädigungen nach dem Infektionsschutzgesetz – Quarantäne, Kita- und Schulschließung in der Corona-Krise. In: Arbeitsrecht Aktuell (12) 2020, S. 217–220
(zitiert als: *Geulen/Sothmann,* ArbR 2020, 217)

Gierke, Otto von, Der Entwurf eines bürgerlichen Gesetzbuchs und das deutsche Recht, Veränderte und vermehrte Ausgabe der in Schmollers Jahrbuch für Gesetzgebung, Verwaltung und Volkswirtschaft erschienenen Abhandlung, Berlin 1889
(zitiert als: *Gierke,* Entwurf eines bürgerlichen Gesetzbuchs)

Gierke, Otto von, Die Wurzeln des Dienstvertrages. In: Festschrift für Heinrich Brunner, Berlin 1914, S. 37–68
(zitiert als: *Gierke,* Wurzeln des Dienstvertrages)

Giesen, Richard, Das neue Entgeltfortzahlungs- und Urlaubsrecht. In: Recht der Arbeit (50) 1997, S. 193–204
(zitiert als: *Giesen,* RdA 1997, 193)

Gitter, Wolfgang, Stufenweise Wiedereingliederung arbeitsunfähiger Arbeitnehmer, Zugleich ein Beitrag zum Rechtsbegriff der Teilarbeitsunfähigkeit. In: Zeitschrift für Arbeitsrecht (26) 1995, S. 123–179
(zitiert als: *Gitter,* ZFA 1995, 123)

Glatzel, Brigitte, Fallen im Pflegezeitgesetz – für Arbeitnehmer und Arbeitgeber. In: Neue Juristische Wochenschrift (62) 2009, S. 1377–1379
(zitiert als: *Glatzel,* NJW 2009, 1377)

Glaubitz, Werner, Nochmals: Das Rechtsverhältnis zur stufenweisen Wiedereingliederung arbeitsunfähiger Arbeitnehmer. In: Neue Zeitschrift für Arbeitsrecht (9) 1992, S. 402
(zitiert als: *Glaubitz,* NZA 1992, 402)

Gotthardt, Michael, Arbeitsrecht nach der Schuldrechtsreform, 2. Auflage, München 2003
(zitiert als: *Gotthardt,* Arbeitsrecht nach der Schuldrechtsreform)

Gotthardt, Michael/Greiner, Stefan, Leistungsbefreiung bei Krankheit des Arbeitnehmers nach § 275 Abs. 1 oder 3 BGB. In: Der Betrieb (55) 2002, S. 2106–2112
(zitiert als: *Gotthardt/Greiner,* DB 2002, 2106)

Gotzen, Otfried/Doetsch, Werner, Das Arbeiterkrankheitsgesetz, Neuwied/Berlin 1962
(zitiert als: *Gotzen/Doetsch,* Arbeiterkrankheitsgesetz)

Gräf, Stephan/Rögele, Matthias, Zusammentreffen von Betriebs- und Wegerisiko, Zum Lohnfortzahlungsanspruch bei gleichzeitiger Überschwemmung von Betrieb und Weg zum Betrieb. In: Neue Zeitschrift für Arbeitsrecht (30) 2013, S. 1120–1124
(zitiert als: *Gräf/Rögele,* NZA 2013, 1120)

Graf von Westphalen, Friedrich, AGB-Recht ins BGB – Eine erste „Bestandsaufnahme". In: Neue Juristische Wochenschrift (55) 2002, S. 12–25
(zitiert als: *Graf von Westphalen,* NJW 2002, 12)

Graf von Westphalen, Friedrich, Koppelungsklauseln in GmbH-Geschäftsführerverträgen auf dem Prüfstand. In: Neue Zeitschrift für Gesellschaftsrecht (23) 2020, S. 321–328
(zitiert als: *Graf von Westphalen,* NZG 2020, 321)

Graf von Westphalen, Friedrich/Pamp, Rüdiger u. a. (Hrsg.), Vertragsrecht und AGB-Klauselwerke, 50. Auflage, München 2024
(zitiert als: Graf von Westphalen/Pamp u. a./*Bearbeiter,* VertrR/AGB-Klauselwerke)

Greiner, Stefan, Ideelle Unzumutbarkeit, Dogmatik und Praxis der Leistungsverweigerung bei Rechtsgüter- und Pflichtenkollision im Zivilrecht, Berlin 2004
(zitiert als: *Greiner,* Ideelle Unzumutbarkeit)

Greiner, Stefan, Familienfreundliches Arbeitsrecht? – Die Erkrankung des Kindes als Gegenstand widersprüchlicher Regelungen. In: Neue Zeitschrift für Arbeitsrecht (24) 2007, S. 490–495
(zitiert als: *Greiner,* NZA 2007, 490)

Greiner, Stefan, Nachlese und Ausblick zu Betriebsrisiko, Entgeltfortzahlung und Entgeltersatzleistungen, Gesellschaftliches und privates Risiko bei globalen Krisen. In: Neue Zeitschrift für Arbeitsrecht (39) 2022, S. 665–675
(zitiert als: *Greiner,* NZA 2022, 665)

Grigoleit, Hans Christoph, Dauerschuldverhältnisse und allgemeines Leistungsstörungsrecht. In: Wandt, Manfred/Reiff, Peter u. a. (Hrsg.), Versicherungsrecht, Haftungs- und Schadensrecht. Festschrift für Egon Lorenz zum 80. Geburtstag, Karlsruhe 2014, S. 795–817
(zitiert als: *Grigoleit,* Dauerschuldverhältnisse)

Grimm, Detlef/Linden, Friederike, Anpassung von Zielvereinbarungen in der Krise. In: ArbeitsRechtsberater (13) 2013, S. 285–288
(zitiert als: *Grimm/Linden,* ArbRB 2013, 285)

Grobys, Marcel, Das Anstellungsverhältnis von Vorständen und Geschäftsführern. In: Neue Juristische Wochenschrift – Spezial (2) 2005, S. 513–514
(zitiert als: *Grobys,* NJW-Spezial 2005, 513)

Groß, Volker, Das Phantom des Arbeitnehmer-Geschäftsführers im Konkursausfallgeldgesetz und in der Konkursordnung, Konsequenzen einer widersprüchlichen höchstrichterlichen Rechtsprechung. In: Der Betrieb (37) 1984, S. 1447–1456
(zitiert als: *Groß,* DB 1984, 1447)

Grundmann, Cornelia, Das Pflegezeitgesetz. In: Gesundheit und Pflege (3) 2013, S. 100–110
(zitiert als: *C. Grundmann,* GuP 2013, 100)

Grüneberg, Christian (Hrsg.), Bürgerliches Gesetzbuch mit Nebengesetzen, Beck'sche Kurz-Kommentare Band 7, 83. Auflage, München 2024
(zitiert als: Grüneberg/*Bearbeiter,* BGB)

Gsell, Beate/Krüger, Wolfgang u. a. (Hrsg.), beck-online.GROSSKOMMENTAR zum Zivilrecht, München 2024
(zitiert als: Gsell/Krüger u. a./*Bearbeiter,* beckOGK)

Günther, Jens/Böglmüller, Matthias, Nur das Ergebnis zählt? – Vergütung in der digitalen Arbeitswelt. In: Neue Zeitschrift für Arbeitsrecht – Beilage (36) 2019, S. 95–100
(zitiert als: *Günther/Böglmüller,* NZA-Beilage 2019, 95)

Gutzeit, Martin, Die schwangere Kranke vor dem BAG – Monokausale Wirrungen. In: Neue Zeitschrift für Arbeitsrecht (20) 2003, S. 81–86
(zitiert als: *Gutzeit,* NZA 2003, 81)

Gutzeit, Martin, Aschestaub und Arbeitsrecht, Enttäuschte Mobilitätserwartungen und individualarbeitsrechtliche Folgen. In: Neue Zeitschrift für Arbeitsrecht (27) 2010, S. 618–621
(zitiert als: *Gutzeit,* NZA 2010, 618)

Haase, Karsten, Konkludente Fortsetzung des bisherigen oder Begründung eines neuen Mietverhältnisses trotz abbedungener Regelung des § 545 BGB oder eines erklärten Widerspruchs? In: Zeitschrift für Miet- und Raumrecht (12) 2002, S. 557–566
(zitiert als: *Haase*, ZMR 2002, 557)

Haase, Karsten, Der Anspruch des Geschäftsführers einer GmbH auf Fortzahlung seiner Vergütung im Krankheitsfall. In: GmbH Rundschau (96) 2005, S. 1260–1270
(zitiert als: *Haase*, GmbHR 2005, 1260)

Hager, Günter, Die Gefahrtragung im Kauf, Eine rechtsvergleichende Untersuchung, Frankfurt a.M. 1982
(zitiert als: *Hager*, Gefahrtragung)

Hahn, Claudia, Arbeitszeitkonten und Arbeitszeitflexibilisierung im öffentlichen Dienst. In: Zeitschrift für das öffentliche Arbeits- und Tarifrecht (4) 2013, S. 177–179
(zitiert als: *Hahn*, öAT 2013, 177)

Hanau, Peter, Streiks im öffentlichen Dienst. In: Zeitschrift für Rechtspolitik (7) 1974, S. 111–114
(zitiert als: *P. Hanau*, ZRP 1974, 111)

Hanau, Peter/Kania, Thomas, Die Bezugnahme auf Tarifverträge durch Arbeitsvertrag und betriebliche Übung. In: Schlachter, Monika/Ascheid, Reiner/Friedrich, Hans-Wolf (Hrsg.), Tarifautonomie für ein neues Jahrhundert. Festschrift für Günter Schaub zum 65. Geburtstag, München 1998, S. 239–262
(zitiert als: *P. Hanau/Kania*, Bezugnahme auf Tarifverträge)

Hantel, Peter, Entgeltansprüche bei hochwasserbedingter Verhinderung. In: Neue Justiz (56) 2002, S. 577–580
(zitiert als: *Hantel*, NJ 2002, 577)

Hau, Wolfgang/Poseck, Roman (Hrsg.), Beck'scher Online-Kommentar Bürgerliches Gesetzbuch, 71. Auflage, München 2024
(zitiert als: Hau/Poseck/*Bearbeiter*, BeckOK BGB)

Hauck, Karl/Noftz, Wolfgang (Begr.), Sozialgesetzbuch SGB I, Allgemeiner Teil Kommentar, Berlin 2019
(zitiert als: Hauck/Noftz/*Bearbeiter*, SGB I)

Heckelmann, Dieter, Anmerkung zu BAG, Urteil vom 11.6.1976 – 5 AZR 506/75. In: Sammlung arbeitsrechtlicher Entscheidungen (31) 1977, S. 257–263
(zitiert als: *Heckelmann*, SAE 1977, 257)

Heidinger, Andreas/Leible, Stefan u. a. (Hrsg.), Kommentar zum Gesetz betreffend die Gesellschaften mit beschränkter Haftung (GmbH-Gesetz), Band 1, 4. Auflage, München 2023
(zitiert als: Heidinger/Leible u. a./*Bearbeiter*, MHLS-GmbHG)

Heinrichs, Helmut, Die Entwicklung des Rechts der Allgemeinen Geschäftsbedingungen im Jahre 1995. In: Neue Juristische Wochenschrift (49) 1996, S. 1381–1390
(zitiert als: *Heinrichs,* NJW 1996, 1381)

Heintschel-Heinegg, Bernd von (Hrsg.), Beck'scher Online-Kommentar StGB, 62. Auflage, München 2024
(zitiert als: Heintschel-Heinegg/*Bearbeiter,* BeckOK StGB)

Heinze, Meinhard, Möglichkeiten der Fortentwicklung des Rechts der Sozialen Sicherheit zwischen Anpassungszwang und Bestandsschutz, Gutachten E für den 55. Deutschen Juristentag. In: Verhandlungen des fünfundfünfzigsten Deutschen Juristentages Hamburg 1984 (55) 1984, E1-E119
(zitiert als: *Heinze,* Soziale Sicherung 1984, E1-E119)

Heise, Dietmar/Lessenich, Holger M. u. a., Das neue Arbeitsrecht auf einen Blick, Änderungen durch das Beschäftigungsförderungsgesetz 1996, Freiburg i. Br. 1997
(zitiert als: *Heise/Lessenich/Merten,* Das neue Arbeitsrecht)

Henssler, Martin, Das Leistungsverweigerungsrecht des Arbeitnehmers bei Pflichten- und Rechtsgüterkollisionen. In: Archiv für die civilistische Praxis (190) 1990, S. 538–571
(zitiert als: *Henssler,* AcP 1990, 538)

Henssler, Martin, Arbeitsrecht und Schuldrechtsreform. In: Recht der Arbeit (55) 2002, S. 129–140
(zitiert als: *Henssler,* RdA 2002, 129)

Henssler, Martin, Die Auswirkungen der Schuldrechtsreform auf das Arbeitsrecht. In: Dauner-Lieb, Barbara/Konzen, Horst/Schmidt, Karsten (Hrsg.), Das neue Schuldrecht in der Praxis. Akzente – Brennpunkte – Ausblick, Köln/Berlin/Bonn/München 2003, S. 615–648
(zitiert als: *Henssler,* Auswirkungen der Schuldrechtsreform)

Henssler, Martin/Medem, Andreas von, Die Entgeltfortzahlungspflicht des Arbeitgebers bei staatlichen Quarantänemaßnahmen, Ein Beitrag zu den Grundlagen von § 616 BGB und § 56 IfSG. In: Recht der Arbeit (77) 2024, S. 1–13
(zitiert als: *Henssler/Medem,* RdA 2024, 1)

Henssler, Martin/Moll, Wilhelm, AGB-Kontrolle vorformulierter Arbeitsbedingungen, 2. Auflage, München 2020
(zitiert als: *Henssler/Moll,* AGB-Kontrolle)

Henssler, Martin/Strohn, Lutz (Hrsg.), Gesellschaftsrecht, Beck'sche Kurz-Kommentare Band 62, 6. Auflage, München 2024
(zitiert als: Henssler/Strohn/*Bearbeiter,* GesR Kommentar)

Henssler, Martin/Willemsen, Heinz Josef u. a. (Hrsg.), Arbeitsrecht Kommentar, 11. Auflage, Köln 2024
(zitiert als: Henssler/Willemsen u. a./*Bearbeiter*, HWK ArbR)

Herberger, Maximilian/Martinek, Michael u. a. (Hrsg.), juris Praxiskommentar BGB, Band 2 – Schuldrecht, 10. Auflage, Saarbrücken 2023
(zitiert als: Herberger/Martinek u. a./*Bearbeiter*, juris-PK BGB)

Herbert, Manfred/Oberrath, Jörg-Dieter, Arbeitsrecht nach der Schuldrechtsreform – eine Zwischenbilanz. In: Neue Juristische Wochenschrift (58) 2005, S. 3745–3753
(zitiert als: *Herbert/Oberrath*, NJW 2005, 3745)

Herzog, Roman, Subsidiaritätsprinzip und Staatsverfassung. In: Der Staat (2) 1963, S. 399–423
(zitiert als: *Herzog*, Staat 1963, 399)

Hessel, Philipp, Gesetz zur Verbesserung der wirtschaftlichen Sicherung der Arbeiter im Krankheitsfalle. In: Betriebs-Berater (12) 1957, S. 681–683
(zitiert als: *Hessel*, BB 1957, 681)

Hessel, Philipp, Krankheit im Arbeitsrecht, Heidelberg 1957
(zitiert als: *Hessel*, Krankheit im Arbeitsrecht)

Hessel, Philipp/Marienhagen, Rolf, Krankheit im Arbeitsrecht, 4. Auflage. Schriften des Betriebs-Beraters, Band 12, Heidelberg 1980
(zitiert als: *Hessel/Marienhagen*, Krankheit im Arbeitsrecht)

Hexel, Christoph/Lüders, Holger, Offene Fragen des neuen Pflegezeitrechts. In: Neue Zeitschrift für Sozialrecht (18) 2009, S. 264–271
(zitiert als: *Hexel/Lüders*, NZS 2009, 264)

Hofmann, Paul, Grenzen gesetzlicher Unabdingbarkeitsnormen im Arbeitsrecht, Zum Verzicht auf den Entgeltfortzahlungsanspruch im Krankheitsfall. In: Gamillscheg, Franz/Hueck, Götz/Wiedemann, Herbert (Hrsg.), 25 Jahre Bundesarbeitsgericht, S. 217–242
(zitiert als: *Hofmann*, Unabdingbarkeitsnormen)

Hohenstatt, Klaus-Stefan/Krois, Christopher, Lohnrisiko und Entgeltfortzahlung während der Corona-Pandemie. In: Neue Zeitschrift für Arbeitsrecht (37) 2020, S. 413–418
(zitiert als: *Hohenstatt/Krois*, NZA 2020, 413)

Hohlfeld, Matthias, Der GmbH-Geschäftsführer im Spannungsverhältnis zwischen Arbeitgeberfunktion und Arbeitnehmereigenschaft. In: GmbH Rundschau (78) 1987, S. 255–258
(zitiert als: *Hohlfeld*, GmbHR 1987, 255)

Hönn, Günther, Zu den „Besonderheiten" des Arbeitsrechts. In: Zeitschrift für Arbeitsrecht (34) 2003, S. 325–360
(zitiert als: *Hönn*, ZFA 2003, 325)

Höpfner, Clemens/Rüthers, Bernd, Grundlagen einer europäischen Methodenlehre. In: Archiv für die civilistische Praxis (209) 2009, S. 1–36
(zitiert als: *Höpfner/Rüthers,* AcP 2009, 1)

Hördt, Michael, Variable Vergütungsbestandteile – Jüngste Entwicklungen der Rechtsprechung. In: Arbeitsrecht Aktuell (13) 2021, S. 492–495
(zitiert als: *Hördt,* ArbR 2021, 492)

Hoyningen-Huene, Gerrick von, Das Rechtsverhältnis zur stufenweisen Wiedereingliederung arbeitsunfähiger Arbeitnehmer. In: Neue Zeitschrift für Arbeitsrecht (9) 1992, S. 49–55
(zitiert als: *Hoyningen-Huene,* NZA 1992, 49)

Hromadka, Wolfgang, Arbeiter und Angestellte – ein Nachruf. In: Recht der Arbeit (68) 2015, S. 65–75
(zitiert als: *Hromadka,* RdA 2015, 65)

Hromadka, Wolfgang, Besprechung des Urteils BAG v. 9.4.2014 – 10 AZR 637/13. In: Recht der Arbeit (68) 2015, S. 59–60
(zitiert als: *Hromadka,* RdA 2015, 59)

Hueck, Alfred, Der Treuegedanke im modernen Privatrecht. In: Sitzungsberichte der Bayerischen Akademie der Wissenschaften. Philosophisch-historische Klasse, Jahrgang 1944/46, Heft 7, München 1947
(zitiert als: *A. Hueck,* Treuegedanke im modernen Privatrecht)

Hueck, Alfred/Nipperdey, Hans Carl, Lehrbuch des Arbeitsrechts, 6. Auflage, Band 1, Berlin/Frankfurt a.M. 1959
(zitiert als: *A. Hueck/Nipperdey,* Lehrbuch des Arbeitsrechts (6. Auflage))

Hümmerich, Klaus, Grenzfall des Arbeitsrechts: Kündigung des GmbH-Geschäftsführers. In: Neue Juristische Wochenschrift (48) 1995, S. 1177–1182
(zitiert als: *Hümmerich,* NJW 1995, 1177)

Hümmerich, Klaus, Der Verbraucher-Geschäftsführer – Das unbekannte Wesen. In: Neue Zeitschrift für Arbeitsrecht (23) 2006, S. 709–713
(zitiert als: *Hümmerich,* NZA 2006, 709)

Hümmerich, Klaus/Holthausen, Joachim, Der Arbeitnehmer als Verbraucher. In: Neue Zeitschrift für Arbeitsrecht (19) 2002, S. 173–181
(zitiert als: *Hümmerich/Holthausen,* NZA 2002, 173)

Hunold, Wolf, Anmerkung zu LAG München 5 Sa 292/88. In: Betriebs-Berater (44) 1989, S. 845–847
(zitiert als: *Hunold,* BB 1989, 845)

Jaeger, Georg, Die Zuständigkeit des ArbG und Geltung des Kündigungsschutzes für Geschäftsführer. In: Neue Zeitschrift für Arbeitsrecht (15) 1998, S. 961–967
(zitiert als: *G. Jaeger,* NZA 1998, 961)

Jaeger, Georg, Der Anstellungsvertrag des GmbH-Geschäftsführers, 6. Auflage, München 2016
(zitiert als: *G. Jaeger,* Anstellungsvertrag)

Jäger, Carl Hellmut, Krankheit des Arbeitnehmers, Freiburg i. Br. 1961
(zitiert als: *Jäger,* Krankheit des Arbeitnehmers)

Jahnke, Jürgen, Entgeltfortzahlung und Regreß des Arbeitgebers im Schadenfall seines Arbeitnehmers. In: Neue Zeitschrift für Verkehrsrecht (9) 1996, S. 169–180
(zitiert als: *Jahnke,* NZV 1996, 169)

Jarass, Hans D./Pieroth, Bodo (Hrsg.), Grundgesetz für die Bundesrepublik Deutschland, Kommentar, 18. Auflage, München 2024
(zitiert als: Jarass/Pieroth/*Bearbeiter,* GG-Kommentar)

Joachim, Hans G., Die Rechtsprechung des Bundesarbeitsgerichts zum Arbeiterkrankheitsgesetz. In: Betriebs-Berater (16) 1961, S. 219–222
(zitiert als: *Joachim,* BB 1961, 219)

Joost, Detlev, Betrachtungen zur Inhaltskontrolle vorformulierter Arbeitsverträge. In: Oetker, Hartmut/Preis, Ulrich/Rieble, Volker (Hrsg.), 50 Jahre Bundesarbeitsgericht, München 2004, S. 49–58
(zitiert als: *Joost,* Inhaltskontrolle vorformulierter Arbeitsverträge)

Joussen, Jacob, Arbeitsrecht und Schuldrechtsreform. In: Neue Zeitschrift für Arbeitsrecht (18) 2001, S. 745–751
(zitiert als: *Joussen,* NZA 2001, 745)

Joussen, Jacob, Streitfragen aus dem Pflegezeitgesetz. In: Neue Zeitschrift für Arbeitsrecht (26) 2009, S. 69–74
(zitiert als: *Joussen,* NZA 2009, 69)

Kaiser, Dagmar, Entgelt bei Nichtzuweisung hindernisgerechter Arbeit. In: Recht der Arbeit (68) 2015, S. 76–87
(zitiert als: *D. Kaiser,* RdA 2015, 76)

Kaiser, Heinz/Dunkl, Hans, Die Entgeltfortzahlung im Krankheitsfall, Kommentar, 2. Auflage, München/Münster 1984
(zitiert als: *H. Kaiser/Dunkl,* Entgeltfortzahlung)

Kaiser, Heinz/Dunkl, Hans u. a. (Hrsg.), Entgeltfortzahlungsgesetz, Kommentar, 5. Auflage, Köln 2000
(zitiert als: Kaiser/Dunkl u. a./*Bearbeiter,* EFZG)

Kania, Thomas/Hölken, Deborah, Urlaub während der Corona-Pandemie. In: Vierteljahresschrift für Sozial- und Arbeitsrecht (38) 2020, S. 327–350
(zitiert als: *Kania/Hölken,* VSSAR 2020, 327)

Kappus, Andreas, BGH „succurit ignoranti" – Transparenz des „Kardinalpflichten"-Begriffs im Unternehmerverkehr. In: Neue Juristische Wochenschrift (59) 2006, S. 15–17
(zitiert als: *Kappus,* NJW 2006, 15)

Kempen, Otto Ernst, Persönliche Leistungsverhinderung und Grundrechte im Arbeitsverhältnis, Ein Beitrag zur Auslegung des § 616 Abs. 1 BGB. In: Das Arbeitsrecht der Gegenwart (25) 1988, S. 75–94
(zitiert als: *Kempen,* ArbRGegw 1988, 75)

Kiel, Heinrich/Lunk, Stefan u. a. (Hrsg.), Münchener Handbuch zum Arbeitsrecht, Individualarbeitsrecht I, Band 1, 3. Auflage, München 2009
(zitiert als: Kiel/Lunk u. a./*Bearbeiter,* MHdB ArbR (2009))

Kiel, Heinrich/Lunk, Stefan u. a. (Hrsg.), Münchener Handbuch zum Arbeitsrecht, Individualarbeitsrecht I, Band 1, 6. Auflage, München 2024
(zitiert als: Kiel/Lunk u. a./*Bearbeiter,* MHdB ArbR)

Kießling, Andrea (Hrsg.), Infektionsschutzgesetz, Kommentar, 3. Auflage, München 2022
(zitiert als: Kießling/*Bearbeiter,* IfSG)

Kießling, Erik, Entgeltfortzahlung bei Erkrankung von Kindern von Arbeitnehmern. In: Der Betrieb (58) 2006, S. 841–842
(zitiert als: *E. Kießling,* DB 2006, 841)

Kießling, Erik/Jünemann, Michael, Dienstbefreiung, Entgeltfortzahlung und Kündigung bei der Erkrankung von Kindern. In: Der Betrieb (58) 2005, S. 1684–1690
(zitiert als: *E. Kießling/Jünemann,* DB 2005, 1684)

Kindhäuser, Urs/Neumann, Ulfrid u. a. (Hrsg.), Strafgesetzbuch, 6. Auflage, Baden-Baden 2023
(zitiert als: Kindhäuser/Neumann u. a./*Bearbeiter,* StGB)

Kisch, Wilhelm, Die Wirkung der nachträglich eintretenden Unmöglichkeit der Erfüllung bei gegenseitigen Verträgen nach dem Bürgerlichen Gesetzbuche für das Deutsche Reich, Jena 1900
(zitiert als: *Kisch,* Unmöglichkeit der Erfüllung)

Kitzinger, Jürgen, Der GmbH-Geschäftsführer zwischen Arbeits- und Gesellschaftsrecht, Frankfurt a.M. 2001
(zitiert als: *Kitzinger,* GmbH-Geschäftsführer zwischen Arbeits- und Gesellschaftsrecht)

Klein, Christian, Arbeitsrechtliche Problem- und Fragestellungen der Corona-Pandemie. In: Neue Justiz (74) 2020, 377-387
(zitiert als: *Klein,* NJ 2020, 377-387)

Kleinebrink, Wolfgang, Der Freistellungs- und Vergütungsanspruch des Arbeitnehmers bei Erkrankung eines Kindes nach dem SGB V. In: Arbeits-Rechtsberater (6) 2006, S. 303–306
(zitiert als: *Kleinebrink,* ArbRB 2006, 303)

Kleinebrink, Wolfgang, Arbeitsbefreiung zur Betreuung eines Kindes. In: Der Betrieb 2020, S. 952–957
(zitiert als: *Kleinebrink,* DB 2020, 952)

Kluckert, Sebastian (Hrsg.), Das neue Infektionsschutzrecht, 2. Auflage, Baden-Baden 2021
(zitiert als: Kluckert/*Bearbeiter*, Infektionsschutzgesetz)

Knickrehm, Sabine/Deinert, Olaf (Hrsg.), beck-online.GROSSKOMMENTAR SGB XII, München 2024
(zitiert als: Knickrehm/Deinert/*Bearbeiter*, beckOGK SGB XII)

Knickrehm, Sabine/Roßbach, Gundula u. a. (Hrsg.), Kommentar zum Sozialrecht, 8. Auflage, München 2023
(zitiert als: Knickrehm/Roßbach u. a./*Bearbeiter*, SozR Komm)

Knorr, Gerhard/Krasney, Otto Ernst (Hrsg.), Entgeltfortzahlung – Krankengeld – Mutterschaftsgeld, Berlin 2022
(zitiert als: Knorr/Krasney/*Bearbeiter*, Entgeltfortzahlung)

Kohte, Wolfhard, Gewissenskonflikte am Arbeitsplatz, – Zur Aktualität des Rechts der Leistungsstörung -. In: Neue Zeitschrift für Arbeitsrecht (6) 1989, S. 161–169
(zitiert als: *Kohte*, NZA 1989, 161)

Kohte, Wolfhard, Die Schuldrechtsreform und das Arbeitsrecht. In: Fischer, Gerfried (Hrsg.), Moderne Zivilrechtsformen und ihre Wirkungen – Familienrecht, Schiedsverfahrensrecht, Schuldrecht. Symposium aus Anlass des 75. Geburtstags von Prof. Dr. Walter Rolland, Baden-Baden 2006, S. 85–103
(zitiert als: *Kohte*, Schuldrechtsreform und das Arbeitsrecht)

Kohte, Wolfhard/Paschke, Christian, Bezahlte Freistellung bei Betreuung eines schwer erkrankten Kindes unter zwölf Jahren. In: juris Praxisreport-Arbeitsrecht 2013, Anm. 1
(zitiert als: *Kohte/Paschke*, jurisPR-ArbR 2013, Anm. 1)

Kolbe, Sebastian, Kindergartenstreik und Konsequenzen. In: Betriebs-Berater (64) 2009, S. 1414–1416
(zitiert als: *Kolbe*, BB 2009, 1414)

Köllmann, Thomas, Die Corona-Warn-App, Schnittstellen zwischen Datenschutz- und Arbeitsrecht. In: Neue Zeitschrift für Arbeitsrecht (37) 2020, S. 831–836
(zitiert als: *Köllmann*, NZA 2020, 831)

Koppenfels, Katharina von, Die Entgeltfortzahlung im Krankheitsfall an der Schnittstelle von Arbeits- und Sozialrecht. In: Neue Zeitschrift für Sozialrecht (11) 2002, S. 241–247
(zitiert als: *Koppenfels*, NZS 2002, 241)

Koppenfels-Spies, Katharina von, Angehörigenpflege und Beschäftigung, Familienpflegezeit und Pflegezeit, München 2016
(zitiert als: *Koppenfels-Spies*, Angehörigenpflege und Beschäftigung)

Körner, Anne/Krasney, Martin u. a. (Hrsg.), beck-online.GROSSKOMMENTAR zum SGB, Kasseler Kommentar SGB I, München 2024
(zitiert als: Körner/Krasney u. a./*Bearbeiter*, beckOGK SGB I)

Körner, Anne/Krasney, Martin u. a. (Hrsg.), beck-online.GROSSKOMMENTAR zum SGB, Kasseler Kommentar SGB V, München 2024
(zitiert als: Körner/Krasney u. a./*Bearbeiter*, beckOGK SGB V)

Kossens, Michael (Hrsg.), Pflegezeitgesetz und Familienpflegezeitgesetz, Basiskommentar, 4. Auflage, Frankfurt a.M. 2019
(zitiert als: Kossens/*Bearbeiter*, Basiskommentar)

Kraayvanger, Lisa/Schrader, Peter, Erstattungsanspruch des Arbeitgebers nach § 56 V 2 IfSG bei COVID-19? In: NZA-Rechtsprechungs-Report Arbeitsrecht (25) 2020, S. 623–627
(zitiert als: *Kraayvanger/Schrader*, NZA-RR ArbR 2020, 623)

Krahmer, Utz/Trenk-Hinterberger, Peter (Hrsg.), Sozialgesetzbuch I Allgemeiner Teil, Lehr- und Praxiskommentar, 4. Auflage, Baden-Baden 2020
(zitiert als: Krahmer/Trenk-Hinterberger/*Bearbeiter*, SGB I)

Kramer, Ernst A., Juristische Methodenlehre, 7. Auflage, Bern 2024
(zitiert als: *Kramer*, Methodenlehre)

Kraus, Christopher, Der nachträgliche Wegfall des Arbeitsplatzes als Einwendung, Zugleich eine Konkretisierung der Voraussetzungen des § 275 BGB, Baden-Baden 2020
(zitiert als: *Kraus*, Nachträglicher Wegfall des Arbeitsplatzes als Einwendung)

Krause, Rüdiger, Zahlungsansprüche leistungsgeminderter Arbeitnehmer im Geflecht von Annahmeverzug und Schadensersatz. In: Arbeit und Recht (59) 2011, 402-405
(zitiert als: *Krause*, AuR 2011, 402-405)

Krets, Jérôme, Klageverzichts- und Abwicklungsverträge ohne Abfindung. In: Baeck, Ulrich/Hauck, Friedrich u. a. (Hrsg.), Festschrift für Jobst-Hubertus Bauer zum 65. Geburtstag, München 2010, S. 601–612
(zitiert als: *Krets*, Klageverzichtsverträge)

Krumnack, Sebastian, Der Wegfall der Leistungspflicht bei Arbeitsverhinderungen aus persönlichen Gründen gem. § 616 BGB, Hildesheim/Zürich/New York 2022
(zitiert als: *Krumnack*, Wegfall der Leistungspflicht)

Küfner-Schmitt, Irmgard/Schmitt, Laura (Hrsg.), Entgeltfortzahlungsgesetz, 9. Auflage, München 2023
(zitiert als: Küfner-Schmitt/Schmitt/*Bearbeiter*, EFZG)

Kühl, Kristian, Die strafrechtliche Garantenstellung, Eine Einführung mit Hinweisen zur Vertiefung. In: Juristische Schulung (47) 2007, S. 497–504
(zitiert als: *Kühl*, JuS 2007, 497)

Kuhn, Norbert, Abgestuftes Arbeitsrecht am Beispiel des abhängigen GmbH-Geschäftsführers (mit europäischen Bezügen), Frankfurt a.M. 2006
(zitiert als: *Kuhn,* Abhängiger GmbH-Geschäftsführer)

Kühn, Thomas, Die Anwendbarkeit des Grundsatzes venire contra factum proprium im Arbeitsrecht. In: Neue Zeitschrift für Arbeitsrecht (25) 2008, S. 1328–1333
(zitiert als: *Kühn,* NZA 2008, 1328)

Laber, Jörg/Gerdom, Thomas, Bezahlte Freizeit zur Stellensuche. In: Arbeits-Rechtsberater 2010, S. 255–258
(zitiert als: *Laber/Gerdom,* ArbRB 2010, 255)

Lackner, Karl/Kühl, Kristian u. a. (Hrsg.), Strafgesetzbuch Kommentar, 30. Auflage, München 2023
(zitiert als: Lackner/Kühl u. a./*Bearbeiter,* StGB Kommentar)

Lakies, Thomas, Vertragsgestaltung und AGB im Arbeitsrecht, 2. Auflage, Heidelberg 2011
(zitiert als: *Lakies,* Vertragsgestaltung)

Lambeck, Rainer, Zum Beweiswert ärztlicher Arbeitsunfähigkeitsbescheinigungen im Entgeltfortzahlungsprozess. In: Neue Zeitschrift für Arbeitsrecht (7) 1990, S. 88–91
(zitiert als: *Lambeck,* NZA 1990, 88)

Langenbucher, Florian, Das Anstellungsverhältnis des abberufenen GmbH-Geschäftsführers, Baden-Baden 2019
(zitiert als: *Langenbucher,* Anstellungsverhältnis des abberufenen GmbH-Geschäftsführers)

Larenz, Karl, Methodenlehre der Rechtswissenschaft, 6. Auflage, Heidelberg 1991
(zitiert als: *Larenz,* Methodenlehre)

Latzel, Clemens, Die Arbeitsschuld ist keine Fixschuld! In: Archiv für die civilistische Praxis (221) 2021, S. 881–922
(zitiert als: *Latzel,* AcP 2021, 881)

Leipold, Dieter, Sittenwidrige Ausschlagung eines Sozialleistungsempfängers bei werthaltiger Erbschaft. In: Zeitschrift für Erbrecht und Vermögensnachfolge (16) 2009, S. 471–473
(zitiert als: *Leipold,* ZEV 2009, 471)

Lepke, Achim, Krankheitsbegriff im Arbeitsrecht. In: NZA-Rechtsprechungs-Report Arbeitsrecht (4) 1999, S. 57–63
(zitiert als: *Lepke,* NZA-RR ArbR 1999, 57)

Leuschner, Lars, Gebotenheit und Grenzen der AGB-Kontrolle, Weshalb M&A-Verträge nicht der Inhaltskontrolle der §§ 305 ff. AGB unterliegen. In: Archiv für die civilistische Praxis (207) 2007, S. 491–529
(zitiert als: *Leuschner,* AcP 2007, 491)

Leuschner, Lars (Hrsg.), AGB-Recht im unternehmerischen Rechtsverkehr, Kommentar zu den §§ 305-310 BGB mit Klauselteil, Erläuterungen zur Rechtswahl und Länderberichten, München 2021
(zitiert als: Leuschner/*Bearbeiter*, AGB-Recht)

Linck, Rüdiger, Offene Fragen des Pflegezeitgesetzes. In: Betriebs-Berater (63) 2008, S. 2738–2743
(zitiert als: *Linck*, BB 2008, 2738)

Linck, Rüdiger, Fragen des Entgeltrisikos in Zeiten von Covid 19. In: Brose, Wiebke/Greiner, Stefan u. a. (Hrsg.), Grundlagen des Arbeits- und Sozialrechts. Festschrift für Ulrich Preis zum 65. Geburtstag, München 2021, S. 743–758
(zitiert als: *Linck*, Entgeltrisiko in Zeiten von Covid 19)

Linck, Rüdiger/Preis, Ulrich u. a. (Hrsg.), Kündigungsrecht, Großkommentar zum gesamten Recht der Beendigung von Arbeitsverhältnissen, 7. Auflage, München 2024
(zitiert als: Linck/Preis u. a./*Bearbeiter*, APS – Kündigungsrecht)

Lindemann, Achim/Simon, Oliver, Flexible Bonusregelungen im Arbeitsvertrag. In: Betriebs-Berater (57) 2002, S. 1807–1814
(zitiert als: *Lindemann/Simon*, BB 2002, 1807)

Lindner-Figura, Jan/Oprée, Frank u. a. (Hrsg.), Handbuch Geschäftsraummiete, 5. Auflage, München 2023
(zitiert als: Lindner-Figura/Oprée u. a./*Bearbeiter*, Hdb Geschäftsraummiete)

Lingemann, Stefan, Allgemeine Geschäftsbedingungen und Arbeitsvertrag. In: Neue Zeitschrift für Arbeitsrecht (19) 2002, S. 181–192
(zitiert als: *Lingemann*, NZA 2002, 181)

Lorenz, Egon (Hrsg.), Karlsruher Forum 2002: Schuldrechtsmodernisierung, Karlsruhe 2003
(zitiert als: Lorenz/*Bearbeiter*, Karlsruher Forum)

Lorenz, Stephan, Zur Abgrenzung von Teilleistung, teilweiser Unmöglichkeit und teilweiser Schlechtleistung im neuen Schuldrecht. In: Neue Juristische Wochenschrift (56) 2003, S. 3097–3099
(zitiert als: *S. Lorenz*, NJW 2003, 3097)

Lorz, Rainer/Pfisterer, Benedikt u. a. (Hrsg.), Beck'sches Formularbuch GmbH-Recht, 1. Auflage, München 2010
(zitiert als: Lorz/Pfisterer u. a./*Bearbeiter*, BeckFormB GmbHR (2010))

Löwisch, Manfred, Zum Anspruch auf bezahlte Arbeitsbefreiung bei Pflege eines erkrankten Kindes. In: Der Betrieb (32) 1979, S. 209–211
(zitiert als: *Löwisch*, DB 1979, 209)

Löwisch, Manfred, Zweifelhafte Folgen des geplanten Leistungsstörungsrechts für das Arbeitsvertragsrecht. In: Neue Zeitschrift für Arbeitsrecht (18) 2001, S. 465–467
(zitiert als: *Löwisch*, NZA 2001, 465)

Löwisch, Manfred/Beck, Alexander, Keine Entgeltfortzahlung bei Schönheitsoperationen. In: Betriebs-Berater (62) 2007, S. 1960–1961
(zitiert als: *Löwisch/Beck*, BB 2007, 1960)

Löwisch, Manfred/Rieble, Volker (Hrsg.), Tarifvertragsgesetz, Kommentar, 4. Auflage, München 2017
(zitiert als: Löwisch/Rieble/*Bearbeiter*, TVG Kommentar)

Luhmann, Niklas, Die Gewissensfreiheit und das Gewissen. In: Archiv des öffentlichen Rechts (90) 1965, S. 257–286
(zitiert als: *Luhmann*, AöR 1965, 257)

Lunk, Stefan, Anmerkung zu BGH II ZR 244/17. In: Neue Juristische Wochenschrift (72) 2019, S. 2091
(zitiert als: *Lunk*, NJW 2019, 2091)

Marburger, Horst, Zu den Ansprüchen bei Erkrankung eines Kindes aus sozialversicherungsrechtlicher Sicht. In: Recht der Arbeit (46) 1993, S. 31–34
(zitiert als: *Marburger*, RdA 1993, 31)

Marburger, Horst, Neu geregelt: Entgeltfortzahlung im Krankheitsfall. In: Betriebs-Berater (49) 1994, S. 1417–1422
(zitiert als: *Marburger*, BB 1994, 1417)

Martens, Klaus-Peter, Vertretungsorgan und Arbeitnehmerstatus in konzernabhängigen Gesellschaften. In: Dieterich, Thomas/Gamillscheg, Franz/Wiedemann, Herbert (Hrsg.), Festschrift für Marie Luise Hilger und Hermann Stumpf, München 1983, S. 437–466
(zitiert als: *K.-P. Martens*, Vertretungsorgan)

Mayerhofer, Horst, Karenztage und versicherungsrechtliche Lösung, Ein Rückblick auf das Arbeiter-Krankheitsgesetz. In: Neue Zeitschrift für Arbeitsrecht (10) 1993, S. 400–403
(zitiert als: *Mayerhofer*, NZA 1993, 400)

Medicus, Dieter/Lorenz, Stephan, Schuldrecht II, Besonderer Teil, 18. Auflage, München 2018
(zitiert als: *Medicus/S. Lorenz*, Schuldrecht II BT)

Meinel, Gernod/Heyn, Judith u. a. (Hrsg.), Teilzeit- und Befristungsgesetz, Kommentar, 6. Auflage, München 2022
(zitiert als: Meinel/Heyn u. a./*Bearbeiter*, TzBfG Kommentar)

Meisel, Peter G., Anmerkung zu AP HGB § 63 Nr. 45, BAG 5 AZR 621/88
(zitiert als: Meisel, Anmerkung zu AP HGB § 63 Nr. 45)

Mertens, Peter, Gehaltsfortzahlung und Krankengeld bei Erkrankung des Kindes. In: Neue Juristische Wochenschrift (31) 1978, S. 1677–1678
(zitiert als: *Mertens*, NJW 1978, 1677)

Miller, Fritz Georg, Der Anstellungsvertrag des GmbH-Geschäftsführers, Rechtliche Einordung und gesetzliche Mindestkündigungsfrist. In: Betriebs-Berater (32) 1977, S. 723–726
(zitiert als: *Miller*, BB 1977, 723)

Mirza Khanian, Frederic, Die Inhaltskontrolle von Organanstellungsverträgen am Beispiel des GmbH-Geschäftsführervertrages, Baden-Baden 2008
(zitiert als: *Mirza Khanian*, Inhaltskontrolle von Organanstellungsverträgen)

Mirza Khanian, Frederic, Die Inhaltskontrolle von Geschäftsführerverträgen. In: GmbHRundschau (102) 2011, S. 116–121
(zitiert als: *Mirza Khanian*, GmbHR 2011, 116)

Moll, Wilhelm, Dienstvergütung bei persönlicher Verhinderung, Ein historisches Problem und seine heutige Bewältigung. In: Recht der Arbeit (33) 1980, S. 138–155
(zitiert als: *Moll*, RdA 1980, 138)

Moll, Wilhelm (Hrsg.), Münchener Anwaltshandbuch Arbeitsrecht, 5. Auflage, München 2021
(zitiert als: Moll/*Bearbeiter*, MAH ArbR)

Mommsen, Friedrich, Die Unmöglichkeit der Leistung in ihrem Einfluß auf obligatorische Verhältnisse, Braunschweig 1853
(zitiert als: *Mommsen*, Unmöglichkeit der Leistung)

Mrozynski, Peter (Hrsg.), SGB I, Allgemeiner Teil, Kommentar, 7. Auflage, München
(zitiert als: Mrozynski/*Bearbeiter*, SGB I)

Mugdan, Benno, Die gesammten Materialien zum Bürgerlichen Gesetzbuch für das Deutsche Reich, Recht der Schuldverhältnisse, Band 2, Berlin 1899
(zitiert als: *Mugdan*, Materialien zum BGB II)

Müller, Friedrich/Christensen, Ralph, Juristische Methodik, Band I – Grundlagen für die Arbeitsmethoden der Rechtspraxis, 11. Auflage, Berlin 2013
(zitiert als: *F. Müller/Christensen*, Juristische Methodik)

Müller, Sebastian, AGB-rechtliche Zulässigkeit von Diskontsatz-Verzugszinsklauseln. In: Neue Juristische Wochenschrift (49) 1996, S. 1520–1521
(zitiert als: *S. Müller*, NJW 1996, 1520)

Müller, Stefan, Das Pflegezeitgesetz (PflegeZG) und seine Folgen für die arbeitsrechtliche Praxis. In: Betriebs-Berater (63) 2008, S. 1058–1064
(zitiert als: *S. Müller*, BB 2008, 1058)

Müller, Stefan, Die Änderungen im Familien- und Pflegezeitrecht. In: Betriebs-Berater (69) 2014, S. 3125–3134
(zitiert als: *S. Müller*, BB 2014, 3125)

Müller, Stefan, Corona-Schutzimpfung und Vergütungspflicht des Arbeitgebers. In: Arbeitsrecht Aktuell (13) 2021, S. 176–179
(zitiert als: *S. Müller,* ArbR 2021, 176)

Müller-Glöge, Rudi, Aktuelle Rechtsprechung zum Recht der Entgeltfortzahlung im Krankheitsfall. In: Recht der Arbeit (59) 2006, S. 105–116
(zitiert als: *Müller-Glöge,* RdA 2006, 105)

Müller-Glöge, Rudi/Preis, Ulrich u. a. (Hrsg.), Erfurter Kommentar zum Arbeitsrecht, Beck'sche Kurz-Kommentare Band 51, 12. Auflage, München 2012
(zitiert als: Müller-Glöge/Preis u. a./*Bearbeiter,* ErfK (2012))

Müller-Glöge, Rudi/Preis, Ulrich u. a. (Hrsg.), Erfurter Kommentar zum Arbeitsrecht, Beck'sche Kurz-Kommentare Band 51, 24. Auflage, München 2024
(zitiert als: Müller-Glöge/Preis u. a./*Bearbeiter,* ErfK)

Naber, Sebastian/Schulte, Willem, Wirksamkeit von Ausschlussfristen – Rechtsprechung im Wandel? In: Betriebs-Berater (73) 2018, S. 2100–2106
(zitiert als: *Naber/W. Schulte,* BB 2018, 2100)

Natzel, Ivo, Schutz des Arbeitnehmers als Verbraucher? In: Neue Zeitschrift für Arbeitsrecht (19) 2002, S. 595–597
(zitiert als: *Natzel,* NZA 2002, 595)

Nebendahl, Mathias, Ansprüche eines GmbH-Geschäftsführers aus betrieblicher Übung? In: Neue Zeitschrift für Arbeitsrecht (9) 1992, S. 289–294
(zitiert als: *Nebendahl,* NZA 1992, 289)

Niebling, Jürgen, Isolierte Betrachtung Allgemeiner Geschäftsbedingungen oder Würdigung des Gesamtvertrages? In: BB (47) 1992, S. 717–720
(zitiert als: *Niebling,* BB 1992, 717)

Nikisch, Arthur, Anmerkung zu AP Nr. 27 zu § 133c GewO, BAG 1 AZR 367/66
(zitiert als: Nikisch, Anmerkung zu AP Nr. 27 zu § 133c GewO)

Nikisch, Arthur, Arbeitsvertrag und Arbeitsverhältnis, Berlin/Leipzig/Wien 1941
(zitiert als: *Nikisch,* Arbeitsvertrag)

Nikisch, Arthur, Arbeitsrecht, I. Band Allgemeine Lehren und Arbeitsvertragsrecht, 3. Auflage, Tübingen 1961
(zitiert als: *Nikisch,* Arbeitsrecht)

Noack, Karoline, Entgeltfortzahlung und Entschädigung – Entgeltrisiko und Durchsetzbarkeit des Anspruchs aus § 56 IfSG. In: Neue Zeitschrift für Arbeitsrecht (38) 2021, S. 251–256
(zitiert als: *Noack,* NZA 2021, 251)

Nobbe, Gerd, Die Rechtsprechung des Bundesgerichtshofs zu Kartenzahlungen und die neuere Rechtsprechung des Bundesgerichtshofs zum Wechsel- und Scheckrecht. In: Zeitschrift für Wirtschafts- und Bankrecht (66) 2012, S. 1–22 (zitiert als: *Nobbe,* WM-Sonderbeilage 2 2012, 1)

Oberrath, Jörg-Dieter, Anwendung von Arbeitsrecht auf den GmbH-Geschäftsführer. In: Monatsschrift für Deutsches Recht (53) 1999, S. 134–139 (zitiert als: *Oberrath,* MDR 1999, 134)

Oberthür, Nathalie/Becker, Tanja, Streitfall „Pflege" – Ausgewählte Problemstellungen des Pflegezeitgesetzes. In: ArbeitsRechtsberater (9) 2009, S. 77–80 (zitiert als: *Oberthür/T. Becker,* ArbRB 2009, 77)

Oehmann, Werner, Mit dem Anspruch auf Krankengeldzuschuss konkurrierende Lohnansprüche. In: Der Betrieb (12) 1959, S. 860–861 (zitiert als: *Oehmann,* DB 1959, 860)

Oetker, Hartmut, Einführung von Karenztagen für die Lohnfortzahlung im Krankheitsfall qua Tarifvertrag?, Zugleich ein exemplarischer Beitrag zu den Grenzen der Tarifautonomie. In: Die Sozialgerichtsbarkeit (31) 1984, S. 193–197 (zitiert als: *Oetker,* SGb 1984, 193)

Oetker, Hartmut, Arbeitsvertragliche Bezugnahme auf Tarifverträge und AGB-Kontrolle. In: Wank, Rolf/Hirte, Heribert u. a. (Hrsg.), Festschrift für Herbert Wiedemann zum 70. Geburtstag, München 2002, S. 383–400 (zitiert als: *Oetker,* Bezugnahme auf Tarifverträge)

Oetker, Hartmut, Dynamische Verweisungen in Allgemeinen Geschäftsbedingungen als Rechtsproblem. In: JuristenZeitung (57) 2002, S. 337–342 (zitiert als: *Oetker,* JZ 2002, 337)

Olderog, Hans-Hermann, Rechtsfragen bei Krankheit im Arbeitsverhältnis. In: Betriebs-Berater (44) 1989, S. 1684–1692 (zitiert als: *Olderog,* BB 1989, 1684)

Palandt, Otto (Begr.), Bürgerliches Gesetzbuch, Beck'sche Kurz-Kommentare Band 7, 53. Auflage, München 1994 (zitiert als: Palandt/*Bearbeiter,* BGB-Kommentar (1994))

Palandt, Otto (Begr.), Bürgerliches Gesetzbuch, Beck'sche Kurz-Kommentare Band 7, 61. Auflage, München 2002 (zitiert als: Palandt/*Bearbeiter,* BGB-Kommentar (2002))

Pallasch, Ulrich, Gefahrtragungsregeln im BGB. In: Juristische Arbeitsblätter (26) 1994, S. 504–510 (zitiert als: *Pallasch,* JA 1994, 504)

Pawlowski, Hans-Martin, Methodenlehre für Juristen, Theorie der Norm und des Gesetzes, 3. Auflage, Heidelberg 1999 (zitiert als: *Pawlowski,* Methodenlehre)

Pfeiffer, Thomas, Was kann ein Verbraucher?, Zur Relevanz von Informationsverarbeitungskapazitäten im AGB-Recht und darüber hinaus. In: Neue Juristische Wochenschrift (64) 2011, S. 1–7
(zitiert als: *Pfeiffer,* NJW 2011, 1)

Pielow, Johann-Christian (Hrsg.), Beck'scher Online-Kommentar Gewerbeordnung, 62. Auflage, München 2024
(zitiert als: Pielow/*Bearbeiter,* BeckOK GewO)

Pletke, Matthias/Schrader, Peter u. a. (Hrsg.), Rechtshandbuch Flexible Arbeit, Flexible Beschäftigungsverhältnisse, Personalanpassung, Vergütungssysteme, Arbeitszeitmodelle, Aufgabenänderung, 2. Auflage, München 2022
(zitiert als: Pletke/Schrader u. a./*Bearbeiter,* Flexible Arbeit)

Plettenberg, Clara von, Die Arbeitsbefreiung nach dem Pflegezeitgesetz, Voraussetzungen und Rechtsfolgen, Baden-Baden 2011
(zitiert als: *Plettenberg,* Arbeitsbefreiung nach dem PflegeZG)

Polkowski, Nathalie/Krusche, Niklas, Arbeitnehmereigenschaft von Geschäftsführern und Gesellschaftern. In: Schnellinformation für Personalmanagement und Arbeitsrecht (26) 2021, S. 137–138
(zitiert als: *Polkowski/Krusche,* SPA 2021, 137)

Preis, Ulrich, Grundfragen der Vertragsgestaltung im Arbeitsrecht, Neuwied/Kriftel/Berlin 1992
(zitiert als: *Preis,* Vertragsgestaltung)

Preis, Ulrich, Das arbeitsrechtliche Beschäftigungsförderungsgesetz 1996. In: Neue Zeitschrift für Arbeitsrecht (49) 1996, S. 3369–3378
(zitiert als: *Preis,* NZA 1996, 3369)

Preis, Ulrich, Arbeitsvertragliche Verweisungen auf Tarifverträge. In: Wank, Rolf/Hirte, Heribert u. a. (Hrsg.), Festschrift für Herbert Wiedemann zum 70. Geburtstag, München 2002, S. 425–448
(zitiert als: *Preis,* Verweisungen auf Tarifverträge)

Preis, Ulrich, AGB-Recht und Arbeitsrecht, Eine Zwischenbilanz. In: Neue Zeitschrift für Arbeitsrecht – Beilage (23) 2006, S. 115–122
(zitiert als: *Preis,* NZA-Beilage 2006, 115)

Preis, Ulrich, § 611a BGB – Potenziale des Arbeitnehmerbegriffs. In: Neue Zeitschrift für Arbeitsrecht (35) 2018, S. 817–826
(zitiert als: *Preis,* NZA 2018, 817)

Preis, Ulrich (Hrsg.), Der Arbeitsvertrag, 6. Auflage, Köln 2020
(zitiert als: Preis/*Bearbeiter,* Arbeitsvertrag)

Preis, Ulrich/Bleser, Alina u. a., Die Inhaltskontrolle von Ausgleichsquittungen und Verzichtserklärungen. In: Der Betrieb (59) 2006, S. 2812–2818
(zitiert als: *Preis/Bleser/Rauf,* DB 2006, 2812)

Preis, Ulrich/Mazurek, Daniel u. a., Rechtsfragen der Entgeltfortzahlung in der Pandemie. In: Neue Zeitschrift für Arbeitsrecht (37) 2020, S. 1137–1144
(zitiert als: *Preis/Mazurek/Schmid*, NZA 2020, 1137)

Preis, Ulrich/Nehring, Linda, Das Pflegezeitgesetz. In: Neue Zeitschrift für Arbeitsrecht (25) 2008, S. 729–736
(zitiert als: *Preis/Nehring*, NZA 2008, 729)

Preis, Ulrich/Roloff, Sebastian, Die neueste Entwicklung der Vertragsinhaltskontrolle im Arbeitsrecht, Ausblick und Zwischenbilanz. In: Zeitschrift für Arbeitsrecht (38) 2007, S. 43–86
(zitiert als: *Preis/Roloff*, ZFA 2007, 43)

Preis, Ulrich/Rupprecht, Kerstin, Die Verbindlichkeit einer unbilligen Weisung – Auch Richter können irren! In: Neue Zeitschrift für Arbeitsrecht (34) 2017, S. 1353–1357
(zitiert als: *Preis/Rupprecht*, NZA 2017, 1353)

Preis, Ulrich/Schmid, Matthias, Risikotragung bei pandemiebedingter Verhinderung. In: Jahrbuch des Arbeitsrechts (58) 2021, S. 21–46
(zitiert als: *Preis/Schmid*, JbArbR 2021, 21)

Preis, Ulrich/Temming, Felipe (Hrsg.), Arbeitsrecht – Individualarbeitsrecht, Lehrbuch für Studium und Praxis, 7. Auflage 2024
(zitiert als: Preis/Temming/*Bearbeiter*, Arbeitsrecht)

Preis, Ulrich/Weber, Astrid, Der Regierungsentwurf eines Pflegezeitgesetzes. In: Neue Zeitschrift für Arbeitsrecht (25) 2008, S. 82–85
(zitiert als: *Preis/A. Weber*, NZA 2008, 82)

Ransiek, Andreas, Das unechte Unterlassungsdelikt. In: Juristische Schulung (50) 2010, S. 585–589
(zitiert als: *Ransiek*, JuS 2010, 585)

Rauch, Nadine, Die Subsidiarität des Entschädigungsanspruchs nach § 56 Abs. 1 IfSG. In: Bayerische Verwaltungsblätter (154) 2023, S. 147–152
(zitiert als: *Rauch*, BayVBl 2023, 147)

Reichert, Jochem (Hrsg.), GmbH & Co. KG, 8. Auflage, München 2021
(zitiert als: Reichert/*Bearbeiter*, GmbH)

Reinecke, Gerhard, Klagen von Geschäftsführern und Vorstandsmitgliedern vor den Arbeitsgerichten. In: Zeitschrift für Wirtschaftsrecht (18) 1997, S. 1525–1534
(zitiert als: *Reinecke*, ZIP 1997, 1525)

Reinecke, Gerhard, Krankheit und Arbeitsunfähigkeit – die zentralen Begriffe des Rechts der Entgeltfortzahlung. In: Der Betrieb (51) 1998, S. 130–133
(zitiert als: *Reinecke*, DB 1998, 130)

Reufels, Martin J. (Hrsg.), Beck'sche Online-Formulare Arbeitsrecht, 16. Auflage, München 2024
(zitiert als: Reufels/*Bearbeiter,* BeckOF ArbR)

Reuling, Raimund/Stritzke, Kerstin, Die Arbeitnehmereigenschaft des GmbH-Fremdgeschäftsführers – Eine deutsch-österreichische Rechtsvergleichung. In: Recht der Arbeit (74) 2021, S. 146–152
(zitiert als: *Reuling/Stritzke,* RdA 2021, 146)

Richardi, Reinhard, Entwicklungstendenzen der Treue- und Fürsorgepflicht in Deutschland. In: Tomandl, Theodor (Hrsg.), Treue- und Fürsorgepflicht im Arbeitsrecht, Wien 1975, S. 41–70
(zitiert als: *Richardi,* Entwicklungstendenzen der Fürsorgepflicht)

Richardi, Reinhard, Leistungsstörung und Haftung im Arbeitsverhältnis nach dem Schuldrechtsmodernisierungsgesetz. In: Neue Zeitschrift für Arbeitsrecht (19) 2002, S. 1004–1012
(zitiert als: *Richardi,* NZA 2002, 1004)

Richardi, Reinhard, Der Arbeitsvertrag im Lichte des neuen § 611 a BGB. In: Neue Zeitschrift für Arbeitsrecht (34) 2017, S. 36–39
(zitiert als: *Richardi,* NZA 2017, 36)

Richardi, Reinhard/Wlotzke, Otfried (Hrsg.), Münchener Handbuch zum Arbeitsrecht, Band 1, 2. Auflage, München 2000
(zitiert als: Richardi/Wlotzke/*Bearbeiter,* MHdB ArbR (2000))

Richter, Stefan/Heine, Maurice, Vom Urlaub ins Risiko? – Arbeiten nach der Reiserückkehr. In: Arbeitsschutz in Recht und Praxis (1) 2020, S. 323–325
(zitiert als: *Richter/Heine,* ARP 2020, 323)

Rieble, Volker, Arbeitsmarkt und Wettbewerb, Der Schutz von Vertrags- und Wettbewerbsfreiheit im Arbeitsrecht, Berlin/Heidelberg/New York 1996
(zitiert als: *Rieble,* Arbeitsmarkt und Wettbewerb)

Rieble, Volker, Vertragsrecht und AGB-Klauselwerke, Buchbesprechung. In: Neue Zeitschrift für Arbeitsrecht (21) 2004, S. 304
(zitiert als: *Rieble,* NZA 2004, 304)

Riehm, Thomas, Der Grundsatz der Naturalerfüllung, Tübingen 2015
(zitiert als: *Riehm,* Naturalerfüllung)

Rinck, Ursula, Der Arbeitnehmerbegriff im Wandel – Entwicklungen und Perspektiven. In: Recht der Arbeit (72) 2019, S. 127–130
(zitiert als: *Rinck,* RdA 2019, 127)

Rinck, Ursula/Böhle, Thomas u. a. (Hrsg.), Beck'scher Online-Kommentar TVöD, Kommentar zum Tarifrecht der Beschäftigten im öffentlichen Dienst im Bereich des Bundes und der VKA, 69. Auflage, München 2024
(zitiert als: Rinck/Böhle u. a./*Bearbeiter,* BeckOK TVöD)

Rolfs, Christian, Die Inhaltskontrolle arbeitsrechtlicher Beendigungsvereinbarungen. In: Martinek, Michael/Rawert, Peter/Weitemeyer, Birgit (Hrsg.), Festschrift für Dieter Reuter. zum 70. Geburtstag am 16. Oktober 2010, Berlin/New York 2010, S. 825–837
(zitiert als: *Rolfs*, Inhaltskontrolle Beendigungsvereinbarungen)

Rolfs, Christian, Entgeltfortzahlung im Krankheitsfall – Einheit des Verhinderungsfalls, Anmerkung zu BAG v. 11.12.2019 – 5 AZR 505/18. In: Recht der Arbeit (73) 2020, S. 305–309
(zitiert als: *Rolfs*, RdA 2020, 305)

Rolfs, Christian/Giesen, Richard u. a. (Hrsg.), Beck'scher Online-Kommentar Arbeitsrecht, 73. Auflage, München 2024
(zitiert als: Rolfs/Giesen u. a./*Bearbeiter*, BeckOK ArbR)

Rolfs, Christian/Giesen, Richard u. a. (Hrsg.), Beck'scher Online-Kommentar Sozialrecht, 74. Auflage, München 2024
(zitiert als: Rolfs/Giesen u. a./*Bearbeiter*, BeckOK SozR)

Röller, Jürgen (Hrsg.), Küttner Personalbuch, Arbeitsrecht, Lohnsteuerrecht, Sozialversicherungsrecht, 31. Auflage, München 2024
(zitiert als: Röller/*Bearbeiter*, Küttner Personalbuch)

Roloff, Sebastian, Arbeitsvertragliche Ausschlussfristen und unabdingbare Ansprüche. In: Bepler, Klaus/Hohenstatt, Klaus-Stefan u. a. (Hrsg.), Arbeitsrecht bei Änderung der Unternehmenskultur. Festschrift für Heinz Josef Willemsen zum 65. Geburtstag, München 2018, S. 407–416
(zitiert als: *Roloff*, Arbeitsvertragliche Ausschlussfristen)

Rombach, Annett/Müller, David, Die Causa Kimmich oder: der Umgang mit „Impfverweigerern" im Profifußball. In: Zeitschrift für Sport und Recht (29) 2022, S. 13–18
(zitiert als: *Rombach/D. Müller*, SpuRt 2022, 13)

Rose, Franz-Josef/Dörstling, Tanja, Flucht in die Pflege – Kündigungsschutz allein durch Ankündigung sinnvoll? In: Der Betrieb (61) 2008, S. 2137–2141
(zitiert als: *Rose/Dörstling*, DB 2008, 2137)

Rosenkranz, Frank, Die Auslegung von „Ausnahmevorschriften". In: Juristische Ausbildung (37) 2015, S. 783–788
(zitiert als: *Rosenkranz*, JURA 2015, 783)

Rückert, Joachim, 100 Jahre Gierke, 1841-1921, Abschiede von der Welt der Schlafwandler. In: Rechtswissenschaft (12) 2021, S. 291–334
(zitiert als: *Rückert*, RW 2021, 291)

Säcker, Franz Jürgen/Rixecker, Roland u. a. (Hrsg.), Münchener Kommentar zum Bürgerlichen Gesetzbuch, Band 1, 9. Auflage, München 2021
(zitiert als: Säcker/Rixecker u. a./*Bearbeiter*, MüKo zum BGB (Band 1))

Säcker, Franz Jürgen/Rixecker, Roland u. a. (Hrsg.), Münchener Kommentar zum Bürgerlichen Gesetzbuch, Band 2, 9. Auflage, München 2022
(zitiert als: Säcker/Rixecker u. a./*Bearbeiter,* MüKo zum BGB (Band 2))

Säcker, Franz Jürgen/Rixecker, Roland u. a. (Hrsg.), Münchener Kommentar zum Bürgerlichen Gesetzbuch, Band 3, 9. Auflage, München 2022
(zitiert als: Säcker/Rixecker u. a./*Bearbeiter,* MüKo zum BGB (Band 3))

Säcker, Franz Jürgen/Rixecker, Roland u. a. (Hrsg.), Münchener Kommentar zum Bürgerlichen Gesetzbuch, Band 5, 9. Auflage, München 2023
(zitiert als: Säcker/Rixecker u. a./*Bearbeiter,* MüKo zum BGB (Band 5))

Sagan, Adam/Brockfeld, Marius, Arbeitsrecht in Zeiten der Corona-Pandemie. In: Neue Juristische Wochenschrift (73) 2020, S. 1112–1117
(zitiert als: *Sagan/Brockfeld,* NJW 2020, 1112)

Salje, Peter, Der Vertrag zu Lasten Dritter im Sozialrecht. In: Neue Zeitschrift für Arbeits- und Sozialrecht (7) 1990, S. 299–304
(zitiert als: *Salje,* NZA 1990, 299)

Sander, Heiko, Pflegezeit und Familienpflegezeit aus arbeitsrechtlicher Sicht, Berlin 2018
(zitiert als: *Sander,* Pflegezeit aus arbeitsrechtlicher Sicht)

Sasse, Stefan, Bessere Vereinbarkeit von Familie, Pflege und Beruf, Änderungen im Pflegezeit- und Familienpflegezeitgesetz. In: Der Betrieb (68) 2015, S. 310–314
(zitiert als: *Sasse,* DB 2015, 310)

Sasse, Stefan/Häcker, Franziska, Flutkatastrophe 2013 – Arbeitsrechtliche Fragestellungen. In: ArbeitsRechtsberater (13) 2013, S. 219–221
(zitiert als: *Sasse/Häcker,* ArbRB 2013, 219)

Schäfer, Horst, Pflicht zu gesundheitsförderndem Verhalten? In: Neue Zeitschrift für Arbeitsrecht (9) 1992, S. 529–534
(zitiert als: *Schäfer,* NZA 1992, 529)

Schaub, Günter, Der Entgeltfortzahlungsanspruch des GmbH-Geschäftsführers im Krankheitsfalle. In: Wirtschaftsrechtliche Beratung (1) 1994, S. 637–638
(zitiert als: *Schaub,* WiB 1994, 637)

Schaub, Günter, Rechtsprobleme der Arbeitsverhinderung. In: Arbeit und Arbeitsrecht (51) 1996, S. 82–84
(zitiert als: *Schaub,* AuA 1996, 82)

Schaub, Günter (Begr.), Arbeitsrecht-Handbuch, Systematische Darstellung und Nachschlagewerk für die Praxis, 20. Auflage, München 2023
(zitiert als: Schaub/*Bearbeiter,* Arbeitsrecht-Handbuch)

Schaub, Günter/Koch, Ulrich (Hrsg.), Arbeitsrecht von A-Z, 28. Auflage, München 2024
(zitiert als: Schaub/Koch/*Bearbeiter,* Arbeitsrecht A-Z)

Schaub, Günter/Schrader, Peter u. a. (Hrsg.), Arbeitsrechtliches Formular- und Verfahrenshandbuch, 15. Auflage, München 2023
(zitiert als: Schaub/Schrader u. a./*Bearbeiter*, Formular- und Verfahrenshandbuch)

Schauß, Lena-Marie, Der Beitrag des Pflegezeitgesetzes zur besseren Vereinbarkeit von Angehörigenpflege und Beruf, Baden-Baden 2016
(zitiert als: *Schauß*, Beitrag des PflegeZG)

Schelp, Günther, Verbesserung der wirtschaftlichen Lage des Arbeiters im Krankheitsfalle. In: Recht der Arbeit (10) 1957, S. 245–251
(zitiert als: *Schelp*, RdA 1957, 245)

Schewiola, Sascha, Entgeltfortzahlung im Krankheitsfall – Reichweite des Grundsatzes der Einheit des Verhinderungsfalls. In: ArbeitsRechtsberater (20) 2020, S. 100–101
(zitiert als: *Schewiola*, ArbRB 2020, 100)

Schiefer, Bernd, Urlaub, Pflegezeit, Teilzeitwunsch – Wie das Arbeitsrecht knappe Güter verteilt. In: Neue Zeitschrift für Arbeitsrecht – Beilage (29) 2012, S. 132–139
(zitiert als: *Schiefer*, NZA-Beilage 2012, 132)

Schimana, Rudolf, Lohnzahlung bei Arbeitsverhinderung des Arbeitnehmers. In: Arbeit und Recht (4) 1956, S. 321–331
(zitiert als: *Schimana*, AuR 1956, 321)

Schlegel, Rainer/Meßling, Miriam u. a. (Hrsg.), Corona-Gesetzgebung, Gesundheit und Soziales, 2. Auflage, München 2022
(zitiert als: Schlegel/Meßling u. a./*Bearbeiter*, Corona-Gesetzgebung)

Schlegel, Rainer/Voelzke, Thomas (Hrsg.), juris PraxisKommentar SGB I, Sozialgesetzbuch Erstes Buch (SGB I) Allgemeiner Teil / mit VO (EG) 883/2004, 4. Auflage, Saarbrücken 2024
(zitiert als: Schlegel/Voelzke/*Bearbeiter*, jurisPK SGB I)

Schliemann, Harald (Hrsg.), Das Arbeitsrecht im BGB, Kommentar, 2. Auflage, Berlin/New York 2002
(zitiert als: Schliemann/*Bearbeiter*, ArbR Kommentar)

Schmatz, Hans, Das Gesetz zur wirtschaftlichen Sicherung der Arbeiter im Krankheitsfalle. In: Die Ersatzkasse (37) 1957, S. 121–124
(zitiert als: *Schmatz*, EK 1957, 121)

Schmatz, Hans/Fischwasser, Gerd, Das Gesetz zur Verbesserung der wirtschaftlichen Sicherung der Arbeiter im Krankheitsfall, 5. Auflage, Berlin 1961
(zitiert als: *Schmatz/Fischwasser*, Arbeiter im Krankheitsfalle)

Schmid, Matthias, Fußballprofi in Quarantäne – Staat zahlt Gehalt? In: Neue Zeitschrift für Arbeitsrecht (38) 2021, S. 846–848
(zitiert als: *Schmid*, NZA 2021, 846)

Schmidt, Kerstin/Novara, Fabian, Arbeitsrechtliche Aspekte der Pandemievorsorge und -bekämpfung. In: Der Betrieb (62) 2009, S. 1817–1822
(zitiert als: *K. Schmidt/Novara,* DB 2009, 1817)

Schmidt-Salzer, Joachim, Das Gesetz zur Regelung des Rechts der Allgemeinen Geschäftsbedingungen. In: Neue Juristische Wochenschrift (30) 1977, S. 129–141
(zitiert als: *Schmidt-Salzer,* NJW 1977, 129)

Schmitt-Rolfes, Günter, Anwendbarkeit von AGB-Recht auf Verträge von Organmitgliedern. In: Maschmann, Frank (Hrsg.), Festschrift für Wolfgang Hromadka zum 70. Geburtstag 2008, S. 393–407
(zitiert als: *Schmitt-Rolfes,* Verträge von Organmitgliedern)

Schmoeckel, Mathias/Rückert, Joachim u. a. (Hrsg.), Historisch-kritischer Kommentar zum BGB, 1. Teilband: vor § 433 – § 656, Band 3, Tübingen 2013
(zitiert als: Schmoeckel/Rückert u. a./*Bearbeiter,* HKK zum BGB)

Schneider, Daniel David, Entgeltfortzahlung und Konkurrenzen, Berlin 2014
(zitiert als: *D. Schneider,* Entgeltfortzahlung und Konkurrenzen)

Schnorr von Carolsfeld, Ludwig, Arbeitsrecht, 2. Auflage, Göttingen 1954
(zitiert als: *Schnorr von Carolsfeld,* Arbeitsrecht)

Schönke, Adolf/Schröder, Horst (Begr.), Strafgesetzbuch Kommentar, München 2019
(zitiert als: Schönke/Schröder/*Bearbeiter,* StGB Kommentar)

Schulte, Bernd, Der Nachrang der Sozialhilfe gegenüber Möglichkeiten der Selbsthilfe und Leistungen von dritter Seite Einsatz der Arbeitskraft, Einsatz von Einkommen und Vermögen, Inanspruchnahme Dritter. In: Neue Juristische Wochenschrift (42) 1989, S. 1241–1246
(zitiert als: *B. Schulte,* NJW 1989, 1241)

Schulz, Manuela, Entgeltfortzahlung bei Erkrankung von Kindern von Arbeitnehmern, Erwiderung auf Kießling/Jünemann (DB 2005, S. 1684). In: Der Betrieb (58) 2006, S. 838–841
(zitiert als: *Schulz,* DB 2006, 838)

Schulze, Reiner (Hrsg.), Bürgerliches Gesetzbuch, Handkommentar, 12. Auflage, Baden-Baden 2024
(zitiert als: Schulze/*Bearbeiter,* HK-BGB)

Schulze, Reiner/Grziwotz, Herbert u. a. (Hrsg.), Bürgerliches Gesetzbuch, Kommentiertes Vertrags- und Prozessformularbuch, 5. Auflage, Baden-Baden 2024
(zitiert als: Schulze/Grziwotz u. a./*Bearbeiter,* Vertrags- und Prozessformularbuch)

Schüren, Peter, Gleitzeitsysteme – Inhaltsschranken der „Zeitsouveränität". In: Arbeit und Recht (44) 1996, S. 381–386
(zitiert als: *Schüren,* AuR 1996, 381)

Schwarz, Christian, Ausgewählte Probleme zur AGB-Kontrolle, Mögliche Fallstricke bei der Abbedingung von § 616 BGB, bei Schriftformklauseln und Ausschlussfristen. In: NZA-Rechtsprechungs-Report Arbeitsrecht (26) 2021, S. 1–4
(zitiert als: *Schwarz,* NZA-RR ArbR 2021, 1)

Schwarze, Roland, Das Recht der Leistungsstörung, Berlin 2008
(zitiert als: *Schwarze,* Recht der Leistungsstörung)

Schwarze, Roland, Der „Kernbereich des Arbeitsvertrages", Zum richterrechtlichen Stetigkeitsschutz im Arbeitsvertrag. In: Recht der Arbeit (65) 2012, S. 321–332
(zitiert als: *Schwarze,* RdA 2012, 321)

Schwedes, Rolf, Das Arbeitsrechtliche Beschäftigungsförderungsgesetz. In: Betriebs-Berater (51) 1996, S. 2–8
(zitiert als: *Schwedes,* BB 1996, 2)

Schwegmann, Bruno, Zur Dogmatik des § 616 BGB 1962
(zitiert als: *Schwegmann,* Dogmatik)

Schwerdtner, Peter, Fürsorgetheorie und Entgelttheorie im Recht der Arbeitsbedingungen, Ein Beitrag zum Gemeinschafts- und Vertragsdenken im Individualarbeitsrecht und allgemeinen Zivilrecht, Heidelberg 1970
(zitiert als: *Schwerdtner,* Fürsorgetheorie und Entgelttheorie)

Sibben, Ralf, Vergütungspflicht des Arbeitgebers für die Freistellung zur Meldung beim Arbeitsamt. In: Der Betrieb (56) 2003, S. 826–828
(zitiert als: *Sibben,* DB 2003, 826)

Siebert, Wolfgang, Das Arbeitsverhältnis in der Ordnung der nationalen Arbeit, Hamburg 1935
(zitiert als: *W. Siebert,* Arbeitsverhältnis)

Siebert, Wolfgang, Schadensersatz und Lohnfortzahlung, Die Bedeutung der Lohnzahlung nach § 616 BOB für Schadensersatzansprüche aus Verletzung eines Arbeitnehmers durch Dritte. In: Nipperdey, Hans Carl (Hrsg.), Das deutsche Privatrecht in der Mitte des 20. Jahrhunderts. Festschrift für Heinrich Lehmann zum 80. Geburtstag, Berlin/Boston 1956, S. 670–692
(zitiert als: *W. Siebert,* Schadensersatz und Lohnfortzahlung)

Sieg, Harald/Leifermann, Werner u. a. (Hrsg.), Gewerbeordnung, 5. Auflage, München 1988
(zitiert als: Sieg/Leifermann u. a./*Bearbeiter,* GewO)

Sieg, Karl, Einige Sonderprobleme der Entgeltfortzahlung nach neuem Recht. In: Betriebs-Berater (51) 1996, S. 18–22
(zitiert als: *K. Sieg,* BB 1996, 18)

Simon, Oliver/Hidalgo, Martina u. a., Flexibilisierung von Bonusregelungen – eine unlösbare Aufgabe? In: Neue Zeitschrift für Arbeitsrecht (29) 2012, S. 1071–1077
(zitiert als: *Simon/Hidalgo/Koschker,* NZA 2012, 1071)

Singer, Reinhard, Wann ist widersprüchliches Verhalten verboten?, Zu den Rechtsfolgen der form- und grundlosen Eigenkündigung eines Arbeitnehmers. In: Neue Zeitschrift für Arbeitsrecht (15) 1998, S. 1309–1315
(zitiert als: *Singer,* NZA 1998, 1309)

Singer, Reinhard, Arbeitsvertragsgestaltung nach der Reform des BGB. In: Recht der Arbeit (56) 2003, S. 194–204
(zitiert als: *Singer,* RdA 2003, 194)

Singer, Reinhard, Inhaltskontrolle von Arbeitsverträgen: Vortrag, gehalten vor der Juristischen Gesellschaft zu Berlin am 13. September 2006. In: *ders. (Hrsg.),* Inhaltskontrolle von Arbeitsverträgen. Vortrag, gehalten vor der Juristischen Gesellschaft zu Berlin am 13. September 2006, Berlin 2007
(zitiert als: *Singer,* Inhaltskontrolle)

Singer, Reinhard, Die Dogmatik der Vertrauenshaftung im deutschen Privatrecht. In: Grigoleit, Hans Christoph/Petersen, Jens (Hrsg.), Privatrechtsdogmatik im 21. Jahrhundert. Festschrift für Claus-Wilhelm Canaris zum 80. Geburtstag, Berlin/Boston 2017, S. 425–450
(zitiert als: *Singer,* Dogmatik der Vertrauenshaftung)

Sinzheimer, Hugo, Der korporative Arbeitsnormenvertrag, Eine privatrechtliche Untersuchung, Berlin 1907
(zitiert als: *Sinzheimer,* Korporativer Arbeitsnormenvertrag)

Sodan, Helge (Hrsg.), Handbuch des Krankenversicherungsrecht, 3. Auflage, München 2018
(zitiert als: Sodan/*Bearbeiter,* Hdb Krankenversicherungsrecht)

Soergel, Hans Theodor (Begr.), Bürgerliches Gesetzbuch mit Einführungsgesetz und Nebengesetzten, Schuldrecht III/1, Band 4/1, 12. Auflage, Stuttgart 1997
(zitiert als: Soergel/*Bearbeiter,* BGB (1997))

Soergel, Hans Theodor (Begr.), Bürgerliches Gesetzbuch mit Einführungsgesetz und Nebengesetzen, Schuldrecht 7/1b, Band 9/1b, 13. Auflage, Stuttgart 2023
(zitiert als: Soergel/*Bearbeiter,* BGB)

Söllner, Alfred, „Ohne Arbeit kein Lohn". In: Archiv für die civilistische Praxis (167) 1967, S. 132–147
(zitiert als: *Söllner,* AcP 1967, 132)

Söllner, Alfred, Besprechung: „Das Arbeitsverhältnis als Austausch- und Gemeinschaftsverhältnis" von Herbert Wiedemann. In: Arbeit und Recht (16) 1968, S. 242–244
(zitiert als: *Söllner,* AuR 1968, 242)

Sommer, Hans-Eckhard, Die Nichterfüllung der Arbeitspflicht, Grundfragen zur Nichtleistung der Arbeit im Leistungsstörungsrecht des BGB, Baden-Baden 1996
(zitiert als: *Sommer*, Nichterfüllung der Arbeitspflicht)

Sowka, Hans-Harald, Freistellungspflichten des Arbeitgebers zur Ermöglichung der Pflege eines kranken Kindes. In: Recht der Arbeit (46) 1993, S. 34–35
(zitiert als: *Sowka*, RdA 1993, 34)

Stach, Daniel, Die häusliche Quarantäne nach Ein- oder Rückreise aus dem Ausland. In: Neue Juristische Wochenschrift (74) 2021, S. 10–17
(zitiert als: *Stach*, NJW 2021, 10)

Stagat, Rolf, Risiken und Nebenwirkungen von Geschäftsführer-Anstellungsverträgen. In: NZA-Rechtsprechungs-Report Arbeitsrecht (16) 2011, S. 617–623
(zitiert als: *Stagat*, NZA-RR ArbR 2011, 617)

Staudinger, Julius von (Hrsg.), Kommentar zum Bürgerlichen Gesetzbuch mit Einführungsgesetz und Nebengesetzen, Buch 2, Recht der Schuldverhältnisse, §§ 611-619, Berlin 1993
(zitiert als: Staudinger/*Bearbeiter*, Kommentar zum BGB §§ 611-619 BGB (1993))

Staudinger, Julius von (Hrsg.), Kommentar zum Bürgerlichen Gesetzbuch mit Einführungsgesetz und Nebengesetzen, Buch 2, Recht der Schuldverhältnisse, Einleitung zum Schuldrecht, §§ 241-243 (Treu und Glauben), Berlin 2019
(zitiert als: Staudinger/*Bearbeiter*, Kommentar zum BGB §§ 241-243)

Staudinger, Julius von (Hrsg.), Kommentar zum Bürgerlichen Gesetzbuch mit Einführungsgesetz und Nebengesetzen, Buch 2, Recht der Schuldverhältnisse §§ 255-304 (Leistungsstörungsrecht 1), Berlin 2019
(zitiert als: Staudinger/*Bearbeiter*, Kommentar zum BGB §§ 255-304 BGB)

Staudinger, Julius von (Hrsg.), Kommentar zum Bürgerlichen Gesetzbuch mit Einführungsgesetzen und Nebengesetzen, Buch 2, Recht der Schuldverhältnisse, §§ 328-345 BGB, Berlin 2020
(zitiert als: Staudinger/*Bearbeiter*, Kommentar zum BGB §§ 328-345 BGB)

Staudinger, Julius von (Hrsg.), Kommentar zum Bürgerlichen Gesetzbuch mit Einführungsgesetz und Nebengesetzen, Übersicht §§ 134-138; ProstG (Gesetzliches Verbot, Verfügungsverbot, Sittenwidrigkeit), Berlin 2021
(zitiert als: Staudinger/*Bearbeiter*, Kommentar zum BGB §§ 134-138 BGB)

Staudinger, Julius von (Hrsg.), Kommentar zum Bürgerlichen Gesetzbuch mit Einführungsgesetz und Nebengesetzen, Buch 2, Recht der Schuldverhältnisse, §§ 305-310, UKlaG (AGB-Recht 1 und Unterlassungsklagengesetz), Berlin 2022
(zitiert als: Staudinger/*Bearbeiter*, Kommentar zum BGB §§ 305-310 BGB)

Staudinger, Julius von (Hrsg.), Kommentar zum Bürgerlichen Gesetzbuch mit Einführungsgesetz und Nebengesetzen, Buch 2, Recht der Schuldverhältnisse, Anh. zu §§ 305-310 (AGB-Recht 2: AGB-Kontrolle wichtiger Vertragstypen), Berlin 2022
(zitiert als: Staudinger/*Bearbeiter,* Kommentar zum BGB Anhang zu §§ 305-310 BGB)

Staudinger, Julius von (Hrsg.), Kommentar zum Bürgerlichen Gesetzbuch mit Einführungsgesetz und Nebengesetzen, Buch 2, Recht der Schuldverhältnisse, §§ 613a-619a, Berlin 2022
(zitiert als: Staudinger/*Bearbeiter,* Kommentar zum BGB §§ 613a-619a BGB)

Staudinger, Julius von (Hrsg.), Kommentar zum Bürgerlichen Gesetzbuch mit Einführungsgesetz und Nebengesetzen, Buch 2, Recht der Schuldverhältnisse, §§ 620-630 BGB, Berlin 2022
(zitiert als: Staudinger/*Bearbeiter,* Kommentar zum BGB §§ 620-630 BGB)

Staudinger, Julius von (Hrsg.), Kommentar zum Bürgerlichen Gesetzbuch mit Einführungsgesetzen und Nebengesetzen, Buch 2, Recht der Schuldverhältnisse, §§ 611-613, Berlin 2022
(zitiert als: Staudinger/*Bearbeiter,* Kommentar zum BGB §§ 611-613 BGB)

Staudinger, Julius von (Hrsg.), Kommentar zum Bürgerlichen Gesetzbuch mit Einführungsgesetz und Nebengesetzen, Buch 1, Allgemeiner Teil, Einl zum BGB, §§ 1-14, Verschollenheitsgesetz, Berlin 2024
(zitiert als: Staudinger/*Bearbeiter,* Kommentar zum BGB §§ 1-14 BGB)

Staupe, Jürgen, Rechtsfragen im Zusammenhang mit der Flutkatastrophe. In: Neue Justiz (56) 2022, S. 505–518
(zitiert als: *Staupe,* NJ 2022, 505)

Stebut, Dietrich von, Leistungsstörung im Arbeitsverhältnis. In: Recht der Arbeit (38) 1985, S. 66–72
(zitiert als: *Stebut,* RdA 1985, 66)

Steinau-Steinrück, Robert von/**Jöris, Nils**, Corona – Das Spannungsverhältnis zwischen Arbeitsschutz und Lohnrisiko. In: Neue Zeitschrift für Arbeitsrecht (37) 2020, S. 1368–1371
(zitiert als: *Steinau-Steinrück/Jöris,* NZA 2020, 1368)

Steinau-Steinrück, Robert von/**Mosch, Ulrich**, Angehörigenpflege und Arbeitsrecht. In: Neue Juristische Wochenschrift – Spezial (7) 2010, S. 178–179
(zitiert als: *Steinau-Steinrück/Mosch,* NJW-Spezial 2010, 178)

Steiner, Robin/Steinicke, Christopher, Die Arbeitsunfähigkeitsbescheinigung – Ein arbeitgeberseitiger Mythos auch in Pandemiezeiten? In: Neue Zeitschrift für Arbeitsrecht (37) 2020, S. 1150–1155
(zitiert als: *Steiner/Steinicke,* NZA 2020, 1150)

Stoffels, Markus, Grundfragen der Inhaltskontrolle von Arbeitsverträgen. In: Zeitschrift für Arbeitsrecht (40) 2009, S. 861–895

(zitiert als: *Stoffels,* ZFA 2009, 861)

Stoffels, Markus, AGB-Recht, 4. Auflage, München 2021
(zitiert als: *Stoffels,* AGB-Recht)

Stoffels, Markus, Urlaubsanspruch nach rechtswidriger Kündigung – der EuGH arrondiert seine Rechtsprechung. In: Zeitschrift für Arbeitsrecht (52) 2021, S. 247–256
(zitiert als: *Stoffels,* ZfA 2021, 247)

Stöhr, Alexander, Der GmbH-Geschäftsführer als Arbeitnehmerähnlicher?, Voraussetzungen und Umfang des arbeitsrechtlichen Schutzes. In: GmbHRundschau (111) 2020, S. 411–417
(zitiert als: *Stöhr,* GmbHR 2020, 411)

Stöß, Jan/Putzer, Max, Entschädigung von Verdienstausfall während der Corona-Pandemie. In: Neue Zeitschrift für Arbeitsrecht (37) 2020, S. 1465–1471
(zitiert als: *Stöß/Putzer,* NZA 2020, 1465)

Stück, Volker, Pandemie – Praktische und arbeitsrechtliche Maßnahmen zur Vorbeugung und Bekämpfung. In: Monatsschrift für Deutsches Recht (63) 2009, S. 1209–1213
(zitiert als: *Stück,* MDR 2009, 1209)

Stückmann, Roland, „Krankfeiern" und „Krankschreiben" – Überlegungen zur Entgeltfortzahlung im Krankheitsfalle. In: Neue Zeitschrift für Sozialrecht (3) 1994, S. 529–537
(zitiert als: *Stückmann,* NZS 1994, 529)

Stückmann, Roland, Teilarbeits(un)fähigkeit und Entgeltfortzahlung. In: Der Betrieb (51) 1998, S. 1662–1667
(zitiert als: *Stückmann,* DB 1998, 1662)

Stürner, Michael, Der Grundsatz der Verhältnismäßigkeit im Schuldvertragsrecht, Tübingen 2010
(zitiert als: *M. Stürner,* Verhältnismäßigkeit)

Stürner, Rolf (Hrsg.), Jauernig – Bürgerliches Gesetzbuch, Kommentar, 19. Auflage, München 2023
(zitiert als: Stürner/*Bearbeiter,* Jauernig)

Teichmann, Arndt, Empfiehlt sich eine Neukonzeption des Werkvertragsrechts?, Gutachten A für den 55. Deutschen Juristentag. In: Verhandlungen des fünfundfünfzigsten Deutschen Juristentages Hamburg 1984 (55) 1984, A1–A111
(zitiert als: *Teichmann,* Neukonzeption des Werkvertragsrechts 1984, A1–A111)

Thome, Martin, Lohnfortzahlung bei Arbeitsverhinderung, Frankfurt a.M./Bern/New York/Paris 1987
(zitiert als: *Thome,* Lohnfortzahlung bei Arbeitsverhinderung)

Thüsing, Gregor, Inhaltskontrolle von Formulararbeitsverträgen nach neuem Recht. In: Betriebs-Berater (57) 2002, S. 2666–2674
(zitiert als: *Thüsing,* BB 2002, 2666)

Thüsing, Gregor, Was sind die Besonderheiten des Arbeitsrechts? In: Neue Zeitschrift für Arbeitsrecht (19) 2002, S. 591–595
(zitiert als: *Thüsing,* NZA 2002, 591)

Thüsing, Gregor, AGB-Kontrolle im Arbeitsrecht, München 2007
(zitiert als: *Thüsing,* AGB-Kontrolle im Arbeitsrecht)

Thüsing, Gregor/Bleckmann, Lena, Lehren aus der Pandemie: Warum wir mehr tun müssen zur Vereinbarkeit von Familie und Beruf – aber nicht jeder Vorschlag hilft. In: juris – Die Monatszeitschrift 2021, S. 148–155
(zitiert als: *Thüsing/Bleckmann,* jM 2021, 148)

Thüsing, Gregor/Lambrich, Thomas, AGB-Kontrolle arbeitsvertraglicher Bezugnahmeklauseln, Vertragsgestaltung nach der Schuldrechtsreform. In: Neue Zeitschrift für Arbeitsrecht (19) 2002, S. 1361–1370
(zitiert als: *Thüsing/Lambrich,* NZA 2002, 1361)

Thüsing, Gregor/Pötters, Stephan, Das Gesetz zur besseren Vereinbarkeit von Familie, Pflege und Beruf. In: Betriebs-Berater (70) 2015, S. 181–185
(zitiert als: *Thüsing/Pötters,* BB 2015, 181)

Tillmanns, Kerstin, Strukturfragen des Dienstvertrages, Tübingen 2007
(zitiert als: *Tillmanns,* Strukturfragen)

Töns, Hans, Die wirtschaftliche Sicherung der Arbeitnehmer bei Arbeitsunfähigkeit, Stuttgart 1970
(zitiert als: *Töns,* Wirtschaftliche Sicherung)

Treichel, Stefan, Nochmals: Das Leistungsverweigerungsrecht nach § 275 III BGB im Spannungsfeld von Beruf und Familie. In: Neue Zeitschrift für Arbeitsrecht 2016, S. 459–463
(zitiert als: *Treichel,* NZA 2016, 459)

Tschöpe, Ulrich (Hrsg.), Arbeitsrecht Handbuch, 13. Auflage, Köln 2023
(zitiert als: Tschöpe/*Bearbeiter,* ArbR Hdb)

Ulmer, Peter/Brandner, Hans Erich u. a. (Hrsg.), AGB-Recht, Kommentar zu den §§ 305-310 BGB und zum UKlaG, 13. Auflage, Köln 2022
(zitiert als: Ulmer/Brandner u. a./*Bearbeiter,* AGB-Recht)

Ulrici, Bernhard, Der Vertrag zu Lasten Dritter in der Arbeitsrechtswissenschaft. In: Zeitschrift für Arbeitsrecht (47) 2016, S. 377–404
(zitiert als: *Ulrici,* ZFA 2016, 377)

Vaupel, Christian, Die Kompensation von Ungleichgewichtslagen im Arbeits- und Verbraucherrecht, Herbolzheim 2006
(zitiert als: *Vaupel,* Kompensation von Ungleichgewichtslagen)

Viethen, Hans Peter, Entgeltfortzahlungsgesetz, 3. Auflage, München/Berlin 1999 (zitiert als: *Viethen,* EFZG)

Vogelsang, Hinrich, Entgeltfortzahlung, München 2003 (zitiert als: *Vogelsang,* Entgeltfortzahlung)

Volk, Tatjana, Entgeltfortzahlung bei Arbeitsverhinderung. In: Arbeitsschutz in Recht und Praxis (2) 2021, S. 64–66 (zitiert als: *Volk,* ARP 2021, 64)

Vossen, Kathrin, Rechte des Arbeitgebers bei Arbeitsunfähigkeit des Arbeitnehmers. In: Der Betrieb (66) 2017, S. 187–192 (zitiert als: *K. Vossen,* DB 2017, 187)

Vossen, Reinhard, Die Wartezeit nach § 3 III EFZG. In: Neue Zeitschrift für Arbeitsrecht (51) 1998, S. 354–356 (zitiert als: *R. Vossen,* NZA 1998, 354)

Wagner, Regine/Knittel, Stefan (Hrsg.), Soziale Krankenversicherung, Pflegeversicherung, Krauskopf, 120. Auflage, München 2023 (zitiert als: Wagner/Knittel/*Bearbeiter,* Krauskopf)

Wank, Rolf, Arbeiter und Angestellte, Zur Unterscheidung im Arbeits- und Sozialversicherungsrecht, Berlin 1992 (zitiert als: *Wank,* Arbeiter und Angestellte)

Wank, Rolf, Der Arbeitnehmer-Begriff im neuen § 611a BGB. In: Arbeit und Recht (65) 2017, S. 140–153 (zitiert als: *Wank,* AuR 2017, 140)

Wank, Rolf, Der Arbeitnehmerbegriff in der Europäischen Union – Praktische Konsequenzen. In: Europäische Zeitschrift für Arbeitsrecht (11) 2018, S. 327–345 (zitiert als: *Wank,* EuZA 2018, 327)

Wank, Rolf, Juristische Methodenlehre, Eine Anleitung für Wissenschaft und Praxis, München 2020 (zitiert als: *Wank,* Methodenlehre)

Wank, Rolf, Der Lohnanspruch in Zeiten von COVID-19. In: Düwell, Nora/Gallner, Inken u. a. (Hrsg.), Auf dem Weg zu einem sozialen und inklusiven Rechtsstaat – Covid-19 als Herausforderung. Liber amicorum Franz Josef Düwell, Baden-Baden 2021, S. 69–92 (zitiert als: *Wank,* Lohnanspruch)

Wank, Rolf/Maties, Martin, Arbeitnehmer oder Gesellschaftsorgan oder Vereinsmitglied? In: Neue Zeitschrift für Arbeitsrecht (24) 2007, S. 353–358 (zitiert als: *Wank/Maties,* NZA 2007, 353)

Wawretzko, Herbert, Gesetz zur Verbesserung der wirtschaftlichen Sicherung der Arbeiter im Krankheitsfalle. In: Blätter für Steuerrecht, Sozialversicherung und Arbeitsrecht (12) 1957, S. 236–237 (zitiert als: *Wawretzko,* BlStSozArbR 1957, 236)

Weber, Christoph/Zimmer, Patrick, Fremdgeschäftsführer und Praktikanten als Arbeitnehmer im Sinne der Massenentlassungsrichtlinie. In: Europäische Zeitschrift für Arbeitsrecht (9) 2016, S. 224–243
(zitiert als: *C. Weber/Zimmer,* EuZA 2016, 224)

Weber, Klaus (Hrsg.), Rechtswörterbuch, 24. Auflage, München 2022
(zitiert als: Weber/*Bearbeiter,* Rechtswörterbuch)

Wedde, Peter/Kunz, Olaf (Hrsg.), Entgeltfortzahlungsgesetz, Basiskommentar mit Nebengesetzen, 4. Auflage, Frankfurt a.M. 2015
(zitiert als: Wedde/Kunz/*Bearbeiter,* EFZG)

Weller, Marc-Philippe/Lieberknecht, Markus u. a., Virulente Leistungsstörung – Auswirkungen der Corona-Krise auf die Vertragsdurchführung. In: Neue Juristische Wochenschrift (73) 2020, S. 1017–1022
(zitiert als: *Weller/Lieberknecht/Habrich,* NJW 2020, 1017)

Wendland, Matthias, Vertragsfreiheit und Vertragsgerechtigkeit, Tübingen 2019
(zitiert als: *Wendland,* Vertragsfreiheit)

Westermann, Harm Peter/Grunewald, Barbara u. a. (Hrsg.), Ermann BGB Handkommentar, 17. Auflage, Köln 2023
(zitiert als: Westermann/Grunewald u. a./*Bearbeiter,* Ermann BGB)

Wiedemann, Herbert, Das Arbeitsverhältnis als Austausch- und Gemeinschaftsverhältnis, Karlsruhe 1966
(zitiert als: *Wiedemann,* Arbeitsverhältnis)

Wielig, Hans Josef, Venire contra factum proprium und Verschulden gegen sich selbst. In: Archiv für die civilistische Praxis (176) 1976, S. 334–355
(zitiert als: *Wielig,* AcP 1976, 334)

Winkelmüller, Michael/Felz, Sebastian u. a. (Hrsg.), Beck'scher Online-Kommentar Arbeitsschutzrecht, 18. Auflage, München 2024
(zitiert als: Winkelmüller/Felz u. a./*Bearbeiter,* BeckOK ArbSchR)

Wolf, Ernst, „Treu und Glauben", „Treue" und „Fürsorge" im Arbeitsverhältnis. In: Recht der Arbeit (24) 1971, S. 1863–1868
(zitiert als: *E. Wolf,* RdA 1971, 1863)

Wolf, Manfred, Entwicklungen im AGB-Recht und ihr Einfluß auf das Arbeitsrecht. In: Dauner-Lieb, Barbara/Henssler, Martin/Preis, Ulrich (Hrsg.), Inhaltskontrolle im Arbeitsrecht. Zwischen Zivilrecht und arbeitsrechtlichen Besonderheiten, Symposion des Bundesarbeitsgerichts und des Instituts für Arbeits- und Wirtschaftsrecht der Universität zu Köln vom 25. November 2004 in Erfurt, Baden-Baden 2006, S. 11–37
(zitiert als: *M. Wolf,* Entwicklungen im AGB-Recht)

Wolf, Manfred/Lindacher, Walter F. u. a. (Hrsg.), AGB-Recht, Kommentar, 7. Auflage, München 2020
(zitiert als: Wolf/Lindacher u. a./*Bearbeiter*, AGB-Recht)

Wolmerath, Martin, Ehrenamtliches Richteramt in der Gleitzeit. In: juris Praxisreport-Arbeitsrecht 2009, Anm. 6
(zitiert als: *Wolmerath*, jurisPR-ArbR 2009, Anm. 6)

Worzalla, Michael, Der Verzicht auf die Erhebung der Kündigungsschutzklage – eine unangemessene Benachteiligung des Arbeitnehmers? In: Sammlung arbeitsrechtlicher Entscheidungen (63) 2009, S. 31–40
(zitiert als: *Worzalla*, SAE 2009, 31)

Wutte, Joachim, Transparenzkontrolle von Ausschlussfristen und transparenzerhaltende Klauseln. In: Deutsche Zeitschrift für Wirtschafts- und Insolvenzrecht (29) 2019, S. 205–217
(zitiert als: *Wutte*, DZWIR 2019, 205)

Zeller-Müller, Linus, Auswirkungen der Schuldrechtsreform auf die Inhaltskontrolle von Arbeitsverträgen und auf Aufhebungsverträge, Frankfurt a.M. 2004
(zitiert als: *Zeller-Müller*, Inhaltskontrolle von Arbeitsverträgen)

Ziemons, Hildegard/Jaeger, Carsten u. a. (Hrsg.), Beck'scher Online-Kommentar GmbHG, 61. Auflage, München 2024
(zitiert als: Ziemons/Jaeger u. a./*Bearbeiter*, BeckOK GmbHG)

Zippelius, Reinhold, Juristische Methodenlehre, 12. Auflage, München 2021
(zitiert als: *Zippelius*, Methodenlehre)

Zöllner, Wolfgang, Vertragskontrolle und Gerechtigkeit. In: Neue Zeitschrift für Arbeitsrecht – Beilage (23) 2006, S. 99–107
(zitiert als: *Zöllner*, NZA-Beilage 2006, 99)

www.ingramcontent.com/pod-product-compliance
Ingram Content Group UK Ltd.
Pitfield, Milton Keynes, MK11 3LW, UK
UKHW021923290926
8980IPUK00016B/1434

9 783631 932452